유형별
문 제 집
추 리 논 증

목 가 근 스 별 오 오 단 리 요 구 사

LEET 메가로스쿨

2027

성공을 위한 러닝메이트,
메가로스쿨

—

메가로스쿨은 2008년부터 현재까지
로스쿨 수험생들과 함께
합격의 꿈을 이뤄가고 있습니다.

왜?
유형별 문제집인가?

LEET 고득점을 위한 확실한 방법,
메가로스쿨 언어논리연구소가 제안합니다.

———

약점을 강점으로 바꾸는,
유형별 문제집

- 학습계획 수립을 위한 **LEET 출제 유형 분석**

- 유형별 집중 훈련이 가능한 **완성도 높은 문항**

- 기출문제 연계 학습이 가능한 **유형별 집중풀이 가이드**

- 유형 체계를 잡아주는 **정교한 해설**

[부록] 학습 점검 **재배열 모의고사**

LEET 어떻게 공부하고 계시나요?

"우선 LEET 출제 유형을 이해하고 제가 가진 취약점을 확인하는 시간을 가졌습니다.
그 후에는 가장 취약한 부분을 우선 보완해 나가는 방식으로 공부했습니다."

"어떤 소재/유형의 문제에서 시간을 낭비하는지,
그에 대한 해결은 무엇인지 스스로 고민해보는 것이 필요합니다."

"유형별 풀이법을 적용하면 정확하고 빠른 풀이가 가능합니다. 익숙한 유형을 빠르게 풀이하고
남은 시간을 활용하여 익숙하지 않은 유형을 여유롭게 풀이할 수 있었습니다."

"무작정 많은 문제를 빠르게 풀려고 하기보다 강점, 약점 유형별 풀이 시간을 다르게 적용하는 전략으로
목표한 점수에 도달할 수 있도록 연습했습니다."

< 메가로스쿨 법학전문대학원 합격수기집 발췌 >

앞에서 많은 합격생들이 언급했듯이 법학적성시험(LEET) 고득점을 위해서는 유형별 문제 풀이
전략이 필요합니다. 먼저, 자신이 취약한 부분이 어떤 유형인지 정확하게 파악하여 해당 유형에
중점적으로 시간을 투자하여야 합니다. 강약점 유형에 따라 시간을 투자할 문항과 그렇지 않은
문항을 선별하여 전략적으로 풀이한다면, 목표 점수에 확실하게 도달할 수 있습니다.

메가로스쿨 언어논리연구소는 단순히 문제 풀이의 양만 늘리는 비
효율적인 학습에서 벗어나 효율적이고 효과적인 학습이 가능하도록
'LEET 유형별 문제집'을 발간하였습니다.

'LEET 유형별 문제집'은 메가로스쿨 언어논리연구소 출제 문항 중
유형 적합성이 뛰어나고 완성도가 높은 문항을 유형별로 구성한 전략
적인 LEET 고득점 수험서입니다.

🏅 메가로스쿨 언어논리연구소

'유형별 기출문제집', '5개년 기출문제 실전 연습', '파이널 실전 모의고사', '유형별 문제집', '잘고른 300제',
'기출문제 해설집' **LEET 수험서 부분 베스트셀러**[1] 'LEET 전국모의고사' **최다 인원 신청**[2]

| 2008년 설립된 LEET 전문 연구소 | 12단계의 문항 개발 및 검증 시스템 구축 | 콘텐츠 연구 개발 비용 누적 약 50억 원 투자[3] | 누적 개발 보유 문항 누적 문항 수 약 28,000개[4] |

1) 인터넷서점 YES24 베스트셀러 25.03~25.09   2) 메가로스쿨 LEET 전국모의고사 역대 누적신청 인원   3) LEET 등 적성시험 콘텐츠 개발 비용
4) LEET 등 적성시험 콘텐츠 개발 문항 수

• LEET 출제 유형 분석

학습 계획 수립을 위한 '내용 영역',
'문항 유형'의 이해와 출제 경향 분석

• 핵심 유형 공략법

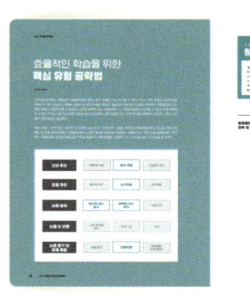

핵심 유형 풀이를 위한 단계별 접근 전략법
을 제시하고, 실전에 적용할 수 있도록 예시
문항 풀이 과정 수록

• 유형별 문제

개인별 강약점에 따른 집중 훈련이 가능하도
록 메가로스쿨 언어논리연구소 출제 문항 중
유형 적합성이 뛰어나고 완성도가 높은 문항
을 문항 유형별로 구성

+ 유형별 집중풀이 가이드

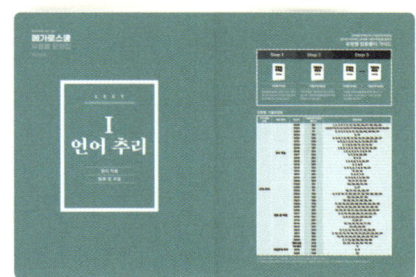

유형별 접근법 및 기출 논리를 완성할 수 있
도록 유형별 기출문항표를 활용한 유형별 집
중풀이 가이드 제시

• 정답 및 해설

유형 체계를 잡아주는 정교한 해설

[부록] 재배열 모의고사

취약 유형 확인 및 학습 점검을 위해, 교재에
수록되어 있는 문항을 선별 및 재배열하여
모의고사 형태로 제공

LEET
출제 유형 분석

출제 문항 수

추리논증은 시행 첫 회 총 40문제가 출제되었는데, 2010학년도부터 35개로 축소되었다가 2019학년도 이후 다시 40개로 출제되고 있다.

내용 영역

'법규범', '인문', '사회', '과학기술', '논리학수학' 등의 각 학문 분야에서 생산되고 논의되는 논변들을 세부 지식 없이 대학 교육과정을 이수한 경우라면 문제에 제시된 정보와 사고력을 통해 풀이할 수 있는 범위에서 출제한다.

내용 영역은 법규범과 인문의 비중이 50%를 초과하며, 사회, 논리학수학, 과학기술의 순서로 비중이 높다. 문항 유형은 언어 추리가 가장 높으며, 논쟁 및 반론, 논증 평가 및 문제 해결, 모형 추리, 논증 분석 순서로 비중이 높다. 이처럼 법학 적성 능력을 평가하는 시험의 목적에 따라 법규범에 대한 이해와 인문 및 사회 등 여러 소재에서 접할 수 있는 다양한 사례에 대한 이해, 그리고 법적 논변 능력을 평가하는 것을 알 수 있다.

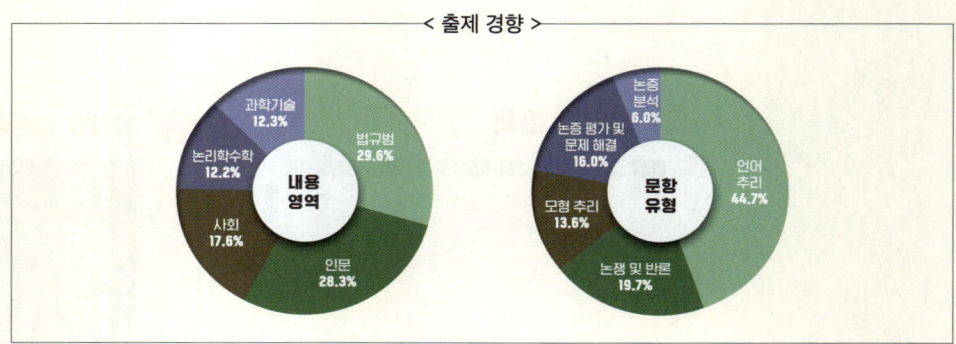

< 출제 경향 >

과학기술 12.3% / 논리학수학 12.2% / 사회 17.6% / 인문 28.3% / 법규범 29.6% / **내용 영역**

논증 분석 6.0% / 논증 평가 및 문제 해결 16.0% / 모형 추리 13.6% / 논쟁 및 반론 19.7% / 언어 추리 44.7% / **문항 유형**

문항 유형

추리

I. 언어 추리 : 원리 적용 | 함축 및 귀결

언어로 진술된 정보나 원리로부터 새로운 정보를 추리하는 능력을 측정한다. 주어진 진술이 함축하는 내용을 추리할 수 있는지, 제시된 규칙이나 원리에 사례를 적용할 수 있는지, 부분적인 정보로부터 특정한 사실관계를 추리할 수 있는지를 평가한다.

II. 모형 추리 : 형식적 추리 | 수리 추리 | 논리게임

명제나 표와 같이 일상적으로 사용되지 않은 표현으로 이루어진 정보를 토대로 타당한 추론을 할 수 있는 능력을 측정하며 '형식적 추리', '수리 추리', '논리게임' 유형으로 이루어져 있다. '형식적 추리' 문항은 주어진 전제로부터 결론에 이르는 연역적인 추론 능력을 측정한다. '수리 추리' 문항은 수리적 추론 능력을 토대로 새로운 정보를 도출하는 능력을 측정한다. '논리게임' 문항은 주어진 조건에 따라 항목을 배열하거나 속성을 연결하는 능력과 제시된 부분적 정보로부터 가능한 상황을 구성하고 추리하는 능력을 측정한다.

논증

Ⅲ. 논증 분석 : 명시적/암묵적 요소 분석 | 논증 구조 분석

하나의 논증을 분석하는 능력을 평가한다. 논증의 구성 요소인 전제와 결론을 구분하고, 생략된 전제는 없는지, 전제가 논리적으로 타당하게 결론을 뒷받침하는지를 분석할 수 있는 능력을 측정한다.

Ⅳ. 논쟁 및 반론 : 논쟁 분석 및 평가 | 반론 구성

두 가지 이상의 주장이 논쟁을 이루는 상황에서 주장들이 제시하는 논증을 비교·분석하고 비판하는 능력을 측정한다. 논쟁의 쟁점을 파악하거나 공통의 가정 내지 전제를 파악할 수 있는지를 묻는 문항, 주어진 논증의 결함을 찾고 반론을 제기할 수 있는지를 묻는 문항 등을 포함한다.

Ⅴ. 논증 평가 및 문제 해결 : 강화약화 | 논증 평가

하나의 논증에 대한 심층적인 평가를 요구한다. 제시된 연역논증이 부당한 논증인 경우 추론의 어느 단계에서 잘못을 범하고 있는지, 실험이나 관찰의 결과가 가설의 참 또는 거짓을 확증하는지, 역설을 해소할 대안을 모색할 수 있는지를 묻는 문항 등을 포함한다.

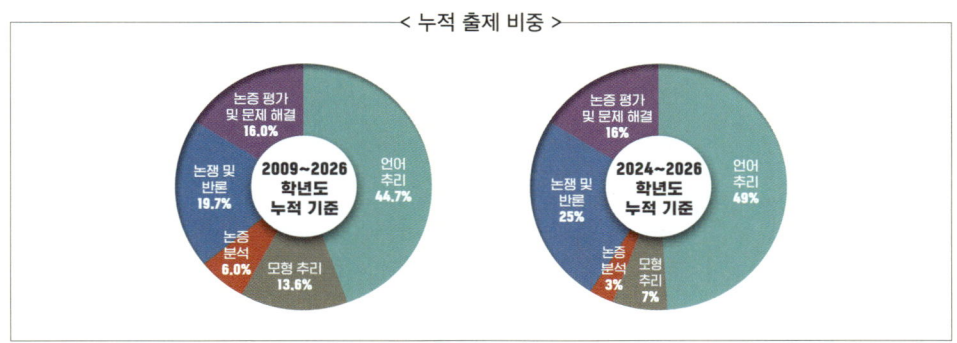

< 누적 출제 비중 >

최근 출제 비중 변화에서 눈에 띄는 대목은 '모형 추리'의 비중이 거의 절반 정도로 줄었다는 것이다. 그리고 '언어 추리'의 비중이 가장 높은데 이는 제시된 정보가 함축하고 있는 점을 추론할 수 있는 능력 그리고 그 귀결을 다양한 일상적, 법적 사례에 적용할 수 있는 능력이 중요하게 평가되고 있음을 나타낸다.

Contents

효율적인 학습을 위한
핵심 유형 공략법

___

LEET를 준비하는 대부분의 수험생들에게 추리논증의 유형은 다소 생소할 수 있다. 일부 유형은 교과과정을 거치면서 이미 학습되고 체화된 것도 있지만 대부분 유형은 학습이 필요하다. 충분한 사고력과 비판력이 갖춰졌다면 처음 접한 유형도 수월하게 풀 수 있지만, 시간의 제약이 있는 시험에서는 그 기량을 발휘하기 어려울 수 있다. 가령 무한정의 시간이 주어진다면 '논리게임' 유형을 풀 수 있겠지만, 3분 남짓한 시간 안에 해답을 도출하기 위해서는 반드시 유형에 대한 학습이 필요하다.

'원리 적용', '논리게임', '명시적/암묵적 요소 분석', '강화약화' 유형은 법학전문대학원협의회의 정오답 기준이 명확한 데 비해 교과과정에서 상세하게 배우지 못한 생소한 유형으로 정답률이 대체로 낮다. '핵심 유형 공략법'에서 제시하는 유형별 풀이 단계를 통해 출제 기준을 학습하고 유형 훈련을 시작하는 것이 고득점을 얻는 데 도움을 줄 것이다.

언어 추리	원리 적용	함축 및 귀결	
모형 추리	형식적 추리	수리 추리	논리게임
논증 분석	명시적 요소 분석	암묵적 요소 분석	논증 구조 분석
논쟁 및 반론	논쟁 분석 및 평가	반론 구성	
논증 평가 및 문제 해결	강화약화	논증 평가	문제 해결 (역설해소)

원리 적용

'원리 적용'이란 원칙이나 규정이 제시되었을 때, 이 원칙이나 규정을 개별 사례에 적용하면, 어떤 결론이 나오는지를 추리하는 유형이다.

이 유형은 원칙을 개별 사례에 적용하기 위해 원칙과 개별 사례를 정확히 이해하고 필요한 정보를 추론하여 알맞게 적용해야 한다.

주로 일반 원칙과 그 원칙 내에서 허용되는 예외 조항이 제시되어 있는 경우가 많다. 따라서 원칙을 올바르게 사례에 적용하려면 원칙을 세부적으로 구분하여 파악하는 것이 중요하다.

문제 풀이 전략 및 TIP

1단계 **원칙 분석하기** [원칙: 요건+효과]

원칙은 주로 '요건'과 '효과'로 구성된다. 이 점을 꼭 염두에 두고 '요건' 부분과 '효과' 부분을 분석하는 것이 효율적이다. 요건이 모두 다 충족되었을 때 효과가 발생하므로, 여러 개의 요건을 반드시 체크해 두어야 한다.

⋮

2단계 **사례 분석하기**

원칙이나 규정을 사례에 어떻게 적용할지를 고려하여 사례를 분석해야 한다.

☑ 선택지에 개별 사례가 주어짐
☑ 원칙이나 규정을 고려하지 않고 사례를 분석하면 오답의 함정에 빠질 수 있음

⋮

3단계 **원칙을 사례에 적용하기**

개별 사례와 관련된 원칙이나 규정을 확인하여 '요건'과 '효과' 정보가 일치하는지를 판단해야 한다.

☑ 원칙이나 규정을 구체적인 사례에 적용하였을 때 나올 결과를 추론

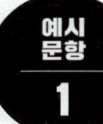

**예시
문항
1**

<원칙>을 적용한 것으로 옳은 것을 <보기>에서 있는 대로 고른 것은?

───────< 원 칙 >───────
직무를 집행하는 공무원을 폭행 또는 협박한 자에 대하여 공무집행방해죄가 성립한다.

───────< 보 기 >───────
ㄱ. 갑이 경찰인 을이 근무하고 있는 파출소를 찾아가서 을에게 각목을 사용하여 폭행
   을 한 경우, 갑에게 공무집행방해죄가 성립한다.
ㄴ. 갑이 검사인 을이 자고 있는 집에 몰래 들어가서 을에게 각목을 사용하여 폭행을
   한 경우, 갑에게 공무집행방해죄가 성립한다.
ㄷ. 갑이 자영업자인 을이 근무하고 있는 회사에 찾아가서 을에게 각목을 사용하여 폭
   행을 한 경우, 갑에게 공무집행방해죄가 성립한다.

① ㄱ   ② ㄴ   ③ ㄱ, ㄷ   ④ ㄴ, ㄷ   ⑤ ㄱ, ㄴ, ㄷ

1단계 **원칙 분석하기** [원칙: 요건+효과]

원칙은 "직무를 집행하는 공무원에 대하여 폭행 또는 협박한 자에 대해 공무집행방해죄가 성립한다."이다. 이때 어떤 요건이 만족되어야 효과가 성립하는지 '요건+효과'로 분석할 필요가 있다.

| 직무를
집행

요건 1 | & | 공무원에
대해

요건 2 | & | 폭행 또는
협박

요건 3 | ⇒ | 공무집행
방해죄

효과 |

이 문항의 효과는 요건1+요건2+요건3이 모두 만족되어야 성립한다. 가령, 요건1과 요건2를 갖추었지만 요건3을 갖추지 못했다면 공무집행방해죄가 성립하지 않는 것이다.

2단계 **사례 분석하기**

각 사례를 분석하면 다음과 같다.

ㄱ. 갑은 경찰인 을이 근무하고 있는 파출소를 찾아가서 을에게 각목을 사용하여 폭행을 하였다.
   ⇨ 갑은 직무를 수행 중인 공무원에게 폭행을 하였다.

ㄴ. 갑은 검사인 을의 집에 몰래 들어가서 자고 있는 을에게 각목을 사용하여 폭행을 하였다.
   ⇨ 갑은 직무를 수행하는 중이 아닌 공무원에게 폭행을 하였다.

ㄷ. 갑은 자영업자인 을의 회사를 찾아가서 근무하고 있는 을에게 각목을 사용하여 폭행을 하였다.
   ⇨ 갑은 공무원이 아닌 근무 중인 자영업자에게 폭행을 하였다.

3단계 원칙을 사례에 적용하기

<보기> ㄱ. 옳다.

규정의 요건	사례 적용	결과
직무를 집행하는	파출소에서 근무하고 있는	○
공무원에 대하여	경찰인 을에게	○
폭행 또는 협박한	각목을 사용하여 폭행한	○

⇨ 원칙을 사례에 적용한 결과, 갑은 세 가지 요건을 모두 만족하여 공무집행방해죄가 성립한다.

<보기> ㄴ. 옳지 않다.

규정의 요건	사례 적용	결과
직무를 집행하는	집에서 자고 있는	×
공무원에 대하여	검사인 을에게	○
폭행 또는 협박한	각목을 사용하여 폭행한	○

⇨ 원칙을 사례에 적용한 결과, 갑은 세 가지 요건 중 '직무를 집행하는' 요건을 만족하지 못하여 공무집행방해죄가 성립하지 않는다.

<보기> ㄷ. 옳지 않다.

규정의 요건	사례 적용	결과
직무를 집행하는	회사에서 근무하고 있는	○
공무원에 대하여	자영업자인 을에게	×
폭행 또는 협박한	각목을 사용하여 폭행한	○

⇨ 원칙을 사례에 적용한 결과, 갑은 세 가지 요건 중 '공무원에 대하여' 요건을 만족하지 못하여 공무집행방해죄가 성립하지 않는다.

➡ 따라서 ㄱ만 옳으므로 정답은 ①이다.

* 유형이 체화되면 2~3단계를 동시에 해결할 수 있을 것이다.
  그러나 그때에도 원칙을 '요건+효과'로 분석하는 것이 선행되어야 실수를 줄일 수 있다.

예시 문항 2

<원칙>을 적용한 것으로 옳은 것을 <보기>에서 고른 것은?

< 원 칙 >

자신의 권리를 주장하는 자는 그 권리의 발생에 필요한 사실을 증명할 책임이 있다. 권리가 발생하였으나 사후에 소멸하였다고 주장하는 자는 권리의 소멸에 관한 사실을 증명할 책임이 있다. 분쟁 당사자 사이에 이러한 권리 발생의 주장이나 그 사후 소멸에 관한 주장에 관한 다툼이 없으면 권리의 발생이나 그 소멸을 주장하는 자는 그 주장이 진실하다는 것을 증명할 필요가 없다.

< 보 기 >

ㄱ. 갑이 을에게 "당신이 빌려 간 노트북을 나에게 돌려주어야 한다."라고 주장하였고, 을은 "노트북을 어디에 보관했는지 기억이 안 난다. 노트북을 찾으면 바로 돌려주겠다."라고 주장하였다. 이 경우에 갑이 을에게 노트북을 빌려주었다는 사실을 증명할 책임은 갑에게 없다.

ㄴ. 갑이 을에게 "당신이 빌려 간 노트북을 나에게 돌려주어야 한다."라고 주장하였고, 을은 "노트북을 빌려서 일주일 동안 사용한 후에 이미 돌려주었다."라고 주장하였다. 이 경우에 갑으로부터 빌린 노트북을 을이 돌려주었다는 사실을 증명할 책임은 을에게 있다.

ㄷ. 갑이 을에게 "당신이 빌려 간 노트북을 나에게 돌려주어야 한다."라고 주장하였고, 을은 "당신에게 노트북을 빌린 적이 없다."라고 주장하였다. 이 경우에 갑이 을에게 노트북을 빌려주었다는 사실을 증명할 책임은 갑에게 없다.

① ㄱ   ② ㄷ   ③ ㄱ, ㄴ   ④ ㄴ, ㄷ   ⑤ ㄱ, ㄴ, ㄷ

1단계 원칙 분석하기 (원칙: 요건+효과)

여기에서의 원칙은 '~에 해당할 경우, ~을 해야 한다.'는 형태이다. 이때에는 제시된 사례가 어느 경우에 속하는지를 판단해야 한다. 요건이 여러 개가 주어지지 않은 대신 여러 원칙이 주어져 있으므로 각 원칙을 분석해 본다.

우선 세 개의 원칙이 주어져 있는데, 세 번째 원칙 (3)은 앞선 원칙 두 개가 아닌 경우를 포괄하고 있다. 즉, 제시된 <원칙>은 '다툼이 있는 경우와 없는 경우'로 크게 나뉜다. 이를 재구성하면 다음과 같다.

< 원 칙 >

▪ **다툼이 있는 경우**
　(1) 자신의 권리를 주장하는 경우 : 권리를 주장하는 사람이 증명 책임

　(2) 권리가 발생하였으나 사후에 소멸했다고 주장하는 경우 : 소멸을 주장하는 사람이 증명 책임

▪ **다툼이 없는 경우** ─ (3) 주장하는 사람의 증명 책임 X

2단계 사례 분석하기

\<보기\> ㄱ.

갑	당신이 빌려 간 노트북을 돌려 달라.
을	노트북을 찾으면 돌려주겠다.

⇨ 을은 갑의 주장을 인정하였으므로, 다툼이 없는 경우에 속한다. [원칙 (3)]

\<보기\> ㄴ.

갑	당신이 빌려 간 노트북을 돌려 달라.
을	노트북을 이미 돌려주었다.

⇨ 을은 갑의 권리가 발생하였으나 이미 소멸했다고 주장한다. [원칙 (2)]

\<보기\> ㄷ.

갑	당신이 빌려 간 노트북을 돌려 달라.
을	노트북을 빌린 적이 없다.

⇨ 을은 갑이 주장하는 권리를 인정하지 않는다. [원칙 (1)]

3단계 원칙을 사례에 적용하기

ㄱ. 옳다.　　　원칙 (3)의 경우이므로, 갑에게 증명 책임이 없다.
ㄴ. 옳다.　　　원칙 (2)의 경우이므로, 소멸을 주장하는 을에게 증명 책임이 있다.
ㄷ. 옳지 않다.　원칙 (1)의 경우이므로, 갑에게 증명 책임이 있다.

➡ 따라서 정답은 ③이다.

논리게임

대부분의 고난도 문항은 '논리게임'이 차지한다. 최근 출제 비중이 크게 낮아졌지만, '논리게임' 유형은 난이도와 변별도가 평균 이상으로 높아 최상위권과 상위권, 상위권과 중위권을 가르는 결정적인 역할을 한다. 따라서 다른 수험생들에 비해 경쟁력을 가지고 싶다면 '논리게임'을 기피해서는 안 되며 필히 정답률을 높여야 한다.

1) 논리게임 공통

문제 풀이 전략 및 TIP

1단계 **제시된 정보와 규칙 파악하기** [확정된 정보부터 시각화]

어떤 문제든 제시된 정보와 상황, 규칙을 정확히 파악해야 한다. 다만 '논리게임' 유형에서는 정보를 표나 그림으로 시각화하는 것이 매우 중요하다. 시간단축에 효율적이기 때문이다.

시각화를 할 때는 여러 경우의 수를 한 번에 표나 그림에 반영할 수 없으므로, 확정된 정보부터 찾는다. 다음으로 가장 많은 정보가 주어진 단서를 반영한다. 확정되지 않거나 적은 정보를 표나 그림에 반영하려고 할 경우, 여전히 경우의 수를 줄일 수 없어 풀이 시간이 늘어난다.

⋮

2단계 **추리하기** [경우의 수 나누기]

결합했을 경우, 경우의 수가 대폭적으로 줄어드는 정보들을 결합해 본다.

☑ 경우를 나누어서 'X의 경우일 때', 'Y의 경우일 때'로 결론을 도출
☑ 'X가 거짓일 때', 'X가 참일 때'로 결론을 도출
　 이 단계에서도 경우의 수가 줄어들지 않을 경우, 선택지를 먼저 확인하여 선택지를 제시된 정보에 역으로 적용

⋮

3단계 **선택지 판단하기** [선택지를 정확히 이해하고 실수를 조심하기]

추론을 통해 확정 지은 사실과 선택지의 내용을 혼동하지 않도록 유의하여 선택지를 판단한다.

☑ 실수를 조심해야 함
☑ 선택지가 무엇을 묻고자 하는지 면밀히 파악
☑ 경우를 나누어 추론하는 과정이 복잡하다면 선택지를 제시된 내용에 반영하여 역추론
☑ 선택지에서 추가 정보를 주고, 배치를 달리 했을 때의 '결과' 또는 '참 또는 거짓'이 달라졌을 때의 판단을 묻는 경우도 있으므로 선택지의 요구를 정확히 파악할 필요 있음

2) 논리게임 세부 유형별 풀이법 ①

배치 및 정렬

제시된 조건들을 활용하여 순서나 위치를 배열하거나 서로 연결된 속성을 파악하는 유형이다. 이 유형은 순서 배열이나 위치 배정, 속성 연결을 묻고 있기 때문에 제시된 상황을 그림이나 표로 시각화하는 것이 필수적이다. 또한 제시된 정보와 조건들이 적지 않으므로, 최대한 많이 노출되는 정보나 확정된 정보부터 먼저 반영해둔 뒤에, 그림이나 표를 채워나가는 것이 중요하다.

**문제 풀이
전략 및 TIP**

1단계 **제시된 상황을 시각화하기**

제시된 상황을 그림이나 표로 나타낸다.

- ☑ 상황을 시각화하기 전에 각 조건들의 정보를 분류하여 고정된 요소와 그렇지 않은 정보를 구분
- ☑ 여러 가지 정보와 규칙들 중 변화 없이 고정된 요소를 가로축이나 세로축에 배치
- ☑ 그림이나 표가 지나치게 복잡하거나 간단해지지 않도록 주의

⋮

2단계 **최대한 추리하여 빈 공간 채우기**

확정된 정보부터 찾은 후, 그림이나 표에 반영하여 빈 공간들을 채워 나간다.

- ☑ 추론 없이 조건으로부터 얻을 수 있는 정보부터 채움
- ☑ 가장 많은 정보가 주어진 단서부터 정보를 확정
- ☑ 결합했을 경우 경우의 수가 대폭적으로 줄어드는 정보들은 서로 결합하여 정보를 확정

⋮

3단계 **선택지 판단하기**

예시 문항 1

다음으로부터 추론한 것으로 옳은 것은?

갑, 을, 병, 정의 네 나라는 시대순으로 연이어 존재했고, 네 나라의 수도는 각각 달랐는데 관주, 금주, 평주, 한주 중 어느 하나였다. 이들에 대해 다음이 알려져 있다.

(1) 한주가 수도인 나라는 평주가 수도인 나라의 바로 전 시기에 있었다.
(2) 금주가 수도인 나라는 관주가 수도인 나라의 바로 다음 시기에 있었으나, 정보다는 이전 시기에 있었다.
(3) 병은 가장 먼저 있었던 나라는 아니지만, 갑보다는 이전 시기에 있었다.
(4) 병과 정은 시대순으로 볼 때 연이어 존재하지 않았다.

① 금주는 갑의 수도이다.
② 관주는 병의 수도이다.
③ 평주는 정의 수도이다.
④ 을은 갑의 다음 시기에 존재하였다.
⑤ 한주가 수도인 나라가 가장 오래되었다.

1단계 제시된 상황을 시각화하기

정보를 살펴보면, 크게 순서와 관련 없는 고정된 정보와 나머지 순서와 관련있는 정보로 분류할 수 있다. 먼저 고정된 정보를 분석하여 시각화한다.

상 황	추 론
• 갑, 을, 병, 정의 네 나라는 시대순으로 연이어 존재했다.	순서와 관련 없는 정보로, 변화 없이 고정되는 요소이다. 따라서 이를 토대로 상황을 시각화한다.
• 네 나라의 수도는 각각 달랐는데 관주, 금주, 평주, 한주 중 어느 하나였다.	⇨ 시대순으로 나라가 존재했기 때문에 순서를 한 축에, 나라와 수도를 다른 축에 배치한다.

다음과 같이 표를 그릴 수 있다.

	1	2	3	4
나라				
수도				

2단계 최대한 추리하여 빈 공간 채우기

표를 만든 상태에서 빈 공간을 채울 때 확정할 수 있는 정보부터 최대한 확정한다.
⇨ 연이어 존재한 순서를 알려 주는 (1)과 (2)부터 확정할 수 있다.

(1) 한주가 수도인 나라는 평주가 수도인 나라의 바로 전 시기에 있었다.
　　⇨ '한주 → 평주' 순서임을 알 수 있다.

(2) 금주가 수도인 나라는 관주가 수도인 나라의 바로 다음 시기에 있었으나, 정보다는 이전 시기에 있었다.

⇨ '관주 → 금주 → → 정' 순서임을 알 수 있다.

⇨ (1)에서 '한주 → 평주'가 결정되었고 (2)에서 '관주 → 금주 → → 정'이 결정되었다. 그리고 시대가 모두 4개이므로 '관주 → 금주 → → 정'에서 관주는 3과 4에 위치할 수 없다. 따라서 아래와 같이 추론할 수 있다.

	1	2	3	4
나라			정	
수도	관주	금주	한주	평주

(3) 병은 가장 먼저 있었던 나라는 아니지만, 갑보다는 이전 시기에 있었다.

⇨ '병 → → 갑' 순서임을 알 수 있다.

(4) 병과 정은 시대순으로 볼 때 연이어 존재하지 않았다.

⇨ 정이 3에 올 때와 4에 올 때의 경우를 나누어 판단해야 한다.

ⅰ. 정이 3에 올 때

병과 정은 연이어 올 수 없고 병은 1에 올 수 없다. 그래서 병이 2에 위치해야 하는데 그럴 경우 병과 정이 연이어 있게 된다. 따라서 이 경우는 성립하지 않는다.

	1	2	3	4
나라	을(~병)		정	
수도	관주	금주	한주	평주

ⅱ. 정이 4에 올 때

	1	2	3	4
나라	(~병)을	병	갑	정
수도	관주	금주	한주	평주

이렇게 조건에 위배되지 않고 순서가 배치된다.

3단계 **선택지 판단하기**

① 옳지 않다.　　금주는 ~~갑~~(병)의 수도이다.

② 옳지 않다.　　관주는 ~~병~~(을)의 수도이다.

③ 옳다.　　　　평주는 정의 수도이다.

④ 옳지 않다.　　을은 갑의 ~~다음 시기에~~(보다 먼저) 존재하였다.

⑤ 옳지 않다.　　~~한주~~(관주)가 수도인 나라가 가장 오래되었다.

➡ 따라서 정답은 ③이다.

예시 문항 2

다음으로부터 추론한 것으로 옳은 것은?

A, B, C, D가 제작하는 4개 영화에 대해 다음 사실이 알려져 있다.

(1) A는 액션, C는 스릴러, D는 멜로를 제작하고, B는 코미디를 제작하지 않는다.
(2) A가 제작하는 영화라면 B도 제작한다.
(3) A와 C는 같은 영화를 제작하지 않는다.
(4) A, B, C, D 각각은 2종류 이상의 영화를 제작한다.

① B는 액션을 제작하지 않는다.
② B와 C가 공통으로 제작하는 영화가 있다.
③ C는 제작하지 않지만 D가 제작하는 영화가 있다.
④ 3명이 공통으로 제작하는 영화는 없다.
⑤ 3종류의 영화를 제작하는 사람은 없다.

1단계 **제시된 상황을 시각화하기**

4명의 사람과 제작하는 4개 종류의 영화는 고정된 것이므로 각각 가로축과 세로축에 배치한다.

	A	B	C	D
액션				
스릴러				
코미디				
멜로				

2단계 **최대한 추리하여 빈 공간 채우기**

확정할 수 있는 정보부터 표에 반영해 나가야 한다.
⇨ 영화의 종류를 확정할 수 있는 것은 (1)과 (2)이다.

(1) A는 액션, C는 스릴러, D는 멜로를 제작하고, B는 코미디를 제작하지 않는다.

	A	B	C	D
액션	○			
스릴러			○	
코미디		x		
멜로				○

(2) A가 제작하는 영화는 B도 제작한다.

⇨ 이를 기호화하면 'A → B'이며, 이는 '~B → ~A'를 함축한다. B는 코미디를 제작하지 않으므로 A 도 코미디를 제작하지 않음을 알 수 있다.

	A	B	C	D
액션	○	○		
스릴러			○	
코미디	×	×		
멜로				○

(3) A와 C는 같은 영화를 제작하지 않는다.

⇨ A는 액션을 제작하므로 C는 액션을 제작하지 않는다. 그리고 C는 스릴러를 제작하므로 A는 스릴러를 제작하지 않는다.

	A	B	C	D
액션	○	○	×	
스릴러	×		○	
코미디	×	×		
멜로				○

(4) A, B, C, D 각각은 2종류 이상의 영화를 제작한다.

⇨ 2종류 이상의 영화를 제작해야 하므로 A는 멜로를 제작한다. 그리고 (2)에 따라 B도 멜로를 제작한다. A와 C는 같은 영화를 제작하지 않으므로 C는 멜로를 제작하지 않는다. C는 2종류 이상의 영화를 제작해야 하므로 코미디를 제작한다.

	A	B	C	D
액션	○	○	×	
스릴러	×		○	
코미디	×	×	○	
멜로	○	○	×	○

3단계   선택지 판단하기

① 옳지 않다.   B는 액션을 제작하지 않는다. (→ 한다.)

② 옳지 않다.   B와 C가 공통으로 제작하는 영화가 있다. (→ 을 가능성이 있다.)

③ 옳다.   C는 제작하지 않지만 D가 제작하는 영화가 있다. → 멜로영화

④ 옳지 않다.   3명이 공통으로 제작하는 영화가 없다. (→ 있다. (멜로영화))

⑤ 옳지 않다.   3종류의 영화를 제작하는 사람은 없다. (→ 이 있을 가능성이 있다.)

➡ 따라서 정답은 ③이다.

2) 논리게임 세부 유형별 풀이법 ②

참 또는 거짓

진술의 참 또는 거짓을 판단하는 유형이다. 그런데 제시문에서 어느 진술이 참인지 거짓인지를 확정해 주지 않는다. 따라서 제시된 조건을 이용하여 참인 진술과 거짓인 진술을 추론하여 상황을 파악해야 한다.

단, 이 유형은 제시된 진술의 참과 거짓을 판단해야 한다는 점에서 제시된 진술이 모두 참이라고 전제하고 있는 다른 유형의 '논리게임'과 다르다.

'참 또는 거짓' 유형에서 가장 먼저 해야 할 일은 서로 양립 불가능한 진술을 찾아 경우의 수를 최소화하는 것이다. 모순관계에 있는 진술들 중 하나가 참이라면 나머지 하나는 거짓이므로, 모순된 진술을 찾으면 경우의 수를 줄일 수 있다.

문제 풀이 전략 및 TIP

1단계 모순된 진술 찾기

가장 먼저 할 일은 모순된 진술을 찾는 것이다.

- ☑ 여러 조건과 진술이 제시되므로 추론 과정에서 혼동되지 않도록 유의
- ☑ 조건이나 진술 중 모순되는 것이 있는지 먼저 살펴, 가능한 경우의 수를 최소화

⋮

2단계 경우의 수 나누기

모순된 진술을 찾았다면, 그 진술이 참일 경우와 거짓일 경우로 나눈다.

- ☑ 진술이 참일 경우와 거짓일 경우를 나누어 진술을 재구성
  이때 조건에 위배되는 결론이 도출되는 경우는 성립하지 않으므로 배제

⋮

3단계 선택지 판단하기

예시 문항 1

다음으로부터 추론한 것으로 옳은 것은?

A, B, C, D 4개의 강의실 중 한 곳에만 폭탄이 있다. 강의실 앞에는 단서가 될 만한 문장이 적혀있는데, 이들 중 한 문장은 참이고 나머지 세 문장은 거짓임이 밝혀졌다.

(1) A : B에 폭탄이 있다.
(2) B : 폭탄은 이 강의실에 없다.
(3) C : 폭탄은 이 강의실에 없다.
(4) D : 폭탄은 이 강의실에 있다.

① 폭탄은 A에 있다.
② 폭탄은 B에 있다.
③ 폭탄은 C에 있다.
④ 폭탄은 D에 있다.

1단계 모순된 진술 찾기

경우의 수를 줄이기 위해서는 가장 많이 노출된 정보부터 참거짓을 파악하는 것이 효과적이다. 다른 강의실은 한 번만 언급되었지만, B는 (1)과 (2)에서 두 번 언급된다.
(1) A : B에 폭탄이 **있음**
(2) B : B에 폭탄이 **없음**
⇨ A가 참이라면 B는 거짓이다. 두 진술은 동시에 양립 불가능하다. 따라서 모순된 진술은 (1)과 (2)이다.

2단계 경우의 수 나누기

⇨ (1)이 참일 경우와, (1)이 거짓일 경우로 나눈다.

ⅰ. (1)이 참일 경우

1개만 참이라고 하였으므로 이 경우 나머지 세 문장은 거짓이다. 따라서 제시된 진술은 다음과 같이 재진술된다.

■ 재진술된 내용

(1) 참 : 폭탄은 B에 있다.
(2) 거짓 : 폭탄은 B에 있다.
(3) 거짓 : 폭탄은 C에 있다.
(4) 거짓 : 폭탄은 D에 없다.

⇨ 이때 폭탄은 B와 C에 있게 된다. 그런데 한 곳에만 폭탄이 있다고 하였으므로 이 경우는 조건에 위배된다. 따라서 (1)은 거짓 진술이다.

ⅱ. (1)이 거짓일 경우

(1)이 거짓이므로 (1)과 모순된 진술인 (2)는 참이다. 그리고 나머지 진술은 모두 거짓이다.

■ **재진술된 내용**

(1) 거짓 : 폭탄은 B에 없다.

(2) 참 : 폭탄은 B에 없다.

(3) 거짓 : 폭탄은 C에 있다.

(4) 거짓 : 폭탄은 D에 없다.

⇨ 이때 폭탄은 C 한 곳에만 있다.

3단계 **선택지 판단하기**

① 옳지 않다.　　폭탄은 ~~A~~ᶜ에 있다.

② 옳지 않다.　　폭탄은 ~~B~~ᶜ에 있다.

③ 옳다.　　　　폭탄은 C에 있다.

④ 옳지 않다.　　폭탄은 ~~D~~ᶜ에 있다.

➡ 폭탄은 C에 있으므로 정답은 ③이다

다음으로부터 추론한 것으로 옳은 것만을 <보기>에서 있는 대로 고른 것은?

> 천사 1명, 악마 1명, 인간 1명이 있다. 천사는 진실만을 말하고, 악마는 거짓만을 말하며, 인간은 진실을 말하기도 하고 거짓을 말하기도 한다. A, B, C의 진술은 다음과 같다.
>
> A : 나는 천사가 아니다.
> B : 나는 인간이 아니다.
> C : 나는 악마가 아니다.

< 보 기 >

ㄱ. A는 천사다.
ㄴ. B는 거짓말을 하고 있다.
ㄷ. C는 악마다.

① ㄱ   ② ㄷ   ③ ㄱ, ㄴ   ④ ㄴ, ㄷ   ⑤ ㄱ, ㄴ, ㄷ

1단계 모순된 진술 찾기

이 문항의 경우는 어떤 진술끼리 모순인지 바로 판단할 수 없다. 이때에는 진술의 수가 적으므로 참 거짓 경우 모두를 추론해야 한다.

2단계 경우의 수 나누기

3개 진술 모두의 참거짓을 추론하기로 한 경우, 아래와 같이 각 진술의 참거짓 판단을 해나간다. 표를 별도로 그려도 좋지만 이 문항의 경우 진술 수가 적고 짧으므로, 진술이 이미 표기된 문제지 위에서 경우의 수를 판단하는 것이 효율적이다.

A : 나는 천사가 아니다.	• 참일 때 : A는 인간 ∨ ~~악마~~
	  (악마는 참을 말할 수 없으므로 A는 인간)
	• ~~거짓일 때 : A는 천사~~
	  (천사이면서 거짓말을 할 수 없으므로 이 경우는 성립하지 않음)
	∴ A는 인간

B : 나는 인간이 아니다.	• 참일 때 : B는 천사 ∨ ~~악마~~
	  (악마는 참을 말할 수 없으므로 B는 천사)
	• ~~거짓일 때 : B는 인간~~
	  (A가 인간이므로 B가 인간인 경우는 성립하지 않음)
	∴ B는 천사

C : 나는 악마가 아니다.	• ~~참일 때 : C는 악마~~ (악마는 참을 말할 수 없으므로 이 경우는 성립하지 않음) • 거짓일 때 : C는 악마 ∴ C는 악마

3단계 **선택지 판단하기**

ㄱ. 옳지 않다. A는 ~~천사~~ 인간(이)다.

ㄴ. 옳지 않다. B는 ~~거짓~~ 진실을 말하고 있다.

ㄷ. 옳다. C는 악마다.

➡ ㄷ만 옳으므로 정답은 ②이다.

2) 논리게임 세부 유형별 풀이법 ③

리그/토너먼트

리그나 토너먼트 게임이 제시되었을 때, 경기 결과가 어떻게 될 것인지를 추리하는 유형이다. 반대로 경기 결과가 먼저 제시되고 게임 상황을 물을 수도 있다.

이 유형 역시 다른 '논리게임' 유형처럼, 가장 먼저 확정할 수 있는 정보를 찾아 경우의 수를 줄여야 한다. 이를 위해서 가장 먼저 해야 할 일은 게임의 규칙을 이해하는 것이다.

문제 풀이 전략 및 TIP

1단계 **게임 규칙 파악하기**

알고 있는 리그나 토너먼트 게임 규칙이 제시되기도 하지만, 문항마다 새로운 규칙이 제시될 수도 있으므로 정확하게 규칙을 파악해야 한다.

⋮

2단계 **확정할 수 있는 정보부터 확정하고 최대한 추리하기**

경우의 수를 줄이기 위해 확정할 수 있는 정보부터 파악하여 함축된 정보를 최대한 추리한다.

☑ 가장 많은 정보가 주어진 단서부터 정보를 확정
☑ 결합했을 경우, 경우의 수가 대폭적으로 줄어드는 정보들을 결합
☑ 경우를 나누어서 'X의 경우일 때', 'Y의 경우일 때'로 결론을 도출

⋮

3단계 **선택지 판단하기**

선택지에서 특정 경우를 물을 수도 있으므로 유의한다.

예시 문항

다음으로부터 추론한 것으로 옳은 것만을 <보기>에서 있는 대로 고른 것은?

> 축구 시합에 A, B, C, D 네 팀이 출전하였다. 시합은 각 팀이 번갈아 겨루는 리그전으로 진행된다. 각 경기에서 이기는 팀은 3점, 비기면 1점, 패하면 0점을 받으며, 총 점수가 큰 순서대로 1위와 2위가 결승전, 3위와 4위가 준결승전을 치른다. 시합에 대해 다음 <정보>가 알려졌다.
>
> <정보>
> (1) A는 D에게 이겼고, 한 번의 무승부를 기록하였다.
> (2) B는 A에게 졌고, 무승부 기록이 없는 팀에게 이겼다.
> (3) C는 A에게 진 팀들과는 1무 1패를 기록하였다.

―――――― < 보 기 > ――――――
> ㄱ. A와 C는 결승전에 진출한다.
> ㄴ. A와 B는 결승전에 진출한다.
> ㄷ. D는 4위를 기록한다.

① ㄱ ② ㄴ ③ ㄱ, ㄷ ④ ㄴ, ㄷ ⑤ ㄱ, ㄴ, ㄷ

1단계 게임 규칙 파악하기

제시문	추론
축구 시합에 A, B, C, D 네 팀이 출전하였다. 시합은 각 팀이 번갈아 겨루는 리그전으로 진행된다.	• 4개 팀이 번갈아 겨룬다. ⇨ 각 팀은 총 3회의 경기를 함 (A, B) (A, C) (A, D) (B, C) (B, D) (C, D)

2단계 확정할 수 있는 정보부터 확정하고 최대한 추리하기

열리는 경기를 자신만의 방식으로 시각화하여 확정할 수 있는 정보를 확정해 두어야 한다.

(1) A는 D에게 이겼고, 한 번의 무승부를 기록하였다.
⇨ (A, D) 경기에서 A가 1승을 하고, 다른 두 번의 경기 중 한 번은 무승부였다. 그러나 A의 어떤 경기가 무승부인지는 확정할 수 없다.

(A, B)	(B, C)	(C, D)
(A, C)	(B, D)	
(A > D)		

시각화를 할 때 A가 이긴 것을 '>'으로 표현하였다. 승패를 'O/X'로 표현해도 무방하다. 도식화의 목적은 한눈에 보기 쉬우면서 추론된 정보를 기록할 수 있는 것이므로 자신에게 익숙한 기호를 사용하되 너무 자세하게 그릴 필요는 없다.

(2) B는 A에게 졌고, 무승부 기록이 없는 팀에게 이겼다.

⇨ B가 A에게 졌다는 것은 A가 B와의 경기에서 이겼다는 뜻이다. 그리고 위 (1)에서 A는 한 번의 무승부를 기록하였다고 하였으므로, A는 C와 무승부를 기록하였다.

⇨ B는 무승부 기록이 없는 팀에게 이겼다고 하였는데, C는 무승부 기록이 있으므로 B는 D와의 경기에서 이겼다.

(A > B)	(B, C)	(C, D)
(A = C)	(B > D)	
(A > D)		

(3) C는 A에게 진 팀들과는 1무 1패를 기록하였다.

⇨ A에게 진 팀은 B와 D이다. 따라서 C는 B와 D에게서 1무 1패를 하였다. 그런데 만약 C와 D가 무승부를 한 것이라면, (2)에서 'B는 무승부 기록이 없는 팀에게 이겼다'는 조건을 만족할 수 없다. C와 D 모두 무승부 기록이 있으므로 B는 어느 팀에게도 이길 수 없기 때문이다. C와 D의 경기가 무승부라면, 조건에 위배되므로 따라서 C는 B와의 경기에서 무승부를 하였고 D와의 경기에서 패하였다.

(A > B)	(B = C)	(C < D)
(A = C)	(B > D)	
(A > D)		

⇨ **최대한 추리하기**
A는 2승 1무로 7점, B는 1승 1패 1무로 4점, C는 2무 1패로 2점, D는 1승 2패로 3점이다. 따라서 결승전은 A와 B가, 준결승전은 C와 D가 진출할 것이다.

3단계 **선택지 판단하기**

ㄱ. 옳지 않다.　　A와 ~~C~~ B는 결승전에 진출한다.

ㄴ. 옳다.　　A와 B는 결승전에 진출한다.

ㄷ. 옳지 않다.　　~~D~~ C는 4위를 기록한다.

➡ ㄴ만 옳으므로 정답은 ②이다.

명시적 요소 분석

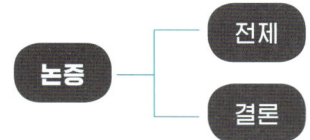

추리논증이라는 과목명에도 명시된 '논증'이란 결론과 전제로 구성된 글이다. 결론은 궁극적으로 주장하고자 하는 내용이고, 전제는 결론의 이유나 근거가 되는 문장들이다.

논증은 (1) 논증 분석, (2) 논쟁 및 반론, (3) 논증 평가 및 문제 해결의 3개로 나뉜다. 아래의 그림처럼 논증은 쉽게 말해 '나의 주장'이다. 이 주장을 분석하는 것이 (1) 논증 분석이다. 그리고 나의 주장에 대해 상대방이 반론을 펼치는 것이 (2) 논쟁 및 반론이다. 이때, 적절한 반론은 전제를 부정하거나 결론을 부정하는 것이다. 마지막으로 새로운 증거나 사례가 등장했을 때, '나의 주장'이 약화되는 것인지 또는 강화되는 것인지를 평가하는 것이 (3) 논증 평가 및 문제 해결이다. 이처럼 하나의 논증은 여러 개 유형을 파악하는 기본이 되므로, 논증을 구성하는 전제와 결론에 대해 이해하는 것이 유형 해결의 시작점이다.

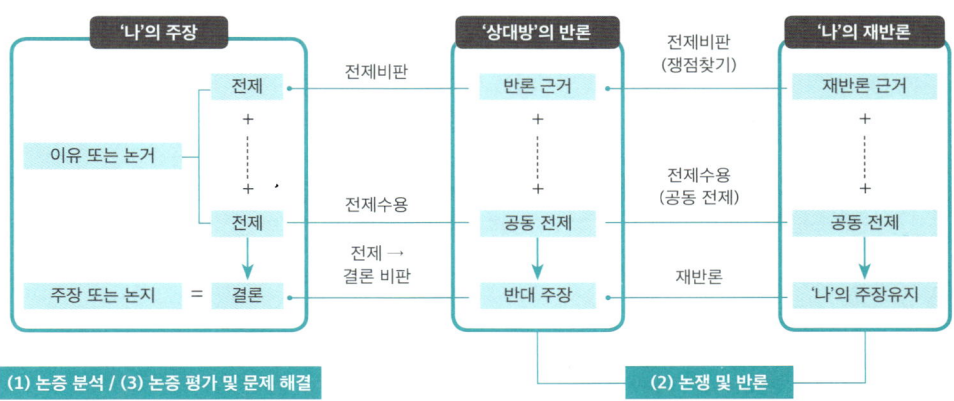

전제들은 여러 명제가 복합적으로 얽혀 있기도 하므로 '명시적 요소'나 '암묵적 요소' 그리고 '논증의 전체 구조'를 묻는 유형을 해결하기 위해서는 결론을 먼저 찾아야 한다.
결론을 찾은 후, 결론과 직접적으로 연관된 전제를 가려내고 그 전제를 뒷받침하는 또 다른 전제들을 거슬러 파악하면 논증의 전체 구조를 논리적으로 재구성할 수 있다.

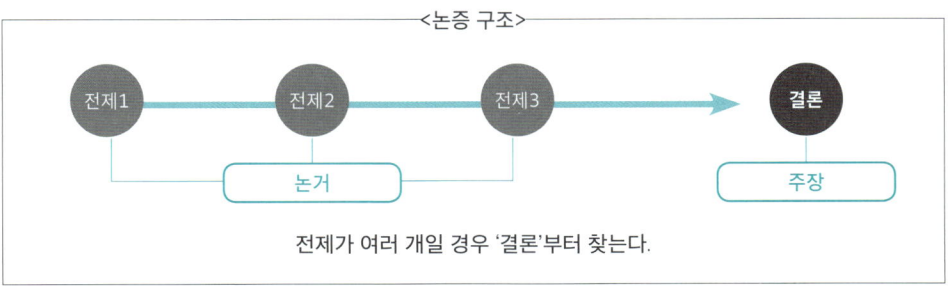

논증은 크게 '각 전제가 독립하여 결론을 뒷받침하는 경우'와 '둘 이상의 전제가 결합하여 결론을 뒷받침하는 경우'로 나눌 수 있다.

1) 각 전제가 독립하여 결론을 뒷받침하는 경우

두 개 이상의 전제가 있지만, 각 전제들이 개별적으로
결론을 뒷받침하는 경우이다. 다음의 예시문항을 살펴보자.

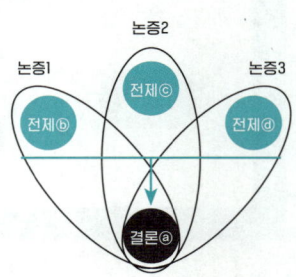

**예시
문항**

ⓐ 날로 번창하는 향락 산업이 우리의 사회를 병들게 하고 있다. ⓑ 불필요한 소비를 조장하여 가정 경제를 어렵게 만들고, ⓒ 생산적인 분야로 투자되어야 할 사회적 부를 소비적인 곳으로 몰리게 하는 등 많은 문제를 일으키고 있는 것이다. ⓓ 무엇보다도 심각한 문제는 향락 산업이 사회 구성원들의 몸과 마음을 망친다는 것이다.

논증을 분석하기 위한 첫 번째 일은 결론을 찾는 것이다. 이 글에서 글쓴이가 말하고자 하는 것은 'ⓐ 날로 번창하는 향락 산업이 우리의 사회를 병들게 하고 있다.'임을 알 수 있다. 그리고 글쓴이는 결론 ⓐ의 근거로 ⓑ, ⓒ, ⓓ를 제시하고 있다.

이때 ⓒ, ⓓ와 무관하게 ⓑ 단독으로 결론 ⓐ를 뒷받침할 수 있다. 마찬가지로 ⓒ와 ⓓ 단독으로 결론 ⓐ가 도출될 수 있다. 따라서 'ⓑ와 ⓐ', 'ⓒ와 ⓐ', 'ⓓ와 ⓐ' 묶음으로 논증을 구성할 수 있다.

논증 1 ⓑ와 ⓐ의 묶음

전제	ⓑ 불필요한 소비를 조장하여 가정 경제를 어렵게 만들기 때문에
결론	ⓐ 날로 번창하는 향락 산업이 우리의 사회를 병들게 하고 있다.

논증 2 ⓒ와 ⓐ의 묶음

전제	ⓒ 생산적인 분야로 투자되어야 할 사회적 부를 소비적인 곳으로 몰리게 하기 때문에
결론	ⓐ 날로 번창하는 향락 산업이 우리의 사회를 병들게 하고 있다.

논증 3 ⓓ와 ⓐ의 묶음

전제	ⓓ 향락 산업이 사회 구성원들의 몸과 마음을 망치기 때문에
결론	ⓐ 날로 번창하는 향락 산업이 우리의 사회를 병들게 하고 있다.

2) 둘 이상의 전제가 결합하여 결론을 뒷받침하는 경우

두 개 이상의 전제가 있지만, 각 전제들이 결합하여
결론을 뒷받침하는 경우이다. 다음의 예시문항을 살펴보자.

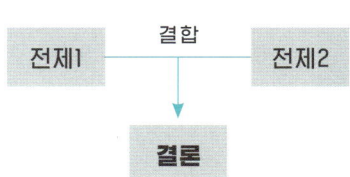

**예시
문항**

> ⓐ 컴퓨터 게임 시간이 증가한 것은 학력 하락의 원인이다. ⓑ 최근 우리나라 청소년의 컴퓨터 게임 시간은 평균 30분 늘어난 것으로 조사되었고, ⓒ 같은 기간에 학력은 평균 2% 하락한 것으로 나타났기 때문이다.

결론은 'ⓐ 컴퓨터 게임 시간이 증가한 것은 학력 하락의 원인이다.'임을 알 수 있다. 그리고 ⓐ의 전제로 ⓑ와 ⓒ가 제시되어 있는데, 이 두 전제는 독립적으로는 결론을 지지할 수 없다. 컴퓨터 게임 시간이 늘어난 것과 함께 같은 기간에 학력이 하락했다는 사실까지 같이 제시되어야 학력 하락의 원인이 컴퓨터 게임 시간의 증가에 있다고 주장할 수 있다. 따라서 ⓑ와 ⓒ가 결합되어 결론 ⓐ를 도출하고 있다.

전제	ⓑ 최근 우리나라 청소년의 컴퓨터 게임 시간은 평균 30분 늘어난 것으로 조사되었고
	ⓒ 같은 기간에 학력은 평균 2% 하락한 것으로 나타났기 때문에
결론	ⓐ 컴퓨터 게임 시간이 증가한 것은 학력 하락의 원인이다.

암묵적 요소 분석

논증에는 반드시 결론이 있고 그 결론을 뒷받침하는 전제가 있다. 대개의 논증은 전제를 충실히 제시하지만, 한편으로 사람들이 모두 인정하거나 이미 동의하고 있다고 생각되는 전제를 빼두기도 한다. 모두들 암묵적으로 이미 알고 있다고 생각하여 빼둔 전제를 '암묵적 전제'라고 하며, 결론을 도출하는 데 반드시 필요하지만 일부러 숨겨두는 전제를 '생략된 전제'라고 한다. 그러나 암묵적으로 알고 있든 일부러 생략하든, 제시된 논증에서 특정 전제를 숨긴 이유는 해당 전제를 생략하여도 논지를 전달하는 데 큰 문제가 없기 때문이다.

예시 문항 1

급속된 세계화로 인해 각국 고유의 문화와 전통이 손상되었다. 따라서 사람들은 세계화가 부정적인 현상이라고 판단한다.

이 논증은 '사람들은 각국 고유의 문화와 전통이 손상되는 현상을 부정적으로 판단한다.'는 전제가 숨어 있다. 이 전제가 사람들이 모두 인정할 만한 것이라고 판단되었기 때문에 굳이 명시하지 않은 것이다. 이 전제를 반영하여 논증을 구성하면 다음과 같다.

[전제]	세계화로 인해 각국의 문화와 전통이 손상되었다.
(암묵적 전제)	사람들은 각국 고유의 문화와 전통이 손상되는 현상을 부정적으로 판단한다.
[결론]	따라서 사람들은 세계화가 부정적인 현상이라고 판단하게 되었다.

사람들이 모두 동의하고 인정하고 있다고 여겨 암묵적으로 생략해 둔 이러한 전제들은 논증에 반영될 경우, 해당 논증의 정합성과 완성도를 더 높일 수 있다.

이런 점 때문에 생략된 전제를 찾아야 하는 문제를 해결할 때는 다음 두 가지 방법을 활용하면 수월하게 해결할 수 있다.

방법 1 선택지의 진술을 논증에 반영하여 결론이 도출되는지의 여부를 살핀다.

선택지로 제시된 진술을 논증에 반영하였을 때 결론이 적절하게 도출된다면, 이는 생략된 전제로 적절한 것이다. 마찬가지로 선택지로 제시된 진술을 논증에 반영하였는데 결론이 도출되지 않는다면, 해당 진술은 생략된 전제로 적절하지 않은 것이다.

방법 2 선택지의 진술을 부정하여 논증에 반영해 본다.

원래의 진술을 부정하여 논증에 반영하였는데 결론이 도출된다면, 원래의 진술은 논증에 필요한 전제가 아니다. 마찬가지로 원래의 진술을 부정하여 논증에 반영하였는데 결론이 도출되지 않는다면, 원래의 진술은 논증에서 생략된 전제로 인정될 수 있을 것이다.

예시 문항 2

다음 논증의 암묵적 전제로 가장 적절한 것은?

인간복제를 통해서 만들어지는 인간은 다른 사람과 동일한 유전자를 가질 수밖에 없다. 따라서 인간복제를 통해 만들어진 인간은 자신만의 고유한 정체성이 없다.

① 유전형이 다른 인간으로 복제되면 권리가 부여되지 않는다.
② 자신만의 고유한 정체성을 갖기 위해서는 타인과 다른 유전자를 가져야 한다.

생략된 전제를 해당 논증에 반영하면 자연스럽게 결론이 도출되어야 한다. 또한 선택지에 제시된 진술을 부정한 진술을 논증에 반영하면 결론이 도출되지 않는다. 그래서 생략된 전제를 찾는 문제의 경우, 주어진 선택지를 논증에 반영하여 결론이 도출되는지의 여부를 따져보는 것이 효과적이다. 그러기 위해서 먼저 해당 논증을 간략히 재구성하는 작업이 선행되면 도움이 된다.

■ **제시된 논증 재구성하기**

[전제] 복제된 인간은 다른 인간과 동일한 유전자를 가진다.
[결론] 따라서 복제된 인간은 고유한 정체성이 없다.

방법 1 선택지 ②를 논증에 보충

② 자신만의 고유한 정체성을 갖기 위해서는 타인과 다른 유전자를 **가져야 한다.**

➡

[전제] 복제된 인간은 다른 인간과 동일한 유전자를 가진다.
[전제] 자신만의 고유한 정체성을 갖기 위해서는 타인과 다른 유전자를 가져야 한다.
[결론] 따라서 복제된 인간은 고유한 정체성이 없다.

선택지 ②를 전제로 보충했을 때 동일한 유전자를 지닌 복제된 인간은 그의 고유한 정체성이 없다는 결론이 자연스럽게 도출된다. 따라서 선택지 ②는 생략된 전제로 적절하다.

방법 2 선택지 ②를 부정한 뒤 논증에 보충

② 자신만의 고유한 정체성을 갖기 위해서는 타인과 다른 유전자를 **가질 필요가 없다.**

➡

[전제] 복제된 인간은 다른 인간과 동일한 유전자를 가진다.
[전제] 자신만의 고유한 정체성을 갖기 위해서는 타인과 다른 유전자를 가질 필요가 없다.
[결론] 따라서 복제된 인간은 고유한 정체성이 없다.

선택지 ②를 부정하여 전제로 보충하면 '자신만의 고유한 정체성을 갖기 위해서는 타인과 다른 유전자를 가질 필요가 없기 때문에, 따라서 다른 인간과 동일한 유전자를 가진 복제 인간은 고유한 정체성이 없다'는 논증이 된다. 이 논증에서는 전제와 결론이 자연스럽게 연결되지 않는다. 즉, ②를 부정하여 전제로 보충하면 결론이 도출되지 않는다. 따라서 원래의 선택지 ②는 생략된 전제로 적절하다.

강화약화

'강화약화' 유형은 제시문에 주어진 논증에 대한 심층적 평가를 요구한다. '강화약화' 유형이 나타나는 논증은 주로 귀납 논증에 해당하며, 귀납 논증은 전제(실험이나 관찰의 결과)가 참일 경우, 결론(가설)이 반드시 참인 것은 아니지만 참일 개연성이 높다고 주장되는 논증이다. 이때, 주어진 논증에 새로운 정보가 추가될 때 그 정보가 해당 논증에 어떠한 영향을 미치는지 평가하는 것이 '강화약화' 유형이다.

이 유형은 제시문에 주어진 논증에 대한 새로운 정보의 역할을 묻기 때문에 주어진 논증의 내용을 세세하게 파악하는 것이 중요하다. 제시문에 제시된 것뿐만 아니라 생략된 전제가 있는지 추리를 통해 파악하여 온전한 논증을 완성하고, 새로운 정보가 해당 논증에 어떤 역할을 하는지 정확히 파악하여야 한다.

1. 강화 유형

어떤 사례가 가설의 참을 확증할 때, 이 사례는 가설을 강화한다. 제시문에 가설이 주어져 있고, 선택지로 사례가 나열된 경우, 선택지의 사례가 가설이 참일 때 생길 수 있는 결과라면 이는 가설을 강화하는 것이다.

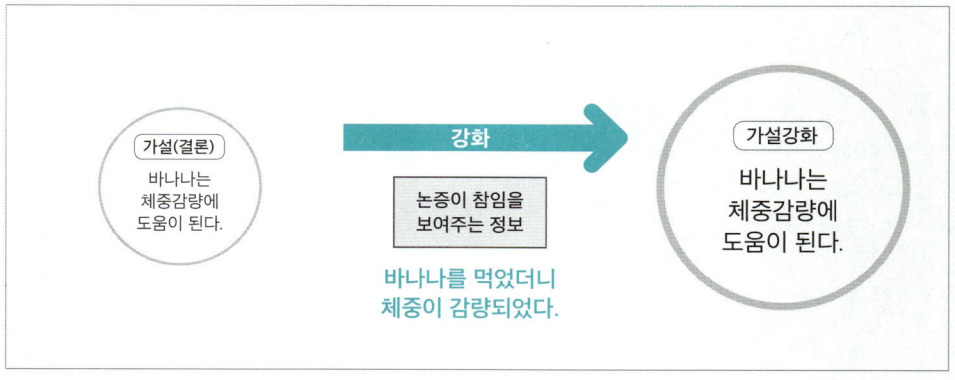

2. 약화 유형

어떤 새로운 사례가 주어진 가설의 거짓을 확증할 때, 이 사례는 가설을 약화한다. 제시된 가설이 거짓일 때 생길 수 있는 사례가 있다면, 이 사례는 가설을 약화하는 것이다.

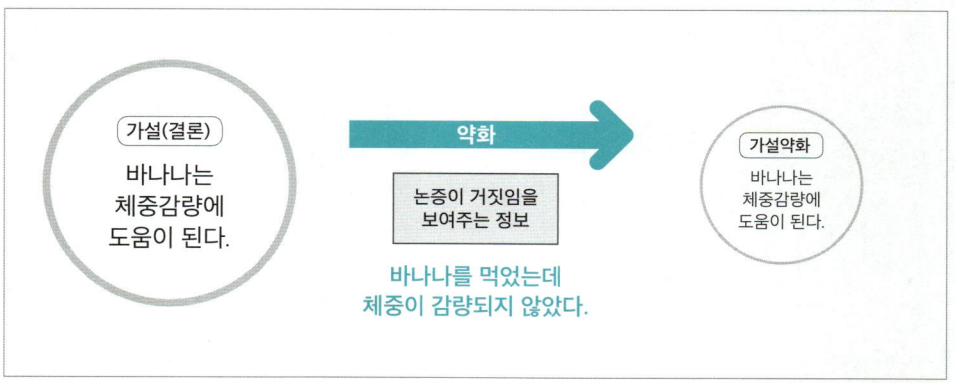

3. 무관

새로운 정보가 가설이나 결론과 관련이 없다면 논증에 어떠한 영향을 주지 못하므로 가설이나 결론
은 강화되지도 약화되지도 않는다.

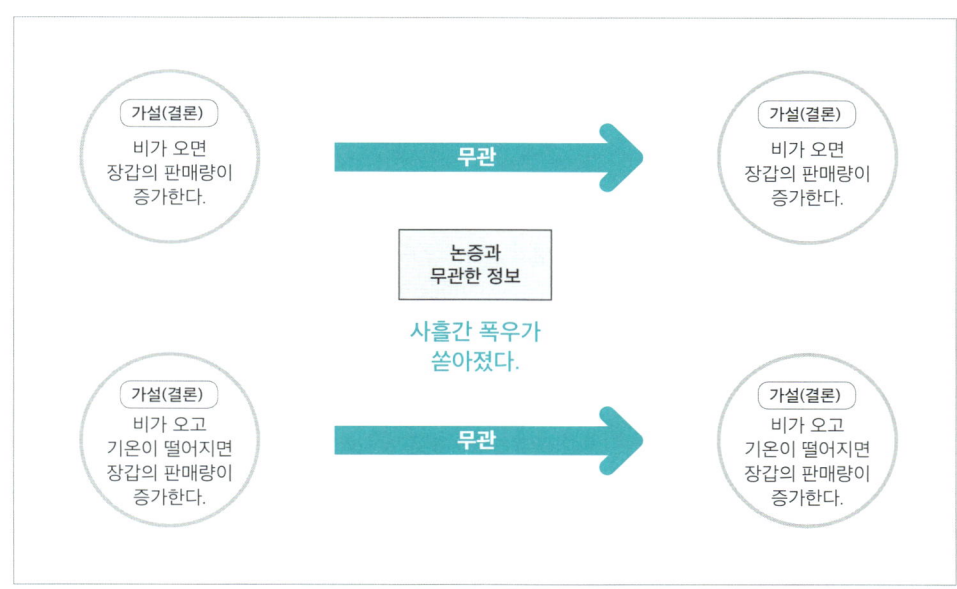

**문제 풀이
전략 및 TIP**

1단계 **가설과 사례 구분하기**

가장 먼저 할 일은 제시된 가설이나 결론을 찾아 정리하는 것이다.

☑ 제시문에 가설이나 결론이 주어지고, 선택지에 사례가 주어짐

⋮

2단계 **사례 판단하기**

사례가 가설이나 결론의 참이나 거짓을 확증하는지를 판단한다.

☑ 가설(결론)이 참이라면 일어날 수 있는 사례 ⇨ 강화
☑ 가설(결론)이 거짓이라면 일어날 수 있는 사례 ⇨ 약화
☑ 가설(결론)의 참이나 거짓에 영향을 주지 않는 사례 ⇨ 무관

예시 문항 1

<가설>을 평가한 것으로 옳은 것만을 <보기>에서 있는 대로 고른 것은?

< 가 설 >

학생들의 학업 성적은 학업에 대한 스트레스의 정도와 관련이 깊다. 팬덤 문화에 빠져 있는 학생일수록 학업 이외의 활동에 집중함으로써 학업에 대한 스트레스가 감소되고, 이로 인해 학업 성적이 상승한다. 따라서 부모들이 학생의 팬덤 활동을 제한하게 된다면 학업에 대한 스트레스가 감소하지 않아 학업 성적은 상승하지 못할 것이다.

< 보 기 >

ㄱ. 학생회장 활동으로 분주하여 팬덤 활동을 일절 하지 않은 청소년의 성적이 늘 전교 10위를 유지하고 있다면, <가설>은 강화된다.
ㄴ. 영어 성적이 낮아 스트레스를 받던 학생이 미국 연예인에 빠져 팬덤 활동을 적극적으로 한 결과 영어 성적이 상승했다면, <가설>은 강화된다.
ㄷ. 청소년의 팬덤 활동 지수와 학업에 대한 집중도를 동일 시점에서 측정하여 비교하였을 때 팬덤 활동 지수가 높은 청소년들의 학업에 대한 집중도가 낮았다면, <가설>은 약화된다.

① ㄱ   ② ㄷ   ③ ㄱ, ㄴ   ④ ㄴ, ㄷ   ⑤ ㄱ, ㄴ, ㄷ

1단계 ## 가설과 사례 구분하기

가설	(1) 팬덤 활동 → 학업 스트레스 감소 → 학업 성적 상승 (2) ~팬덤 활동 → ~학업 스트레스 감소 → ~학업 성적 상승(유지 또는 하락)
사례 ㄱ.	학생회장 활동으로 분주하여 팬덤 활동을 일절 하지 않은 청소년의 성적이 늘 전교 10위를 유지하고 있다. (~팬덤 활동 → 학업 성적 변화 없음)
사례 ㄴ.	영어 성적이 낮아 스트레스를 받던 학생이 미국 연예인에 빠져 팬덤 활동을 적극적으로 한 결과 영어 성적이 상승했다. (팬덤 활동 → 학업 성적 상승)
사례 ㄷ.	학생의 팬덤 활동 지수와 학업에 대한 집중도를 동일 시점에서 측정하여 비교하였을 때 팬덤 활동 지수가 높은 학생들의 학업에 대한 집중도가 낮았다. (팬덤 활동 → 학업 집중도 낮음)

<보기> ㄱ. 옳다.

    ㄱ의 사례는 가설의 (2)가 참이라면 일어날 수 있는 것이다. 따라서 이는 가설을 강화한다.

<보기> ㄴ. 옳다.

    ㄴ의 사례는 가설의 (1)이 참이라면 일어날 수 있는 것이다. 따라서 이는 가설을 강화한다.

<보기> ㄷ. 옳지 않다.

    ㄷ의 사례는 가설의 (1), (2)에 영향을 주지 않는 중립적 사례이다. 따라서 이는 가설을 강화하지 않고 또 약화하지도 않는다.

➡ 따라서 ㄱ, ㄴ이 옳으므로, 정답은 ③이다.

예시 문항 2

다음 <가설>을 강화하는 사실로 가장 적절한 것은?

< 가 설 >

성범죄자들에게 실시하는 약물요법을 중지하면 성범죄자들의 신체 기능이 정상 상태로 복귀하므로 신체 기능의 훼손은 없다. 또한 약물요법은 재범률이 높은 성범죄자들의 재범률을 낮추므로 오히려 당사자의 이익을 위한 것이다. 따라서 약물요법은 처벌이 아니다.

① 위치추적이 가능한 전자발찌를 성폭력 범죄자에게 부착하면 재범률을 낮출 수 있다.
② 약물투여자의 재범률은 5%로 비투여자의 재범률 20~40%보다 낮다는 실험 통계가 있다.
③ 신체 기능을 잠정적으로 제한하는 것도 신체 기능의 훼손에 해당한다.
④ 약물요법은 지속적인 약물을 투여하여야 하는데 약물 투여 시 드는 비용이 막대하다.

1단계 ## 가설과 사례 구분하기

가설	(1) 약물요법을 중지하면 신체 기능 정상 상태 복귀하므로, 약물요법은 신체 기능의 훼손 없음 (2) 약물요법은 재범률을 낮추므로, 약물요법은 당사자의 이익을 위한 것임
사례 ①	위치추적이 가능한 전자발찌를 성폭력 범죄자에게 부착하면 재범률을 낮출 수 있다.
사례 ②	약물투여자의 재범률은 5%로 비투여자의 재범률 20~40%보다 낮았다는 실험 통계가 있다.
사례 ③	신체 기능을 잠정적으로 제한하는 것도 신체 기능의 훼손에 해당한다.
사례 ④	약물요법은 지속적인 약물을 투여하여야 하는데 약물 투여 시 드는 비용이 막대하다.

2단계 **사례 판단하기**

① 옳지 않다.

　①의 사례는 가설의 (1), (2)와 관련이 없다. 따라서 이는 가설을 강화하지 않는다.

② 옳다.

　②의 사례는 약물요법이 재범률을 낮춘다는 것이므로, 이는 가설의 (2)가 참이라면 일어날 수 있는
것이다. 따라서 이는 가설을 강화한다.

③ 옳지 않다.

　③의 사례는 가설의 (1)이 거짓일 때 일어날 수 있는 것이다. 따라서 이는 가설을 약화한다.

④ 옳지 않다.

　④의 사례는 가설의 (1), (2)와 관련이 없다. 따라서 이는 가설을 강화하지 않는다.

➡ 따라서 정답은 ②이다.

2027학년도 LEET 대비

메가로스쿨
유형별 문제집

추리논증

LEET

I
언어 추리

원리 적용

함축 및 귀결

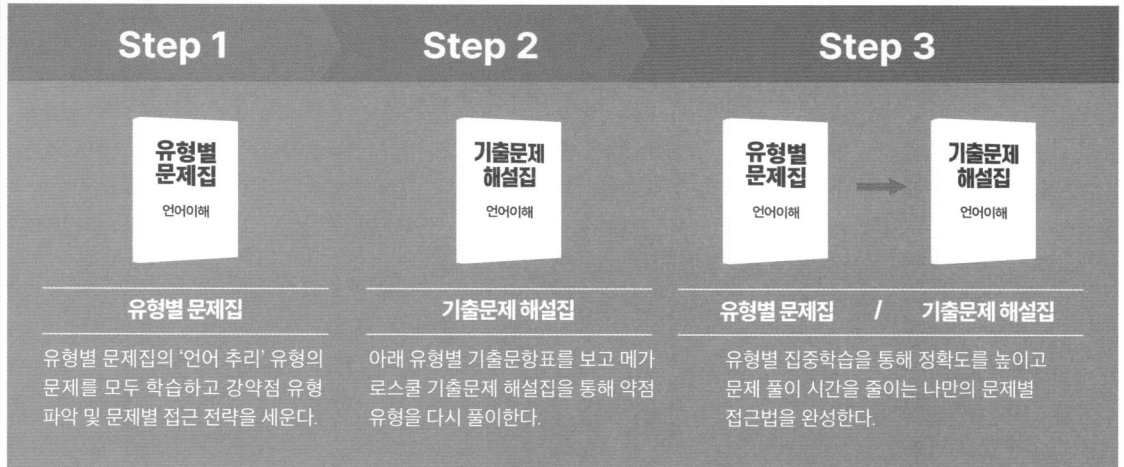

Step 1	Step 2	Step 3
유형별 문제집	기출문제 해설집	유형별 문제집 / 기출문제 해설집
유형별 문제집의 '언어 추리' 유형의 문제를 모두 학습하고 강약점 유형 파악 및 문제별 접근 전략을 세운다.	아래 유형별 기출문항표를 보고 메가로스쿨 기출문제 해설집을 통해 약점 유형을 다시 풀이한다.	유형별 집중학습을 통해 정확도를 높이고 문제 풀이 시간을 줄이는 나만의 문제별 접근법을 완성한다.

유형별 기출문항표

문항 유형	세부 영역	학년도	기출문제 해설집 페이지	문항번호
언어 추리	원리 적용	2026	29	1, 2, 3, 6, 7, 9, 12, 16, 25, 26, 27, 36, 39, 40
		2025	53	4,5,6,7,9,11,12,14,15,17,18,19,20,31,32,36,37,38,39,40
		2024	77	2, 3, 4, 7, 8, 9, 11, 12, 23, 30, 38 39, 40
		2023	101	5, 10
		2022	125	3, 4, 6, 7, 9, 10, 11, 12, 13, 14, 24, 25, 26, 27
		2021	149	4, 5, 6, 7, 8, 9, 10, 11, 12, 26, 27, 32
		2020	173	2, 7, 8, 9, 10, 12, 13, 14, 16
		2019	197	1, 3, 6, 7, 8, 9, 10, 11, 12, 13, 15, 26
		2018	221	1, 2, 3, 4, 5, 6, 7, 8, 9, 14
		2017	241	3, 5, 6, 8, 24, 29
		2016	261	6, 7, 8
		2015	281	1, 2, 5, 6, 7, 8, 21, 27
		2014	301	2, 3, 4, 6
		2013	321	3, 4, 5, 6, 7, 8, 9, 18, 25
		2012	341	11, 13, 16
		2011	361	3, 4, 5, 7, 9
		2010	381	3, 4, 5, 6, 7, 8, 22, 23
		2009	401	10, 11, 17, 31, 34
	함축 및 귀결	2026	29	22, 24, 28, 31, 35
		2025	53	3, 27
		2024	77	16, 17, 31, 32, 36, 37
		2023	101	4, 7, 8, 16, 17, 26, 30, 31, 35, 36, 38, 39, 40
		2022	125	20, 23, 35, 37, 40
		2021	149	19, 29, 30, 31, 38, 39, 40
		2020	173	11, 15, 18, 23, 26, 28, 29, 35, 38, 39, 40
		2019	197	14, 16, 21, 28, 29, 35, 36, 37, 38, 40
		2018	221	10, 13, 15, 19, 21, 22, 23, 29, 30, 31, 35
		2017	241	2, 9, 13, 18, 28, 30, 31, 32, 33, 35
		2016	261	2, 4, 9, 22, 24, 28, 29, 30
		2015	281	3, 25, 31
		2014	301	12, 13, 14, 15, 16, 17, 22
		2013	321	27, 32, 34, 35
		2012	341	5, 7, 8, 12, 14, 17, 21, 22, 26, 28
		2011	361	2, 12, 13, 14, 15, 16, 19, 21, 23, 27, 28, 29, 30
		2010	381	13, 19, 21, 24, 27, 28, 30, 32, 33, 34
		2009	401	2, 7, 13, 22, 28, 29, 35, 40
		예비시험	419	22, 23, 24, 26, 34, 35, 38
		1차 예시	449	6
	사실관계 추리	2012	341	3, 4
		2021	149	22

※ 위 문항 구성표는 본고사 홀수형 기준이며, 전 개년 문항이 포함되어 있습니다.
※ 기출문제 해설집 페이지수는 메가로스쿨 2027학년도 기출문제 해설집 문제편 > 연도별 페이지 기준으로 기재되어 있습니다.

01.

다음으로부터 추론한 것으로 옳지 <u>않은</u> 것은?

> 1. 응시자격 박탈
> ① 중죄인의 자손 : 사직을 위태롭게 한 모반죄, 종묘·능침·궁궐을 파괴한 대역죄, 부모나 남편을 죽인 강상죄(綱常罪) 등 중죄인의 자손은 영세금고(永世禁錮)하여 과거의 응시자격을 주지 않았다. 또, 증수뢰(贈受賂)를 하거나, 관물(官物)을 유용하거나, 남의 재물을 불법으로 탐낸 관리를 장리(贓吏)라 하여 처벌하고, 그 아들에게 과거의 응시자격을 주지 않았다.
> ② 영불서용(永不敍用)의 죄를 지은 자 : 범죄를 저질러 영영 관직에 임명될 수 없다는 판정을 받은 자, 즉 현직 관료로서 범죄인에 대한 재판을 일부러 질질 끄는 자와 고문하여 치사하게 한 자, 공물(貢物)을 대납(代納)하는 자 등에게는 응시자격을 주지 않았다.
>
> 2. 응시자격 제한
> ① 원적(原籍)에 없는 자 : 향시는 시관의 상피인을 제외하고는 타도인(他道人)의 응시를 금하였다. 그러나 조선 후기 원적을 속이고 타도의 향시에 응시하는 자가 있게 되자, 1744년부터 원적에 없는 타도인이 향시에 응시하였을 경우 3년 동안 응시자격을 박탈하였다.
> ② 현직관료와 종친(宗親) : 하급관리가 되는 소과는 참하관 이하, 고관으로 진출하는 대과는 당하관 이하에게 응시자격을 주었으나, 1472년 이후부터 소과는 정5품 통덕랑(通德郎) 이하, 대과는 정3품 당하관인 통훈대부(通訓大夫) 이하에게 응시자격을 주었다.
> ③ 유벌(儒罰)을 받은 자 : 성균관 유생들이 자치기구인 재회(齋會)를 열어 불미스러운 행동을 한 유생에게 제재 등의 유벌을 주는 일이 있었다. 이러한 유벌을 받은 자는 그것이 풀리기 전까지 과거응시에 제약을 받았다.
> ④ 기복(朞服) 이상의 상을 당한 자 : 부모의 상을 당하거나, 승중손(承重孫)이 조부모의 상을 당한 자는 3년상이 끝날 때까지 과거에 응시할 수 없었다. 그러나 초시 합격자가 상을 당하였을 경우 거주지 수령의 공문을 받아 예조에 제출하면 다음의 복시에 바로 응시할 수 있었는데, 이를 진시(陳試)라 하였다.

① 관리인 아버지가 남의 재물을 불법으로 탐해 처벌당하였을 경우 그 아들은 과거에 응시할 수 없었다.

② 초시에 합격한 자라도 부모의 상을 당한 자는 3년상이 끝날 때까지 과거에 응시할 수 없었다.

③ 성균관 재학 중 재회(齋會)에서 유벌을 받은 자는 그 벌이 풀리기 전에는 과거에 응시할 수 없었다.

④ 1745년 전라도에 원적이 기입되어 있는 자가 경상도에서 향시에 응시한 것이 발각되었을 경우 다음해 열리는 과거에는 응시할 수 없었다.

⑤ 당하관이 참하관보다 상위의 관직임을 알 수 있다.

02.

다음으로부터 추론한 것으로 옳은 것만을 <보기>에서 있는 대로 고른 것은?

> 공동체 내에서 일방의 잘못으로 인하여 타방에게 물질적으로 손해를 야기한 경우에 장로회의를 열어 촌락에서 전통으로 내려온 가르침, 즉 '모든 공동체 구성원은 자기에게 잘못이 있다면 이에 상응하는 책임을 져야 한다.'에 따라 이를 해결해 왔다. 그런데 점차 다툼이 많아지고 다양해짐에 따라 전통대로만 해결할 수 없는 경우가 나오고 이를 악용하여 부당하게 자신의 손해보다 더 많은 이득을 취하는 자가 생겨나게 되었다. 이에 X 촌락에서는 전통의 취지를 훼손시키지 않는 범위에서 다음과 같은 원칙을 만들어 장로회의에서 선출한 심판관으로 하여금 그 다툼을 해결하도록 하였다.
>
> <원칙>
> 첫째, 누구도 상대방의 잘못이 없었다면 바로 그때 자신이 실제로 얻었을 것이 분명한 이익 이상을 상대방에게 요구할 수 없다.
> 둘째, 누구도 자신의 잘못이 없었더라도 생겼을 손해에 대해서는 이를 배상하지 않아도 된다.
> 셋째, 누구도 자신의 잘못으로 상대방이 입을 것이 분명한 손해보다 적게 배상해서는 안 된다.
> 넷째, 누구도 상대방의 배상 외에 상대방의 잘못으로 인하여 얻은 이익을 보유하는 결과가 되어서는 안 된다.
>
> (가) A는 한 달(30일) 동안 B의 농사일을 도와주고 일당으로 옥수수 1자루를 받기로 하였다. B는 이 기간 동안 A가 사용할 농기구를 제공하기로 약속하였는데, 21일째가 되는 날부터 갑자기 B가 농기구를 주지 않아 A는 일을 할 수가 없었다. A는 B의 농사일을 하지 못하게 된 10일 동안 K의 집수리를 도와주고 옥수수 10자루를 받았다.
> (나) 정신질환자 C는 환각에 휩싸여 난동을 부리다 D가 경작하는 옥수수밭을 전부 망쳐 놓았고 이로 인해 D는 매년 10자루를 수확할 수 있었던 밭에서 수확물이 없었다. 그런데 D는 옥수수를 수확하면 창고에 보관 중인 옥수수 10자루와 합하여 K에게 주기로 하고 만약 약속을 지키지 못하면 쌀 2가마니로 배상하기로 약속한 후 쌀 1가마니를 받은 상태였다. 결국 D는 K와의 약속을 지키지 못했다.

> <보 기>
> ㄱ. A는 B에게 옥수수 30자루를 줄 것을 요구할 수 있고, B는 A에게 옥수수 20자루만 주면 된다.
> ㄴ. C는 D에게 옥수수 10자루와 쌀 1가마니를 주어야 한다.
> ㄷ. D는 C에게 옥수수 10자루만 요구할 수 있다.
> ㄹ. 만약 D가 K에게 옥수수 30자루를 수확기에 주기로 하였다면, C는 D에게 옥수수 10자루만 배상하면 되고 D도 C에게 옥수수 10자루만 요구할 수 있다.

① ㄱ, ㄴ   ② ㄴ, ㄹ   ③ ㄷ, ㄹ

④ ㄱ, ㄴ, ㄹ   ⑤ ㄴ, ㄷ, ㄹ

03.

다음으로부터 추론한 것으로 옳은 것만을 <보기>에서 있는 대로 고른 것은?

X국법에 따르면 물건을 거래할 때에, 그 물건이 누구의 소유인지와 누구에게 이전하는지를 다른 사람이 알 수 있도록 특정한 형식을 취해야 한다. 또한 어떤 사람이 외부로 드러난 그 형식을 믿고 거래를 하였다면 거래 당사자가 진정한 권리자가 아니더라도 일정한 요건을 갖춘 경우 물건에 대한 권리를 취득할 수 있는 것으로 정하고 있다. 구체적인 설명은 다음과 같다.

(1) 물건에는 건물과 토지를 말하는 부동산과 그 이외의 것을 말하는 동산이 있다.

(2) 부동산에 대하여는 등기를 하여야 소유권을 인정받게 되고, 진정한 소유자가 타인에게 등기를 이전해 주어야 소유권이 이전하게 된다.

(3) 동산인 경우 물건을 점유를 하고 있어야 소유권이 인정되고 이전을 하기 위해서는 그 동산의 점유를 인도해 주어야 한다.

(4) 진정한 부동산 소유인인 갑 명의로 되어있는 등기를 을이 마치 자신이 소유자인 것처럼 등기를 위조하고 병에게 부동산을 양도하였다면 병이 그런 사실을 알았건 몰랐건 소유자는 여전히 갑이 된다.

(5) 동산거래에서 갑이 진정한 소유자가 아니면서 을에게 소유자인양 목적물을 양도했는데 을이 그 사실을 거래당시 몰랐다면 소유권이 을에게 이전한다.

─────〈보 기〉─────

ㄱ. A가 B에게서 훔친 자전거를 C에게 양도하려는데 C는 거래당시 그 사실을 알았지만 대금은 다 지불한 상태라면 현재 소유자는 C가 된다.

ㄴ. A는 등기를 위조를 하지는 않았지만 마치 자신이 진정한 소유자 B인 것처럼 속이고 C에게 B의 건물을 매도하였다. 이때 C는 A가 자신을 속인다는 사실에 대하여 알지 못했다 하여도 소유자로 인정받지 못한다.

ㄷ. 진정한 소유자 A는 대금을 다 받고 건물을 B에게 양도하였고 실제로 B가 그 건물에 살고 있지만 아직 등기는 A의 명의로 되어 있다. 이때 양자 사이에서는 B가 소유자이나, 제3자 C에 대해서는 등기부상 소유자인 A가 여전히 소유자가 된다.

① ㄱ   ② ㄴ   ③ ㄱ, ㄷ

④ ㄴ, ㄷ   ⑤ ㄱ, ㄴ, ㄷ

04.

다음 글을 토대로 <사실관계>를 추론한 것으로 옳은 것만을 <보기>에서 있는 대로 고른 것은?

〈규정〉

제10조(일반업무방해) 위력을 행사하여 타인의 업무 집행을 방해한 사람은 징역 3년에 처한다.

제11조(공무집행방해) 직무를 집행하는 공무원을 폭행하거나 협박하여 공무를 방해한 사람은 징역 5년에 처한다.

갑 : 제10조의 일반업무방해죄와 별도로 공무집행방해죄가 제11조에 규정되어 있으므로 제10조의 '일반업무'에 제11조의 '공무'를 포함시켜야 할 필요가 없다. 그리고 공무집행방해죄의 수단을 '폭행하거나 협박'으로 제한하고 있는 것은 폭행·협박이 일반업무방해죄의 '위력'과 별개라는 의미이다. 따라서 제10조와 제11조는 독립된 별개의 〈규정〉으로서 행위의 수단과 업무의 내용이 다르다.

을 : 제10조의 '일반업무'는 공적인 사무의 상위 개념으로서 공적인 사무와 사적인 사무를 모두 총괄하는 것이다. 따라서 제10조가 정하고 있는 방법으로 '공무'를 방해하는 것은 제10조의 '일반업무'도 방해하는 것으로 보아 10조로 처벌할 수 있다. 그런데 제10조의 '위력'과 제11조의 '폭행·협박'은 서로 공통 요소가 없이 분리되어 있다. 따라서 위력을 행사하여 '공무'를 방해하거나 폭행 또는 협박으로 '일반업무'를 방해한 경우에는 11조로 처벌할 수 없다.

병 : '폭행' 또는 '협박'은 상대방에게 '위력'을 행사하는 방법 중 하나이다. 따라서 상대방을 '폭행' 또는 '협박'한 것은 상대방에게 '위력'을 행사하는 것에 해당한다. 그러나 '폭행'이나 '협박' 이외의 방법으로도 '위력'을 행사할 수 있으므로 상대방에게 '위력'을 행사한 것을 모두 상대방을 '폭행' 또는 '협박'한 것으로 볼 수는 없다.

〈사실관계〉

P는 ⓐ 공무원이 아닌 A를 협박하여 A의 업무를 방해하였다. A의 신고를 받고 경찰관 B가 출동하여 P를 업무방해 혐의로 체포하려 하자 P는 ⓑ 위력을 행사하여 B의 공무집행을 방해하였다.

─────〈보 기〉─────

ㄱ. 갑에 따르면 P의 ⓐ행위와 ⓑ행위 모두 제10조뿐만 아니라 제11조에도 적용되지 않는다.

ㄴ. 을에 따르면 P의 ⓑ행위에 대해서는 제10조에 적용될 수는 있지만 제11조에는 적용될 수는 없다.

ㄷ. 병에 따르면 P의 ⓑ행위에 대해서는 제11조에 적용된다.

① ㄱ   ② ㄱ, ㄴ   ③ ㄱ, ㄷ

④ ㄴ, ㄷ   ⑤ ㄱ, ㄴ, ㄷ

05.

다음 글을 통해 설명할 수 없는 사례에 해당하는 것은?

범죄피해신고는 범죄피해의 심각성에 대한 인식에 따라 영향을 받는데, 피해자가 범죄피해가 심각하다고 인식할수록 신고율이 높아진다. 피해자가 인식하는 범죄피해의 심각성에는 다양한 요인이 영향을 줄 수 있는데, 재산범죄에서는 피해액이 클수록, 폭력범죄에서는 무기를 소지할수록 피해자들이 피해를 심각하게 생각한다. 또한 단독범행보다는 다수에 의한 범행의 경우 피해자는 범죄피해가 심각하다고 인식한다. 피해자와 가해자의 관계 역시 피해신고 가능성에 영향을 미치는 요인으로 연구되어 왔는데 가해자가 피해자의 가족 구성원이거나 현재 또는 이전 동거인처럼 친밀한 관계에 있는 경우 범죄피해의 심각성을 낮게 평가한다. 하지만 피해자가 가해자를 단순히 일이나 여가활동 등을 통해 알고 있거나 같은 동네에 거주하면서 알게 된 경우에는 피해자는 범죄피해의 심각성을 높게 평가한다. 신고에 영향을 미치는 또 다른 요인으로 피해자의 성별과 경제적 수준, 동거가족의 유무 등이 있다. 여성은 남성에 비해 범죄피해의 심각성을 높게 평가하는 것으로 알려져 있다. 피해자의 경제적 수준이 미치는 영향은 범죄피해의 유형에 따라 다르게 나타나는데, 재산범죄의 경우 대체로 고소득자는 범죄피해의 심각성을 높게 인식하는 반면 폭력범죄에 있어서는 소득수준에 의한 차이는 발견되지 않았다. 다만, 단순절도의 경우 주거침입절도나 자동차절도와 달리 저소득자가 범죄피해의 심각성을 높게 인식했다. 동거가족의 유무도 범죄피해신고에 영향을 미치는데, 배우자와 같이 친밀한 관계의 가족이 함께 거주하는 피해자일수록 재산범죄와 폭력범죄를 불문하고 범죄피해의 심각성을 높게 인식했다.

① 이웃 사람에게 폭행을 당한 여성 집단의 신고율이 지갑을 도둑맞은 고소득 남성 집단의 신고율보다 높았다.
② 부모로부터 폭행을 당한 남성 집단의 신고율이 이웃에 사는 아는 사람으로부터 폭행을 당한 여성 집단의 신고율보다 낮았다.
③ 배우자와 함께 거주하는 고소득 여성 집단의 자동차절도에 대한 신고율이 혼자 거주하는 저소득 남성 집단의 자동차절도에 대한 신고율보다 높았다.
④ 한 사람에게 피해액이 1억에 해당하는 사기를 당한 남성 집단의 신고율이 두 사람에게 피해액이 2억에 해당하는 사기를 당한 남성 집단의 신고율보다 높았다.
⑤ 폭행을 당한 남성 집단의 신고율이 폭행을 당한 여성 집단의 신고율과 유사했는데, 남성 집단의 경우 가해자가 무기를 소지하였고 여성 집단은 그렇지 않은 것으로 드러났다.

06.

<원칙>에 따라 <사례>를 판단한 것으로 옳은 것만을 <보기>에서 있는 대로 고른 것은?

<원칙>

민사소송에서 원고가 제출하는 소장은 그 승소 시 판결문의 주문에 기재되어 이를 토대로 집행을 하기 때문에 집행의 대상이 무엇인지가 정확히 특정돼야 한다. 금전지급을 청구하는 경우 금전을 받을 근거가 무엇인지, 즉 금전의 성격은 집행에 있어서 중요하지 않다. 이 경우 원하는 액수의 금전을 받기만 하면 되는 것이므로 금전의 성격은 따로 쓰지 않는다. 토지 소유권의 이전등기를 구하는 경우에는 토지의 소재지 및 지번, 대지·임야·잡종지 등 지목을 표시하고 면적을 기재하여 토지를 특정하여야 한다. 한편 건물에 관한 등기청구를 하는 경우에는 건물이 들어선 토지, 철근콘크리트조·목조 등 건물의 재료, 건물의 면적으로 건물을 특정한다. 그러나 이 경우 건물이 들어선 토지를 특정할 때에는 지목과 면적을 따로 표시하진 않는다. 한편 부동산의 등기부에는 등기의 원인이 기재되기 때문에 금전지급청구와 달리 등기원인을 청구취지에 기재한 뒤 '소유권이전등기절차를 이행하라.'라고 작성한다.

<사례>

A는 2018. 3. 2. B로부터 서울 소재의 토지와 그 지상 건물을 매수하였는데 약정된 날짜까지 B가 소유권이전등기를 해주지 않자, B를 상대로 1천만 원의 손해배상금과 해당 토지 및 건물에 대한 소유권이전등기청구를 하면서, 소장의 청구취지를 다음과 같이 기재하였다.

<청구취지>
1. 피고는 원고에게 10,000,000원의 손해배상금을 지급하라.
2. 피고는 원고에게 서울 ○○구 ○○동 ○○번지에 관하여 소유권이전등기절차를 이행하라.
3. 피고는 원고에게 서울 ○○구 ○○동 ○○번지 지상 목조 200m² 에 관하여 소유권이전등기절차를 이행하라.
4. 소송비용은 피고가 부담한다.
라는 판결을 구합니다.

<보 기>

ㄱ. A는 1번 청구취지를 "피고는 원고에게 10,000,000원을 지급하라."라고 작성해야 했다.
ㄴ. A는 2번과 3번 청구취지를 작성하면서 "서울 ○○구 ○○동 ○○번지"를 "서울 ○○구 ○○동 ○○번지 대지 250m²"라고 작성해야 했다.
ㄷ. A는 2번과 3번 청구취지를 작성하면서 "…에 관하여 2018. 3. 2. 매매를 원인으로 한 소유권이전등기절차를 이행하라."라고 작성해야 했다.

① ㄱ   ② ㄴ   ③ ㄱ, ㄷ
④ ㄴ, ㄷ   ⑤ ㄱ, ㄴ, ㄷ

07.

다음으로부터 추론한 것으로 옳은 것만을 <보기>에서 있는 대로 고른 것은?

<규정>

제00조(불공정거래행위의 금지) 사업자는 동종제품의 동종거래에 있어서 거래의 상대방에 대하여 다음 각 호의 1에 해당하는 정당한 이유 없이 부당한 차별을 하여서는 아니 된다.

1. 정당한 이유 없이 거래지역에 따라 또는 거래 상대방에 따라 현저하게 유리하거나 불리한 가격으로 거래하는 행위
2. 정당한 이유 없이 특정 사업자에게만 수량, 품질에 관하여 현저하게 유리하거나 불리한 취급을 하는 행위
3. 정당한 이유 없이 자기의 계열회사를 유리하게 하기 위하여 가격, 수량, 품질에 관하여 현저하게 유리하거나 불리하게 하는 행위

<상황>

전자제품을 생산, 판매하는 X지역의 K회사는 거래처 A, B, C, D에게 회사 제품들을 공급하고 있다. Y지역에는 A백화점, B전자회사가 있으며, Z지역에는 C전자회사, D백화점이 있다.

─────<보 기>─────

ㄱ. K회사가 A, B, C, D에 에어컨을 공급하면서 정당한 이유 없이 A, D에는 대당 100만 원인 고급품을, B, C에는 대당 50만 원인 저급품을 공급하는 행위는 <규정>에 위반된다.

ㄴ. K회사가 A, B, C, D에 대당 30만 원인 동일품질의 휴대전화를 공급하면서 정당한 이유 없이 A, B, C에는 30만 원에, 계열회사인 D에는 40만 원에 공급하는 행위는 <규정>에 위반되지 않는다.

ㄷ. K회사가 A, C에 제품을 거래하면서 정당한 이유 없이 A에게는 컴퓨터용 고급 LCD모니터를 대당 50만 원에, C에게는 저급품질의 LCD텔레비전을 대당 30만 원에 공급하는 행위는 <규정>에 위반된다.

ㄹ. K회사가 A, B, C와 거래하면서 정당한 이유 없이 B회사와 C회사로부터는 고급 품질의 반도체를 개당 3,000원에 구매하고, A회사에는 고급 품질의 반도체를 개당 10,000원에 판매하는 행위는 <규정>에 위반되지 않는다.

① ㄱ, ㄴ   ② ㄴ, ㄷ   ③ ㄴ, ㄹ
④ ㄱ, ㄴ, ㄹ   ⑤ ㄴ, ㄷ, ㄹ

08.

<규정>과 <견해>로부터 추론한 것으로 옳은 것만을 <보기>에서 있는 대로 고른 것은?

<규정>

A : 행사할 목적으로 유가증권을 위조한 자는 10년 이하의 징역에 처한다.

B : 수표를 위조한 자는 1년 이상 30년 이하의 징역 또는 수표 금액의 10배 이하의 벌금에 처한다.
    단, B가 적용되는 경우에는 A를 적용하지 않기로 한다.

<견해>

甲 : 수표를 위조한 경우에는 B가 적용된다. 다만 수표도 유가증권의 하나인 점을 고려하면 수표의 위조를 처벌할 때에도 행사할 목적이 요구된다. 행사할 목적이란 위조한 것을 유통시켜 현금처럼 사용할 목적을 의미한다.

乙 : 수표는 유가증권에 비하여 유통성이 높아 그 위조로 인한 위험이 크다. 이 때문에 B는 A에 비하여 그 처벌도 강화하고 행사할 목적도 요구하지 않는 것이므로 수표의 위조에는 B가 적용된다. 행사할 목적이란 위조한 것을 유통시켜 현금처럼 사용할 목적뿐 아니라 신용력 과시의 목적으로 사용할 의사도 포함한다.

丙 : 수표를 위조한 경우에는 B가 적용되며 B의 경우에도 행사할 목적이 요구된다고 보아야 한다. 그러나 수표 위조의 경우 공공의 신용훼손 위험이 더 크므로, A의 행사할 목적은 유통시켜 현금처럼 사용할 목적을, B의 행사할 목적은 A의 그것을 포함해 신용력 과시의 목적으로 사용할 의사까지 포함하는 것으로 본다.

─────<보 기>─────

ㄱ. 신용력 과시를 위하여 수표를 위조한 경우 甲에 따르면 B가 적용되지 않지만, 乙에 따르면 B가 적용된다.

ㄴ. 아무런 행사할 목적 없이 수표를 위조한 경우 乙에 따르면 B가 적용되지만 丙에 따르면 B가 적용되지 않는다.

ㄷ. 신용력 과시를 위하여 수표 아닌 유가증권을 위조한 경우와 유통시켜 현금처럼 사용하기 위하여 수표 아닌 유가증권을 각각 위조한 경우, 乙과 丙에 따르면 모두 A가 적용된다.

① ㄱ   ② ㄷ   ③ ㄱ, ㄴ
④ ㄴ, ㄷ   ⑤ ㄱ, ㄴ, ㄷ

09.

다음으로부터 추론한 것으로 옳은 것만을 <보기>에서 있는 대로 고른 것은?

[규정]
(가) 이 규정은 X국 영역 내에서 죄를 범한 사람에게 적용한다. X국 국적의 선박 또는 항공기는 X국 영역으로 본다.
(나) 이 규정은 X국 영역 외에서 죄를 범한 X국 국민에게 적용한다.
(다) 이 규정은 X국 영역 외에서 X국 국민에 대하여 죄를 범한 사람에게 적용한다.
(라) 사람을 폭행한 자는 2년 이하의 징역에 처한다. 단, 자기 또는 배우자의 부모를 폭행한 자는 5년 이하의 징역에 처한다.

<사례>
여객기가 공항에 착륙한 직후 기내에서 승객 A, B, C가 다투는 과정에서 A가 B를, B가 C를, C가 A를 각각 폭행하였다.

─────〈보 기〉─────
ㄱ. 공항이 X국에 있고 여객기가 X국 소속이다. 이때 A의 국적이 Y국인데 A가 [규정]에 의해 처벌 받았다면 B는 X국 국민이다.
ㄴ. 공항이 Y국에 있고 여객기는 Z국 소속이다. 이때 C의 국적이 Y국인데 C가 [규정]에 의해 처벌 받았다면 A는 X국 국민이다.
ㄷ. 공항이 Y국에 있고 여객기는 X국 소속이다. 이때 C의 국적이 X국인데 B가 [규정]에 의해 처벌 받았다면 (다)가 적용되었을 것이다.
ㄹ. 공항이 Y국에 있고 여객기는 Z국 소속이다. 이때 A, B, C의 국적이 각각 X국, Y국, Z국이라면 A, B, C가 [규정]에 의해 처벌 받을 수 있는 징역 기간의 합은 최대 10년이다.

① ㄱ, ㄴ   ② ㄱ, ㄷ   ③ ㄴ, ㄷ
④ ㄴ, ㄹ   ⑤ ㄷ, ㄹ

10.

다음 글로부터 추론한 것으로 옳은 것만을 <보기>에서 있는 대로 고른 것은?

형법상 피해자의 의사표시가 가해자의 처벌에 영향을 줄 수 있는 것으로는 친고죄, 반의사불벌죄, 그리고 피해자의 승낙이 있다. 친고죄는 공소제기를 하려면 "처벌을 원한다"는 피해자의 의사표시가 반드시 필요한 범죄이다. 반의사불벌죄는 처벌을 원한다는 피해자의 의사표시가 없어도 공소제기 등 형사절차를 진행시킬 수 있지만 "처벌을 원하지 않는다"는 피해자의 의사표시가 있으면 법원은 재판을 중단하고 공소기각의 판결을 해야 하는 범죄이다. 공소기각은 법원이 유무죄를 가리지 않고 소송을 종결시키는 것을 말한다. 친고죄의 경우에도 공소제기 후 피해자가 "처벌을 원하지 않는다"는 의사표시를 하면 법원은 재판을 중단하고 공소기각의 판결을 해야 한다. 한편 피해자의 승낙은 폭행죄나 재산 관련 범죄에서 피해자가 가해자의 가해행위를 허용하는 것처럼 피해자가 가해자에게 자기 법익의 침해를 허락하는 것을 말한다. 친고죄나 반의사불벌죄에서의 의사표시는 범죄가 종료된 후에 피해자가 표시하는 의사인 데 반해, 피해자의 승낙에서의 의사표시는 범죄가 실행되는 당시에 피해자가 표시하는 의사이다. 피해자의 승낙이 있으면 해당 행위는 범죄로 인정되지 않으므로 법원은 무죄 판결을 선고해야 한다.

─────〈보 기〉─────
ㄱ. 폭행죄의 경우 재판 진행 중에 피해자가 범행 당시에 폭행을 허락하였다는 것이 사실로 밝혀졌다면 법원은 공소기각의 판결을 해야 한다.
ㄴ. 모욕죄가 친고죄인 경우 가해자가 모욕죄를 저지른 후 이 범죄의 피해자가 "처벌을 원한다."라는 의사표시를 하지 않으면 공소를 제기할 수 없다.
ㄷ. 피해자가 가해자의 절도 행위를 행위 당시에 허락했음이 재판 진행 중에 밝혀진 경우 "처벌을 원하지 않는다."라는 피해자의 의사표시가 없으면 절도죄가 성립할 수 있다.

① ㄱ   ② ㄴ   ③ ㄷ
④ ㄱ, ㄴ   ⑤ ㄴ, ㄷ

11.

S국의 <형벌 규정>과 이를 적용한 <처벌 사례>로부터 추론한 것으로 옳은 것만을 <보기>에서 있는 대로 고른 것은?

<형벌 규정>

○ 본형에는 10대, 20대, 30대, … , 90대, 100대의 열 개 등급이 있다.

○ 관원이 법률 적용을 잘못하여 원죄의 형량보다 증감이 있을 때는 이를 관가출입인죄로 처벌한다. 고의로 형량을 증감한 때는 그 증감한 형량만큼 해당 관원을 처벌한다. 과실로 형량을 증감한 때는, 가중한 경우에는 증량한 형량에서 2등급을 감한 만큼, 감경한 경우에는 감량한 형량에서 3등급을 감한 만큼 해당 관원을 처벌한다. 이때 일정 등급을 감한 것이 본형 10대보다 낮아지더라도 본형 10대로 처벌한다.

○ 법률을 적용하기 전, 고신(拷訊)을 하다가 이미 본형을 가했으면 형량으로 받을 본형의 수에서 이를 감한다. 이를 위반한 관원은 위령조를 위반한 죄로 본형 20대에 처한다.

○ 죄목이 다른 두 건 이상의 죄를 함께 처벌할 때는 가장 중한 형량으로 처벌하며, 이 경우 각각의 형량이 같으면 한 건의 죄에 해당하는 형보다 중하게 처벌하기 위해 형량의 1/2을 가중한다. 죄목이 같은 두 건 이상의 죄를 함께 처벌할 때는 각각의 형을 합산하여 처벌한다.

<처벌 사례>

○ 관원 X는 고의로 원죄 본 20을 본 50으로 적용하여 본 30의 처벌을 받았고, 고의로 원죄 본 60을 본 30으로 적용하여 본 30의 처벌을 받았다.

○ 관원 X는 과실로 원죄 본 10을 본 50으로 적용하여 본 20의 처벌을 받았고, 과실로 원죄 본 80을 본 40으로 적용하여 본 10의 처벌을 받았다.

○ 관원 X는 본 70의 죄를 범한 자를 고신하면서 이미 본 20대를 가했으므로 본 50대만을 적용하여 위령조에 의해 처벌받지 않았다.

<보 기>

ㄱ. 관원 X가 본형 40대의 죄를 범한 자를 고신하면서 본형 10대를 가했으나 이를 감하지 않고, 과실로 원죄 본형 40대를 본형 70대로 적용하였다면, 이를 함께 처벌하여 X는 본형 20대의 처벌을 받을 것이다.

ㄴ. 관원 X가 본형 10대의 죄를 범한 자를 고신하면서 본형 10대를 가했으나 이를 감하지 않고, 과실로 원죄 본형 60대를 본형 10대로 적용하였다면, 이를 함께 처벌하여 X는 본형 20대의 처벌을 받을 것이다.

ㄷ. 관원 X가 고의로 원죄 본형 40대를 본형 70대로 적용한 경우와 관원 X가 과실로 원죄 본형 50대를 본형 100대로 적용한 경우가 함께 발각되었다면, 이를 함께 처벌하여 X는 본형 45대의 처벌을 받을 것이다.

① ㄱ   ② ㄴ   ③ ㄱ, ㄷ
④ ㄴ, ㄷ   ⑤ ㄱ, ㄴ, ㄷ

12.

다음으로부터 추론한 것으로 옳은 것만을 <보기>에서 있는 대로 고른 것은?

> 피고가 동일인 여신한도의 제한을 회피하기 위하여 친구인 A에게 부탁하여 A가 직접 은행(원고)을 방문하여 은행과의 금전소비대차약정서에 주채무자로서 서명·날인하였다. 이때 A는 피고가 위 금전을 사용하도록 할 의도가 있었으며 그 원리금을 피고의 부담으로 상환하기로 피고와 약속하였다. 그러나 원고가 계약상의 명의자인 A에 대하여 위 대여금 상환을 청구한 경우 A는 자신이 계약당사자가 아님을 이유로 위 금전소비대차약정이 무효라고 주장할 수 없다. 왜냐하면 명의대여에 의한 차금행위의 경우, 소비대차계약에 따른 경제적 효과를 타인에게 귀속시키려는 의사에 불과할 뿐, 그 법률상의 효과까지 타인에게 귀속시키려는 의사로 볼 수는 없기 때문이다. 그러나 만약 A가 동일인 대출한도에 걸려 대출이 불가능한 피고를 위하여 원고와의 금전소비대차계약을 체결할 당시 원고도 이 사실을 알고 있었고 원고의 양해하에 형식상 제3자 명의를 빌린 경우라면 금전소비대차약정은 계약당사자의 불일치로 인하여 무효가 된다.

<보 기>

ㄱ. 계약이 유효하기 위해서는 계약당사자명의가 일치해야 하며, 타인의 명의를 빌려 계약을 체결한 경우 이러한 계약은 원칙적으로 무효가 된다.

ㄴ. 타인명의를 빌려서 체결한 계약의 유효여부를 판단하기 위해서는 명의차용자와 명의대여자와의 관계보다는 계약 체결당시의 계약상대방의 의사가 어땠는지가 보다 중요하다.

ㄷ. 타인명의를 빌려서 한 차금행위를 한 경우에는 원칙적으로 명의대여자만이 계약의 당사자이고 명의차용자는 계약의 당사자가 아니다.

① ㄱ ② ㄴ ③ ㄱ, ㄴ
④ ㄱ, ㄷ ⑤ ㄴ, ㄷ

13.

다음 글과 <사례>로부터 추론한 것으로 옳은 것만을 <보기>에서 있는 대로 고른 것은?

> 타인의 채무에 대해 연대보증을 한 사람은 타인의 채무를 대신 부담한 것이므로, 자신이 채권자에게 변제한 금액 전부에 대해 채무자에게 상환 청구할 수 있다. 또한 하나의 채무에 대한 연대보증인이 여러 명인 경우 연대보증인마다 자신의 부담부분이 있다. 따라서 이 경우 자기의 부담부분을 초과하여 채권자에게 변제한 연대보증인은 다른 연대보증인에게도 자신의 부담부분을 초과하는 변제액에 대해서 상환 청구할 수 있다. 다만 다른 연대보증인 중 이미 자기의 부담부분을 변제한 사람에 대해서는 상환 청구를 할 수 없고, 아직 자기의 부담부분을 변제하지 않은 사람에 대해서만 상환 청구를 할 수 있다. 연대보증인들의 부담부분은 연대보증이 성립할 당시 채무액에 부담부분의 비율을 적용한 금액으로 정해지며, 이후 채무자의 변제로 채무액 자체가 감소하면 감소된 채무액에 부담부분의 비율을 적용한 금액으로 다시 정해진다. 그런데 아래 견해들에 따라 구체적인 상환 청구관계가 달라진다.

○ 견해 1 : 상환 청구를 하고자 하는 연대보증인이 채권자에게 채무액을 변제한 때를 기준으로 판단해야 한다.
○ 견해 2 : 상환 청구를 하고자 하는 연대보증인이 상환 청구를 한 때를 기준으로 판단해야 한다.

<사례>

채무자 A의 채권자 B에 대한 6,000만 원의 채무에 대해 갑, 을, 병이 7월 10일에 연대보증계약을 체결하였고, 각 연대보증인의 부담부분은 1:1:1이었다. A가 B에게 7월 30일에 1,500만 원을 변제한 후, 갑이 B에게 8월 3일에 2,000만 원을 변제하였고, 을이 B에게 8월 10일에 1,500만 원을 변제하였다. 이는 모두 2017년의 일이다.

<보 기>

ㄱ. 같은 해 8월 15일에 갑이 을에게 상환 청구를 하였다면, 견해에 따라 갑의 을에 대한 상환 청구관계는 달라진다.

ㄴ. 같은 해 8월 15일에 을이 갑에게 상환 청구를 하였다면, 어느 견해에 따르더라도 을의 갑에 대한 상환 청구관계는 동일하다.

ㄷ. 같은 해 8월 5일에 갑이 을에게 상환 청구를 하였다면, 어느 견해에 따르더라도 갑의 을에 대한 상환 청구관계는 동일하다.

① ㄱ ② ㄴ ③ ㄱ, ㄷ
④ ㄴ, ㄷ ⑤ ㄱ, ㄴ, ㄷ

14.

다음에서 추론한 것으로 옳지 않은 것은?

대향범은 2인 이상의 관여자가 동일한 목표를 추구하되 서로 다른 방향에서 서로 다른 행위를 행함으로써 하나의 범죄 실현에 관여하는 범죄이다. 예컨대 뇌물죄의 경우 뇌물공여자와 뇌물수수자가 한쪽은 뇌물을 주고 다른 한쪽은 뇌물을 받음으로써 성립하므로 대향범이 된다. 대향범은 도박죄와 같이 도박에 관여한 쌍방을 동일한 형으로 처벌하는 경우와 뇌물수수자를 뇌물공여자보다 무겁게 처벌하는 뇌물죄와 같이 관여자 쌍방을 다르게 처벌하는 경우, 그리고 음화판매자만 처벌하고 음화구입자에 대해서는 처벌하지 않는 음화판매죄와 같이 관여자 일방만 처벌하는 경우가 있다.

한편, 형법은 이미 범행 의사가 있는 사람의 범죄 행위에 도움을 준 자 또는 범행 의사를 일으켜서 범죄를 실행하게 한 자를 공범으로 처벌하고 있다. 대향범의 경우에도 관여자 쌍방의 범행에 도움을 주거나 범행 의사를 일으켜 범행에 가담한 제3자는 공범으로 처벌된다. 다만, 공범은 가담한 범죄가 처벌됨을 전제로 처벌되므로 대향범 중 관여자 일방만 처벌하는 경우 처벌되지 않는 관여자에게 가담한 제3자는 공범으로 처벌되지 않는다.

대향범 쌍방 관여자에게 공범을 적용할 수 있는가에 대하여, 관여자가 처벌되는 경우는 관여자를 다시 공범으로 처벌할 필요가 없다. 즉, 대향범 중 관여자 쌍방이 처벌되거나 관여자 일방이 처벌되는 경우 처벌되는 관여자는 공범으로 처벌되지 않는다. 하지만 대향범 중 관여자 일방만 처벌하는 경우에 있어서, 처벌되지 않는 관여자가 처벌되는 상대 관여자의 범행에 가담하였다고 하여 처벌되지 않는 관여자를 공범으로 처벌할 수 있는가가 문제된다. A 견해는 상대 관여자가 이미 범행 의사를 가지고 있는 경우 공범으로 처벌할 수 없지만 상대 관여자를 부추겨서 범행 의사를 일으키게 한 경우 공범으로 처벌해야 한다고 주장한다. 반면 B 견해는 대향범에서 관여자 일방만 처벌 규정을 둔 것은 다른 일방은 처벌하지 않겠다는 입법자의 의사이므로 이를 존중하여 공범으로 처벌할 수 없다고 주장한다.

① 乙이 음화 판매 의사가 없는 甲을 부추겨서 甲으로부터 음화를 구매한 경우, 乙을 음화판매죄의 공범으로 처벌해야 한다는 주장에 대하여 A는 동의하고 B는 동의하지 않을 것이다.

② 甲이 乙에게 음화를 판매하였지만 음화 판매 의사를 丙에 의해 가지게 된 경우, 乙을 음화판매죄의 공범으로 처벌할 수 없다는 주장에 대하여 A와 B는 모두 동의할 것이다.

③ 甲이 乙에게 뇌물을 주었는데 丙은 甲의 뇌물 제공에 단순히 가담했지만 丁은 乙을 부추겨서 뇌물 수수 의사를 가지게 하였다 하더라도 丙과 丁은 모두 공범으로 처벌된다.

④ 甲이 乙에게 음화를 판매하였는데 甲은 판매 전에 이미 판매 의사를 가지고 있었고 乙은 丙에 의해 음화 구매 의사를 가지게 되었다면, 丙은 공범으로 처벌된다.

⑤ 甲이 음화 구매 의사가 없는 乙을 부추겨서 乙에게 음화를 판매한 경우, 甲은 공범으로 처벌되지 않는다.

15.

<이론>에 따라 <사례>를 분석한 것으로 옳은 것만을 <보기>에서 있는 대로 고른 것은?

<이론>

외화채권이란 외국통화로 표시된 채권이므로 원칙적으로 채무자는 해당 통화로 채무를 이행해야 한다. 예외적으로 외국통화의 지급에 갈음하여 채권액에 상당하는 국내통화를 지급할 수 있는데, 이를 대용급부권이라 하며 채권자에게도 대용급부청구권이 인정된다.

그런데 대용급부청구권을 행사할 때, 환율 산정시기에 대해서는 이론마다 견해가 나뉜다. 이론 A는 계약상 통화를 지급해야 하는 시기 즉, 이행기를 기준으로 환율 산정을 해야 한다는 입장이다. 이론 B는 채무자가 실제로 채권자에게 이행하는 시기 즉, 변제할 때의 환율을 기준으로 해야 한다고 주장한다. 그리고 일반적인 경우에는 B와 같은 입장이지만 채권자가 소송을 통해 대용급부청구권을 행사할 때는 재판의 변론종결시기를 기준으로 한다는 이론 C가 있다.

<사례>

갑은 을과 병에게 2018년 9월 30일까지 물품대금 상당으로 각 15,000달러와 20,000달러를 지급해야 했음에도 2019년 3월까지 지급하지 않고 있었다. 이후 을은 대용급부청구권을 행사하여 2019년 5월 채무를 원화로 지급받았다. 그리고 병은 소송을 통해 대용급부청구권을 행사하여 2019년 8월 재판의 변론이 종결되었고 승소 판결을 받았다. 갑은 2019년 8월 또는 9월 중에 병에게 변제하였다. 이 기간 즈음 환율은 월단위로만 변경되었고 구체적인 환율은 아래와 같았다.

	1달러 대 원화
2018년 9월	1:1000
2019년 5월	1:1100
2019년 8월	1:1250
2019년 9월	1:1200

─── <보 기> ───

ㄱ. "갑은 1:1000의 환율을 적용하여 을에 대한 채무를 변제해야 할 것이다."라는 판단에 대한 B와 C의 동의 여부는 일치할 것이다.

ㄴ. 병의 경우 B보다는 C를 따를 때 취득하는 원화 변제금액이 더 많다.

ㄷ. 을과 병 모두 A보다는 B를 따를 때 취득하는 원화 변제금액이 더 많다.

① ㄱ   ② ㄴ   ③ ㄱ, ㄷ

④ ㄴ, ㄷ   ⑤ ㄱ, ㄴ, ㄷ

16.

다음 글을 읽고 추론한 것으로 옳은 것만을 <보기>에서 있는 대로 고른 것은?

누구든지 운전면허를 교부 받지 아니하거나 운전면허 효력이 정지 또는 취소된 경우에 무면허로 자동차 등을 운전하여서는 안 된다. 이를 위반한 경우 형사처벌은 물론 면허취소도 가능하다.

운전면허의 효력은 '운전면허증을 교부 받은 때'부터 발생한다. 이때 '운전면허증을 교부 받은 때'의 해석에 관하여 A 견해는 발급된 면허증을 실제로 수령한 때라고 해석하는 반면 B 견해는 면허증이 발급되어 이를 수령할 수 있는 상태에 있을 때, 즉 면허증에 기재된 교부일자를 기준으로 정한다. 또한 운전면허 효력은 운전면허 취소 처분이 그 대상자에게 통지되어야 소멸한다.

1인이 여러 종류의 운전면허를 복수로 보유하던 중 어느 하나의 면허가 취소될 경우 면허취소의 범위가 문제 된다. 여기에는 두 가지 원칙이 존재하는데 X 원칙은 위반 당시 운전한 차량을 기준으로 그 차량을 운전할 수 있는 면허는 모두 취소된다는 것이다. 반면 Y 원칙은 취소되는 면허가 다른 면허를 완전히 포함하는 경우에는 다른 면허까지 취소된다는 것이다.

보통면허를 소지한 자는 정원 12인 이하의 일반 차량을 운전할 수 있고, 대형면허를 소지한 자는 보통면허로 운전 가능한 차량에 시내버스 등을 포함하여 정원 제한 없이 일반 차량을 운전할 수 있다. 또한 특수면허를 소지한 자는 보통면허로 운전 가능한 차량을 포함하여 응급이송, 견인 등의 목적에 사용되는 특수 차량도 운전할 수 있다.

─────〈보 기〉─────

ㄱ. B 견해에 비해 A 견해가 상대적으로 무면허운전으로 법을 위반하게 되는 범위를 더 넓게 해석하고 있다.

ㄴ. 보통면허와 대형면허를 모두 가지고 있는 甲이 시내버스를 운전하다가 운전면허 취소 처분 통지를 받은 며칠 뒤에 5인승 일반 차량을 운전할 경우, 이는 X 원칙에 따르면 적법하지만 Y 원칙에 따르면 적법하지 않다.

ㄷ. 보통면허와 특수면허를 모두 가지고 있는 乙이 5인승 일반 차량을 운전하다가 운전면허 취소 처분 통지를 받을 경우, 乙의 입장에서는 X 원칙보다 Y 원칙을 따르는 경우가 더 유리하다.

① ㄱ   ② ㄷ   ③ ㄱ, ㄴ
④ ㄴ, ㄷ   ⑤ ㄱ, ㄴ, ㄷ

17.

다음으로부터 추론한 것으로 옳은 것만을 <보기>에서 있는 대로 고른 것은?

〈사실 관계〉

서로 다른 국적을 가진 세 기업 갑, 을, 병은 모두 <T협정>을 따르고 있는데, <T협정>은 서로 다른 국적을 가진 기업 간에 계약을 체결할 때 준수해야 할 사항을 규정하고 있다. 갑이 상품 X를 생산할 수 있는 특허를 취득하였으므로 다른 기업은 갑의 허가가 없으면 상품 X를 생산할 수 없었다. 이후 갑은 상품 X의 특허 취득에 기여한 을, 병에 대해서는 따로 계약을 체결하였다. 계약 내용에는 을과 병이 갑의 허가 없이 상품 X를 생산할 수 있는 조항(a조항)을 두면서 갑이 상품 X의 생산량을 제한하도록 을과 병에게 요구할 수 있는 조항(b조항), 그리고 갑, 을, 병 중 어느 한 기업이 계약의 일부 조항에 대하여 유보할 수 있는 조항(c조항)이 포함되어 있었다. 이 과정에서 갑과 을은 유보 없이 모든 조항에 동의하였으나 병은 b조항을 유보하는 조건으로 계약에 동의하였다. 병의 유보에 대하여 갑은 이의를 제기하였으나, 을은 유보를 수락하였다.

〈T협정〉

제1조(유보의 수락 및 유보에 대한 이의) ① 계약에 유보가 가능하다고 규정된 경우에 유보를 제기하는 자가 있다면 다른 당사자의 동의 없이도 그 유보는 성립된다. ② 제1항에 의하여 성립된 유보에 대하여 이의를 제기하는 자가 있는 경우에 이의 제기자가 계약의 성립에 대하여 반대의사를 표시하지 아니하는 한 이의 제기자와 유보 제기자 간에 계약은 성립된다.

제2조(유보 및 유보에 대한 이의의 법적 효과) ① 유보는 유보 제기자와 유보를 수락한 자의 관계에 있어서는 유효하고 유보 조항은 양당사자 사이에서는 적용되지 않는다. ② 유보는 유보 제기자를 제외한 다른 당사자 사이의 관계에 있어서는 효력이 없고 유보 조항은 다른 당사자 사이에서 그대로 적용된다. ③ 전조 제2항에 따라 유보 제기자와 이의 제기자 사이에 계약이 성립된 경우에 전조 제1항에 따라 유보가 성립되었다고 하더라도 양당사자 사이의 관계에 있어서는 효력이 없고 유보 조항은 그대로 적용된다.

─────〈보 기〉─────

ㄱ. 갑은 b조항을 근거로 을에게 상품 X의 생산량을 제한하도록 요구할 수 있다.

ㄴ. 갑이 계약의 성립에 대하여 반대의사를 표시한 경우 병은 갑의 허가가 없어도 상품 X를 생산할 수 있다.

ㄷ. 갑이 계약의 성립에 대하여 반대의사를 표시하지 않은 경우 갑은 병에게 상품 X의 생산량 제한을 요구할 수 있다.

① ㄱ   ② ㄴ   ③ ㄷ
④ ㄱ, ㄷ   ⑤ ㄴ, ㄷ

18.

P국의 <규정>과 <사실 관계>로부터 추론한 것으로 옳은 것만을 <보기>에서 있는 대로 고른 것은?

<규정>

토지에서 발생하는 개발이익에 대하여 개발부담금을 부과한다. 개발부담금의 부과 개시 시점은 사업자가 정부로부터 개발사업의 인가를 받은 날로 한다. 다만, 인가를 받기 전 2년 이내에 최초의 토지 이용 계획이 변경된 경우로서, 최초의 토지 이용 계획 변경 전에 토지를 취득한 경우에는 사업자가 토지를 취득한 날을 부과 개시 시점으로 하지만, 그 토지를 취득한 날로부터 1년 이상이 지난 후 최초의 토지 이용 계획이 변경된 경우에는 변경된 날의 6개월 전에 해당하는 날로 한다.

<사실 관계>

사업자 甲은 2017년 1월 1일에 X 토지와 Y 토지에 대한 개발사업의 인가를 각각 받았다. X 토지와 Y 토지에서 개발이익이 발생하여 P국은 개발부담금을 부과하고자 한다.

<보 기>

ㄱ. 甲이 X 토지에 대한 개발사업의 인가를 받기 1년 이내에 토지를 취득한 후 2016년 5월 1일에 X 토지의 최초의 이용 계획을 변경한 경우, 개발부담금 부과 개시 시점은 2016년 5월 1일의 6개월 전에 해당하는 날이다.

ㄴ. 甲이 X 토지와 Y 토지를 각각 2015년 2월 1일, 2015년 4월 1일에 취득한 후 X 토지와 Y 토지에 대한 최초의 이용 계획을 2016년 3월 1일에 동시에 변경한 경우, 개발부담금 부과 개시 시점은 X 토지가 Y 토지보다 더 이르다.

ㄷ. 甲이 2014년 12월 1일에 X 토지의 최초의 이용 계획을 변경하고 그 다음 달에 X 토지를 취득한 경우와, 2015년 11월 1일에 Y 토지의 최초의 이용 계획을 변경하고 그 다음 달에 Y 토지를 취득한 경우, X 토지와 Y 토지에 대한 개발부담금 부과 개시 시점은 동일하다.

① ㄱ   ② ㄷ   ③ ㄱ, ㄴ
④ ㄴ, ㄷ   ⑤ ㄱ, ㄴ, ㄷ

19.

<사실관계>로부터 추론할 때 X국 법률의 규정으로 가능한 것만을 <보기>에서 있는 대로 고른 것은?

X국에서는 범죄를 저지른 행위자를 처벌하기 위해서는 그 행위자에게 X국 법률을 적용할 수 있는 근거 규정이 있어야 한다. 현재 X국은 X국 국민이 X국의 영역 내에서 저지른 행위가 범죄에 해당되는 경우 처벌하는 근거 규정은 두고 있다. 그러나 범죄가 저질러진 곳이 자국 영역 내가 아니거나 범죄를 저지른 사람이 자국민이 아닌 경우에도 X국 규정을 적용할 수 있는 근거 규정이 있는지에 대해서는 알려져 있지 않다. 한편 갑이 을을 살해하였을 때 갑과 을의 국적이나 범죄가 발생한 장소에 따라 X국에서 갑이 처벌받게 되는지에 대해서는 다음과 같은 사실이 알려져 있다.

<사실관계>

(가) 갑과 을이 모두 X국 국민이고 을을 살해한 장소가 Y국일 때 갑은 처벌된다.

(나) 갑은 Y국 국민, 을은 X국 국민이고 을을 살해한 장소가 Y국일 때 갑은 처벌된다.

(다) 갑과 을이 모두 Y국 국민이고 을을 살해한 장소가 X국일 때 갑은 처벌되지 않는다.

<보 기>

ㄱ. X국 법률은 X국의 영역 내에서 죄를 범한 외국인에게 적용할 수 있다는 규정

ㄴ. X국 법률은 X국의 영역 외에서 죄를 범한 X국 국민에게 적용할 수 있다는 규정

ㄷ. X국 법률은 X국의 영역 외에서 X국 국민에 대하여 죄를 범한 외국인에게 적용할 수 있다는 규정

① ㄱ   ② ㄴ   ③ ㄱ, ㄷ
④ ㄴ, ㄷ   ⑤ ㄱ, ㄴ, ㄷ

20.

<규정>과 <견해>에 따라 <사례>를 판단한 것으로 옳은 것만을 <보기>에서 있는 대로 고른 것은? (단, 기간을 계산할 때 초일(初日)은 산입하지 않고, 공휴일 여부는 무시한다.)

<규정>

제1조 (고소권자) ① 범죄로 인한 피해자는 고소할 수 있다.

② 피해자의 법정대리인은 독립하여 고소할 수 있다.

③ 미성년자는 고소할 수 없다.

제2조 (고소기간) ① 고소는 범인을 알게 된 날로부터 180일이 경과하면 이를 하지 못한다.

② 제1항에도 불구하고 미성년자의 경우는 성년이 된 날로부터 기간을 산정하고, 성년이 된 날은 기간에 산입한다.

제3조 (성년자, 법정대리인) ① 만 19세가 되는 해의 1월 1일부터 성년이 되고, 미성년자는 타인의 법정대리인이 되지 못한다.

<견해>

A : 제1조 제2항은 피해자의 법정대리인도 고소할 수 있다는 것을 의미할 뿐, 고소기간까지 따로 진행하는 것은 아니므로 법정대리인의 고소기간은 피해자의 고소기간을 따른다.

B : 제1조 제2항은 법정대리인의 고유한 고소권을 인정한 것이다. 따라서 법정대리인의 고소기간은 제2조 제1항에 따라 법정대리인이 범인을 알게 된 날로부터 180일이 된다.

<사례>

2017. 4. 27. 甲은 만 18세였던 乙을 공연히 모욕하였고, 당일에 乙은 범인이 甲임을 알았다. 다음 날 乙은 자신이 甲에게 모욕당한 사실을 법정대리인 丙에게 알렸다. 2018년은 윤년이 아니고, 을의 생일은 3월 1일이다.

<보 기>

ㄱ. 丙이 乙에 대한 모욕죄로 甲을 고소할 수 있는 마지막 날은 B에 따르면 2017. 10. 25. 이고, A에 따르면 2017. 10. 24. 이다.

ㄴ. A와 B 중 어느 견해에 따르더라도 乙 본인이 甲을 자신에 대한 모욕죄로 고소할 수 있는 마지막 날은 2018. 6. 29. 이다.

ㄷ. B에 따르면 피해자인 乙의 고소기간이 법률대리인인 丙의 고소기간보다 먼저 도과하지만, A에 따르면 그렇지 않다.

① ㄱ　　　　　② ㄴ　　　　　③ ㄱ, ㄷ

④ ㄴ, ㄷ　　　　⑤ ㄱ, ㄴ, ㄷ

21.

다음으로부터 추론한 것으로 옳은 것만을 <보기>에서 있는 대로 고른 것은?

<자유무역협정>

협정의 일방 당사국에서 생산되어 수출되는 상품에 대해서 수입국은 관세를 부과해서는 안 된다. 상품을 수출하는 일방 당사국에서 생산된 부품이 65% 넘게 사용된 상품만 그 일방 당사국에서 생산한 상품에 해당하는 것으로 본다.

<사례>

X국과 Y국 사이에서는 갑, 을, 병 제품의 수출과 수입이 이루어지고 있는데 갑 제품은 A, C, D 부품만을, 을 제품은 B, D, E 부품만을, 병 제품은 A, B, E 부품만을 사용한다. 한 제품에서 각 부품이 차지하는 비율은 모두 동일하다. A, B, C, D, E 부품은 모두 X국 또는 Y국에서 생산되며 동일한 부품이 X와 Y국에서 모두 생산되는 경우는 없다. 각 제품의 수출, 수입에 있어서 <협정>상 무관세 혜택의 적용 여부는 다음과 같다.

(가) 갑 제품이 X국에서 생산되어 Y국으로 수출된다면 <협정>상 무관세 혜택을 받을 수 있다.

(나) 을 제품이 Y국에서 생산되어 X국으로 수출된다면 <협정>상 무관세 혜택을 받을 수 있다.

(다) Y국에서 생산되어 X국으로 수출되는 병 제품은 <협정>상 무관세 혜택을 받을 수 없지만 부품 하나를 바꾼다면 <협정>상 무관세 혜택을 받을 수 있다.

<보 기>

ㄱ. E는 Y국에서 생산된 부품이다.

ㄴ. X국에서 생산된 부품이 Y국에서 생산된 부품보다 많다.

ㄷ. 병 상품에서 부품A 대신 D를 사용하면 <협정>상 혜택을 받게 된다.

① ㄱ　　　　　② ㄷ　　　　　③ ㄱ, ㄴ

④ ㄴ, ㄷ　　　　⑤ ㄱ, ㄴ, ㄷ

22.

다음 설명과 <P국 법률>을 바탕으로 추론한 것 중 옳은 것만을 <보기>에서 있는 대로 고른 것은?

지방자치제를 실시하고 있는 P국에서는, 법률은 지방자치단체가 제정하는 조례의 상위 규범이다. 그렇기 때문에 원칙적으로 조례는 법률의 범위 내에서만 제정될 수 있고 법률의 범위를 벗어나는 조례는 무효이다. 이때 '법률의 범위 내에서만'이라는 의미는 법률을 적용했을 때에 비해 조례를 적용함으로 인해 법률이나 조례의 적용대상이 되는 사람들이 더 불리해져서는 안 된다는 것을 의미한다. 다만 예외적으로 법률의 내용이 적용대상이 되는 사람들에게 부담이 되는 것이고, 또 모든 지역에 반드시 적용되어야 할 기준을 담고 있다면, 지방자치단체는 법률의 내용보다 적용대상이 되는 사람들을 더 불리하게 하는 조례는 제정할 수 있지만 덜 불리하게 하는 조례는 제정할 수 없다.

<P국 법률>

(가) 보유하고 있는 부동산의 공시가격 합계액이 '기준금액'(6억 원)을 초과한 경우 1차로 합계액 전부에 대한 재산세를 납부해야 하고, 2차로 '기준금액 초과분'에 대한 종합부동산세를 추가로 더 납부해야 한다.

(나) 지급 신청일 전 6개월 이상 도 관내에 주민등록을 두고 있는 대상자에 한하여, 대상자의 셋째 자녀부터는 대학등록금을 전액 지원한다.

─────< 보 기 >─────

ㄱ. 지방자치단체가 대상자의 둘째 자녀부터 대학등록금 전액을 지원하는 조례를 제정한다면 이 조례는 법률의 범위를 벗어나지 않는다.

ㄴ. (가)법률이 모든 지역에 반드시 적용되어야 할 기준을 담고 있는 것일 때 지방자치단체가 (가)법률의 '기준금액'을 9억 원으로 하는 조례를 제정한다면 이 조례는 법률의 범위를 벗어난다.

ㄷ. (가)법률이 모든 지역에 반드시 적용되어야 할 기준을 담고 있는 것이 아닐 때 지방자치단체가 (가)법률의 '기준금액 초과분'을 '합계액 전부'로 하는 조례를 제정한다면 이 조례는 법률의 범위를 벗어나지 않는다.

① ㄱ ② ㄷ ③ ㄱ, ㄴ
④ ㄴ, ㄷ ⑤ ㄱ, ㄴ, ㄷ

23.

다음으로부터 추론한 것으로 옳은 것만을 <보기>에서 있는 대로 고른 것은?

○ 화학자 갑은 산업계에서 광범위하게 사용되고 있는 물질 X를 가지고 실험을 하던 중 우연히 물질 X로부터 변화한, 지금까지 발견된 적이 없지만 좀 더 유용한 물질인 물질 X-1을 발견하였다. 갑이 A국과 B국에 X-1물질에 대한 자신의 연구결과를 특허출원하려고 하자 A, B국 모두 특허인정을 거부하였다.

○ 의사 을은 자연물질 X-1을 분석하여 K성분을 새롭게 발견하고 이 성분이 암세포만을 공격하여 사멸시킨다는 사실을 발견하고 그 원리를 연구하여 K성분의 화학적 구성과 K성분이 암세포를 사멸시키는 생화학적 원리를 규명하였다. 을이 A국과 B국에 K성분에 대한 자신의 연구결과를 특허출원하려고 하자 A국은 특허를 인정하였으나, B국은 특허인정을 거부하였다.

○ 제약회사 병은 K성분의 화학적 구성에 대한 을의 연구를 바탕으로 생산기술을 연구하여 K성분을 대량으로 생산할 수 있는 인공 합성 기술을 개발하였다. 병이 자신의 연구결과를 특허출원하려고 하자 A국은 특허인정을 거부하였으나, B국은 특허를 인정하였다.

○ 화학회사 정은 연구를 통하여 자연 상태에 극히 미량이 존재하는 물질 Y를 발견하고, 산업적으로 이용하기 곤란했던 물질 Y를 인공적으로 대량 생산하는 기술을 개발하였다. 정이 A국과 B국에 자신의 연구결과를 특허출원하려고 하자 A, B국 모두 특허를 인정하였다.

─────< 보 기 >─────

ㄱ. A국에서의 특허권 인정범위는 B국에서의 인정범위보다 넓다.

ㄴ. A국과 B국 모두 자연물질의 발견 그 자체를 특허로 보호하지는 않는다.

ㄷ. A국에서는 자연물질의 경우 독자적으로 발견이 이루어졌을 때만 그 제조방법에 대한 특허도 인정한다.

① ㄱ ② ㄴ ③ ㄱ, ㄷ
④ ㄴ, ㄷ ⑤ ㄱ, ㄴ, ㄷ

24.

X국의 <규정>과 <견해>에 근거하여 <사실 관계>를 판단한 것으로 옳은 것만을 <보기>에서 있는 대로 고른 것은?

<규정>
제1조 X국 형법은 X국 영역 내에서 죄를 범한 내국인과 외국인에게 적용한다.
제2조 X국 형법은 X국 영역 외에서 죄를 범한 내국인에게 적용한다.
제3조 X국 형법은 X국 영역 외에 있는 X국의 항공기 내에서 죄를 범한 외국인에게 적용한다.

<견해>
　죄를 범한 사람을 소추, 즉 형사소송에서 공소를 제기하고 소송을 소행하고자 할 때 그가 내국인인가의 여부를 어느 시점을 기준으로 결정하는가에 대해 견해가 나뉜다.

甲 : 소추 시가 아닌 범죄행위 시를 기준으로 내국인 여부를 판단해야 한다.
乙 : 범죄행위 시가 아닌 소추 시를 기준으로 내국인 여부를 판단해야 한다.
丙 : 범죄행위 시나 소추 시 가운데 어느 한 시점이라도 내국인이면 내국인으로 판단해야 한다.

<사실 관계>
　A는 범죄행위 시에 Y국 국적을 가지고 있었는데 소추 전에 X국의 국적을 취득하였다.

―――――〈보 기〉―――――
ㄱ. 甲, 乙, 丙에 의하면, A가 X국 영역 내에서 죄를 범한 경우 제1조를 적용하여 A를 소추할 수 있다.
ㄴ. 乙과 丙에 의하면, A가 Y국 영역 내에서 죄를 범한 경우 제2조를 적용하여 A를 소추할 수 있다.
ㄷ. 甲과 丙에 의하면, A가 Z국 공항에 있는 X국의 항공기 내에서 죄를 범한 경우 제3조를 적용하여 A를 소추할 수 있다.

① ㄱ　　　　　② ㄷ　　　　　③ ㄱ, ㄴ
④ ㄴ, ㄷ　　　　⑤ ㄱ, ㄴ, ㄷ

25.

합의한 대로 물건값을 요구할 수 있는 갑에 해당하는 사례로 옳은 것만을 <보기>에서 있는 대로 고른 것은?

　법에 따르면 두 사람 사이에 어떤 값에 물건을 매매하기로 합의하면 물건을 넘겨주는 사람은 물건값을 요구할 수 있고 물건을 넘겨받는 사람은 합의한 물건값을 지불해야 한다. 이때 물건은 크게 두 가지 경우로 나뉜다. 첫 번째는 물건이 지정되어 있어서 다른 물건을 대신 넘겨주는 것이 허용되지 않는 것이고, 두 번째는 물건이 지정되어 있지 않아서 같은 종류에 속하는 물건이 존재하는 한 그 종류의 물건을 넘겨주어야 하는 것이다. 이에 추가하여 법은 다음을 규정하고 있다. 첫 번째 경우의 물건은 추가적으로 다음 규정에 따른다. 물건을 넘겨주어야 할 사람은 넘겨줄 때까지 자신의 직업이나 사회적 지위에 비추어 일반적으로 요구되는 주의를 기울여야 한다. 그러한 주의를 다하였지만 물건에 하자가 생긴 경우 그대로 넘겨주고 물건값을 요구할 수 있지만 물건이 완전히 못쓰게 된 경우라면 물건값을 요구할 수는 없다. 하지만 물건을 받을 사람이 잘못하여 물건이 완전히 못쓰게 되었다면 그렇지 않다. 물건을 넘겨주려고 하였지만 물건을 받을 사람이 받을 수 없거나 받기를 거절한 후 물건이 완전히 못쓰게 된 경우에도 물건을 넘겨 줄 사람에게 중대한 잘못이 없다면 물건값을 요구할 수 있다. 두 번째 경우의 물건은 추가적으로 다음 규정에 따른다. 물건을 사는 사람 등이 같은 종류의 여러 물건 중에서 특별히 어떤 물건을 넘겨주기로 지정하거나 아니면 물건을 넘겨주어야 할 사람이 물건을 넘겨주는 데 필요한 행위를 끝내면 첫 번째의 물건과 같이 취급한다. 필요한 행위란 물건을 가져다주기로 한 경우에는 물건을 넘겨받아야 할 사람에게 물건을 가지고 가서 언제라도 물건을 받을 수 있는 상태에 두는 것을 말하고 물건을 찾아가기로 한 경우에는 물건을 넘겨줄 수 있는 상태로 놓아둔 다음 이 사실을 알리는 것을 말한다.

―――――〈보 기〉―――――
ㄱ. 자동차 대리점 운영자 갑은 전시된 차를 할인한 가격으로 을과 매매하면서 일주일 후 차를 을의 집으로 갖다 주기로 합의하였는데, 홍수로 자동차가 침수되어 일부 고장이 났고 이후 갑은 그 고장을 수리하지 않은 채 자동차를 을에게 넘겨주었다.
ㄴ. 자동차 대리점 운영자 갑은 전시차와 같은 종류의 신차를 을과 매매하면서 을이 매장으로 와서 찾아 가기로 합의하여 자동차를 매장으로 운반한 후 언제든지 자동차를 찾아 갈 수 있도록 준비해 놓고 을에게 연락하기 전, 갑의 가벼운 과실로 매장에 불이 나 폐차해야 할 정도로 자동차가 훼손되었고 이후 갑은 그 자동차를 을에게 넘겨주었다.
ㄷ. 자동차 대리점 운영자 갑은 전시차와 같은 종류의 신차를 을과 매매하면서 을의 직장으로 가져다주기로 합의하여 을의 직장으로 자동차를 운반하였으나 을의 출장으로 자동차를 다시 매장으로 가지고 오던 중 갑의 가벼운 과실로 교통사고가 발생하여 폐차해야 할 정도로 자동차가 훼손되었고 이후 갑은 그 자동차를 을에게 넘겨주었다.

① ㄱ　　　　　② ㄴ　　　　　③ ㄱ, ㄷ
④ ㄴ, ㄷ　　　　⑤ ㄱ, ㄴ, ㄷ

26.

X국법에 대한 다음 글로부터 추론한 것으로 옳은 것만을 <보기>에서 있는 대로 고른 것은?

○ 거래의 상대방이 행한 거짓말이나 협박에 의해 거래할 의사를 표시한 사람은 거래의 의사표시를 취소할 수 있다.

○ 거래의 상대방이 아닌 다른 사람이 행한 거짓말이나 협박에 의해 거래할 의사를 표시한 사람은 거래의 상대방이 거래의 의사표시가 다른 사람이 행한 거짓말이나 협박에 의한 것이라는 사실을 알았을 경우에만 거래의 의사표시를 취소할 수 있다.

○ 거래할 의사를 표시한 사람이 거래의 의사표시를 취소할 경우 그 거래는 처음부터 없었던 것이 된다.

───────〈보 기〉───────

ㄱ. A는 자신의 의사에 따라 자신의 아파트를 B에게 팔았는데 B는 아파트값이 급등할 것이라는 C의 거짓말에 속아 A의 아파트를 산 것이었다. 이 경우 A는 B에게 자신의 거래의 의사표시를 취소할 수 있다.

ㄴ. A는 아파트값이 급락할 것이라는 B의 거짓말에 속아 자신의 아파트를 C에게 팔았는데 C는 B가 A를 거짓말로 속인 사실을 알고 있다. 이 경우 A와 C 사이의 아파트 거래는 처음부터 없었던 것이 될 수 있다.

ㄷ. A는 아파트값이 급락할 것이라는 B의 거짓말에 속아 자신의 아파트를 B에게 팔았고 B는 그 아파트를 C에게 팔았는데 C는 B에게 거짓말을 하도록 협박한 사람이었다. 이 경우 A는 C가 B에게 거짓말을 하도록 협박한 사실을 알았을 경우에만 자신의 거래의 의사표시를 취소할 수 있다.

① ㄱ   ② ㄴ   ③ ㄷ
④ ㄱ, ㄴ   ⑤ ㄴ, ㄷ

27.

<규정>과 <사실 관계>를 바탕으로 판단할 때 옳은 것만을 <보기>에서 있는 대로 고른 것은?

K국의 소송법에 의하면 상법이 적용되는 거래에 관한 소송은 물건 구매자의 주소지를 관할하는 법원에 소송을 제기하여야 하고, 민법이 적용되는 거래에 관한 소송은 물건 판매자의 주소지를 관할하는 법원에 소송을 제기하여야 한다. 상법과 민법의 적용여부는 다음 <규정>에 의해 결정된다.

〈규정〉
(가) 상인 간의 물건 거래에는 상법이 적용되며 일반인* 간의 물건 거래에는 민법이 적용된다.
(나) 상인과 일반인의 물건 거래에서 상인이 판매자이고 일반인이 구매자인 경우에는 민법이, 상인이 구매자이고 일반인이 판매자인 경우에는 상법이 적용된다.

〈사실 관계〉
K국 국민 A와 B는 X시, C와 D는 Y시, E와 F는 Z시에 각각 거주하는데 이들 사이에는 다음과 같은 거래가 이루어졌다.

(1) A는 B와 E에게 물건을 팔았다. E는 그 물건을 곧바로 D에게 팔았고 C는 B에게서 그 물건을 구입하였다. C는 B와의 거래를 통해 산 물건을 곧바로 F에게 팔았고 F는 그 물건을 새롭게 가공하여 다시 A에게 팔았다.

(2) X시 법원에 제기된 B와 C 사이의 소송과 Y시 법원에 제기된 D와 E 사이의 소송은 관할을 준수한 것이었으나, A와 F 사이에서 X시 법원에 제기된 소송은 관할을 준수하지 않은 것이었다.

* 일반인은 상인이 아닌 자를 말한다.

───────〈보 기〉───────

ㄱ. E와 F 사이의 거래와 관련된 소송이 제기된다면 어떤 경우에도 상법이 적용될 수 없다.

ㄴ. C가 A에게 물건을 판매하는 거래와 관련된 소송이 제기된다면 X시 법원이 관할권을 가질 것이다.

ㄷ. B가 D에게 물건을 판매하는 거래와 관련된 소송이 제기된다면 Y시 법원이 관할권을 가질 것이다.

① ㄱ   ② ㄴ   ③ ㄷ
④ ㄱ, ㄴ   ⑤ ㄴ, ㄷ

28.

다음 <방법>과 <상황>으로부터 추론한 것으로 옳지 <u>않은</u> 것은?

운송계약이 체결되면 화물 운송인은 정해진 시간과 장소에 수하인에게 화물을 인도할 의무를 지고, 운송인은 인도시까지 화물을 손상 없이 관리할 주의의무가 있으며, 인도 이후에 발생한 사정으로 인한 손해에 대해서는 책임을 지지 않는다. 그런데 해상운송의 경우 화물의 수령, 선적, 운송, 양륙, 창고로의 운반에 이르는 과정에서 어느 단계를 운송인에서 수하인으로 이전된 것으로 볼 것인가에 대한 문제가 제기된다.

<방법>

현재 갑 항만에서 해상운송물의 인도로 파악하는 경우는 다음과 같다. (A) 직상차하는 경우는 부두에 접안하여 정상적으로 수하인이 작업하였다면 양륙이 완료되었을 것으로 예상되는 때, (B) 정기선 운송 등과 같이 운송인이 직접 양륙작업을 하는 경우는 물건이 창고에 입고되었을 때, (C) 부정기선 운송 등과 같이 수하인이 직접 양륙작업을 하는 경우와 (D) 수하인이 나타나지 않아서 운송인이 직접 양륙하여 보관하여 두는 경우(직상차하는 경우는 제외)는 부두에 양륙이 완료되었을 때이다. 단, 어떠한 경우에도 운송인이 운송물의 상태를 확인하거나 확인할 수 있어야만 인도할 수 있다.

그리고 직상차하는 경우는 수하인이 운송물이 해상에 있을 때 세관으로부터 통관 허가를 얻어 부두에서 양륙된 운송물을 창고 등에 입고하지 않고 직접 바로 가져가는 것이다. 빠른 출고가 생명이라 할 수 있는 활어와 같이 특수한 운송물의 경우 직상차한다. 정기선 및 부정기선 운송의 경우에는 세관 통과의 목적을 위하여 운송물은 창고에 일정 기간 머물러야 한다.

<상황>

(가) 운송인이 정시에 갑 항만에 도착하여 부두에 접안시키고 직상차하기로 한 수하인이 운송물인 모래를 양륙할 수 있도록 선창 덮개를 모두 열어 놓은 직후 양륙이 불가능할 정도로 심한 폭우가 내리기 시작하여 모래가 모두 유실되었다.

(나) 부정기선이 여러 수하인의 운송물이 섞여서 담겨 있는 컨테이너들을 싣고 정시에 갑 항만에 도착하였다. 그런데 수하인들이 컨테이너를 양륙하여 내용물을 확인하고 창고로 이동 중 차량 사고로 컨테이너에 들어있던 운송물들이 파손되었다.

(다) 운송인은 정시에 살아있는 민물게를 싣고 갑 항만에 입항하였다. 하루 동안 기다려서 민물게가 모두 죽을 때까지 수하인이 나타나지 않자 부두에 접안하고 민물게를 양륙하여 창고에 있는 냉동실에 입고시킨 후 떠나버렸다.

① (가)의 경우 운송인은 접안 직후 수하인에게 양륙할 것을 통지하였더라도 모래 유실에 대한 손해배상책임을 부담하여야 한다.

② (나)의 경우 운송인은 컨테이너 박스 이동 중 차량전복 사고로 생긴 운송물 파손에 대하여 손해배상책임을 부담하지 아니한다.

③ 통관이 완료되기 전에는 컨테이너 박스 속 내용물을 확인할 수 없다는 법률이 새로 제정된 경우 (나)의 운송인은 운송물 파손에 대한 손해배상책임을 부담한다.

④ (다)의 경우 운송인은 민물게가 죽어 시장 가치가 하락한 데 대하여 손해배상책임을 부담한다.

⑤ 민물게가 특수한 수조에 담겨있어 선박의 특수 장비에 의하지 않고는 손상 없이 양륙하는 것이 불가능한 경우에도 (다)의 운송인은 손해배상책임을 부담하지 않는다.

29.

다음으로부터 추론한 것으로 옳은 것만을 <보기>에서 있는 대로 고른 것은?

<규정>

○ 형벌에는 등급이 있었으며, 경한 것에서 중한 순으로, 태형은 10, 20, 30, 40, 50대까지 5등, 다음으로 장형이 60, 70, 80, 90, 100대까지 5등, 그리고 도형은 1년, 1년 반, 2년, 2년 반, 3년까지 5등이며, 다음으로 유형과 극형인 사형이 있었다.

○ 싸우다가 사람을 구타한 자는 태형 40대에 처한다. 상해하였거나 물건으로 구타한 자는 장형 60대에 처한다. 상해나 머리털이 뽑힌 것이 사방 1촌 이상인 경우에는 장형 80대에 처한다. 귀나 눈에서 피가 나게 하거나 내상을 입혀 피를 토하게 한 경우는 모두 2등을 더한다.

○ 싸우다가 사람을 구타하여 치아를 부러뜨렸거나, 귀나 코를 손상하였거나, 한쪽 눈을 다치게 하였거나, 손가락이나 발가락을 부러뜨렸거나, 뼈에 금이 가게 했거나, 끓는 물이나 불로 사람을 상해하였다면, 도형 1년에 처한다. 치아를 두 개 이상 또는 손가락이나 발가락을 두 개 이상 부러뜨렸거나, 머리털을 깎아버린 경우에는 도형 1년 반에 처한다. 사람을 살해한 경우는 교수형에 처한다.

○ 형이나 누나를 구타한 자는 도형 2년 반에 처한다. 상처를 입혔다면 도형 3년에 처한다. 골절상이면 유형에 처한다. 흉기로 상처를 입혔거나 팔다리를 부러뜨렸거나 또는 한쪽 눈을 실명하게 하였다면 교수형에 처한다. 죽였다면 모두 참수형에 처한다. 욕하였다면 장형 100대에 처한다. 백숙부모·고모·외조부모의 경우는 모두 1등씩 더한다. 만약 과실로 살상하였다면 모두 해당 신분인 살상죄에서 2등을 감한다.

○ 조부모나 부모에게 욕한 자는 교수형에 처한다. 구타한 자는 참수형에 처한다. 과실로 죽인 자는 유형에 처한다. 과실로 상처를 입힌 자는 도형 3년에 처한다. 또한 자손이 가르침이나 명령을 위반하여 조부모나 부모가 구타하여 죽인 경우 도형 1년 반에 처한다. 흉기를 사용하여 죽였다면 도형 2년에 처한다. 만약 적부모·계부모·양부모가 자식을 죽였다면 또 1등을 더하지만, 과실로 죽였다면 모두 논죄하지 않는다.

<보 기>

ㄱ. 길을 가던 행인을 몽둥이로 구타하여 얼굴과 귀에서 피를 흘리게 한 甲은 장형 80대에 처해질 것이다.

ㄴ. 乙과 씨름 연습을 하던 乙의 형이 다리가 부러지는 부상을 입었다면, 乙은 도형 2년에 처해질 것이다.

ㄷ. 丙의 계부가 짐수레를 잘못 몰아 丙을 치어 사망에 이르게 하였다면, 丙의 계부는 도형 2년 반에 처해질 것이다.

① ㄱ   ② ㄴ   ③ ㄱ, ㄴ

④ ㄴ, ㄷ   ⑤ ㄱ, ㄴ, ㄷ

30.

다음으로부터 추론한 것으로 옳은 것만을 <보기>에서 있는 대로 고른 것은?

<X국 규정>

문서의 사용권한을 가지고 있는 사람이 문서의 원래용도 이외의 용도로 문서를 사용하면 처벌된다. 문서의 사용권한이 없는 사람이 문서의 원래용도로 문서를 사용하는 경우도 같다. 그러나 문서의 사용권한이 없는 사람이 문서의 원래용도가 아닌 용도로 문서를 사용하는 경우에는 이 <규정>에 의해 처벌하지 아니하고 <특별법>에 의해 처벌한다.

<사례>

X국 국민 갑, 을, 병은 각각 A문서나 B문서 중 하나를 신원확인용이나 자격증명용으로 부정하게 사용했다는 이유로 재판을 받게 되었다. A문서와 B문서는 신원확인이나 자격증명 용도 중 하나를 위해 사용되는 문서이다. 아울러 한 문서에 대한 권한은 한 사람에게만 존재한다. 갑, 을, 병 세 사람에 대한 재판에 대해 알려진 사실은 다음과 같다.

(가) 갑은 A문서를 사용했고, 을은 B문서를 사용했다.

(나) 갑이 신원확인용으로, 병은 자격증명용으로 문서를 사용했다.

(다) 갑은 <규정>에 따라 처벌받지 않았지만 을과 병은 <규정>에 따라 처벌되었다.

(라) 갑과 을은 적어도 B문서의 사용권한을 갖는 사람은 아니라는 사실이 확인되었다.

<보 기>

ㄱ. 갑은 A문서의 사용권한자이다.

ㄴ. 을은 신원확인용으로 문서를 사용하였다.

ㄷ. 병은 A문서를 사용하였다.

① ㄱ   ② ㄴ   ③ ㄷ

④ ㄱ, ㄴ   ⑤ ㄱ, ㄷ

31.

다음으로부터 추론한 것으로 옳은 것만을 <보기>에서 있는 대로 고른 것은?

갑 : 인간의 생명은 절대적 가치를 가지므로 인간은 언제나 목적으로 대우받아야 하며 수단으로 다루어져서는 안 된다. 또한 곤경에 처한 타인을 도와줄 수 있음에도 돕지 않는다면 비도덕적이라고 비판받아야 한다.

을 : 행위들은 오직 그 결과에 의해서만 옳고 그름이 판단되어야 한다. 결과들을 평가하는 데 문제가 되는 유일한 것은 행위들에 의해 생겨나게 될 행복과 불행의 양이다. 각 개인의 생명이나 행복, 그리고 위험과 불행은 모두 똑같이 중요하다.

<상황>

A의 단체는 장애가 있는 영아를 전문적으로 치료 및 보육하고 있고 이러한 사실이 널리 알려져 있었다. 이 때문에 일부 부모들이 A의 단체가 입주한 건물 앞에 몰래 아기를 두고 가기도 하는데, 대부분이 한밤중에 일어나므로 다음 날 아침 아기들을 발견하기 전까지 아기들이 위험에 노출되곤 하였다. 심지어 저체온증으로 생명에 위협을 받은 아기들도 있었다. 이 때문에 A는 몰래 초인종을 울리게 하고, 초인종만 울리면 언제든 아기를 안전하게 보호할 수 있는 장치인 베이비박스를 마련하였다.

베이비박스 설치 이후 생계가 어려운 부모의 아기, 장애를 가졌거나 수술을 하지 않으면 생명이 위태로운 아기를 비롯한 여러 아기들이 베이비박스에서 발견되었다. 그러나 정부는 A의 의도와 상황을 감안하더라도 비인가 시설에서 아이를 돌보는 것은 불법이기 때문에 베이비박스를 없애달라고 요청하고 있다. 또한 정부는 베이비박스가 유아를 보호하기 위한 장치가 아니라 유기를 조장하는 장치로 작용한다고 보고 있다.

─────<보 기>─────

ㄱ. 만약 A가 베이비박스를 철거할 경우 갑에 따르면 A는 도덕적으로 비판받아야 한다.

ㄴ. 갑과 을에 따르면, A가 설치한 베이비박스에 영아를 유기한 부모의 행위도 도덕적으로 정당화될 수 있다.

ㄷ. 베이비박스 설치 이후 유기되는 영아의 수가 이전보다 현저히 높아졌더라도 을에 따르면 A의 행위는 옳다.

① ㄱ　　　　　　② ㄷ　　　　　　③ ㄱ, ㄴ

④ ㄴ, ㄷ　　　　　⑤ ㄱ, ㄴ, ㄷ

32.

다음 <상황>에 대한 공리주의자의 판단으로 옳은 것만을 <보기>에서 있는 대로 고른 것은?

현대의 공리주의자들은 스스로를 '행위공리주의자'와 '규칙공리주의자' 두 그룹으로 구분한다. 모든 공리주의자에게 유용성의 원리는 인간 행위의 옳고 그름을 판단하는 궁극적인 척도라는 점에는 이견이 없다. 그러나 이 척도를 적용할 때, 개별적인 행위에 직접 적용할 것인가, 아니면 행위의 규칙에만 제한적으로 적용하여 개별적 행위가 옳은가 그른가를 결정하도록 할 것인가에서 견해차를 보이고 있기 때문이다.

○ 행위공리주의 : 유용성의 원리가 개별적인 행위에 적용되어야 한다는 입장이다. 개별적인 행위가 선을 극대화하느냐를 기준으로 행위의 결과를 측정하는 것이다. 어떤 개별적 행위가 옳은 것이 되기 위해서는 타당한 규칙을 따르는 것이 아니라 어떤 구체적인 시간과 장소에서 한 행위의 결과가 다른 가능한 행위의 결과보다 더 많은 유용성을 가져와야 한다.

○ 규칙공리주의 : 개인의 행위는 타당한 행위규칙에 일치하면 옳고, 위반하면 그르다는 입장이다. 물론 타당한 행위규칙을 결정하는 척도는 유용성이다. 행위규칙이란 사람들이 이 규칙에 맞게 자신의 행위를 규제하면 다른 규칙을 따를 경우보다 모든 사람에게 더 많은 행복 내지 더 적은 고통을 일으키게 하는 규칙이다.

<상황>

갑 : 갑은 발각되면 강제수용소로 보내질 무고한 유태인들을 숨겨주고 있었다. 나치의 비밀경찰이 찾아와 그들의 거처를 물었을 때, 갑은 거짓말을 하였다.

을 : 병을 앓고 있는 부인의 목숨을 구할 수 있는 약을 발견하였다. 비싼 약값을 감당할 수 없던 가난한 을은 약방 문을 부수고 들어가 약을 훔쳤다.

─────<보 기>─────

ㄱ. 행위공리주의자들은 나치 치하에서 갑이 거짓말을 함으로써 많은 무고한 유태인들의 목숨을 구한 것이므로, 갑의 행동을 옳다고 판단할 것이다.

ㄴ. 규칙공리주의자들은 '물건을 훔치지 마라'는 규칙은 도둑질을 허용하는 규칙보다 더 큰 유용성이 있기 때문에, 을의 행동을 그르다고 판단할 것이다.

ㄷ. 만일 행위규칙 간에 가치 수준의 차이가 있다고 하더라도 규칙공리주의자들은 을의 행위를 정당한 것으로 평가할 수 없다.

① ㄱ　　　　　　② ㄷ　　　　　　③ ㄱ, ㄴ

④ ㄴ, ㄷ　　　　　⑤ ㄱ, ㄴ, ㄷ

33.

다음으로부터 추론한 것으로 옳은 것만을 <보기>에서 있는 대로 고른 것은?

절차적 정의의 형태는 완전한 절차적 정의, 불완전한 절차적 정의, 순수 절차적 정의로 구분할 수 있다.

먼저, 완전한 절차적 정의의 사례로 공정한 분할에 대해 살펴보자. 여러 사람이 케이크를 나눌 때 공정한 분할은 똑같이 나누는 것이라고 한다면, 어떤 절차에 의해 이런 결과에 이를 수 있는가? 한 사람이 케이크를 자르고 나머지 사람들이 먼저 케이크를 선택한 다음에 그 사람은 가장 나중에 선택하면 될 것이다. 이 경우에 그는 자신의 몫을 최대한으로 하기 위해 케이크를 똑같이 자를 것이다. 이처럼 완전한 절차적 정의의 경우에는 공정한 결과가 무엇인지에 대한 독립적인 기준이 정해질 수 있으며, 그러한 결과에 이르기 위한 절차도 존재한다.

다음으로, 불완전한 절차적 정의는 형사 재판에서 볼 수 있다. 비록 법을 주의 깊게 따르고 절차를 그대로 공정하게 밟는다 해도 그릇된 결과에 이를 수도 있다. 죄 없는 사람이 유죄를 선고받을 수도 있고 범인이 풀려날 수도 있는 것이다. 불완전한 절차적 정의는 올바른 결과에 대한 독립적인 기준은 있으나 그것을 보장할 만한 절차가 없다는 것이다.

마지막으로, 순수 절차적 정의의 경우에는 공정한 결과에 대한 독립적인 기준이 없으며, 그 대신에 바르고 공정한 절차가 있어서 그 절차만 제대로 따르면 그 결과도 바르고 공정하게 된다. 예를 들어 포상금의 분배 문제에 대해 살펴보자. 어느 축구팀이 우승하여 포상금을 받았는데 팀원들은 제비를 뽑아서 거기에 적힌 액수대로 포상금을 나누기로 하였다. 이들이 이러한 분배 방식에 자발적으로 동의하고 서로를 속이지 않는 등의 공정한 조건이 충족된다면, 제비뽑기를 통해 개인들에게 얼마의 액수가 분배되든지 간에 그 결과는 정의롭다. 이처럼 순수 절차적 정의의 경우에는 공정한 절차가 그 결과에 정당성을 부여하게 된다.

─────<보 기>─────

ㄱ. 몇 사람이 포커 게임 등 특정한 룰을 따르는 노름에 참가하기로 합의했다면, 마지막 판이 끝난 후의 현금 분배는 내용에 상관없이 완전한 절차적 정의가 실현된 경우에 해당한다.

ㄴ. 사회적 협동을 통해 재화를 생산한 경우, 생산에 기여한 정도에 따라 자신의 몫을 분배받는 것이 원칙이지만 각 개인의 기여 정도를 판단하기 어렵다면, 불완전한 절차적 정의의 경우에 해당한다.

ㄷ. 완전한 절차적 정의가 실현되는 경우는 순수 절차적 정의 역시 실현될 수 있지만, 순수 절차적 정의가 실현된 경우라고 해서 완전한 절차적 정의가 실현되는 것은 아니다.

① ㄱ   ② ㄴ   ③ ㄷ
④ ㄱ, ㄴ   ⑤ ㄴ, ㄷ

34.

'다음 글로부터 추론한 것으로 옳은 것만을 <보기>에서 있는 대로 고른 것은?

사람들에게는 그들이 마땅히 받아야 할 것을 주어야 한다. 마땅히 받아야 할 사람이 누구인지를 판단하는 기준은 그 사람의 능력이나 우수성이어야 한다. 그렇지 않고 사회적 신분이나 우연, 외모와 같은 기준에 따라 결정된다면 그것은 부당한 일이다. 능력과 우수성에 따라 주어져야 한다는 것은 단순히 그렇게 하는 것이 바람직하다는 것을 의미하는 것이 아니다. 반드시 그렇게 해야 한다는 것을 의미한다. 마땅히 받아야할 사람에게 어떤 물질적인 것이나 기타 권리, 기회, 직위 등이 주어졌을 때 그를 통하여 달성할 수 있는 목적은 보다 쉽고 효율적으로 달성할 수 있게 된다. 야구방망이와 글러브가 야구를 가장 잘하는 사람에게 주어졌을 때 프로야구경기는 가장 흥미진진한 경기가 될 수 있다. 흥미진진한 프로야구경기가 그 목적대로 관객들의 즐거움을 극대화시키듯 주어져야 할 사람에게 주어졌을 때 사회적 이익의 크기가 극대화된다. 이것이 바로 정의이다. 따라서 주어진 것을 받는 사람도 자신에게 주어지는 것을 받지 않겠다고 거부할 수 없다. 공동선을 실현하기 위해 노력해야 한다는 것은 사회 구성원이라면 누구나 성실하게 이행해야 할 의무이다. 자기에게 마땅히 주어져야 할 것을 거부하고 자기에게 주어져서는 안 되는 것-타인에게 주어져야 할 것-을 요구하는 것은 자신의 의무 이행을 거부하는 것일 뿐 아니라 타인의 의무 이행을 방해하는 것으로 곧 정의에 반하는 것이다.

─────<보 기>─────

ㄱ. 공무원의 동의를 얻지 않고 다른 직위로 인사 이동시키는 경우라도 그 공무원은 인사이동을 거부해서는 안 된다.

ㄴ. 교향악단의 연주자를 뽑기 위한 실기시험은 가림막을 쳐서 연주자가 누구인지 알 수 없도록 하는 것은 정의에 어긋나지 않는다.

ㄷ. 모든 사람을 균등하게 교육받게 하는 것은 정의에 어긋나지만 시험 성적이 우수한 순서대로 제한적으로 고등교육 기회를 부여하는 것은 정의에 어긋나지 않는다.

① ㄱ   ② ㄴ   ③ ㄱ, ㄷ
④ ㄴ, ㄷ   ⑤ ㄱ, ㄴ, ㄷ

35.

다음 설명을 토대로 할 때 '따분한 상대주의'에 해당하는 사례만을 <보기>에서 있는 대로 고른 것은?

상대주의에는 흥미로운 상대주의와 따분한 상대주의가 있다. 흥미로운 상대주의는 '같은 주장'에 대해 어떤 사람에게는 참이지만 다른 사람에게는 거짓일 수 있다는 입장이다. 예를 들어 '일부다처제는 옳지 않다'는 주장은 갑에게는 참이지만 을에게는 거짓일 수 있다. 따분한 상대주의는 '같은 문장'을 서로 다른 두 사람이 말했을 때 한 사람이 말한 것은 참이고 다른 사람이 말한 것은 거짓일 수 있다는 입장이다. 가령 병과 정이 각각 '나는 5월을 좋아해'라고 말할 때 병의 말은 참일 수 있지만 정의 말은 거짓일 수 있다.

따분한 상대주의에서 상대적인 진리들은 서로 모순되지 않는다. 가령 병에게 진리는 "나는 5월을 좋아해'가 참이라는 것'이고 정에게 진리는 "나는 5월을 좋아해'가 거짓이라는 것'이다. 그런데 병과 정이 말한 '나는 5월을 좋아해'는 서로 다른 주장이기 때문에 병의 진리가 참이더라도 정의 진리는 참일 수도 거짓일 수도 있다. 반면 흥미로운 상대주의에서 상대적 진리들은 서로 양립할 수 없다. 갑에게 진리는 "일부다처제는 옳지 않다'가 참이라는 것'이지만 을에게 진리는 "일부다처제는 옳지 않다'가 거짓이라는 것'이다. 갑과 을이 말한 '일부다처제는 옳지 않다'는 같은 주장이기 때문에 갑의 진리가 참이면 을의 진리는 참일 수 없다.

―――――〈보 기〉―――――

ㄱ. 한국인 A와 일본인 B가 각각 "독도는 우리나라 땅이야"라고 말했다. 한 명은 옳지만 다른 한 명은 옳지 않다.

ㄴ. 형제인 C와 D가 각각 "엄마에게 병이 있어"라고 말했다. C는 질병인 병(病)을 말했고, D는 액체 등을 담는 그릇인 병(瓶)을 말했다. 한 명은 옳지만 다른 한 명은 옳지 않다.

ㄷ. 미국인 E와 영국인 F가 국제전화로 통화 중이다. 둘 다 "지금 이곳에선 하이브리드 차가 유행 중이야"라고 말한다. 한 명은 옳지만 다른 한 명은 옳지 않다.

ㄹ. G는 "점성술은 미신에 불과하다"라고 주장하고 점성술가 H는 이에 반대한다. 한 명은 옳지만 다른 한 명은 옳지 않다.

① ㄱ, ㄴ　　　　② ㄱ, ㄷ　　　　③ ㄱ, ㄹ
④ ㄴ, ㄷ　　　　⑤ ㄷ, ㄹ

36.

Ⓐ의 사례로 옳은 것만을 <보기>에서 있는 대로 고른 것은?

반증주의자는 과학을 세계나 우주의 어떤 측면의 움직임을 정확하게 기술하거나 설명하기 위해 잠정적으로 제시된 일련의 가설이라고 생각한다. 그러나 모든 가설이 그렇게 할 수 있는 것은 아니다. 어떤 가설이나 이론의 체계가 과학적 법칙이나 이론의 자격을 얻기 위해서 충족시켜야 하는 하나의 기본 조건이 있다. Ⓐ 가설이 과학의 울타리 안에 들어오려면 그 가설은 반증 가능해야 한다. 한 가설은 그 가설과 모순되는 관찰 진술이나 일련의 관찰 진술들이 논리적으로 존재할 수 있으면, 반증이 가능하다. 예를 들어 "모든 물체는 열을 받으면 팽창한다."라는 주장은 반증 가능하다. "x라는 어떤 물체가 t라는 시간에 열을 받았는데도 팽창하지 않았다."는 관찰 진술에 의해 반증될 수 있기 때문이다. 빙점 가까이 있는 물은 이 진술을 반증하는 사례가 된다. 어떤 진술이 반증 가능한지를 판별하는 데 있어서 중요한 점은 그 진술이 거짓일 수 있다는 점이 논리적으로 모순은 아니라는 점이다.

―――――〈보 기〉―――――

ㄱ. 일요일에는 비가 내렸다.

ㄴ. 비가 오거나, 비가 오지 않는다.

ㄷ. 평면 위에 있는 원주상의 모든 점은 중심에서 등거리에 있다.

ㄹ. 빛이 평면거울에서 반사될 때 입사각의 크기와 반사각의 크기는 동일하다.

① ㄱ, ㄴ　　　　② ㄱ, ㄷ　　　　③ ㄱ, ㄹ
④ ㄴ, ㄹ　　　　⑤ ㄷ, ㄹ

37.

'이중효과의 원리'에 의해 도덕적으로 정당화될 수 있는 사례만을 <보기>에서 있는 대로 고른 것은?

도덕적 규범을 행위에 적용할 때 문제가 되는 것 중 하나는 어떤 행위가 결과에 있어서 두 가지 상반된 효과, 즉 좋은 효과와 나쁜 효과를 야기할 수 있다는 것이다. 이와 관련해서 행위의 지침으로 삼을 수 있는 한 가지 원리는 '이중효과의 원리'인데, 다음과 같이 공식화될 수 있다.

"한 행위가 두 가지 효과를 발생시키고, 그중 한 가지는 좋지만, 다른 하나는 나쁘다. 이 경우, 오직 다음의 조건들이 모두 충족되는 경우에 한해서만 그 행위는 도덕적으로 허용될 수 있다."

(1) 행위 자체가 도덕적으로 허용될 수 있어야 한다. 즉, 그 행위의 주요하고도 직접적인 목표가 인간의 '본질적인 선(善)' - 예컨대 '생명' - 을 파괴하는 것이어서는 안 되고, 어떤 명백한 해악을 막을 수 없도록 하는 것이어서도 안 된다.

(2) 의도된 좋은 효과가 나쁜 효과에 의해 얻어져서는 안 된다. 즉 좋은 효과의 직접적 원인이 나쁜 효과여서는 안 된다.

(3) 행위자는 나쁜 효과를 의도해서는 안 된다. 즉, 행위자가 기대하거나 추구하는 목표가 나쁜 효과여서는 안 된다. 그것이 예견될 수 있으며 또는 관대하게 취급될 수도 있지만, 직접적으로 의도되어서는 안 된다.

(4) 만일 어떤 행위를 함으로써 좋은 효과가 더 작고 (예를 들어 불편함 피하기 또는 수단적인 선 보호하기) 나쁜 효과가 더 크다는 것을 알고 있다면(본질적인 선의 상실), 그 행위는 도덕적으로 정당화되지 않는다.

─── <보 기> ───

ㄱ. 요구조건을 받아들이지 않으면 다섯 명의 인질을 모두 죽이겠다고 위협하던 범인을 '갑'이 조준 사격해 사살하고 인질들을 모두 구출했다.

ㄴ. 적절한 의료지원을 받을 수 없는 전쟁터에서 적의 폭격으로 치명적인 부상을 입은 전우가 극심한 고통을 호소하며 서서히 죽어가는 모습을 본 '을'은 자신의 총으로 그의 머리를 쏘았다.

ㄷ. 쿠데타로 권력을 장악한 후, 자신을 반대하는 수천 명의 양심적 인사들을 체포, 고문, 투옥, 살해하고 사치와 향락을 일삼아 국고를 탕진해 대다수의 국민들을 절대 빈곤의 나라에 빠뜨린 독재자 '병'을 그의 부관 '정'이 암살했다.

ㄹ. 선천적 기형으로 평생 특수 기계 장치를 부착한 채 누워 지내야 하고, 그마저도 복잡하고 위험한 수십 차례의 수술을 받아야만 가능하다는 소견을 들은 신생아 '무'의 부모는 아이를 치료하지 않기로 결정했고, 결국 '무'는 2주 후 사망했다.

① ㄴ   ② ㄱ, ㄴ   ③ ㄱ, ㄷ
④ ㄱ, ㄷ, ㄹ   ⑤ ㄴ, ㄷ, ㄹ

38.

다음 글로부터 추론한 것으로 옳은 것만을 <보기>에서 있는 대로 고른 것은?

그리스인들은 신들의 집을 지음으로써 신들을 존재하게 했다. 중앙의 신상에서 주랑으로 이어지는 신성한 '느낌' 속에서 신들은 실존할 수 있었다. 내가 지금 신의 숨결 속에 들어와 있고 그 존재가 지금 나와 함께 있다는 느낌을 '아우라(Aura)'라고 한다. 신전을 짓는다는 것은 단지 건물을 세우는 것이 아니다. 올림포스의 신들은 그리스 문명의 핵이다. 로마인들이 예루살렘 성전을 파괴한 것은 그로써 한 민족의 세계를 파괴하려 한 것이고, 캄보디아인들이 앙코르 와트를 세운 것은 그로써 자신들의 민족적 세계를 세운 것이다.

반면 유대교나 기독교에서는 신의 집에서 신의 모습을 볼 수 없다. 유대의 신은 인간들에게 제 형상을 만드는 것을 금지했기 때문이다. 유대교와 기독교의 형상금지(iconoclasm) 계율은 아마도 문화적 상대주의 때문이었을 것이다. 민족 간의 접촉이 활발해지면서 민족마다 절대자의 모습을 다르게 형상화한다는 것을 알게 된다. 신을 이 문화적 상대성에서 구하여 그에게 절대성을 부여하려면 구체적 형상을 포기해야 했을 것이다. 하지만 이렇게 구체적 형상을 포기함으로써 신성한 '느낌'이 더 약화되는 것은 아니다.

벤야민은 원래 제의의 대상이던 것이 오늘날 전시, 복제의 대상이 된 것에서 아우라 파괴의 시작을 본다. 즉 종교적 아우라가 예술적 아우라로 대체된 것이다. 예컨대 앙코르 와트에서 조금 떨어진 곳에 반테이 스레이라는 힌두교 사원이 있다. 관광객들은 힌두의 신들을 존재하게 했던 그 사원에서 예전처럼 종교적 아우라를 체험할 수는 없을 것이다. 우리의 눈에 신전은 그저 '작품'으로 보이며, 각종 방법으로 이를 복제한 결과물을 시간, 장소에 구애받지 않고 감상할 수 있다. 하지만 정교한 건축과 조각으로 이루어진 이 완벽한 작품 앞에서 우리는 종교적 외경과 흡사한 예술적 경외를 체험하게 된다.

─── <보 기> ───

ㄱ. 아우라는 구체적인 형상 속에서만 존재할 수 있다.

ㄴ. 사진이나 동영상과 같은 매체의 발달은 아우라의 파괴를 더욱 가속화할 것이다.

ㄷ. 벤야민에 따르면 예술적 아우라는 반테이 스레이를 방문한 여행객들에게 종교적 아우라와 유사한 체험을 가능하게 한다.

① ㄱ   ② ㄴ   ③ ㄱ, ㄷ
④ ㄴ, ㄷ   ⑤ ㄱ, ㄴ, ㄷ

39.

다음으로부터 추론한 것으로 옳은 것만을 <보기>에서 있는 대로 고른 것은?

경험적 증거에 대한 호소 없이도 그것이 참인지 거짓인지를 알 수 있는 진술을 선천적 진술이라 하고, 경험과 관찰에서 얻은 증거를 기초로 해서만 참인지 거짓인지를 알 수 있는 진술을 후천적 진술 또는 경험적 진술이라고 하자.

　(개) 어떤 버섯은 유독하다.
　(내) 모든 노새는 새끼를 못 낳는다.

위의 (개), (내)는 모두 경험적 진술이다. (개)의 경우 관찰에 의해 진술의 참이 검증될 수 있지만 (내)는 관찰에 의해서 참임이 검증될 수 없다. 만약 어떤 사람이 버섯을 먹고서 버섯 중독에 걸렸다면 어떤 버섯도 유독하지 않다고 진술하는 것은 논리적으로 불가능하다. 하지만 수많은 노새들이 평생 새끼를 못 낳는 것을 관찰할지라도 여태까지 관찰되지 않은 어떤 노새가 새끼를 낳을 가능성이 있기 때문에 (내)가 확실하게 참이라고 할 수는 없다. 반면 (내)의 진술은 관찰에 의해 거짓임을 보일 수 있지만 (개)는 관찰에 의해서 거짓이라고 말할 수 없다. 가령 새끼를 낳은 어떤 노새 한 마리를 관찰했다면, (내)의 진술은 거짓이라고 말할 수 있다. 그런데 수많은 사람이 버섯을 먹는 것을 관찰하고 그들 모두가 중독되지 않았다고 하더라도, 유독한 다른 버섯이 얼마든지 있을 수 있기 때문에 (개)가 거짓이라고 말할 수는 없다.

─────〈보 기〉─────

ㄱ. "어떤 경찰은 남자가 아니다"라는 진술은 관찰한 모든 경찰이 남자라고 하여도 관찰되지 않은 여자 경찰이 얼마든지 있을 수 있다는 점에서 관찰에 의해서 거짓임을 보일 수 없다.

ㄴ. "모든 까마귀는 희지 않다"라는 진술은 아무리 많은 까마귀를 관찰하여도 어딘가에 흰색의 까마귀가 있을 수 있다는 점에서 관찰에 의해서 참임을 보일 수 없지만, 흰색의 까마귀를 단 한 마리만 발견해도 그 진술은 거짓임이 증명된다는 점에서 관찰에 의해서 거짓임을 보일 수는 있다.

ㄷ. "모든 물리적 실체는 그것을 녹일 수 있는 용제를 가진다"라는 진술은 어떤 용제에도 녹지 않는 물리적 실체가 있을 가능성이 있기 때문에 관찰에 의해서 참임을 보일 수 없으며, 지금까지 알려진 물리적 실체 중 절대 녹지 않는 X가 있다고 하여도 X를 녹일 수 있는 용제가 있을 가능성은 여전히 있으므로 관찰에 의해 거짓임을 보일 수도 없다.

① ㄱ　　　　　② ㄴ　　　　　③ ㄱ, ㄴ
④ ㄴ, ㄷ　　　　⑤ ㄱ, ㄴ, ㄷ

40.

'재현 예술'이 수용할 수 있는 진술만을 <보기>에서 있는 대로 고른 것은?

회화에서의 재현 예술은 예술가 자신이 본 세계를 캔버스에 그대로 옮기는 것이다. 즉, 자연이나 세계와 같은 실재를 캔버스에 재현하는 것이다. 그래서 예술가는 재현하고자 하는 대상들과 자신이 그리는 그림이 최대한 닮을 수 있도록, 1:1로 대응될 수 있는 방식을 찾는 것에 심혈을 기울인다. 예술가는 캔버스에 실재를 명백하게 객관적으로 재현할 수 있다고 믿는 것이다. 이러한 믿음이 가능한 이유는 관찰자로서의 예술가가 실재로부터 분리되어있다는 믿음과, 모든 인간 존재가 단일한 객관적 관점으로 세계를 파악한다는 믿음이 있기 때문이다. 즉 실재로부터 분리된 중립적 존재인 예술가는 객관적 관점으로 편견 없이 세계를 관찰할 수 있는 것이다. 그 결과 예술가는 자신이 처한 환경적, 문화적 맥락과 개인적이고 구체적인 경험들, 시각들에서 철저하게 분리된다.

예술가가 외적 실재를 재현해야 한다는 의무를 짊어짐으로써 세계에 자의식을 투영할 수 없게 되었지만, 동시에 예술가는 예술을 감독하는 창작자로서의 특권적 권위를 부여받는다. 캔버스에 담긴 실재를 정확하게 포착한 것은 그 작품을 창조한 예술가뿐이므로, 비평가나 감상자는 그 작품이 보여주는 것을 그대로 수용해야지 감상자 자신의 주관적 해석이 옳다고 주장할 수 없게 된다.

─────〈보 기〉─────

ㄱ. 예술가가 어떤 실재 X를 예술작품에 재현했는데 감상자가 이를 Y로 해석하는 일은 발생할 수 없다.

ㄴ. 실재로부터 분리되지 못한 예술가는 세계를 관찰하고 재현하는 것이 불가능하다.

ㄷ. 예술작품 해석에 있어 어떤 해석이 옳은지를 판단하는 절대적 기준이 존재한다.

① ㄱ　　　　　② ㄴ　　　　　③ ㄷ
④ ㄱ, ㄴ　　　　⑤ ㄴ, ㄷ

41.

<이론>에 따라 <사례>를 분석한 것으로 옳은 것만을 <보기>에서 있는 대로 고른 것은?

<이론>

사업자는 상품을 공급한 후 부가가치세와 사업소득세를 납부한다. 사업자가 납부하여야 하는 부가가치세 총액은 총매출액(＝공급가격×공급량)에 부가가치세율을 곱한 것이며, 사업소득세는 총이윤에 소득세율을 곱한 것이다. 사업자의 총이윤은 총매출액에서 총비용을 차감한 것이다.

한편 사업자가 상품을 공급하면서 할인해 주는 것을 '매출에누리'라고 한다. 매출 에누리는 공급가격을 낮추는 요소로 보아야 할까, 총비용을 증가시키는 요소로 보아야 할까? 매출에누리에 관해, 상품당 매출 에누리 액수를 상품당 공급가격에서 차감하는 A국 법률, 매출 에누리 총액을 총비용에 가산하는 B국 법률, 매출 에누리 총액 중 10%는 총매출액에서 차감하고 나머지는 총비용에 가산하는 C국 법률이 있다.

<사례>

갑은 휴대전화 단말기를 판매하는 사업자이다. 갑은 휴대전화 단말기를 한 대당 50만 원에 공급하여, 총 150대를 공급하였다. 갑은 임대료로 총 400만 원, 인건비로 총 200만 원의 비용을 지출하였고, 단말기를 공급하면서 단말기보조금을 한 대당 5만 원을 지급하였다. 지급한 단말기보조금이 '매출에누리'에 해당하는지 아니면 '판촉비'로서 비용에 해당하는지에 관하여는 갑과 국세청 사이의 견해가 대립하고 있다.

─〈보 기〉─

ㄱ. 단말기보조금이 '매출 에누리'에 해당한다고 보는 경우에, 갑은 A국 법률에 의할 때 납부하는 총 세액이 가장 적다.
ㄴ. 단말기보조금이 '판촉비'에 해당한다고 보는 경우와, 단말기보조금이 '매출 에누리'에 해당한다고 보면서 B국 법률에 의하는 경우에, 갑이 납부하는 총 세액에는 차이가 없다.
ㄷ. 사업소득세율이 10%라면, 단말기보조금이 '매출 에누리'에 해당한다고 보면서 C국 법률에 의하는 경우에 갑이 납부하는 사업소득세는 600만 원을 넘는다.

① ㄱ
② ㄷ
③ ㄱ, ㄴ
④ ㄴ, ㄷ
⑤ ㄱ, ㄴ, ㄷ

42.

다음 글로부터 추론한 것으로 옳은 것은?

국제 정치에서의 억지는 주로 군사적 억지를 의미한다. 잠재적 혹은 현재의 적국이 군사적으로 공격하고 싶더라도 내가 원하는 상황이 평화유지이기 때문에 공격하지 못하도록 하는 것이다. 억지는 두 가지 기준으로 분류할 수 있다. 첫 번째 기준은 직접억지와 확대억지이다. 직접억지는 잠재적 공격의 대상이 자국일 경우이며 확대억지는 공격의 대상이 제3국인 경우이다. 두 번째 기준은 일반 억지와 긴급 억지이다. 일반 억지는 평상시의 억지이며 긴급 억지는 위기 상황에서의 억지이다. 이를 다음의 표로 나타낼 수 있다.

A		B	
		(대)	(라)
	(가)	S1	S2
	(나)	S3	S4

○ S1은 양국이 모두 반격능력을 갖추어 상대방의 선제공격에 대한 대량보복을 공언하고 서로의 능력을 확신함으로써 상호 공격을 억지하는 상황이다. 냉전 시대에 미국과 소련간의 핵 억지가 대표적인 예다.
○ S2는 S1과 같은 상황이 구체적으로 표현되는 상황이다. 양국이 당장의 전쟁 위험이 높은 상황이며 상대방의 반격 의지에 대한 확신이 있어야 억지가 효과를 발휘할 수 있다. 1962년 10월에 발생한 쿠바 미사일 사태가 대표적인 예다.
○ S3은 일종의 동맹관계에서 비롯되는데, 동맹국들이 상정하는 공동의 적국이 있는 상황에서 공동의 적국과 긴장관계를 유지하고 있을 때 주로 이용하는 억지 상황이다. 미국이 유럽이나 한국에 군대를 파견하여 주둔기지를 건설하는 것이 대표적인 예다.

─〈보 기〉─

ㄱ. (가)는 공격의 대상이 제3국인 유형이다.
ㄴ. (대)는 위협이 잠재적인 상황이다.
ㄷ. 대만 총통 선거를 앞두고 중국은 대만 독립을 주장하는 후보를 견제하고자 대만해협에 미사일을 시험 발사하는 한편, 대규모 군사훈련을 시행했다. 미국은 항공모함을 해당 해역에 즉시 파견함으로써 중국의 대만 침공상황을 억지하고자 하였다는 상황은 S4에 해당할 것이다.

① ㄱ
② ㄷ
③ ㄱ, ㄴ
④ ㄴ, ㄷ
⑤ ㄱ, ㄴ, ㄷ

43.

다음으로부터 추론한 것으로 적절한 것만을 <보기>에서 있는 대로 고른 것은?

역학자들의 관심사는 어떤 위험요인에 대한 노출과 질병 사이에 인과관계가 존재하는가이다. 이를 증명하기 위해서는 우선 그러한 노출과 질병 사이에 관련성이 증명되어야 하는데, 일반적으로 학자들은 그 둘 사이에 관련성의 정도를 상대위험도, 기여위험도 등으로 표현한다.

<상대위험도>

질병 발생의 원인으로 가정한 요인의 노출상태에 따라 연구대상 인구집단을 구성하고 이들을 일정 기간 동안 관찰하여 특정 질병의 발생여부를 확인하는 연구 방식이다. 상대위험도는 다음과 같이 표현된다.

$$상대위험도 = \frac{(노출군에서의\ 질병\ 발생률)}{(비노출군에서의\ 질병\ 발생률)}$$

<기여위험도>

상대위험도가 위험요인과 질병 사이의 관련성의 정도만을 표시한다면, 기여위험도는 통계적으로 유해요인이 기여한 질병의 비율을 가리키는 것으로 이해되며, 이때 기여위험도는 다음과 같이 표시된다.

$$기여위험도 = \frac{(노출군에서의\ 질병\ 발생률) - (비노출군에서의\ 질병\ 발생률)}{(노출군에서의\ 질병\ 발생률)}$$

───── <보 기> ─────

ㄱ. 상대위험도가 1보다 크면 노출과 질병 사이에 관련성이 인정될 가능성이 있지만 1일 때에는 노출과 질병 사이에 관련성이 인정될 가능성이 적다.

ㄴ. 어떤 질병의 기여위험도가 1이라면 그 요인은 그 질병 발생의 원인일 가능성이 높고, 0이라면 그 요인은 그 질병 발생의 원인일 가능성이 낮다.

ㄷ. 어떤 질병의 상대위험도가 4라면 그 질병의 기여위험도는 75%이다.

① ㄱ   ② ㄷ   ③ ㄱ, ㄴ
④ ㄴ, ㄷ   ⑤ ㄱ, ㄴ, ㄷ

44.

다음 가설을 뒷받침하는 사례로 적절한 것만을 <보기>에서 있는 대로 고른 것은?

사회계층에 따라 사망률, 수명, 질환에 걸리는 비율이 불평등하게 나타난다. 직업 분류상 최하위에 속하는 비숙련 육체노동자는 정년 전에 사망할 확률이 직업 분류상 최상위에 속하는 전문직 화이트칼라 노동자에 비해 두 배나 높으며 비숙련 육체노동자 가족에서 사산하거나 생후 일주일 이내에 사망하는 아이의 수는 전문직 근로자 가족에 비해 두 배가 많다. 또한 최상위 계층의 일원으로 태어나는 사람은 비숙련 육체노동 계층의 일원으로 태어나는 사람에 비해 평균적으로 7년 정도 더 오래 산다. 직업분류상 상위 계층에 속하는 사람일수록 하위계층에 속하는 사람에 비해 질환에 걸리는 비율이 낮아 더 양호한 건강 상태를 향유한다. 이와 같이 계층에 따른 사회적 불평등은 건강상의 불평등과 일정한 상관관계가 있다. 따라서 직업분류상 사회경제적 계층의 차이가 건강상의 불평등을 발생시키는 원인이라고 할 수 있다.

───── <보 기> ─────

ㄱ. 도시지역에서 농촌지역으로 갈수록 주민의 평균 연령과 연간 10만 명당 사망자 수가 증가한다.

ㄴ. 출생 초 건강에 문제가 있는 아동은 다른 아동과 동등한 수준의 교육을 받지 못해 성인이 된 후 전문직을 얻기 어렵고 승진할 가능성도 낮다.

ㄷ. 비숙련노동자 계층에 속하는 사람의 작업환경은 전문직 종사자의 업무환경에 비해 신체에 위해를 가할 요소가 많아 비숙련노동자 계층에 속하는 사람이 만성질환을 앓는 비율은 전문직 종사자의 비율보다 50% 더 높다.

① ㄱ   ② ㄴ   ③ ㄷ
④ ㄱ, ㄷ   ⑤ ㄴ, ㄷ

45.

다음으로부터 추론한 것으로 옳은 것만을 <보기>에서 있는 대로 고른 것은?

환율이란 우리 돈과 외화의 교환비율로, 해외로 용역과 재화를 수출하는 기업의 경우 환율변동은 기업의 매출과 영업이익에 막대한 영향을 끼친다. A 기업은 미국에 200만 달러어치 제품을 수출하고 대금은 6개월 뒤에 받는 수출 계약을 체결했다. 현재 환율 1,000원으로 계산하면 매출 20억 원을 올릴 수 있다. 그런데 환율은 고정된 것이 아니다. 환율이 1,200원으로 오르면 매출은 24억 원으로 오르지만 환율이 800원으로 떨어지면 매출은 16억 원으로 급감한다. A 기업은 환율이 오르기보다는 환율이 내려 매출이 급감하는 위험을 피하고, 현재 환율로 계산한 매출을 유지하고 싶다. 이를 위해 도입된 것이 선물환이다. 선물환이란 달러를 미리 사고 파는 것이다. 즉, 정해진 일정 시점 후 일정 환율에 이루어질 외환거래 계약을 미리 체결하는 것을 말한다. 이처럼 환율변동에 따른 위험을 피하기 위해 선물환 거래를 하는 기업들의 행위를 환헤지라고 한다.

A 기업처럼 해외로 재화나 용역을 수출하는 기업체만 환헤지에 관심이 있는 것은 아니다. 해외펀드 투자가 활발해지면서 개인 투자자들도 환헤지에 관심이 많다. 그러나 환헤지는 달러 가격이 떨어지는 것으로부터 생기는 위험을 막아주지만, 동시에 달러 가격이 오르는 것으로부터 생기는 이익으로부터도 투자자를 차단시킨다. 따라서 해당국의 통화가치가 하락할 것으로 기대하면 환헤지를 하고, 반대로 해당국의 성장세가 뚜렷해 통화가치가 오를 것으로 기대하면 환헤지를 하지 않는 것이 합리적이다.

<보 기>

ㄱ. A 기업은 6개월 뒤 현재 환율인 1,000원에 200만 달러를 팔겠다는 계약을 체결할 것이다.

ㄴ. 6개월 뒤 환율이 1,300원이 되었다면 환헤지를 한 A 기업은 6억 원의 차익을 거둘 수 있다.

ㄷ. B와 C는 나란히 영국펀드에 투자했다. B는 6개월 뒤 투자 당시의 환율로 환헤지를 하는 펀드에 가입한 반면, C는 환헤지를 하지 않는 펀드에 가입하였다. 6개월 뒤 영국 증시가 좋아 B와 C가 모두 펀드로부터 수익을 얻었고 영국 파운드화의 가치가 원화보다 10% 올랐다면 C의 펀드 수익률이 더 높을 것이다.

① ㄱ   ② ㄴ   ③ ㄱ, ㄷ
④ ㄴ, ㄷ   ⑤ ㄱ, ㄴ, ㄷ

46.

㉠의 사례로 가장 적절한 것은?

사회심리학자 A는 실험 참가자들에게 원더우먼 같은 '수퍼히어로'를 모방하는 자세를 취하라고 한 후 가상의 취업 면접을 실시하였는데, 실시 결과 참가자들은 좋은 성과를 내었고 이들에게서 스트레스 호르몬인 코르티졸의 수치가 줄어들었음이 확인되었다. 다른 연구에서는 따뜻한 음료를 손에 들고 있으면 더 다정해지는 것으로 나타났고, 흔들리는 의자에 앉을 경우 현재 연인과의 관계를 덜 안정적으로 평가하는 경향을 보였다. 이는 얼굴 표정, 자세 및 감각을 포함한 우리의 모든 행동과 심리 상태가 양방향으로 연결되어 있음을 보여주는 것이다. 사람들은 감정 상태를 드러내는 동작을 모방하거나 특정 대상을 접하면 그로부터 직접 특정한 감정을 경험하게 되거나, 호르몬 분비에 변화가 일어나는 등 다양한 현상을 겪는다. 이를 '체현 상태 효과'라 한다.

그렇다면 이 ㉠효과가 건축물에까지 확산될 수 있을까? 베를린의 홀로코스트 기념관을 예로 들어 보자. 홀로코스트 기념관에는 제각각인 육면체의 검은 콘크리트 덩어리들이 격자 모양의 좁은 통로를 사이에 두고 규칙적으로 배치되어 있다. 기념관의 통로는 둘이 나란히 걸을 수 없을 만큼 좁으며 통로 옆의 콘크리트들의 높이는 성인의 키를 훌쩍 넘기 때문에, 기념관에 들어온 관람객들은 외부세계가 보이지 않는 콘크리트 덩어리들 사이에서 방향감각을 잃게 되며 이따금 휑하게 뚫린 긴 통로들을 보며 공포와 불안, 슬픔과 외로움 같은 강렬한 감정들에 휩싸이게 된다. 이 기념관은 피터 아이젠먼이 설계한 것으로, 피터 아이젠먼은 2차 세계대전 중에 박해당한 유대인들이 느꼈을 법한 감정을 작지만 강렬한 메아리로 울리는 구조물을 만들려 했다. 그리고 실제로 이곳에 들어서면 그 슬픔과 공포가 또렷이 전해진다. 이러한 건축물은 시각적 자극을 통해 건축물을 관람하는 관객들로 하여금 정서 반응을 끌어내기 위한 정교한 장치에 가깝다. 그리고 이러한 정서 반응을 끌어내는 건축물의 영향력은 특정한 행동을 유도하거나 시각적 자극을 제공함으로써 인간의 감정 상태 또는 호르몬 분비 작용을 변화시킨다.

① 대형 마트의 경우, 소비자들이 시간을 알 수 없게 하기 위해 창문 수를 적게 만드는 경우가 많다.

② 중세 성당 건축에 자주 사용되는 돔형 천장은 성당 내부를 실제보다 더욱 커 보이게 하는 효과를 준다.

③ 목조 주택에 사용되는 배흘림기둥은 건축물의 착시 효과를 교정하는 역할을 한다.

④ 도시에 높게 솟은 마천루는 경제 발전과 근대화의 상징이 된다.

⑤ 현대 건축과는 색다른 건축양식, 색상 등이 사용된 놀이동산의 건물들은 관람객들에게 즐거움과 호기심을 느끼게 한다.

47.

다음 글에서 중앙 정부가 ㉠과 같은 행위를 할 때 적용한 원칙으로 가장 적절한 것은?

일반적으로 지방자치단체가 심각한 재정위기에 처하게 되면 중앙 정부는 극히 예외적인 상황을 제외하고는 해당 지자체를 위한 긴급 재정 지원에 나선다. 현재 지방자치단체인 A시가 이와 같은 재정 파탄 상황에 놓여 있다. 금융기관으로부터 빌린 700억 원을 이달 말까지 상환하지 않으면 A시는 파산 선고를 할 수밖에 없다. 이 지자체는 3년 전 대규모 시 개발 사업을 시행하였는데 사업 초기 무리한 투자로 인해 적자재정 상태에 처했었다. A시는 재정 적자를 메우기 위해 주변 금융기관으로부터 무리한 금융차입을 하였으며, 차입 비용을 제대로 상환하기도 전에 또 다른 개발 사업을 무분별하게 진행하였다. 더욱이 7년 전에도 이와 유사하게 금융차입 비용으로 시 개발 사업에 뛰어들었다가 실패하여 중앙 정부로부터 재정 지원을 받은 적이 있다. 그 당시 A시의 투자실패는 합작 투자를 약속한 외국계 기업의 투자 불이행으로 발생한 것이었기에 중앙 정부는 A시의 재정지원에 적극적으로 나섰다. 그러나 그 이후 A시는 계속해서 불필요한 투자와 예산 낭비를 일삼아 현재의 재정파탄 위기를 맞게 되었다. 현재 겪고 있는 재정위기를 A시가 운 좋게 모면한다 하더라도, 무계획적인 개발 사업 투자 및 금융차입, 방만한 예산운영 등이 계속된다면 A시는 또다시 여러 금융기관들로부터 채무 상환 독촉에 시달리게 될 것이고, 결국 파산하게 될 것이다. 이번 경우에도 A시가 금융기관에 대한 채무상환을 신속히 이행하지 않으면 당연히 파산하게 된다. 물론 중앙 정부는 A시에 금융지원 및 재정원조를 할 만큼의 충분한 여력을 지니고 있다. 그럼에도 불구하고 ㉠ 중앙 정부는 A시가 파산을 모면하는 데 필요한 자금 지원을 하지 않기로 결정하였다.

① 지자체에 도움을 준 중앙 정부가 그 도움으로 인해 자신이 재정적 어려움에 처하게 된다면 중앙 정부가 굳이 해당 지자체를 도울 의무는 없다.

② 만약 도움을 필요로 하는 지자체가 다른 도움을 받을 방법이 있다면 그 지자체를 도와야 할 의무는 없다.

③ 현재 도움을 주는 것이 나중에 더 큰 도움을 요청받는 상황을 막을 수 있다는 믿음이 있다면 중앙 정부는 해당 지자체를 도와야 한다.

④ 해당 지자체의 좋지 못한 내부적 관행이 아닌 외부 환경의 피치 못할 사정으로 발생한 위기로 인해 도움이 요구되는 상황일 때에만 중앙 정부는 해당 지자체를 도와야 할 의무가 있다.

⑤ 도움의 궁극적인 효과가 도움을 받는 해당 지자체의 관행을 변화시킬 수 있느냐의 여부에도 불구하고 중앙 정부는 지자체를 도와야 할 의무가 있다.

48.

다음 글로부터 추론한 것으로 옳은 것만을 <보기>에서 있는 대로 고른 것은?

다음은 쌀의 가격과 거래량이 결정되는 구조를 나타내는 그림이다. 가로축은 공급량과 수요량을 나타내며, 세로축은 쌀의 단위당 가격을 나타낸다. 농부의 공급곡선은 쌀 생산량을 추가적으로 늘릴 때 추가되는 비용을 나타내므로 특정 생산량을 생산할 때 드는 총비용은 해당 생산량까지의 공급곡선 아래의 면적이 된다. 농부는 쌀의 단위당 가격이 생산을 추가적으로 늘릴 때 드는 추가비용보다 높은 한, 생산량을 증가시킨다. 따라서 가격이 P1인 경우 Q1까지 생산하고 P2인 경우 Q2s까지 생산한다. 한편 소비자의 수요곡선은 쌀 구입량을 추가적으로 늘릴 때 추가로 얻는 편익을 나타내며, 특정 수량을 구입할 때 소비자가 얻는 총편익은 해당 수량까지의 수요곡선 아래의 면적이 된다. 소비자는 쌀의 단위당 가격이 소비를 추가적으로 늘릴 때 얻는 편익보다 낮은 한, 소비량을 증가시킨다. 따라서 가격이 P1인 경우 Q1까지 소비하고 P2인 경우 Q2d까지 소비한다. 쌀 시장에 아무런 개입이 없으면 생산자와 소비자는 쌀 가격을 P1로 합의하고 쌀 거래량은 Q1로 결정된다. 가격과 거래량이 결정되면 소비자의 이득은 총편익에서 총지불액(=가격 X 거래량)을 뺀 값이 되고 생산자의 이득은 소비자의 총지불액에서 총비용을 뺀 값이 된다.

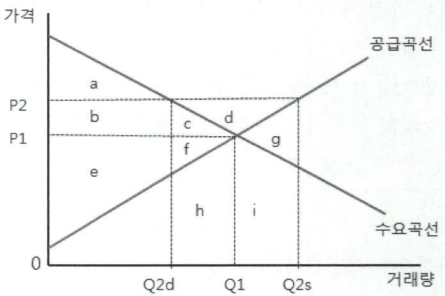

그런데 정부는 쌀 가격이 너무 낮다고 판단하여 쌀 가격을 P2로 올리려고 한다. 이 경우 농부는 공급량을 늘리고 소비자는 소비량을 줄이기 때문에 정부가 개입하기 전처럼 생산량과 수요량이 일치하는 균형 거래량이 결정되지 않는다. 따라서 수요량을 초과하는 공급량에 대해서는 정부가 P2의 가격을 지불하고 사들여야 한다. 단, 정부는 쌀을 소비하더라도 편익은 증가하지 않는다.

―――――<보 기>―――――

ㄱ. 정부가 개입하기 전 농부의 이득은 e+f이다.

ㄴ. 정부가 개입하면 정부는 c+d+f+g+h+i만큼 손해를 본다.

ㄷ. 정부가 개입하면 소비자의 이득 중 b+c만큼은 농부에게 돌아가며, 소비자와 농부가 얻게 되는 이득의 합은 정부 개입 전보다 늘어난다.

① ㄱ   ② ㄴ   ③ ㄷ

④ ㄱ, ㄴ   ⑤ ㄱ, ㄴ, ㄷ

49.

다음으로부터 추론한 것으로 옳은 것만을 <보기>에서 있는 대로 고른 것은?

남매끼리의 결혼을 허용하는 문화를 가진 X부족은 강력한 모계 사회를 구축하고 있기 때문에 추장은 그 지위를 생질[1])에게 물려주어야 한다. X부족에서는 평생을 어머니가 살고 있는 마을에 사는 딸과는 달리 성년이 된 남자는 살고 있는 마을을 떠나 다른 마을에 살아야 하고, 결혼하면 부인의 마을에 살아야 한다. X부족의 현재 추장은 A이고 A의 배우자와 D의 배우자는 이미 사망하였으며 G와 H는 모두 미성년이고 아직 결혼하지 않았다. 가계도 외의 가족은 존재하지 않는다.

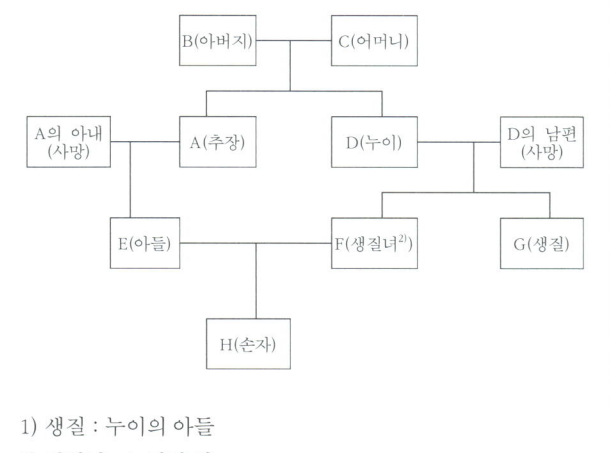

1) 생질 : 누이의 아들
2) 생질녀 : 누이의 딸

─────<보 기>─────

ㄱ. A 전에 추장이 B였다면 B와 C는 남매지간일 것이다.
ㄴ. E는 D가 사는 마을에 살고 있을 것이다.
ㄷ. H는 추장이 될 수 없다.

① ㄱ   ② ㄴ   ③ ㄷ
④ ㄱ, ㄴ   ⑤ ㄱ, ㄴ, ㄷ

50.

다음으로부터 추론한 것으로 옳지 않은 것은?

<역사에 대한 '외적 설명'과 '내적 설명'>

모든 역사적인 사건에 대해서는 내적 설명과 외적 설명이 가능하다. 내적 설명은 구조적인 설명이라 할 수 있는데, 역사를 일정한 법칙 혹은 원리에 의해 진행되는 '과학적 인식'의 대상으로 파악한다. 반면 외적 설명은 역사의 진행 과정을 사회 내부의 구조적 문제가 아닌, 기본적으로 통제 불가능한 외적 변수들로 인해 우연적으로 진행되는 과정으로 파악한다.

<사례>

16세기의 가격 혁명을 설명하는 데 있어서, 외적 요인을 중시하는 역사가들은 신대륙으로부터의 은의 대량 유입을 강조한다. 반면 내적 요인을 중시하는 역사가들은 중세 말 극에 달한 인구 감소가 급속히 회복되면서 수요가 늘고 곡물가격이 상승하는 등 유럽에서 이미 가격이 상승하고 있었다는 점을 강조한다.

① '내적 설명'을 선호하는 역사가들은 사회 변동을 설명함에 있어 외부에서의 공급보다는 내부의 수요변화에 초점을 맞출 것이다.

② '외적 설명'을 선호하는 역사가들은 질병, 전쟁, 정복, 문화 이식 등에 의해서 한 사회의 구조가 붕괴되거나 변화하는 과정에 주목할 것이다.

③ 고대 노예제의 붕괴 원인을 로마의 지중해 세계 평정으로 인한 '로마의 평화(Pax Romana)'의 장기간 지속에서 찾는 견해는 '외적 설명'의 한 사례다.

④ 14세기에 유럽을 강타했던 페스트가 인구 감소를 촉발시킨 것이 아니라 이미 시작된 인구 감소의 폭을 크게 만들었을 뿐이라는 견해는 '내적 설명'의 한 사례다.

⑤ 14세기 말에 이르러 봉건적 생산양식이 생산력 증대를 가로막는 원인이 되고, 이에 영주와 농노 간 대립이 극심해 지면서 봉건제의 위기가 초래되었다는 견해는 '내적 설명'과 '외적 설명'을 절충한 사례이다.

51.

다음 글에서 언급한 (가)~(라)의 판매 전략 사례에 해당하지 않는 것은?

> 구매를 성공적으로 이끌기 위한 판매 전략에는 대표적으로 다음과 같은 것들이 있다.
>
> (가) 상호성 전략 : 사람들은 누군가로부터 어떤 것을 받았으면 언젠가는 그에 대한 보답을 해야 한다고 생각한다.
>
> (나) 일관성 전략 : 사람들은 자신의 태도나 신념을 일관되게 유지해야 한다는 심리적 압박을 느낀다. 처음에는 좋다고 했다가 곧이어 싫다고 하거나, 처음에는 산다고 했다가 곧이어 안 산다고 말하기 어려워한다.
>
> (다) 사회적 증거의 전략 : 사람들은 자신의 결정이 옳은 것인지 파악하기 위해 사회적 권위를 지닌 특정 인물이나 다수의 사람들이 같은 상황에서 어떻게 결정하는지 참고하려고 한다.
>
> (라) 희소성 전략 : 사람들은 좋은 물건을 사용하는 데에서 느끼는 만족보다, 희귀한 것을 소유하는 데서 오는 만족을 더 크게 느낀다.

① 크리스마스 시즌에 제품들이 무척 인기 있는 것으로 보이기 위해 고의적으로 재고를 낮게 유지한다.

② 어떤 물건의 구매를 고려 중인 고객에게 "세련된 감각을 가진 분들은 대부분 이 물건을 고른다."라고 말한다.

③ 매장을 방문하는 고객에게 상품구매와 관계없이 경품을 나누어 주거나 물건을 산 고객에게 덤으로 다른 물건을 하나 더 얹어 준다.

④ 소비자가 구매하려는 물건과는 상관없는 질문, 예컨대 소비자의 나이, 출신지역, 거주지, 출신학교 등과 관련된 질문을 하면서 자신과의 공통점을 찾는다.

⑤ 소비자가 상품구매를 꺼리는 이유를 물어본 후, 그 이유를 무력화시키는 다른 대안을 제시한다. 예컨대 너무 비싸서라고 답하면 품질은 조금 떨어지지만 가격이 더 저렴한 대체상품을 소개하고, 질이 떨어져서라고 답하면 가격은 조금 더 비싸지만 품질이 더 좋은 대체상품을 권한다.

52.

다음 글로부터 추론한 것으로 옳은 것은?

> 이력현상은 본래 물리학에서 사용되어 온 개념으로, 어떤 물리량이 그때의 물리 조건만으로 결정되지 않고, 그 이전에 물질이 경과해 온 변화과정에 의존하는 현상을 말한다. 경제학에서는 '실업의 이력현상'이라는 개념으로 바뀌어, 경기가 불안정 상태에서 회복됨에도 불구하고 실제 실업률이 물가 상승을 가속화하지 않으면서 유지되는 실업인 자연 실업률로 신속히 회귀하지 못하고, 지속적으로 자연 실업률보다 높은 수준에 머무는 경로의존성을 가지게 된다는 현상을 의미하게 되었다.
>
> 실업의 이력현상이 발생하는 원인으로 크게 세 가지 가설이 있다. 첫째는 내부자-외부자 가설이다. 현재 고용상태에 있는 내부 노동자들이 사측과의 임금협상을 통해 경기회복시 고용확대보다는 임금인상을 요구하고, 경기침체시에는 고용축소보다 임금인하를 용인하게 됨으로써 고용되지 않은 외부자들의 실업이 지속된다는 것이다. 둘째는 업무능력 저하 가설이다. 실업기간이 길어지게 되면 일자리를 통해 업무 역량을 습득할 기회가 줄어드는데, 이는 기업의 고용유인 감퇴와 실업자들의 취업의욕 저하 등을 가져와 실업 상태를 지속시킨다. 셋째는 총요소생산성 가설이다. 경기침체로 연구개발 투자 또한 위축될 경우, 감소한 R&D 투자규모의 영향으로 경제 전체의 총요소생산성이 낮아지게 되고, 이후 경기 회복시 과거와 같은 생산 증대 효과를 기대하기 어려워져 고용회복이 더디게 진행된다.
>
> 글로벌 금융위기 이후 경기 회복에도 불구하고 세계 각국의 실업률이 자연 실업률 수준으로 회복되지 않아 실업의 이력현상에 대한 관심이 집중되고 있다. 최근 연구에서는 글로벌 금융위기의 경기침체기에 사회에 진출한 유럽의 청년층이 경기가 회복 이후에도 일자리를 얻는 데 필요한 기간이 길어지고 이에 따라 업무 역량을 쌓지 못하여 일자리를 얻지 못한다는 연구 결과를 발표하였다. 또한 미국에 비해 일본에서 실업의 이력현상이 두드러진다고 하였는데 이에 따라 일본의 노사가 임금 협상과 함께 고용확대를 통하여 실업의 이력현상에 대응하고 있다고 발표하였다.

① 글로벌 금융위기 이후 실제 실업률은 자연 실업률을 지속적으로 밑돌았을 것이다.

② 내부자-외부자 가설에 따르면 경기침체기에는 사측이 인원을 삭감하여 외부자 고용이 줄어든다.

③ 글로벌 금융위기 이후 유럽 청년층의 실업 사례는 업무능력 저하 가설을 지지한다.

④ 총요소생산성 가설에 따르면 실업률이 늘어나므로 R&D 투자규모가 축소된다.

⑤ 글로벌 금융위기 이후 일본에서는 실업의 이력현상의 원인이 경제 전체의 총요소생산성이 낮아진 것에 있다고 보았을 것이다.

53.

다음으로부터 추론한 것으로 옳은 것만을 <보기>에서 있는 대로 고른 것은?

사건 진행과정을 인위적으로 바꾼 결과 발생할 수 있는 고통의 양에 대해 다음의 견해가 있다. 단, 죽음은 고통의 일종이며, 고통의 양은 고통받는 사람을 한 단위로 한다.

갑 : 사건 진행과정을 인위적으로 바꿈으로써, 바꾸지 않았다면 발생하지 않았을 고통이 발생할 경우, 사건 진행과정을 인위적으로 바꾸는 것은 허용되지 않는다.

을 : 사건 진행과정을 인위적으로 바꿈으로써, 바꾸지 않았다면 발생했을 고통의 양이 더 증가하지는 않을 경우, 사건 진행과정을 인위적으로 바꾸는 것은 허용된다.

병 : 사건 진행과정을 인위적으로 바꿈으로서 발생한 고통의 양이, 바꾸지 않았다면 발생했을 고통의 양보다 더 적을 경우에만, 사건 진행과정을 인위적으로 바꾸는 것은 허용된다.

<상황>

(가) 브레이크가 파열되어 통제할 수 없는 상태로 달리는 기차 1과 2가 있는데, 기차 1이 달리고 있는 궤도에는 현재 다섯 명의 인부가 작업 중이고, 기차 2가 달리고 있는 궤도에는 현재 한 명의 인부가 작업 중이다. 이 기차들은 통제실의 명령에 따라 각각 하나의 다른 궤도로 방향을 바꿀 수 있는데, 기차 1이 진입 가능한 궤도에는 현재 1명의 인부가 작업 중이고, 기차 2가 진입 가능한 궤도에는 현재 다섯 명의 인부가 작업 중이다. 기차가 어느 궤도로 달리든 그 궤도에 있는 인부(들)는 전부 죽게 된다. 통제실은 현재 기차 1과 2의 기관사들에게 본궤도를 이탈하여 진입 가능한 다른 궤도로 바꾸도록 명령할지 고심 중이다.

(나) 어떤 병원에 간 이식수술을 받지 않으면 죽게 될 간경변 환자 A가 있고, A에게 간을 제공할 사람이 한 명 있어 수술 일정이 잡혀있으며, A는 간 이식수술을 받게 되면 건강을 회복할 수 있다. 그런데 그 병원에 A와 같은 병으로 생명이 위독한 환자 B가 입원하게 되었는데, B에게 조직이 일치하는 간을 제공할 사람이 없는 상황에서, B와 A의 간 조직이 정확하게 일치한다는 사실이 밝혀졌고, 간 제공자에게서 좀 더 많은 양을 떼어내면 B에게도 이식을 할 수 있어 B도 살릴 수 있다. 그러나 이 경우, 간을 제공하기로 한 사람은 회복의 과정에서 겪지 않아도 될 심한 고통을 겪게 되고, 자칫 간 기능 부전으로 죽게 될 가능성도 배제할 수 없다. 병원 측은 이 사실을 제공자에게 알리지 않고 원래 떼어내기로 했던 양보다 더 많이 간을 떼어내어 B에게도 이식할지 고심 중이다.

<보 기>

ㄱ. 갑은 (가)에서 통제실이 기차 1의 기관사에게 궤도를 바꾸지 않도록 명령하는 것은 허용하겠지만, (나)의 B에 대한 이식수술은 허용하지 않을 것이다.

ㄴ. 을은 (가)에서 통제실이 기차 1과 2의 기관사에게 동시에 궤도를 바꾸라고 명령하는 것과 (나)의 B에 대한 이식수술 모두를 허용할 것이다.

ㄷ. 병은 (가)에서 통제실이 기차 1과 2의 기관사에게 동시에 궤도를 바꾸라고 명령하는 것은 허용하겠지만, (나)의 B에 대한 이식수술은 허용하지 않을 것이다.

① ㄱ   ② ㄷ   ③ ㄱ, ㄴ

④ ㄴ, ㄷ   ⑤ ㄱ, ㄴ, ㄷ

54.

<다음으로부터 추론한 것으로 옳은 것만을 <보기>에서 있는 대로 고른 것은?

> 사회(1) : A의 통제력이 B보다 크고, B의 통제력이 C보다 크다. B의 통제력과 C의 통제력의 합은 A의 통제력의 크기보다 작다.
>
> 사회(2) : D의 통제력이 E보다 크고, E의 통제력이 F보다 크다. E의 통제력과 F의 통제력의 합은 D의 통제력의 크기와 같다.
>
> 사회(3) : G의 통제력이 H보다 크고, H의 통제력이 I보다 크다. H의 통제력과 I의 통제력의 합은 G의 통제력의 크기보다 크다.

<가정>

○ 사회(1), 사회(2), 사회(3)의 구성원은 각각 세 명이다.

○ 모든 사회의 의사결정에 있어서 항상 찬반양론이 대립한다.

○ 찬성하는 사회 구성원의 통제력의 총합과 반대하는 사회 구성원의 통제력의 총합 중 통제력의 총합의 크기가 큰 쪽으로 사회의 의사가 결정된다.

○ 찬성하는 사회 구성원의 통제력의 총합과 반대하는 사회 구성원의 통제력의 총합이 같을 경우 사회의 의사는 어느 쪽으로도 결정되지 않는다.

○ 사회 구성원은 자신의 의사가, 예측되는 사회의 의사와 일치하는 경우에는 결탁을 시도하지 않으며, 이 경우 다른 구성원에게 결탁을 제의받더라도 결탁 의사를 수용하지 않는다. 이때 결탁이란, 자신의 의사가 사회의 의사로 결정되도록 하기 위해 자신과 반대의 의사를 가진 사람 중 한 사람에게 자신과 동일한 의사를 가지도록 종용하는 것을 말한다.

○ 각 사회의 구성원은 자신이 속한 사회 구성원들의 의사 및 통제력의 크기를 알 수 있다.

― <보 기> ―

ㄱ. 사회(1)에서의 의사결정에 있어서 구성원 간에 결탁이 일어날 가능성은 존재하지 않는다.

ㄴ. 사회(2)에서 E와 F의 의사결정이 같다면 구성원 간에 결탁이 일어날 가능성이 존재한다.

ㄷ. 사회(3)에서의 의사결정에 있어서 구성원 간에 결탁이 일어날 가능성이 존재한다.

① ㄱ   ② ㄷ   ③ ㄱ, ㄴ

④ ㄴ, ㄷ   ⑤ ㄱ, ㄴ, ㄷ

55.

다음으로부터 추론한 것으로 옳은 것만을 <보기>에서 있는 대로 고른 것은?

> 초파리의 난자와 정자가 만나면 수정란이 된다. 하나의 수정란은 크기는 커지지 않은 채 내부에서 몇 번의 세포분열을 거쳐 여러 개의 세포로 이루어진 배아가 된다. 그리고 이때 어느 방향이 머리가 될지 결정된다. 머리 결정 단계에서 배아 한쪽 끝에만 H단백질이 있는 경우 머리가 1개 생성되며, H단백질이 배아에 퍼져 있다면 머리는 더 많이 생성된다. 특히 배아를 이루고 있는 모든 세포가 H단백질을 가지고 있을 경우 머리가 10개 이상 생성된다. 반면, H단백질이 없을 경우 머리가 생성되지 않는다. 머리 생성 과정에 대해 다음 두 가설이 있다.
>
> (가) X단백질을 가진 세포에서 H단백질이 합성된다. 그리고 X단백질을 가지고 있는 것은 난자뿐이며 난자에 의해 X단백질이 배아 한쪽 끝에만 분포된다.
>
> (나) X단백질을 가지지 않은 세포에서 H단백질이 합성된다. 그리고 난자 외에 정자도 X단백질을 가지고 있어 수정 시 정자의 X단백질이 난자로 들어간다. 정자의 신호에 의해 수정 이후 모든 X단백질은 배아의 한쪽 끝을 제외한 모든 부분에 분포하게 된다. 정자의 신호가 없다면 X단백질은 배아의 한쪽 끝에만 머물러 있게 된다. 정자의 신호는 정자가 가진 X단백질에 의해 생기며 난자가 가진 X단백질은 정자의 신호에 영향을 주지 않는다.

<실험>

> 정상 초파리로부터 난자(+)와 정자(+)를 얻고, X단백질 유전자를 제거한 초파리들로부터 X단백질을 가지고 있지 않은 난자(-)와 정자(-)를 얻는다. 난자(+)와 정자(+)를 수정시켜 배아A를 만들고, 난자(-)와 정자(+)를 수정시켜 배아B를 만들고, 난자(+)와 정자(-)를 수정시켜 배아C를 만들고, 난자(-)와 정자(-)를 수정시켜 배아D를 만든다.

― <보 기> ―

ㄱ. (가)에 따르면 A에 생성된 머리의 수는 B와 D에 생성된 머리의 수를 합친 수보다 많다.

ㄴ. (가)와 (나) 모두에 따르면 A와 C에 생성된 머리의 수는 서로 같다.

ㄷ. (가)와 (나) 모두에 따르면 D에 생성된 머리의 수는 A에 생성된 머리의 수보다 적다.

① ㄱ   ② ㄴ   ③ ㄱ, ㄷ

④ ㄴ, ㄷ   ⑤ ㄱ, ㄴ, ㄷ

56.

㉠에 들어갈 내용으로 옳은 것은?

물에 대한 기체의 용해도는 기체 종류에 따라 큰 차이가 있다. 가령 100g의 물 0℃에서 질소는 2.4ml까지 녹을 수 있으며 산소는 그 2배인 4.8ml까지 녹을 수 있다. 또 기체의 용해도는 온도가 낮아질수록 증가하고 기체의 압력이 커질수록 증가한다. 특히 온도가 일정한 경우 기체의 용해도는 kP로 나타낼 수 있다. k는 기체의 종류에 따라 달라지는 상수이며, P는 기체의 압력 또는 부분압력이다.

한편, 기체의 압력은 기체 분자가 용기의 벽에 부딪치는 힘의 세기로 결정된다. 이는 기체의 분자량이나 종류에 관계가 없으며, 오로지 기체 분자의 개수에 의해서만 결정된다. 가령, 같은 크기의 공간에 질소 분자 6.02×10^{23}개와 산소 분자 6.02×10^{23}개가 각각 있을 경우 이들 기체의 압력은 서로 같다. 혼합 기체의 경우 혼합기체를 구성하는 기체들 각각의 압력을 더한 것이 혼합 기체의 압력이 되고, 혼합기체에 포함된 기체들의 부분압력은 각 기체의 분자수에 비례한다. 가령 수소와 산소가 분자수 1 : 1로 혼합된 기체의 압력이 1기압이라면 혼합기체에 포함된 수소와 산소의 압력은 각각 0.5기압, 0.5기압이다.

이러한 설명에 따르면, 1기압, 20℃의 물 1L에 녹아있는 공기 18.7cc 중 산소의 비율은 약 ㉠ 이다. 단, 건조 공기는 80%가 질소, 20%가 산소로 이루어져 있으며, 기체는 다른 조건이 같은 경우 분자수가 같으면 같은 부피를 갖는다.

① 10%   ② 20%   ③ 33%
④ 50%   ⑤ 66%

57.

다음으로부터 추론한 것으로 옳은 것만을 <보기>에서 있는 대로 고른 것은?

실험을 위해 쥐에 실시하는 피부조직이식의 성공 여부는 이식거부반응의 정도에 달려있다. 이식거부반응에는 모든 체세포에 존재하는 MHC와 이를 인식하는 T 세포가 관여한다. T 세포는 자기 체세포와 동일한 단백질과 MHC, 즉 자기 단백질과 자기 MHC에 대해서는 거부반응을 일으키지 않는다. 그러나 자기 단백질과 자기 MHC가 아닌, 비자기 단백질과 비자기 MHC에 대해서는 거부반응을 일으킨다. MHC와 단백질 중 비자기인 것이 하나라도 있으면 T 세포가 거부반응을 일으킨다.

한편 같은 종에서는 각 개체에 따른 MHC의 차이가 미미하여 자기 단백질이 비자기 MHC와 결합할 수 있다. 이때 T 세포가 MHC의 미세한 차이에 반응하여 자기 단백질과 비자기 MHC를 모두 비자기 단백질로 인식해 거부반응을 일으킨다. 이 경우에는 거부반응이 더욱 활발하게 나타나서 이식거부반응의 정도가 다른 경우에 비해 더 강하다.

〈실험 조건〉

○ 쥐 A1과 쥐 A2는 MHC를 제외한 다른 모든 유전자는 동일하여 동일한 단백질을 생산하는 쥐이다. A1은 MHC-a를 갖고 A2는 MHC-b를 갖는다.

○ 쥐 B는 A1과 A2를 교배시켜 만든 쥐로 MHC-a와 MHC-b를 모두 갖고 있으며 생산하는 단백질은 A1, A2와 동일하다.

○ 쥐 C는 MHC-a와 MHC-b를 모두 갖고 있으나 A1, A2, B와 생산하는 단백질이 다르다.

〈보 기〉

ㄱ. B의 피부를 A1에 이식하면 이식거부반응이 나타날 것이다.

ㄴ. A2의 피부를 B에 이식하면 이식거부반응이 나타나지 않는다.

ㄷ. A1의 피부를 각각 A2와 C에 이식할 경우, A2에서의 이식거부반응이 C에서의 이식거부반응보다 더 강하다.

① ㄱ   ② ㄴ   ③ ㄱ, ㄷ
④ ㄴ, ㄷ   ⑤ ㄱ, ㄴ, ㄷ

58.

㉠으로 적절한 것만을 <보기>에서 있는 대로 고른 것은?

> 대류는 열 때문에 공기나 물과 같은 유체가 상하로 뒤바뀌며 움직이는 현상이다. 가령 유체 하부의 온도가 높아지면, 상대적으로 온도가 높은 공기나 물은 분자들의 운동이 활발해져 분자 사이의 거리가 멀어지게 되고, 밀도가 작아지므로 가벼워진다. 그런데 유체의 상부는 상대적으로 밀도도 크고 무거워져, 결국 무거운 것이 가벼운 것 위에 있는 불안정한 상태가 된다. 불안정한 상태가 되면, 이러한 상태를 안정화하기 위해 유체의 하부가 위로 올라가고, 대신 위에 있던 온도가 낮고 밀도가 큰 부분이 내려오게 된다. 이를 대류 현상이라고 하며 대류 현상을 통해 유체는 전체적으로 골고루 에너지를 전달하게 된다. 이를 바탕으로, 특정한 ㉠ 사례에서는 대류 현상이 일어날 것으로 예상할 수 있다.

> ───────〈보 기〉───────
>
> ㄱ. 들어오는 물도 없고 나가는 물도 없으며 기온이 떨어지면 표면의 수온은 급격하게 떨어지지만 바닥의 수온은 상대적으로 높은 저수지
> ㄴ. 태양복사 에너지를 받아 수온이 높은 혼합층과 수온이 4℃이하인 심해층 사이에 있으며, 깊이에 따라 해수의 수온이 급격하게 떨어지는 수온 약층
> ㄷ. 밤 동안에는 태양복사 에너지가 없어 지표면이 냉각됨에 따라 지표면에 가까울수록 온도가 낮아지나, 일출 후에는 지표면에 태양복사 에너지가 닿아 지표면에 가까울수록 온도가 상승하는 기온 역전층

① ㄱ   ② ㄴ   ③ ㄱ, ㄷ
④ ㄴ, ㄷ   ⑤ ㄱ, ㄴ, ㄷ

59.

다음으로부터 추론한 것으로 옳은 것만을 <보기>에서 있는 대로 고른 것은?

> 우주는 탄생 이후 계속 팽창하면서 변화해 왔다. 이에 대해 A와 B는 각각 다음과 같은 가설을 제시하였다.
>
> A : 탄생 초기 우주는 좁은 공간에 물질들이 밀집되어 있어 밀도가 매우 높았다. 그러나 탄생 이후부터 우주는 물질의 생성 속도보다 더 빠르게 지속적으로 팽창하여 확장되어 왔다. 그래서 우주의 밀도는 지금까지 점차 낮아지게 되었고 앞으로도 계속 낮아질 것이다.
> B : 우주는 탄생 이후 지속적으로 팽창해 왔지만 우주가 팽창하였다고 해서 밀도가 낮아지는 것은 아니다. 팽창으로 우주 공간이 확장되면 그렇게 확장된 공간에서 수소 원자가 생성되므로 우주의 밀도는 언제나 일정하게 유지된다.

> 〈연구〉
>
> 과학자들이 아래와 같이 우주의 X공간을 X0부터 X4까지 관찰하였다. X0는 은하가 존재하지 않았던 시점이며 X4는 최근이다. 각 시점 간에는 20억 년의 간격이 있고 이 기간 동안 은하들이 계속 생성되었다.
>
> 과거   최근
>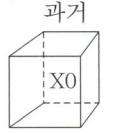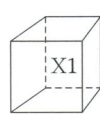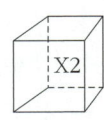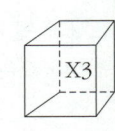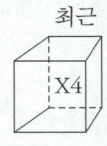
>
> 과학자들의 연구에 의하면, 어떤 우주 공간 내에 새롭게 생성되는 은하의 수는 해당 우주 공간의 밀도에 비례한다. 또한 은하의 수명은 100억 년 이상이며, 만들어진 지 20억 년 이하인 은하는 젊은 은하로 분류하고 20억 년을 초과하는 은하는 늙은 은하로 분류하였다.

> ───────〈보 기〉───────
>
> ㄱ. A의 가설에 따르면, 생성되는 은하의 수가 X0에서 X4로 갈수록 줄어든다고 할 때 X1에서 X4로 갈수록 총 은하의 수에서 젊은 은하가 차지하는 비율은 낮아질 것이다.
> ㄴ. B의 가설에 따르면, X1에서 X4로 갈수록 X공간에서의 젊은 은하의 수는 늘어난다.
> ㄷ. A의 가설에 따르면 X1에서 X4로 갈수록 X공간에서의 총 은하의 수가 줄어들지만 B의 가설에 따르면 늘어난다.

① ㄱ   ② ㄷ   ③ ㄱ, ㄴ
④ ㄴ, ㄷ   ⑤ ㄱ, ㄴ, ㄷ

60.

다음으로부터 추론한 것으로 옳은 것만을 <보기>에서 있는 대로 고른 것은?

전하란 입자가 가지는 전기적 성질을 나타내는 말이다. 양전하(+)와 음전하(-)의 두 종류가 있다. 같은 종류의 전하를 띤 물체끼리는 서로 밀어내는 척력이 작용하고 다른 종류의 전하를 띤 물체끼리는 서로 잡아당기는 인력이 작용한다. 인력과 척력의 세기는 각 전하의 세기가 강할수록 강해지고, 전하를 띠는 입체간의 거리가 멀수록 작아진다. 원자나 원자들의 집단이 전기를 양전하를 띠는 경우를 양이온이라고 부르고, 음전하를 띠는 경우를 음이온이라고 부른다. 음(양)전하를 띤 입자와 양(음)전하를 띤 입자가 인력에 의해 결합되는 경우가 많다. 이들의 결합이 끊어지기 위해서는 어느 한쪽이 전하를 잃거나 더 강한 인력에 의해 잡아당겨져야 한다.

식물은 태양광을 이용하여 포도당을 합성하지만, 그 외의 양분은 토양으로부터 흡수한다. 모든 토양입자의 표면은 상당한 음전하를 띠고 있다. 따라서 포타슘, 칼슘, 마그네슘 등 양이온 형태의 무기질 양분은 대부분 토양입자의 표면에 결합되어있다. 양이온들의 양전하의 세기는 저마다 달라서, 그 결합을 끊기위해 필요한 에너지의 양도 저마다 다르다. 식물의 뿌리는 토양입자에 부착되어있는 양분을 직접 흡수하지는 못한다. 오직 뿌리 주변의 물인 토양액에 녹아있는 양분만을 흡수할 수 있다.

뿌리는 식물의 호흡량에 비례해서 생성되는 이산화탄소와 식물 내부의 양이온인 수소이온을 토양액으로 방출한다. 이산화탄소는 토양액의 물과 만나 탄산이 되는데, 여기서도 수소이온이 분리되어 나온다. 토양액의 산성도는 수소이온의 양과 비례한다. 토양액 속의 수소이온들은 그 농도에 비례하여 주변 토양입자에 달라붙어 음전하의 작용을 상쇄시킨다. 결합력이 약해진 무기질 양분들은 토양입자에서 떨어져 나와 토양액 속으로 녹아들어간다. 뿌리는 이 무기질 양분을 흡수한다. 이 과정을 양이온 교환이라고 부른다.

─────── <보 기> ───────

ㄱ. 음이온의 형태로 존재하는 영양분은 양이온 교환을 통해 흡수할 수 있다.

ㄴ. 토양액의 산성도가 높아질수록 마그네슘 등 양이온의 전하의 세기가 약해진다.

ㄷ. 식물이 호흡을 활발하게 할수록 더 많은 양분이 뿌리를 통해 흡수된다.

① ㄱ   ② ㄴ   ③ ㄷ
④ ㄱ, ㄷ   ⑤ ㄴ, ㄷ

61.

다음으로부터 추론한 것으로 옳은 것만을 <보기>에서 있는 대로 고른 것은?

계수기는 수를 세는 데 사용되는 디지털 회로로, 특정한 시간이 지날 때마다 수를 1만큼 더하는 기능을 수행한다. 이때, 계수기의 데이터 비트는 이진 코드로 표현하지 않고 그레이 코드로 변환해서 표현하는 것이 일반적이다. <그림 2>는 <그림 1>의 각 행의 이진 코드 비트를 받아 그레이 코드로 각각 변환한 결과이다. 이진 코드를 그레이 코드로 변환하는 과정은 다음과 같다. 1열의 그레이 비트는 이진 코드의 1열에 있는 비트를 그대로 쓴다. 2열의 그레이 비트부터는 변환하려는 열에 해당하는 이진 비트와 그 왼쪽 열의 이진 비트를 비교해서 같으면 0, 다르면 1을 쓴다.

그레이 코드는 이진 코드와는 다르게 연속하는 두 개의 값이 하나의 비트만 다르기에, 차례대로 증감되는 값을 이용해야 할 때 유용하다. 가령, 십진수 7은 '$2^3 \times 0 + 2^2 \times 1 + 2^1 \times 1 + 2^0 \times 1$'이므로 이진 코드로 0111인데, 7에서 1만큼 더해진 8로 만들기 위해서는 네 자리의 비트를 모두 반전시켜 1000으로 만들어 주어야 한다. 하지만 십진수 7과 8의 그레이 코드는 각각 0100과 1100이므로 첫 번째 자리만 반전시키면 된다. 따라서 <그림 2>의 각 행의 그레이 코드는 단위 시간마다 네 열 중 어느 하나의 열만 바꿈으로써 숫자를 1씩 증가시킬 수 있다.

	1열	2열	3열	4열
1행	0	0	0	1
2행	0	1	0	1
3행	1	0	0	1
4행				(가)

이진 코드
<그림 1>

	1열	2열	3열	4열
1행	0	0	0	1
2행	0	1	1	1
3행			(나)	
4행	1	0	1	1

그레이 코드
<그림 2>

─────── <보 기> ───────

ㄱ. (가)는 1101이다.

ㄴ. (가)와 (나)의 3열에 해당하는 비트는 같다.

ㄷ. <그림 2>의 4행에 해당하는 그레이 코드 1011은 3열의 비트를 반전시킴으로써 십진수에 해당하는 숫자를 1만큼 증가시킬 수 있다.

① ㄱ   ② ㄷ   ③ ㄱ, ㄴ
④ ㄴ, ㄷ   ⑤ ㄱ, ㄴ, ㄷ

62.

다음 글을 통해 문헌에 기록된 항성 X에 대해서 추론한 것으로 옳지 않은 것은?

(가) 파동원과 감지자가 서로 가까워지고 있는 경우, 감지자는 파동원에서 발생하는 파동의 주파수보다 더 큰 주파수의 파동을 감지하게 된다. 둘의 가까워지는 속도가 클수록 감지자가 감지하는 주파수도 더 커지게 된다. 반면, 파동원과 감지자가 서로 멀어지고 있는 경우, 감지자는 본래의 파동의 주파수보다 더 큰 주파수의 파동을 감지하게 되며, 멀어지는 속도가 더 커질수록 감지자가 감지하는 주파수는 더 작아지게 된다.

(나) 항성 X는 시간에 따라 변하지 않은 고유의 색깔을 가지는 천체이며, 항성 X의 관측은 오랫동안 문헌에 기록되어 있다. 아래는 항성 X에 대한 기록이다.

〈항성 X에 대한 기록〉

항성 X는 시간에 따라서 관찰되는 색깔이 변하였다. 1100년부터 10년간 파랑색으로 관찰되었으나, 이후 30년간은 보라색으로 관측되었다. 그러나 이후 10년간 초록색으로 관측되었으며, 1100년부터 50년간 밝기가 점점 밝아졌던 것으로 보아 1100년부터 적어도 50년 동안 항성 X와 지구 사이의 거리는 점점 가까워진 것으로 생각된다. 그러나 1150년 이후 밝기는 점차 어두워졌으며, 색깔도 갑자기 주황색으로 관측되었다. 이러한 현상은 1200년까지 지속되었으나, 1200년 이후 100년 동안 빨강색으로 관측되기 시작하였다. 그러나 1300년부터 10년간 다시 파랑색으로 관측되었고, 30년간은 다시 초록색 별로 관측되었다.

← 주파수가 작아짐			주파수가 커짐 →		
빨강	주황	노랑	초록	파랑	보라

① 항성 X의 고유 색깔이 빨강색일 수는 없다.
② 1110년에 항성 X가 지구로 접근하는 속도가 증가하였다.
③ 1200년이 1160년보다 항성 X가 지구로부터 멀어지는 속도가 더 크다.
④ 1305년에 항성 X는 지구를 향해 접근 중에 있다.
⑤ 1310년부터 30년 동안 항성 X의 밝기는 점차 감소된 것으로 관측되었을 것이다.

63.

다음으로부터 추론한 것으로 옳은 것만을 〈보기〉에서 있는 대로 고른 것은?

병원체가 인간이나 동물에 침입하여 그 장기에 자리 잡고 증식하는 것을 총칭하여 감염이라고 하며, 감염에 의한 증세의 발현을 감염증이라고 한다. 감염증 중에서도 전염병은 전염력이 강해 소수의 병원체로도 쉽게 감염되고 많은 사람들에게 쉽게 옮아가는 질병이다. 전염병의 지표로 쓰이는 재생산지수(R)는 한 감염자가 전염시킬 수 있는 감염자의 수를 의미한다. 재생산지수는 전염의 속도 즉 전염성 주기에 반비례한다. 전염성 주기를 단위 시간으로 산정하면, 재생산지수를 전염성 접촉 빈도와 전염성 주기 역수 값의 곱으로 나타낼 수 있다. 이들은 전염병이 발병하는 시기나 환경 요소 등에 따라 다르게 나타나기 때문에 특정 전염병의 재생산지수도 일정 범위에서 유동적이다. 재생산지수는 예방 및 보건의료에 반드시 필요한 지표인데, 이는 재생산지수로부터 예방접종이 필요한 인구 규모를 추정할 수 있기 때문이다. 예방접종이 필요한 인구의 규모는 재생산지수의 역수만큼의 비율을 전체 인구에서 제한 규모(=1-1/R)가 된다. 예방접종필요 인구가 음수 값이면 감염은 장기적으로 사라질 것이지만 그렇지 않은 경우에 감염은 인구 집단에 퍼질 수 있다.

다음은 전염병 A~D의 접촉 빈도와 전염성 주기를 나타낸 것이며, 전염성 주기는 단위 시간으로 산정한 것이다.

구분	접촉 빈도	전염성 주기
A	10 ~ 15	5 ~ 10
B	20 ~ 40	25
C	20 ~ 30	3 ~ 5
D	5 ~ 10	4 ~ 5

〈보 기〉

ㄱ. 전염병 A는 전염병 D보다 재생산지수가 높다.
ㄴ. 전염병 B는 장기적으로 사라질 것이다.
ㄷ. 전염병 C의 확산을 막기 위해 인구 절반 이상의 예방접종이 필요하다.

① ㄱ   ② ㄷ   ③ ㄱ, ㄴ
④ ㄴ, ㄷ   ⑤ ㄱ, ㄴ, ㄷ

64.

다음으로부터 추론한 것으로 옳은 것만을 <보기>에서 있는 대로 고른 것은?

성인이 하루에 필요로 하는 수분의 양은 일반적으로 몸무게 1kg당 35ml이다. 열이 있으면 섭씨 37도를 기준으로 1도 증가할 때마다 체중에 관계없이 하루에 200ml의 물이 더 소실되며, 구토나 설사 등으로 인한 추가 수분 소실도 고려해야 한다. 2월 20일 입원한 환자 A가 3일간 소실한 수분의 총량은 3,000ml였고, 환자의 체중은 입원 기간 동안 50kg으로 일정하였다. 20일 환자의 체온은 39도였으며, 21일과 22일의 체온은 좀 더 올라가 40도로 측정되었다. 환자는 또한 3일 동안 심한 구토에 시달렸으며, 기타 추가 수분 소실을 야기하는 원인은 없었다. 입원 기간 내 필요한 수분의 양의 1/3 이상이 소실되었다면 수액공급을 시작하기로 결정하였다.

―――――〈보 기〉―――――
ㄱ. 환자 A는 수액공급이 필요하다.
ㄴ. 3일간 구토로 소실한 수분의 양은 체온의 증가에 의해 소실된 수분의 양보다 많을 것이다.
ㄷ. 정상 체온보다 1도 높은 상태에서는 몸무게가 많이 나가는 사람일수록 '열에 의한 수분 소실량/하루에 필요한 수분의 양'이 감소한다.

① ㄱ   ② ㄴ   ③ ㄱ, ㄴ
④ ㄱ, ㄷ   ⑤ ㄴ, ㄷ

65.

다음으로부터 추론한 것으로 옳은 것은?

처음 산술을 익히는 아이들이 자연스럽게 손가락을 이용하는 모습은 낯설지 않다. 또한 우리가 10진법 수 체계를 사용한다는 것은 계산이 손가락셈으로부터 시작되었다는 증거가 될 수 있다. 그런데 이것은 단지 손가락의 개수와 수 체계의 관계에 대해서만 말해준다기보다 손가락의 운동능력과 수적 계산 능력의 직접적 관계를 암시하는 것으로 볼 수 있다. 이를 보다 확실하게 지지하는 신경과학 실험결과도 있다. 보통 사람들이 수적 계산을 할 때 뇌 활동이 가장 활발하게 일어나는 부분은 전두엽 뒤쪽에 있는 뇌의 부분인 왼쪽 두정엽인데, 이곳이 손가락의 근육운동에 관여하는 영역이라는 것이 밝혀진 것이다.

인류의 선조들의 보행방식의 변화와 관련해서도 손의 사용과 수적 계산의 모종의 관계를 추측하게 하는 사실이 있다. 약 350만 년 전에 인류의 선조들에게서 육체적인 변화, 즉 우리가 직립보행이라 부르는 변화가 나타났다. 인간이 똑바로 서서 두 발로 걷게 된 이후 앞발은 자유롭게 되었고 이를 다른 용도에 이용할 수 있게 되었을 것이다. 실제로 거의 유사한 시기에 단순한 수적 계산의 흔적들이 발견되었으며, 앞발 사용이 자유로운 현재의 영장류들에게 간단한 수 계산을 교육하는 것도 가능하다는 점은 주목할 만하다. 그런데 보행 방식의 변화가 일어났을 당시에 완전한 직립 자세를 채택한 것이 단지 손의 사용을 자유롭게 만들기만 했던 것은 아니다. 두 발로 서서 걷는 자세가 구강구조의 변화를 가져와 인류의 조상은 구개(口蓋)패쇄를 할 수 있게 되고 이로써 인간은 자음과 모음을 발음하고, 또 그것을 구별하는 능력을 지니게 된 것이다. 자음과 모음의 구별은 울부짖음이 아닌, 언어적 발화를 가능하게 하는 필수 조건이었기에 이후 인간의 언어가 발달했다고 볼 수 있다.

① 인간의 수적 계산 능력이 발달할수록 언어적 능력도 발달한다.
② 인간의 손을 사용하는 능력이 발달할수록 언어적 능력도 발달한다.
③ 인간의 언어적 능력을 제어하는 뇌의 부분은 두정엽과 관련이 없다.
④ 인간의 중요한 지적 능력의 발달은 인간의 신체적 변화에 의해서 생겨났다.
⑤ 인간의 언어적 능력 중에서 자음과 모음을 분류하고 구별하는 능력은 뇌의 두정엽 부분과 관련이 있다.

66.

다음으로부터 추론한 것으로 옳은 것만을 <보기>에서 있는 대로 고른 것은?

로봇 X를 개발한 갑은 다음과 같은 <로봇 윤리>를 수립하고, 로봇 X가 다음 (개)~(대)에 따라 행동하도록 설계하였다.

<로봇 윤리>
(개) 로봇은 인간의 신체를 해쳐서는 안 된다.
(내) 로봇은 (개)에 상충되지 않는 한 인간의 명령에 복종해야 한다.
(대) 로봇은 (개), (내)와 상충하지 않는 한 스스로를 보호해야 한다.

─────<보 기>─────
ㄱ. 다른 사람을 위협하는 사람이 있을 때, 로봇 X에게 그 사람에게 신체적 위해를 입히는 방식으로 그 행위를 중단시킬 것을 명령할 경우, 로봇 X는 그 명령에 복종할 수 없다.
ㄴ. 두 사람이 동시에 로봇 X에게 "나에게 먼저 와!"라고 명령할 경우, 로봇 X는 두 사람 중 어떤 사람에게도 먼저 갈 수 없다.
ㄷ. 어린이가 장난으로 로봇에게 창문 밖으로 뛰어내리라는 명령을 내릴 경우, 로봇은 그 명령을 거부할 수 있다.

① ㄱ　　　　　② ㄴ　　　　　③ ㄷ
④ ㄱ, ㄴ　　　　⑤ ㄱ, ㄴ, ㄷ

67.

다음으로부터 추론한 것으로 옳은 것만을 <보기>에서 있는 대로 고른 것은?

<주장>
갑 : 한 개인의 동일성의 근거는 기억의 연속성이 아니라 신체의 동일성이다.
을 : 한 개인의 동일성의 근거는 신체의 동일성이 아니라 기억의 연속성이다.

<사고 실험>
(개) A와 B는 각자의 집에서 잠을 자고 있다. 과학이 고도로 발달한 외계인들은 이들의 집에 눈치 채지 않게 침입하여 A와 B를 마취하고 각자의 뇌를 꺼낸다. 그리고 꺼낸 뇌를 서로 맞바꾸어 A와 B에게 이식한다.
(내) A와 B는 각자의 집에서 잠을 자고 있다. 과학이 고도로 발달한 외계인들은 이들의 집에 눈치 채지 않게 침입하여 A와 B를 마취하고 뇌에 저장된 정보를 그대로 기록하는 장치를 통해 A와 B의 뇌에 저장된 정보를 기록한 후 A와 B의 뇌에 기록된 정보를 서로 맞바꾸어 A와 B의 뇌에 기록한다.
(대) 과학이 고도로 발달한 외계인들은 순간 이동 전송기를 만들었다. 이 기계 안에 들어간 A의 몸은 고통 없이 원자 단위로 분해되었고, 그 원자들의 정보는 기록 장치에 저장이 된다. 이 저장된 정보는 A가 이동하고 싶어 하는 장소에 있는 순간 이동 전송기로 보내진다. 이 기계는 보내진 정보를 바탕으로 A를 만들어낸다. 이 모든 일은 순간적으로 일어난다.

<갑과 을의 공통전제>
o 뇌의 이식은 신체의 변화와 기억의 단절을 수반한다.
o 뇌에 저장된 정보는 신체의 일부로 볼 수 없지만 뇌에 저장된 정보의 교환은 기억의 단절을 의미한다.
o 신체는 분해되는 순간 동일성을 상실하고, 뇌의 분해는 기억의 단절을 수반한다.

─────<보 기>─────
ㄱ. (개)의 <사고 실험> 후, A의 동일성 여부에 대하여 갑과 을은 다르게 판단할 것이다.
ㄴ. <사고 실험> 후, A의 동일성 여부에 대하여 갑은 (개)를 (내), (대)와 다르게 판단할 것이다.
ㄷ. <사고 실험> 후, A의 동일성 여부에 대하여 을은 (개), (내), (대) 모두 동일하게 판단할 것이다.

① ㄱ　　　　　② ㄷ　　　　　③ ㄱ, ㄴ
④ ㄴ, ㄷ　　　　⑤ ㄱ, ㄴ, ㄷ

68.

다음으로부터 추론한 것으로 옳은 것만을 <보기>에서 있는 대로 고른 것은?

우리는 신이 '이보다 더 위대한 것이 있다고 생각될 수 없는 존재자'라고 믿는다. 어리석은 자가 우리가 얘기하는 이 존재자에 대하여 들을 때, 비록 그 존재자가 존재한다는 것을 이해하지 못한다고 하더라도 말이다. 어리석은 자라 할지라도 그는 적어도 '이보다 더 위대한 것이 있다고 생각될 수 없는 어떤 것'이 생각 속에서 존재한다는 것을 확신하고 있는 것이다. 왜냐하면 그가 이 존재자에 대하여 들을 때 그는 이 존재자를 이해하며, 이해하고 있는 것은 그의 생각 속에 존재하기 때문이다. 그리고 확실히 이보다 더 위대한 것이 있다고 생각될 수 없는 존재자는 생각 속에서만 존재할 수 없다. 이 존재자가 생각 속에서만 존재한다고 가정해 보면, 그보다 위대한 존재가 실제로 존재한다고 생각할 수 없다. 왜냐하면 실제로 존재하는 자가 그렇지 않은 자보다 더 위대하기 때문이다. 따라서 만일 이보다 더 위대한 것이 있다고 생각될 수 없는 존재자가 생각 속에서만 존재한다면, 이보다 더 위대한 것이 있다고 생각될 수 없는 존재자보다 위대한 다른 것이 생각될 수 있다. 그러므로 의심할 바 없이 이보다 더 위대한 것이 있다고 생각될 수 없는 존재자는 실제로 존재한다.

─────〈보 기〉─────

ㄱ. 신이 존재한다는 사실을 이해하지 못하는 동시에, 신에 대해 들을 때 신을 이해할 수 있는 사람이 있다.
ㄴ. 신이 최고로 위대한 존재자라면 신은 실제로 존재한다.
ㄷ. 신이 실제로 존재하지 않는다면 신보다 위대한 존재 또한 실제로 존재할 수 없다.

① ㄱ   ② ㄷ   ③ ㄱ, ㄴ
④ ㄴ, ㄷ   ⑤ ㄱ, ㄴ, ㄷ

69.

다음으로부터 추론한 것으로 옳은 것만을 <보기>에서 있는 대로 고른 것은?

톨허스트는 자살을 '자신의 죽음을 의도적으로 야기하기 위한 행위과정의 성공적인 이행'이라고 정의하고, 그 핵심개념으로서의 의도라는 요소를 집중적으로 분석한다. 그는 의도를 두 가지, 즉 강한(strong) 의미와 약한(weak) 의미의 의도로 나눈다. 그에 따르면, (i) 행위자가 수행하고자 하는 y라는 행위가 있고, (ii) x가 곧 y이거나 y를 직접 야기한다고 믿으며, (iii) 행위자에 의한 x의 수행이, y가 발생되는 방식에 대한 행위자의 믿음과 함께 y를 수행하고자 하는 행위자의 욕구에 의하여 적절한 방식으로 야기되는 경우, 바로 그 경우에만, 행위 x는 강하게 의도된 것이다. 반면, (i) 행위자가 수행하고자 하는 y라는 행위가 있고, (ii) 행위자가 y를 수행하는 과정에서 x가 발생할 수는 있으나 x가 y를 직접 야기하는 것은 아니라고 믿으며, (iii) 행위자에 의한 x의 수행이, y가 발생되는 방식에 대한 행위자의 믿음과 함께 y를 수행하고자 하는 행위자의 욕구에 의하여 적절한 방식에서 비롯되는 경우, 바로 그 경우에만, 행위 x는 약하게 의도된 것이다.

톨허스트에 의하면, 자신에게서 기인한 죽음이 자살이 되기 위해서는 반드시 강한 의도가 있어야 한다. 결과에 대한 사전 인지는 기껏해야 약한 의도에 불과하므로 이것만으로 자살이라고 보기 어렵다. 마찬가지로 대다수의 이타적인 동기에서 비롯된 죽음은 강하게 의도된 것이 아니므로 자살이 아니다. 일례로 소크라테스의 최후를 재구성해보면, 소크라테스는 (a) 독배를 마심으로써 (b) 자신의 죽음을 야기하고 (c) 아테네 법을 준수하였다. 톨허스트는 소크라테스의 행동계획에 대한 세부적인 내용을 확인하는 것이 어렵기 때문에 소크라테스의 죽음이 자살인지가 논란이 된다고 보고 그에 대한 결론을 유보하고 있다.

─────〈보 기〉─────

ㄱ. 소크라테스가 아테네 법이 그의 죽음을 요구한다고 믿었다면, (b)가 직접 (c)를 야기하는 것으로 믿은 것이므로 소크라테스의 죽음은 자살일 수 있다.
ㄴ. 소크라테스가 아테네 법이 독배를 마시도록 명령하지만 그것이 죽음을 의미하는 것은 아니라고 믿었다면, (a)가 직접 (c)를 야기하지만, (b)가 (c)를 발생시키지는 않는다고 믿은 것이므로 소크라테스의 죽음은 자살일 수 없다.
ㄷ. 소크라테스는 자신에게 사형을 선고한 재판의 결과에 승복하여 독약을 마시고 죽었는데 자신이 죽는 것이 동료에게 누가 되지 않는다는 의도였다면 소크라테스의 죽음은 자살이다.

① ㄱ   ② ㄷ   ③ ㄱ, ㄴ
④ ㄴ, ㄷ   ⑤ ㄱ, ㄴ, ㄷ

70.

다음으로부터 추론한 것으로 옳은 것만을 <보기>에 있는 대로 고른 것은?

일반적으로 우리는 '동물이면 사람이다.'라는 조건문에 대해 직관적으로 이를 거짓으로 판단한다. 왜냐하면 고양이와 같이 동물이면서 사람이 아닌 경우를 실제로 확인할 수 있기 때문이다. 이는 전통 논리학에서 조건문을 거짓으로 판단하는 경우와 부합한다. 전통 논리학에서 'p이면 q이다.'가 거짓인 경우는 앞 조건이 참이면서 뒤 조건이 거짓인 경우가 유일하다. 즉, p를 충족하면서 q를 충족하지 않는 존재가 실제로 있을 경우에 이 조건문은 거짓인 것이다. 여기에서 우리의 직관과 전통 논리학의 결론은 고양이가 실제로 존재하는 현실과도 부합한다.

그런데 '2019년 프랑스 왕은 대머리이다.'(A)라는 조건문은 어떠한가? 이에 대해 사람들은 대머리가 아닌 프랑스 왕도 존재할 수 있다고 직관적으로 생각한다. 프랑스에 왕이 있다면 반드시 대머리일 필요는 없다고 생각하기에 A는 거짓일 수 있다는 직관을 가지는 것이다. 즉, p를 충족하면서 q를 충족하지 않는 존재가 실제로 있을 수 있으므로 A를 거짓일 수 있다고도 생각한 것이다. 이 판단에 따르면 사람들은 2019년의 프랑스에 왕이 존재한다고 본 셈이다. 그러나 이는 프랑스에는 왕이 존재하지 않는 현실에 부합하지 않는다.

㉠ 이러한 문제를 피하기 위해 전통 논리학에서는 앞 조건을 충족하는 존재자가 실제 존재할 수 없을 경우 조건문을 참인 것으로 간주한다. 따라서 A의 경우 2019년에 프랑스의 왕은 실제로 존재할 수 없기 때문에 A는 참이다. 그런데 이는 존재하지도 않은 프랑스의 왕에 관한 문장이 참이라는 것, 즉 존재하지도 않은 것에 대해 참과 거짓을 결론짓는 것이 적절한가라는 ㉡ 문제를 일으킨다. 결국 이 규칙을 받아들일 때 ㉠ 또는 ㉡에 직면하게 되어 어느 하나를 선택해야 하는 상황에 놓이게 된다.

─────── <보 기> ───────

ㄱ. 존재하지 않는 것에 대해 진릿값을 결정할 수 없다고 할 경우, ㉠과 ㉡은 발생할 수 없다.

ㄴ. 전통 논리학에 따르면 '2019년 프랑스의 왕은 반드시 대머리가 아니다.'라는 문장 역시 참이다.

ㄷ. "모든 문장이 참 또는 거짓으로 분류된다고 할 때, 어떤 문장의 참이나 거짓을 판별할 수 없는 경우, 해당 문장은 참으로 분류되어야 한다."라는 사실은 사람들의 직관과 부합한다.

① ㄱ   ② ㄴ   ③ ㄷ
④ ㄱ, ㄴ   ⑤ ㄱ, ㄴ, ㄷ

71.

㉠과 ㉡에 들어갈 적절한 내용을 옳게 나열한 것은?

통계적 요약 정보를 제공하는 통계 데이터베이스는 합계, 평균 등이 포함된 통계적 질의는 허용하지만 보안상 개인 정보는 제공하지 않는다. 그런데 데이터베이스에서 합법적으로 허용되는 통계적 질의들을 실행시켜 개별 데이터 값을 추론하기도 한다. 가령 아래 사내 데이터베이스로부터 '과장'이면서 직무가 '인사'인 사원이 오직 '홍길동'뿐이라는 정보를 아는 갑은 [질의1]을 실행시켜 '홍길동'의 봉급을 알 수 있다.

사번	이름	성별	직급	직무	봉급
19-101	홍길동	남성	과장	인사	7800
⋮	⋮	⋮	⋮	⋮	⋮
21-105	이영희	여성	부장	감사	8700

이러한 보안상의 문제를 해결하기 위해 통계 데이터베이스는 통계적 질의의 조건을 만족하는 데이터 레코드의 개수가 특정 개수 미만인 경우 질의를 허용하지 않는 허용옵션을 도입하고 있다. 다만, 허용옵션을 도입하더라도 아래의 [질의2]와 [질의3]이 각각 허용옵션을 만족하기만 하면 [질의2]의 결과에서 [질의3]의 결과를 뺌으로써 갑은 '홍길동'의 봉급을 알 수 있다. 또한 [질의1]이 허용옵션을 만족하지 않음에도 [질의1]에 특정 조건을 결부시켜 결과를 간접적으로 추론할 수도 있다. [질의4], [질의5], [질의6], [질의7]이 각각 허용옵션을 만족하는 경우 [질의4]와 [질의5]의 결과를 더한 값에서 [질의6]과 [질의7]의 결과를 더한 값을 뺌으로서 갑은 '홍길동'의 봉급을 알 수 있다.

[질의1]	직급이 '과장'이고 직무가 '인사'인 사원들의 봉급 합계
[질의2]	직급이 '과장'인 사원들의 봉급 합계
[질의3]	㉠
[질의4]	㉡
[질의5]	직급이 '과장'이고 직무가 '인사'인 사원 또는 성별이 '남성'이 아닌 사원들의 봉급 합계
[질의6]	성별이 '남성'인 사원들의 봉급 합계
[질의7]	성별이 '남성'이 아닌 사원들의 봉급 합계

① ㉠: 직급이 '과장'이고 직무가 '인사'가 아닌 사원들의 봉급 합계
　㉡: 직급이 '과장'이거나 성별이 '남성'인 사원들의 봉급 합계

② ㉠: 직급이 '과장'이고 직무가 '인사'가 아닌 사원들의 봉급 합계
　㉡: 직급이 '과장'이고 직무가 '인사'인 사원 또는 성별이 '여성'인 사원들의 봉급 합계

③ ㉠: 직급이 '과장'이고 직무가 '인사'가 아닌 사원들의 봉급 합계
　㉡: 직급이 '과장'이고 직무가 '인사'인 사원 또는 성별이 '남성'인 사원들의 봉급 합계

④ ㉠: 직급이 '과장'이거나 직무가 '인사'인 사원들의 봉급 합계
　㉡: 직급이 '과장'이고 직무가 '인사'인 사원 또는 성별이 '여성'인 사원들의 봉급 합계

⑤ ㉠: 직급이 '과장'이거나 직무가 '인사'인 사원들의 봉급 합계
　㉡: 직급이 '과장'이고 직무가 '인사'인 사원 또는 성별이 '남성'인 사원들의 봉급 합계

72.

다음으로부터 추론한 것으로 옳은 것만을 <보기>에서 있는 대로 고른 것은?

언어가 의미를 가진다는 것은 무슨 의미일까? 이 물음에 답하기 위해서는 뜻과 지시체 개념을 구분할 필요가 있다. 언어 표현도 뜻과 지시체 개념을 가지고 있는데, 언어 표현의 지시체는 그 언어 표현이 지시하는 세계의 어떤 존재자이다. 예컨대 언어 표현 '독도'나 'Dokdo Island'의 지시체는 한국에 실재하는 섬 독도이다. 그리고 언어 표현의 뜻은 언어 표현의 의미라고 할 수 있다. 가령 언어 표현 '백두산'은 '한반도에서 제일 높은 산'을 의미하며, 이 의미로 인해 언어 표현 '백두산'은 지시체와 대응될 수 있다. 이처럼 언어 표현의 뜻이 그 표현의 지시체를 결정한다. 즉, 특정한 뜻을 가지는 언어 표현은 특정한 지시체와 대응된다. 그러나 모든 언어 표현이 반드시 지시체를 갖는 것은 아니다. 가령 언어 표현 '0보다 큰 음수'는 뜻을 갖지만, 지시체를 갖고 있지 않다. 이런 경우는 언어 표현이 갖는 뜻으로 인해 세계의 존재자와 대응하지 못한 것으로 이해할 수 있다.

―――〈보 기〉―――

ㄱ. 두 언어 표현이 각각 갖는 지시체가 서로 동일하다면 두 언어 표현은 반드시 서로 동일하다.

ㄴ. 두 언어 표현이 각각 갖는 지시체가 서로 다르다면 두 언어 표현의 뜻은 반드시 서로 다르다.

ㄷ. 어떤 언어 표현이 뜻을 갖기 위해선, 그 언어 표현에 대응하는 세계의 존재자가 반드시 있어야 한다.

① ㄱ 　　② ㄴ 　　③ ㄱ, ㄷ
④ ㄴ, ㄷ 　　⑤ ㄱ, ㄴ, ㄷ

73.

다음으로부터 추론한 것으로 옳은 것만을 <보기>에서 있는 대로 고른 것은?

관념들은 본질적으로 모호하며 희미한 모습으로 정신에 나타난다. 그래서 관념들은 다른 유사한 관념들과 서로 혼합되는 경향도 가진다. 우리는 설령 의미가 분명하지 않더라도 어떤 용어를 계속 사용해 온 경우, 우리가 그 용어에 상응하는 특정 관념을 알고 있다고 생각하는 경향이 있다. 한편 인상은 우리의 외부에 실재하는 대상과 구별되며, 정신 안에 존재하는 일종의 개념이다. 이는 보다 생생하다는 점에 의해 관념과 구별된다.

관념은 인상의 모사물로서, 관념을 다루는 학문은 관념 자체의 모호함 때문에 오류에 빠질 수 있다. 그러나 인상은 아주 분명하기 때문에 인상을 다루는 학문은 오류에 빠지지 않는다. 관념을 다루는 학문에서 오류를 제거하는 방법은, 거기에서 다루어지는 관념이 어떤 인상으로부터 기인하는가를 밝히는 것이다. 만일 어떤 관념의 원상에 해당하는 인상이 존재하지 않을 경우, 이 관념은 모호한 관념이다. 그리고 모호한 관념은 곧 허구적 관념이다. 그리고 이러한 관념을 다루는 학문은 필연적으로 오류로 귀결된다. 신이나 영혼불멸이 그러한 허구적 관념에 해당한다. 이와 같이 허구적 관념을 다루는 전통 형이상학은 잘못된 철학으로서, 참된 형이상학이 아니며 폐기해야 할 형이상학이다.

―――〈보 기〉―――

ㄱ. 학문 A가 오류인 귀결을 내포하지 않는다면, 학문 A는 인상을 다루는 학문이다.

ㄴ. 관념 B가 관념 C보다 모호하며 관념 C가 허구적 관념이라면, 관념 B를 다루는 학문은 오류로 귀결된다.

ㄷ. 형이상학에서 다루고 있는 관념이 인상으로부터 기인하는지의 여부는 참된 형이상학과 폐기해야 할 형이상학을 구분하는 기준이 된다.

① ㄱ 　　② ㄷ 　　③ ㄱ, ㄴ
④ ㄴ, ㄷ 　　⑤ ㄱ, ㄴ, ㄷ

74.

다음으로부터 추론한 것으로 옳은 것만을 <보기>에서 있는 대로 고른 것은?

어렵게 체포해 온 용의자에 대해 목격자들이 다음과 같이 증언하는 경우를 종종 접하게 된다. 목격자의 진술이 참인지 우리는 어떻게 알 수 있을까?

(1) 범인은 제가 알고 있는 사람입니다.
(2) 저는 체포된 용의자를 알지 못합니다.
(3) 따라서 범인은 체포된 용의자가 아닙니다.

(1)과 (2)를 참이라고 할 때, 목격자의 결론인 (3)이 참인지를 가리는 기준에 대해 A와 B는 다음과 같이 제안하였다.

A : 목격자의 진술이 타당한 논증일 때 목격자의 결론이 참이라고 할 수 있다. 타당한 논증은 "X는 Z이다. Y는 Z가 아니다. 그러므로 X는 Y가 아니다."이다. 이 논증의 X, Y, Z에 어떤 말을 대신하여 넣더라도 결론이 참이 됨을 의심할 수 없다. 따라서 목격자의 진술이 이 논증에 해당하면 결론은 참이다.

B : 목격자의 진술이 타당하지 않은 논증일 때 목격자의 결론이 거짓이라고 할 수 있다. 타당하지 않은 논증은 "나는 X를 안다. 나는 Y를 알지 못한다. 그러므로 X는 Y가 아니다."이다. 내가 X는 알고 Y에 대해서 모르지만, X와 Y가 동일한 경우는 얼마든지 있기 때문이다. 가령 "나는 물을 안다. 그러나 나는 H_2O가 물인지 아닌지를 알지 못한다. 그러므로 물은 H_2O가 아니다."는 타당하지 않은 논증이다. 따라서 목격자의 진술이 이 논증에 해당하면 결론은 거짓이다.

─────〈보 기〉─────

ㄱ. (2)를 "체포된 용의자는 제가 알고 있는 사람이 아닙니다."로 해석할 경우, A에 따르면 목격자의 결론은 참이다.
ㄴ. (2)를 "체포된 용의자가 제가 알고 있는 그 사람인지 아닌지를 알지 못합니다."로 해석할 경우, B에 따르면 목격자의 결론은 거짓이다.
ㄷ. (2)를 "저는 체포된 용의자를 압니다."로 해석할 경우, B에 따르면 목격자의 결론은 참이다.

① ㄱ
② ㄷ
③ ㄱ, ㄴ
④ ㄴ, ㄷ
⑤ ㄱ, ㄴ, ㄷ

75.

다음으로부터 추론한 것으로 옳지 않은 것은?

정의로운 행위를 함으로써 정의로운 사람이 되어야 하고, 절제된 행위를 함으로써 절제된 사람이 되어야 한다는 말은 무슨 뜻인가? 정의로운 일들을 행하거나 절제된 일들을 행한다면, 그는 이미 정의롭거나 절제된 사람일 것이다. 행위들이 설령 그것들이 어떤 탁월성을 가지고 있다고 하더라도 그것 자체로는 정의롭거나 절제된 행위라고 할 수 없다. 오히려 행위자가 다음의 상태에서 그것들을 행해야 정의롭거나 절제된 행위가 된다. 우선 알면서, 또 다음으로 합리적 선택에 의거해서 행위하되 그 행위 자체 때문에 선택해야 하며, 셋째로 확고하고도 결코 흔들리지 않는 상태에서 행위해야 한다. 그러므로 어떤 행위가 정의롭거나 절제된 행위라고 할 수 있다면 그것들이 정의로운 사람이나 절제 있는 사람이 행했을 법한 그런 종류의 행위들이기 때문이다. 어떤 사람을 정의롭거나 절제된 사람이라고 부르는 것은, 그가 이런 행위들을 단순히 실천했기 때문만이 아니라 정의로운 사람들이나 절제된 사람들이 행하는 일들을 실천했기 때문이다. 그러므로 정의로운 행위들을 행하는 것으로부터 정의로운 사람이 되고, 절제된 일들을 행하는 것으로부터 절제된 사람이 된다고 해야 옳다.

- 아리스토텔레스, 『니코마코스 윤리학』

① 정의로운 사람만이 정의로운 행위를 한다.
② 합리적인 선택에 의거한 행위는 정의롭거나 절제 있는 행위이다.
③ 합리적 선택에 의거하지 않은 행위는 정의롭거나 절제 있는 행위가 아니다.
④ 다른 목적이 아니라 그 행위 자체 때문에 선택했을 때 정의로운 행위가 될 수 있다.
⑤ 정의롭거나 절제 있는 행위의 행위자는 확고하고도 흔들리지 않는 상태에서 행위한다.

76.

다음으로부터 추론한 것으로 옳은 것만을 <보기>에서 있는 대로 고른 것은?

갑 : ㈎ 네 명제 A, E, I, O 간의 진리관계는 모순관계, 반대관계, 소반대관계로 설명할 수 있다. 먼저, 모순관계는 동시에 참일 수도 없고 동시에 거짓일 수도 없는 두 명제([A]와 [O], [E]와 [I]) 간의 관계를 말한다. 그리고 반대관계는 동시에 거짓일 수는 있지만 동시에 참일 수는 없는 두 명제([A]와 [E]) 간의 관계를 말하며, 소반대관계는 동시에 참일 수는 있지만 동시에 거짓일 수는 없는 두 명제([I]와 [O]) 간의 관계를 말한다.

   [A] 모든 S는 P이다.
   [E] 어떤 S도 P가 아니다.
   [I] 어떤 S는 P이다.
   [O] 어떤 S는 P가 아니다.

㈏ 명제는 그 명제의 주어가 지칭하는 대상이 존재한다는 주장을 전제한다. 가령 '어떤 정치인은 거짓말쟁이이다.[I]'는 거짓말쟁이인 정치인이 적어도 하나 있음을 주장하며, '어떤 정치인은 거짓말쟁이가 아니다.[O]'는 거짓말쟁이가 아닌 정치인이 하나 있음을 주장한다. 다시 말해 [I]와 [O] 모두 주어가 지시하는 대상의 집합이 공집합이 아님을 주장한다. 또한 [A]와 [E]도 각 명제의 주어가 지칭하는 대상이 존재한다는 주장을 전제하고 있다. 가령, '어떤 정치인은 거짓말쟁이이다.[I]'는 '모든 정치인은 거짓말쟁이이다.[A]'로부터 필연적으로 도출되므로, '어떤 정치인은 거짓말쟁이이다.[I]'와 마찬가지로 [I]를 필연적으로 도출하는 [A] 역시 주어가 지시하는 대상의 집합이 공집합이 아님을 주장하는 것이다.

을 : 명제가 그 명제의 주어가 지칭하는 대상이 존재한다는 주장을 전제한다면, [A]와 [O] 간에 모순관계가 성립되지 않을 수 있다. '모든 화성인은 금발이다.'와 '어떤 화성인은 금발이 아니다.'라는 명제가 있다고 가정하자. 만약 모든 명제가 그 명제의 주어가 지칭하는 대상이 존재한다는 주장을 전제한다면, 이 두 명제 모두 '화성인'이 존재한다는 주장을 담고 있어야 한다. 하지만 화성인이 존재하지 않는 대상이라는 사실이 밝혀진다면 '어떤 화성인은 금발이 아니다.'와 '모든 화성인은 금발이다.'는 동시에 거짓이 된다.

<보 기>

ㄱ. 을은 ㈏를 따르는 경우 실재하지 않는 대상인 '유니콘'을 주어로 갖는 두 명제 '어떤 유니콘도 외뿔짐승이 아니다.'와 '어떤 유니콘은 외뿔짐승이다.' 간에는 ㈎에서 설명하는 모순관계가 성립되지 않는다고 볼 것이다.

ㄴ. 을은 ㈏를 따르는 경우 실재하지 않는 대상인 '유니콘'을 주어로 갖는 두 명제 '어떤 유니콘은 외뿔짐승이다.'와 '어떤 유니콘은 외뿔짐승이 아니다.' 간에는 ㈎에서 설명하는 소반대관계가 성립되지 않는다고 볼 것이다.

ㄷ. 을은 ㈏를 따르는 경우 실재하지 않는 대상인 '유니콘'을 주어로 갖는 두 명제 '모든 유니콘은 외뿔짐승이다.'와 '어떤 유니콘도 외뿔짐승이 아니다.' 간에는 ㈎에서 설명하는 반대관계가 성립되지 않는다고 볼 것이다.

① ㄱ   ② ㄷ   ③ ㄱ, ㄴ
④ ㄴ, ㄷ   ⑤ ㄱ, ㄴ, ㄷ

77.

다음으로부터 추론한 것으로 옳은 것만을 <보기>에서 있는 대로 고른 것은?

비록 대지와 모든 열등한 피조물은 만인의 공유물이지만, 그러나 모든 사람은 자신의 인신에 대해서는 소유권을 가지고 있다. 그의 신체의 노동과 손의 작업은 당연히 그의 것이라고 말할 수 있다. 그렇다면 그가 자연이 제공하고 그 안에 놓아 둔 것을 그 상태에서 꺼내어 거기에 자신의 노동을 섞고 무언가 그 자신의 것을 보태면, 그럼으로써 그것은 그의 소유가 된다. 그것은 그에 의해서 자연이 놓아둔 공유의 상태에서 벗어나, 그의 노동이 부가한 무언가를 가지게 되며, 그 부가된 것으로 인해 그것에 대한 타인의 공통된 원리가 배제된다. 왜냐하면 그 노동은 노동을 한 자의 소유물임이 분명하므로, 타인이 아닌 오직 그만이, 적어도 그것 이외에도 다른 사람들의 공유물들이 충분히 남아 있는 한, 노동이 첨가된 것에 대한 권리를 가질 수 있기 때문이다.

떡갈나무 밑에서 자신이 주운 도토리나 숲속의 나무에서 딴 사과를 섭취한 사람은 확실히 그것들을 그 자신의 것으로 수취한 사람이다. 어떤 사람도 섭취한 것이 그의 것임을 부인할 수 없다. 그렇다면 언제부터 그것들은 그의 것이 되었는가? 그가 소화했을 때? 아니면 그가 먹었을 때? 아니면 그가 그것들을 주웠을 때? 그런데 그가 그것들을 처음으로 주웠을 때 그의 것이 되지 않았다면, 그 밖의 다른 어떤 행위도 그것들을 그의 것으로 만들 수 없었을 것이라는 점은 분명하다. 그러한 노동이야말로 그것들과 공유물 간의 구별을 가져온다. 노동이 만물의 공통된 어머니인 자연보다 더 많은 무엇을 그것들에 첨가한 것이다. 그리하여 그것들은 그의 사적인 권리가 된다. 그런데 어느 누가 그는 모든 인류의 동의를 받지 않았기 때문에 아무런 권리가 없다고 말할 것인가? 만약 그런 동의가 필요했다면, 인간은 신이 모든 것을 충분히 주었음에도 불구하고 이미 굶어죽었을 것이다. 협정에 의해 공유지로 남아 있는 것에서 소유권이 시작되는 것은 바로 공유물의 어떤 부분이든 그것을 취해서 자연이 남겨둔 상태로부터 꺼내는 것이라는 점을 우리는 알고 있다. 그러한 일이 없다면 공유지는 아무런 소용이 없다. 그리고 어떤 부분을 떼어가지는가는 모든 공유자의 명시적인 동의에 의존하지 않는다. 나 자신의 것인 노동이 그것들을 원래의 공유상태에서 제거함으로써 나의 소유권을 그것들에 설정한다.

―――――< 보 기 >―――――

ㄱ. 모든 개인은 인신을 소유하고 있다는 사실로부터 개인의 노동력이 투입된 사물에 대해서도 소유권을 가진다는 주장을 이끌어내고 있다.
ㄴ. 공유지에서 사물을 줍는 행위에는 그 사물을 집에 가져오는 행위와 달리 노동이 포함되어 있다.
ㄷ. 공유지에서 다른 사람들의 소유는 나의 소유를 배제할 수 있다는 점에서 동의가 필요하다.

① ㄱ　　　　② ㄴ　　　　③ ㄱ, ㄷ
④ ㄴ, ㄷ　　　⑤ ㄱ, ㄴ, ㄷ

78.

<갑의 주장>으로부터 추론한 것으로 옳은 것을 <보기>에서 모두 고른 것은?

역사적 가설은 역사적 사실에 의하여 뒷받침된다. 역사학자인 갑은 임진왜란 당시 한양이 매우 이른 시기에 왜군에게 함락당한 역사적 사실을 설명하는 여러 가설과 그것을 뒷받침하는 역사적 사실을 살펴본 결과 역사적 가설과 역사적 사실 사이에 다음과 같은 관계가 성립한다고 주장하였다.

<갑의 주장>

(가) 각각의 가설을 뒷받침하는 역사적 사실이 적어도 하나 있다.
(나) 어떤 역사적 사실은 모든 가설을 뒷받침한다.
(다) 어떤 역사적 사실은 서로 다른 가설들을 동시에 뒷받침하지만 서로 다른 역사적 사실이 동시에 뒷받침하는 가설은 없다.

―――――< 보 기 >―――――

ㄱ. (가)가 성립하면 (나)는 성립하지 않는다.
ㄴ. (나)가 성립하면 (가)도 성립한다.
ㄷ. (다)가 성립하면 (가)도 성립한다.
ㄹ. (나)와 (다)는 양립 가능하다.

① ㄱ, ㄴ　　　② ㄱ, ㄹ　　　③ ㄴ, ㄷ
④ ㄴ, ㄹ　　　⑤ ㄷ, ㄹ

79.

다음으로부터 추론한 것으로 옳은 것만을 <보기>에서 있는 대로 고른 것은?

법의 이념, 그리고 법의 궁극목적으로 부를 수 있는 과제로서 항상 법적 평화의 수립과 유지, 그리고 정의의 실현이 거론된다. 이외에 법이념이 갖는 제3의 요소로 합목적성을 드는데, 이에 대하여는 합목적성은 각 법규정의 어떤 목적에 대한 관련성만을 나타내는 것이지 그 자체로 법의 궁극적 목적을 표현한 것은 아니라고 말할 수 있을 것이다. 합목적성을 충족시키기 위해 입법자는 제정될 법규정이 사회가 추구하는 목적의 실현을 위한 적합한 수단이 될 수 있는지 파악할 것이다. 또 이때의 목적은 그 법규정의 해석에 있어서 결정적인 기준의 역할을 수행하게 된다. 이에 비해 법적 평화와 정의는 다른 목적의 실현을 위한 수단이라기보다는 법의 목적 자체이다.

합목적성이란 '목적에 맞도록 방향을 설정하는 것'을 의미하는데 어느 국가의 법질서가 어떠한 가치관 또는 기준에 의하여 구체적으로 제정, 실시되는 원리를 의미한다. 합목적성의 내용은 시대와 사회의 지배적 가치관에 따라 다르다. 예를 들면, 근대 초기의 자유방임주의 시대에는 개인의 자유 보장에 보다 높은 가치를 부여했으며, 독일의 히틀러 시대에는 개인보다 국가와 민족을 더욱 강조하였다. 그러나 현대복지 국가에 이르러서 법은 개인의 이익과 사회(국가)의 공공복리를 동시에 증진시키는 것을 목적으로 삼고 있다.

─────〈보 기〉─────

ㄱ. 법이 '합목적성'을 갖출 필요가 있는지의 여부는 시대와 상황에 따라 변화한다.

ㄴ. 어떤 사회에서는 합목적성을 갖추지 못한 법규정이 다른 사회에서는 합목적성을 갖춘 것이 될 수 있다.

ㄷ. 법이 법적 평화와 정의라는 법의 궁극적 목적을 잘 달성할 수 있는 형태일 때 법의 이념 중 하나로서의 '합목적성'을 갖추었다고 말할 수 있다.

① ㄱ ② ㄴ ③ ㄱ, ㄷ
④ ㄴ, ㄷ ⑤ ㄱ, ㄴ, ㄷ

80.

다음으로부터 추론한 것으로 옳은 것은?

한 정치학자가 유럽에서 대항해시대 이후 세계 패권을 확보한 국가들을 분석하기 위해 다음과 같은 가설을 세웠다. (1) 몇 개의 국가들이 원양항해 기술이나 강력한 해군을 바탕으로 해상국가로 변모해 갔다. 이들 해상국가는 전쟁과 경쟁을 통해 독점적 식민지를 얻고, 이들 식민지와의 해상무역을 통해 막대한 부를 축적하였다. 축적한 부 덕분에 16세기 유럽의 남부, 중부, 북부에 각각 전 세계를 아우르는 패권국이 등장했다. (2) 패권국이 경제적 부를 활용하기 위해서는 창출한 부를 재생산할 수 있는 구조가 필요했고, 절대왕정 국가보다 발전된 정치제도를 이룩한 국가가 패권국으로서의 지위를 누리게 되었다. (3) 이후 패권을 잡은 국가들은 산업발전이나 상업발전에 특화하여 다른 유럽 국가들의 견제를 받게 되었다. 그리하여 유럽 내 패권의 지형도는 점차 복잡하게 바뀌어 갔다.

대항해시대 이후 패권국으로 군림했던 유럽의 세 국가, 남유럽의 A, 중부유럽의 B, 북부유럽의 C를 대상으로 가설을 검증해 보았다. 세 국가는 발달된 원양항해 기술을 보유하고 있었다. 정치적 발전도는 B가 가장 높았고, A가 가장 낮았다. 한편, 세 국가 중에 하나는 정치적 발전도가 가장 높았기에 세 국가 중 유일하게 강력한 해군을 보유하지 못했음에도 패권국이 되었다. 또한 세 국가 중에 두 국가는 절대왕정을 넘어선 정치제도를 이룩했는데, 나머지 한 국가는 절대왕정을 유지하였다. 산업발전과 상업발전에 각각 성공한 국가가 하나씩 존재하였는데, 상업화에 성공한 국가가 정치적 발전도가 더 높았다. 검증 결과, 가설의 세 가지 조건 (1), (2), (3)을 모두 만족하는 사례는 C밖에 없었다.

① A는 절대왕정을 넘어선 정치제도를 이룩했을 것이다.
② A는 제대로 된 해군을 보유하지 않고도 패권국이 되었을 것이다.
③ B는 절대왕정 국가였을 것이다.
④ B는 가설의 두 가지 조건에 부합하지 않았을 것이다.
⑤ C는 상업발전에 성공했을 것이다.

81.

다음으로부터 추론한 것으로 옳은 것은?

> 고려시대에 농민의 토지 소유권은 법제적으로 인정되었다. 매매, 상속, 증여가 자유로운 개인의 사적 소유지를 민전이라고 불렀는데, 농민은 민전을 소유하고 경영하였다. 일반적으로 조세는 토지 수확량의 1/10을 거두는 것이었다. 광종 때에는 진전(陳田)의 개간을 장려하기 위하여 규정을 마련하였는데, 이에 따르면 사유지로서 진전된 토지를 개간하는 경우 일정 기간 동안 지대를 면제받았고 그 이후에는 1/2 지대를 납부하도록 하였다. 반면 국공유지인 진전을 개간하는 농민은 일정 기간이 지난 후에 지대를 납부하면 되었는데, 이때의 지대는 1/4였다.
>
> 이후 조선시대 전기 양인농민의 처지는 상층 자영농에서 남의 땅을 빌어 짓는 전호까지 다양한 양상을 보였다. 그러나 대부분의 자영농은 대체로 1, 2결이 되지 않을 정도의 작은 규모의 토지를 소유한 경우가 많았다. 하지만 소유 규모가 작은 자영농은 국역을 부담하는 경우 자작만으로는 생계를 꾸리기 어려워 소작을 겸하거나 부담을 견디지 못하고 토지를 팔거나 하여 전호농(佃戶農)이 되기도 하였다.
>
> 한편 전세는 세종 때 공법(貢法) 제정으로 기본적으로 1/20의 조(租)를 납부하고, 토지의 등급을 6등으로 나누고 풍흉을 9등급으로 나누어 결당 차등적으로 정해진 액수를 내게 하였다. 이를 각각 전분등제(田分等第)와 연분등제(年分等第)라고 하였다. 그러나 양반 지주층의 신분상의 이익이 관철되어 힘 있는 지주의 땅은 비옥하더라도 대게 5, 6등으로 매겨지고, 힘없는 농민의 척박한 땅은 제 등급 이상으로 올려 매겨지기 일쑤였다. 풍흉의 등급을 매기는 연분등제의 경우도 면을 단위로 하였으므로 소유 규모가 작은 농민이 재해를 입었다 하더라도 세를 면제받기가 어려웠다.

① 조선시대 전기에 전분등제를 실시하였던 것은 고려시대에 개간을 장려하기 위한 정책의 연장선상에 있는 것으로 볼 수 있다.
② 고려시대에는 단기적인 혜택보다는 장기적인 혜택을 주는 방법을 통해서 토지 개간을 유도하려고 하였다.
③ 전분등제와 연분등제는 자영농의 전호농화를 가속화시키는 조세제도로 변모하였다.
④ 지역적으로 큰 가뭄이나 홍수가 발생하여 흉작이 발생할 경우, 세 감면의 혜택의 대부분은 나쁜 토지를 경작하는 농민에게 돌아갔다.
⑤ 전분등제와 연분등제는 작은 규모의 토지를 소유한 자영농이 전호농으로 전락하는 것을 막기 위해 실시된 조세제도이다.

82.

다음으로부터 추론한 것으로 옳은 것만을 <보기>에서 있는 대로 고른 것은?

> 관계의 대칭성이란 어떤 두 대상 a와 b 간에 R의 관계가 있을 때 b와 a 간에도 R의 관계가 성립하는지를 밝히는 것이다. 이를 토대로 하면 대칭적 관계, 반대칭적 관계, 비대칭적 관계 등 3가지 관계가 성립할 수 있다. 대칭적 관계란 a와 b 간에 R이라는 관계가 성립하면 b와 a 간에도 R의 관계가 반드시 성립하는 관계이다. 가령 갑과 을 사이에 '같은 반 친구'라는 관계가 성립하면, 을과 갑 사이에도 '같은 반 친구'라는 관계가 성립한다. 반면 반대칭적 관계는 a와 b 간에 R의 관계가 성립하면 b와 a 간에는 R이라는 관계가 반드시 성립하지 않는 관계이다. 또, 비대칭적 관계는 a와 b 간에 R의 관계가 성립할 때, b와 a 간에는 R의 관계가 성립할 수도 있고 아닐 수도 있는 관계이다.
>
> 한편 관계의 이행성은 어떤 두 대상 a와 b 간에 R의 관계가 있고 b와 c 간에도 R의 관계가 있을 때 a와 c 간에도 R의 관계가 있는가를 밝히는 것이다. 이를 토대로 하면 이행적 관계, 반이행적 관계, 비이행적 관계 등 3가지 관계가 성립할 수 있다. 이행적 관계란 a와 b 간에 R의 관계가 성립하고 b와 c 간에 R의 관계가 성립할 때 a와 c 간에도 반드시 R의 관계가 성립하는 관계이다. 가령 "갑은 을보다 나이가 어리다"가 참이고 "을은 병보다 나이가 어리다"가 참이라면 "갑은 병보다 나이가 어리다"는 반드시 참이다. 반이행적 관계란 a와 b 간에 R의 관계가 성립하고 b와 c 간에도 R의 관계가 성립하지만 a와 c 간에는 R의 관계가 반드시 성립하지 않는 관계이다. 비이행적 관계는 a와 b 간에 R의 관계가 성립하고 b와 c 간에 R의 관계가 성립하지만, a와 c 간에는 R의 관계가 성립할 수도 있고 아닐 수도 있는 관계이다.

───── <보 기> ─────

ㄱ. "소영이는 정민이를 좋아한다"에서 "a는 b를 좋아한다"는 관계는 비대칭적이다.
ㄴ. "민우는 소영이를 안다"에서 "a는 b를 안다"는 관계는 비대칭적이자 비이행적이다.
ㄷ. "철수는 영희보다 나이가 두 살 많다"에서 "a는 b보다 나이가 두 살 많다"는 관계는 비대칭적이자 비이행적이다.

① ㄱ   ② ㄷ   ③ ㄱ, ㄴ
④ ㄴ, ㄷ   ⑤ ㄱ, ㄴ, ㄷ

83.

다음 글에 대한 분석으로 옳은 것만을 <보기>에서 있는 대로 고른 것은?

A : 교회의 권위에 대립했던 갈릴레이는 진실 안에 있었다. '진실 안에 있다'는 말이 언제나 진실을 말한다는 의미는 아니다. 그것은 갈릴레이의 주장이 여러 가지 점에서 틀린 부분이 있더라도, 핵심적으로 코페르니쿠스의 지동설을 지지한 부분에서는 옳았다는 뜻이다. 다시 말해 누군가 진실 안에 있다는 것은 그가 언제나 모든 것에 관해 진실을 말하지는 못할지라도, 어떤 핵심적인 것에 있어서는 반드시 진실을 말하고 있다는 것을 의미한다.

B : 어떤 명제가 진실인지 거짓인지를 가리는 언명범주들과 이 범주들의 수용 가능성을 구분해야 한다. 한 명제가 진실을 말한다는 것은 진실성의 언명범주들을 충족시킨다는 의미이며, '진실 안에 있다'는 것은 기존의 언명범주들을 규정하는 담론지평 내에 받아들여진다는 의미이다. 결국 '진실 안'이란 가변적이고 역사적인 공간이며 따라서 우리가 '진실 안에 있다'고 해서 진실을 말하고 있다고 단정할 수는 없다.

<보 기>

ㄱ. A에 따르면 우리가 진실만을 말할 때 언제나 '진실 안에 있다'고 할 수 있지만, B에 따르면 우리가 진실을 말한다고 해서 언제나 '진실 안에 있다'고 할 수는 없다.

ㄴ. 19세기 생물학계에 받아들여지지 않았던 멘델의 유전법칙이 훗날 옳은 것으로 판명 났으므로, 발표 당시 멘델의 이론이 '진실 안에 있었다'는 진술에 대해 A는 동의하고 B는 동의하지 않을 것이다.

ㄷ. 19세기 생물학 담론의 규칙에 따랐던 슐라이덴의 이론은 당대에는 수용되었으나 훗날 오류임이 판명 났으므로, 발표 당시 슐라이덴의 이론이 '진실 안에 있지 않았다'는 진술에 대해 B는 동의하고 A는 동의하지 않을 것이다.

① ㄱ   ② ㄷ   ③ ㄱ, ㄴ
④ ㄴ, ㄷ   ⑤ ㄱ, ㄴ, ㄷ

84.

다음 주장에서 추론한 것으로 옳은 것만을 <보기>에서 있는 대로 고른 것은?

적어도 법률을 제정함에 있어서 각 정권은 자기의 편익을 목적으로 하여서 합니다. 민주 정체는 민주적인 법률을, 참주 정체는 참주 체제의 법률을, 그리고 그 밖의 다른 정치 체제들도 다 이런 식으로 법률을 제정합니다. 일단 법 제정을 마친 다음에는 이를, 즉 자기들에게 편익이 되는 것을 다스림을 받는 자들에게 올바른 것으로 공표하고서는, 이를 위반하는 자를 범법자 및 올바르지 못한 짓을 저지른 자로서 처벌하죠. 그러니까 보십시오. 이게 바로 제가 주장하고 있는 것입니다. 모든 나라에 있어서 동일한 것이, 즉 수립된 정권의 편익이 올바른 것이지요. 확실히 이 정권이 힘을 행사(지배)하기에, 바르게 추론하는 사람에게 있어서는 어디에서나 올바른 것은 동일한 것으로, 즉 더 강한 자의 편익으로 귀결합니다. 반대로 올바르지 못한 것은 더 강한 자의 편익에 부합하지 않는 것이지요.

- 트라시마코스 -

<보 기>

ㄱ. 트라시마코스는 강한 자가 올바르다고 공표하는 것이 곧 실제로도 올바르다고 본다.

ㄴ. 트라시마코스는 법률 제정 시 정권을 가진 자와 지배를 받는 쪽의 편익이 서로 충돌할 경우, 정권을 가진 자가 지배를 받는 쪽의 편익을 추구할 가능성은 없다고 본다.

ㄷ. 트라시마코스는 다수의 사람들이 어떤 행위를 올바르다고 평가하여도, 더 강한 자가 그 행위를 올바르지 않다고 공표한다면, 그 행위는 올바르지 못하다고 주장할 것이다.

① ㄴ   ② ㄱ, ㄴ   ③ ㄱ, ㄷ
④ ㄴ, ㄷ   ⑤ ㄱ, ㄴ, ㄷ

85.

다음으로부터 추론한 것으로 옳은 것만을 <보기>에서 있는 대로 고른 것은?

비트겐슈타인은 일어나는 일, 즉 '사실'은 '사태들의 존립'이고 '사태'는 '대상들(존재, 사물들)의 결합'이라고 말한다. 그런데 이는 한편으로 매우 기묘하다. 노인은 '늙은 사람'이지 '사람의 늙음'이 아니다. 이렇게 보면 사실일 수 있는 것은 '존립하는 사태들'이지 '사태들의 존립'이 아니며, 사태는 '결합된 대상들'이지 '대상들의 결합'이 아니다. 따라서 말 그대로 따진다면 '사실'과 '사태들의 존립'은 동일하지 않아 보인다. 그렇다면 사실은 '존립하는 사태들'이고 사태는 '결합된 대상들'이라 파악해야 하는가? 아니다. 왜냐하면 사실과 사태의 관계는 노인과 사람의 관계와 다르기 때문이다. 오히려 그 관계는 신체와 세포의 관계와 유사하다. 우리는 신체를 '세포들의 모임'이라 말하지만 '모여 있는 세포들'이라 말하지 않는다. '신체'와 '세포들'은 집합과 그 원소들의 관계처럼 유형이 서로 다르고 전자는 단수인데 반해 후자는 복수이므로 신체를 '모여 있는 세포들'로 동일시하는 것은 부자연스러운 것이다. 이처럼 사실 역시 '사태들의 존립'이지 존립하는 사태들이 아니며, 사태는 '대상들의 결합'이지 결합된 대상들이 아니다. 그렇지만 여전히 우리는 뭔가 기묘함을 느끼게 된다. 왜냐하면 사실은 뭔가 구체적인 것을 가리키는 말인데 반해 '사태들의 존립'은 추상적으로 보이기 때문이다. 신체는 실제로 존재하는 사물을 가리키는 반면 '세포들의 모임'은 어떤 추상적 개념을 지시하는 것으로 보인다. 그렇다면 사실이 '사태들의 존립'이라는 것은 무엇인가? 신체가 '세포들이 모여 있을 때 그 전체'를 뜻하듯이 '사태들이 존립할 때 그 전체'를 뜻하는 것이다.

한편 비트겐슈타인은 '사태들의 존립'을 '긍정적 사실'이라 부르고 '사태들의 비존립'을 '부정적 사실'이라 부른다. 예를 들어 우리 앞에 노란 장미가 한 송이 있고, 우리가 이러한 현실의 현상에 대해 다음과 같이 말한다고 하자.

(A) 이 장미는 노랗다. 이때 (A)가 말하는 것은 사실이며, 특히 이것이 뜻하는 바가 긍정적 사실이라는 점에는 재론의 여지가 없다. 그렇다면 이제 다음의 문장들에 대해 생각해 보자.

(B) 이 장미는 노랗지 않다. (C) 이 장미는 빨갛지 않다. (D) 이 장미는 빨갛다. 이 세 문장 중에서 어느 것이 '부정적 사실'을 나타내는가? 장미가 실제로 노란색이므로 (C)라는 명제는 참이다. 그리고 그것이 뜻하는 것, 즉 '이 장미가 빨갛지 않다'는 사실은 부정된 형식의 명제로 표현되었으므로 부정적 사실이다. 따라서 부정적 사실에 해당하는 것은 그 자체로 거짓인 (B)와 (D)가 아니라 (C)이다. 그렇다면 (C)가 나타내는 것 자체가 어떻게 '사태들의 비존립'일 수 있는가? (C)에서 존립하지 않는 사태들은 바로 '이 장미는 빨갛다'를 이루는 어떤 사태들이다. 즉, 우리는 사태들이 존립하는 경우 이를

통해 긍정적 사실을 알 수 있고, 사태들이 존립하지 않는 경우 이를 통해 부정적 사실을 알 수 있는 것이다. 마찬가지로 이의 역도 성립한다. 예컨대 우리는 (C)를 통해서 (D)를 이루는 어떤 사태들이 존립하지 않는다는 것을 알 수 있고, 또 (D)를 이루는 어떤 사태들이 존립하지 않는다는 것을 통해 (C)가 나타내는 부정적 사실을 알 수 있는 것이다.

─────〈보 기〉─────

ㄱ. "이 노트북은 검은색이 아니다."라는 사실이 존립하지 않는 사태들은 "이 노트북은 하얀색이다."를 이루는 사태들이다.

ㄴ. 세포를 이루는 대상들을 K라고 한다면, 세포는 'K의 결합'이라고 할 수 있다.

ㄷ. 우리 앞에 네모난 상자가 존재하지 않고 이러한 현실의 현상에 대해 "이 상자는 네모이다."라고 말했을 때 이 말은 긍정적 사실이다.

① ㄱ   ② ㄴ   ③ ㄱ, ㄷ

④ ㄴ, ㄷ   ⑤ ㄱ, ㄴ, ㄷ

86.

윌리스의 이론을 학습한 탐험가들이 바르게 추론한 날로만 묶인 것은?

윌리스는 뇌를 발원지로 삼고 신경계를 폭발지점으로 삼아 인체를 재구성했다. 뇌가 심장과 다른 기관에 정기를 방출하듯, 신경은 외부세계에서 들어오는 신호를 수집해서 눈 깜짝할 사이에 동물의 정기를 뇌로 다시 보내준다. 외부에 대한 각인을 담은 동물의 정기는 신경을 통해 재빨리 뇌 깊숙이 들어가 줄무늬체까지 도달한다. 윌리스는 줄무늬체가 수정체 역할을 한다고, 다시 말해 정기에 초점을 맞춘 다음 좌우 대뇌를 연결하는 뇌량(腦梁, corpus callosom)이라는 백색의 살덩어리에 정기를 투사한다고 생각했다. 뇌량은 뇌에서 정기들이 집결하는 장소로서, 여러 가지 정신작용을 내보내는 곳이었다. 몇몇 정기는 소뇌에서 반사된 후 뇌량을 거쳐 육신으로 되돌아와 반사작용을 일으킨다. 이러한 종류의 자동 반응을 설명하기 위하여 '반사작용(reflex)'이라는 말을 최초로 사용한 사람이 윌리스였다. 군인이 대포 소리에 깜짝 놀라는 반응을 보이는 이유도 이렇게 신속하게 튕겨 나온 정기 때문이었다.

다른 한편, 정기는 뇌량을 지나 윌리스가 보다 고차원적인 기능이 있다고 여기는 대뇌 피질로 올라간다. 충분한 힘을 갖고 있는 정기는 심지어 피질에 영원한 각인을 새겨 넣으며 기억을 만들어낼 수도 있다. 피질에 도착한 정기는 피질을 순환하며 상상력과 식욕, 심지어 추론작용도 일으킨다.

이러한 복잡한 사고 작용을 만들어내려면 뇌의 정기는 복잡한 경로를 지나야 한다. 윌리스의 주장에 따르면, 뇌의 정기는 피질의 구불구불한 고랑을 돌아다닌다. 그렇다면 당연히 물고기보다는 새가, 새보다는 고양이가 더 많은 고랑을 가지고 있지 않겠는가? 또한 인간은 어떤 동물의 뇌보다 훨씬 더 많은 미로를 가지고 있지 않겠는가? 그는 이렇게 적었다. "이러한 주름이나 굽이진 길은 어떤 생물체보다 인간에게 더 많이 존재하며, 이는 고차원적인 기능에 따른 복잡다단한 활동을 많이 하기 위해서이다."

〈윌리스의 이론을 학습한 탐험가들이 미지의 정글을 탐험한 후 작성한 일지〉

첫째 날 : 오늘은 새로운 생명체 A와 B를 발견했다. A와 B를 철장 안에 가둔 후, 갑작스럽게 생명에 위협이 될 만한 공격을 할 때마다 A와 B는 깜짝 놀라는 반응을 보였다. 반응의 속도가 생명체 A가 훨씬 빠른 것으로 보아 A의 피질의 길이가 B의 피질의 길이보다 짧을 것이다.

둘째 날 : 오늘 발견한 생명체의 뇌를 해부하기 위한 준비를 마쳤다. 만약 이 생명체의 뇌량을 제거하면 이 생명체에게서는 정신작용이 일어나지 않을 것이다.

셋째 날 : 철장 속에 가둔 생명체 C의 소뇌라고 추정되는 곳을 제거했다. 이 생명체에게 음식을 준다고 해도 받아먹지 않을 것이다.

넷째 날 : 오늘 정글에서 새롭게 발견한 생명체 C는 몸길이가 30센티미터도 되지 않는다. 그러나 이 생명체는 산술적 계산을 할 줄 알고 인간처럼 언어를 사용한다. 따라서 윌리스의 이론을 수정해야 한다.

① 첫째 날
② 둘째 날
③ 첫째 날, 둘째 날
④ 둘째 날, 넷째 날
⑤ 둘째 날, 셋째 날, 넷째 날

87.

다음으로부터 추론한 것으로 옳은 것만을 <보기>에서 있는 대로 고른 것은?

순(舜) 임금시대에 사대부란 것은 따로 없고 모두 민(民)이었다. 민은 사·농·공·상(士農工商) 네 가지로 분류되었다. 그 중 사(士)는 어질고 또 덕이 있으면 임금이 벼슬을 시켰고, 벼슬을 못한 자는 농·공·상(農工商)이 되었다. 그러나 세상이 생긴 지 오래되고 보니, 예도(禮度)가 점점 번잡해지면서 명호가 달라지고, 명호가 달라질수록 등급이 많아졌다. 그리고 선비로서 벼슬하지 못한 자도 비록 귀(貴)를 누리지는 못하였으나, 또한 옛 성인의 법을 지켜, 그 집안을 다스리고 자신을 수양하는 데 진실로 힘이 미치고 예도에 참람함이 없으면 경대부(卿大夫)와 동등한 신분이었다. 이리하여 사대부(士大夫)라는 명호가 생겼으며, 명호가 생기면서 지향하는 바가 달랐다. 이런 까닭으로 농·공·상은 천한 신분이 되고 사대부라는 명호는 더욱 높아졌다.

진(秦)나라 이후 천자 한 사람 외에는 조정에 벼슬하는 자와, 벼슬하지 아니하고 초야에 있는 자라도 그 사람이 진실로 사(士)의 도리에 종사하면 모두 사대부라 호칭하게 되어 사대부가 더욱 많아졌다. 그러나 이것은 상고(上古) 때 제도는 아니다. 그런데 후세에서는 무엇 때문에 꺼리는가 말이다. 혹 사대부라는 명호로써 농·공·상을 업신여기고 농·공·상의 신분으로서 사대부를 부러워한다면 이것은 모두 근본을 모르는 자이다.

대저 성인의 법이 어찌 사대부만이 실천할 수 있는 것인가. 농·공·상도 또한 능히 할 수 있는 것인데 사대부와 농·공·상이 과연 같지 않다는 말인가. 비록 그러하나 후세에 와서는 인품이 옛날보다 못하여 기품에도 어짊과 어리석음이 있고, 술업(術業)에도 능통하고 막힘이 있다. 그리하여 사대부로서는 혹 농·공·상의 일을 할 수 있어도 농·공·상을 본업으로 하던 자는 사대부의 일을 하지 못한다. 이러므로 부득이 사대부를 중하게 여기게 되었는 바, 이것이 후세의 자연스러운 추세이다.

─── <보 기> ───

ㄱ. 순(舜) 임금 시대에는 성인의 법을 실천하는 농·공·상이 후세에 비해 더 많았다.

ㄴ. 순(舜) 임금 시대에는 초야에 묻힌 한 선비가 벼슬을 못해 고기를 잡고, 질그릇을 구워도 이를 수치로 여기지 않았다.

ㄷ. 순(舜) 임금 시대 이후로 사대부(士大夫)와 농·공·상은 근본이 같기 때문에 귀천의 차이가 없었다.

① ㄱ   ② ㄷ   ③ ㄱ, ㄴ

④ ㄴ, ㄷ   ⑤ ㄱ, ㄴ, ㄷ

88.

다음으로부터 추론한 것으로 옳은 것만을 <보기>에서 있는 대로 고른 것은?

언어는 사물을 지시한다. 사물을 지시하는 것이 이름이다. 일상언어에서 사물을 지시하기 위해 사용되는 경우와 이름 자체를 지시하는 경우를 구별하지 않으면 혼란이 올 수 있다. 예를 들어 충무공은 이순신과 같은 사람이고 충무공이 세 글자의 단어라고 해서 충무공이 노량해전에서 사망하였을 수는 있지만 세 글자의 단어가 노량해전에서 사망하였다고 할 수는 없다. 이를 구별하기 위해서는 이름이 사물을 지시하는 데 사용되는 것이 아니라 이름 자체가 지시될 때는 그 이름에 인용부호를 붙인다. 즉 충무공이 이순신과 같은 사람이라고 할 때 충무공은 노량해전에서 사망하였지만 '충무공'은 이순신을 지시하는 이름 그 자체를 지시하는 것으로 보는 것이다. 따라서 '서울에는 인구가 많다.'는 서울에 관한 것이고 '서울에는 인구가 많다.'에는 '서울'이 있다고 할 수 있다. 반면에 "서울'은 두 음절이다.'는 '서울'에 관한 것이고 "서울"을 포함하고 있다. 또한 "서울'은 '서울'을 지시하고, '서울'은 서울을 지시한다. 서울을 지시하기 위해서 '서울' 또는 '대한민국의 수도'를 사용하고 '서울'을 지시하기 위해서 "서울"을 사용한다.

─── <보 기> ───

ㄱ. "서울'에는 인용부호가 없다.'는 말은 참이다.

ㄴ. ""서울"'에는 두 쌍의 인용부호와 한국어 자음 세 개, 모음 두 개가 있다.'는 말은 참이다.

ㄷ. '서울에는 인구가 천만이 있을 수 있지만 '서울'에는 인구가 천만이 있을 수 없다.'는 말은 참이다.

① ㄱ   ② ㄴ   ③ ㄱ, ㄷ

④ ㄴ, ㄷ   ⑤ ㄱ, ㄴ, ㄷ

89.

다음으로부터 추론한 것으로 옳은 것만을 <보기>에서 있는 대로 고른 것은?

갑 : 어떤 진리는 규약에 의해서 참이 된다. 그것이 참임은 미리 규정되어 있으며, 사실이 어떠한가와는 아무 관계가 없다. 가령, "모든 까투리는 암꿩이다."라는 주장은 언어적 규칙에 의해 참이 된다. 암꿩이라고 말하는 것은 까투리라고 말하는 것 이상의 정보를 제공하는 것이 아니다. 이는 단순히 암꿩과 까투리라는 표현이 서로 교환될 수 있음을 함축하며, 동일한 정보를 두 번에 걸쳐 제공하는 것에 지나지 않는다. 이러한 의미에서 규약에 의해 참인 진리는 사소한 참이라 할 수 있다. 수학적 진리 역시 규약에 의한 참이다. 수학적 진리는 우리가 미리 정해놓은 규약의 결과이거나 아니면 이러한 규약들에서 연산과 추론에 따라 나온 결과이다. 따라서 수학적 계산규칙에 따를 때, 'a'에 'b'을 더하면 'c'가 된다는 예측은 'a+b'이라는 표현과 'c'라는 표현이 서로 교환될 수 있음을 함축할 뿐이다.

을 : 어떤 진리는 사실에 의해 참이 된다. 즉, 어떤 주장이 참인지 여부를 알기 위해서는 사실들이 실제로도 주장한 바와 같은지 조사해보아야 하는 경우가 있다. 가령, "모든 까투리는 노란 깃털을 갖는다."라는 주장이 참이라고 주장하기 위해서는 모든 까투리를 일일이 조사할 필요가 있는 것이다. 규약에 의해 참인 주장과는 달리, 사실에 의해 참이 되는 주장은 사실들이 주장된 바와 다를 수도 있기 때문에 거짓이 될 수도 있다. 이러한 의미에서 사실에 의해 참인 주장은 사소한 참이 아니다. 수학적 진리도 이와 같이 수학적 사실에 의해 참이 된다. 단지 수들은 물리적인 사물이 아니기 때문에 다른 방식으로 존재하며 다른 방식으로 경험될 뿐이다. 수학적 판단을 참 또는 거짓으로 만드는 것은 바로 수학적 대상에 관한 사실에 달려 있다.

――――〈보 기〉――――

ㄱ. "황소는 노랗다."는 지식이 참이라면, 이것은 사소한 참이다.

ㄴ. "10마리의 토끼 10무리를 하나의 우리에 넣어두면 100마리의 토끼를 셀 수 있다."는 수학적 지식이 참이라면, 이것은 사소한 참이다.

ㄷ. 갑과 을은 모두 모두 규약에 의해 참인 진리는 사소한 참이며 거짓이 될 수 없다고 본다.

① ㄱ   ② ㄷ   ③ ㄱ, ㄴ
④ ㄴ, ㄷ   ⑤ ㄱ, ㄴ, ㄷ

90.

다음 글에서 설명된 '자연'의 의미를 바르게 적용한 것은?

'자연'이라는 단어의 의미는 다의적이다. 우리가 산이나 바다의 경치를 보고 '자연은 아름답다'고 말할 때는 물리적 대상으로서의 자연을 의미한다. 이러한 물리적 대상으로서의 자연이 가장 일반적 의미의 자연일 것이다. 우리를 둘러싼 물리적 대상으로서의 자연은 우리에게 그대로 주어진 것이다. 우리에게 주어진 물리적 환경이 자연인 것이다. 한편, 우리에게 주어졌다는 의미에서 자연은 우리의 본성을 가리키기도 한다. 예를 들어, 우리는 자신에게 이익이 되는 것을 추구하고 해가 되는 것은 피하려는 경향이 있는데, 이것은 인간이라면 누구에게나 주어진 본성으로 '자연적'이라는 수식어를 달고 다니기도 한다. 이 두 가지 의미의 자연은 우리에게 그저 주어진 것으로 있는 그대로의 것이라는 의미를 공유한다. 이 두 의미는 결정적으로 인간의 힘이 가해지지 않았음을 의미하는데, 세 번째 의미의 자연은 인간이 창출해 낸 사회를 가리킨다. 이것은 역설적이게도 인간의 힘이 가해진 어떤 것을 이르는 것이다. 사회는 인위적으로 만들어진 것임에도 인간에게는 태어날 때부터 주어진 환경으로 존재한다는 점에서 하나의 자연인 셈이다. 예를 들어 국가 기구나 자본주의 체계는 물리적 자연과 마찬가지로 하나의 자연으로서 환경으로 존재한다.

――――〈보 기〉――――

ㄱ. 환경을 자연과 사회로 구별할 때의 자연은 첫 번째와 세 번째 의미에서의 자연을 가리킨다.

ㄴ. 인간의 편의를 위해 자연을 개발한다고 할 때의 자연은 첫 번째 의미에서의 자연을 가리킨다.

ㄷ. 어떤 사람으로 하여금 다른 사람을 두려워하게 만드는 것은 자연에 어긋난다고 말할 때의 자연은 두 번째 의미의 자연을 가리킨다.

ㄹ. 물리적 고통을 피하는 것이 인간의 자연이라고 말할 때의 자연은 첫 번째와 두 번째 의미에서의 자연을 가리킨다.

① ㄱ, ㄴ   ② ㄴ, ㄷ   ③ ㄷ, ㄹ
④ ㄴ, ㄷ, ㄹ   ⑤ ㄱ, ㄴ, ㄷ, ㄹ

91.

다음 중 (가), (나), (다)로부터 공통적으로 추론할 수 있는 진술로 가장 적절한 것은?

> (가) 언어 행위는 개별적으로 이루어진다. 지식의 정도, 직업, 성별에 따라 개개인이 언어를 사용하는 방법이나 내용은 천차만별이다. 그럼에도 언어 행위를 통해 타인과 의사소통이 가능하다는 것은 한 언어의 의미가 그것을 사용하는 사람의 개인 의견에 따라 결정되는 것이 아니라, 보편성을 띰을 의미한다. 예를 들어 우리는 '국화꽃을 예쁘다' 혹은 '장미꽃에 빨갛다'라고 하지 않는다, 여기에 사용된 언어 규칙들은 개인의 의사 결정과 무관하게 사회적으로 이미 약속되었다. 그러므로 언어는 언어 공동체의 관습이나 협약의 소산인 것, 즉 사회의 집단적 관습이다. 따라서 개인은 이러한 관습으로서의 언어를 창조하거나 변경할 수 없다. 단지 개인은 부과되는 한 사회의 언어 체계나 규칙에 따라 언어 행위를 할 따름이다.
>
> (나) 한 민족의 정신적 특성과 언어 형성은 서로 긴밀하게 융합되어 있다. 그러므로 하나가 주어지면 다른 것은 그것으로부터 이끌어낼 수 있다. 그 까닭은 지성과 언어는 서로 상응하고 있고 서로 북돋아주기 때문이다. 언어는 말하자면 민족정신의 외적 표출이다. 민족 언어는 민족정신이며 민족정신은 민족 언어이다.
>
> (다) 인간은 표현 수단이 된 언어의 지배를 상당히 받는 존재다. 인간이 속한 '현실 세계'란 대개 인간이 속한 집단의 언어 관습에 기초를 두고 무의식중에 만들어져 간다. 현재 우리가 보기도 하고 듣기도 하는 등의 경험을 하는 것은 인간이 언어를 통한 어떤 일정한 해석을 준비하고서야 비로소 가능하다.

① 사회는 언어활동의 필요조건이다.
② 언어 없이는 인간의 사유도 불가능하다.
③ 언어는 인간의 집단적 사회 활동을 통해 만들어진다.
④ 언어는 인간과 사회를 이해하기 위한 원천으로 간주될 수 있다.
⑤ 언어는 인간의 주체적 의식이 구성되고 난 이후 타인과 의사소통을 하기 위해 필요한 수단이다.

92.

다음 글에 대한 분석으로 옳은 것만을 <보기>에서 있는 대로 고른 것은?

> 사건 A가 사건 B의 원인이라면, A와 B 사이에는 모종의 필연적 연관이 성립하는 듯 보인다. 예컨대 자연법칙은 어떤 자연현상을 원인으로, 또 다른 자연현상을 결과로 규정함으로써 둘을 연결한다. 즉, ㉠ 원인으로 규정되는 사건은 어떤 특정한 사건을 결과로서 수반한다. 이에 따라 자연법칙은 원인이 존재한다는 사실로부터 결과에 해당하는 어떤 것이 필연적으로 나타나리라고 추론한다.
>
> 그러나 우리는 ㉡ 사건들이 그 자체로 서로 필연적인 연관을 맺고 있는지, 또는 우리에게 그렇게 보일 뿐인지에 대해서 알 수 없다. 우리가 지각하는 것은 어떤 사건들이 항상 인접하여 나타난다는 것뿐이다. 상식적인 관점에서 어떤 사건들이 필연적으로 연결되어 있다고 생각하는 이유는 반복에 의해 생긴 습관 및 이로부터 발생하는 신념 때문이다. 두 사건이 자주 인접하여 나타나는 경우 우리는 그 사건들이 실제로 연결되어 있다고 생각한다. 그러나 우리의 생각과 상관없이 그러한 연관이 실제로 존재하는지의 여부는 알 수 없다. 따라서 인과관계 또는 원인의 개념도 다시 정의되어야 한다. 원인이란 다른 어떤 사건, 즉 결과를 산출하는 것이 아니다. 오히려 ㉢ 원인이란 두 사건이 지속적으로 연달아 발생하는 것이 관찰된 경우 앞선 사건을 가리키는 것으로 정의된다.
>
> 다만 세계의 사건들이 우연적으로 일어난다고 볼 수는 없다. 어떤 사건들이 아무 원인도 없이 단적으로 등장하는 듯 보이는 이유는 단지 우리의 인식능력이 불완전하기 때문이다. 오히려 ㉣ 모든 사건에는 원인이 존재하며, 어떤 사건의 원인을 잘 알지 못하는 경우 그 사건을 우연적인 사건이라고 부르는 것이다.

───────〈 보 기 〉───────

ㄱ. ㉢의 정의를 따른다면 ㉠은 거짓이다.
ㄴ. ㉡이 확정되지 않는다면 ㉢의 정의는 참이 아니다.
ㄷ. ㉢의 정의를 따르며 ㉣이 참인 경우, 미래에 결과로서의 어떤 사건이 발생하리라고 예측할 수 있다.

① ㄱ   ② ㄴ   ③ ㄱ, ㄷ
④ ㄴ, ㄷ   ⑤ ㄱ, ㄴ, ㄷ

93.

다음으로부터 추론한 것으로 옳지 않은 것은?

어떤 것이 예술작품의 자격을 갖는가를 설명하는 이론 중의 하나인 예술제도론에 따르면, 전문가가 특정한 인공물을 예술작품이게 만드는 데 핵심적인 역할을 한다. 이른바 예술계 구성원이라 말할 수 있는 전문가들은 주로 지휘자, 출판인, 전시관 운영자, 비평가 등인데, 이들이 특정한 인공물에 예술작품이라는 '세례'를 부여함으로써 미다스의 손처럼 어느 순간 그것이 예술작품이 되게 만든다는 것이다. 이는 전문가들이 가진 예술적 식견과 역량을 존중하는 한편, 시대마다 예술작품의 기준이 변하는 이유를 잘 설명한다. 하지만 예술 분야 전문가들의 판단에 의해 어떤 인공물이 예술작품이 된다고 주장하려면, 그들이 어떤 이유로 그 분야의 전문가가 될 수 있는가를 먼저 설명해야 한다. 이에 대해 예술제도론은 전문가들이 예술작품을 알아보는 식견을 가졌기 때문에 그들의 예술적 권위가 존중되어야 한다고 답할 것이다. 하지만 이렇게 되면 왜 어떤 인공물은 예술작품의 자격을 갖게 되는지에 대한 물음을 다시 낳게 된다. 한 예술 전문가가 어떤 인공물은 예술작품으로 다른 것은 예술작품이 아닌 것으로 판단했다면, 그는 내면에는 그런 판단을 내리게 된 특정한 기준이 있을 것이다. 그런데 그 기준을 물었을 때, 그것이 예술작품이기 때문이라고 대답한다면 예술제도론은 공허하다는 비판을 받을 수 있다. 반면 다른 특정한 기준을 제시한다고 해도 문제는 남는다. 이 경우 그가 제시한 특정 기준이야말로 예술작품의 자격이 된다는 문제가 발생하기 때문이다.

① 예술제도론을 받아들일 경우 특정 현상이 잘 설명된다고 본다.
② 동시대 전문가라 할지라도 예술작품에 대한 판단이 다를 수 있음을 예술제도론이 간과하고 있다고 지적한다.
③ 예술제도론이 입증해야 할 대상을 오히려 전제로 사용하고 있음을 지적한다.
④ 예술제도론이 스스로를 부정하는 문제를 가졌음을 지적한다.
⑤ 이 글의 최종 결론은 예술제도론이 예술작품의 자격이 무엇인지에 대한 적절한 설명이 될 수는 없다는 것이다.

94.

다음으로부터 추론한 것으로 옳은 것은?

서양 중세의 봉건제는 봉주와 봉신 간의 주종서약이라는 신분관계와 이에 대응하는 봉토의 수수라는 물권관계에 근거하고 있다. 봉신은 봉주로부터 봉토를 받아 그 지역에 대해서 수조권과 각종 부역에 대한 징발권을 가지는 대신 봉주가 요구하는 군사력을 제공해야만 하는 의무를 진다. 하지만 당시에 널리 회자되던 '나의 봉주의 봉주는 나의 봉주가 아니며 나의 봉신의 봉신은 나의 봉신이 아니다'라는 말이 알려주듯, 직접 봉토를 주고받은 주군-가신이 아닌 사람에 대해서는 설령 봉주의 봉주라 하더라도 군역을 이행할 의무가 없고, 가신의 가신에 대해서도 봉주는 어떠한 영향력도 행사할 수 없었다.

시간이 흐르면서 이러한 봉건제는 매우 복잡한 형태로 변했는데, 특히 한 사람의 봉주가 여러 사람의 봉신을 두는 것은 물론 봉신이 여러 사람의 봉주를 모시면서 여러 지역에 걸쳐서 자신의 봉토를 형성하기도 하고, 한 사람이 봉주이기도 하면서 동시에 다른 사람의 봉신이 되기도 하였다. 그 결과 봉주 간의 전쟁 혹은 봉신 간의 전쟁이 벌어지거나 특정인의 봉주와 봉신 간에 전쟁이 벌어져서 기사에게 두 개 이상의 봉건관계에서 선택을 해야 하는 상황이 자주 벌어지게 되었다.

〈갑국의 주군 - 가신 관계〉

주군	가신
A	D, E, F
B	E, K
D	G, H
E	D, I
F	J, K
K	L, G

〈보 기〉

ㄱ. 원칙 p와 q 중에서 甲이 적용한 원칙은 p뿐이다.
ㄴ. 원칙 p와 q 중에서 乙이 적용한 원칙은 q뿐이다.
ㄷ. 丙은 원칙 p를 적용하지 않았다.

① A와 K가 전쟁을 벌일 경우, I는 A에게 군역을 제공할 의무가 발생한다.
② B와 D가 전쟁을 벌일 경우, G는 선택을 해야 하는 상황에 직면하게 된다.
③ B와 D가 전쟁을 벌일 경우, E는 선택을 해야 하는 상황에 직면하게 된다.
④ D와 F가 전쟁을 벌일 경우, 선택을 해야 하는 상황에 직면하는 기사는 없다.
⑤ A와 B가 전쟁을 벌일 경우, 선택을 해야 하는 상황이 벌어지는 기사는 모두 5명이다.

95.

다음으로부터 추론한 것으로 옳은 것만을 <보기>에서 있는 대로 고른 것은?

유비란 특정한 사물이나 사건을 다른 사물이나 사건의 특성과 비교하여 유사성을 찾는 것이다. 유비는 문학적 표현 이외에 논증을 위해 사용되기도 한다. 다음 예시 논증을 살펴보자.

<예시>

시계는 대단히 복잡하고 정교한 기계이다. 그런데 시계에는 제작자가 있다. 인간의 눈은 시계보다 훨씬 복잡하고 정교하다. 따라서 인간의 눈을 만든 지적 설계자가 존재할 것이다.

위의 유비논증은 다음과 같이 형식화될 수 있다.
(P1) X는 a, b, c 등의 성질을 가지고 있다.
(P2) Y는 a, b, c 등의 성질을 가지고 있다.
(P3) X는 z라는 성질을 가지고 있다.
(P4) 따라서 Y도 z라는 성질을 가지고 있을 것이다.

이러한 유비 논증의 설득력은 다음의 조건에 따라 결정된다. 첫 번째는, 비교 대상들(X, Y)이 서로 공유하는 성질들(a, b, c)과 새로운 대상의 성질(z) 사이의 밀접도(유사도)이다. 공유하는 성질들이 새로운 대상인 성질과 밀접할수록 유비논증의 설득력은 높아진다. 둘째, 비교되는 대상들과 새로운 대상 사이에 관련된 유사성의 수가 많아질수록 유비논증은 강화된다. 새로운 대상과 무관한 유사성의 수는 유비 논증의 설득력과 무관하다. 셋째, 유사한 성질을 가진 비교되는 대상들이 많을수록 해당 유비 논증은 강화된다. 예컨대 위의 사례에서는 X와 Y의 두 가지 비교대상이 등장했으나 같은 유사성을 공유하는 대상의 수가 많이 제시된다면 이는 논증의 설득력을 높인다.

<사례 논증>

군대와 마찬가지로 학교에도 질서가 필요하다. 군에서는 질서를 유지하기 위해 지휘관은 수칙에 따라 체벌을 행사할 수 있다. 마찬가지로 학교에서 질서를 유지하기 위해 엄격한 기준에 따라 교사가 학생을 체벌할 수 있도록 해야 한다.

─────<보 기>─────

ㄱ. 자산과 자하는 정치와 배움의 관계에 있어 서로 상반된 주장을 펴고 있다.
ㄴ. 글쓴이는 자산과 자하를 대등한 입장에서 평가한 후, 이를 양립 가능한 논거로서 활용하고 있다.
ㄷ. 조선시대에는 자산의 입장에서 정치적 인재를 선발하였다.
ㄹ. 각 부의 주임관과 판임관에 임명되는 관리들 중에는 그 직에 적합한 자질을 갖추지 못한 사람이 있다.

① ㄱ   ② ㄷ   ③ ㄱ, ㄴ
④ ㄴ, ㄷ   ⑤ ㄱ, ㄴ, ㄷ

96.

㉠을 바탕으로 추론할 때 적절한 것만을 <보기>에서 있는 대로 고른 것은?

범죄학자이자 심리학자인 ㉠ 갑의 주장에 의하면, 어떤 사람이 범죄를 저지를지 말지를 결정하는 유일한 요인은 한 개인이 가지고 있는 '원초적 본능'과 '초자아'의 관계이다. 그리고 이들의 관계는 무의식의 단계에서 어떤 사람이 범죄자가 될 것인지를 결정한다. 원초적 본능은 쾌락의 원리에 따라 자신이 좋다고 느껴지는 것이라면 무의식적으로 그것을 행하려고 시도하게 한다. 이와 반대로 초자아는 개인의 행동에 대해 내부로부터 선악(善惡)의 판단을 내려 그 행동을 촉진하거나 제약하는 역할을 하는데, 이러한 초자아는 무의식적인 상태에서 그 영향력을 행사하여 원초적 본능에 따라 행동하는 것을 억제하고 자신이 해야만 한다고 느끼는 행동을 하게 한다. 초자아가 원초적 본능을 통제하는 방법은 '승화'이다. 승화를 통하여 초자아는 원초적 본능이 유발하는 충동을 윤리적으로 허용되는 행동으로 전환한다. 공격적이고 파괴적인 충동을 체육활동으로 승화시킴으로서 폭력범죄를 저지르는 것을 저지하는 것은 초자아의 작용의 한 예이다. 갑의 연구에 의하면, 각 개인이 자신의 초자아를 형성하는 데 있어서 가장 중요한 과정은 10세 전후까지의 아동기에 부모와 맺는 애정관계였다. 이 같은 조기의 애정관계를 통하여 아동은 그의 부모의 판단을 가치판단의 준거틀로 경험하여 궁극적으로 부모의 가치관에 따라 초자아를 형성하며, 이렇게 형성된 초자아는 무의식의 영역에 남아 평생에 걸쳐 영향을 행사한다.

─────<보 기>─────

ㄱ. 자녀가 10세가 되기 한참 전에 부모와 자녀와의 관계가 양호하여 자녀에 대한 부모의 애정이 크다면, 그 자녀는 자라나서도 범죄를 저지르지 않을 것이다.
ㄴ. 부모로부터의 아동폭력에 시달리고 있는 10세 전후의 아동을 부모로부터 격리하여 정상적인 가정에 입양시켜 성장하게 하더라도 범죄 예방 효과를 기대하기 어려울 것이다.
ㄷ. 중등학교(13~18세) 체육활동 프로그램을 확대하고 학생들의 체육활동을 적극 권장하는 것보다, 초등학교(7~12세)에서의 학교체육활동 프로그램을 확대하는 것이 청소년의 폭력 범죄를 예방하는 데 더 큰 효과가 있을 것이다.

① ㄱ   ② ㄴ   ③ ㄱ, ㄴ
④ ㄱ, ㄷ   ⑤ ㄴ, ㄷ

97.

다음으로부터 추론한 것으로 옳은 것만을 <보기>에서 있는 대로 고른 것은?

<이론>

　가격차별이란 동일한 상품이나 서비스에 대해 소비자마다 가격을 다르게 책정하는 행위이다. 가격차별은 그 형태에 따라 1급 가격차별과 2급 가격차별이 있는데, 가장 문제되는 가격차별이 2급 가격차별이다. 1급 가격차별은 소비자 개인마다의 상품에 대한 지불용의를 파악할 수 있을 경우에 소비자 각각의 지불용의만큼 가격을 부과하여 수익을 극대화할 수 있지만, 사업자가 개개인의 지불용의를 파악하는 것은 현실적으로 어렵다. 2급 가격차별은 사업자가 소비자들을 그 지불용의나 수요의 탄력성에 따라 수 개의 집단으로 분류하고, 각 집단에 대해 동일한 상품에 대해 다른 가격을 부과하는 것을 말한다. 수요의 탄력성, 즉 가격이 상승하거나 하락함에 따라 수요량의 감소폭이나 증가폭이 큰 소비자에 대해서는 가격을 낮추고, 반대의 소비자에게는 가격을 높이는 것이다. 이러한 전략이 성공하기 위해서는 ㉠상대적으로 저렴한 가격에 상품을 구매할 수 있는 소비자들이 해당 상품을 다른 소비자 집단에 되파는 차익거래 행위를 막을 수 있어야 한다.

<사례>

　R회사는 메틸 메타크릴레이트라는 플라스틱을 생산하여 판매하는 회사이다. 위 상품은 공업용으로도 폭넓게 사용되는 한편 치과의사들이 환자들의 치아에 부착하여 치아의 본을 뜨기 위한 용도로도 사용된다. R회사는 공업용으로는 위 상품을 저렴하게, 치과의사들에게는 위 상품을 비싸게 판매하려고 한다.

─────< 보 기 >─────

ㄱ. 만약 R회사가 메틸 메타크릴레이트를 소비하는 소비자 개개인의 지불용의를 모두 알 수 있었다면, ㉠의 문제는 발생하지 않았을 것이다.

ㄴ. R회사는 공업용으로 메틸 메타크릴레이트를 사용하는 소비자 집단의 수요의 탄력성이 치과의사 집단의 수요의 탄력성보다 높다고 평가하였을 것이다.

ㄷ. R회사가 공업용으로 공급하는 메틸 메타크릴레이트에 열가소성을 줄여 모양을 변형할 수 없도록 한 것은 ㉠을 달성하기 위한 방법이 될 수 있다.

① ㄱ　　　　　② ㄴ　　　　　③ ㄱ, ㄷ
④ ㄴ, ㄷ　　　　⑤ ㄱ, ㄴ, ㄷ

98.

<오염배출권 제도>와 <사실 관계>를 통해 추론한 것으로 적절한 것만을 <보기>에서 있는 대로 고른 것은?

<오염배출권 제도>

㉮ 오염배출권은 정부가 기업에 특정량의 오염원 배출을 허가하고, 이를 취득한 기업은 오염배출권에 명시된 양의 오염원 배출권을 가진다.

㉯ 오염배출권이 허용한 양을 초과한 오염원에 대해서는 오염저감비용 부과한다.

㉰ 취득한 오염배출권은 시장가격으로 매매 허용. 이 시장가격은 기업들에 의해 결정된다.

<오염배출원 직접 규제 제도>

　20톤의 오염배출량에 대해서는 배출을 허용하고 초과분의 오염량에 대해서는 오염저감비용 부과한다.

<사실 관계>

기업	오염배출량 (톤)	오염저감비용 (만 원/톤)
A	30	3
B	40	4
C	30	6
D	60	5

　정부는 오염배출량을 줄이기 위해 A, B, C, D 네 기업에 1장당 1톤씩의 오염원을 배출할 수 있는 오염배출권 각각 20장씩을 배부했다. 모든 기업은 오염배출권의 매각 혹은 매입을 통해 오염원 처리 비용을 최소화하고 가능한 많은 이윤을 남기려 한다. 가령 오염배출권의 시장가격이 4만 원일 경우, A 기업은 오염배출권 20장을 모두 매각하는 반면, C, D 기업들은 오염배출권을 매입하려 할 것이다. B 기업은 매각과 매입 상에 이윤차가 없으므로, 오염배출권 공급 및 수요를 조절해 오염배출권에 대한 기업들의 수요량과 공급량을 조절할 수 있다. 이 수요량과 공급량은 같아야 하며, 정부 혹은 다른 기업으로부터의 추가적인 오염배출권 공급은 없다.

─────< 보 기 >─────

ㄱ. 오염배출권의 시장가격은 6만 원으로 결정될 것이다.

ㄴ. B기업은 오염저감비용으로 80만 원을 지출한다.

ㄷ. 오염배출권 제도하에서는 오염배출원 직접 규제 제도에 비해 기업의 지출 금액 총액이 70만 원 감소한다.

① ㄱ　　　　　② ㄴ　　　　　③ ㄷ
④ ㄱ, ㄴ　　　　⑤ ㄴ, ㄷ

99.

다음으로부터 추론한 것으로 옳은 것만을 <보기>에서 있는 대로 고른 것은?

경제학자 갑은 사람들이 시장에서 내리는 결정과 결혼에 대해 내리는 결정이 서로 매우 흡사하다고 가정하고 결혼시장에 대한 수학 모형을 제시했다. 갑의 모형에서 사람들은 외모나 교육, 부 등의 여러 특성을 이용하여 이성 구성원의 매력에 순위를 매긴다. 순위에 따른 결혼 제안에서 결혼이 성사될 경우에 그 사회에는 효용이 발생한다. 가령 <실험>에서 A와 C가 결혼한다면 8의 효용이 발생하는 것이다. 결혼시장이 안정을 이루기 위해서는 결혼시장 내에서 모든 효용을 합친 값이 최대가 되어야 한다. 또한, 부부 구성원은 결혼으로 발생할 효용을 서로 나누는 방법에 대해서도 동의해야 결혼시장이 안정된다.

A와 C가 결혼하고 B와 D가 결혼한 상황에서 효용값을 부부가 똑같이 나눈다고 가정해보자. 이때, A와 C는 각각 4의 효용을 갖고 B와 D는 각각 3.5의 효용을 갖게 된다. 그런데 만약 B와 C가 각자의 결혼을 깨고 결혼을 한다면 9의 공동 효용을 나누어 4.5의 효용을 갖게 되므로 이혼할 유인이 생기게 된다. 따라서 <실험>에서 부부가 효용값을 똑같이 나눈다면 모델은 안정을 이룰 수 없다. 사회 구성원들은 결혼과 독신 중 하나를 선택하며, 독신 선택의 효용은 각각 1이라고 가정하자.

<실험>

갑이 남성 A, B와 여성 C, D 4인만 존재하는 사회의 결혼시장에서 발생할 효용을 조사한 결과는 다음과 같다.

	C	D
A	8	4
B	9	7

─────── <보 기> ───────

ㄱ. B와 C가 결혼하는 경우, 결혼시장은 안정을 이룰 수 없다.

ㄴ. A와 C가 결혼하고 B와 D가 결혼한 상황에서 A와 C는 효용을 반으로 나누고 B와 D는 B가 5, D가 2의 효용을 갖기로 합의하는 경우, 결혼시장은 안정을 이룰 수 있다.

ㄷ. 만약 각 구성원이 독신을 선택했을 때 얻는 효용이 각각 4.5로 증가하는 경우, 네 사람 모두 독신을 선택하더라도 결혼시장은 안정을 이룰 수 있다.

① ㄱ   ② ㄷ   ③ ㄱ, ㄴ
④ ㄴ, ㄷ   ⑤ ㄱ, ㄴ, ㄷ

100.

다음 글로부터 추론한 것으로 옳은 것만을 <보기>에서 있는 대로 고른 것은?

수요의 가격탄력성은 가격의 변화에 대응하여 수요량이 얼마만큼 변화하는가를 재는 척도로, 수요량의 변동률을 가격변동률로 나눈 절댓값으로 측정된다. 수요량의 변동률은 수요 변동량(ΔQ)을 변화 전의 수요량(Q)으로 나눈 값($\Delta Q/Q$)이고, 가격 변동률은 가격 변동액(ΔP)을 변화 전의 가격(P)으로 나눈 값($\Delta P/P$)이다. 이때 <그림>처럼 모든 점에서 기울기가 같은 선형 수요곡선의 경우, 수요곡선상의 각 점에서 수요의 가격탄력성은 다르게 나타난다. 선형 수요곡선에서 $\Delta Q/\Delta P$ 값은 1/기울기로 일정하기 때문에 각 점에서의 수요의 가격탄력성이 1보다 크거나 작은지의 여부는 P/Q 값이 커지거나 작아지는지를 고려하여 판단할 수 있다.

수요곡선상의 각 점에서 수요의 가격탄력성을 알면 총지출액의 증감을 파악할 수 있다. 소비자가 어떤 재화에 지출하는 총지출액은 재화의 가격과 수요량을 곱한 값으로, 재화의 가격과 수요량에 따라 변화된다. 이때 가격의 변화에 대응하여 수요량이 얼마만큼 변화하는가를 재는 척도를 수요의 가격탄력성이라 한다. 수요가 가격에 탄력적인지의 여부에 따라 소비자의 총지출액은 감소하거나 증가하는 것으로 달라질 수 있다. 이때 수요의 가격탄력성이 1이라는 것은 가격의 변동만큼 수요도 변동한다는 것을 뜻한다. 수요의 가격탄력성이 1보다 크면 가격이 변동하는 폭에 비해 수요량의 변동폭이 크다는 것을 의미하고, 1보다 작으면 가격이 변동하는 폭에 비해 수요량의 변동폭이 크지 않다는 것을 의미한다. 아래 <그림>의 B점에서 수요의 가격탄력성은 1이다.

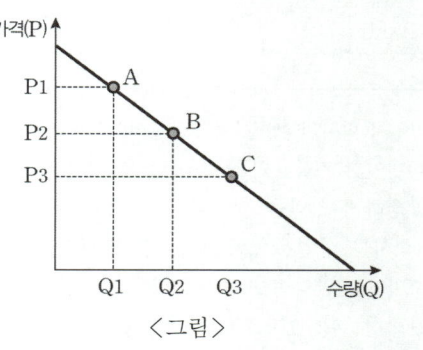

<그림>

─────── <보 기> ───────

ㄱ. 어떤 재화의 가격이 0원이 아닌데 수요의 가격탄력성이 0이라면, 가격을 올릴 경우 총지출액은 가격에 비례하여 증가한다.

ㄴ. 어떤 재화의 가격이 P2에서 P3으로 하락하면 소비자가 지출하는 총지출액은 증가한다.

ㄷ. 수요의 가격탄력성은 A점에서는 1보다 크고, C점에서는 1보다 작다.

① ㄱ   ② ㄴ   ③ ㄱ, ㄴ
④ ㄱ, ㄷ   ⑤ ㄴ, ㄷ

101.

<이론>에 따라 <사례>를 판단한 것으로 옳은 것만을 <보기>에서 있는 대로 고른 것은?

<이론>

일정한 데이터로부터 변수 간의 연관성을 살피는 지표로는 지지도, 신뢰도, 향상도가 있다. 예컨대 데이터 1개에 A 또는 B가 포함될 수 있고, 데이터에 A가 포함되어 있을 때 B가 포함되는 사건과의 연관성이 어떻게 되는지를 살피고자 한다. A와 B 사이의 지지도는 전체 데이터 중 A와 B가 동시에 포함된 데이터의 비중을 말한다. 즉 A와 B가 동시에 데이터에 포함될 확률이다. A의 B에 대한 신뢰도는 A가 포함된 데이터 중 A와 B가 동시에 포함된 데이터의 비중을 말한다. A의 B에 대한 향상도는 A가 포함된 데이터 중 A와 B가 동시에 포함된 데이터의 비중을, 전체 데이터 중 B가 포함된 데이터의 비중으로 나눈 값을 의미한다. 즉 데이터에 임의로 B가 포함되는 경우 중 A가 포함되는 사건과의 연관성 속에서 B가 포함된 것이 어느 정도의 비중을 차지하는지를 말한다. 만약 향상도가 1에 가깝다면 A와 B는 독립적이고, 1보다 유의미하게 크다면 양(+)의 연관성을 가지며, 1보다 유의미하게 작다면 음(-)의 연관성을 갖는다.

<사례>

X마트에서는 소비자들이 구매하는 상품의 연관성을 고려하여 상품들을 배치하고자 한다. 이를 분석하기 위하여 다음과 같은 10개의 데이터를 수집하였다.

고객	구매항목
1	쌀, 갈치, 김치, 부침가루, 기저귀, 섬유유연제, 맥주
2	즉석밥, 만두, 맥주, 라면, 휴지, 김치
3	쌀, 갈치, 식용유, 프라이팬, 라면, 김치, 달걀
4	소주, 곱창, 닭발, 라면, 김치, 달걀
5	우유, 달걀, 식용유, 식빵, 라면, 맥주, 주방세제
6	쌀, 소주, 삼겹살, 라면, 맥주, 김치, 휴지
7	쌀, 갈치, 김치, 섬유유연제, 밀가루, 계란, 휴지
8	즉석밥, 소주, 닭발, 라면, 김치, 휴지
9	식용유, 파스타면, 생크림, 베이컨, 계란, 밀가루
10	소주, 닭발, 부침가루, 파, 맥주, 김치, 키친타올

─────<보 기>─────

ㄱ. 쌀과 즉석밥 사이의 지지도는 0이고, 이는 쌀과 즉석밥을 동시에 구매한 고객이 없다는 것을 의미한다.
ㄴ. 소주의 닭발에 대한 신뢰도는 0.75이고, 이는 소주를 구매한 고객 중 75%가 닭발을 구매했다는 것을 의미한다.
ㄷ. 갈치의 쌀에 대한 향상도는 1.875이고, 이는 갈치가 쌀에 대하여 양(+)의 연관성을 갖는 것을 의미한다.

① ㄱ   ② ㄷ   ③ ㄱ, ㄴ
④ ㄴ, ㄷ   ⑤ ㄱ, ㄴ, ㄷ

102.

다음으로부터 추론한 것으로 옳은 것만을 <보기>에서 있는 대로 고른 것은?

외부효과란 한 사람의 행위가 어떤 경제활동과 관련하여 다른 사람에게 의도하지 않은 혜택이나 손해를 주면서도 이에 대한 대가를 받지도 않고 비용을 지불하지도 않는 상태를 말한다. 특히 어떤 사람이 기르는 개가 밤마다 짖는 탓에 이웃 사람들이 잠을 이룰 수 없는 상황과 같이 제삼자의 경제적 후생수준을 낮추는 외부효과를 부정적 외부효과라고 한다.

경제학자 A에 따르면 민간경제 주체들이 아무런 비용을 치르지 않고 보상금 등 자원배분에 관한 협상을 할 수 있다면 외부효과로 인한 비효율성을 해소하고 자원을 효율적으로 배분하게 된다. 하천을 둘러싸고 갑 회사와 을 회사가 갈등을 겪고 있는 상황을 예로 들어 보자. 갑 회사와 을 회사는 모두 하천을 이용하여 생산 활동을 하는데, 갑 회사는 을 회사가 하천을 오염시킴으로써 생산 활동에 100만 원의 피해를 받고 있다. 을 회사는 하수처리 설비를 설치함으로써 하천오염을 방지할 수 있는데 이를 위해서는 150만 원의 비용을 부담해야 하는 상황이다. 만약 하천 이용에 대한 법적권리가 갑 회사에 있다면 을 회사는 하수처리 설비를 설치하는 대신 갑 회사에 특정 금액의 보상액을 제안함으로써 두 회사 모두 효율적인 결과에 도달할 수 있다. 갑 회사는 하천 오염으로 인한 피해금액 이상을 보상받을 수 있고, 을 회사는 하수처리 설비를 설치하는 것보다 적은 비용으로 문제를 해결할 수 있기 때문에 두 회사 모두 경제적 후생 수준이 증가하는 협상이 가능하기 때문이다.

─────<보 기>─────

ㄱ. 을 회사가 제시하는 보상금이 100만 원을 넘기만 하면 갑, 을 회사의 경제적 후생은 모두 증가한다.
ㄴ. 갑 회사와 을 회사가 보상금 외에 각각 협상 비용을 부담하더라도 그 협상 비용이 25만 원보다 적다면 협상은 이루어질 수 있다.
ㄷ. 하천 이용에 대한 법적권리가 을 회사에 있고 갑 회사는 을 회사가 하수처리 설비를 설치하도록 보상을 제시해야 한다면 두 회사 모두의 경제적 후생수준이 증가하는 협상은 불가능하다.

① ㄱ   ② ㄴ   ③ ㄱ, ㄴ
④ ㄴ, ㄷ   ⑤ ㄱ, ㄴ, ㄷ

103.

다음으로부터 추론한 것으로 옳은 것만을 <보기>에서 있는 대로 고른 것은?

도박사들이 책정하는 배당률은 대상 사건이 발생할 확률에 기초한다. 가령 동전을 던지는 게임의 배당률은 앞면이 나올 확률 1/2의 역수로 정해진다. 앞면이 나온다고 베팅하여 당첨된다면 베팅한 금액의 2배를 배당받는 방식이다. 이렇게 책정된 배당률을 사전 배당률이라고 한다. 예를 들어, ㉠ A와 B의 축구 경기에서 A가 받는 사전 배당률을 사례로 살펴보면 다음과 같다.

	승리	무승부	패배
확률	45%	25%	30%
사전 배당률	20/9배	4배	10/3배

이로부터 최종 배당률이 책정되기까지 일반 조정과 경우에 따라 특수 조정을 거치게 된다. 일반 조정은 도박사들의 이익을 보장하기 위한 것으로, P 방식은 사건의 확률을 10% 상향한 값을 기준으로 배당률을 책정한다. Q 방식은 사전 배당률에서 10%를 감한 값을 배당률로 책정한다. 가령 P 방식에 따르면 동전 던지기 게임의 앞면 확률은 55%가 되고, Q 방식에 따르면 동전 던지기 게임의 앞면 배당률은 1.8배가 된다. 특수 조정은 일시적인 외부적 요인으로 인한 도박사의 손실을 보전하기 위한 경우에 이루어진다. 베팅에 참여하는 개인들이 합리적인 판단 이외의 다른 요인으로 인해 특정한 사건으로 편중될 것이 명확한 상황에서 도박사들은 일반 조정을 거친 배당률을 다시 한 번 낮추는 조정을 한다. 가령 베팅에 참여하는 사람들이 주로 프랑스 사람들인 경우 프랑스와 독일의 축구 경기에서 프랑스 쪽으로 베팅이 편중될 것을 예상할 수 있는 경우, 프랑스의 배당률을 낮추는 방식이 특수 조정에 해당한다. 특수 조정은 일반 조정으로 도출된 배당률의 15% 미만에서 이루어진다.

─────<보 기>─────

ㄱ. 발생할 확률이 높은 사건일수록 사전 배당률은 낮게 책정된다.

ㄴ. ㉠에서 A가 승리하는 경우의 최종 배당률이 2배라면 특수 조정이 적용된 것이다.

ㄷ. 특수 조정이 없다면, ㉠에서 B가 승리하는 경우의 최종 배당률은 P 방식에 따를 때보다 Q 방식에 따를 때 더 높게 책정된다.

① ㄱ ② ㄷ ③ ㄱ, ㄴ
④ ㄴ, ㄷ ⑤ ㄱ, ㄴ, ㄷ

104.

A, B, C 세 국가가 선호하는 상황에 대한 진술로 옳은 것은?

세 국가 A, B, C가 해상 광구를 공동 개발하려고 한다. 세 국가가 모두 광구를 공동 개발하는 경우 30조 원이 든다. 두 국가나 한 국가만 개발에 참여하게 될 수도 있는데, A와 B만 참여하게 될 경우 26조 원이 들고, B와 C만 참여하게 될 경우 24조 원이 들고, A와 C만 참여하게 될 경우 22조 원이 든다. 그리고 한 국가만 개발에 참여할 경우 어느 국가가 참여하든 19조 원이 든다. 둘 이상의 국가가 참여한 경우 참여 국가는 비용과 총이익 모두 공평하게 나눈다. 성공하게 될 경우, 광구에서 50년 동안 얻을 총이익은 40조 원이다.

참여하는 국가의 숫자에 따라 개발의 성공 확률도 달라진다. 세 국가 모두가 참여할 경우 90%의 성공 확률, 두 국가만 참여할 경우 70%의 성공 확률, 한 국가만 참여할 경우 50%의 성공 확률이다. 각 국가는 총이익에 성공 확률을 곱한 값을 기대이익으로, 기대이익에서 총비용을 뺀 값을 순이익으로 계산하며, 자신이 얻을 수 있는 순이익을 토대로 개발 참여 여부를 판단한다.

① A는 C가 참여하지 않는다면 B도 참여하지 않기를 원할 것이다.

② B는 언제나 A가 참여하지 않는 것을 원할 것이다.

③ C는 자신을 포함한 두 국가만 참여한다고 할 때 A가 참여하기를 원할 것이다.

④ 국가별 기대이익은 한 국가만 참여하는 경우가 가장 작다.

⑤ 세 국가가 모두 참여하는 경우가 어느 국가에게나 가장 순이익이 크다.

105.

다음으로부터 추론한 것으로 옳은 것만을 <보기>에서 있는 대로 고른 것은?

다음 상황에서 가격 담합이 나타난 것으로 본다.

ㅇ 원자재의 가격이 하락하였음에도 사업자들이 판매하는 재화의 가격이 모두 상승하였거나, 원자재의 가격이 하락한 폭보다 사업자들이 판매하는 재화의 가격이 하락한 폭이 더 작았다.

ㅇ 원자재의 가격이 상승한 폭보다 사업자들이 판매하는 재화의 가격이 상승한 폭이 더 컸다.

한편 다음 상황에서는 가격 경쟁이 나타난 것으로 본다.

ㅇ 원자재의 가격이 상승하였음에도 사업자들이 판매하는 재화의 가격이 모두 하락하였거나, 원자재의 가격이 상승한 폭보다 사업자들이 판매하는 재화의 가격이 상승한 폭이 더 작았다.

ㅇ 원자재의 가격이 하락한 폭보다 사업자들이 판매하는 재화의 가격이 하락한 폭이 더 컸다.

연속한 기간 동안 가격 담합이 추정된다면 해당 연속한 기간 동안 하나의 담합행위가 있었던 것으로 본다. 가령 3년간 가격 담합이 추정된다면 이 기간 내 담합은 하나로 본다. 만약 중간에 가격 경쟁이 일어난 것으로 추정하여 단절이 이루어진다면, 해당 기간의 전후로 별개의 담합이 일어난 것으로 본다. 담합행위는 행위 종료 후 5년 이내에만 제재할 수 있다.

〈사례〉

갑과 을은 철강석을 가공하여 철물을 생산하는 사업자로 이들이 판매하는 철물과 철강석의 가격 추이는 다음과 같다. 담합이나 경쟁은 1년 단위로 판단하는데 가령 1년에서 2년 사이에 철강석의 하락폭은 약 2단위이고, 같은 기간 갑이 판매한 철물의 하락폭은 1단위로 본다.

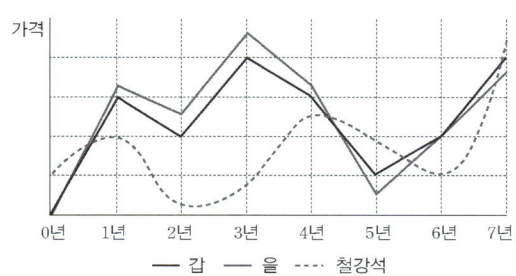

〈보 기〉

ㄱ. 갑과 을이 담합한 것으로 볼 수 있는 기간은 총 4년이다.

ㄴ. 0년차와 1년차 사이에 발생한 가격 담합을 7년차에 제재할 수 있다.

ㄷ. 5년차와 6년차 사이에 발생한 가격 담합을 12년차에 제재할 수 있다.

① ㄱ   ② ㄷ   ③ ㄱ, ㄴ
④ ㄴ, ㄷ   ⑤ ㄱ, ㄴ, ㄷ

106.

다음으로부터 추론한 것으로 옳은 것만을 <보기>에서 있는 대로 고른 것은?

X지역의 교정시설과 노동청은 출소자의 원만한 사회 복귀를 위한 연구의 일환으로 출소자의 취업 및 원만한 사회생활의 차이를 만드는 요인들의 관계와 효과를 분석하였다. 배경 요인인 '종교 유무'와 '교육 수준'이 '직업기술 계발의지'와 '심리적 안정도'에 영향을 미치며, 이 네 요인은 다시 '출소 후 취업률'과 '출소 후 사회생활 만족도'에 영향을 미치는 것으로 나타났다. 이를 표로 나타내면 다음과 같다.

설명하는 요인 \ 설명되는 요인		직업기술 계발의지	심리적 안정도	출소 후 취업률	출소 후 사회생활 만족도
남자	종교 유무		ⓐ +		
	교육 수준	ⓑ -	-		
	직업기술 계발의지			+	-
	심리적 안정도				+
여자	종교 유무		+		
	교육 수준	+			
	직업기술 계발의지			+	
	심리적 안정도				+

'+'는 정(正)의 관계, '-'는 부(否)의 관계이며, 빈칸은 유의미한 관계가 아님을 의미한다. 예를 들어, ⓐ는 "종교가 있는 경우 심리적 안정도가 높고, 종교가 없을 경우 심리적 안정도가 낮다"라고 해석하며, ⓑ는 "교육 수준이 높을수록 직업기술 계발의지가 낮고, 교육 수준이 낮을수록 직업기술 계발의지가 높다"라고 해석한다.

〈보 기〉

ㄱ. 남자와 여자 모두 종교가 있을 때 심리적 안정도가 높으며, 남자와 여자 모두 종교의 유무가 출소 후 취업률에 영향을 주지 않는다.

ㄴ. 남자의 경우 교육 수준이 높을 때 직업기술 계발의지가 낮으며 이를 매개로 출소 후 취업률이 낮아지지만, 여자는 교육 수준이 높을수록 직업기술 계발의지가 높으며 이를 매개로 출소 후 취업률이 높아진다.

ㄷ. 남자의 경우 교육 수준이 높을수록 심리적 안정도가 낮아지고 이를 매개로 출소 후 사회생활 만족도가 낮아지며, 여자의 경우 교육 수준이 심리적 안정도에 영향을 주지는 않지만 교육 수준이 높으면 출소 후 사회생활 만족도가 낮다.

① ㄱ   ② ㄷ   ③ ㄱ, ㄴ
④ ㄴ, ㄷ   ⑤ ㄱ, ㄴ, ㄷ

107.

甲의 주장을 토대로 추론할 수 있는 P국의 상황으로 옳은 것만을 <보기>에서 있는 대로 고른 것은?

완전한 지방자치제도가 실시되고 있는 P국의 지방행정에 대해 연구한 정치학자 甲은 P국에서는 공식적인 선거나 주민 의견 수렴 절차 이외에도 주민들의 '이주에 의한 투표'가 각 지방정부의 공공서비스 정책을 결정하는 현상이 나타나고 있다고 주장하였다.

'이주에 의한 투표'란 한 지역에 거주하는 주민들이 그 지역을 떠나 다른 지역으로 이주를 하는 선택을 함으로써 결과적으로 각 지방정부의 정책 결정에 영향을 미치는 현상을 말한다. 甲의 주장에 따르면 P국에서 공공서비스에 대한 각 지역 주민들의 요구는 다양하지만, 각 지방정부의 재원과 능력의 한계로 다양한 연령과 생활습관을 가진 주민들의 요구를 모두 충족시키는 데에는 한계가 있다. 따라서 각 지역의 정책결정자는 한정된 재원의 범위 내에서 최선의 선택이라고 판단되는 공공서비스를 선택하여 주민들에게 제공하게 된다. 그런데 이 정책결정자의 판단에 따라 자신들에게 제공되는 공공서비스에 불만이 있는 주민들은 현재 거주 지역을 떠나 자신들이 만족할만한 또는 선호하는 공공서비스를 제공하는 지역으로 이주하기 시작한다. 자신들의 정책으로 인해 주민들이 감소하게 된 시장, 군수 등 지방정부의 정책결정자들은 주민들의 추가적인 이주를 막고 다시 유인하기 위해 자신들의 공공서비스 정책을 이주민이 많이 이동해 들어가는 시도의 정책으로 바꾸지 않을 수 없게 된다. 결국 주민들의 이주가 지역의 공공서비스 정책을 결정하게 되는 것이다.

─────〈보 기〉─────

ㄱ. P국에서 지역 간 인구 이동은 해마다 점차 감소하는 경향을 띨 수 있다.

ㄴ. 시간이 지날수록 P국의 모든 지방자치단체가 제공하는 공공서비스는 서로 유사해질 것이다.

ㄷ. P국의 지방자치단체들은 지역별 인구수에 따라 정부보조금이나 세금 등 지방자치단체가 얻을 수 있는 이익이 달라진다.

① ㄱ   ② ㄴ   ③ ㄱ, ㄷ
④ ㄴ, ㄷ   ⑤ ㄱ, ㄴ, ㄷ

108.

다음으로부터 추론한 것으로 옳은 것은?

〈X국의 도의원 선거구 획정 원칙〉

(가) 도내 선거구 평균인구수를 기준으로 해당 선거구가 일정한 편차 내에 있으면 선거권의 가치의 차이가 나더라도 합리적인 것으로 평가하여 평등선거의 원칙에 어긋나지 않는 것으로 본다. 그러나 편차 밖에 있으면 평등선거의 원칙에 어긋나는 것으로 보아 선거구를 다시 획정한다.

(나) 편차 범위 내에 포함되는지 판단은 도시유형 선거구와 농어촌유형 선거구의 기준이 상이하다. 도시유형 선거구는 도내 선거구 평균인구수 기준 상하 50% 내이어야 하고, 농어촌유형 선거구는 상하 60% 내이어야 한다.

(다) 선거구 재획정은 복수의 선거구를 통합하거나 인구수 기준을 초과하는 선거구를 분할하는 방법에 의한다. 선거구 통합은 인접한 선거구 간에 가능하다. 또한 통합한 선거구를 하나의 선거구로 하여 이와 인접한 선거구와 통합은 가능하다.

(라) 서로 다른 유형의 선거구가 통합되는 경우 통합되는 선거구의 유형은 인구수가 더 많은 선거구의 유형에 따르게 된다. 한 선거구에서는 한명의 도의원이 선출된다.

〈X국의 Y도 8개 선거구 현황〉

* ▨는 농어촌지역, ☐는 도시지역이다.
* 변이나 점을 접하고 있으면 인접한 선거구이다.

〈선거구별 인구현황〉

(단위 : 만 명)

구분	A	B	C	D	E	F	G	H	합계
인구	3	14	13	19	10	10	9	2	80

① 선거구를 새롭게 획정하면 Y도의 총 도의원 수는 늘어난다.
② 선거구 획정 원칙상의 기준에 반하는 선거구는 모두 4개이다.
③ 선거구 통합이 필요한 경우 A선거구는 H선거구와 통합될 수 없다.
④ 새롭게 선거구를 획정한 후 Y도의 선거구 평균 인구수는 획정 전 보다 줄어든다.
⑤ D선거구는 2개로 분리하여 2명의 의원을 뽑아야 선거권 가치에 있어서 평등하다고 할 수 있다.

109.

<이론>에 비추어 <사례>의 환자에게 나타나는 조현병의 증상을 옳게 나열한 것은?

<이론>

　조현병의 대표적인 증상으로는 언어의 구사방식과 사고방식이 논리적·체계적이지 못하다는 점이 있다. 구체적으로는 사고우원증, 사고의 이탈, 사고의 지리멸렬, 사고의 부적절성 등이 있다. 사고우원증(circumstantiality)은 사고를 함에 있어서 주류인 생각과 비주류인 생각을 구분하지 못하여 여러 부수적인 연상을 돌다가 겨우 목적하였던 결론에 최종적으로 도착하는 것을 말한다. 사고의 이탈(tangentiality)이란 당초 사고하던 내용에서 크게 빗나가 결과적으로 처음 의도하였던 생각이나 목표에 도달하지 못하는 것을 의미한다. 사고의 지리멸렬(incoherent thinking)이란 말이 연결되지 않아 문법적으로는 문제가 없으나 이야기의 의미를 온전히 파악할 수 없게 되는 것을 의미한다. 사고의 부적절성(irrelevant thnking)이란 질문을 하였을 때 전혀 연관성이 없는 대답만을 하는 것을 말한다.

<사례>

　의사 갑은 환자 을에게 "앞으로 무엇을 하고 싶습니까?"라고 질문을 하였다. 이에 대해 환자 을은 다음과 같이 대답하였다. "저는 법학을 공부해서 검사가 되고 싶어요. 우리나라 법은 대륙법 체제를 따르고 있고 독일이 그 기원이죠. 독일은 맥주와 소시지가 유명한데 10월에 이루어지는 옥토버페스트에서 남은 맥주를 저렴하게 판매한다고 해요. 맥주에서 만든 양조장이 도수가 높아서 웬만큼 센 술이 사람이면 취한다고 하네요. 아무튼 저는 검사가 되기 위해 법학전문대학원에 진학할 거예요."

① 사고우원증, 사고의 부적절성
② 사고의 이탈, 사고의 지리멸렬
③ 사고우원증, 사고의 지리멸렬
④ 사고의 이탈, 사고의 지리멸렬, 사고의 부적절성
⑤ 사고우원증, 사고의 이탈, 사고의 부적절성

110.

다음으로부터 추론한 것으로 옳은 것만을 <보기>에서 있는 대로 고른 것은?

　아래 <표>는 독점 기업이 상품A와 상품B를 모두 생산하여 판매하는 상황에서 유형1 소비자와 유형2 소비자가 평가한 상품 가치를 나타낸 것이다. 독점 기업은 A와 B를 각각 판매할 경우 두 유형의 소비자가 각각의 상품에 대해 평가한 가치 중 더 높은 가치에 해당하는 가격으로 판매하며 소비자들은 모두 상품의 가격이 자신이 평가한 가치를 초과하지 않으면 반드시 상품을 구매한다. 따라서 유형1의 소비자는 모두 A만을, 유형2의 소비자는 모두 B만을 구매한다.

　한편 '끼워팔기'란 두 개의 상품을 하나로 묶어서 단일 가격으로 판매하는 행위를 말하는데 독점 기업이 A와 B를 끼워팔 경우 소비자들은 단일 가격이 자신이 평가한 A와 B의 가치의 합을 초과하지 않으면 반드시 상품을 구매한다. 따라서 유형1 소비자는 모두 단일 가격이 160원 이하일 경우에만, 유형2 소비자는 모두 단일 가격이 140원 이하일 경우에만 A와 B를 끼워파는 상품을 구매한다.

　또한 독점 기업이 A와 B를 끼워팔 경우 소비자들은 A와 B 중 자신이 높이 평가한 상품에 대한 가격을 먼저 지불하고 나머지 금액으로 다른 상품 가격을 지불했다고 생각한다. 예를 들어 독점 기업이 120원에 A와 B를 끼워팔 경우 유형1 소비자는 A를 120원에 구매하고 B는 0원에 구매한다고 생각한다. 또한 이 경우에도 상품의 가격은 소비자들이 평가한 가치를 초과하지 않아야 한다. 예를 들어 독점 기업이 131원에 A와 B를 끼워팔 경우 유형1 소비자는 A를 130원에 구매하고 B를 1원에 구매한다고 생각한다.

<표>

구분	상품A의 가치	상품B의 가치
유형1 소비자 (100명)	130원	30원
유형2 소비자 (100명)	40원	100원

<보기>

ㄱ. 독점 기업이 A와 B를 140원에 끼워팔았다면 A와 B를 각각 판매할 경우보다 매출이 5,000원 증가하게 된다.
ㄴ. 독점 기업이 A와 B를 140원에 끼워팔았다면 유형2 소비자가 B를 구매하는 데 소비했다고 생각하는 금액은 유형1 소비자가 B를 구매하는 데 소비했다고 생각하는 금액의 10배이다.
ㄷ. 독점 기업이 A와 B를 각각 판매한 경우와 A와 B를 끼워판 경우의 매출이 같다면 독점 기업이 A와 B를 끼워판 경우 유형1 소비자와 유형2 소비자가 A를 구매하는 데 소비했다고 생각하는 금액의 차는 100원이다.

① ㄱ　　　　　　　　② ㄴ　　　　　　　　③ ㄷ
④ ㄱ, ㄴ　　　　　　⑤ ㄱ, ㄴ, ㄷ

111.

다음으로부터 추론한 것으로 옳은 것만을 <보기>에서 있는 대로 고른 것은?

전체 유권자는 개혁파, 중도파, 보수파로 구분되고 모두 투표에 참여하며 유권자 비율은 각각 23%, 43%, 34%이다. 세 개의 대안에 대한 투표가 진행되며 개혁파, 중도파, 보수파 유권자들은 각각 A안, B안, C안을 최선의 대안으로 선호한다. 세 개의 대안 중 두 개 대안을 선택하여 1단계 투표를 진행하고 그 중 다수표를 얻은 대안과 1단계 투표에서 선택되지 않은 나머지 대안을 2단계 투표에 부쳐 다수표를 얻은 대안을 최종 선택한다. 즉, 1단계 투표에서 어떤 대안이 선택되느냐에 따라 세 가지의 서로 다른 투표 방법이 가능하다. 유권자들은 자신이 선호하는 대안에 투표하지만 그 대안이 없을 경우 차선을 선택한다. 중도파는 가장 선호하는 대안에 대한 지지 강도가 비교적 낮고 중도파에 비해 개혁파와 보수파 유권자는 가장 선호하는 대안에 대한 지지 강도가 같은 수준으로 높다. 대안과 지지성향 분석표는 다음과 같이 공개되어 있다.

<대안과 지지성향 분석표>

유권자 성향	최선	차선	최악
개혁파	A안	C안	B안
중도파	B안	A안	C안
보수파	C안	B안	A안

─────────< 보 기 >─────────

ㄱ. 2단계 투표에서 최고 득표차가 발생하는 경우는 1단계 투표에서 B안과 C안을 선택하는 경우이다.

ㄴ. 중도파가 투표에 올릴 대안의 순서를 결정할 수 있다면 1단계 투표에 A안과 C안을 선택할 것이다.

ㄷ. 1단계 투표에서 A안과 B안을 선택하면 최종 결정된 대안은 가장 높은 지지 강도를 얻을 것이다.

① ㄱ
② ㄴ
③ ㄱ, ㄷ
④ ㄴ, ㄷ
⑤ ㄱ, ㄴ, ㄷ

112.

다음 글로부터 추론한 것으로 적절하지 않은 것은?

진보주의자들은 보수주의자인 A대통령이 일관성이 없다고 비난한다. 그 근거로 A가 진보주의자들에 대해 "국세를 ㉠ 낭비한다."라고 비난해 놓고, 정작 자신이 정권을 잡자 ㉡ 국방예산을 증액하고 ㉢ 부유한 사람들의 세금을 감면함으로써 재정 적자를 엄청나게 부풀렸다는 점을 든다. 또한 진보주의자들은 A가 저소득층을 위한 사회복지 프로그램을 대폭 축소시켰다는 이유로 A가 자신의 지지자들인 부유층만을 위하는 부패한 대통령이라고도 비난한다. 그러나 A는 일관성이 없었던 것이 아니며, A는 그 자신이 비도덕적이라고 생각하지도 않았다.

A는 그의 정책이 보수주의의 도덕적 목표에 공헌한다고 생각했다. 그 도덕적 목표는 열심히 일한 사람이 벌이 아닌 보상을 받도록 하는 것이다. 그런데 공산주의는 개인의 노력과 무관한 평등을 외치며, 대부분의 사회복지 프로그램은 사람들로 하여금 스스로 살아 나가는 법을 배우지 않고 공공의 도움에만 의존하게 만들어 버린다. 즉 공산주의와 대부분의 사회복지 프로그램은 모두 노력한 사람을 보상하고 그렇지 않은 사람을 징벌하는 '보상과 징벌로서의 도덕'을 위반하는 것이다.

흔히 진보주의자들은 보수주의자들에 대해 "불필요한 국방예산 증가를 주장하며 부자 감세와 사회복지 축소를 통해 잘 사는 사람만을 비호하는 정책을 펼친다."라고 비난한다. 그러나 진보주의자들은 보수주의의 중심에 고도로 정밀하게 조직되고 근거가 확실하며 폭넓게 받아들여지는 도덕 원리가 존재한다는 것에는 무관심하다. 이는 오늘날의 정치인들이 정치가 기본적으로 도덕에 관련된 것임을 모르고 있음을 잘 보여준다. 이러한 태도는 모든 정치인들을 비도덕적으로 보게 할 뿐만 아니라, 정치적 입장의 배후가 되는 깊은 논리를 가려버리기 때문에 오늘날 정치의 격을 떨어뜨리는 원인이 되고 있다.

① 글쓴이에 따르면 A대통령은 ㉠의 '낭비'를 세금을 '많이 쓴다'라는 의미가 아니라 '부적절한 데에 쓴다'는 의미로 사용한 것이다.

② 글쓴이에 따르면 보수주의자들은 ㉡이 공산주의로부터 자국을 보호하기 위해 꼭 필요한 조치였다고 볼 것이다.

③ 글쓴이에 따르면 보수주의자들은 ㉢의 상태를 노력한 사람에게 부과되던 벌을 상으로 대체한 상황이라고 판단할 것이다.

④ 글쓴이에 따르면 A에 대한 올바른 비판은 보상과 징벌로서의 도덕과 관련한 것이어야 한다.

⑤ 글쓴이에 따르면 진보주의는 보상과 징벌로서의 도덕과 양립할 수 없는 도덕 원리를 배후로 하고 있다.

113.

다음으로부터 추론한 것으로 옳은 것만을 <보기>에서 있는 대로 고른 것은?

팔로워의 비인격적인 행동은 SNS 사용 유저들에게 부정적인 영향을 미친다. 팔로워의 공정하고 존중 어린 행동을 지속적으로 경험한 유저들은 자신과 팔로워와의 관계의 질을 높게 지각하고 그들에게 호의적으로 반응하고자 하는 태도를 유지하는 반면, 팔로워로부터의 비인격적 행동을 지속적으로 경험한 유저들은 자신이 그들로부터 가치 있는 존재로 인식되지 못하고 있다는 느낌과 함께 자신과 팔로워와의 관계를 발전시켜 나갈 필요성을 느끼지 못하게 되어 SNS 탈퇴를 고려하게 된다.

팔로워의 비인격적 행동은 언어적인 모욕과 비언어적인 모욕으로 구분되는데 언어적인 모욕은 남자가 여자에 비해 더 영향을 많이 받고, 비언어적인 모욕은 여자가 남자에 비해 더 영향을 많이 받는다. 또한 SNS 사용시간이 길수록 팔로워와의 관계를 중시하여 그들의 비인격적인 행동에 더 많이 영향을 받게 된다. 하지만 팔로워의 부당한 행위에 따른 역기능적 행동의 정도는 유저가 그와 같은 비호의적인 경험 또는 상황을 어떻게 해석하고 반응하는가에 따라 달라질 수 있다.

성실성이 높은 사람은 자신의 목표를 성취하고자 하는 의지뿐만 아니라 SNS 내 자신의 공간을 위해 요구되는 힘든 작업을 해내는 데 필요한 인내와 열정이 높기 때문에, 비록 팔로워들의 부당한 태도를 경험하더라도 그 영향을 받지 않는다. 또한 타인과의 조화로운 관계를 유지하는 정도를 나타내는 호감성은 온화하고 부드러우며, 협력적이고, 사람을 신뢰하는 등과 같은 성격적 특성을 반영하여 호감성이 높을수록 부당한 대우에 더 영향을 적게 받는다.

─────< 보 기 >─────

ㄱ. 팔로워로부터 언어적인 모욕으로 비인격적 대우를 받을 경우, SNS 사용시간이 1시간인 남자가 4시간인 여자보다 탈퇴를 고려할 가능성이 더 높다.

ㄴ. 팔로워로부터 비언어적인 모욕으로 비인격적 대우를 받은 경우, 성실성이 높은 여자 유저는 호감성이 매우 높은 남자 유저에 비해 탈퇴를 고려할 확률이 더 높다.

ㄷ. 팔로워의 언어적인 모욕으로 비인격적인 대우를 받아 부정적 영향을 받았고 이들의 호감성이 모두 동일하다고 할 때, SNS 사용시간이 1시간인 남자와 여자가 받는 부정적 영향의 차이보다 4시간인 남자와 1시간인 여자가 받는 부정적 영향의 차이가 더 클 것이다.

① ㄱ　　　　② ㄴ　　　　③ ㄷ
④ ㄱ, ㄷ　　　　⑤ ㄴ, ㄷ

114.

X국의 정책가들이 만족시키고자 하는 2개 조건을 모두 만족하는 소득세 개정안만을 <보기>에서 있는 대로 고른 것은?

능력원칙은 세금부담 능력에 따라 세금규모가 결정되어야 한다는 원칙으로 모든 국민이 정부재정을 위해 '동일한 희생'을 해야 한다는 입장이다. 이 원칙으로부터 수직적 공평성과 수평적 공평성이라는 두 가지 개념이 도출된다. 전자는 부담능력이 큰 사람이 더 많은 세금을 내야 한다는 원칙이지만 후자는 부담능력이 비슷한 사람들은 세금도 비슷하게 내야 한다는 원칙이다. 이 두 개념은 널리 수용되고 있지만 이들을 이용하여 조세제도를 평가하는 일은 간단치 않다.

결혼한 부부에 대한 세법적용은 수평적 공평성의 원칙을 실천하기가 얼마나 어려운지를 잘 보여준다. 가령 법적인 부부를 한 사람의 납세자로 간주하며 연소득이 1,000만 원 미만이면 세금이 부과되지 않고 1,000만 원이 넘으면 초과금액의 25%를 세금으로 부과하는 X국의 경우를 살펴보자. 먼저 A, B 부부에 대해 살펴보면 A는 소득이 없는 시인이고 B는 1년 소득이 1억 원인 변호사이다. 결혼하기 전에 A는 세금을 한 푼도 내지 않았으며 B는 9,000만 원의 25%인 2,250만 원을 세금으로 냈다. 결혼 후에도 이들 부부의 세금은 변하지 않는다. 또 다른 한 쌍은 C, D인데 이들은 둘 다 대학교수로서 1년에 5,000만 원씩의 소득을 올린다. 결혼 전 C와 D는 각각 1천만 원의 세금을 냈다. 결혼 후에는 부부소득의 합이 1억 원이므로 2,250만 원의 세금을 납부해야 한다. 따라서 두 사람이 결혼함으로써 세금총액은 250만 원이 증가한다. 이 같은 문제를 해결하고자 X국 정부의 정책가들은 다음과 같은 2개 조건을 모두 만족하는 소득세를 고안하고자 애쓰고 있다.

ㅇ 부부소득의 합이 동일한 두 쌍의 부부에게는 동일한 세금이 부과되어야 한다.
ㅇ 결혼한 부부의 세금은 결혼 이전에 두 사람이 내던 세금의 합과 같아야 한다.

─────< 보 기 >─────

ㄱ. 소득의 크기에 관계없이 소득의 일정비율을 세금으로 납부하도록 한다.

ㄴ. 부부의 경우 합산 소득에서 2천만 원의 기초공제액을 뺀 금액을 소득으로 파악한다.

ㄷ. 부부를 한 사람의 납세자로 간주하여 과세하는 것이 아니라, 각 개인에 대해 과세한다.

① ㄱ　　　　② ㄴ　　　　③ ㄱ, ㄷ
④ ㄴ, ㄷ　　　　⑤ ㄱ, ㄴ, ㄷ

115.

다음으로부터 추론한 것으로 옳은 것만을 <보기>에서 있는 대로 고른 것은?

협력-배반 게임에서 2명의 참가자는 각각 협력과 배반 두 가지 전략 중 하나를 선택할 수 있다. 만약 2명 모두 협력을 선택한다면 각각 5만 원을 받을 수 있다. 하지만 1명이 협력을 선택하고 1명이 배반을 선택한다면, 협력 선택자는 10만 원을 잃고 배반 선택자는 10만 원을 받는다. 2명 모두 배반을 선택할 경우 아무도 돈을 얻거나 잃지 않는다. 협력-배반 게임의 한 사례인 죄수의 딜레마에 따르면 이 게임에서 2명의 참가자는 모두 배반을 선택하고 아무것도 얻지 못하게 된다. 그런데 이 게임을 반복해서 진행하는 경우 결과는 달라질 수 있다. 일회성 게임과는 달리 현재 자신의 선택이 다음 게임에서 상대방의 선택에 영향을 미칠 수 있기 때문이다. 반복게임에서 참가자들이 취하는 전략으로는 대표적으로 G전략과 T전략이 있다. G전략을 선택한 참가자는 첫 단계에서는 협력을 선택하고 상대방이 협력을 선택하는 한 계속 협력을 선택한다. 하지만 상대방이 어느 단계에서 배반을 선택하면 이어지는 다음 단계부터 영원히 배반을 선택한다. T전략은 일명 대갚음 전략으로, 이 전략을 선택한 참가자는 첫 단계에서는 협력을 선택하되, 나머지 모든 단계에서 상대방이 이전 단계에서 선택한 행동을 따라 그대로 선택한다. 반복게임에서 참가자들은 현재의 선택에 따른 상대방의 대응을 고려하며 전략을 수립하며, 상대방의 대응을 고려할 필요가 없는 경우에는 자신의 이익을 극대화하는 선택을 한다.

─────〈보 기〉─────

ㄱ. 반복게임에서 상대방이 G전략을 선택했다는 것을 아는 참가자는 G전략보다 T전략을 선택하는 것이 더 유리하다.
ㄴ. 유한하게 반복하는 게임에서 참가자가 반복횟수를 아는 경우, 횟수를 모르는 경우와 비교해 협력과 배반 선택이 달라질 수 있다.
ㄷ. 100회 반복하는 게임에서 상대방이 G전략을 선택했다는 것을 아는 참가자가 얻을 수 있는 최대 이익은 500만 원이다.

① ㄱ   ② ㄴ   ③ ㄱ, ㄷ
④ ㄴ, ㄷ   ⑤ ㄱ, ㄴ, ㄷ

116.

다음 글로부터 추론한 것으로 옳은 것만을 <보기>에서 있는 대로 고른 것은?

인간의 Y 염색체는 남성만이 가진 성 염색체이며 아버지로부터 아들에게 전달된다. 만약 남성 A의 Y 염색체에서 변이 X가 일어나게 되면 변이 X는 남성 A의 후손 남성들에게 전달된다. 따라서 후대의 남성들 가운데 변이 X를 가지는 사람들은 남성 A를 공통의 부계 조상으로 가지는 후손들임을 알 수 있다. 아울러 변이 X가 위치한 염기서열 위치 등을 통해 변이 X가 일어난 시점도 추정할 수 있다. 예를 들어 특정한 Y 염색체 변이의 조합을 가지는 O3b1 타입 Y 염색체를 가진 사람은 K국 남성 인구에서 약 2% 정도 나타나는데, 특정 성씨에서는 이보다 매우 높은 비율로 나타난다. 〈자료〉는 O3b1 타입 Y 염색체가 매우 높은 비율로 나타나는 네 개 성씨에 대한 정보이다. 어떤 사람들이 동일한 O3b1 타입 Y 염색체를 가졌다면, 이들이 짧게는 1,000년에서 길게는 1,500년 전에 생존했던 남성 아무개를 공통의 부계 조상으로 가진다는 추정이 가능하다. Y 염색체의 이러한 특성에 기초하여 피검사자의 부계 혈통을 추정하는 방법이 최근 범죄 수사에도 널리 활용되고 있다.

〈자료〉

(단위: %)

비율＼성씨	오	윤	장	성
비율 A	40.0	25.0	20.0	80.0
비율 B	1.5	2.0	2.0	0.5

○ 비율 A : 해당 성씨를 가진 남성 인구 중 O3b1 타입 Y염색체를 가진 남성의 비율
○ 비율 B : K국 남성 인구 중 해당 성씨를 가진 남성의 비율

─────〈보 기〉─────

ㄱ. 성씨가 다른 K국 남성 두 사람이 10세기 무렵에 생존했던 동일한 한 남성의 혈연적 후손일 수 있다.
ㄴ. DNA 감식 결과 피검사자가 O3b1 타입 Y 염색체를 가졌다면, 피검사자가 성 씨일 확률보다는 오 씨일 확률이 더 높다.
ㄷ. DNA 감식 결과 피검사자가 O3b1 타입 Y 염색체를 가졌고 피검사자일 가능성이 있는 8명의 용의자 가운데 오 씨가 2명 성 씨가 1명 포함되어 있다면, 피검사자가 성 씨일 확률보다는 오 씨일 확률이 더 높다.

① ㄱ   ② ㄷ   ③ ㄱ, ㄴ
④ ㄴ, ㄷ   ⑤ ㄱ, ㄴ, ㄷ

117.

다음으로부터 추론한 것으로 옳은 것만을 <보기>에서 있는 대로 고른 것은?

한 인간의 모든 세포는 46개의 염색체를 가지고 있으며 그 내용이 동일하다. 이중에서 2개의 염색체는 성을 결정하는 성염색체이다. 성염색체로 남성은 X 염색체와 Y 염색체를 각각 1개씩 가지며, 여성은 X 염색체를 2개 갖는다. 나머지 44개는 상염색체라고 부른다. 염색체를 현미경으로 유심히 관찰해보면 형태를 기준으로 총 23종류의 염색체가 2개씩 있다는 것을 알 수 있다. 이렇게 형태가 동일한 염색체 쌍을 상동염색체라고 부른다. 성염색체는 성염색체끼리 상동염색체를 이룬다. 인간의 생식세포는 모든 상동염색체 쌍에서 염색체를 1개씩 무작위로 선택하여 정자나 난자에게 부여한다. 그 결과 정자와 난자의 염색체 수는 부모의 절반으로 줄어든다. 그래서 이 과정을 감수분열이라고 부른다. 이후에 정자와 난자가 만나 수정을 하면, 서로의 염색체를 합쳐서 자손은 다시 46개의 염색체를 갖게 된다. 염색체 안에는 유전자들이 들어있다. 유전자들의 일부가 발현되어 인간의 형질이 만들어진다. 인간이 부모를 닮는 것은 염색체를 통해 유전자를 물려받기 때문이다.

─────<보 기>─────

ㄱ. 인간 남성과 인간 여성 둘 다 감수분열을 이용하여 2^{23}개 종류의 정자 혹은 난자를 만들 수 있다.

ㄴ. 인간 여성은 외할머니와 동일한 X 염색체를 가지고 있다.

ㄷ. 어떤 인간 여성이 어머니와 더 비슷하게 생겼다면, 아버지보다 어머니에게서 더 많은 수의 염색체를 받은 것이다.

① ㄱ   ② ㄷ   ③ ㄱ, ㄴ
④ ㄴ, ㄷ   ⑤ ㄱ, ㄴ, ㄷ

118.

다음 글로부터 추론한 것으로 옳은 것만을 <보기>에서 있는 대로 고른 것은?

사람의 혈액은 다양한 혈액응고인자들의 단계적 작용에 의해 응고되는데, 와파린은 간에서 생성되는 혈액응고인자의 생산을 방해함으로써 혈액이 응고되는 것을 막는 작용을 한다. 혈액응고인자는 효소 VKORC1에 의해 활성화되는데, 와파린은 VKORC1의 작용을 억제함으로써 항응고작용을 한다. 시토크롬 효소 CYP2C9은 와파린을 분해한다. CYP2C9 유전자나 VKORC1 유전자에 특정한 단일염기다형성을 가진 환자는 정상적인 항응고작용을 위해 적정량의 와파린을 복약해야 한다.

<표>는 VKORC1 유전자의 단일염기다형성(T/C)과 CYP2C9 유전자의 단일염기다형성(A/C)의 분포와 와파린 유지 용량을 나타낸다. 와파린 유지 용량은 와파린의 효능을 최적화하고 부작용을 최소화하기 위해 하루에 환자에게 투여하는 와파린의 용량을 의미한다. 가령 와파린은 보통의 VKORC1 효소보다 TC형 VKORC1 효소를 잘 억제하지 못하여, TC형 VKORC1 효소를 가진 환자는 하루 평균 4.2mg의 와파린을 복약해야 정상적인 항응고작용을 할 수 있다. 한편 AC형 CYP2C9 효소는 보통의 CYP2C9 효소보다 와파린을 잘 분해하여, AC형 CYP2C9 효소를 가진 환자는 하루 평균 2.5mg의 와파린을 복약해야 한다. 와파린을 복약할 경우 전문가의 처방에 따라 매일 정확한 용량을 복약하고, 전문가는 <표>에 따라 처방할 수 있다.

<표>

단일염기다형성		유지 용량 (평균±허용오차, mg/일)
VKORC1 유전자	TT형	3.5 ± 1.2
	TC형	4.2 ± 1.4
	CC형	5.0 ± 1.2
CYP2C9 유전자	AA형	3.7 ± 1.4
	AC형	2.5 ± 1.0
	CC형	2.6 ± 0.8

─────<보 기>─────

ㄱ. 다른 조건이 동일할 때, 와파린은 VKORC1 CC형 효소보다 TT형 효소를 더 잘 억제한다.

ㄴ. 다른 조건이 동일할 때, 와파린은 CYP2C9 AA형 효소보다 CC형 효소에 의해 더 잘 분해된다.

ㄷ. 전문가가 <표>에 따라 갑에게 와파린 3.4mg을 매일 복용하라고 처방하였다면, 갑은 CYP2C9 유전자에 특정한 단일염기다형성을 가진 환자일 것이다.

① ㄱ   ② ㄷ   ③ ㄱ, ㄴ
④ ㄴ, ㄷ   ⑤ ㄱ, ㄴ, ㄷ

119.

다음으로부터 추론한 것으로 옳은 것만을 <보기>에서 있는 대로 고른 것은?

lac오페론이란 대장균 DNA의 일부를 일컫는 말이다. 젖당을 에너지원으로 활용하기 위하여 필요한 여러 유전자들이 한데 모여 동시에 발현이 조절되는 유전자집단을 lac오페론이라고 부른다. 대장균은 평소에는 포도당을 에너지원으로 사용한다. 포도당이 존재할 때에는 젖당이 있어도 lac오페론을 발현시키지 못하므로 젖당을 에너지원으로 활용하지 못한다. lac오페론을 발현시키기 위해서는 CAP 활성화와 억제자의 제거라는 두 개의 조건을 동시에 만족시켜야 하기 때문이다.

대장균에 포도당이 고갈되면 cAMP라는 물질이 다량 생산된다. cAMP는 CAP이라는 단백질과 결합하여 CAP을 활성화시키는데, 비활성화 상태의 CAP은 아무런 기능이 없으나 활성화된 CAP은 RNA중합효소가 lac오페론의 프로모터에 잘 결합할 수 있도록 촉진하는 역할을 한다.

오페론이 발현되기 위해서는 RNA중합효소가 오페론의 프로모터라는 부분에 결합해야 한다. 그런데 젖당이 없을 때는 억제자라는 단백질이 프로모터 옆에 강하게 결합되어 RNA중합효소가 프로모터에 결합하는 것을 물리적으로 막는다. 젖당이 존재할 때는 젖당이 대장균 안으로 들어오면서 알로락토오스라는 물질이 생성된다. 알로락토오스는 억제자와 결합하면서 억제자의 구조를 변형시켜 lac오페론의 프로모터에서 억제자를 제거한다.

─────〈보 기〉─────

ㄱ. 어떤 환경의 대장균이라도 그 안에 CAP을 다량 주입하면, lac오페론이 발현될 것이다.

ㄴ. 대장균을 키우는 시험관에 포도당과 cAMP와 젖당을 동시에 첨가할 경우, lac오페론이 발현될 것이다.

ㄷ. 알로락토오스와 결합하는 부분만을 망가뜨린 억제자를 대장균 세포 안에 다량 주입하면, lac오페론 발현은 포도당 유무에 전보다 더 민감한 반응을 보일 것이다.

① ㄱ   ② ㄴ   ③ ㄱ, ㄷ

④ ㄴ, ㄷ   ⑤ ㄱ, ㄴ, ㄷ

120.

다음으로부터 추론한 것으로 옳은 것만을 <보기>에서 있는 대로 고른 것은?

생태적 수행도는 특정한 영양 수준에서 자란 식물 종의 생물량을, 서식 환경을 공유하는 식물 종 중 동일 수준에서 최대 생물량을 성취한 식물 종의 생물량으로 나눈 값이다. 식물 종의 생태적 수행도가 클수록 그 식물의 종간 경쟁력은 높아진다. 생물학자 갑은 영양 수준의 변화가 식물의 종간 경쟁력에 미치는 영향을 알아보기 위해 <실험>을 하여 <실험 결과>를 얻었다.

〈실험〉

서식 환경을 공유하는 엉겅퀴 종 A, B, C의 종자를 고르게 섞은 후 서로 다른 영양 수준에서 엉겅퀴를 재배하였다. 재배하는 동안 다른 환경 조건은 동일하게 유지하였다.

〈실험 결과〉

B의 생물량을 측정한 결과, 영양 수준이 P1보다 낮은 구간에서는 생물량이 일정하였지만, P1보다 높은 구간에서는 지속적으로 늘어났다. 그리고 A, B, C의 생태적 수행도는 다음과 같았다.

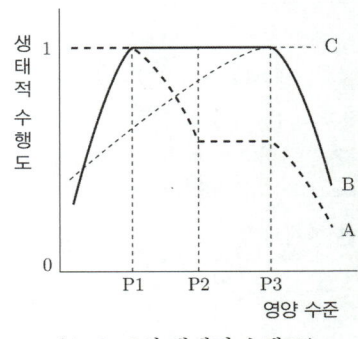

〈A, B, C의 생태적 수행도〉

─────〈보 기〉─────

ㄱ. P1보다 낮은 구간에서 영양 수준이 증가함에 따라 A의 생물량은 증가하였을 것이다.

ㄴ. P2~P3의 구간에서 영양 수준이 증가함에 따라 A의 생물량은 증가하였을 것이다.

ㄷ. C의 경쟁력이 가장 높은 구간에서는 영양 수준이 증가하더라도 C의 생물량은 변함이 없었을 것이다.

① ㄴ   ② ㄷ   ③ ㄱ, ㄴ

④ ㄱ, ㄷ   ⑤ ㄱ, ㄴ, ㄷ

121.

다음으로부터 추론한 것으로 옳은 것만을 <보기>에서 있는 대로 고른 것은?

콜레스테롤 대사는 심혈관계 질환의 발생과 밀접한 관련을 맺고 있다. 콜레스테롤은 물에 녹지 않으므로 혈액에서는 홀로 존재할 수 없으며 특정 단백질과 결합하여 LDL 혹은 HDL의 형태로 존재한다. 이때 혈액 내 HDL 밀도에 대한 LDL 밀도의 비율이 클수록 심혈관계 질환에 걸릴 확률이 높아진다.

프랑스에서 어떤 가문의 사람들을 조사해보니 혈액 내 LDL의 밀도가 유난히 높은 것이 발견되었다. 조사결과 이 가문의 사람들은 공통적으로 간에 있는 효소인 PCSK9와 PCSK11의 활성이 비정상적으로 높아져 있는 것이 발견되었다. 두 효소 중에서 어느 효소의 활성이 혈액 내 LDL 밀도와 관계있는지 알아내기 위하여 PCSK9 및 PCSK11의 활성이 전혀 없는 사람들을 찾아내 이들의 평균 혈액 내 LDL 밀도를 조사하였다. 그 결과는 다음과 같다.

〈조사결과〉
○ PCSK9과 PCSK11의 활성이 모두 정상적인 사람 : 105mg/dL
○ PCSK9은 정상이고 PCSK11의 활성은 전혀 없는 사람 : 95mg/dL
○ PCSK9의 활성은 전혀 없고 PCSK11은 정상인 사람 : 63mg/dL
○ PCSK9과 PCSK11의 활성이 모두 전혀 없는 사람 : 63mg/dL
○ PCSK9의 활성이 없는 사람은 전체 PCSK11 중에서 30%에 해당하는 양이 간 밖으로 유출되는 것이 발견되었다.

─────〈보 기〉─────
ㄱ. HDL의 밀도가 같고 다른 효소들은 정상이라면 PCSK9의 활성이 없는 사람이 PCSK11의 활성이 없는 사람보다 심혈관계 질환에 걸릴 확률이 낮다.
ㄴ. HDL의 밀도가 같다면 PCSK9의 활성은 없고 PCSK11은 정상인 사람보다는 PCSK9과 PCSK11 모두의 활성이 없는 사람이 심혈관계 질환에 걸릴 확률이 낮다.
ㄷ. PCSK9의 활성이 없는 사람의 간에서 PCSK11의 유출이 일어나지 않았다면 LDL의 밀도는 높아질 것이다.

① ㄱ   ② ㄷ   ③ ㄱ, ㄴ
④ ㄴ, ㄷ   ⑤ ㄱ, ㄴ, ㄷ

122.

[A]에 들어갈 내용으로 옳은 것만을 <보기>에서 있는 대로 고른 것은?

A : 특정 시기에 지구의 대기가 형성되어 있는지의 여부를 알아보려면 박테리아가 존재했는지를 살펴보면 된다. 박테리아가 존재하고 있는데 지구의 대기가 형성되어 있지 않을 수는 없기 때문이다.

B : 그 시기에 박테리아가 존재하지 않았다면 그 당시 지구에는 수소가 존재하지 않았을 것이다. 다시 말하면 박테리아의 존재는 지구에 수소가 존재한다는 사실의 필요조건인 것이다.

A : 지구에 산소가 없었다면 수증기도 없었다. 수증기는 산소와 수소가 모두 있어야 발생할 수 있기 때문이다. 그리고 지구에 수증기가 없으면 지구의 대기도 형성되지 않았다고 할 수 있으며, 수증기가 없으면 이산화탄소가 존재할 수는 없다.

B : 주어진 정보를 종합했을 때, 기원전 20억 년 전에 지구에서 박테리아가 발견되었다면 그 시기에 대해

[A]

라는 결론을 내릴 수 있다.

─────〈보 기〉─────
ㄱ. 수소가 존재하였다.
ㄴ. 이산화탄소가 존재하였다.
ㄷ. 수증기가 형성되지 않았다.

① ㄱ   ② ㄷ   ③ ㄱ, ㄴ
④ ㄴ, ㄷ   ⑤ ㄱ, ㄴ, ㄷ

123.

다음으로부터 추론한 것으로 옳은 것만을 <보기>에서 있는 대로 고른 것은?

시클리드는 열대 관상어이다. 동일한 시클리드 종임에도 푼다밀리아와 니에레레이는 외양상 두 가지 차이가 있다. 첫 번째 차이점은 몸의 색깔이다. 자연광 아래에서 니에레레이는 주황색이지만 푼다밀리아는 청색을 띤다. 다만 주황색광 아래에서 두 종은 동일한 주황색을 띤다. 두 번째 차이점은 니에레레이는 배 밑에 작은 지느러미가 없지만 푼다밀리아는 있다. 이 지느러미를 제거해도 수컷의 생존에는 아무런 문제가 없다. 생물학적으로 니에레레이 암컷과 푼다밀리아 수컷은 서로 짝짓기를 할 수 있다. 그러나 두 종의 수컷이 뒤섞여 있는 자연 상태에서 니에레레이 암컷은 니에레레이 수컷만을 선택하여 짝짓기를 한다. 그 이유를 찾기 위해 작은 지느러미를 제거하거나 그대로 둔 푼다밀리아 수컷과 니에레레이 암컷을 주황색광 혹은 자연광 아래에서 짝짓기하도록 하는 방법으로 실험을 했는데 그 결과는 아래와 같다.

〈결과〉

○ 주황색광 아래에서 작은 지느러미가 있는 푼다밀리아 수컷의 100%가 니에레레이 암컷과 짝짓기를 하였다.

○ 주황색광 아래에서 작은 지느러미가 없는 푼다밀리아 수컷의 100%가 니에레레이 암컷과 짝짓기를 하였다.

○ 자연광 아래에서 작은 지느러미가 있는 푼다밀리아 수컷의 3%가 니에레레이 암컷과 짝짓기를 하였다.

○ 자연광 아래에서 작은 지느러미가 없는 푼다밀리아 수컷의 30%가 니에레레이 암컷과 짝짓기를 하였다.

○ 주황색광 아래에서 푼다밀리아 수컷은 자연광 아래에서보다 훨씬 활발하게 움직였다.

──〈보 기〉──

ㄱ. 니에레레이 암컷과 짝짓기 하도록 하는 데는 푼다밀리아 수컷의 작은 지느러미를 제거하는 것보다 몸 색깔을 주황색으로 만드는 것이 더 효과적이다.

ㄴ. 주황색광 아래에서 짝짓기 할 확률이 높은 이유는 푼다밀리아 수컷의 지느러미 움직임이 활발해지면서 작은 지느러미의 존재 여부를 알아보기 힘들어지기 때문이다.

ㄷ. 푼다밀리아 수컷을 니에레레이 암컷과 짝짓기하도록 하는 데는 색깔을 주황색으로 바꾸도록 하는 것보다 색깔도 주황색으로 바꾸도록 하고 작은 지느러미도 제거하는 것이 더 효과적이다.

① ㄱ   ② ㄷ   ③ ㄱ, ㄴ
④ ㄴ, ㄷ   ⑤ ㄱ, ㄴ, ㄷ

124.

다음으로부터 추론할 때 [A]에 들어갈 설명으로 가장 적절한 것은?

정밀한 온도 측정을 위해 특정한 고정점 하나를 구축하는 과정은 여러 가지 후보들을 배제해 가는 단계적인 과정을 통해 이루어졌다. 고정점으로 겨울철 가장 심한 추위를 제안한 치멘토 아카데미, 아니스 열매 기름의 응고점을 제안한 로버트 보일, 깊은 동굴의 온도를 제안한 에드먼드 핼리 등이 논쟁을 벌인 17세기를 지나 18세기 초반에는 아이작 뉴턴이 혈온을 고정점으로 제안하는 데 이르렀다.

지금 우리는 인간의 체온이 어떤 건강한 몸에서도 항상 일정하지는 않음을 대중화된 의학 지식을 통해 알고 있다. 이는 혈온을 온도 측정의 고정점으로 사용하는 것이 적절하지 않음을 의미한다. 그러나 당시의 연구자들은 그것을 어떻게 알게 되었는가? 이를 알기 위해 21세기를 사는 우리는 상점에 가서 좋은 온도계를 구입하면 되지만, 당시에 그런 온도계를 파는 상점은 없었고, 따라서 그것이 뉴턴을 비판하는 좋은 방법이 될 수는 없다. 지금의 표준 온도계는 과학자들이 혈온과 같은 부적절한 고정점을 배제하고 적절한 고정점을 안착시킬 때까지 존재할 수 없었다. 쟁점은 이 단계에서 우리가 어떻게 혈온을 고정점이 아니라고 배제하는가 하는 것이다. 당시의 과학자들이 이 문제를 해소할 수 있었던 것은,

| [A] |

① 적절한 고정점에 대한 연구자 사회의 합의점을 찾으려 노력했기 때문이다.

② 정량화할 수 없는 인간 감각에 대한 의존을 벗어나 가상의 고정점을 찾으려 했기 때문이다.

③ 생리의학의 발전을 통해 혈온이 항상 일정하지 않음을 확인할 때까지 탐구를 유보했기 때문이다.

④ 과학적 측정의 방법을 온도란 무엇인가에 관한 철학적 탐구로 전환할 수 있었기 때문이다.

⑤ 원시적인 온도 측정 방법을 쓰더라도 혈온이 항상 일정하지는 않음을 밝히는 것이 가능했기 때문이다.

125.

다음으로부터 추론한 것으로 옳은 것은?

비행기가 공중에 뜨거나 축구공과 야구공이 휘는 것은 공기의 속력과 압력의 변화가 이루는 작용이다. 그 이유를 베르누이 법칙으로 설명할 수 있다.

베르누이 법칙이란 흐르는 유체에서의 압력과 위치에너지, 운동에너지의 합이 일정하다는 법칙으로 $P_1 + \rho g h_1 + \frac{1}{2}\rho v_1^2 = P_2 + \rho g h_2 + \frac{1}{2}\rho v_2^2$로 표현된다. 수식에서 P는 압력, $\rho g h$는 위치에너지, $\frac{1}{2}\rho v^2$은 운동에너지를 표현한다. 공기 중에서는 위치 에너지의 차이가 거의 없으므로 베르누이 식은 $P_1 + \frac{1}{2}\rho v_1^2 = P_2 + \frac{1}{2}\rho v_2^2$ 으로 표현된다.(ρ = 유체의 밀도, g = 중력가속도, v= 유체의 속도 , h = 유체의 높이)

〈그림〉을 살펴보면 보라색 물체의 위쪽을 1번 영역, 아래쪽을 2번 영역이라고 하자. 왼쪽에서 시작된 공기의 흐름은 위와 아래로 나누어져 진행되는데, 나누어졌다가 합류하는 시간은 같다. 즉, 위쪽으로 볼록하므로 더 많은 거리를 이동해야 하기 때문에, 1번 영역인 위쪽의 공기의 속력이 더 빠르다.

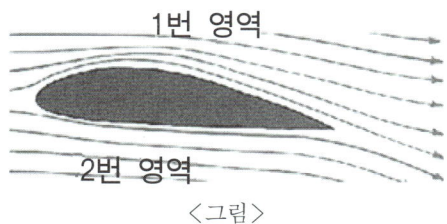

〈그림〉

이를 베르누이 식에 대입해보면 2번 영역의 속도(v)값이 작으므로, 압력에 해당하는 P의 값이 더 커야 한다. 즉, 아래쪽 영역의 압력 값이 위쪽 영역의 압력 값보다 크므로 부력을 받으면서 물체가 뜨게 된다. 이 원리를 이용한 것이 비행기이다.

축구에서의 바나나킥이나 야구에서의 커브도 같은 원리로 설명할 수 있다. 공이 앞으로 진행할 때, 공기는 공의 진행 방향과 반대로 진행하므로 공은 표면에서 공기의 저항을 받게 된다. 공이 회전할 때 회전 방향이 공기가 흐르는 방향과 일치한다면 공기의 속력에 공의 회전 속도가 더해져 공의 표면을 지나는 공기의 속도는 빨라지게 되고, 공의 회전 방향이 공기가 흐르는 방향과 반대라면 공기는 공의 표면에서 저항을 받으면서 속도가 느려지게 된다. 베르누이의 법칙에 따라 공기의 속도가 느린 면의 압력이 더 크기 때문에 공이 휘어지게 되는 것이다.

경사진 땅에 굴을 만들어 생활하는 굴토끼도 환기를 위해 베르누이의 법칙을 이용한다. 일반적으로 높은 위치의 공기의 속력이 더 높다는 사실을 이용하여, 높은 곳과 낮은 곳에 입구를 하나씩 만들어 압력의 차이를 발생시켜 공기를 환기시킨다.

① 베르누이의 법칙에 따르면, 공기의 밀도가 지구의 $\frac{1}{160}$ 수준으로 작은 달에서는 비행기에 작용하는 부력의 크기가 지구에서와 큰 차이가 없을 것이다.

② 베르누이의 법칙에 따르면, 비행기의 날개를 가능한 평평하게 만들어야 적용받는 부력의 크기를 크게 만들 수 있을 것이다.

③ 야구 선수가 공을 휘지 않게 던지려면 공에 회전을 많이 주어 던지는 것이 유리할 것이다.

④ 정면을 바라보고 공을 시계 방향으로 회전하도록 찬다면, 공은 오른쪽에서 왼쪽으로 휘면서 진행할 것이다.

⑤ 굴토끼의 굴은 공기가 낮은 곳의 입구로부터 높은 곳의 입구로 향하며 공기의 순환이 일어날 것이다.

126.

<가설>을 지지하는 결과로 옳은 것만을 <보기>에서 있는 대로 고른 것은?

발생의 목적 가운데 하나는 각 세대 내에서 수많은 세포들의 다양한 질서를 확립하는 것이다. 형태발생물질은 확산 가능한 생화학 분자인데, 그 농도의 차이가 세포의 분화를 결정한다. 가령 <그림>처럼 배아의 한 부위 A의 세포는 유전 정보에 의해 청색, 백색, 적색으로 분화할 운명인데, 형태발생물질이 합성되는 쪽에서는 청색, 분해되는 쪽에서는 적색, 중간 위치에서는 백색으로 분화한다. 형태발생물질은 합성 장소로부터 분해 장소로 갈수록 일정하게 낮아지는 농도기울기를 형성하고 세포는 이를 인식하여 분화할 색이 결정되는 원리이다. 마찬가지로 배아의 또 다른 부위 B의 경우, 형태발생물질이 합성되는 쪽에서는 흑색, 분해되는 쪽에서는 자색으로 분화한다. 부위 B의 세포는 흑색 황색 자색으로 분화할 운명이기 때문이다. 부위 A와 부위 B의 분화에 관여하는 형태발생물질의 종류와 농도기울기는 동일하다.

<그림>

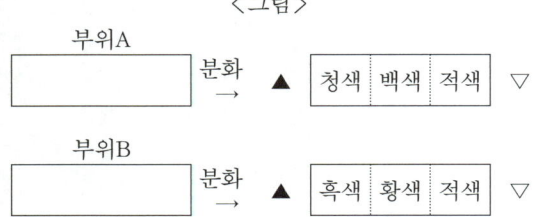

▲ : 형태발생물질 합성 장소, ▽ : 형태발생물질 분해 장소

발생학자들은 이러한 생물 세포의 분화 모델을 정교화하기 위해 다음과 같은 가설을 세우고, 이를 확인하기 위한 실험을 설계하였다.

<가설>

배아의 각 부위는 자기의 운명을 유지하면서, 형태발생물질 농도기울기가 신호하는 자기 위치에 따라 분화한다.

<실험>

아래와 같이 부위 A의 일부인 a 및 c를 부위 B의 일부인 b 및 d와 각각 상호 이식한다. 이식에 성공한 뒤 형태발생물질이 합성되면 세포가 분화하는 결과를 관찰한다.

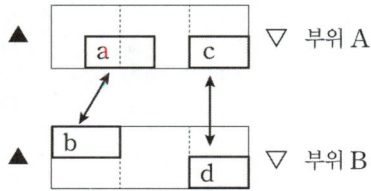

<보 기>

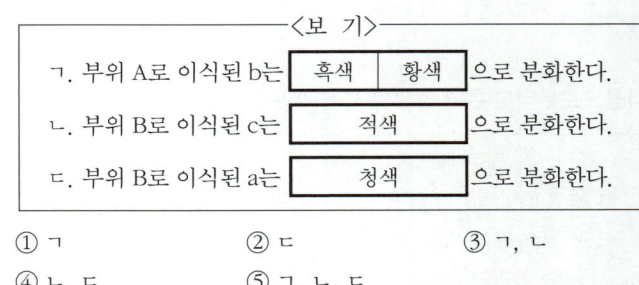

ㄱ. 부위 A로 이식된 b는 | 흑색 | 황색 | 으로 분화한다.

ㄴ. 부위 B로 이식된 c는 | 적색 | 으로 분화한다.

ㄷ. 부위 B로 이식된 a는 | 청색 | 으로 분화한다.

① ㄱ   ② ㄷ   ③ ㄱ, ㄴ
④ ㄴ, ㄷ   ⑤ ㄱ, ㄴ, ㄷ

127.

다음으로부터 추론한 것으로 옳은 것만을 <보기>에서 있는 대로 고른 것은?

A천문연구소의 과학자들은 M1부터 M7까지 7개의 외부은하들을 관찰하여 각 은하의 밝기, 색깔에 관한 정보를 얻었고, 관측 자료를 바탕으로 각 은하의 대략적인 질량과 거리도 알아냈다. A천문연구소가 알아 낸 M100부터 M106까지 7개 외부은하의 밝기, 질량, 색깔에 관한 정보는 다음과 같았다. 다만 밝기의 경우 해당 항목의 숫자의 값이 작을수록 숫자의 값이 큰 은하보다 더 밝지만, 질량의 경우 해당 항목의 숫자의 값이 클수록 더 무겁다. 색깔의 경우 숫자의 값이 작을수록 푸른색에 가깝고 클수록 붉은색에 가깝다.

<관측 자료>

은하	밝기	질량	색깔
M1	1	5	3
M2	2	5	4
M3	4	2	2
M4	3	2	4
M5	2	3	2
M6	2	4	3
M7	3	3	3

─────〈보 기〉─────

ㄱ. 같은 색이라면 밝은 은하일수록 더 무겁다.

ㄴ. 같은 밝기라면 무거운 은하일수록 더 붉은색을 띤다.

ㄷ. 같은 질량이라면 푸른 은하일수록 더 밝다.

① ㄱ　　　　　② ㄷ　　　　　③ ㄱ, ㄴ
④ ㄴ, ㄷ　　　　⑤ ㄱ, ㄴ, ㄷ

128.

다음 글로부터 추론한 것으로 옳은 것만을 <보기>에서 있는 대로 고른 것은?

대부분의 세포는 분열과 성장의 주기를 가지고 생명활동을 이어간다. 이와 관련된 세포의 시기를 4가지로 구분할 수 있다. 세포가 분열하는 시기를 M기라고 부른다. M기가 끝나면 G1기로 들어간다. 분열하지 않는 세포의 대부분은 G1기에 머문다. G1기 다음 단계는 세포가 분열을 준비하는 S기이고 S기 다음 단계가 G2기이다. S기에서 G2기로 넘어갈 무렵 세포는 사이클린이라는 단백질을 생산하여 세포 내부에 배치시키는데, G2기가 종료될 때까지 지속된다. G2기에 사이클린은 분해되지 않고 계속 축적되며 CDK라는 단백질과 결합하는데, 이를 MPF라고 부른다. MPF는 세포분열의 중추적인 기능을 갖는 물질이다. 가령 세포가 분열하려면 M기에 핵막이 분해되어야 한다. 그래야 유전물질이 절반씩 나뉠 수 있다. 이 핵막을 분해하는 능력을 MPF가 가지고 있다. 그래서 세포는 G2기에서 M기로 넘어가기 전에 MPF의 양이 세포분열을 수행하기에 충분한지를 점검한다. 만약 충분하지 않으면 M기로 넘어가지 못하고 MPF가 더 형성되기를 기다린다. M기로 넘어가기에 충분한 MPF가 형성되는 때를 G2 체크포인트라고 부른다. M기의 후기에 접어들면 MPF의 사이클린이 분해되기 시작한다. 사이클린이 모두 분해되면 세포는 G1기에 진입한다. CDK는 다음 분열 시 재사용된다.

─────〈보 기〉─────

ㄱ. G2기 세포에 사이클린을 주입하면 M기를 앞당길 수 있다.

ㄴ. 각 시기의 종료 시점을 기준으로 사이클린이 가장 많은 시기는 M기이다.

ㄷ. G2기의 세포에 특정 약물을 지속 투여하여 사이클린을 제거할 경우, 핵막의 분해가 일어나지 않을 것이다.

① ㄱ　　　　　② ㄴ　　　　　③ ㄱ, ㄷ
④ ㄴ, ㄷ　　　　⑤ ㄱ, ㄴ, ㄷ

129.

다음으로부터 추론한 것으로 옳은 것은?

모든 입자에는 전하가 반대인 반입자가 존재한다. 어떤 입자의 전하를 바꾸고(C변환) 다시 거울에 비친 것처럼 반전시켰을 때(P변환) 나타나는 입자를 원래 입자의 반입자라고 할 수 있다. 이러한 입자와 반입자 사이에 성질이 동일하게 유지되는 것을 'CP 대칭성'이라고 한다. 입자와 반입자는 대체로 동일하게 움직일 것이라고 예상되었으나, 드물게도 CP 대칭성이 파괴되는 순간이 발견되고 있다. CP 대칭성이 파괴된다는 것은 어떤 무거운 입자가 더 가벼운 입자로 붕괴할 때 생기는 가벼운 입자의 비율이 달라진다는 것을 의미한다. 예컨대 무거운 입자 AAA가 가벼운 입자 aab로 붕괴될 때, 반입자 A'A'A'는 a'b'b'로 붕괴되는 경우를 의미한다.

CP 대칭성이 파괴되는 이유를 파악하기 위해 입자 내에 쿼크가 4종이라는 조건을 도입했다. 쿼크란 입자(혹은 반입자)를 구성하는 소립자를 말하며, 쿼크는 4종이 아니면 6종일 수밖에 없다. 4종의 쿼크는 서로 변신할 수 있다. 무거운 입자가 붕괴할 때는 안에 포함된 쿼크가 변신하거나 에너지를 방출하면서 최종적으로 가벼운 입자가 된다. 그러나 아무리 방법을 생각해도 CP 대칭성의 파괴를 일으킬 수 없었다. 비유적으로 말하면 CP의 거울에 비친 입자와 원래 입자는 완전히 같은 비율로만 가벼운 입자를 만들었다.

한편 쿼크의 수를 6종이라고 가정한 경우 붕괴과정이 더욱 복잡해졌다. 이 조건으로 계산한 결과 입자와 반입자 사이에 생기는 가벼운 입자의 비율에 차이가 생겼다. 이는 6종이 되어도 쿼크끼리 변신할 수 있는 것에는 변함이 없지만, 일부 쿼크의 '변신하기 쉬운 정도'에 있어서 입자와 반입자 사이에 차이가 생겼기 때문이다.

① CP 대칭성의 파괴를 설명하기 위한 쿼크의 수는 6종이다.
② 쿼크의 수가 6종인 경우 쿼크가 변신하기 쉬울수록 입자와 반입자 사이의 차이가 커진다.
③ 쿼크의 수에 따라 가벼운 입자의 비율이 달라진다.
④ 쿼크의 수가 늘어날수록 CP대칭성이 파괴될 확률이 커진다.
⑤ CP 대칭성의 파괴는 쿼크의 변신에서 기인한다.

130.

다음 글로부터 추론한 것으로 옳은 것만을 <보기>에서 있는 대로 고른 것은?

생물분류학의 발전은 18세기부터 본격화되었다. 1735년 린네의 2계 분류에 따르면 생물은 식물과 동물로 나뉜다. 하지만 린네의 분류는 오늘날 밝혀진 생물계의 일부를 포함하지 못하였다. 1866년 헤켈의 3계 분류는 린네의 2계 분류를 그대로 따르면서 린네가 다루지 않았던 원생생물을 별개의 분류로 추가하였다. 헤켈 이후 채튼은 생물을 다시 2계로 분류했다. 1937년 채튼의 2계 분류에서 원생생물의 일부는 원핵생물로 분류되었고 원생생물의 나머지와 동식물은 모두 진핵생물로 분류되었다. 1977년 워즈는 원핵생물을 세균과 고세균으로, 식물을 균류와 식물로 세분하였다. 린네의 2계 분류상 동물은 워즈의 6계 분류상 동물과 일치한다. 워즈의 분류에서 세균, 고세균, 식물, 균류, 동물을 제외한 나머지는 원생생물로 불리고 세균과 고세균을 제외한 나머지는 모두 진핵생물에 속한다.

<보 기>

ㄱ. 워즈의 6계 분류상 균류는 린네의 2계 분류상 어디에도 속하지 않는다.
ㄴ. 헤켈의 분류상 원생생물은 워즈의 분류에 따르면 3계로 세분된다.
ㄷ. 워즈의 분류에 따를 때 원생생물에 해당하는 생물은 헤켈의 분류에 따르더라도 원생생물에 해당한다.

① ㄱ   ② ㄴ   ③ ㄱ, ㄷ
④ ㄴ, ㄷ   ⑤ ㄱ, ㄴ, ㄷ

131.

다음으로부터 추론한 것으로 옳은 것만을 <보기>에서 있는 대로 고른 것은?

진원지에서 지진이 발생한 지점을 지원이라고 하는데 그 점을 중심으로 암석 내에 저장되어 있던 탄성에너지의 일부가 탄성파가 되어 모든 방향으로 전달되어 나가는데 이것이 지진 파이다. 지진파에는 지구 내부를 깊숙이 통과해나가는 P파와 S파가 있다. P파는 음파처럼 어떤 매질을 통과할 때 파의 진행방향과 진동방향이 같은 종파이며 가장 먼저 도착한다. S파는 파의 진행방향에 수직방향으로 진행하는 횡파로, 지구 안을 지나면서 암석을 비틀기 때문에 매질의 모양변화를 가져 온다. 일반적으로 지진파의 전파속도는 지표 근처보다 심도 가 깊어질수록 밀도가 커져 증가하게 되고, 한 지점에서 지진 파를 관측하면 P파 먼저 도달한 후 S파가 나중에 도달되는 것을 목격할 수 있다.

그림 (가)는 한 지점에서 발생한 지진을 세 지점의 관측소에 서 관측한 기록을 나타낸 것이다. 지진이 발생한 후 P파가 도달하고 나서 S파가 도달한 시간 차이가 각각 다른데 이는 세 지역이 지진이 발생한 진앙*으로부터 떨어진 거리가 다르 기 때문이다. 이 거리는 (나)를 통해서 알 수 있는데 (나)는 서로 다른 관측소에서 기록된 동일 지진파의 주행시간과 진앙 거리에 따른 주행시간을 기록한 것이다. 이렇게 지진파를 관측하면 진앙까지의 거리를 알아낼 수 있다. 또한 지진파의 도착시간을 이용해서 각 지진계에서 지진이 일어난 지점까지 의 거리를 계산하여 세 지점의 가운데에 있는 진원을 찾아낼 수도 있다.

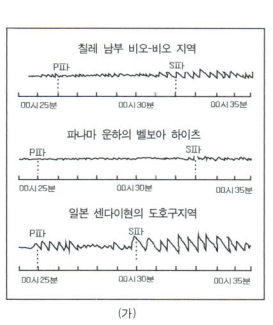
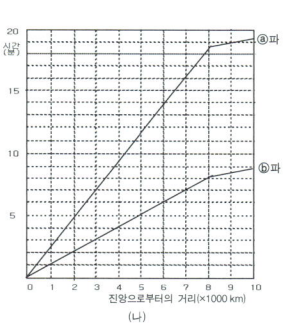

(가)   (나)

*진앙 : 진원으로부터 연직방향에 있는 지표상의 지점

―――――〈보 기〉―――――

ㄱ. 진앙으로부터 가장 가까운 지역은 일본 센다이현의 도호 구 지역이다.

ㄴ. 칠레 남부의 비오-비오지역은 진앙으로부터 약 6,000km 떨어진 지점에 있다.

ㄷ. ⓐ는 S파, ⓑ는 P파이고 진앙으로부터 거리가 멀수록 P파가 도달한 후 S파가 도달하는 시간은 짧아진다.

① ㄱ   ② ㄷ   ③ ㄱ, ㄴ

④ ㄴ, ㄷ   ⑤ ㄱ, ㄴ, ㄷ

132.

다음 글로부터 추론한 것으로 옳은 것만을 <보기>에서 있는 대로 고른 것은?

다음은 곤충학자 갑이 개미를 분류하는 단계이다.

1단계 : 배자루마디가 1마디로 되어 있다면 1번 병으로 옮기 고 배자루마디가 2마디로 되어 있다면 M종 개미로 분류한다.

2단계 : 1번 병에 있는 개미 중 배 끝에 침이 있거나 내부로 함입되어 있는 것들은 2번 병으로, 배 끝에 침이 없 는 것들은 3번 병으로 옮긴다.

3단계 : 2번 병에 있는 것들 중 복부말단의 등판과 이마방패 의 앞 가장자리에 돌기가 있는 것들은 C종 개미로 분 류하고 복부말단과 이마방패 앞 가장자리에 돌기가 없는 것들은 P종 개미로 분류한다.

4단계 : 3번 병에 있는 개미 중 항문이 둥글고 가장자리에 털 이 나 있는 것들은 F종 개미로 분류하고 항문이 둥그 렇지 않거나 가장자리에 털이 없는 것들은 D종 개미 로 분류한다.

―――――〈보 기〉―――――

ㄱ. 3번 병에는 C종 또는 P종 개미가 없다.

ㄴ. M종에 속하면서 C종에도 속하는 개미가 있을 수 있다.

ㄷ. 어떤 개미의 배 끝에 침이 있다면 그 개미는 C종 개미이 거나 P종 개미이다.

① ㄱ   ② ㄷ   ③ ㄱ, ㄴ

④ ㄴ, ㄷ   ⑤ ㄱ, ㄴ, ㄷ

133.

다음으로부터 추론한 것으로 옳은 것만을 <보기>에서 있는 대로 고른 것은?

연구자 갑은 흡연이 질병Z의 발병에 영향을 주는지의 여부를 밝히기 위해 진료를 위해 X병원을 방문한 사람들 중에서 질병Z 진단을 받은 질병Z 환자 100명의 흡연 여부를 조사하였다. 그리고 이 조사 결과를 다른 집단과 비교하기 위해, 진료를 위해 X병원을 방문한 사람들 중에서 질병Z가 아니라고 진단받은 사람(질병Z 비환자) 300명을 선별하여 흡연 여부를 조사하였다. 이 결과는 다음 <표>에 나타나 있다. 갑은 조사 결과를 토대로 흡연자가 비흡연자에 비해 질병Z가 발병될 가능성이 높다는 결론을 내렸다.

<표> 질병Z 환자와 비환자의 흡연 여부

구분	흡연	비흡연	합계
질병Z 환자	80명	20명	100명
질병Z 비환자	170명	130명	300명
합계	250명	150명	400명

───── <보 기> ─────

ㄱ. 조사 대상자 중 흡연자는 총 250명이며 이중 질병Z 환자는 80명이므로, 진료를 위해 X병원을 방문한 흡연자의 약 30%는 질병Z 환자라고 추론할 수 있다.

ㄴ. 진료를 위해 X병원을 방문한 사람들 집단이 사회 일반을 대표하는 대표성이 있으며 편향된 부분이 없다는 것이 밝혀졌다면 갑의 결론은 설득력이 높아질 수 있다.

ㄷ. 갑의 결론을 검증하기 위하여 새로운 연구자가 진료를 위해 X병원을 방문한 사람 400명을 무작위로 선별하여 조사하였더니 400명 중 25%가 질병Z 환자로 밝혀졌다면 갑의 결론은 설득력이 높아질 것이다.

① ㄱ ② ㄴ ③ ㄱ, ㄷ
④ ㄴ, ㄷ ⑤ ㄱ, ㄴ, ㄷ

134.

다음 글로부터 추론한 것으로 옳은 것만을 <보기>에서 있는 대로 고른 것은?

멸균법은 주로 높은 온도로 미생물의 단백질을 변성시켜 사멸시키는 방법이다. 효율적으로 멸균하기 위하여 각 미생물의 D값과 Z값을 활용한다. D값은 현존하는 미생물의 개체수를 1/10로 줄이기 위해 필요한 온도와 시간을 나타낸다. 가령 D값이 60℃에서 20분인 미생물 X를 60℃의 멸균기에 넣고 20분간 멸균하면 미생물 X의 9/10를 사멸시킬 수 있다.

Z값은 D값의 1/10의 시간 동안 멸균하여 미생물의 개체수를 1/10로 줄이기 위해 추가적으로 높여야 하는 온도를 말한다. 위의 예에서 미생물 X의 Z값이 15℃라면, 75℃의 멸균기에 넣고 2분간 멸균하여 미생물 X의 9/10를 사멸시킬 수 있다. 또는 90℃의 멸균기에 넣고 12초간 멸균하여 미생물 X의 9/10를 사멸시킬 수 있다. 반면 Z값만큼 온도를 낮추면 미생물의 개체수를 1/10로 줄이는 데 10배의 시간이 걸린다. 특정 온도의 열을 일정한 시간 동안 가하였을 때 생존 개체수가 많을수록 해당 온도에서의 저항성이 높은 것이다.

<자료>

세 종류의 미생물 A, B, C의 D값과 Z값은 다음과 같다.

구분	D값	Z값
미생물 A	70℃에서 20분	5℃
미생물 B	65℃에서 20분	10℃
미생물 C	50℃에서 20분	25℃

───── <보 기> ─────

ㄱ. 80℃ 이하에서 A, B, C 세 미생물 종의 저항성이 동일한 온도는 존재하지 않는다.

ㄴ. 동일한 개체수의 미생물 A와 B를 각각 65℃에서 20분 동안 멸균할 경우, 미생물 A의 생존 개체수가 더 많을 것이다.

ㄷ. 동일한 개체수의 미생물 B와 C를 각각 85℃에서 12초 동안 멸균할 경우, 미생물 B와 C의 생존 개체수는 동일할 것이다.

① ㄴ ② ㄷ ③ ㄱ, ㄴ
④ ㄴ, ㄷ ⑤ ㄱ, ㄴ, ㄷ

135.

다음으로부터 추론한 것으로 옳은 것만을 <보기>에서 있는 대로 고른 것은?

피아노는 건반 하단에 위치한 세 개의 페달을 적절히 이용할 때 가장 아름다운 소리를 낸다. 연주회에서는 건반 위에서 화려하게 움직이는 피아니스트의 두 손이 관객들의 눈길을 사로잡지만, 보이지 않는 곳에서 페달과 사투를 벌이는 두 발이야말로 연주를 완성하는 숨은 공신인 셈이다. 피아노의 건반을 누르면 건반과 연결된 해머가 해당 건반에 배정된 현을 때리면서 소리가 나는데, 건반에서 손을 떼면 댐퍼라는 장치가 진동하는 현을 잡아주어 소리가 멈추게 된다. 페달은 이 해머와 댐퍼의 메커니즘을 조작하여 연주자가 원하는 소리를 얻도록 도와주는 장치이다.

먼저 페달 중 가장 오른쪽에 위치한 댐퍼 페달은 건반을 누른 뒤 손을 떼더라도 소리가 멈추지 않고 유지되게 도와준다. 페달을 밟는 동안 모든 댐퍼의 작동을 멈춰줌으로써 위와 같은 효과를 얻는 것이다. 연주자가 댐퍼 페달을 활용하면 건반을 동시에 누르지 않더라도 순차적으로 누른 여러 건반 소리를 동시에 울릴 수 있으므로 더욱 크고 풍부한 소리를 낼 수 있게 된다.

그랜드 피아노에서 댐퍼 페달 왼쪽에 위치한 소스테누토 페달은 건반을 누른 상태에서 페달을 밟아 사용하며, 누르고 있는 건반에 배정된 댐퍼만 작동을 정지시켜준다. 따라서 페달을 밟을 때 댐퍼가 고정된 건반을 제외하고는 페달을 밟지 않은 상태와 같이 연주할 수 있게 된다. 다만 업라이트 피아노 중에는 소스테누토 페달 대신 머플러 페달이 달려있는 경우가 많은데, 머플러 페달을 밟으면 해머와 현 사이에 얇은 천이 내려와 현에 가해지는 충격을 일부 흡수함으로써 소리의 크기를 획기적으로 줄여준다. 단순히 소리를 줄여주는 목적이 크므로 머플러 페달을 사일런트 페달 또는 연습용 페달이라고 부르기도 한다. 가장 왼쪽에 위치한 페달은 소프트 페달이라고 부른다. 그랜드 피아노에서는 해머의 위치를 조정하여 해머가 때리는 현의 개수를 줄여주므로 쉬프트 페달이라고도 한다. 배정되는 현의 개수가 가장 많은 중고음부 60여개 건반에는 각각 3개의 현이 배정되는데, 쉬프트 페달로 해머를 옮겨 2개의 현만 때리게 되면 원래 소리보다 작고 부드러운 소리를 얻을 수 있다. 소리의 크기는 울리는 현의 개수에 비례하기 때문이다. 그러나 업라이트 피아노에서는 현의 각도가 비스듬하므로, 해머의 위치를 옮길 경우 다른 건반에 배정된 현을 잘못 건드리게 된다. 따라서 업라이트 피아노의 소프트 페달은 해머와 현의 거리를 가깝게 하여 현을 때리는 강도를 줄여줌으로써 그랜드 피아노의 소프트 페달과 같은 효과를 낸다.

─ <보 기> ─

ㄱ. 피아노 소리의 크기는 해머가 현을 때리는 강도에 비례한다.

ㄴ. 연주 시작 전부터 소스테누토 페달을 밟은 상태로 연주하면 페달을 전혀 밟지 않고 연주하는 것과 같은 소리를 얻는다.

ㄷ. 업라이트 피아노의 머플러 페달과 소프트 페달은 작동 원리는 다르지만, 모두 소리를 줄일 수 있다.

① ㄱ   ② ㄷ   ③ ㄱ, ㄴ
④ ㄴ, ㄷ   ⑤ ㄱ, ㄴ, ㄷ

136.

다음 글로부터 추론한 것으로 옳은 것만을 <보기>에서 있는 대로 고른 것은?

사람의 혈액형은 적혈구에 붙은 당의 종류로 ABO 유형으로 판정할 수 있으며, 혈액형은 유전에 의하여 결정된다. 사람의 염색체 중 혈액형을 결정하는 유전인자는 9번 염색체에 있다. 9번 염색체 한 쌍에는 A, B, O 3개 유전인자가 포함되어 있고, 부모로부터 하나씩 물려받게 된다. 모든 적혈구에는 당이 '글루코오스-갈락토오스-N아세틸 글루코사민-갈락토오스*'의 순서대로 붙어있고, 마지막에 있는 '갈락토오스*'에 붙는 당의 종류가 혈액형을 결정한다. 그래서 혈액형이 A형인 사람은 갈락토오스*에 '푸코오스와 N아세틸 갈락코사민'이 붙어있고, B형인 사람은 갈락토오스*에 '푸코오스와 갈락토오스'가 붙어있고, O형인 사람은 갈락토오스*에 '푸코오스'만 붙어있다.

혈액형의 결정에서 중요한 것은 우성과 유전자 상위의 개념이다. 우성이란 서로 다른 두 유전인자를 한 쌍씩 갖고 있을 때 발현되는 유전자를 말하는 것으로, 만약 P가 우성 유전자이고 p가 열성유전자라면 Pp 유전자를 가진 사람은 P의 형태를 나타내게 된다. 혈액형에서는 A와 B가 동등한 우성이고 O는 열성이다. 따라서 AO의 유전자를 가진 사람은 A형, AB 유전자를 가진 사람은 AB형으로 판정된다. 유전자 상위 개념이란, 한 유전자의 활동이 다른 유전자의 활동을 억제하는 것을 말한다. 혈액형의 결정에서 갈락토오스*에 붙은 푸코오스는 H유전자가 생산한 효소에 의해 붙게 되는데, 이 푸코오스가 없으면 갈락토오스*에 N아세틸 갈락코사민이라던가 갈락토오스가 붙을 수 없게 된다. 즉, 유전적으로 A, B, AB 유전자를 갖고 있어도 O형으로 판정되는 것이다. H유전자도 부모에게 하나씩 물려받고, 우성의 개념을 적용받아 HH 혹은 Hh 형태일 때 활성을 나타내며, hh 형태일 때는 활성화되지 않아 효소를 생산할 수 없다. 즉, H유전자의 활성 여부에 따라 A, B 유전인자는 표현되지 않을 수도 있는 것이 혈액형에서 유전자 상위의 개념이다.

─────〈보 기〉─────

ㄱ. AB형인 아버지와 O형인 어머니 사이에서 O형인 자녀가 태어났고 자녀가 부모의 친자임이 밝혀진 경우, 아버지의 H유전자 형태는 Hh이며 어머니의 H유전자 형태에는 열성이 하나 이상 있다.

ㄴ. O형인 아버지와 O형인 어머니에게서 태어난 O형 자녀의 갈락토오스*에는 푸코오스가 붙어 있다.

ㄷ. O형인 아버지와 O형인 어머니에게서 A형 자녀가 태어날 수 있다.

① ㄱ
② ㄴ
③ ㄱ, ㄷ
④ ㄴ, ㄷ
⑤ ㄱ, ㄴ, ㄷ

MEMO

2027학년도 LEET 대비

메가로스쿨
유형별 문제집

추리논증

LEET

II
모형 추리

형식적 추리

수리 추리

논리게임

[유형별 문제집]과 [기출문제 해설집]을 활용한
유형별 집중풀이 가이드

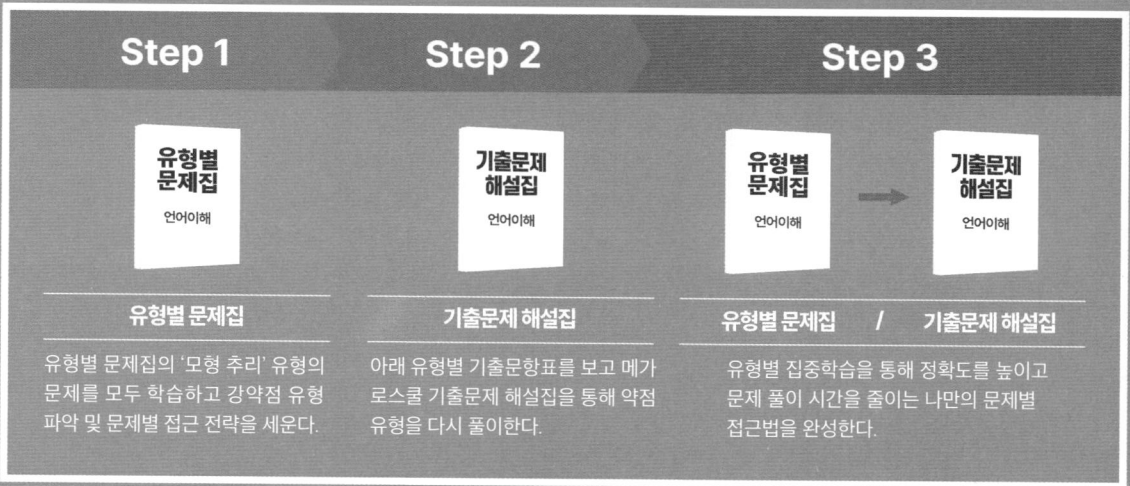

Step 1	Step 2	Step 3
유형별 문제집 언어이해	기출문제 해설집 언어이해	유형별 문제집 언어이해 → 기출문제 해설집 언어이해
유형별 문제집	**기출문제 해설집**	**유형별 문제집 / 기출문제 해설집**
유형별 문제집의 '모형 추리' 유형의 문제를 모두 학습하고 강약점 유형 파악 및 문제별 접근 전략을 세운다.	아래 유형별 기출문항표를 보고 메가 로스쿨 기출문제 해설집을 통해 약점 유형을 다시 풀이한다.	유형별 집중학습을 통해 정확도를 높이고 문제 풀이 시간을 줄이는 나만의 문제별 접근법을 완성한다.

유형별 기출문항표

문항 유형	세부 영역	학년도	기출문제 해설집 페이지	문항번호
모형 추리	**형식적 추리**	2026	29	33
		2020	173	31
		2018	221	26
		2017	241	20
		2016	261	32
		2015	281	18
		2014	301	20
		2012	341	32
		2011	361	22
		2010	381	11, 15
		2009	401	1, 4, 24
		예비시험	419	1
		2차 예시	439	1-1
		1차 예시	449	1, 2
	수리 추리	2026	29	32, 34
		2025	53	33, 34, 35
		2024	77	33, 35
		2023	101	33
		2022	125	33
		2016	261	34
		2015	281	14, 15, 16, 26, 35
		2014	301	18, 19, 31, 32, 34
		2013	321	26
		2012	341	30, 33, 34, 35
		2011	361	11, 20, 34
		2010	381	35
		2009	401	5, 8, 12, 25, 37
		예비시험	419	2, 4, 6, 9, 14, 28, 36
		2차 예시	439	412 3, 7, 8, 9, 12, 15
	논리게임	2024	77	34
		2023	101	32, 34
		2022	125	32, 34
		2021	149	21, 23
		2020	173	32, 33
		2019	197	30, 31, 32
		2018	221	25, 27, 28
		2017	241	21, 22
		2016	261	31, 33, 35
		2015	281	17, 19, 20, 34
		2014	301	21, 33, 35
		2013	321	12, 13, 14, 15, 16
		2012	341	19, 29, 31
		2011	361	33, 35
		2010	381	12, 14, 29, 31
		2009	401	6, 26
		예비시험	419	3, 13, 16, 31, 33, 37, 40
		2차 예시	439	1-2, 5, 6, 10, 17-1, 17-2
		1차 예시	449	3, 4-1, 4-2, 5-1, 5-2

※ 위 문항 구성표는 본고사 홀수형 기준이며, 전 개년 문항이 포함되어 있습니다.
※ 기출문제 해설집 페이지수는 메가로스쿨 2027학년도 기출문제 해설집 문제편 > 연도별 페이지 기준으로 기재되어 있습니다.

01.

다음으로부터 추론한 것으로 옳은 것은?

> X부족의 남성은 사냥꾼이거나 전사이거나 무당이다. 사냥꾼인 남성은 다섯 명 이상의 노예를 두고 있다. 전사로 분류된 사람은 닭을 기르지 않는다. 세 명 이상의 노예를 두고 있는 사람은 전사이거나 염소를 기르지 않는다. 무당인 남자는 모두 미혼이며, 경작지를 보유하고 있는 사람은 모두 기혼자이다. X부족의 남성 A는 닭과 염소를 모두 기르고 있다.

① A는 사냥꾼이고 미혼이다.
② A는 무당이고 경작지를 보유하고 있다.
③ A는 사냥꾼이고 경작지를 보유하고 있지 않다.
④ A는 노예를 두고 있지 않으며 경작지를 보유하고 있다.
⑤ A는 다섯 명 이상의 노예를 두고 있지 않으며 경작지를 보유하고 있지 않다.

02.

(가)~(마)에 대해 서술한 것으로 적절한 것만을 <보기>에서 있는 대로 고른 것은?

> ㈎ 그것을 진실로 안다면, 그것이 실제로 참이며 그것을 스스로 정당화시킬 수 있다.
> ㈏ 그것이 실제로 참이며 그것을 스스로 정당화시킬 수 있다면, 그것을 진실로 아는 것이다.
> ㈐ 그것이 실제로 참이라면, 그것을 진실로 알지 못하거나 그것을 스스로 정당화시킬 수 있다.
> ㈑ 그것을 스스로 정당화시킬 수 있다면, 그것을 진실로 아는 것이거나 그것이 실제로 참이 아니다.
> ㈒ 그것이 실제로 참인 경우에만 그것을 진실로 아는 것이고, 그것을 정당화시킬 수 있는 경우에만 그것을 진실로 아는 것이다.

> ─────〈보 기〉─────
> ㄱ. ㈎와 ㈑는 논리적으로 동등한 진술이다.
> ㄴ. ㈏와 ㈑는 논리적으로 동등한 진술이다.
> ㄷ. ㈐는 논리적으로 동등한 진술을 갖지 않는다.

① ㄱ   ② ㄴ   ③ ㄷ
④ ㄴ, ㄷ   ⑤ ㄱ, ㄴ, ㄷ

03.

다음으로부터 추론한 것으로 옳은 것만을 <보기>에서 있는 대로 고른 것은?

> 어떤 정책에 대한 A~G의 찬반 의견은 다음과 같다.
>
> ○ A와 B가 찬성하면, D나 F 중 적어도 하나는 찬성한다.
> ○ C가 반대하면, B가 찬성한다.
> ○ E나 F가 찬성하면, D와 G도 찬성한다.
> ○ F나 G가 찬성하면, A는 반대한다.
> ○ D는 반대하고, G는 E와 동일한 의견을 갖는다.

─────〈보 기〉─────
ㄱ. A, B, C 중에서 최소 1명은 반대한다.
ㄴ. A, B, C 중에서 최대 2명은 반대한다.
ㄷ. A~G 중에서 최소 5명은 반대한다.

① ㄱ   ② ㄴ   ③ ㄱ, ㄷ
④ ㄴ, ㄷ   ⑤ ㄱ, ㄴ, ㄷ

04.

다음 논증에서 결론을 도출하기 위하여 추가해야 할 전제로 가장 적절한 것은?

> 만약 투발루의 국토가 바다에 잠기고 있다는 것이 사실이 아니라면 해수면이 상승했다는 추측은 거짓이 된다. 남극과 북극의 빙하가 녹지 않았고 온실가스 농도가 높아지지 않았다면 지구 온난화를 증명할 수 없다. 최근 환경오염이 심각해졌다는 보고가 있었다면, 지구 온난화를 증명할 수 있다. 따라서 환경오염이 심각해졌다는 보고가 있었다면, 이는 투발루의 국토가 바다에 잠기고 있다는 것을 증명한다.

① 남극과 북극의 빙하가 녹지 않는다면 환경오염이 심각하다는 보고는 거짓이다.
② 남극과 북극의 빙하가 녹지 않는다면 투발루의 국토가 바다에 잠긴다는 것은 사실이 아니다.
③ 남극과 북극의 빙하가 녹거나 온실가스 농도가 높아졌다면 해수면이 상승했다는 추측은 참이 된다.
④ 해수면이 상승하지 않는다면 투발루의 국토는 바다에 잠기지 않을 것이다.
⑤ 남극과 북극의 빙하가 녹지 않는다면 지구 온난화를 증명할 수 없다.

05.

<주장>을 도출하기 위해 <이유>에 추가될 수 있는 진술로 가장 적절한 것은?

<이유>

○ 고왕이 황제가 되면 신하들을 덕으로 다스리거나 법으로 다스릴 것이다.

○ 신하들을 덕으로 다스리면 신하들은 고왕의 눈치를 보게 된다.

○ 법으로 다스리면 신하들은 법에 어긋나는 것으로 보이는 행동을 기피하게 된다.

○ 신하들이 고왕의 눈치를 보게 되면 나라 일을 제대로 돌보지 못한다.

○ 신하들이 나라 일을 제대로 돌보지 못하면, 백성이 빈곤해지고 민심이 흉흉해진다.

<주장>

　따라서 고왕이 황제가 되면 민심이 흉흉해진다.

---

① 고왕이 황제가 되면 신하들을 덕으로 다스리지 않는다.

② 신하들이 나라 일을 제대로 돌본다면 고왕은 황제가 되지 못한다.

③ 신하들은 법에 어긋나는 것으로 보이는 행동을 기피하게 되지 않는다.

④ 신하들이 나라 일을 제대로 돌보지 못하면, 고왕도 나라 일을 제대로 돌보지 못한다.

⑤ 신하들이 고왕의 눈치를 보게 되면 신하들은 법에 어긋나는 것으로 보이는 행동을 기피하게 된다.

MEMO

06.

다음으로부터 추론한 것으로 옳은 것만을 <보기>에서 있는 대로 고른 것은? (단, 양말은 좌우 구별이 없다.)

거실 서랍에 A, B, C 세 종류의 양말이 각각 20개(10켤레)씩 들어있다. 철수는 양말의 종류를 구분할 수 없을 만큼 어두운 밤에 불을 켜지 않은 채 거실 서랍에 있는 양말 중 몇 개를 골라서 방으로 가져왔다. 이때 철수가 고른 양말의 개수가 4개 이상이라면 철수가 고른 양말 중에 적어도 짝이 맞는 한 켤레가 존재하게 된다.

―――――――< 보 기 >―――――――

ㄱ. 짝이 맞는 한 켤레의 양말을 선택하려면 양말의 종류가 하나씩 늘어날 때마다 철수가 선택해야 하는 양말 개수도 1개씩 늘려야 한다.
ㄴ. 짝이 맞는 양말이 적어도 두 켤레 이상이 되도록 하기 위해서는 철수는 1개의 양말을 추가로 더 선택, 총 5개의 양말을 선택해야 한다.
ㄷ. 만일 A, B 양말은 각각 10켤레이나 C 양말은 한 켤레 밖에 없다면 철수는 4개보다 더 많은 개수의 양말을 골라야 짝이 맞는 한 켤레를 만들 수 있다.

① ㄱ ② ㄷ ③ ㄱ, ㄴ
④ ㄴ, ㄷ ⑤ ㄱ, ㄴ, ㄷ

07.

다음으로부터 추론한 것으로 옳은 것만을 <보기>에서 있는 대로 고른 것은?

공화정 말기 로마는 늘어난 인구와 불안정한 정치상황 등으로 곡물위기를 겪었다. 이에 로마는 '곡물법'을 제정하여 안정적으로 곡물을 제공하고자 하였다. 먼저 시민과 노예를 구분하여 시민 1만 명과 노예 2만 명이 살고 있는 곳을 한 구역으로 하는 구역화를 하였다. 이는 세금을 납부하는 시민과 세금을 내지 않는 노예 계급을 구분하여 식량 공급을 편리하게 하기 위함이었다. 구역화 결과 로마는 모두 5개 구역으로 나뉘었고, 각 구역에 거주하는 시민에게만 식량을 무상으로 제공하였다. 이후 인구가 늘어 로마시의 구역은 모두 10개가 되었다. 늘어난 인구로 로마는 무상으로 제공하던 곡물을 시민에게만 반값으로 제공하는 2차 곡물법을 시행하였다.

2차 곡물법이 효과를 보이자 인구가 더 늘지 않았음에도 곡물법을 한 번 더 개정하였다. 3차 곡물법은 노예를 해방하여 시민으로 귀속시키는 구역에만 곡물을 무상으로 제공하는 것이었다. 노예를 해방하면 재산이 줄어든다고 판단한 구역이 절반, 내야 하는 세금을 내고 곡물을 무상으로 제공받는 것이 더 낫다고 생각해 노예를 모두 시민으로 해방한 구역이 절반이었다. 역사학자 A는 곡물법이 시행되었던 시기의 여러 변화를 분석하였다. (단, 세금 및 곡물값의 변동은 없었다.)

―――――――< 보 기 >―――――――

ㄱ. 곡물법이 개정될 때마다 전 인구 중 유·무상으로 곡물을 제공받는 시민의 비율은 늘어났다.
ㄴ. 곡물법이 개정될 때마다 유·무상으로 곡물을 제공 받는 시민의 수는 동일한 비율로 증가하였다.
ㄷ. 1차 곡물법에 비해 3차 곡물법 시행으로 로마가 시민으로부터 걷는 세금에서 유·무상으로 제공하는 곡물값의 비중이 작아졌다.

① ㄱ ② ㄷ ③ ㄱ, ㄴ
④ ㄴ, ㄷ ⑤ ㄱ, ㄴ, ㄷ

08.

다음으로부터 추론한 것으로 옳은 것만을 <보기>에서 있는 대로 고른 것은?

> 갑은 8자리의 비밀번호를 인터넷으로 을에게 전달하려고 한다. 비밀번호의 각 자릿수는 0 아니면 1이다. 갑은 보안을 위해 다음과 같은 방법을 이용하였다.
>
> <상황>
> o 갑은 자신과 을만이 알고 있는, 8개 항으로 이루어진 수열 1, 2, 4, 8, 16, 32, 64, 128의 각 항을 전달하려는 비밀번호 의 각 자릿수와 차례로 대응시킨다.
> o 갑은 수열의 각 항 중 비밀번호의 1에 대응하는 항의 수들을 합한 결과 118이라는 수를 얻었다.
> o 갑은 인터넷으로 을에게 118이라는 숫자를 전달하였다.
> o 을은 갑이 전달한 118이라는 숫자와 수열을 이용하여 비밀번호를 알 수 있었다.

> ──────<보 기>──────
> ㄱ. 갑이 전달하려는 비밀번호의 처음 세 자리는 0, 1, 1이다.
> ㄴ. 갑이 인터넷으로 전달한 수가 홀수라면 비밀번호는 1로 시작한다.
> ㄷ. 갑과 을이 1, 2, 4, 8, 16, 32, 64, 128이라는 수열이 아닌 1, 3, 6, 9, 27, 81, 108, 243이라는 수열을 이용할 경우 갑이 을에게 같은 숫자를 전달하더라도 비밀번호가 여러 개로 해석될 수 있다.

① ㄱ   ② ㄷ   ③ ㄱ, ㄴ
④ ㄴ, ㄷ   ⑤ ㄱ, ㄴ, ㄷ

09.

다음으로부터 추론한 것으로 옳지 않은 것은?

> 갑, 을, 병, 정 네 팀이 풀리그제로 각각 한 번씩 맞붙는다. 경기는 반드시 승자와 패자가 나뉘며, 무승부나 재경기와 같은 변수는 없다. 그리고 경기의 승패에 따라 다음과 같이 승점을 얻는다.
>
> | 자신보다 점수가 높은 팀과 경기 | 승리 시 +30점 | 패배 시 -10점 |
> |---|---|---|
> | 자신과 점수가 같은 팀과 경기 | 승리 시 +20점 | 패배 시 -20점 |
> | 자신보다 점수가 낮은 팀과 경기 | 승리 시 +10점 | 패배 시 -30점 |
>
> 리그를 마친 후 각 팀의 라운드별 점수를 보았더니 다음과 같았다.
>
> | 구분 | 갑 | 을 | 병 | 정 |
> |---|---|---|---|---|
> | 시작 전 | 100 | 100 | 100 | 100 |
> | 1라운드 | 갑 vs. 을, 병 vs. 정 | | | |
> | 1라운드 이후 | 120 | 80 | | |
> | 2라운드 | 갑 vs. 병, 을 vs. 정 | | | |
> | 2라운드 이후 | | | | 90 |
> | 3라운드 | 갑 vs. 정, 을 vs. 병 | | | |
> | 최종 승점 | | 80 | | |

① 병의 최종승점은 100점이다.
② 가장 낮은 최종승점은 80점이다.
③ 모든 점수 중 최저 승점은 70점이다.
④ 2라운드 이후 갑과 병의 승점의 합은 190점이다.
⑤ 3라운드 갑과 정의 경기에서, 갑이 승리한다면 갑이 최종승점 순위 1위, 정이 승리한다면 정이 최종승점 순위 1위가 된다.

10.

㉠에 들어갈 내용으로 옳은 것은?

영희는 농도가 4%인 빨간색 용액, 농도가 7%인 노란색 용액, 농도가 10%인 파란색 용액을 갖고 있다. 영희가 갖고 있는 이 용액들의 양은 반드시 서로 같은 것은 아니다. 영희는 이 용액들을 섞어 새로운 색깔의 용액을 만들고 싶었다. 그래서 그녀는 각각의 용액을 1/3씩 세 컵에 나눠 담았고, 그 결과 용액을 담은 컵은 총 아홉 컵이 되었다. 서로 같은 색 용액을 담고 있는 세 컵의 경우 용량이 서로 같지만, 서로 다른 색 용액을 담고 있는 임의의 두 컵의 경우 용량이 서로 같은지 다른지를 알 수 없다. 우선 한 컵에 있는 빨간색 용액과 한 컵에 있는 노란색 용액을 섞어 보니 6%의 주황색 용액이 만들어졌다. 한편 한 컵에 있는 빨간색 용액과 한 컵에 있는 파란색 용액을 섞어 보니 8%의 보라색 용액이 만들어졌다. 만약 영희가 한 컵에 있는 빨간색 용액, 한 컵에 있는 노란색 용액, 한 컵에 있는 파란색 용액을 함께 섞는다면 만들어진 검정색 용액의 농도는 [㉠]이다. 이때 용액의 농도=(색소의 질량/용액의 질량)×100으로 계산한다.

① 7.0% ② 7.2% ③ 7.4%
④ 7.6% ⑤ 7.8%

11.

다음으로부터 추론한 것으로 옳은 것만을 <보기>에서 있는 대로 고른 것은?

갑, 을, 병 세 사람은 모두 운동에 자신이 있는 사람들이다. 어느 날 이들은 한자리에 모여 몇 가지 종목의 경기를 통해 누가 가장 운동을 잘하는지 알아보기로 하였다. 점수는 모두 자연수로 이루어져 있다.

갑의 부인인 A는 경기장에 잠깐 들러 마침 벌어진 탁구 경기에서 남편을 응원하였으며, 갑이 1등을 하는 것을 보고 다른 볼일이 있어 경기장을 떠나게 되었다. 볼일을 보고 돌아오는 길에 A는 을의 부인 B로부터 온 전화를 받아 다음과 같은 대화를 나누었다.

A : 우리 남편 갑이 탁구에서 우승하는 걸 봤어요.
B : 그렇군요. 저는 배드민턴 경기하는 것을 잠깐 봤지만, 끝까지 보지 못해 결과는 모르겠군요. 하지만 남편에게 전화가 왔는데, 병이 종합 우승을 했대요. 우리 남편과 당신의 남편 모두 최종 점수 9점을 받았는데, 두 사람의 최종 점수를 합해도 병의 최종 점수보다 적다는군요.
A : 그래요? 어떻게 점수를 매겼길래 그렇게 차이가 나는지, 저로서는 믿기 어렵군요.
B : 1, 2, 3등 각각에 다른 승점을 부여했대요. 물론 1등에게 제일 높은 점수를 주고 3등에 제일 낮은 점수를 주었고요.
A : 우리 남편이 배드민턴도 곧잘 치는데, 배드민턴 결과는 어땠어요?
B : 경기를 끝까지 보지 못해서 그건 모르겠어요.

─────< 보 기 >─────
ㄱ. 갑, 을, 병이 한 경기의 종목 수는 5개이다.
ㄴ. 배드민턴 경기에서 3등은 A의 남편 갑이다.
ㄷ. 씨름 경기가 있었을 경우, 2등은 B의 남편 을이다.

① ㄱ ② ㄴ ③ ㄱ, ㄷ
④ ㄴ, ㄷ ⑤ ㄱ, ㄴ, ㄷ

12.

다음으로부터 추론한 것으로 옳은 것만을 <보기>에서 있는 대로 고른 것은?

어떤 공장에서 A, B, C 의 세 가지 로봇을 사용하여 부품을 생산한다. A, B, C 로봇은 모두 완성된 부품을 만들어 내는 기능을 수행할 수 있으나 부품을 생산하는 효율은 서로 다르다. 이 공장에서는 이전까지 A, B, C 로봇을 모두 24시간 동안 가동하여 매일 30,000개의 부품을 생산하였다. 그런데 어느 날부터 이 세 대의 로봇 중 한 대가 고장이 나서 30,000개의 부품을 생산하는 데 36시간이 필요하게 되었다. 이전에 A 로봇이 고장 나서 B, C 로봇만을 사용할 때는 30,000개의 부품을 생산하는 데 48시간이 소요되었다. 공장장은 이번에 고장 난 로봇은 폐기처분하고 A, B, C 중 한 대를 더 구매하여 이전에 A, B, C 세 가지 로봇을 동시에 사용할 때보다 더 높은 효율로 부품을 생산하기를 원한다.

─────<보 기>─────

ㄱ. 이번에 고장 난 로봇은 A 로봇보다는 작업 효율이 낮다.
ㄴ. 공장장이 원하는 목적을 달성하기 위해 구매할 수 있는 로봇은 두 가지이다.
ㄷ. 이번에 고장 난 로봇과 A 로봇을 함께 사용하여 30,000개의 부품을 생산하려 한다면 A, B, C 세 가지 로봇을 동시에 사용할 때보다 20%의 시간이 더 소모된다.

① ㄱ 　　② ㄴ 　　③ ㄱ, ㄴ
④ ㄱ, ㄷ 　　⑤ ㄱ, ㄴ, ㄷ

13.

다음으로부터 추론한 것으로 옳은 것만을 <보기>에서 있는 대로 고른 것은?

만취한 사람이 술집에서 비틀거리면서 나와 인도로 들어선다. <그림>과 같이 인도가 형성되어 있으며, 왼쪽 끝에 술집 건물의 벽이, 오른쪽 끝에 도랑이 있다. 이 사람은 인도의 정중앙에서 비틀거리고 있으며, 한 번 비틀거릴 때마다 왼쪽이나 오른쪽 방향으로 1.5m씩 걷는다. 인도의 길이는 9m이고, 술집 건물은 인도에 포함되지 않는다. 만약 그가 인도의 왼쪽 끝에 도달할 경우 술집 건물의 벽에 막히게 되며, 이 상태에서 왼쪽으로 걸을 경우 같은 장소에서 움직이지 않는다. 한편 그가 인도의 오른쪽 끝에 도달할 경우 도랑에 빠지게 되는데, 이 경우 그는 정신을 잃게 되어 더 이상 걷지 못한다.

<그림>

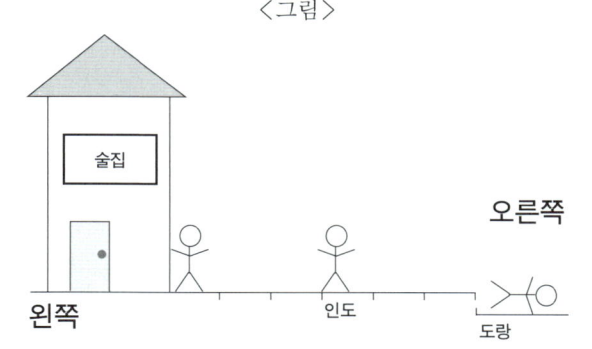

─────<보 기>─────

ㄱ. 만취한 사람이 <그림>의 인도 정중앙에서 출발하는 경우, 이 사람이 3번째 비틀거릴 때 도랑에 빠질 확률은 1/8이다.
ㄴ. 만취한 사람이 <그림>의 인도 정중앙에서 출발하는 경우, 이 사람이 4번째 비틀거릴 때 도랑에 빠지는 경우는 없지만, 5번째 비틀거릴 때 도랑에 빠지는 확률은 3/8이다.
ㄷ. 만취한 사람이 <그림>의 인도 왼쪽 끝에서 출발하든, 인도 정중앙에서 출발하든, 오른쪽으로 걸은 횟수가 5번, 왼쪽으로 걸은 횟수가 3번일 때 이 사람이 도랑에 빠지는 경우는 없다.

① ㄱ 　　② ㄴ 　　③ ㄷ
④ ㄱ, ㄴ 　　⑤ ㄱ, ㄷ

14.

다음으로부터 추론한 것으로 옳은 것만을 <보기>에서 있는 대로 고른 것은?

안이 보이지 않는 상자에 70개의 구슬이 들어 있다. 상자에서 임의로 하나의 구슬을 꺼내려고 하는데, 나올 확률은 모든 구슬이 동일하다. 상자에 들어 있는 구슬은 파란 구슬이거나 빨간 구슬인데, 파란 구슬이 빨간 구슬보다 10개 더 많다. 빨간 구슬의 절반은 투명한 구슬이고, 나머지는 불투명한 구슬이다. 파란 구슬 중 불투명한 구슬은 투명한 구슬의 3배수이다. 빨간 구슬 중 흠집이 난 구슬은 흠집이 나지 않은 구슬의 2배수이다. 파란 구슬은 흠집이 난 것과 나지 않은 것의 개수가 같다. 불투명한 파란 구슬은 흠집 난 것이 흠집이 나지 않은 것의 2배수이다. 투명한 빨간 구슬은 흠집이 난 것이 흠집이 나지 않은 것보다 1개 더 많다.

───────〈보 기〉───────
ㄱ. 투명한 파란 구슬은 흠집이 없는 구슬일 것이다.
ㄴ. 흠집 있는 구슬이 나올 확률이 흠집 없는 구슬이 나올 확률보다 높다.
ㄷ. 투명한 구슬이 나왔다면, 흠집이 있을 확률이 흠집이 없을 확률보다 높다.

① ㄱ   ② ㄷ   ③ ㄱ, ㄴ
④ ㄴ, ㄷ   ⑤ ㄱ, ㄴ, ㄷ

15.

다음으로부터 추론한 것으로 옳은 것만을 <보기>에서 있는 대로 고른 것은?

1년 365일 문을 닫지 않는 X마트가 1월 1일부터 적용되는 근무 규정을 다음과 같이 발표했다. X마트의 모든 직원은 A조 또는 B조에 속한다.

〈근무 규정〉
(1) A조는 하루 일하고 하루 쉰다.
(2) B조는 사흘 일하고 이틀 쉰다.
(3) A조와 B조가 동시에 쉬게 되는 경우, 그 전날까지 각 조가 쉰 횟수를 비교하여 더 많이 쉰 조가 일한다.
(4) (3)의 경우 A, B조가 그 전날까지 쉰 횟수가 같다면, 가장 최근에 쉰 조가 일한다.
(5) (3) 또는 (4)로 인해 쉬지 못했더라도 쉰 것으로 간주하고 규정 (1), (2)를 적용한다. 가령 어떤 날 A조가 규정 (3) 때문에 쉬지 못했더라도, 그다음 날부터 다시 하루를 더 일한 후에 하루를 쉴 수 있다.
(6) 규정 (3), (4)의 적용 시 '쉰 횟수'는 실제로 쉰 날만을 기준으로 한다.

───────〈보 기〉───────
ㄱ. 규정 적용 10일째 되는 날은 A조가 쉬고 20일째 되는 날은 B조가 쉰다.
ㄴ. A조가 규정 (4) 때문에 쉬지 못하는 경우는 없다.
ㄷ. 규정 적용 365일째가 되는 날 A, B조의 쉰 날을 비교하면 A조가 더 많을 것이다.

① ㄱ   ② ㄷ   ③ ㄱ, ㄴ
④ ㄴ, ㄷ   ⑤ ㄱ, ㄴ, ㄷ

16.

㉠에 들어갈 내용으로 옳은 것은?

연속된 파장으로 구성된 빛을 기체 상태로 존재하는 원자에 쬔 후 이 빛을 분광기로 분석하면 스펙트럼에서 검은색 선이 나타나는 것이 관찰된다. 이를 흡수 스펙트럼이라고 하는데 흡수 스펙트럼의 검은색 선은 원자가 빛의 파장 중 일부를 흡수하였기 때문에 나타나는 것이다. 그런데 각 원자들은 원자마다 고유한 흡수 스펙트럼을 가지고 있어 특정 물질을 통과한 빛의 흡수 스펙트럼을 조사하면 그 물질을 구성하는 원자를 밝혀낼 수 있다. 예를 들어 구성성분을 알 수 없는 물질과 원자 X, Y의 흡수 스펙트럼이 <그림1>과 같다고 가정하자.

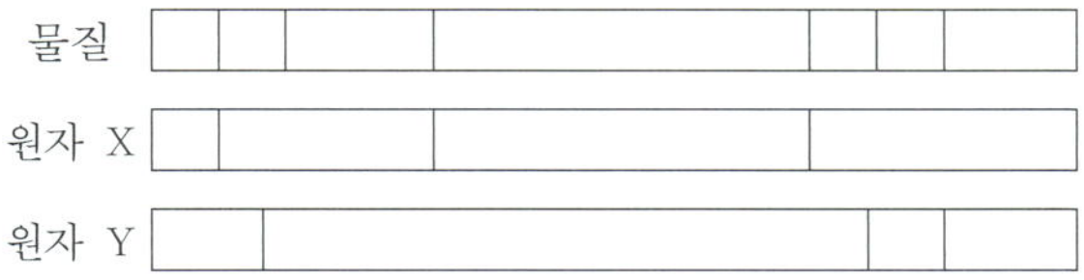

<그림1> 물질, 원자 X, 원자 Y의 흡수 스펙트럼

<그림1>과 같은 물질의 흡수 스펙트럼에서는 원자 X와 Y의 흡수 스펙트럼에서 볼 수 있는 것과 동일한 검은색 선이 나타나므로 이 물질은 원자 X와 Y로 구성되어 있다는 사실을 알 수 있게 되는 것이다.

과학자 갑은 기체 상태의 물질 P, Q, R에 각각 빛을 쬐어 <그림2>와 같은 흡수 스펙트럼을 얻었다.

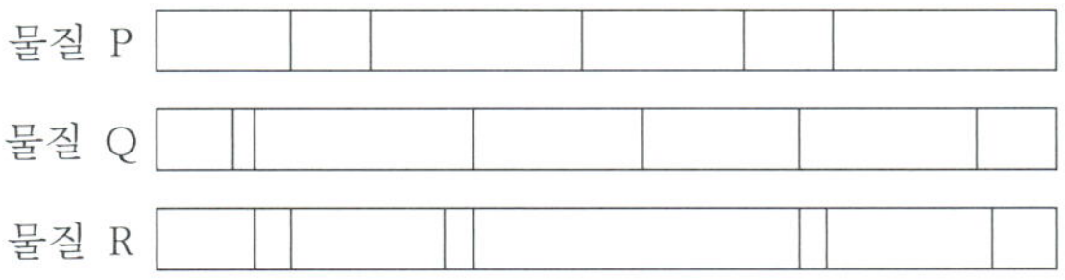

<그림 2> 물질 P, Q, R의 흡수 스펙트럼

그리고 물질 P, Q, R을 구성하고 있는 원자에 대해서는 다음과 같은 사실이 알려져 있다.

(가) 물질 P, Q, R을 구성하는 원자들의 흡수 스펙트럼을 분석하면 원자별로 2개 또는 3개의 검은색 선이 나타난다.
(나) 물질 P, Q, R을 구성하는 원자들 중 서로 다른 종류의 원자들의 흡수 스펙트럼에서 나타나는 검은색 선의 위치가 같은 경우는 없다.

이때 물질 P, Q, R을 각각 구성하고 있는 원자는 모두 [㉠] 종류이다.

① 4 ② 5 ③ 6
④ 7 ⑤ 8

17.

다음 글을 읽고 추론한 것으로 옳은 것을 <보기>에서 있는 대로 고른 것은?

지난 10년간 극심한 가뭄으로 인하여 농업생산량이 크게 감소하였고 시민들의 영양상태가 매우 심각한 수준입니다. 현재까지 우리 로마제국의 인구 및 인구구성의 변화는 없는 가운데 인구 전체의 평균 신장은 1파수스 10웅키아로 나타났고 이는 10년 전인 1파수스 1페이스 1웅키아에 비하여 무려 3웅키아가 감소한 수치입니다. 이러한 신장의 감소는 인구의 8할을 차지하는 평민계급에서 더욱 극심하게 나타나 10년 전에 비하여 평민계급의 평균신장은 5웅키아가 감소하여 1파수스 4웅키아에 불과하고, 심한 경우는 신장이 인구 전체 평균신장보다 16웅키아나 작은 4페이스 6웅키아인 경우도 있습니다.

한편 인구의 1할을 각각 차지하는 군인계급과 귀족계급의 경우 반대로 신장이 커졌습니다. 군인계급의 경우 10년 전에 비하여 3웅키아나 평균신장이 증가하여 1파수스 2페이스 6웅키아에 육박합니다. 평민들의 안정적인 삶을 위하여 군인 및 귀족에게 지급되고 있는 곡식을 일정 부분 평민에게 배분할 필요가 있습니다.

<보 기>

ㄱ. 1파수스 1페이스는 72웅키아에 해당한다.
ㄴ. 현재 평균신장이 가장 큰 계급은 군인계급이다.
ㄷ. 귀족계급의 평균신장은 10년 전에 비하여 7웅키아가 증가하였다.

① ㄱ ② ㄴ ③ ㄱ, ㄷ
④ ㄴ, ㄷ ⑤ ㄱ, ㄴ, ㄷ

18.

㉠에 들어갈 내용으로 옳은 것은?

일곱 개의 도시 A, B, C, D, E, F, G는 서로 도로를 통해 직접 연결이 가능한 경우도 있고, 직접 연결이 불가능한 경우도 있다. 직접 연결이 가능한 도시 간의 거리가 아래 〈표〉와 같이 주어져 있다(단위 생략). 빈칸은 도시 간 직접 연결이 불가능함을 의미한다.

	A	B	C	D	E	F	G
A		2				4	3
B	2		3				
C		3					6
D					3		3
E				3		5	
F	4				5		3
G	3		6	3		3	

직접 연결이 가능한 도시 간에 도로를 놓아, 도로를 이용하여 모든 도시를 왕래할 수 있도록 하고자 한다. 이것을 가능하게 하는 최소한의 전체 도로 길이는 (가)이다. 한편 F와 E 사이에는 반드시 도로가 깔려야 한다는 조건이 추가될 경우, 도로의 최소길이는 (나)이다. 이때 (가)+(나)의 값은 ㉠ 이다.

① 32 ② 33 ③ 34
④ 35 ⑤ 36

19.

아내가 했던 질문들의 조합으로 가능한 것을 바르게 짝지은 것은?

아내와의 결혼기념일에 깜짝 선물을 준비한 갑은 공항 앞에 있는 물품보관소에 아내에게 줄 선물을 넣어두었다. 그 물품보관소는 1번부터 100번까지의 보관함이 있었는데 갑의 아내는 아래 〈질문〉 중 3번만을 질문하여 그 보관함의 번호를 알아낼 수 있었다.

〈질문〉
ⓐ 3의 배수인가?
ⓑ 홀수인가?
ⓒ 4의 배수인가?
ⓓ 동일한 숫자가 반복되는가?
ⓔ 두 자리로 구성된 수인가?
ⓕ 10의 자리 숫자가 1의 자리 숫자보다 더 큰 수인가?
ⓖ 10의 자리 숫자와 1의 자리 숫자가 모두 홀수이거나 짝수인가?
ⓗ 30보다 큰 수인가?
ⓘ 50보다 작은 수인가?
ⓙ 70보다 작은 수인가?

① ⓐ, ⓑ, ⓓ ② ⓑ, ⓓ, ⓘ ③ ⓐ, ⓔ, ⓗ
④ ⓒ, ⓓ, ⓕ ⑤ ⓒ, ⓖ, ⓙ

20.

다음으로부터 추론한 것으로 옳은 것만을 <보기>에서 있는 대로 고른 것은?

법무부에 근무하는 김 서기관은 자가용으로 출퇴근을 한다. 김 서기관의 집에서 사무실까지 자가용으로 가는 방법에는 다음과 같이 세 가지 노선이 있다. ⓐ 외곽순환로를 이용하는 방법, ⓑ 도시고속도로를 이용하는 방법, ⓒ 도심을 통과하는 방법이 있다. 김 서기관의 집에서 사무실까지 자가용으로 갈 때 걸리는 시간은 다음과 같은 공식에 따라 도출할 수 있다. 단, 김 서기관은 집에서 사무실까지 갈 때 걸리는 시간이 가장 짧은 노선을 택한다.

$T = (D/S) + (L \times N)$

※ T는 집에서 사무실까지 가는 데 걸리는 시간(분)

※ D는 집에서 사무실까지의 거리(km)

※ S는 평균 속도(km/h)

※ L은 평균 신호대기 시간(분)

※ N은 목적지까지의 신호등 수(개)

	왕복거리 (km)	평균 속도 (km/h)	평균 신호대기 시간(분)	집에서 사무실까지의 신호등 수(개)
ⓐ	80	80	3	10
ⓑ	60	60	4	8
ⓒ	40	40	3	12

─────〈보 기〉─────

ㄱ. 최단시간 노선은 ⓑ이며, ⓑ의 T는 62분이다.

ㄴ. 만약 ⓐ노선에 폭설이 내려 평균 속도가 60km/h로 낮아진다면, 김 서기관은 ⓑ노선을 택할 것이다.

ㄷ. 만약 ⓐ노선에 신호등이 3개 늘어나고, ⓑ노선에 도로공사가 있어 평균 속도가 40km/h로 낮아진다면, 김 서기관은 ⓒ노선을 택할 것이다.

① ㄱ   ② ㄷ   ③ ㄱ, ㄴ

④ ㄴ, ㄷ   ⑤ ㄱ, ㄴ, ㄷ

21.

다음으로부터 추론한 것으로 옳은 것은?

갑과 을이 낚시터의 소유권을 두고 내기를 벌이기로 하였다. 낚시터에는 x마리의 참붕어와 그 2배수($2x$)의 황쏘가리와 단 한 마리의 가물치가 살고 있다. 갑과 을은 낚시를 통해 가물치를 먼저 낚는 사람이 낚시터를 소유하기로 합의하였다. 단 낚시 기술이 내기에 영향을 미치지 않도록 하기 위해 한 사람씩 번갈아 같은 조건에서 낚시를 하기로 하였고, 어떤 종류의 물고기든 한 마리를 잡을 때까지 상대방은 옆에서 가만히 지켜보기로 하였다. 두 사람 가운데 한 사람이 가물치를 잡으면 더 이상 낚시를 하지 않고 내기를 끝마치기로 합의하였다.

누가 먼저 낚시를 시작할 것인지를 정하는 데 있어 갑은 가물치를 처음에 잡을 수도 있으므로 먼저 하는 것이 무조건 유리하다는 판단에 먼저 낚시하기를 원했다. 을은 개체수가 더 많은 가운데 한 마리뿐인 가물치를 낚는 것이 확률적으로 낮다는 판단에 나중에 낚시하기를 원했다. 따라서 두 사람은 다툼 없이 자연스런 합의하에 갑이 먼저 낚시를 하는 것으로 내기를 시작할 수 있었다.

① 먼저 하는 사람이 이길 확률이 항상 높기에 갑이 유리하다.

② 먼저 하는 사람이 이길 확률이 높거나 같기에 갑이 유리하다.

③ 먼저 하는 것과 나중에 하는 것의 승패 확률이 같기에 누구도 더 유리하지 않다.

④ 먼저 하는 사람이 이길 확률이 낮거나 같기에 을이 유리하다.

⑤ 먼저 하는 사람이 이길 확률이 항상 낮기에 을이 유리하다.

22.

다음으로부터 추론한 것으로 옳은 것만을 <보기>에서 있는 대로 고른 것은?

> 5명의 사람 A, B, C, D, E는 평균 182만 원의 수당을 받는다. 이들 가운데 B와 C의 수당은 같다. E는 D보다 6만 원 더 받으며, D는 C보다 2만 원 더 받는다.

―――――――――〈보 기〉―――――――――

ㄱ. B와 C의 수당 평균이 176만 원이라면, A가 가장 많은 수당을 받는다.
ㄴ. B의 수당이 180만 원은 넘고 182만 원에 미치지 못한다면, A는 가장 적은 수당을 받는다.
ㄷ. A가 가장 적은 수당을 받으며 E와 A의 수당 차이가 13만 원이라면, 이들 가운데 두 번째로 많은 수당을 받는 사람은 183만 원을 받는다.

① ㄱ   ② ㄷ   ③ ㄱ, ㄴ
④ ㄴ, ㄷ   ⑤ ㄱ, ㄴ, ㄷ

MEMO

23.

다음으로부터 추론한 것으로 옳은 것만을 <보기>에서 있는 대로 고른 것은?

A, B, C, D 4개의 상자가 있다. A상자에는 오각형 모양의 종이가 5개, 사각형 모양의 종이가 4개, 삼각형 모양의 종이가 3개, 동그라미 모양의 종이가 2개, 별 모양의 종이가 1개 들어 있고, B상자에는 반대로 오각형, 사각형, 삼각형, 동그라미, 별 모양의 종이가 순서대로 1개, 2개, 3개, 4개, 5개가 들어있다. A, B상자에서 동시에 종이 한 장씩을 꺼낸다. 만약 꺼낸 종이가 서로 다른 모양이면 다시 원래의 상자에 넣고 다시 꺼내는 조작을 같은 모양이 나올 때까지 반복한다. 그렇게 해서 같은 모양의 종이가 나오면 그 2장의 종이를 빈 C상자로 옮긴다. C상자에 2장의 종이가 채워지면 그 다음에는 B, C상자에서 각각 하나씩 종이를 꺼낸다. 마찬가지로 그 두 종이가 같은 모양인 경우 그것을 빈 D상자로 옮긴다. 반면 다른 모양인 경우 B상자에서 꺼낸 것은 다시 B상자에 집어넣고, C상자에 있던 2개의 종이는 다 꺼내서 원래 있던 A, B상자에 각각 1개씩 집어넣어서 다시 처음 상태로 만든다. 그리고 여기서부터 다시 A, B상자에서 종이를 꺼내기 시작해서 위 과정을 반복한다.

─────<보 기>─────

ㄱ. D상자에 사각형의 종이가 들어있다면, B상자에는 사각형의 종이가 한 장도 들어있지 않을 것이다.
ㄴ. D상자에서 발견될 확률이 가장 높은 것은 삼각형 모양이다.
ㄷ. D상자에는 5가지의 모양이 모두 나올 수 있다.

① ㄱ   ② ㄴ   ③ ㄱ, ㄷ
④ ㄴ, ㄷ   ⑤ ㄱ, ㄴ, ㄷ

24.

다음으로부터 추론한 것으로 옳은 것만을 <보기>에서 있는 대로 고른 것은?

A국가는 갑, 을, 병, 정, 무, 기 여섯 부족으로 구성되어 있다. 여섯 부족 중 어떤 부족들은 호전적이고 나머지 부족들은 평화적이다. 호전적인 부족은 이웃국가와의 전쟁 여부를 결정하는 투표에서 항상 전쟁에 찬성하고 평화적인 부족은 항상 전쟁에 반대한다. 투표는 부족의 장이 대표로 참석하고, 투표에 참석하면 반드시 찬성 또는 반대의 투표를 하며, 투표에 참석한 부족 장들의 투표수 중 전쟁에 대한 찬성표수가 50% 이상일 경우에는 전쟁이 시작된다. 다음 <표>는 A국가의 이웃국가 B, C, D, E와의 전쟁에 대한 투표 결과다.

<표>

구분	갑	을	병	정	무	기	투표 결과
B국가와의 전쟁	불참	참석	불참	참석	불참	불참	전쟁이 시작 안 됨
C국가와의 전쟁	불참	불참	참석	불참	참석	불참	전쟁이 시작됨
D국가와의 전쟁	참석	참석	참석	참석	불참	불참	전쟁이 시작됨
E국가와의 전쟁	참석	참석	참석	참석	참석	참석	

─────<보 기>─────

ㄱ. 부족 '병'은 호전적인 부족이다.
ㄴ. B국가와의 전쟁에 대한 투표에서 부족 '을'과 '정' 모두 전쟁에 반대한 것은 아니다.
ㄷ. 부족 '기'가 호전적이든 평화적이든 E국가와의 전쟁에 대한 투표 결과 전쟁이 시작될 것이다.

① ㄱ   ② ㄴ   ③ ㄱ, ㄴ
④ ㄱ, ㄷ   ⑤ ㄴ, ㄷ

25.

다음으로부터 추론한 것으로 옳지 않은 것은?

M 서점은 오픈 4주년을 맞아 경품 행사를 하기로 하였다. 오픈 기념일에 서점을 찾은 고객 중 구매순으로 1등부터 4등까지 상품을 증정하기로 하였는데, 1, 2, 3등은 문화상품권 5장씩, 4등은 특별히 문화상품권 50장을 증정하기로 했다. 이 소식을 들은 학생 갑, 을, 병, 정, 무, 기 6명이 아침 일찍 M 서점을 찾은 결과 이들 중 4명이 문화상품권을 받는 데 성공하였다. 이와 관련하여 아래와 같은 사실들이 알려져 있다.

○ 고객들은 A 대학교 또는 B 대학교 학생이다.
○ 2명의 고객은 남학생이며, 4명은 여학생이다.
○ 남학생은 모두 경품을 받았는데, 그 중 1명은 B 대학교 학생이다.
○ B 대학교 학생 중 1명만 문화상품권을 받았다.
○ 갑과 병은 정보다 빨리 책을 구매했고, 정은 을과 무보다 빨리 책을 구매했다.
○ 갑과 병은 A 대학교에 다닌다.

① 갑은 문화상품권 5장을 받았다.
② 을이 남학생이라면 을은 네 번째 구매자이다.
③ 을, 무, 기 세 사람 중 적어도 한 사람은 남학생이다.
④ 정이 문화상품권 50장을 받았다면 을과 무는 모두 여학생이다.
⑤ 병이 세 번째로 구매를 했다면, 무는 문화상품권을 받지 못했다.

26.

다음으로부터 추론한 것으로 옳은 것만을 <보기>에서 있는 대로 고른 것은?

어느 지역의 원주민들은 태어날 때부터 모든 겉모습을 중성화하여 겉으로 보아서는 성별을 구별하기 어렵게 되어 있다. 그러나 이들에게는 특이한 관습이 하나 있는데 그것은 남성 원주민들은 항상 거짓말만 하고 여성 원주민들은 항상 진실만을 이야기 하는 것이다. 한 탐험가가 이 지역을 탐방하여 A, B, C, D, E 5명의 원주민들을 인터뷰한 후 이들의 성별을 추론해 보려 한다. 원주민들의 진술은 다음과 같다.

○ A : 나는 항상 진실만을 말한다.
○ B : A의 말은 거짓이다.
○ C : A는 여성이다.
○ D : 인터뷰한 사람 중 여성은 3명이다.
○ E : D의 말은 참이다.

―――――〈보 기〉―――――
ㄱ. D와 E는 같은 성별이다.
ㄴ. 5명 중 여성이 될 수 있는 사람은 최대 3명이다.
ㄷ. B가 여성일 경우 다른 사람들은 모두 남성이다.

① ㄱ   ② ㄴ   ③ ㄱ, ㄴ
④ ㄱ, ㄷ   ⑤ ㄴ, ㄷ

27.

다음으로부터 추론한 것으로 옳은 것만을 <보기>에서 있는 대로 고른 것은?

A조, B조, C조의 인원은 합해서 모두 10명이다. A조 구성원은 항상 참말만을 이야기하고, B조 구성원은 항상 거짓말만을 이야기하고, C조 구성원은 참말을 이야기하기도 하고 거짓말을 이야기하기도 한다. A조, B조, C조의 인원수는 서로 다르지만, 각각 적어도 1명씩은 있다. 각 조로부터 1명씩의 대표를 선발하였고 그들이 아래와 같이 말하였다. 진술의 순서가 A조 대표, B조 대표, C조 대표가 말한 순서는 아니다.

ㅇ 나는 B조이거나, B조와 C조의 인원수를 곱하면 12이다.
ㅇ 나는 B조이거나, A조와 B조의 인원수를 합하면 6이다.
ㅇ B조는 적어도 2명 이상이다.

<보 기>

ㄱ. A조의 인원수는 총 5명이고, B조의 인원수는 총 1명이다.
ㄴ. C조 대표는 거짓말을 하였다.
ㄷ. B조 대표는 자신이 B조라는 진술만은 참으로 말하였다.

① ㄱ   ② ㄷ   ③ ㄱ, ㄴ
④ ㄴ, ㄷ   ⑤ ㄱ, ㄴ, ㄷ

28.

다음으로부터 추론할 때, 최종적으로 B에서 잠을 자는 사람의 수는?

갑, 을, 병 세 부족의 사람 90명이 한 데 모였는데, 부족원의 숫자는 각각 다르다. 이들은 A, B, C 세 곳의 집에서 잠을 자는데, 갑 부족은 A에서 살면서 늘 참인 말을 한다. 을 부족은 B에서 살면서 늘 참이 아닌 말만 한다. 병 부족은 C에서 사는데, 병 부족이 "우리는 갑 부족"이라고 말하면, 그날 그렇게 말한 병 부족원들은 갑 부족이 되고, 을 부족이라고 말하면 을 부족이 되며, 병 부족이라고 말하면 병 부족이 된다. 어느 날 이들 90명이 30명으로 구성된 세 개 조로 나뉘어 각 조가 A, B, C 세 곳 중 한 곳에서 잠을 자기로 했는데, 한 조는 같은 부족의 사람들로만 구성되었고, 다른 조는 15명씩 두 개의 부족원들이 한 조를 이루고 있었으며, 나머지 한 개 조는 10명씩 세 개의 부족민이 모두 섞여 있었다. 이들은 모두 다음과 같은 참인 말을 했다.

ㅇ 첫 번째 조 사람들 : "우리는 모두 갑 부족이다."
ㅇ 두 번째 조 사람들 : "우리는 모두 을 부족의 사람들이다."
ㅇ 세 번째 조 사람들 : "우리는 모두 병 부족의 사람들이다."

① 25명   ② 30명   ③ 40명
④ 55명   ⑤ 70명

29.

다음으로부터 추론한 것으로 옳은 것만을 <보기>에서 있는 대로 고른 것은?

어느 대학의 한 과에서 과대표 선출을 앞두고 있다. 과대표 후보로는 '갑', '을', '병', '정' 4명이 있다. 이 학과의 과대표 선출방식은 특이하게도 과대표 후보들 간의 서로에 대한 지지도를 바탕으로 가장 많은 지지를 받은 후보가 대표가 되는 방식을 사용하고 있다. 각 후보는 1명씩 차례대로 나와 자신이 지지하는 후보를 지명하는데, 스스로가 자신을 지지할 수는 없으며 자신 이외의 후보들은 다수로 지지해도 된다고 한다. 단, 아무도 지지하지 않는 것은 허용되지 않는다. 가장 많은 지지를 받은 사람이 복수로 존재할 때는 과대표 선거가 연기된다.

'갑' 후보는 평소 마당발로 소문이 나 있어 다른 후보들과 두루 친하기 때문에 나머지 세 후보 모두를 지지한다고 밝혔다. '을'과 '병'은 얼마 전 크게 다투었기 때문에 서로를 지지하지 않는다고 한다. '정'은 평소 마당발인 '갑'을 시기하여 '갑'은 지지하지 않는다고 한다.

<보 기>

ㄱ. 이번 선거 기회에서는 '갑'이 당선될 가능성은 없다.
ㄴ. 다른 후보 모두에게 지지를 받을 수 있는 사람은 '정'뿐이다.
ㄷ. '을'과 '병'이 다른 후보를 1명씩만 지지하며, 그 두 후보는 서로 다른 사람임이 밝혀진다면 '정'이 당선된다.

① ㄱ 　　　② ㄷ 　　　③ ㄱ, ㄴ
④ ㄴ, ㄷ 　　　⑤ ㄱ, ㄴ, ㄷ

30.

다음으로부터 추론한 것 중, 가능한 조합이 아닌 것은?

갑, 을, 병, 정 네 사람이 함께 야유회를 갔는데, 이들은 각각 순서와 상관없이 빨간색, 파란색, 노란색, 검정색의 옷을 입고 있으며, 역시 순서와 상관없이 각각 모자, 안경, 시계, 가방을 착용하고 있다. 이들의 모습에 대해 알려진 정보는 다음과 같다.

○ 검정색 옷을 입은 사람은 모자 혹은 시계를 착용하고 있다.
○ 가방을 착용한 사람은 노란색 혹은 파란색 옷을 입고 있다.
○ 을은 빨간색 옷을 입고 있다.
○ 안경을 착용한 사람은 정이다.

	갑	을	병	정
①	가방	모자	시계	노란색 옷
②	모자	시계	노란색 옷	파란색 옷
③	노란색 옷	시계	모자	파란색 옷
④	파란색 옷	시계	가방	노란색 옷
⑤	검정색 옷	모자	파란색 옷	노란색 옷

31.

다음으로부터 추론한 것으로 옳은 것만을 <보기>에서 있는 대로 고른 것은?

변환기 X와 변환기 Y가 있고, 각 변환기에 왼쪽부터 오른쪽으로 세 문자 (a, b, c)가 쓰여 있는 카드를 삽입하면 변환된 문자가 쓰여 있는 새로운 카드가 나오게 된다. 문자의 변환에는 일정한 룰이 있다. 우선 변환 전의 카드에 쓰인 문자 수와 변환 후의 카드에 쓰인 문자 수는 같고, 또한 문자를 변환해도 a, b, c 이외에는 변환되지 않는다. 세 문자가 쓰인 카드를 같은 변환기에 삽입하면 변환된 문자가 쓰인 카드가 나온다. 카드에 쓰인 문자가 어떻게 변환되는지는 그 문자의 종류가 a, b, c 중 어느 것인지, 그리고 그 문자가 왼쪽, 즉 앞에서부터 몇 번째 칸에 있는지에 따라 결정된다. 다만 같은 위치의 동일 문자라도 변환 결과가 동일하지 않은 경우가 있다.

변환된 문자가 카드 전체 중에서 앞에서부터 몇 번째가 되는지는 변환 전 문자의 카드 전체 중에서의 앞에서부터의 순서와 같다. 예를 들어 a가 카드의 맨 앞칸에 쓰여 있는 경우 변환된 문자 또한 카드의 맨 앞칸에 쓰여 있는 식이다.

각 변환기에 카드를 삽입하고, 나온 카드를 같은 변환기에 거듭 삽입하는 실험을 몇 회 반복했더니 다음처럼 변환되었다. 변환기 Y와 달리 변환기 X의 경우 두 가지 변환 경로가 발견되었다. 그리고 아래 실험에 쓰인 카드와 동일한 문자 및 배열을 가진 카드를 변환기에 삽입한 경우 반드시 해당 변환 경로의 변환 결과를 따르고, 그렇지 않은 경우 변환 경로별 변환 결과가 섞일 수 있다.

변환기 X

	변환 전	1번째 변환	2번째 변환	3번째 변환	4번째 변환
i)	(a,a,a)	(b,b,c)	(c,a,b)	(b,b,c)	(c,a,b)
ii)	(a,b,c)	(b,c,b)	(c,b,a)	(b,c,b)	(c,b,a)

변환기 Y

	변환 전	1번째 변환	2번째 변환	3번째 변환	4번째 변환
i)	(c,c,a)	(a,a,b)	(b,b,c)	(c,a,a)	(a,b,b)

―――――< 보 기 >―――――

ㄱ. (c, b, b)라고 쓰인 카드를 우선 변환기 X에 삽입하고, 나온 카드를 변환기 Y에 삽입하면 변환기 Y로부터 나온 카드에 쓰인 문자 조합으로 (c, a, c)가 나올 수 있다.

ㄴ. (c, c, b)라고 쓰인 카드를 우선 변환기 Y에 삽입하고, 나온 카드를 변환기 X에 삽입하면 변환기 X로부터 나온 카드의 두 번째, 세 번째에 쓰인 문자는 모두 b이다.

ㄷ. (c, b, a)라고 쓰인 카드를 변환기 X 또는 Y에 삽입하고, 나온 카드를 변환기 X 또는 Y에 삽입하는 경우, 마지막에 나온 카드에 쓰인 문자의 조합으로 (b, a, c)가 나올 수 있다.

① ㄱ,　　　　② ㄴ　　　　③ ㄱ, ㄷ
④ ㄴ, ㄷ　　　⑤ ㄱ, ㄴ, ㄷ

32.

다음으로부터 추론한 것으로 옳은 것만을 <보기>에서 있는 대로 고른 것은?

A부터 E까지 5가지 종류의 레이저를 동시에 쏘는 장치가 있다. 이 중 한 종류의 레이저만을 사용하기 위해, (가)부터 (마)까지 다섯 종류의 필터를 사용한다. 각각의 레이저는 특정한 필터를 통과할 수 없는데, 이는 다음과 같다.

○ 모든 레이저는 각각 두 종류의 필터를 통과한다.
○ 필터 (가)는 레이저 B와 C만 통과한다.
○ 필터 (나)는 레이저 D와 E만 통과한다.
○ 레이저 B와 C는 필터 (다)를 통과할 수 없다.
○ 레이저 A와 B는 필터 (라)를 통과할 수 없다.
○ 각각의 필터는 3가지 종류의 레이저를 통과시키지 않는다.

―――――< 보 기 >―――――

ㄱ. 한 종류의 레이저만을 사용하기 위해서는 반드시 두 종류의 필터가 필요하다.

ㄴ. 필터 (다)와 필터 (라)를 동시에 사용한다면, 모든 레이저를 통과시키지 않을 것이다.

ㄷ. 필터 (나)와 필터 (라)를 동시에 사용했더니 레이저 D만 통과한다면, 필터 (다)와 필터 (마)를 동시에 사용할 경우 레이저 E만 통과할 것이다.

① ㄱ　　　　　② ㄷ　　　　　③ ㄱ, ㄴ
④ ㄴ, ㄷ　　　⑤ ㄱ, ㄴ, ㄷ

33.

다음으로부터 추론한 것으로 옳은 것만을 <보기>에서 있는 대로 고른 것은?

K국의 수구 리그는 3부로 운영된다. 1부는 2부와 3부보다, 2부는 3부보다 상위 리그이다. 경기 결과에 따른 승점 가감 방식은 다음과 같다.

<승점 가감 방식>
(1) 상위 리그의 팀이 승리하면 승점 1점을 얻고 무승부이면 1점을 잃으며 패배하면 3점을 잃는다.
(2) 동일 리그의 팀이 승리하면 승점 2점을 얻고 무승부이면 0점을 얻으며 패배하면 2점을 잃는다.
(3) 하위 리그의 팀이 승리하면 승점 3점을 얻고 무승부이면 1점을 얻으며 패배하면 1점을 잃는다.

<사실관계>
여섯 개의 팀 A, B, C, D, E, F는 두 팀씩 같은 리그에 속해 있다. A, B, C는 모두 다른 리그에 속해 있고 A는 F보다 상위 리그에 속해 있다. 시즌 시작 후 각 팀이 두 경기씩 치른 가운데 D가 승점 4점을 얻었고, C는 2점을 얻었다. 경기 결과는 다음과 같다. 가령 A는 D를 상대로 무승부, F를 상대로 승리를 기록했다.

시합	A		B		C	
	상대팀	결과	상대팀	결과	상대팀	결과
1	D	무	D	패	E	승
2	F	승	E	무	F	패

─────────<보 기>─────────
ㄱ. 승점이 0점인 팀이 있다.
ㄴ. B와 C가 얻은 승점은 같다.
ㄷ. 상위 리그일수록 그에 속한 팀들이 획득한 승점이 높다.

① ㄱ
② ㄴ
③ ㄱ, ㄷ
④ ㄴ, ㄷ
⑤ ㄱ, ㄴ, ㄷ

34.

다음으로부터 (가)~(마)국과 A~E국을 바르게 짝지은 것은?

<F 협정 제12조(도산법의 필수 요소)>
제1항 기존의 경영자가 계속 경영하여야 한다.
제2항 절차진행이 신속하게 이루어져야 한다.
제3항 채권자가 절차에 반드시 참여해야 한다.
제4항 갱생안과 갱생절차에 대해 법원이 감독권을 가져야 한다.
제5항 갱생계획수행에 대해 독립된 인사가 감독권을 가져야 한다.

<(가)~(마)국의 관련 규정에 대한 설명>
위의 요소별로 각국의 도산법이 어떤 규정을 갖고 있는지를 비교해 보기 위해 해당 요소가 도산법에 충분히 반영되어 있으면 2, 일부 반영되어 있으면 1, 전혀 반영되어 있지 않으면 0으로 점수화해 본 결과가 다음과 같다.

구분	(가)국	(나)국	(다)국	(라)국	(마)국
제1항	2	1	0	1	0
제2항	2	0	2	2	1
제3항	2	2	0	1	2
제4항	2	1	2	1	2
제5항	2	2	2	1	2

<각국의 도산법에 대한 판단>
○ 절차진행의 속도는 C, D, E국이 모두 동일하다.
○ C국과 E국은 어떤 요소가 도산법에 반영되어 있는지를 점수화할 때 충분히 반영되어 있거나 전혀 반영되어 있지 않다고 판단한다.
○ C국은 E국에 비해 제1항을 더 잘 준수하고 있다.
○ B국보다 A국이 총점에서 앞선다.

	(가)	(나)	(다)	(라)	(마)
①	A	B	C	D	E
②	B	C	D	E	A
③	C	A	E	D	B
④	C	B	E	D	A
⑤	D	A	C	B	E

35.

다음으로부터 추론한 것으로 옳지 <u>않은</u> 것은?

> 11개 층으로 이루어진 건물에 전층을 운행하는 3대의 엘리베이터가 설치되어 있다. 이 건물 내에 있던 A, B, C 세 사람은 11층에서 열리는 회의에 참석하기 위해 각자 위치하고 있던 층의 엘리베이터 버튼을 동시에 눌렀다. 엘리베이터를 호출하는 3개의 신호에 따라 각기 다른 층에 대기 중이던 세 대의 엘리베이터가 동시에 움직였다. 이들 엘리베이터는 2개 이상의 호출 신호를 동시에 받는 경우 다음 규칙에 따라 특정 신호만을 선별하여 따른다.
>
> <규칙>
> (1) 엘리베이터는 여러 호출 신호 중 탑승자를 태우기 위해 이동해야 하는 거리가 가장 가까운 호출 신호를 따른다.
> (2) (1)에 따를 경우 두 개의 호출 신호를 따라야 한다면, 엘리베이터는 사람을 태우기 위해 상승해야 하는 호출 신호가 아닌 하강해야 하는 호출 신호를 따른다.
> (3) (1), (2)의 결과 두 개 이상의 엘리베이터가 동일한 호출 신호를 따르게 되는 경우, 두 엘리베이터 중 이동해야 하는 거리가 더 짧은 엘리베이터만이 호출 신호를 따른다.
> (4) (3)에서 엘리베이터들의 이동 거리가 모두 같다면, 하강하는 엘리베이터만이 호출 신호를 따른다.
> (5) (3)과 (4)에 따라 호출 신호를 따르지 못하게 된 엘리베이터는 다시 (1)의 규칙에 따라 나머지 호출 신호 중 특정 신호를 선별하여 따른다.
>
> 그리고 다음과 같은 사실이 알려져 있다.
> ○ A는 3층, B는 7층, C는 9층에 대기하고 있었다.
> ○ A, B, C가 위치하고 있던 층과 11층에는 어떤 엘리베이터도 대기하고 있지 않았다.
> ○ 가장 먼저 엘리베이터에 탄 사람은 A였다.
> ○ A, B, C 중 어느 누구도 11층에 동시에 도착하지 않았다.
> ○ 호출 신호에 따라 사람을 태운 엘리베이터는 도중에 멈추지 않고 11층으로 이동하였다.
> ○ 엘리베이터가 사람을 태우기 위해 정지한 시간은 모든 엘리베이터에서 같았으며, 엘리베이터가 하강하건 상승하건 1개 층을 이동하는 데 걸리는 시간은 같았다.

① 6층과 10층에는 대기하고 있던 엘리베이터가 없었다.
② A와 B 모두 아래로부터 올라온 엘리베이터를 탔다.
③ 한 대의 엘리베이터는 5층에서 대기하고 있었다.
④ 11층에 가장 먼저 도착한 사람은 A가 아니다.
⑤ 11층에 가장 늦게 도착한 사람은 C이다.

36.

다음으로부터 추론한 것으로 옳은 것만을 <보기>에서 있는 대로 고른 것은?

> 갑, 을, 병 세 사람이 과거 시험을 보고 고향에 돌아왔다. 이들은 순서와 상관없이 각각 문과, 무과, 잡과에 응시했는데, 정이 갑, 을, 병을 한자리에 모아놓고 이들의 과거 응시와 관련하여 갑, 을, 병 순서대로 질문을 했다. 다음은 정의 질문과 갑, 을, 병의 대답이다.
>
> ○ 정 : 을과 병 중 한 사람이 잡과에 응시했소?
> ○ 갑 : 예.
> ○ 정 : 갑이 무슨 과에 응시했는지 아시오?
> ○ 을 : 예.
> ○ 정 : 을이 무슨 과에 응시했는지 아시오?
> ○ 병 : 예.
>
> 한편, 정의 질문에 대해 문과에 응시한 사람은 참말로, 무과에 응시한 사람은 거짓말로, 잡과에 응시한 사람은 참말 또는 거짓말로 대답을 했다. 또 갑, 을, 병 각각은 다른 사람이 어떤 시험에 응시했는지는 모른다. 하지만 을은 정이 갑에게 한 질문과 그에 대한 갑의 대답을 모두 들었으며, 병은 정이 갑과 을에게 한 질문과 그에 대한 갑과 을의 대답을 모두 들었다.

――――――<보 기>――――――
ㄱ. 정의 질문에 대한 병의 대답은 거짓말이다.
ㄴ. 잡과에 응시한 사람이 정의 질문에 참말로 대답했다면, 갑은 문과에 응시하였다.
ㄷ. 잡과에 응시한 사람이 정의 질문에 거짓말로 대답했다면, 을은 무과에 응시하였다.

① ㄱ   ② ㄴ   ③ ㄷ
④ ㄱ, ㄴ   ⑤ ㄱ, ㄷ

37.

다음으로부터 추론할 때, A의 배우자와 B의 배우자를 옳게 나열한 것은?

> 저녁 모임에서 3쌍의 부부인 A, B, C, D, E, F는 각각 초면인 사람들과만 악수를 하였다. 부부끼리는 초면이 아니므로 당연히 악수를 하지 않았다. 악수가 끝난 뒤 A가 참석자들에게 물어본 결과 사람들은 다음과 같이 말했다.
>
> B : 나는 악수를 0번 했어.
> C : 나는 악수를 1번 했어.
> D : 나는 악수를 2번 했어.
> E : 나는 악수를 3번 했어.
> F : 나는 악수를 4번 했어.
>
> 이들은 모두 참말만 하였으며, 저녁 모임에 A, B, C, D, E, F 외의 참석자는 없었다.

① C, D
② C, E
③ D, F
④ E, F
⑤ F, E

38.

다음으로부터 추론한 것으로 옳은 것만을 <보기>에서 있는 대로 고른 것은?

> <게임규칙>
> ○ 갑과 을이 초기 소지금을 가지고 동전 던지기 게임을 하고, 동전은 게임 진행자가 몇 번 던질지를 정하고 던진다.
> ○ 동전을 던지기 전에 매번 갑과 을은 앞면과 뒷면 중 하나를 택하고 돈을 걸며, 같은 면을 택할 수 있다. 걸 수 있는 금액의 한도는 소지금 전액이지만 금액을 전혀 걸지 않는 경우는 없다.
> ○ 내기는 건 돈만큼 따고 잃는다. 즉 x금액을 걸고 내기에 이기면 소지금은 x만큼 증가하고, 지면 x만큼 감소한다.
> ○ 내기가 끝난 후 소지금이 가장 많은 사람이 최종 승자가 되며, 소지금이 같으면 최종 승자는 없는 것으로 한다.
> ○ 선택 순서가 정해진 경우 상대방의 선택에 따라 이기기 위한 최선의 선택을 한다.

> ───── <보 기> ─────
> ㄱ. 갑과 을이 같은 금액을 소지하고 있다는 가정하에, 마지막 동전 던지기를 앞둔 상황에서 갑이 먼저 어느 면에 얼마를 걸지 선택한다면, 을이 갑과 동일한 금액을 걸지 않는 한, 을의 최종 승리확률은 50%이다.
> ㄴ. 을의 소지금이 더 많고, 동전 던지기는 다섯 번이 남아 있는 상황에서. 각 던지기마다 항상 갑이 먼저 어느 면에 얼마를 걸지 선택한다고 할 때, 을이 최종 승리확률을 최대화하는 전략은 갑의 선택을 반대로 따르는 것이다.
> ㄷ. 동전 던지기가 두 번 남은 상황에서 갑은 을보다 많은 소지금을 가지고 있다면, 남은 두 던지기 중 첫 던지기에서는 갑이, 마지막 던지기에서는 을이 먼저 어느 면에 얼마를 걸지 선택해야 한다. 이때 갑의 최종 승리확률은 50%이다.

① ㄱ
② ㄷ
③ ㄱ, ㄴ
④ ㄴ, ㄷ
⑤ ㄱ, ㄴ, ㄷ

39.

다음으로부터 추론한 것으로 옳은 것은?

> 모든 죄수의 머리에 흰색 아니면 빨간색을 칠해두며 모두가 이 사실을 알고 있는 나라가 있었다. 아무도 없는 텅 빈 감옥에 '갑'과 '을'이라는 두 죄수가 동시에 들어왔다. 간수는 이 두 죄수의 머리에 아무 색이나 칠한 다음 두 사람을 왕에게 데려갔다. 모든 죄수는 자신의 머리에 칠해져 있는 색은 보지 못하고 왕 앞에 불려갔을 때에만 상대방 머리의 색을 볼 수 있고, 서로 아무런 의사소통도 하지 못한다. 첫째 날 왕은 두 죄수에게 다음과 같이 선언한 다음 참회의 말을 들었다.
>
> "지금 이 자리를 포함하여 매일 저녁 7시에 너희들은 내 앞에 불려와 참회의 말을 해야 한다. 대신 돌아가서 자신의 머리에 칠해져 있는 색깔을 간수에게 말할 수 있는 기회를 주겠다. 색깔을 맞히는 사람은 그 자리에서 석방한다. 그러나 자신의 색깔과 다른 색깔을 말하면 그 즉시 단두대로 직행한다. 아무런 대답을 하지 않을 시에는 다시 자신의 감방으로 돌아가 각자 격리수용 상태로 지내게 된다."
>
> 둘째 날 저녁 7시에 왕은 다시 두 죄수를 함께 불러놓고 참회의 말을 들은 후 "너희들 가운데 적어도 한 명은 흰색을 칠하고 있다."는 단서를 주었다.
>
> 죄수들은 요행을 바라지 않고 반드시 논리적 추론을 통해 답하며, 그럴만한 충분한 능력이 있다고 가정한다. 죄수들은 석방, 감금, 단두대 처형 순의 선호를 가진다.

① 둘째 날 한 죄수만 참회의 말을 한다.
② 셋째 날 한 죄수만 참회의 말을 한다.
③ 셋째 날 두 죄수 모두 참회의 말을 한다.
④ 셋째 날 아무도 참회의 말을 하지 않는다.
⑤ 넷째 날 아무도 참회의 말을 하지 않는다.

40.

다음으로부터 추론한 것으로 옳은 것은?

> 〈진행 방법〉
> ○ A, B, C, D, E, F, G, H 여덟 사람은 체스게임 리그전을 벌여 승패를 가린다.
> ○ 리그전은 한 사람이 나머지 일곱 사람과 모두 대결을 벌여야 한다.
> ○ 무승부는 없다.
>
> 〈결과〉
> ○ C, G 두 사람이 공동 우승을 했다.
> ○ A는 H를 이긴 모든 사람에게 이겼다.
> ○ H는 A를 이긴 모든 사람에게 이겼다.

① C는 한 판도 지지 않았다.
② H는 C와 G 모두에게 패했다.
③ G는 6승 1패의 성적을 거두었다.
④ C가 G를 이겼다면, B, D, E, F 중 한 사람이 G를 이겼다.
⑤ G가 C를 이겼다면, G가 A와 H 모두에게 졌을 가능성이 있다.

41.

다음으로부터 추론한 것으로 옳지 <u>않은</u> 것은?

> 갑, 을, 병, 정, 무 5명은 서로의 추리논증 시험 결과에 따라 등수를 매겨 보았다. 이들 5명은 시험 결과에 대해 다음과 같이 진술하였다.
>
> ○ 갑 : ⓐ정은 4등을 했고 ⓑ무의 진술은 모두 참이다.
> ○ 을 : ⓒ병의 진술은 모두 참이며 ⓓ갑은 4등을 했다.
> ○ 병 : ⓔ정은 꼴찌를 했으며 ⓕ을은 2등을 했다.
> ○ 정 : ⓖ갑은 4등을 했으며 ⓗ무는 꼴찌를 했다.
> ○ 무 : ⓘ을은 2등을 했으며 ⓙ정의 진술은 모두 참이다.
>
> 실제 시험 결과를 보니 이들 중 동점을 받은 사람은 없으며, 2등을 한 사람의 진술은 모두 참이고, 3등을 한 사람의 진술 중 적어도 하나는 거짓임이 드러났다.

① ⓒ가 참이라면 ⓓ도 참이고, ⓕ가 참이라면 ⓔ도 참이다.
② ⓒ가 참이라면 ⓘ와 ⓙ 중 적어도 하나는 거짓이다.
③ ⓕ가 참이라면 ⓐ와 ⓑ 중 적어도 하나는 참이다.
④ ⓕ가 참이라면 ⓖ와 ⓗ 중 적어도 하나는 참이다.
⑤ ⓕ가 참이라면 병이 1등이다.

42.

<마피아 게임>의 규칙과 <합의사항>을 통해 추론한 것으로 옳은 것만을 <보기>에서 있는 대로 고른 것은?

> <마피아 게임>
>
> 갑, 을, 병, 정, 무, 기가 모여서 마피아 게임을 하고 있다. 각각은 시민 또는 마피아이다. 6명 중 마피아는 한 명뿐이며, 게임규칙은 투표를 통해 한 턴에 한 명씩 죽일 사람을 고르는 것인데, 마피아가 최후의 2인 중 한 명이 될 경우 마피아의 승리로 게임이 끝나고, 마피아가 도중에 죽을 경우 시민의 승리로 게임이 끝난다. 그런데 6명 사이에는 암묵적으로 다음과 같은 합의가 이루어져 있다고 가정한다.
>
> <합의사항>
> ○ 갑을 죽일 경우, 을이 살아있다면, 다음 턴에는 을을 죽인다.
> ○ 을을 죽일 경우, 병이 살아있다면, 다음 턴에는 병을 죽인다.
> ○ 병을 죽일 경우, 정이 살아있다면, 다음 턴에는 정을 죽인다.
> ○ 정을 죽일 경우, 무가 살아있다면, 다음 턴에는 무를 죽인다.

> <보 기>
>
> ㄱ. 기가 마피아인 경우, 시민이 승리한다면, 무가 살아있을 수는 없다.
> ㄴ. 갑이 최후의 2인에 남게 된다면 같이 남은 상대방은 을 혹은 기이다.
> ㄷ. 6명 각각이 마피아인 경우를 가정했을 때, 첫 턴에 누구를 죽이느냐에 의해서 승리가 바로 확정되는 사람은 3명이다.

① ㄱ   ② ㄴ   ③ ㄷ
④ ㄱ, ㄴ   ⑤ ㄴ, ㄷ

43.

다음으로부터 추론한 것으로 옳은 것은?

축구팀 A, B, C, D는 예선리그에서 같은 그룹에 속하게 되었다. 예선리그에서 결승 토너먼트에 진출할 수 있는 것은 그룹 내 상위 2팀뿐이다. 그룹 내 순위는 승점방식을 취한다. 이겼을 경우 승점 3점, 비겼을 경우 승점 1점이 주어지고 패했을 경우 승점은 없다. 승점의 합계가 큰 팀부터 높은 순위가 된다. 또한 승점이 같은 경우에는 치러진 게임에서 올린 골 득점에서 실점을 뺀 수, 이른바 득실점차가 높은 팀이 높은 순위가 된다. 득실점차가 같은 경우에는 제비뽑기로 순위를 정한다.

〈중간 결과〉

A, B, C, D는 지금까지 각각 2게임을 치렀고 결과는 다음의 표와 같다. 괄호 안의 숫자는 득점이다.

	A	B	C	D	승점	득	실	득실점차
A		A(3) B(0)		A(3) D(0)	6	6	0	+6
B	B(0) A(3)		B(3) C(0)		3	3	3	±0
C		C(0) B(3)		C(3) D(1)	3	3	4	-1
D	D(0) A(3)		D(1) C(3)		0	1	6	-5

① A는 3번째 게임에 져도 반드시 결승 토너먼트에 진출할 수 있다.
② B는 3번째 게임을 비기면 반드시 결승 토너먼트에 진출할 수 있다.
③ C는 3번째 게임에 이기면 반드시 결승 토너먼트에 진출할 수 있다.
④ D는 3번째 게임에 이기지 않으면 반드시 결승 토너먼트에 진출할 수 없다.
⑤ 각 팀의 3번째 게임의 결과가 어떠해도 반드시 D는 결승 토너먼트에 진출할 수 없다.

44.

다음으로부터 추론한 것으로 옳은 것은?

A, B, C, D, E, F 여섯 명이 시험을 본 결과, A가 4등이었고 같은 등수인 사람은 없다. 그리고 그들은 시험 결과에 대해서 다음과 같이 한 마디씩 했는데, 그중 1등과 2등의 말은 참이고, 나머지 사람의 말은 모두 거짓이다.

○ A : B는 나보다 성적이 나쁘다.
○ B : C가 2등이다.
○ C : B는 A보다 성적이 좋다.
○ D : 나는 A보다 성적이 좋다.
○ E : A는 F보다 성적이 나쁘다.
○ F : B는 1등이 아니다.

① 1등은 C이다.
② 2등은 B이다.
③ 3등은 E이다.
④ 5등은 D이다.
⑤ 6등은 F이다.

45.

다음으로부터 추론한 것으로 옳은 것은?

총 15장으로 파랑, 빨강, 노랑 3종류의 카드를 사용하는 카드 게임이 있다. 각 종류마다 5장의 카드가 있으며, 각 카드에는 1~5까지의 수가 쓰여 있다. 각 게임 참가자는 카드를 5장씩 받는데, 받은 카드의 조합에 따라 다음과 같은 방식으로 점수가 주어진다. 또한 결과적으로 가장 점수가 높은 사람이 승자가 된다.

〈점수 산정〉
○ 받은 카드에 쓰인 수가 1, 2, 3, 4, 5인 경우 : 3점
○ 받은 카드의 색이 모두 같은 경우 : 2점
○ 받은 카드에 쓰인 수가 3장 이상 같을 경우 : 1점
○ 기타 : 0점

점수 산정 방식은 중복해서 계산되는 경우가 있다. 예를 들어 받은 5장의 카드에 쓰인 수가 1, 2, 3, 4, 5이고 게다가 모두 파랑인 경우, 3점과 2점을 중복하여 받으므로 5점이 주어진다. 동점인 사람이 있을 경우, 동점인 사람이 받은 카드에 쓰인 수를 모두 합산하여 수가 큰 쪽이 이기는 것으로 한다. 그래도 승패가 나지 않을 경우에는 파란 카드를 많이 받은 사람이 이기는 것으로 한다.

① 갑은 1(노랑) 2(빨강) 3(노랑) 4(빨강) 5(노랑)의 카드를 받았다. 갑은 반드시 을에게 진다.
② 갑은 4(파랑) 4(빨강) 5(노랑) 3(파랑) 2(파랑)의 카드를 받았다. 갑은 반드시 을에게 진다.
③ 갑은 1(파랑) 2(파랑) 3(파랑) 4(빨강) 5(노랑)의 카드를 받았다. 갑은 반드시 을에게 이긴다.
④ 갑은 5(파랑) 5(빨강) 5(노랑) 1(노랑) 2(노랑)의 카드를 받았다. 갑은 반드시 을에게 이긴다.
⑤ 갑은 1(노랑) 2(노랑) 3(노랑) 4(노랑) 5(노랑)의 카드를 받았다. 갑은 반드시 을에게 이긴다.

46.

다음으로부터 추론한 것으로 옳지 않은 것은?

어떤 강에서 노를 저어 강을 횡단하는 시합이 열리고 있다. 강의 동쪽 강변에서 A팀이 배를 타고 노를 저어 서쪽 강변으로 출발한다. 그리고 같은 시각에 B팀이 반대편 서쪽 강변에서 배를 타고 노를 저어 동쪽 강변으로 출발한다. A팀과 B팀의 배는 상대 배를 향해 나아가다 어느 한쪽 강변에서 400미터 떨어진 곳에서 서로를 지나쳐 가며 교차하게 되었다. 두 배는 서로를 지나쳐 반대편까지 계속 갔으며, 더 빠른 배가 횡단하는 데 걸린 시간은 1시간이다. 두 배는 반대쪽 강변에 도착하자마자 조금도 지체하지 않고 곧바로 다시 출발점을 향해 노를 저어 나갔다. 두 배는 다시 한 번 마주치게 되었는데, 이번에는 한쪽 강변에서 200미터 떨어진 곳이었다. 두 배는 처음 출발 지점으로 돌아왔으며, 두 배의 이동 속도는 항상 일정했다.

① A팀과 B팀 배의 속도는 2배 이상 차이 난다.
② 두 배가 첫 번째 만난 지점은 서쪽 강변보다 동쪽 강변에 더 가깝다.
③ 두 배가 두 번째 만난 지점은 서쪽 강변보다 동쪽 강변에 더 가깝다.
④ A팀의 배가 B팀의 배보다 속도가 빠르다면, 강폭의 길이는 850미터보다 길다.
⑤ A팀의 배가 B팀의 배보다 속도가 빠르다면, 강폭의 길이는 850미터보다 짧다.

47.

다음으로부터 추론한 것으로 옳은 것은?

> 갑, 을, 병, 정 4명은 〈논리수리력〉, 〈작업기억력〉, 〈주의집중력〉, 〈집행력〉 네 가지 영역의 테스트를 통해 적성 및 기초 능력을 진단하려 한다. 이들 4명 모두가 테스트를 받은 후에 다음과 같이 진술했다.
>
> 갑 : 우리들 중 〈집행력〉에서 최고점을 받은 사람은 정이다.
> 을 : 우리들 중 〈작업기억력〉에서 최고점을 받은 사람은 병이다.
> 병 : 〈논리수리력〉에서 최고점을 받은 사람은 갑이 아니다.
> 정 : 우리들 중 〈주의집중력〉에서 최고점을 받은 사람은 을이다.
>
> 실제 테스트 결과를 보니 4명 모두 최고점을 받은 영역이 한 가지씩은 있었으며 〈작업기억력〉과 〈주의집중력〉에서 최고점을 받은 사람의 진술은 거짓이고, 나머지는 참임이 드러났다. 또한 4명의 네 가지 영역 평균 점수를 비교해 보니 〈주의집중력〉에서 최고점을 받은 사람이 가장 높았다.

① 네 가지 영역 평균이 가장 높은 사람은 갑이다.
② 네 가지 영역 평균이 가장 높은 사람은 을이다.
③ 네 가지 영역 평균이 가장 높은 사람은 병이다.
④ 〈집행력〉에서 최고점을 받은 사람은 정이다.
⑤ 〈논리수리력〉에서 최고점을 받은 사람은 갑이다.

MEMO

2027학년도 LEET 대비

메가로스쿨
유형별 문제집

추리논증

LEET

III
논증 분석

명시적/암묵적 요소 분석

논증 구조 분석

메가로스쿨
유형별 문제집

추리논증

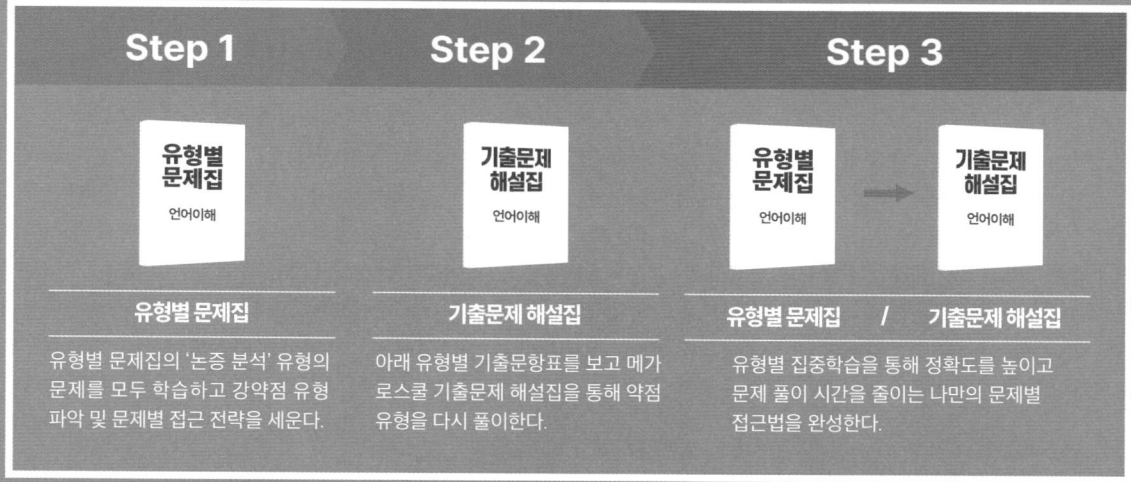

[유형별 문제집]과 [기출문제 해설집]을 활용한
유형별 집중풀이 가이드

Step 1	Step 2	Step 3
유형별 문제집 언어이해	**기출문제 해설집** 언어이해	**유형별 문제집** 언어이해 → **기출문제 해설집** 언어이해
유형별 문제집	기출문제 해설집	유형별 문제집 / 기출문제 해설집
유형별 문제집의 '논증 분석' 유형의 문제를 모두 학습하고 강약점 유형 파악 및 문제별 접근 전략을 세운다.	아래 유형별 기출문항표를 보고 메가 로스쿨 기출문제 해설집을 통해 약점 유형을 다시 풀이한다.	유형별 집중학습을 통해 정확도를 높이고 문제 풀이 시간을 줄이는 나만의 문제별 접근법을 완성한다.

유형별 기출문항표

문항 유형	세부 영역	학년도	기출문제 해설집 페이지	문항번호
논증 분석	명시적 요소 분석	2022	125	8
		2021	149	3, 17, 33
		2020	173	21
		2018	221	24
		2017	241	15
		2014	301	7
		2013	321	10, 22
		2012	341	6
		2011	361	8
		2009	401	27
	암묵적 요소 분석	2018	221	17
		2016	261	12
		2015	281	10
		2014	301	23, 28
		2013	321	24
		2010	381	26
		2009	401	9, 16, 30, 36, 39
		예비시험	419	5, 11, 19, 32
		2차 예시	439	13
		1차 예시	449	7
	논증 구조 분석	2026	29	23
		2025	53	21
		2024	77	25
		2023	101	19
		2022	125	36
		2020	173	20
		2019	197	20
		2017	241	19
		2015	281	13
		2014	301	11
		2012	341	18
		2011	361	32
		2010	381	16, 18
		2009	401	18
		예비시험	419	8, 21
		2차 예시	439	412 2, 14
		1차 예시	449	422 8

※ 위 문항 구성표는 본고사 홀수형 기준이며, 전 개년 문항이 포함되어 있습니다.
※ 기출문제 해설집 페이지수는 메가로스쿨 2025학년도 기출문제 해설집 문제편 > 연도별 페이지 기준으로 기재되어 있습니다.

01.

<사안>과 <주장>을 읽고 평가한 것으로 옳은 것만을 <보기>에서 있는 대로 고른 것은?

<사안>

니키아스가 에우튀누스에게 빌려간 돈 3 탈란타를 돌려달라고 요구하자 에우튀누스는 2 탈란타만 돌려주었다. 니키아스는 에우튀누스에게 나머지 돈을 돌려 줄 것을 요구했지만 에우튀누스는 2 탈란타만 빌렸다고 주장하면서 그 요구를 거절하였다. 이에 니키아스는 빌려 간 돈 전부를 돌려달라며 에우튀누스를 사기로 고소하였고, 에우튀누스는 니키아스가 허위사실을 근거로 자신을 고소하였다고 주장하였다.

위 고소와 관련하여 다음과 같은 쟁점이 특히 문제되었다.

<쟁점>

에우튀누스가 사기행위를 하는 것과 니키아스가 허위고소를 하는 것 중 어느 쪽의 개연성이 더 높은가?

<주장>

(가) 일반적으로, 말에 능하고 가난한 자들이 말에 능하진 않지만 부유한 자를 허위로 고소한다.

(나) 사람들은 잘 아는 사람보다는 잘 모르는 사람을 상대로 범죄를 저지를 때 수치심이나 두려움을 덜 느끼기 때문에 대개 잘 아는 사람보다는 잘 모르는 사람을 상대로 범죄를 저지른다.

(다) 돈과 관련해서 나쁜 일을 꾸미든, 그렇지 않고 바른 일을 하던 간에 사람들은 금액 전부를 가지고서 일을 벌이지 금액의 일부를 가지고서 일을 벌이지 않는다.

―――――〈보 기〉―――――

ㄱ. 에우튀누스가 (가)를 쟁점과 관련하여 자신의 입장을 옹호하는 논거로 사용하려면, 니키아스는 말에 능하고 가난한 반면 자신은 말에 능하지 않지만 부유하다는 전제가 필요하다.

ㄴ. 니키아스가 (나)를 쟁점과 관련하여 자신의 입장을 옹호하는 논거로 사용하려면, 사기행위를 할 때보다는 허위고소를 할 때 수치심이나 두려움을 덜 느낀다는 전제가 필요하다.

ㄷ. 에우튀누스는 (다)를 근거로 자신이 사기행위를 했다고 주장하는 니키아스의 주장이 개연성이 떨어진다고 반박할 수 있다.

① ㄱ　　　　② ㄴ　　　　③ ㄱ, ㄷ
④ ㄴ, ㄷ　　　⑤ ㄱ, ㄴ, ㄷ

02.

다음 논증에서 암묵적으로 가정하고 있는 것으로 적절한 것만을 <보기>에서 있는 대로 고른 것은?

형사소송에서 피고인이 표시한 의사를 유효한 의사표시로 인정하기 위해서는 의사표시 당시에 피고인에게 의사능력이 있었다는 것이 인정되어야 한다. 따라서 피고인이 소송에서 자신의 지위를 이해하고 이에 따라 행위한다면 피고인이 표시한 의사표시는 유효하다고 인정된다. 피고인에게 이러한 능력이 없다면 부모 등 법에서 규정한 다른 사람이 피고인을 위하여 그 의사를 표시해야 한다. 그런데 우리 법에 따르면 청소년을 대상으로 성범죄를 저지른 가해자를 피해자가 고소하지 않더라도 처벌할 수 있지만 피해자가 처벌하기를 원하지 않는다는 의사를 표시하면 그 의사에 반하여 가해자를 처벌할 수 없다. 따라서 의사능력이 있는 청소년인 피해자가 가해자에 대한 처벌을 희망하지 않는다는 의사를 표시할 경우 이러한 의사표시는 유효하다. 이러한 의사표시를 유효하다고 인정하지 않고 부모 등 다른 사람이 대신 그 의사를 표시해야 한다고 주장하는 것은 피해자의 권한을 법률상 근거 없이 다른 사람에게 부여하는 것이다. 그와 같은 주장은 또한 피고인의 처벌가능성을 확대하는 것으로서 법률상 근거 없이 범죄자를 불리하게 대우하는 것이다. 따라서 의사능력이 있는 청소년 피해자가 가해자를 처벌하기를 희망하지 않을 때 부모 등 법에서 규정한 사람이 대신 그 의사표시를 해야 한다는 주장은 죄형법정주의에 위반되어 부당하다.

―――――〈보 기〉―――――

ㄱ. 법률상 근거 없이 범죄자를 불리하게 대우하면 죄형법정주의에 위반된다.

ㄴ. 소송에서 피고인이 한 의사표시가 유효하기 위한 어떤 조건은 피해자가 한 의사표시가 유효하기 위한 어떤 조건과 같다.

ㄷ. 어떤 사람이 소송에서 자신의 지위를 이해하고 이에 따라 행위할 수 있는 능력이 있다면 그 사람에게 의사능력이 인정된다.

① ㄱ　　　　② ㄷ　　　　③ ㄱ, ㄴ
④ ㄴ, ㄷ　　　⑤ ㄱ, ㄴ, ㄷ

03.

갑, 을, 병이 공통적으로 언급하고 있는 A조항으로 가장 적절한 것은?

> 갑 : A조항은 자동차 운전자가 교통사고 후 피해자를 방치하고 도주하는 경우를 넘어서 피해자를 사고 장소로부터 옮기는 등 적극적으로 유기하고 도주하는 행위에 대하여 강한 윤리적 비난가능성이 있다고 보아 이를 엄하게 처벌하겠다는 국가 형벌권의 의지를 표명한 것이다. 이는 자동차 운전자들에게 경각심을 갖게 하여 이러한 행위를 하지 못하도록 하는 예방적 효과도 가지며, 사고 후에 피해자에 대한 구호조치가 신속하게 이루어지도록 하는 입법 목적도 지니고 있다.
>
> 을 : 고의로 자동차를 통해 사람을 살해하고 그 사체를 유기한 악랄한 살인범의 경우에도 그 처벌의 상한이 사형이고 그 하한은 징역 5년 이상임에도 불구하고 A조항을 따르는 경우에는 이보다 훨씬 무거운 형벌을 과하는 결과를 가져오게 되어 있다. 따라서 A조항의 처벌 규정은 형벌체계상의 정당성을 상실한 규정이다.
>
> 병 : 교통사고를 내고 유기행위를 한 것이 피해자의 사망을 야기하는 한 그 사망의 시점이 도주의 전후인지 여부와 관계없이 A조항에 따르면 처벌받을 수 있다. 또한 A조항을 위반한 행위로 처벌하기 위해서는 피해자의 사망이라는 무거운 결과의 발생이 있으면 충분하며, 사망이라는 그 결과가 사고 운전자의 과실에 의한 것인지 고의에 의한 것인지를 묻지 않는다.

① 사고 운전자가 피해자를 방치한 채 도주하여 피해자가 사망에 이른 경우 사형·무기 또는 10년 이상의 징역에 처한다.

② 사고 운전자가 피해자를 사망하게 한 후 사고 장소로부터 옮겨 유기하고 도주한 경우 사형·무기 또는 10년 이상의 징역에 처한다.

③ 사고 운전자가 피해자를 사고 장소로부터 옮겨 유기하고 도주한 경우 피해자가 사망한 때에는 사형·무기 또는 10년 이상의 징역에 처한다.

④ 사고 운전자가 피해자를 사고 장소로부터 옮겨 유기하고 도주하여 피해자가 사망에 이른 경우 사형·무기 또는 5년 이상의 징역에 처한다.

⑤ 사고 운전자가 피해자를 사고 장소로부터 옮겨 유기하고 도주한 경우 피해자가 사고 운전자의 과실로 사망한 때에는 사형·무기 또는 10년 이상의 징역에 처한다.

04.

(가), (나)가 공통적으로 전제하고 있는 것으로 가장 적절한 것은?

> (가) 지리산의 생태환경을 보호하기 위하여 제정된 A법은 지리산의 등산을 금지하고, 이를 어기고 등산하는 자를 처벌한다고 규정하고 있다. 다만 A법은 이 법이 시행되는 기간을 2011년 1월부터 2014년 5월까지로 한다고 하여 그 유효기간을 명문으로 한정하고 있었다. 갑은 A법의 제정 사실을 알고 있음에도 2014년 4월에 지리산을 등반하였다. 이러한 갑의 행위를 처벌하고자 재판을 열었는데, 재판 당시에는 이미 A법의 유효기간이 지나 그 효력이 상실된 상태이다. 그러나 일단 행위 시에 처벌규정이 존재하였고 행위자가 그 법규의 존재를 알고도 해당 법규를 위반했다면 비난을 받아야 한다. 따라서 재판 시에 그 처벌법규가 한정한 유효기간이 지났다고 하더라도 그 행위자는 처벌받아야 한다. 만일 이를 처벌하지 않는다면 유효기간의 종료가 가까워질수록 법을 위반한 이들이 속출하여도 처벌을 할 수 없어 그 법규의 목적을 달성할 수 없다. 따라서 이 경우에 갑을 처벌할 수 있다.
>
> (나) 자동차의 보조석에 앉은 사람의 안전을 보장하기 위하여 보조석에 앉은 사람도 의무적으로 안전벨트를 매도록 하는 B법이 제정되었다. B법에는 만일 보조석에 앉은 사람이 안전벨트를 매지 않았음에도 자동차를 운행한 경우 그 운전자를 처벌하도록 하는 규정도 두고 있다. 이 법이 제정되기 전에 갑은 보조석에 앉은 아내가 안전벨트를 매지 않은 상태에서 자동차를 운행하였다. B법이 제정된 후에 갑을 처벌하기 위한 재판이 열렸다. 갑을 처벌하는 일이 가능하다면 국민은 행위 당시에 자신의 행위가 처벌의 대상이 되는지의 여부를 판단할 기준이 없어 혼란에 빠지게 된다. 또한 이전까지 처벌의 대상이 아니라고 알고 이를 신뢰한 국민을 사후의 입법을 통해 배신하는 것이 된다. 따라서 이 경우에 갑을 처벌할 수는 없다.

① 어떤 행위가 해당 법규를 제정한 목적에 위배된다면 그 행위를 처벌할 수 있다.

② 어떤 행위를 처벌하기 위해서는 처벌 당시에 그 처벌법규의 효력이 유지되고 있어야 한다.

③ 어떤 행위를 처벌하기 위해서는 그 근거가 되는 처벌법규가 행위 당시에 존재해야 한다.

④ 자신의 행위가 법규에 위반되는 것인지를 행위자가 알지 못했더라도 그 위반 행위를 처벌할 수 있다.

⑤ 어떤 행위가 해당 법규를 제정한 목적을 위반하지만 법적 안정성의 유지에 더 기여한다면 처벌할 수 없다.

05.

다음 글을 분석한 것으로 옳지 않은 것은?

> 기업이 수익성이 악화되어 채무를 갚지 못할 위험이 있는 경우 계열사를 정리하고 기업의 구조를 바꾸는 등 기업구조조정을 한다. 이때 채권자들은 자신의 권리를 일부 포기해야 하기 때문에, 기업구조조정 계획은 채권자들 중 75%의 동의를 받도록 하고 있다. 그러나 25%의 반대채권자의 의사도 무시할 수 없으므로 X국과 Y국은 반대채권자에 대한 보호제도를 두고 있다.
>
> X국 : 기업이 구조조정을 하려는 경우 구조조정 계획을 법원으로부터 인가를 받아야 한다. 법원은 구조조정 찬성 채권자 뿐 아니라 구조조정 반대 채권자의 의사도 종합하여 청취하며, 구조조정에 따라 어떤 채권자가 더 많은 희생을 하는지, 손실의 분담이 채권자들 간에 형평성 있게 이루어지는지를 살펴 구조조정 계획의 인가 여부를 결정한다.
>
> Y국 : 기업의 구조조정에 법원이 개입하지는 않는다. 기업구조조정 계획에 반대하는 채권자들은, 구조조정을 찬성하는 채권자들에게 자신들의 채권을 매수할 것을 요구할 수 있다. 채권의 매수 가격은 반대채권자가 동의하는 가격에 이루어진다. 채권의 매수가 완료되기 전에는 구조조정 계획이 실행될 수 없다.

① 법원의 업무가 과중하여 구조조정 계획 인가에 관한 법원의 심리가 지연되어 신속과 적시성이라는 기업구조조정의 핵심가치가 훼손될 것을 우려하는 사람은 X국 제도를 반대할 것이다.

② 반대채권자의 불합리한 요구가 있는 경우 그러한 요구를 권위 있는 기관이 제한하여 합리적인 범위에서 이익을 조정할 필요가 있다고 생각하는 사람은 Y국 제도보다 X국 제도를 지지할 것이다.

③ 반대채권자가 자신의 채권이 매수되지 않으면 구조조정 계획이 실현되지 못한다는 점을 이용하여 나머지 채권자들에게 과중한 재정부담을 요구할 수 있다고 우려하는 사람은 Y국 제도를 반대할 것이다.

④ 기업구조조정의 내용에 따라 채권자들이 포기해야 하는 권리의 내용이 다른데, 기업이 구조조정을 위해 75%의 채권자에게만 이익이 되는 방향으로 계획을 수립하여 다수 채권자의 횡포를 우려하는 사람은 Y국 제도보다 X국 제도를 지지할 것이다.

06.

(가)~(다)에 대한 분석으로 옳지 않은 것은?

> 필로누스 : 자네 견해는 ㉠우리가 감각을 통해 지각하는 연장*이 외적 대상 속에 존재한다는 것인가?
>
> 하일라스 : 그렇다네.
>
> (가)
> 필 : 다른 모든 동물도 그들이 보는 연장에 대해 동일한 것을 생각할 충분한 근거를 갖고 있는가?
> 하 : 그들이 사고 능력만 갖췄다면 두말할 필요가 없네.
> 필 : 자네는 감각이 모든 동물에게 그들의 생명 유지를 위해 부여되었다고 생각하나? 아니면 인간에게만 그런 목적을 위해 주어졌다고 생각하는가?
> 하 : 그것이 다른 모든 동물에게서도 동일한 목적을 위해 부여된다는 것은 의심의 여지가 없네.
> 필 : 그렇다면 ㉡그들이 감각을 통해 자신의 사지(四肢)와 자신을 해칠 수 있는 물체를 지각할 수 있다고 해야 하지 않겠는가?
> 하 : 물론이네.
>
> (나)
> 필 : 그렇다면 진드기는 자신의 발을 상당히 큰 물체로 볼 것이네. 비록 그것들이 자네에게는 거의 알아볼 수 없는 것으로 나타난다고 할지라도 말이네.
> 하 : 부인할 수 없는 사실이네.
> 필 : 또 진드기보다 더 작은 피조물에게는 그것들이 훨씬 더 크게 보일 것이네.
> 하 : 물론이네.
> 필 : 결국 자네가 거의 알아볼 수 없는 것이 아주 작은 다른 동물에게는 거대한 산처럼 보이겠구먼.
> 하 : 그 모두를 다 인정하네.
>
> (다)
> 필 : 연장이 외적 대상 속에 존재한다면, ㉢하나의 사물이 동시에 서로 다른 크기의 것이 될 수 있다고 보는가?
> 하 : 그렇게 상상하는 것은 불합리할 것이네.
> 필 : 그러나 자네가 인정한 것으로부터는 자네와 진드기 그리고 그보다 훨씬 더 작은 동물들에 의해 지각되는 연장들 모두가 다 진드기 발의 참된 연장이라는 결론이 나오네.
>
> *연장(延長) : 물체가 공간의 일정 부분을 점유하면서 존재하는 성질
>
> - 조지 버클리, 『하일라스와 필로누스가 나눈 대화 세 마당』 -

① (가)에서 필로누스는 (나), (다)의 논의에 필요한 기본 전제에 대한 하일라스의 동의를 이끌어내고 있다.

② (가)에서 필로누스는 사람과 동물에게 감각이 부여되는 목적이 동일함을 들어 ㉡을 정당화한다.

③ (나)에서 하일라스가 인정한 내용은 ㉠과 양립할 수 없다.

④ (다)에서 하일라스가 대답한 내용은 ㉠과 양립할 수 있다.

⑤ (다)에서 필로누스는 ㉠이 옳다면 ㉢도 옳다고 간주한다.

07.

다음 대화를 분석한 것으로 옳은 것은?

> 헤모게네스 : ㉠ 이름은 신이 짓는 것이 아니라, 사람들의 합의나 관습에 의해서 사람들이 짓는 것입니다.
>
> 소크라테스 : 자, 그러면 무엇을 썰어야 하는 경우를 생각해 보세. 우리는 도구를 사용해서 썰어야 하겠지?
>
> 헤모게네스 : 물론입니다.
>
> 소크라테스 : 사물을 불러야 할 때도 역시 무엇을 사용해서 불러야 하겠지?
>
> 헤모게네스 : 그렇습니다.
>
> 소크라테스 : 썰어야 할 경우 우리는 톱을 사용하네. 불러야 할 경우는 무엇을 사용하지?
>
> 헤모게네스 : 이름입니다.
>
> 소크라테스 : 그렇다면 톱이 무엇을 써는 도구이듯 ㉡ 이름도 일종의 도구이네.
>
> 헤모게네스 : 잘 말씀하신 것 같습니다.
>
> 소크라테스 : 톱이라는 도구가 대장장이로부터 제공받은 것처럼 각각의 도구는 누군가로부터 제공받은 것일세.
>
> 헤모게네스 : 그렇습니다.
>
> 소크라테스 : 톱이라는 도구는 아무나가 아니라 특정한 기술을 지닌 대장장이가 제공하네. 그렇다면 이름은 어떤 존재가 제공한 것일까?
>
> 헤모게네스 : 잘 모르겠습니다.
>
> 소크라테스 : 그렇다면 이름이 모종의 법칙들에 의하여 정립된다는 것에는 동의하는가?
>
> 헤모게네스 : 동의합니다.
>
> 소크라테스 : 그렇다면, ㉢ 이름은 그 법칙들을 정립한 존재가 제공한 것이라고 보아야 하지 않을까?
>
> 헤모게네스 : ㉣ 그럴 것 같습니다.
>
> 소크라테스 : 모든 사람이 법칙들을 정립하는 존재가 될 수 있는 것인가, 아니면 오로지 ㉤ 특정한 기술을 지닌 존재만이 법칙들을 정립하는 존재가 될 수 있는가?
>
> 헤모게네스 : 우리의 논의에 따라 후자가 맞는 것 같습니다.
>
> 소크라테스 : 그런데 ㉥ 우리 사람들 모두는 법칙들의 정립에 필요한 기술을 가질 수는 없는 것 같네.
>
> 헤모게네스 : 동의하지 않을 수 없습니다.
>
> - 플라톤, 「크라튈로스」 -

① ㉡은 ㉠을 반박한다.

② 헤모게네스는 ㉠에 대한 견해를 ㉣에서 바꾸었다.

③ 법칙들을 정립하는 존재자에게 ㉤의 '특정한 기술'이 없으면 소크라테스는 ㉥을 도출할 수 없다.

④ ㉤의 '특정한 기술'이 곧 '사람들의 합의나 관습을 이끌어 내는 기술'이라면, 소크라테스는 ㉥의 견해를 바꿀 것이다.

⑤ 소크라테스는 ㉢과 ㉥을 통해 사람들은 이름을 제공하는 존재가 될 수 없다는 것을 주장한다.

08.

다음 <가>와 <나>에서 ⓐ~ⓔ 각각이 성립하기 위해 전제되어야 할 것이 아닌 것은?

> <가>
>
> A : 가야의 건국설화가 깃든 구지봉에 위치한 대성동 고분군은 금관가야 지배층의 묘역으로 생각된다. 이곳에서는 동복(청동 솥)을 포함한 북방계 유물과 파형동기(巴形銅器) 등 일본계 유물도 함께 발견되었다.
>
> B : 가락국기에 의하면 수로왕은 즉위 후 관직을 정비하고 도읍을 정하여 국가의 기틀을 확립하였다. 그리고 천신의 명을 받아 배타고 바다를 건너온 인도 유타국의 공주인 허황옥을 왕비로 맞이하였다.

> <나>
>
> 대성동 고분에서 출토된 동복은 백제, 신라 고분에서는 전혀 찾아볼 수 없었던 북방계 유물이다. 따라서 ⓐ 대성동 고분의 주인은 북방계 사람임을 알 수 있다. 또한 함께 발견된 파형동기는 일본에서도 왕들의 무덤에서나 발견되는 귀중하고 드문 유물이다. ⓑ 대성동 고분에서 발견된 파형동기는 무덤의 주인이 지닌 힘과 권위를 상징하는 것이다. 일본의 학자들은 파형동기가 서태평양과 인도양의 열대지역에 넓게 분포하는 스이지가이 조개로부터 유래했다고 한다. 소를 신성하게 여겼던 인도에서는 이 조개의 모습이 소의 뿔을 닮았다하여 스이지가이 조개에 신성한 힘이 있다고 믿었다. 따라서 ⓒ 가야에는 남방계 문화가 공존하였다고 할 수 있다. 대성동 고분의 미스테리는 갑자기 그 축조가 중단되었다는 것인데, 이 당시 고구려가 신라의 왜구를 쫓기 위하여 5만의 군대를 한반도 남부로 보낸 사건이 있었다. 당시 가야는 동아시아의 철 문화의 중심지로서 경제적 가치가 컸다. ⓓ 가야의 철을 노리고 남하한 고구려에 의하여 가야의 세력이 축출되었다고 할 수 있다. 또한 가야인들이 한반도에서 자취를 감춘 시기와 대략 맞물려, 당시에 말이 없었다는 일본의 고분에서 말과 관련된 유물들이 쏟아져 나온다. ⓔ 이는 가야의 지배층이 일본으로 건너가 그 지역의 지배층이 되었음을 의미한다. 또한 가야의 영향을 받아 만들어졌다는 스에키 토기의 '스에키'는 우리말의 '쇠'가 변형된 것이다. 가야는 멸망했지만 가야의 흔적은 일본 역사와 유물 등에 남아있는 것이다.

① ⓐ - 북방계가 아닌 무덤에서는 동복이 발견되지 않는다.

② ⓑ - 일반인의 것으로 추정되는 고분에서는 파형동기가 출토되지 않는다.

③ ⓒ - 스이지가이 조개의 모습에서 유래한 파형동기는 남방계 문화에서만 발견된다.

④ ⓓ - 5만의 군대는 신라의 왜구를 소탕하기 위한 군대 규모로는 너무 큰 규모였다.

⑤ ⓔ - 말 유물이 나오는 일본의 무덤은 지배층의 무덤이며, 당시 일본은 가야인에 의해서만 말이 들어올 수 있는 상황이었다.

09.

다음 논증을 분석한 것으로 옳은 것만을 <보기>에서 있는 대로 고른 것은?

> "선택은 믿음 혹은 욕망이다."라는 궤변을 주장하는 이들이 있다. 그런데 선택이 욕망이라면 선택은 바람이거나 욕구이거나 분노일 것이다. 우선 ㉠ 선택이 바람이라고 해보자. 우리는 어떤 것이 불가능하다는 것을 안다면 선택하지 않는다. 그렇기에 우리가 무엇인가를 바란다면 그것은 불가능하지 않다는 것일 테다. 그런데 실제로 우리가 바라는 것들 중에는 불가능한 것들이 많다. 왕으로서 만인을 다스린다든지, 죽지 않기를 바라는 것들이 그러하다. 따라서 선택은 바람이 아니다. 그렇다면 선택은 욕구나 분노일까? 선택이 욕구나 분노라고 해보자. 누구나 경험했듯이 욕구나 분노에는 늘 고통이 동반된다. 그렇기에 ㉡ 선택이 욕구나 분노라면 선택 역시 늘 고통이 동반될 것이다. 하지만 ㉢ 무엇인가를 선택하는 것은 즐거움일 수도 있어서 선택이 언제나 고통을 동반하는 것은 아니다. 따라서 선택은 욕구도 아니고 분노도 아니다.

―――――――――<보 기>―――――――――

ㄱ. 이 글에 따르면 선택은 욕망이 아니라 믿음이다.

ㄴ. ㉠이 참임을 가정할 때 불합리한 귀결로 이어진다는 것을 보임으로써 ㉠을 부정하는 논증을 펼치고 있다.

ㄷ. ㉢을 통해 ㉡이 반박되고 있다.

① ㄱ   ② ㄴ   ③ ㄱ, ㄷ

④ ㄴ, ㄷ   ⑤ ㄱ, ㄴ, ㄷ

10.

갑과 을의 견해에 대한 분석으로 옳은 것만을 <보기>에서 있는 대로 고른 것은?

> 갑 : 우리는 세계에 존재하는 무수히 많은 대상을 지각하면서 살아간다. 그런데 우리가 지각하는 대상은 우리의 마음을 거쳐 지각된 대상일 뿐이며, 외부 대상 그 자체를 지각할 수 있는 것은 아니다. 이를테면 곧은 막대기라는 대상을 물에 넣으면 우리 눈에 이 대상은 굽어보인다. 이때 우리가 직접적으로 지각하는 대상은 굽은 막대기인 것이다. 그리고 우리가 지각하지 못하는 대상은 존재하지 않으므로 외부 대상은 그 자체로 존재하지 않는다.
>
> 을 : 곧은 막대기를 물에 넣었을 때 우리가 직접적으로 지각하는 대상은 굽은 막대기이다. 우리는 우리의 마음으로부터 독립해 있는 외부 대상 그 자체를 직접 지각할 수 없기 때문이다. 그런데 우리가 굽은 막대기만을 지각한다고 하여 곧은 막대기라는 외부 대상 그 자체가 존재하지 않는 것은 아니다. 우리는 영원히 물에 담긴 곧은 막대기를 곧은 막대기 자체로 지각할 수 없을 뿐, 외부 대상은 그 자체로 존재한다.

<명제>

(1) 외부 대상 그 자체는 존재하는 대상이다.

(2) 인간은 외부 대상을 그 자체로 직접적으로 지각할 수 있다.

(3) 인간은 주관적으로만 대상을 지각할 뿐이다.

―――――――――<보 기>―――――――――

ㄱ. 갑이 명제 (1)을 부정하는 데 반해 을은 명제 (1)을 받아들인다.

ㄴ. 을이 명제 (2)를 부정하는 데 반해 갑은 명제 (2)를 받아들인다.

ㄷ. 갑과 을 모두 명제 (3)을 받아들인다.

① ㄱ   ② ㄴ   ③ ㄱ, ㄷ

④ ㄴ, ㄷ   ⑤ ㄱ, ㄴ, ㄷ

11.

다음 글을 분석한 것으로 옳지 않은 것은?

노동자의 주식소유제를 지지하는 이들에 따르면 ⓐ노동자들에게 자사의 주식을 소유할 수 있도록 하면 노동 생산에 따른 소득 외에 여분의 소득이 생긴다. 우리 사회는 노동자들의 주식 소유에 대한 법률의 뒷받침도 받게 하고, 또 많은 회사들이 대출까지 받을 수 있도록 하기 때문에 노동자들이 상당히 광범위하게 주식을 소유하고 있다. 이들의 주장이 사실이라면 노동자들에게 여분의 소득이 더 생기므로 ⓑ노동자들이 자영업자로 전업하게 됨에 따라 노동력이 부족해지고, 이에 따라 임금은 상승하며, 따라서 기업의 이윤은 소멸하여 자본주의적 생산 체제가 무너지는 사태가 벌어질 것이다.

그러나 ⓒ노동자가 주식 소유를 통해 부유하게 되었다는 사례를 찾아볼 수 없고, 노동력 부족에 의한 임금의 폭등이나, 하물며 자본주의적 생산 체제가 무너지는 것 같은 사태는 전혀 나타나지 않고 있다.

결론을 말하자면 노동자들의 주식 소유가 노동자들에게 무언가 이익을 가져다 줄 것이라는 것은 거짓이다. 그리고 ⓓ노동의 주식소유제는 반노동자적인 제도이다.

실제로 회사를 통제, 관리하고, 그 이윤을 가져가는 것은 경영자라고 불리는 소수의 자본가들임에도 ⓔ노동자의 주식 소유를 통해서 노동자들은 '우리도 회사의 주인'이라는 생각을 갖게 된다. 그런데 ⓕ이러한 허위의식을 갖게 되면, ⓖ자본가에게 유리한 경쟁 이데올로기를 의심하지 않게 되고, '우리 회사'가 잘되도록, 경쟁력을 갖추도록 최선을 다하게 된다. ⓗ노동시간의 연장, 노동강도의 강화, 임금 일부의 포기, 즉 저임금을 포함해서 말이다. 자연스럽게 ⓘ노동조합은 무력해지고, 조합간부들은 증권시세판만 바라보면서 임금 인상이나 기타 노동조건의 개선을 위한 노력은 생각하지도 않게 된다.

① ⓑ는 기업의 이윤 발생이 자본주의적 생산 체제의 필수불가결한 요소임이 전제되어야 성립한다.

② 글쓴이는 ⓐ에 반대되는 현상으로 ⓒ를 지적한 후, ⓓ~ⓘ에서 그 원인을 설명하고 있다.

③ ⓕ는 회사가 노동자의 것이 아니라는 점을 전제하고 있다.

④ ⓑ는 ⓐ의 입장을 뒷받침하는 근거가 된다.

⑤ ⓗ와 ⓘ는 ⓓ의 예시이다.

12.

다음 논증을 분석한 것으로 적절한 것만을 <보기>에서 있는 대로 고른 것은?

심플리치오 : Ⓐ배가 가만히 서 있을 때 돌을 돛대 꼭대기에서 떨어뜨리면 돌이 돛대 밑동에 떨어지지만 배가 움직일 때 떨어뜨리면 거기에서 멀리 떨어진 지점에 떨어질 것이야. 돌을 떨어뜨려 그것이 돛대 밑동에 떨어지면 배가 가만히 있고 멀찍한 지점에 떨어지면 배가 움직이고 있음을 알 수 있겠지. 그리고 높은 탑 위에 올라가서 돌을 떨어뜨려 보면 지구가 움직이는지 정지하는 것인지를 알 수 있어. 높은 탑에 올라가서 돌을 떨어뜨렸을 때 돌은 탑 바로 아래에 떨어질 거야. 그러니까 지구가 움직이지 않음을 알 수 있어.

살비아티 : 자네 자신을 보면 그 권위자들이 실험을 하지 않았을 가능성이 있음을 알 수 있어. 자네는 실제로 해 보지 않고 확실한 걸로 생각하고 그 사람들의 언명을 굳게 믿고 있잖아. 그 권위자들도 아마 그런 식이었던 게 틀림없어. 다들 그들의 전임자를 믿고 기대었기에 거슬러 올라가 봐도 누구 한 명 실제로 실험을 해 본 사람이 없어. 실제로 실험을 해 보니 자네가 얘기한 내용과 반대가 됨을 어린아이라도 알 수 있었네. 배가 가만히 있든 어떤 속력으로 움직이든 돌은 늘 갑판의 같은 지점에 떨어졌네. 그래서 탑 꼭대기에서 떨어뜨린 공이 바로 밑으로 떨어진다 하더라도 그걸 가지고 지구가 가만히 있는지 아니면 움직이는지 추론할 수 없어.

- 갈릴레이, 『두 가지 주된 우주구조들에 관한 대화』 -

─────< 보 기 >─────

ㄱ. 살비아티는 Ⓐ가 일어나지 않은 반례를 들어 심플리치오 주장의 결론을 반박한다.

ㄴ. 심플리치오는 '배에서 일어나는 일은 지구에 대해서도 마찬가지로 성립한다'라고 가정하고 있지만 살비아티는 그렇지 않다.

ㄷ. 살비아티는 '돛대 꼭대기와 배의 관계는 탑 꼭대기와 지구의 관계와 같지 않다'라고 가정하고 있지만 심플리치오는 그렇지 않다.

① ㄱ   ② ㄷ   ③ ㄱ, ㄴ

④ ㄱ, ㄷ   ⑤ ㄴ, ㄷ

13.

'갑'의 결론에 대한 '을'의 반박이 전제하거나 가정하고 있는 것으로 적절한 것은?

'갑'은 한 병원의 폐암 환자집단과 그 병원 인근 지역의 정상인 집단을 대상으로 그들의 과거 생활 방식 간에 차이가 있는지를 살피고, 다음의 결과를 얻었다.

구분	음주자	비음주자	계
폐암 환자	138	112	250
정상인	100	150	250

이를 통해 음주의 폐암 발생에 대한 위험 정도를 계산했는데, 이는 폐암 환자의 비음주자에 대한 음주자 비(138/112)와 정상인의 비음주자에 대한 음주자 비(100/150)의 비교를 통해 계산되며, 이 방법으로 '갑'은 음주가 폐암 발생의 위험도를 1.85배 높인다는 결과를 얻게 되었다. 이를 통해 음주는 폐암 발생의 원인이라는 결론을 내렸다.

한편, '을'은 '갑'이 수집한 자료를 비흡연자와 흡연자 그룹으로 분류하여 아래와 같이 '갑'의 결과를 정리했다.

구분	흡연자		비흡연자		계
	음주	비음주	음주	비음주	
폐암 환자	126	79	12	33	250
정상인	46	24	54	126	250

이 결과를 바탕으로 '을'은 '갑'과 동일한 방법으로 흡연자 그룹과 비흡연자 그룹에서 음주가 폐암 발생과 관련된 위험도를 계산했으며, 그 값은 흡연자, 비흡연자에게 각각 0.83, 0.85가 나왔다. 이는 음주에 의해 폐암 발생이 오히려 억제된다는 결과가 도출된 것이다. 이로써 음주가 폐암의 발생의 원인일 것이라는 '갑'의 결론을 정면으로 반박했다.

① 어떠한 경우에도 음주가 폐암 발생을 억제하는 것은 불가능하다.
② 위험도를 일관되게 평가하는 데 있어서 갑의 계산법에는 한계점이 있다.
③ 흡연에 의해 폐암 발생의 위험도가 낮아지는 요인은 폐암 발생의 원인이 될 수 없다.
④ 폐암 발생의 원인은 유일해야 하며, 여러 원인이 경합할 때에는 유일한 원인 이외의 다른 원인은 배제되어야 한다.
⑤ 음주가 폐암 발생의 원인이라면 음주자와 비음주자 집단 내의 재구분이 일어나더라도, 구분된 소집단에서 음주의 위험도에는 변함이 없다.

14.

다음 글에 대한 분석으로 옳은 것만을 <보기>에서 있는 대로 고른 것은?

만약 우주가 임의적이지 않으며 명확한 법칙들에 의해 지배된다고 믿는다면, 우리는 궁극적으로 여러 개의 부분적인 이론들을 하나의 완전하며 통일된 이론으로 통합시켜야 할 것이다. 이는 우주 속의 모든 것을 설명하는 이론일 것이다. 그러나 이처럼 완전한 통일이론에 대한 탐구에는 근본적인 역설이 들어 있다. 우리의 과학이론에 대한 개념은 인간이 합리적인 존재이며 우리가 원하는 대로 우주를 관측하고, 우리가 본 바를 통해 논리적인 추론을 실행할 수 있는 존재라고 가정한다. 이러한 시각에는 우리가 우주를 지배하는 법칙들을 향해서 점차 가까이 다가갈 수 있다는 전제가 깔려있다. 그러나 완전한 통일이론이 실제로 존재한다면, 그 이론은 아마 우리 행동의 결과 또한 예측하게 될 것이며, 따라서 ㉠이론 자체가 그 이론에 대한 우리의 연구결과를 미리 결정할 것이다.

그렇다면 우리는 반드시 올바른 결론에 도달하도록 예정되어 있는가? 혹은 잘못된 결론을 내거나 아무런 결론도 내지 못하게 될 가능성은 없는가? 이에 대해 내가 할 수 있는 유일한 대답은 다윈의 자연선택설에 근거한 것이다. 이 이론의 요점은 ㉡자기복제하는 유기체의 모든 개체군에는 유전물질의 변이가 존재하며 그 속에서 서로 다른 개체들이 자라난다는 것이다. 이러한 개체들은 살아남아서 번식할 가능성이 더 높기 때문에, 이들의 행동 및 사고양식이 그 개체군을 지배하게 될 것이다. 분명히 ㉢우리가 지능 또는 과학적 발견이라고 부르는 것들이 과거에 우리의 생존에 도움을 주었던 것은 분명 사실이다. 그러나 지금도 그런 말이 유효한지는 그리 분명치 않다. 우리의 과학적 발견이 우리 모두를 파멸시킬 수도 있고, 설령 그 정도는 아니더라도 완전한 통일이론이 우리가 생존할 가능성에 별 차이를 가져오지 않을 수도 있다. 그러나 만약 ㉣우주가 규칙적인 방식으로 전개되어 왔다면, 자연선택이 우리에게 부여한 사유능력이 완전한 통일이론을 탐색하는 데에도 역시 유효하게 사용될 것이며, 따라서 ㉤우리를 잘못된 결론으로 이끌지 않을 것이라고 예상할 수 있다.

<보 기>

ㄱ. ㉠을 도출하는 과정에서 점차 완전한 이론에 접근할 수 있다는 것과 완전한 이론을 성취하는 것이 실제로 가능하다는 것을 동일한 의미로 간주하고 있다.
ㄴ. ㉡에서 ㉤을 토대로 할 때 위 글은 개체들의 사유능력에서의 차이가 그들의 생존 가능성에서의 차이를 만들어낸다는 데 동의할 것이다.
ㄷ. ㉣에 부합하지 않는 사례들이 존재하여 ㉣이 반증되더라도 ㉢으로부터 ㉤을 타당하게 추론할 수 있다.

① ㄱ   ② ㄴ   ③ ㄱ, ㄷ
④ ㄴ, ㄷ   ⑤ ㄱ, ㄴ, ㄷ

15.

다음 글에 대한 분석으로 적절한 것만을 <보기>에서 있는 대로 고른 것은?

> 호족연합정권론(연정론)은 고려 초기 정치체제는 국왕 중심의 집권적 형태를 갖추지 못하고, 각지에서 대두한 호족들의 연합형태를 취하고 있었다고 본다. 반면 비판론은 새로운 사회세력으로서 호족이 일정 정도의 영향력은 있었지만, 고려 초기 정치체제는 확고한 국가 내지 국왕 주도의 정치체제였다고 본다. 이 논쟁과 관련한 연구자들의 주된 관심사는 당시 관부의 구성 혹은 명령의 전달체계 등이 왕권-신권과 어떻게 결부되어 있는가 하는 문제에 집중된다. 특히 군사력은 연합정권 성립에 있어 가장 기초적인 변수이므로, 당시의 군사권이 관부체계 속에서 어떻게 배분되고 운영되었는가 하는 문제는 이 논쟁에 있어 대단히 중요한 논점이 되고 있다.
>
> <알려진 사실>
> (1) 고려 초기 군사기구로서 병부와 순군부라는 두 개의 관부가 존재했으며, 훗날 순군부는 호족연합세력의 사병이 중앙 정부에 완전히 흡수되면서 폐지되었다.
> (2) 순군부와 병부는 같은 조직 내에 속해 있었고 순군부가 병부보다 서열상 상위의 관부였다.
> (3) 순군부의 '순(循)'은 궁궐의 '경비' 또는 '감시'를 의미했다.
> (4) 순군부의 모든 관리는 국왕에 의해 임명되었다.
> (5) 순군부가 역모를 일으킨 적이 있다는 사실과, 순군부 관리 채용 시 가문과 출신지역이 고려된 사실이 사서(史書)에 기록으로 남아있다.

<보 기>

ㄱ. (1)과 (5)를 근거로 연정론자는 당시 순군부가 호족연합세력의 사병에 대한 지휘권을 행사하던 관부였다고 해석할 수 있다.

ㄴ. 병부가 중앙 정부에 속해 있었다는 사실은 (2)와 (3)과 결합하여 비판론자는 당시 순군부가 왕권을 보위하기 위해 호위 또는 감찰업무를 담당하던 관부였다고 해석할 수 있다.

ㄷ. (3), (4)를 근거로 비판론자는 순군부 휘하 군사들이 호족연합세력의 사병이 아니라 중앙 정부 소속의 왕병(王兵)이었다고 해석할 수 있다.

① ㄱ ② ㄷ ③ ㄱ, ㄴ
④ ㄴ, ㄷ ⑤ ㄱ, ㄴ, ㄷ

16.

다음 논증의 구조를 분석한 것으로 옳지 <u>않은</u> 것은?

> 물리학 법칙에 따라 존재할 수 있는 모든 가능세계들을 생각해 보자. 이러한 모든 가능세계들에 공통적으로 적용될 수 있는 원리가 있을까? 어떤 이들은 ⓐ 상대성이론이 모든 가능세계에 공통적으로 적용되는 유일한 원리라고 주장한다. 이들은 ⓑ 모든 가능세계는 시간과 공간, 즉 시공간으로 구성되어 있다고 한다. 그리고 ⓒ 상대성이론이 이러한 시공간을 제대로 설명할 수 있는 유일한 원리이다라는 것이다. 그러나 이러한 주장은 ⓓ 모든 가능세계는 시공간뿐만 아니라 하나 이상의 관성계를 반드시 포함하고 있다는 사실을 간과하고 있는 것이다. 모든 가능세계의 일부를 구성하고 있는 관성계는 뉴턴 역학에 의해서 설명될 수 있다. 따라서 상대성이론뿐만 아니라 ⓔ 뉴턴 역학도 모든 가능세계에 적용되는 원리가 되는 것이다. 또한 양자역학의 연구가 진전됨에 따라 ⓕ 모든 가능세계가 시공간으로 구성되는 것인가에 대한 의문이 제기되고 있다. ⓖ 어떤 가능세계가 시공간을 전제로 하고 있다면 관찰자가 관찰할 때 그 세계에 존재하는 사물의 공간적 위치가 확정될 수 있어야 한다. 그러나 사물의 공간적 위치의 확정이 가능한 거시 세계와 달리 ⓗ 미시 세계에서는 사물의 공간적 위치는 확률적으로만 확인 가능할 뿐 확정될 수 없다는 양자역학의 연구결과가 제시되고 있다. 따라서 ⓘ 시공간으로 구성되지 않는 가능세계도 있으므로 상대성이론이 적용되지 않는 세계가 하나 이상 존재하게 되는 것이다.

① 이 논증은 ⓐ의 주장을 뒷받침하는 부분과 ⓐ의 주장을 반박하는 부분으로 되어 있다.

② ⓓ는 ⓔ의 전제이다.

③ ⓔ는 ⓒ를 부정하여 ⓐ의 주장을 반박한다.

④ ⓖ와 ⓗ는 ⓕ의 근거이다.

⑤ ⓘ는 ⓑ를 반박한다.

17.

다음 논증의 구조를 분석한 것으로 옳지 <u>않은</u> 것은?

ⓐ 집단의 삶을 지배할 원칙을 정하기 위해 모인 사람들이 자기가 장차 그 사회에서 어떤 위치에 속할지 전혀 모른다고 가정한다면, 그 사람들은 다음 두 원칙에 합의할 것이다. 첫째는 언론이나 종교의 자유 같은 기본 자유를 모든 사람이 평등하게 누려야 한다는 것이며, 둘째는 사회적·경제적 불평등은 오직 그 불평등에 따른 이익이 사회 구성원 중 가장 어려운 사람들에게 돌아갈 경우에만 허용된다는 것이다. 이와 관련하여 사람들은 ⓑ 실제 상황이 아닌 가정적 상황에서 이루어진 계약은 도덕적으로 정당화될 수 없다고 지적한다. 그러나 가정적 상황의 계약이 가지는 도덕적 효력을 평가하려면 실제 계약의 도덕적 한계에 주목할 필요가 있다. 흔히 사람들은 ⓒ 실제 계약에서 계약 주체가 합의했다면 그 계약은 정당화된다고 말한다. 그러나 이는 ⓓ 실제 계약에서 어느 한 주체가 다른 한 주체보다 우위에 있거나 더 많은 정보를 갖고 있다는 점을 간과한 것이다. ⓔ 계약에서 어느 한쪽이 우월한 위치를 차지하고 있다면 다른 한쪽의 동의는 압력에서 나온 것일 수 있으며, 교환 대상에 대해 어느 한쪽이 더 많은 정보를 갖고 있다면 그 거래는 서로에게 이익이 된다고 보기 어렵다. 그러나 ⓕ 계약 주체들이 자신이 어떤 위치에 속할지 전혀 모른다면 그들은 원초적으로 평등한 위치에 놓이게 된다. 따라서 ⓖ 실제 계약과 달리 가정적 상황의 계약엔 강제나 속임수 등의 불공정한 요소가 끼어들 여지가 없다. 그렇다면 ⓗ 가정적 상황에서는 합의라는 조건만 갖췄다면 그 내용이 공정할 것이다.

① ⓑ는 ⓐ의 타당성은 문제 삼지 않는다.
② ⓖ는 ⓑ를 비판한다.
③ ⓓ는 ⓒ를 비판한다.
④ ⓔ는 ⓓ의 근거이다.
⑤ ⓕ와 ⓖ는 ⓗ의 근거이다.

18.

<비판>에 대한 분석으로 옳은 것만을 <보기>에서 있는 대로 고른 것은?

트랜스휴머니즘은 ㉠ 인류가 생명공학적 기술을 이용하여 생물학적 한계를 넘어서는 활동을 해야 한다는 주장이다. 트랜스휴머니스트들은 현재 인간 종의 모습이 종 발전의 궁극적인 형태가 아닌 상대적으로 진화의 초기 단계에 있다고 생각하며, 트랜스휴머니즘을 "노화를 제거하고, 인간의 지성적·육체적·심리적 능력을 향상시키는 기술을 개발하고 확대함으로써 인간 본성을 근본적으로 향상시킬 수 있고 그것이 바람직하다고 주장하는 지적·문화적 운동"이라고 정의한다. 다음은 트랜스휴머니즘과 트랜스휴머니스트들에 대한 비판이다.

<비판>
ⓐ 삶 혹은 주어진 것을 선물로 여기는 태도는 우리가 갖추어야 할 중요한 인간적 덕이다. ⓑ 생명공학적 기술을 통한 인간 본성의 향상 추구는 완전성이나 정복에 대한 충동에 의해 지배되고 있다. ⓒ 완전성이나 정복에 대한 충동은 삶 혹은 주어진 것을 선물로 여기는 태도와 양립 가능하지 않다. 따라서 ⓓ 기술을 통한 인간 본성의 향상 추구는 우리가 갖추어야 할 좋은 성품의 중요한 측면 혹은 중요한 인간적 덕에 반한다. ⓔ 만약 어떤 것이 중요한 인간적 덕 중 하나와 충돌한다면, 이는 그것을 금지할 결정적인 이유에 해당한다. ⓕ 기술을 통한 인간 본성의 향상 추구에 반대할 결정적 이유가 존재한다.

<보 기>
ㄱ. ⓐ, ⓑ, ⓒ는 ⓓ를 뒷받침한다.
ㄴ. ⓓ는 ⓔ를, ⓔ는 ⓕ를 각각 뒷받침한다.
ㄷ. <비판>은 ⓐ~ⓕ를 통해 ㉠이 불가능함을 보이고자 한다.

① ㄱ   ② ㄴ   ③ ㄷ
④ ㄱ, ㄴ   ⑤ ㄱ, ㄷ

19.

다음 논증에 대한 분석으로 옳지 않은 것은?

ⓐ 어떤 사람이 옳은 것을 말해 왔다는 경험적 증거가 충분할 때만 그 사람의 증언을 믿을 수 있다는 가설이 있다. ⓑ 어떤 이가 과거에 옳은 발언을 했다는 사실은 그의 증언을 믿을 수 있게 해주는 강력한 증거이다. 그런데 ⓒ 증언에 대한 믿음을 정당화할 만한 경험적 증거들을 충분히 발견하기란 불가능하다. 가령 ⓓ 처음 보는 TV 진행자의 뉴스 보도를 믿기 위해서는 그의 과거 발언들에 대해 검색을 하거나 신문을 읽는 등의 방법을 통해 정보를 수집해야 한다. ⓔ 이러한 출처들은 다른 사람들의 증언에 의해 이루어진 정보들이다. 그렇다면 ⓕ TV 진행자의 증언을 믿기 위해서는 다른 사람의 증언을 먼저 믿어야 할 것이고, 이 다른 사람의 증언을 먼저 믿기 위해서는 또 다른 사람의 증언을 그보다 먼저 믿어야 한다. 즉 ⓖ 이러한 과정은 무한히 계속되어야 하는 것이다.

ⓗ 현실에서 우리는 처음 보는 TV 진행자의 뉴스 보도를 별 어려움 없이도 믿는다. 그런데 ⓘ 이러한 현상은 우리에게는 타인의 증언을 의심할 만한 이유가 없는 한 타인의 증언을 신뢰하는 경향이 있다는 가설로 잘 설명될 수 있다. 따라서 ⓙ 우리는 경험적 증거가 없어도 타인의 증언을 신뢰한다.

① 이 논증은 ⓒ가 옳음을 보임으로써 ⓑ를 부정하고 이를 통해 ⓐ의 '가설'을 반박한다.

② ⓓ~ⓖ는 ⓒ를 뒷받침한다.

③ ⓗ는 ⓐ의 '가설'에 대한 반례가 될 수 있다.

④ 경험적 증거 없이 신뢰할 수 있는 정보가 존재한다면 ⓖ가 참이 아닐 수 있으므로 ⓒ가 약화된다.

⑤ ⓘ의 '가설' 이외에 ⓗ를 설명하는 가설이 없다면 논증의 설득력은 높아진다.

20.

다음 논증에 대한 분석으로 옳지 않은 것은?

누군가가 불의를 통해 엄청난 성공을 거둔 형과 의롭지만 그로 인해 참담한 실패로 얼룩진 삶을 사는 동생의 이야기를 들려주면서 둘의 삶 중 하나를 택하라고 한다면 어떻게 할 것인가? 이에 대해 ⓐ 도덕적인 것이 우리에게 이익이 되기 때문에 동생의 삶을 선택해야 한다는 주장이 있다. 이에 따르면 ⓑ 비도덕성은 내면을 타락시키지만 덕은 내면을 정화시키므로 우리는 자신의 도덕적 성실성에 비례해서 행복하거나 불행하다. 따라서 ⓒ 비도덕적인 사람이 물질적인 혜택을 누리더라도 영혼이 파괴된 상태에 놓여있기 때문에 그것을 즐길 수 없고 선한 사람은 가난과 불운에도 불구하고 소박한 즐거움에서도 큰 기쁨을 발견할 수 있다. 그러나 ⓓ 우리는 사악하지만 자신의 성공에 적당히 행복해하는 사람들이나 의롭지만 그들의 덕만으로는 행복을 만들어 내기에 충분치 않은 사람들을 알고 있다. 동생의 삶을 선택해야 한다는 또 다른 주장으로는 ⓔ 종교적 윤리학이 있다. 이에 따르면 ⓕ 신은 사람들이 지은 덕이나 악덕을 근거로 보상한다. ⓖ 만약 이러한 종교적 윤리학이 참이라면 동생의 삶을 택하는 것은 자기 이익에 부합한다. 그러나 ⓗ 불행히도 우리는 신 또는 사후의 삶이 존재하는지에 대하여 확실히 알 수 없다. ⓘ 많은 사람들이 종교적 교의를 의심하거나 불신하며, 어쨌거나 수백만 명의 사람들이 종교를 믿지 않는다. 이처럼 ⓙ 우리가 항상 도덕적이어야 한다는 점이 자기 이익에 부합한다는 점을 입증하는 것은 어렵다. 사실 ⓚ 이 같은 시도는 도덕 규칙의 준수가 사회적 이점을 약속하므로 도덕 규칙을 준수해야 한다고 주장하는 사회 계약론에 대해, 사람들이 '왜 내가 참여해야 하는가'라는 의문을 제기하면서 나타난 것이다.

① ⓙ는 ⓐ와 ⓔ가 가진 문제점을 지적함으로써 도출되고 있다.

② ⓑ는 ⓒ를 지지하는 근거가 되며, ⓕ는 ⓖ를 지지하는 근거가 된다.

③ ⓓ는 ⓒ에 대한 반례를 제시함으로써 ⓒ가 옳지 않음을 보이고 있다.

④ ⓗ와 ⓘ는 ⓔ가 도덕과 자기 이익의 갈등을 해소할 수 없는 이유를 제시하고 있다.

⑤ ⓙ는 주어진 논의 안에서 지지근거를 찾을 수 있지만, ⓚ는 주어진 논의 안에서 지지근거를 찾을 수 없다.

21.

다음 논증에 대한 분석으로 옳지 <u>않은</u> 것은?

ⓐ 우주에서 사물들은 무한한 시간 동안 존재했거나 유한한 시간 동안 존재했을 것이다. ⓑ 비록 사물들이 무한한 시간 동안 존재했더라도, 각각의 존재의 시작은 어떤 시점에 일어났을 것이다. ⓒ 만약 사물들이 우연히 존재하게 된 것이라면, 존재의 시작과 끝이 있어 어떤 시점에는 특정 존재는 존재하지 않는 시점이 있을 것이다. 그러므로 ⓓ 무한한 시간 동안 사물들이 있었고 존재하는 그 사물들이 우연적이라면, 시간이 무한하므로 아무것도 존재하지 않는 어떤 시점이 있었을 것이다. ⓔ 만약 유한한 시간 동안 사물들이 존재했다면 그때는 어떤 것이 존재하기 시작한 최초의 순간이 있고 그보다 앞선 순간에는 아무것도 존재하지 않았을 것이다. 그러므로 ⓕ 사물들이 우연히 존재한 것이라면, 지금보다 앞선 어떤 시점에는 아무것도 존재하지 않았을 것이다. 그런데 ⓖ 지금보다 앞서는 어떤 시점에 아무것도 존재하지 않았다면 질량보존의 법칙에 의해 지금도 아무것도 존재하지 않아야 한다. 따라서 ⓗ 존재하는 사물들이 우연적이라면 지금 아무것도 존재하지 않아야 한다. 그러나 ⓘ 지금 아무것도 존재하지 않는다는 것은 명확한 거짓이다. 따라서 ⓙ 존재하는 그 사물들이 우연적이라는 것은 거짓이다. 말하자면 필연적 존재 즉 신이 있다.

① ⓑ와 ⓒ가 결합하여 ⓓ에서 무한한 시간에 걸쳐 존재하는 우연적 사물들에 관한 결론을 내리고 있다.

② ⓐ, ⓓ, ⓔ가 결합하여 ⓕ를 이끌어낸다.

③ ⓔ에서는 유한하게 지속하는 시간 동안 존재하는 사물들에 대해 결론을 내리고 있다.

④ ⓕ와 ⓖ가 결합하여 ⓗ를 이끌어낸다.

⑤ ⓗ와 ⓘ가 결합하여 최종결론인 ⓙ를 이끌어낸다.

22.

㉠~㉤의 관계에 대한 분석으로 적절하지 <u>않은</u> 것은?

동물실험을 인정해야 할지와 관련해서 다양한 의견들이 대립하고 있다. 다만, 여기에서는 동물실험을 인정하는 것이 타당한지, 부당한지에 대해서 논의하기보다는 동물실험을 하는 것이 유용한지와 관련해서 논의해보고자 한다.

동물실험이 유용하기 위해서는 그 결과를 인간에게 적용하는 데 아무런 문제가 발생하지 않아야 할 것이다. 그러기 위해서는 동물실험의 대상이 되는 동물과 인간의 생리적 메커니즘이 어느 정도 유사해야 한다. 따라서 ㉠ 어떤 동물과 인간의 생리적 메커니즘의 유사성이 일정 수준을 넘는다면, 그리고 오직 그 경우에만 그 동물을 활용한 동물실험의 유용성을 인정할 수 있다.

동물은 각각 그 생리적 메커니즘이 다르기 때문에 인간과의 생리적 메커니즘 유사성 정도 역시 동물마다 다르다. ㉡ 어떤 동물의 경우에는 인간과 비교할 때 생리적 메커니즘의 유사성이 일정 수준을 넘음이 밝혀졌다. 한편 ㉢ 어떤 동물의 경우에는 그 동물을 활용한 동물실험의 유용성을 인정할 수가 없었다.

동물실험의 대상이 되는 대표적인 동물로 쥐를 들 수 있다. ㉣ 쥐를 활용한 동물실험은 현재까지도 활발하게 진행되고 있다. 그러나 누군가는 ㉤ 쥐를 활용한 동물실험의 유용성은 인정할 수 없다고 주장하기도 한다.

① ㉠과 ㉡으로부터 어떤 동물을 활용한 동물실험의 유용성을 인정할 수 있다는 것이 추론된다.

② ㉠, ㉡, ㉢은 동시에 참일 수 있다.

③ ㉠과 ㉤으로부터 어떤 동물도 인간의 생리적 메커니즘과 유사하지 않다는 것이 추론된다.

④ ㉣과 ㉤은 동시에 참일 수 있다.

⑤ ㉤이 참이면 ㉢도 참일 수 있다.

23.

다음 논증에 대한 분석으로 옳지 않은 것은?

ⓐ만일 신이 존재한다면 신은 무한히 이해할 수 없는 존재이다. ⓑ그는 부분도 한계도 가지고 있지 않으므로 우리와 아무 관련이 없기 때문이다. 그러나 ⓒ우리가 신과 아무 관련을 맺지 않고 살아갈 수는 없다. 그렇다면 ⓓ우리는 신의 존재 여부에 대하여 가부간의 태도를 결정해야만 한다. 그런데 ⓔ우리의 이성은 이 문제에 대해 아무런 결정도 내릴 수 없다. ⓕ거기에는 우리를 격리시키는 끝없는 혼돈이 있을 뿐이다. ⓖ결국 신이 있다는 앞면과 없다는 뒷면을 놓고 도박을 해야 하는 상황이 벌어진다.

그런데 ⓗ도박을 전혀 안할 수는 없다. ⓘ당신은 이미 패를 손에 들고 있으며 이는 자기 마음대로 결정할 수 있는 일이 아니다. 그렇다면 ⓙ신이 있다는 앞면과 없다는 뒷면을 각각 택하여 손득을 계산해 본 후 유리한 쪽에 거는 일만이 남았다. ⓚ만일 당신이 신이 있다는 앞면에 걸 경우 이기면 당신은 모든 것을 얻게 되지만 진다고 해도 당신은 별로 잃을 게 없을 것이다. 그러므로 ⓛ신이 없다는 뒷면에 걸 경우 당신이 지면 당신은 모든 것을 잃게 되지만 이긴다고 해도 당신이 얻는 것은 아주 보잘 것 없는 것에 불과할 것이다.

① 논증의 최종 결론은 ⓚ와 ⓛ에 의해 도출된다.
② ⓑ는 ⓐ의 근거가 되고, ⓒ는 ⓓ의 근거가 된다.
③ ⓔ는 ⓕ에 의해 지지되며, ⓖ는 ⓒ~ⓕ의 결론이다.
④ ⓗ는 ⓘ의 근거이고, ⓗ와 ⓘ는 결론 ⓙ의 근거이다.
⑤ 논증은 신의 존재여부를 놓고 도박을 해야 하는 이유를 밝히는 부분과, 어느 쪽에 걸어야 유리한지 밝히는 두 부분으로 구성되어 있다.

2027학년도 LEET 대비

메가로스쿨
유형별 문제집

추리논증

LEET

IV
논쟁 및
반론

논쟁 분석 및 평가

반론 구성

[유형별 문제집]과 [기출문제 해설집]을 활용한
유형별 집중풀이 가이드

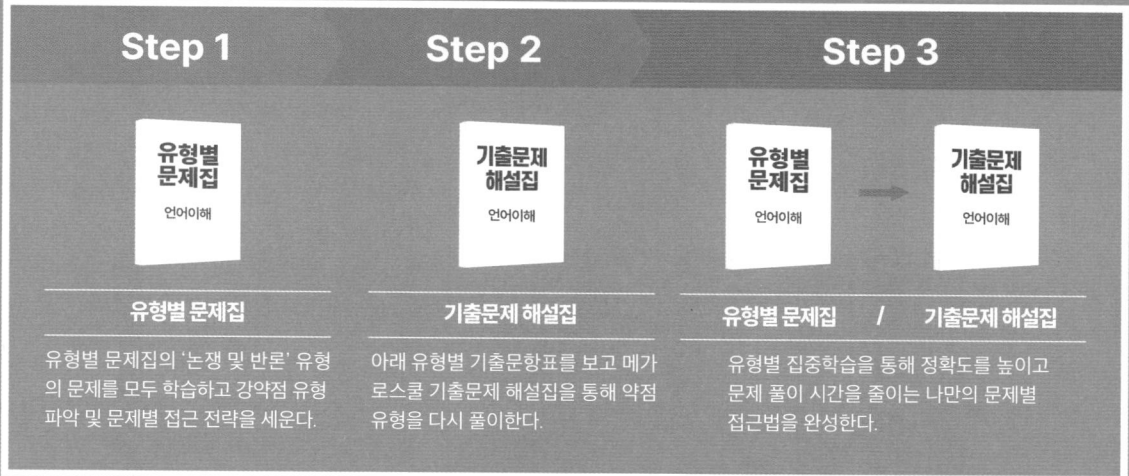

	Step 1	Step 2	Step 3
	유형별 문제집	기출문제 해설집	유형별 문제집 → 기출문제 해설집
	유형별 문제집의 '논쟁 및 반론' 유형의 문제를 모두 학습하고 강약점 유형 파악 및 문제별 접근 전략을 세운다.	아래 유형별 기출문항표를 보고 메가로스쿨 기출문제 해설집을 통해 악점 유형을 다시 풀이한다.	유형별 집중학습을 통해 정확도를 높이고 문제 풀이 시간을 줄이는 나만의 문제별 접근법을 완성한다.

유형별 기출문항표

문형 유형	세부 영역	학년도	기출문제 해설집 페이지	문항번호
논쟁 및 반론	논쟁 분석 및 평가	2026	29	5, 8, 10, 11, 13, 14, 15, 18, 19, 20, 21, 29, 30
		2025	53	18, 22, 23, 24, 25
		2024	77	10, 13, 15, 18, 19, 20, 21, 26, 29
		2023	101	1, 3, 11, 12, 13, 14, 15, 18, 20, 23, 24, 25
		2022	125	2, 5, 15, 16, 17, 18, 22
		2021	149	2, 14, 16, 18, 20
		2020	173	1, 3, 4, 5, 6, 30
		2019	197	2, 4, 5, 19, 24, 27, 34
		2018	221	12, 16, 18
		2017	241	1, 4, 7, 10, 11, 17, 26, 27
		2016	261	1, 3, 5, 10, 11, 13, 14, 15, 19
		2015	281	4, 9, 11, 28, 30, 32
		2014	301	1, 5, 8, 9, 24, 30
		2013	321	1, 2, 17, 19, 21, 23
		2012	341	1, 2, 9, 10
		2011	361	1, 18, 31
		2010	381	1, 2, 9, 10
		2009	401	19, 32, 33
		예비시험	419	17, 20, 25, 29, 30, 39
	반론 구성	2026	29	4
		2024	77	22
		2023	101	2, 6
		2019	197	25
		2017	241	12
		2016	261	16, 17
		2015	281	29
		2013	321	20
		2012	341	23
		2010	381	17
		2009	401	14, 15, 21
		2차 예시	439	412 4, 11, 16
		1차 예시	449	422 9
	오류	2013	321	11
		예비시험	419	27

※ 위 문항 구성표는 본고사 홀수형 기준이며, 전 개년 문항이 포함되어 있습니다.
※ 기출문제 해설집 페이지수는 메가로스쿨 2027학년도 기출문제 해설집 문제편 > 연도별 페이지 기준으로 기재되어 있습니다.

01.

갑과 을의 논쟁에 대한 분석으로 옳지 않은 것은?

〈원칙〉

p : 스스로 자신의 죄를 말할 필요는 없다.

q : 어떠한 경우에도 진실을 말해야 한다.

〈상황〉

  X국에 사는 A는 B를 살해하였다. A가 검찰에서 B를 살해하였다는 진실을 말하면 A는 살인죄로 처벌된다. 그런데 A는 검찰에서 B를 살해하지 않았다고 진술하였다. 다음은 A가 검찰에서 B를 살해하였다는 진실을 스스로 말해야 할 의무가 있는지 여부에 대한 갑과 을의 논쟁이다.

갑$_1$: A는 B를 살해하였다는 진실을 말할 필요가 없다. 인간은 p원칙에 의해 스스로 의지를 형성하고 자유로운 결단에 따라 행위할 수 있도록 보장받기 때문이다.

을$_1$: A는 B를 살해하였다는 진실을 말해야 한다. 인간은 어떠한 경우에도 q원칙에 따라 행위해야 하기 때문이다.

갑$_2$: q원칙에 의해, 거짓을 말하는 것이 도덕의 영역에서는 절대 허용될 수 없다고 하더라도 그것이 A와 같은 피의자가 형사절차에서 도덕적 인간이 되어야 한다는 당위로 이어질 수는 없다.

을$_2$: 자기 자신이 죄가 있다고 밝히기 어렵다는 점은 형사절차에 관여된 모든 이들이 언제나 지닐 수밖에 없는 공통적인 본성에 불과하다. 죄를 지은 사람에게 형벌을 부과할 의무를 지는 형사절차의 속성상 A에게도 q원칙을 적용해야 한다.

갑$_3$: q원칙은 그 말을 듣는 사람이 진실을 알 권리가 있는 때에만 존재하는데 피의자의 변호인을 제외하고는 피의자의 진실을 알 권리가 없다.

을$_3$: 진실을 말해야 할 의무는 상대가 누구이든 간에 불변하는 것이다. 필요에 따라 자신의 특정한 목적을 위해 스스로를 거짓말하는 수단으로 삼아서는 안 된다.

---

① 갑$_1$은 p원칙에 따르더라도 A가 검찰에서 B를 살해하였다는 진실을 스스로 말할 수 있다고 볼 것이다.

② 갑과 을은 법 영역에서는 q원칙의 적용여부에 관해 정반대의 견해를 가지지만 도덕 영역에서는 q원칙의 적용여부에 관해 견해를 같이 할 수 있다.

③ "인간에게 어떠한 본성이 존재한다고 해서 반드시 그 본성을 존중해야 할 필요는 없다."라는 진술은 갑$_3$의 을$_2$에 대한 비판으로 적절하다.

④ "재판에 있어 법관은 피의자의 진실을 반드시 알 권리가 있다."라는 진술은 을$_3$의 갑$_3$에 대한 비판으로 적절하지 않다.

⑤ "어떠한 경우에도 인간을 수단으로 삼아서는 안 되며, 오로지 목적으로 대해야만 한다."라는 주장은 을$_3$의 주장과 양립 가능하다.

02.

다음 글에 대한 분석한 것으로 옳은 것만을 〈보기〉에서 있는 대로 고른 것은?

  X국 정부는 사실상 노무에 종사하는 공무원을 제외하고 모든 공무원의 노동운동을 금지하는 A법률을 제정하였다. 이에 대해 갑은 A법률이 헌법이 보장하고 있는 근로자의 노동운동의 자유를 부당하게 제한하고 있어 위헌이라고 주장하고 을은 필요에 따른 합헌적인 법률이라고 주장하는데 그 논거는 각각 다음과 같다.

〈갑과 을의 논거〉

㈎ 공무원도 본질적으로 임금을 받고 근로를 제공하는 근로자라는 점에서 노동운동이 전면적으로 허용되는 일반 사적 영역의 근로자와 다를 바가 없다.

㈏ 공무원의 직무는 사기업 근로자의 업무보다 더 큰 공익성을 가지고 있어 공무원의 노동운동이 공익에 미치는 영향은 사기업 근로자의 노동운동보다 훨씬 크다.

㈐ 규정만으로는 노동운동이 허용되는 공무원의 범위를 구체적으로 확정할 수 없어 법집행기관에 의해 자의적으로 해석될 수 있다.

㈑ 공무의 성질은 무척 다양하고 복잡하며 또 행정기관의 사정도 모두 다르므로 어떤 것이 공무 중 사실상 노무에 해당하는 것인지를 모두 A법률에 정하는 것은 불가능에 가깝다.

〈보 기〉

ㄱ. ㈎는 갑이 자신의 주장을 뒷받침하기 위해 사용할 수 있는 논거이다.

ㄴ. 공무원의 직무의 공공성은 공무원의 직무의 종류와 성질 등에 따라 달라질 수 있음에도 이를 고려하지 않고 획일적으로 규제하고 있다는 논거는 ㈏에 대한 적절한 반박이 된다.

ㄷ. ㈐를 논거로 하는 갑에 대해, 을은 사실상 노무에 해당하는 공무원의 직종과 직무범위에 관한 세부 사항을 정한 하위 법규가 있다는 사실과 ㈑를 결합하여 반박할 수 있다.

---

① ㄴ   ② ㄷ   ③ ㄱ, ㄴ

④ ㄱ, ㄷ   ⑤ ㄱ, ㄴ, ㄷ

03.

다음 글에 대한 분석으로 옳은 것만을 <보기>에서 있는 대로 고른 것은?

P국 공정거래법은 "원재료를 독점으로 공급하는 기업이 다른 기업에게 원재료 공급량을 부당하게 조절하는 행위와 소매시장에서 약탈적 가격설정행위를 하는 것은 금지된다."라고 정하고 있다. 그리고 "약탈적 가격설정행위는 기업이 경쟁자를 시장에서 축출하기 위해 제품가를 원가 이하와 같이 지나치게 낮은 가격으로 설정하는 행위"라고 정하고 있다. 하지만 '부당하게 조절'이나 '지나치게 낮은 가격'에 대하여 명확한 판결이 없었다.

갑 기업은 가스 원재료를 독점으로 공급하고 있고, 소매시장에서 가스충전업을 한다. 을 기업은 갑으로부터 가스를 공급받아 가스충전업을 한다. 갑은 매달 일정량의 가스를 을에게만 비싸게 팔고, 동시에 가스충전업 소매시장에서는 원가를 조금 상회하는 낮은 가격으로 을과 경쟁한다. 을은 갑이 공정거래법을 위반하였다고 소를 제기하였고, 이 재판에서 갑의 행위를 어떻게 볼지에 대해 다음의 상반된 견해가 제시되었다.

A : 갑은 을에게 매달 일정량의 원재료를 공급하고 있으므로 원재료 공급량을 부당하게 조절한 적이 없다. 또한 소매시장에서도 갑은 원가를 상회하는 가격을 설정하였으므로 약탈적 가격설정행위를 하지 않았다. 갑의 행위로 을이 경영상의 어려움을 겪는 것이 사실일지라도 공정거래법에서 정하고 있는 내용을 완화하여 해석할 수 없다.

B : 이 법의 취지는 기업이 경쟁사를 축출하는 것을 방지하기 위한 것이다. 따라서 어떤 기업이 경쟁사를 시장에서 축출할 가능성이 매우 높을 때에는 법의 취지를 따라 법을 완화하여 예외를 인정해야 한다. 갑은 을에게만 원재료를 비싸게 팔고, 을과 경쟁하는 시장에서 제품을 지나치게 저렴하게 판매하는데, 이는 을을 소매시장에서 축출시킬 가능성이 매우 높은 행위이다. 따라서 이 개별 사안에서 갑은 공정거래법을 위반했다고 보아야 한다.

―――――< 보 기 >―――――

ㄱ. 다른 기업들의 원재료의 부당한 조절이나 약탈적 가격설정행위 위반 여부를 이 판결에 따라 결정한다면, 법적 분쟁이 생길 가능성은 A를 따를 때가 B를 따를 때보다 더 높다.

ㄴ. 특정 기업에게만 비싼 가격으로 원재료를 공급하는 행위도 원재료에 대한 공급량을 부당하게 제한한 것이라는 주장이 옳다면, 이는 A의 설득력을 낮추고 B의 설득력을 높인다.

ㄷ. 소매시장의 한 기업이 원재료를 전량 구매하여 경쟁 기업들이 원재료를 일절 수급하지 못하게 한 행위가 경쟁사를 축출시킬 가능성이 매우 높은 행위로 인정된다면, 이는 B가 인정하는 예외적인 경우에 해당하지 않는다.

① ㄱ　　　　　② ㄴ　　　　　③ ㄱ, ㄷ
④ ㄴ, ㄷ　　　　⑤ ㄱ, ㄴ, ㄷ

04.

다음 글에 대한 분석으로 적절한 것만을 <보기>에서 있는 대로 고른 것은?

통치행위는 국정의 기본방향이나 정책을 대상으로 하는 국가기관의 고도의 정치적 행위를 뜻한다. 이러한 통치행위가 사법심사의 대상인지에 대하여 견해가 대립된다.

A : 삼권이 분립된 체제에서 정치적 책임을 지지 않는 사법부가 통치행위를 심사하는 것은 부적절하다. 따라서 통치행위에 대한 심사 권한은 유권자에게 있다고 보아야 한다.

B : 국가기관의 행위는 사회 전 영역에 영향을 끼치므로 그 행위는 사법심사의 대상이 된다. 다만 법률에서 예외로 인정한 통치행위의 경우에는 사법적 심사를 받을 필요가 없다.

C : 사법부가 고도의 정치성을 가진 통치행위에 대해 사법심사를 하게 된다면 사법부의 정치화가 초래될 우려가 있다. 따라서 사법부는 통치행위에 대한 심사를 최대한 자제해야 한다. 다만 국민의 기본권 침해와 관련이 있는 경우에는 사법심사를 받아야 한다.

D : 삼권분립을 채택하고 있는 현 체제에서 통치행위는 입법부와 행정부의 고유 권한이다. 따라서 통치행위가 입법부와 행정부의 고유 권한을 벗어나지 않는 한 그것에 대한 사법심사는 정당화될 수 없다.

―――――< 보 기 >―――――

ㄱ. 입법부와 행정부의 고유 권한을 벗어난 통치행위를 사법부가 심사할 수 있다는 견해에 대하여, A는 동의하지 않지만 D는 동의할 것이다.

ㄴ. 법률에서 사법심사의 예외로 인정하는 통치행위의 범위가 축소될수록 사법부가 심사할 수 있는 통치행위의 범위에 대하여, B와 C는 비슷한 결론을 내릴 것이다.

ㄷ. 만일 국가기관의 고유 권한에 해당하지만 국민의 기본권 침해와 관련된 통치행위를 사법부가 심사할 수 있다는 견해가 있다면, 이 견해에 C는 동의하지만 D는 동의하지 않을 것이다.

① ㄱ　　　　　② ㄴ　　　　　③ ㄱ, ㄷ
④ ㄴ, ㄷ　　　　⑤ ㄱ, ㄴ, ㄷ

05.

다음 논쟁에 대한 분석으로 적절하지 않은 것은?

A1 : 경제 지원을 통해 북한의 핵개발을 저지하려던 정책은 실패했음이 분명해졌다. 그들에게 제공된 경제 지원은 오히려 그들이 핵무기를 개발하는 비용으로 사용되었을 뿐이다.

B1 : 오히려 경제적 지원이 충분하지 못했기 때문에 발생하는 문제이다. 북한이 핵개발에 집착할 수밖에 없었던 이유는 미국으로부터 확실한 체제 보장을 약속받지 못했기 때문이다. 즉 그들이 핵개발을 영구히 포기하기를 원한다면 그들의 체제가 보장될 것이라는 믿음이 필요하며, 이를 위해서는 이들이 체제를 유지할 수 있을 만큼의 충분한 경제 지원이 필요하다.

A2 : 북한이 체제 보장을 그토록 원한다면 먼저 국제 사회의 일원으로 인정받기 위해 노력해야 한다. 하지만 파탄이 난 국가 경제를 살리기 위해 개방과 개혁에 나서기는커녕 핵무기 개발, 구기 및 마약 밀거래, 위폐 발행, 테러 단체 연계 등의 혐의를 받고 있는 국가에게 체제 보장을 약속하는 것이 올바른 문제 해결책이 될 수 없다.

B2 : 북한에게 개방과 개혁은 결국 체제 보장보다는 체제를 불안정하게 만드는 요소로 여겨질 수도 있다. 즉 그들 스스로 핵무기 개발이나 국제범죄로부터 멀어지게 한다는 이유로 무조건적으로 개방과 개혁을 요구하는 것은 적절한 방법이 아니다.

A3 : 북한 핵문제에 대한 올바른 접근법이 무엇인지는 현 이란의 상황이 시사해 주는 바가 크다. 이란 역시 북한처럼 체제 보장을 위해 핵개발을 추진했지만, 미국 및 국제사회가 그들의 석유사업에 강력한 제재를 가함으로써 경제상황을 어렵게 만들었고, 이는 이란 국민들이 보다 온건하고 친서방적인 정권을 선택하도록 하는 결과를 가져왔다.

B3 : 경제 제재와 압박이 이란에 어떠한 결과를 가져오든 우리들의 운명에는 그다지 중요하지 않은 반면, 북한에 대한 경제 제재와 압박은 그 결과에 따라 우리의 운명에 결정적 영향을 미칠 수 있다. 즉 일부 상황에 공통점이 있다는 사실만을 가지고 이란과 마찬가지로 북한에게도 강경 정책을 사용하는 것이 적절한지는 충분한 재고가 필요하다.

① A1은 북한에 대한 경제 지원이 북한 핵문제를 악화시켰다고 보는 반면, B1은 부족한 경제 지원이 북한 핵문제를 악화시켰다고 본다.

② 개방과 개혁이 북한의 체제 보장에 긍정적인 영향을 끼치는지 여부에 대해 A2와 B2는 견해 차이를 보이고 있다.

③ 이란과 달리 북한은 국민 스스로가 정권을 선택할 수 있는 권한을 갖고 있지 않다는 사실은 A3을 약화함으로써 B의 주장을 강화한다.

④ 경제 제재와 압박에도 불구하고 이란의 핵개발 시도가 잠재적인 위협요소로 남아있다는 사실은 B3으로 하여금 A3의 해결책을 받아들일 수 있게 한다.

⑤ B3은 이란과 달리 북한에 대한 경제 제재 및 압박이 우리나라에 결정적인 영향력을 미칠 수 있음을 지적함으로써 A3의 해결책을 거부하고 있다.

06.

다음 글에 대한 평가로 적절한 것만을 <보기>에서 있는 대로 고른 것은?

> 범죄수사를 위한 감청기간의 최대 연장 횟수를 정하지 않은 법률조항에 대하여 갑은 합헌, 을은 위헌이라는 견해인데, 그 논거는 다음과 같다.
>
> **〈갑의 논거〉**
>
> ㈎ 국가 안위 등에 관한 주요 범죄의 수사는 대부분 장기화되며 통신자료의 특성상 증거수집에는 지속적 감청이 필요하다.
>
> ㈏ 감청기간 연장의 필요성은 법률로 일률적으로 정하기보다 법원이 사건에 따라 개별적으로 판단하는 것이 바람직하다.
>
> ㈐ 법원이 실무상 기간연장신청을 철저히 심사하지 않아 감청이 장기화되는 문제는 실무를 개선함으로써 해결하여야 한다.
>
> **〈을의 논거〉**
>
> ㈑ 감청기간 종료 후 새로이 법원에 감청을 청구하면 심사가 엄격하므로 심사가 비교적 철저하지 않은 감청기간연장 제도가 실무적으로 남용되고 있다.
>
> ㈒ 감청기간연장청구에 대하여 법원이 불허하는 경우는 매우 드물다는 점에서 감청기간연장청구에 대한 법원 심사가 부적절한 감청을 통제하기 어렵다.
>
> ㈓ 감청제도의 속성상 감청대상자가 감청사실을 알 수 없어 방어권 행사가 어려우므로 감청기간을 무제한 연장한다면 개인의 내밀한 사생활의 비밀이 침해당할 우려가 크다.

─〈보 기〉─

ㄱ. 갑과 을의 견해 차이는 감청이 범죄수사를 위해 필요한 수사방법인지에 대한 견해 차이에서 비롯된다.

ㄴ. 법원이 감청기간연장청구를 기각하는 비율이 매우 낮다는 사실이 밝혀지더라도 갑의 주장은 유지될 수 있다.

ㄷ. 법률 조항을 "법원이 감청기간의 연장을 허가할 때 총 기간 내지 총 연장 횟수를 정할 수 있다."고 개정하더라도 을은 여전히 위헌을 주장할 수 있다.

① ㄴ   ② ㄷ   ③ ㄱ, ㄴ
④ ㄱ, ㄷ   ⑤ ㄴ, ㄷ

07.

견해에 대한 분석으로 옳은 것만을 <보기>에서 있는 대로 고른 것은?

> P국 헌법 A규정은 '헌법재판소는 국회가 제정한 법률이나 정부의 공권력 행사가 위헌인지 여부가 문제 되는 경우 그 위헌성을 심사할 권한이 있다'고 규정하고 있다. 그리고 B규정은 '대법원은 정부가 정한 명령이 위헌인지의 여부가 재판과정에서 문제 된 경우 그 위헌성을 심사할 권한이 있다'고 규정하고 있다. 한편 정부가 정한 명령의 위헌 심사 권한이 어디에 있어야 하는지에 대해 다음과 같은 견해들이 있다.
>
> 갑 : 정부가 정한 명령은 정부가 행사하는 공권력의 하나로 볼 수 있다. 그런데 헌법은 A규정이 있음에도 정부가 정한 명령의 위헌성 심사는 대법원에 그 권한이 있다는 B규정을 따로 두고 있다. 그렇다면 정부가 정한 명령의 위헌성 심사는 대법원만이 할 수 있는 것으로 해석해야 한다. 즉, 정부가 정한 명령의 위헌성은 대법원만 심사할 수 있으며, 이에 대한 위헌성 심사 권한을 가진 대법원도 재판과정에서 해당 명령의 위헌성이 문제가 된 경우에만 심사할 수 있다.
>
> 을 : B규정에 따르면 재판과정에서의 정부 명령의 위헌성 심사는 대법원만의 고유 권한이다. 그래서 재판과정 외에서의 위헌성 심사는 대법원의 권한에 속하지 않는다고 해석해야 한다. 또한 A규정은 '정부의 공권력 행사의 위헌 여부가 문제 되는 경우'로 정하고 있는데 정부가 정한 명령은 정부가 행사하는 공권력의 하나로 볼 수 있어서 헌법재판소가 심사 권한을 갖는다.

─〈보 기〉─

ㄱ. P국의 국민이 재판과정에서 문제가 된 정부가 정한 명령의 위헌 심사를 요청하고자 할 때, 갑과 을 모두 헌법재판소가 이 심사를 할 수 있는 권한이 없다고 볼 것이다.

ㄴ. 을에 대해서는 만약 동일한 정부 명령의 위헌 여부에 관해 대법원과 헌법재판소에서 상충되는 판단이 이루어질 경우가 있다면 사회적 혼란이 초래될 수 있다고 비판할 수 있다.

ㄷ. '일반 시민들이 재판과정의 절차를 거치려면 경제적·정치적 부담이 커서 재판과정 없이도 정부 명령에 대한 위헌 심사가 가능해야 한다.'고 주장하는 사람은 갑보다는 을의 견해에 더 동의할 것이다.

① ㄱ   ② ㄷ   ③ ㄱ, ㄴ
④ ㄴ, ㄷ   ⑤ ㄱ, ㄴ, ㄷ

08.

갑과 을의 논쟁 중 자신의 기본 입장과 일관되지 <u>않은</u> 것은?

> 갑 : '건강보험급여를 받을 자가 범죄행위를 저질렀거나 또
> 는 고의로 보험사고를 발생시켰을 때에는 보험급여를
> 하지 아니한다'고 규정한 A조항은 가입자의 급여를 부
> 당하게 제한한다. 따라서 A조항은 보험가입자의 재산
> 권 및 사회적 권리를 침해한다.
>
> 을 : 건강보험급여를 받을 수 있는 대상자를 법률로 규정할
> 때는 광범위한 재량권이 허용된다. 따라서 A조항이 보
> 험급여를 받을 수 있는 가입자의 권리를 침해하는 것은
> 아니다.
>
> (가) 갑 : 건강보험수급권 제한 사유를 법률로 정하는 입법자
> 의 재량에도 한계가 있다. 중과실이 아닌 경과실에 의한
> 범죄행위로 발생한 보험사고까지 건강보험수급권을 부
> 정하는 것은 보험수급자의 재산권을 지나치게 침해하므
> 로 재량권 행사의 범위를 일탈한 것이다.
>
> (나) 을 : 경과실과 중과실은 불명확한 개념이므로 법률조항이
> 헌법에 위반된다고 판단하는 기준으로 사용하기에는 부
> 적절하다. 경과실과 중과실의 구별은 고의와 과실의 구
> 별처럼 본질적으로 다른 것이 아니라 단지 과실의 정도
> 문제에 불과하다는 점에서 보험사고에 적용하기 어렵다.
>
> (다) 갑 : 경과실과 중과실의 구분이 과실의 정도문제이지만
> 경과실에 의한 범죄행위로 발생한 보험사고의 경우까지
> 의료보험수급권을 부정하는 것은 우연한 사고로 인한 위
> 험으로부터 다수의 국민을 보호하려는 사회보장제도인
> 건강보험제도의 본질에 반한다.
>
> (라) 을 : 고의나 중과실에 의한 범죄가 아닌 경과실에 의한 범
> 죄의 경우에는 사회적으로 비난을 받을 가능성이 상대적
> 으로 낮다는 점을 고려해야 한다. 보험공동체에 위해를
> 끼치지 않도록 성실하고 책임 있게 행동할 의무를 위반
> 한 과실의 정도가 경미하므로 그 위반에 대하여 고의나
> 중과실이 있는 경우와 똑같이 보험사고에 적용하는 것은
> 불합리하다.
>
> (마) 갑 : 건강보험이 아닌 다른 보험도 경과실에 의한 범죄로
> 발생한 보험사고의 경우에는 보험급여를 지급하고 있다.
> 그런데 사회보장적 성격이 더 강한 공적 보험인 건강보
> 험제도에서 보험급여배제사유로 경과실에 의한 보험사
> 고를 규정하는 것은 평등의 원칙에 위반될 소지도 있다.

① (가)　　　　　② (나)　　　　　③ (다)
④ (라)　　　　　⑤ (마)

09.

다음 논쟁을 분석한 것으로 옳은 것만을 <보기>에서 있는 대로 고른
것은?

> 갑 : '올바름'과 '좋음' 중에서 좋음이 더 근본적인 가치이다.
> 왜냐하면 우리는 어떤 좋은 것(X)을 먼저 생각한 다음,
> X가 내포한 좋음을 더욱 증진시키는 다른 어떤 것(Y)을
> 올바르다고 판단하기 때문이다. 예컨대 날이 잘 선 칼은
> 물건을 잘 자를 수 있다는 점에서 좋은 칼이다. 그런데
> 누군가 이 칼의 칼날을 일부러 무디게 만들어서 더이상
> 날카롭지 않게 하였다면, 무디게 만든 행위는 올바르지
> 않은 행위이다. 또한 우리가 육체적인 향락을 좋은 것이라
> 고 판단한다면, ㉠향락의 양을 더 증진시킬 것으로 기대
> 되는 다른 수단들을 올바르다고 판정할 수 있을 것이다.
>
> 을 : 하지만 '좋음'을 어떻게 정의해야 하는지의 문제가 있다.
> 만약 어떤 것을 좋다고 할 보편적인 기준이 존재하지
> 않는다면, 올바름에 대한 보편적 기준 역시도 세울 수
> 없다. 그러나 좋음의 보편적인 정의가 존재한다고 보기
> 어려움에도 우리는 올바름의 기준에 대해서는 보편적으
> 로 합의하고 있다. 이는 우리가 좋음과 별개로 올바름에
> 대한 판단 기준을 가지고 있음을 의미한다. 예컨대 비도
> 덕적인 행위에 대해서 우리는 그 행위가 올바르지 않다고
> 말한다. 그러나 그것이 우리가 비도덕적인 행위를 좋지
> 않은 행위라고 판단하기 때문은 아니다. 즉, 비도덕적인
> 행위가 좋지 않은 행위라는 판단 없이도 우리는 충분히
> 그것이 옳지 않다고 말할 수 있다.

───────〈보 기〉───────

ㄱ. 만약 갑이 어떤 행위가 올바르지 않다고 판단하였다면
　그 행위는 어떤 좋음을 증진시키지 않은 것이며, 어떤
　행위가 올바르다고 판단했다면 그 행위는 어떤 좋음을
　증진시킨 것이다.

ㄴ. 을에 따르면, ㉠은 올바르지 않다.

ㄷ. 을에 따르면, 누군가가 어떤 행위를 비도덕적이라고 판단
　했다면, 그는 그 행위가 좋지 않다고 판단했을 것이다.

① ㄱ　　　　　② ㄴ　　　　　③ ㄱ, ㄷ
④ ㄴ, ㄷ　　　　　⑤ ㄱ, ㄴ, ㄷ

10.

다음 논쟁에 대한 분석으로 적절한 것만을 <보기>에서 있는 대로 고른 것은?

부동산 이중매매란 매도인이 부동산을 제1매수인에게 매도한 후, 소유권의 이전등기를 하지 않은 동안에 동일한 부동산을 다시 제2매수인에게 매도하는 것이다. 이 경우 매도인과 제2매수인과의 계약과 소유권이전등기는 유효하다. 하지만 이중매매로 인해 매수인의 재산상 손해를 입는 피해가 많아지자 매도인을 배임죄로 처벌하자는 논의가 있다. 배임죄는 타인의 사무를 처리하는 자가 그 임무에 위배하는 행위를 하여서 재산에 손해를 끼친 경우 성립한다.

갑 : 타인을 위한 사무와 타인의 사무를 구분해야 한다. 부동산 매도인이 등기를 이전하는 데 협력해야 할 의무는 등기 이전에 필요한 서류를 매수인에게 제공하는 것에 불과한 것이므로 타인(매수인)을 위한 사무에 해당할 뿐이지 타인의 사무가 될 수 없다.

을 : 매매계약은 공동의 사무로서 자기 사무의 처리라는 측면과 아울러 상대방의 재산을 보전할 타인 사무의 처리라는 성격을 동시에 가진다. 그러므로 매도인은 타인의 사무를 처리하는 자가 되어 배임죄가 성립된다. 부동산은 매수인의 전체 재산과 같을 정도로 큰 금액이므로 이중매매로 인해 제1매수인이 입는 재산상 손해는 금전적 손해 이상의 큰 피해가 된다. 그렇기 때문에 부동산의 이중매매는 단순한 민사상 채무불이행과 구별해 형법이 개입되어야 하며 그래야만 이중매매로 인한 제1매수인의 피해를 막을 수 있다.

갑 : 제2매수인과 달리 제1매수인은 이중매매로 예측하지 못한 손해를 입게 되므로 보호가 더 필요한 것은 제1매수인이다. 이 때문에 이중매매를 금지할 필요가 있다 하더라도 이를 형법으로 해결해서는 안 된다. 이중매매를 배임죄로 처벌하는 것은 부동산을 이중으로 팔려는 매도인에게 우선 맺은 계약을 이행하도록 형법으로 강요하는 것인데, 이는 개인의 재산을 처분하는 과정에 국가가 형법으로 개입하는 것으로 계약당사자들이 자유롭게 계약을 할 권리를 침해하는 것이다.

을 : 무조건적으로 배임죄를 적용하는 것이 자율적인 시장 경제의 위축을 가져올 수 있다면, 배임죄 성립 시기를 조정하면 된다. 계약금을 지불한 이후 중도금을 수수하는 등 계약의 이행이 어느 정도 진행된 단계에서 매도인의 배임죄 성립을 인정하면 된다.

<보 기>

ㄱ. 아직 등기를 갖추지 않아 소유권이 없는 제1매수인을 부동산을 취득해 등기까지 갖춘 제2매수인보다 더 보호하는 것이 불합리하다면 갑은 약화된다.

ㄴ. 제1매수인으로부터 계약금만 수수한 단계에서 계약의 목적물을 제2매수인에게 처분한 경우, 갑과 을 모두 매도인의 배임죄 성립을 부정할 것이다.

ㄷ. 등기 이전에 필요한 서류를 매수인에게 제공해야 하는 협력 의무가 매도인에게 있다고 하더라도 갑은 매도인의 배임죄 성립을 부정할 것이다.

① ㄱ   ② ㄷ   ③ ㄱ, ㄴ
④ ㄴ, ㄷ   ⑤ ㄱ, ㄴ, ㄷ

11.

다음 글에 대한 분석으로 적절하지 <u>않은</u> 것은?

당사자의 의사의 합치로 계약은 성립되고 합치된 의사가 계약의 내용을 이루지만 그 내용이 사회질서에 위반되는 경우 계약은 무효가 된다. 그러나 통상의 금전대여계약을 체결하였으나 그 금전을 대여 받은 동기가 도박자금을 마련하기 위한 것과 같이, 계약의 내용 자체가 아니라 계약의 동기가 반사회적인 경우에도 그 계약의 내용이 반사회적이어서 무효인지에 대하여 견해가 나뉜다.

A : 일방의 동기를 상대방이 인식할 수 있었다면 동기도 계약의 내용을 이룬다. 그런데 동기는 내심의 의사이므로 이것이 외부로 표시되지 않으면 상대방은 인식할 수 없다. 따라서 일방의 반사회적 동기가 상대방에게 표시된 경우에 한하여 그 계약은 무효이다.

B : 일방의 반사회적 동기가 상대방에게 표시되지 않은 때에도 주변 사정이나 정황 등으로 상대방은 일방의 반사회적 동기를 충분히 인식할 수 있다. 따라서 계약 당시 상대방이 이러한 동기를 인식할 수 있었을 경우에도 동기가 계약의 내용을 이루게 되므로 그 계약은 무효이다.

C : 일방의 반사회적 동기를 상대방이 인식하였거나 인식할 수 있었더라도 일률적으로 그 계약을 무효로 할 수는 없다. 반사회적 동기가 있는 일방의 상대방도 그 동기에 관여하여 그 동기가 당사자 공동의 동기로 외부로 표시된 경우, 그 동기가 계약의 내용을 이루게 되므로 그 계약은 무효이다.

① 계약이 반사회적이라고 판단하는 범위는 A가 B보다는 좁고, C보다는 넓다.

② 동기는 당사자의 의사의 합치에 선행하므로 계약의 내용에 포함될 수 없다는 주장은 A, B, C 모두의 설득력을 낮춘다.

③ 계약 당사자들이 동기를 상대방에게 표출하는 경향이 강할수록 동기가 반사회적인 계약에 대해 B는 A와 비슷한 결론을 내릴 것이다.

④ 계약 당시 일방의 반사회적인 동기가 상대방에게 표시되지 않아 상대방이 이를 알 수 없었다면 A와 B는 다른 결론을 내릴 것이다.

⑤ 계약의 내용에는 당사자가 달성하려는 목적이 포함되므로 양당사자가 동기를 공동으로 표시한 경우에 표시된 동기가 계약 목적의 판단 자료가 된다는 주장은 C의 설득력을 높인다.

12.

자신의 기본 입장과 일관되지 <u>않은</u> 진술을 고른 것은?

갑 : 어떤 헌법조항 개정의 위헌 여부는 철저하게 헌법규정에 따라 판단해야 한다. 따라서 헌법이 정한 개정절차에 따르는 한 어떤 제약 없이 모든 헌법조항을 개정할 수 있다.

을 : 헌법이 어떤 조항의 개정을 명문으로 금지하는 규정을 두고 있을 경우 헌법이 정한 개정절차를 따르더라도 그 조항을 개정할 수 없다. 또한 헌법의 본질적 이념을 규정한 조항은 헌법을 제정한 권력의 의사가 반영된 것으로 개정을 금지하는 명문규정이 없더라도 개정할 수 없다.

㈎ 갑 : 헌법이 어떤 조항의 개정을 명문으로 금지하는 규정을 두고 있을 경우 헌법이 정한 개정절차를 따라 개정을 금지하는 규정을 먼저 개정한 후 개정이 금지된 규정을 개정할 수 있다. 또한 헌법규정은 헌법을 제정한 권력과 헌법을 개정할 수 있는 권력을 구분하고 있지 않다.

㈏ 을 : 헌법규정에 따라 개정절차를 거치는 것은 헌법을 개정하는 권력이 헌법을 제정한 권력의 의사에 따르는 것이다. 헌법을 개정할 수 있는 권력은 헌법을 제정한 권력이 부여한 것이다.

㈐ 갑 : 헌법을 제정한 권력도 국민으로부터 나오고 헌법을 개정할 수 있는 권력도 국민으로부터 나온다. 국민은 시대와 사회의 변화에 조응하여 헌법을 제정하기도 하고 개정하기도 하는 것이다.

㈑ 을 : 헌법 개정에 일정한 한계를 정하지 않으면 헌법규범의 실질적 정당성을 무시한 헌법 개정도 인정하는 결과를 초래할 수 있다. 이는 합법성의 형식을 밟아 법치국가적 민주주의 자살을 허용하는 것과 다를 바 없다.

㈒ 갑 : 자연법에 위배되지 않는다는 제약하에 헌법을 개정하도록 한다면 합법성의 형식을 밟아 법치국가적 민주주의를 훼손하는 결과는 발생하지 않는다.

① ㈎   ② ㈏   ③ ㈐
④ ㈑   ⑤ ㈒

13.

다음 글을 분석한 것으로 옳은 것만을 <보기>에서 있는 대로 고른 것은?

A국 형법에는 피해자의 고소가 있어야만 처벌할 수 있는 범죄인 친고죄가 있으며, 특별한 규정이 없으면 고소기간은 피해일로부터 6개월이다. 고소기간을 지난 고소는 효력이 없으며 친고죄가 아닌 죄는 고소가 없더라도 처벌할 수 있다.

검사 : 2013년 3월 1일 이전에는 형법에서 강제추행죄를 친고죄로 규정함과 동시에 성폭력처벌법에 성범죄 특례조항을 두어 강제추행죄의 고소기간을 1년으로 규정하고 있었습니다. 갑은 2012년 6월 1일 피해자 을을 강제추행하였고 을은 2013년 4월 1일에 갑을 고소하였으므로 갑을 강제추행죄로 처벌할 수 있습니다.

변호인 : 2013년 3월 1일 강제추행죄의 친고죄 규정을 폐지하는 형법 개정이 있었고, 개정에 따라 성폭력처벌법의 특례조항도 삭제하였습니다. 그러나 이 개정된 형법의 시행이 6월부터인데 특례조항을 삭제하면서 개정법 시행 전까지 적용할 아무런 경과규정을 두지 않았습니다. 친고죄가 사라진 것은 피고인에게 불리합니다. 이런 상황에서는 ㉠ '피고인의 행위 이후 개정된 법이 피고인에게 불리한 것이라면 개정 이전의 법을 적용한다'는 원칙을 적용해야 합니다. 따라서 이 경우 원칙적 고소기간을 적용해야 합니다.

검사 : 특례조항을 삭제한 것은 친고죄 폐지라는 개정된 형법을 반영하기 위한 것일 뿐 조항에 문제가 있어 강제추행죄의 고소기간을 6개월로 돌려놓으려는 의도가 아닙니다. 개정 전 특례조항의 취지를 존중하여 1년의 고소기간을 적용해야 합니다.

판사 : 선고하겠습니다. 고소기간 특례를 삭제하면서 경과규정을 두지 않았더라도, 그 삭제를 하는 개정의 취지상 삭제되기 전 위 특례를 갑에게 적용할 수 있다고 보는 것이 합리적 법 해석에 부합한다. 따라서 갑을 처벌한다.

─────< 보 기 >─────

ㄱ. 검사는 ㉠을 부정한다.

ㄴ. '죄의 성립 여부와 관련하여서만 ㉠이 적용되고, 고소기간 등 절차와 관련하여서는 ㉠이 적용되지 않는다.'라는 주장을 검사는 동의할 것이다.

ㄷ. 을이 갑을 2012년 11월 1일에 고소하였다면 이 고소의 효력에 대한 검사와 변호인의 의견 대립이 없었을 것이다.

① ㄱ　　　　② ㄷ　　　　③ ㄱ, ㄴ
④ ㄴ, ㄷ　　　⑤ ㄱ, ㄴ, ㄷ

14.

다음으로부터 <사례>를 판단한 것으로 옳은 것만을 <보기>에서 있는 대로 고른 것은?

X국에는 채권자를 보호하기 위해 채무자가 아닌 보증인이 채무액을 변제할 수 있고 채무자의 소유가 아닌 다른 사람이 소유한 것을 담보물로 할 수 있는 제도가 있다. 최종 변제 책임은 채무자에게 있으나, 채무자가 변제하지 못하는 사정이 있다면 담보물을 제공한 자에게 있다.

이때 보증인이 채무자의 채무 중 일정액을 변제하면, 이 보증인을 보호하기 위하여 "채권의 일부에 대하여 보증인의 변제가 있는 때에는 보증인의 변제액에 비례하여 채권자와 함께 그 권리를 행사한다."라는 규정을 두고 있다. 이 규정의 '함께'의 의미에 대해 다음과 같이 견해가 대립된다.

A : '함께'의 문언적 의미에 충실하게 해석해야 하며, 채권자의 권리 행사도 보증인과 공동으로 해야 한다. 채권자에게는 자신이 변제받지 못한 채무액, 보증인에게는 자신이 변제한 변제액이 있으므로, 남은 채무액과 변제액에 비례하여 권리를 분배받아야 한다는 의미이다.

B : '함께'의 의미상, 채권자와 보증인이 권리를 공동으로 행사해야 한다는 부분에 대해서는 이의가 없다. 가령, 담보제공자의 부동산에 경매 신청을 한다면 채권자와 보증인이 공동으로 권리를 행사해야 한다. 그러나 채권자가 보증인보다는 먼저 채권의 남은 채무액 모두를 변제받아야 한다.

C : 일부 변제가 있었다는 우연한 사정만으로 권리 행사에 제약이 생기지는 않으므로 채권자는 보증인의 권리 행사의 의사와는 상관없이 단독으로 자신의 권리를 행사할 수 있다. 채권자의 채무액에 대한 전액 변제가 보증인의 변제액에 대한 변제보다 우선하므로, 채권자에게 나머지 채무액을 모두 변제한 다음에야 보증인에게 대신 변제한 금액에 대한 권리가 주어진다.

<사례>

갑은 을에게 2억 원을 빌려주었다. 이에 대해 병은 보증을 했고, 정은 시가 1억 원의 Y부동산을 담보로 제공했다. 을이 파산하여 갑에게 2억 원을 변제할 수 없는 상황에 이르자, 병이 을의 채무 중 1억 원을 갑에게 변제하였다. 갑은 담보인 Y부동산에 경매신청을 해서 남은 채권액을 변제받으려 하며 경매대금은 부동산의 시가이다.

─────< 보 기 >─────

ㄱ. Y부동산의 경매대금 중 일부라도 병이 받을 수 있다는 주장에 A와 B 모두 동의할 것이다.

ㄴ. 갑이 Y부동산에 대한 경매 신청을 하려면 병과 함께 경매에 관한 절차를 진행해야 한다는 주장에 대해 A와 B는 동의할 것이지만, C는 동의하지 않을 것이다.

ㄷ. 만약 Y부동산의 시가가 2억 원이고 시가대로 경매가 진행되어 종료하였다면, 병은 견해에 따라 받는 금액이 다를 것이다.

① ㄱ　　　　② ㄴ　　　　③ ㄱ, ㄷ
④ ㄴ, ㄷ　　　⑤ ㄱ, ㄴ, ㄷ

15.

<견해>에 대한 평가로 옳은 것만을 <보기>에서 있는 대로 고른 것은?

X국 국민인 갑과 을은 함께 국내여행을 하던 중 말다툼을 하였다. 화가 난 을은 갑이 숙소 안방에서 잠들자 자물쇠로 안방 문을 잠갔다. 그러나 문을 잠근 지 1시간 뒤 을은 죄책감을 느꼈고, 즉시 자물쇠를 풀었다. 갑은 이러한 을의 행위를 인식하지 못한 채 다음날 아침에 잠에서 깼다.

X국에서는 갑에 대한 을의 행위를 [규정]에 따라 감금죄로 처벌할 수 있는지가 문제되고 있다.

[규정]

제1조(감금죄) 신체 그 자체를 구속하지 않고 다만 일정한 장소로부터 나오지 못하게 사람의 장소 이전의 자유를 침해한 자는 5년 이하의 징역 또는 700만 원 이하의 벌금에 처한다.

<견해>

A : 제1조는 사람이 특정 장소를 떠날 수 있는 자유를 보호하기 위해 규정된 것이므로, 자신의 힘이나 능력으로 특정 장소를 떠나려 할 때 그것이 물리적으로 제한될 위험이 있었는지의 여부가 기준이 된다. 갑이 자고 있었지만, 만약 안방을 떠나려 했다면 자물쇠 때문에 떠날 수 없는 위험이 있었으므로 을에게 감금죄가 성립된다.

B : 제1조는 사람이 실제로 특정 장소를 떠나고자 하는 의지를 가졌을 때, 떠날 수 있는 자유를 보호하는 규정이다. 즉, 갑이 수면 중일 때에는 갑이 안방을 떠날 의지가 없는 상태라고 볼 수 있다. 따라서 을은 갑이 깨어 특정 장소를 떠나고자 할 그때에 물리적으로 제한한 것은 아니므로 을에게 감금죄는 성립하지 않는다.

―――――<보 기>―――――

ㄱ. B에 따를 때에 감금죄에 해당하는 행위가 A에 따를 때에는 감금죄에 해당하지 않을 수 있다.

ㄴ. [규정] 제1조의 취지가 '인간에게는 기본적으로 이동의 자유가 보장되어야 한다'라는 것에 대하여 A와 B 모두 동의한다.

ㄷ. 특정 장소를 떠나려는 의지가 있기 전에도 장소 이전의 자유가 침해될 수 있다는 사실에 A는 동의하지만, B는 동의하지 않는다.

① ㄱ
② ㄴ
③ ㄱ, ㄷ
④ ㄴ, ㄷ
⑤ ㄱ, ㄴ, ㄷ

16.

다음 논쟁에 대한 평가로 적절하지 않은 것은?

갑: 대기업은 압도적인 시장지배력을 무기로 하청 중소기업에 납품가 인하를 강요한다. 대기업의 횡포 때문에 중소기업의 수익성은 항상 억제되고, 또 이로 인해 대기업과 중소기업 간 임금 격차가 커지고 있다. 따라서 대기업 중심의 지원 정책을 전면 중단하는 등의 강력한 제재가 이루어져야 한다.

을: 대기업으로 인한 사회적 폐해가 있고, 그것에 대해 제재가 필요한 것도 사실이다. 그러나 대기업 때문에 중소기업 노동자들이 저임금을 받는 것은 아니다. 중소기업과 달리 대기업 노동자들은 성능이 매우 좋은 자본재를 사용한다. 그래서 대기업이 자본집약도나 수익성이 높기 때문에 노동자도 임금을 많이 받는 것이다.

갑: 대기업에 부품을 납품하는 대기업의 협력업체들의 경우 대기업 수준으로 자본집약도가 높다. 그래서 이러한 업체들은 대기업과 관계없이 완성재를 생산하는 독자적 중소 업체 노동자의 임금보다 높다. 그렇지만 대기업 협력업체 노동자도 대기업 노동자의 임금에 비하면 적은 임금을 받고 있다. 이렇게 대기업과 중소기업 사이의 임금 격차가 심화되기 때문에 사회 양극화 현상 역시 가속되고 있다. 대기업과 중소기업 간 임금 격차가 점점 커진다면 사회 전반적으로 불안이 가중될 것이다.

을: 우리 사회에 양극화 문제가 심화되고 있는 것은 사실이다. 그러나 사회 양극화 문제를 대기업의 문제로 보는 것은 부당하다. 임금 격차는 기업의 업종 차이에 기인한다. 예를 들어 유통업과 같은 내수 서비스업의 핵심 경쟁력은 인건비 저하를 통한 비용절감 능력이다. 이 때문에 대기업의 협력업체들은 인건비를 낮게 책정한다. 반면 전자 업종과 같은 수출 제조업의 경우는 세계시장에서 경쟁력을 유지하기 위해, 대기업이 협력업체들의 경쟁력이나 수익성을 향상시키려고 노력하기 때문에 실제로 대기업과 협력업체 간 임금 격차가 거의 없다.

① 대기업 노동자의 임금 상승률과 같은 기간 대기업 협력업체 노동자의 임금 상승률이 비슷하다는 사실은 갑의 입장을 약화한다.

② 갑과 을은 모두 대기업의 사회적 폐해에 대한 제재가 필요한지의 여부나 양극화 현상이 존재한다는 데 대해서 같은 입장을 취한다.

③ 양극화 현상 심화는 임금 격차가 아니라 사회 전반적으로 상속 등의 과정에서 소득 재분배가 이루어지지 않은 점 때문이라는 주장은 갑의 입장을 약화한다.

④ 기업의 영업이익이나 수익성이 높아지거나 낮아지더라도 이러한 변화가 기업에 근무하는 노동자의 임금에 반영되지 않는다는 사실은 을의 입장을 약화한다.

⑤ 전자 업종의 경우 대기업의 영업이익률 및 임금이 대기업의 1차 협력업체에 비해 미세하게 높지만, 대기업의 2·3차 협력업체와는 거의 비슷하다는 사실은 을의 입장을 강화한다.

17.

다음 논쟁에 대한 분석으로 옳지 않은 것은?

A_1 : 시민 불복종은 정부의 정책이 정의의 원칙, 예컨대 부당한 이유로 차별 받지 않는 기회 균등의 원칙에 위반되고 더불어 합법적인 절차로는 그러한 위반의 시정을 도저히 이루어낼 수 없는 경우에 정당화된다.

B_1 : 그럼 일례로 소수자에게서 투표권을 박탈하는 것은 기회 균등의 원칙에 어긋나는 일일 텐데, 우리나라의 법은 유죄가 확정된 재소자의 경우 투표권을 인정하지 않는다. 만약 재소자가 이러한 처우를 부당하다고 느껴 시민 불복종 운동에 나서고자 한다면 그것은 부당한 일인가?

A_2 : 구체적인 어떤 사안이 정의의 원칙에 합치되는 것인지 아닌지를 판별하는 것이 쉽지 않은 경우가 있다. 하지만 그 또한 결국 사회적 합의를 통해 결정해야 할 일이지, 개인적으로 부당하다고 느낀다고 해서 시민 불복종에 나서는 것은 잘못이다.

B_2 : '사회적으로 합의된 정의의 원칙' 바깥에 있다고 여겨지는 문제에 대해서는 시민 불복종이 정당화될 수는 없는 것인가? 정의의 원칙에 위배된 것은 아니지만 특정한 도덕적 신념이나 종교적 신념, 예컨대 징병을 거부하는 신념에 따라 법에 반대하고 시민 불복종에 나서는 것은 부당한 일인가?

A_3 : 그런 식이라면 도대체 시민 불복종에 포함되지 않을 저항이 어디 있겠는가? 심지어 원래 불복종이 소수자에게서 시작된다는 점을 고려하면 개인이나 집단은 자신에게 발생하는 모든 불이익에 대해서 시민 불복종이라는 형식으로 저항을 하게 되어 사회는 불안해질 것이다.

B_3 : 정부 정책이 사회 구성원들의 삶에 불이익을 주더라도 시정을 위한 합법적인 절차가 있다면 그 절차에 따라야 한다. 이로써 시민 불복종의 허용 범위가 제한되므로 사회가 불안해진다고 할 수 없다.

① B_1은 A_1이 제시한 기준을 적용하면 재소자의 투표권 박탈 문제가 시민 불복종의 대상이 될 수 있음을 지적하고 있다.

② A_2는 B_1의 지적에 대하여 사회적 합의라는 추가적인 조건을 제시함으로써 시민 불복종이 적용되는 범위를 좁히는 전략을 취하고 있다.

③ A_3은 B_2의 경우 시민 불복종을 지나치게 일상적인 저항 수단으로 만듦으로써 사회의 안정성을 해칠 수 있다는 점을 지적하고 있다.

④ B_3은 시민 불복종이 정당화되기 위한 또 다른 조건을 상기시킴으로써 A_3이 제기한 문제는 발생하지 않을 것이라는 점을 지적하고 있다.

⑤ 정부 정책이 사회적으로 합의된 정의의 원칙에 어긋나고 합법적인 절차로는 시정이 불가능할 때 A는 시민 불복종이 가능하다고 하겠지만 B는 그렇지 않을 것이다.

18.

다음 논쟁에 대하여 (가), (나)에 들어갈 것으로 가장 적절한 것은?

수영과 지연은 다음의 〈원리〉와 〈정의〉를 받아들인다.

〈원리〉 : 임의의 대상 a, b, c에 대하여 "a이면 b이다"가 참이고 "c이면 b가 아니다"가 참이라면, c는 a가 아니다.

예컨대, "x는 과일이다"가 참이고, "y는 과일이 아니다"가 참이라면, y는 x가 아니다.

〈정의〉 : 임의의 대상 a에 대하여, 「a」는 a의 이름이다.

예컨대, 서울은 대한민국의 수도이다. 「서울」은 대한민국 수도인 서울의 이름이다.

수영 : 사과에는 여러 가지 색깔이 있지. 그래서 「사과」는 사과의 이름이므로 빨간 사과를 가리킬 수도 있고 초록 사과를 가리킬 수도 있어. 그렇지만 「빨간 사과」는 빨간 사과의 이름이므로 초록 사과를 가리킬 수 없고 오로지 빨간 사과만을 가리킬 수 있지.

지연 : 네 말이 옳아. 그리고 〈정의〉에 따르면 사과는 「사과」가 가리키는 대상이라고 할 수 있어. 또 빨간 사과는 「빨간 사과」가 가리키는 대상이므로, 빨간 사과는 「사과」가 가리키는 대상이 아니라고 할 수 있지. 그렇다면 〈원리〉에 따라 " ___(가)___ 는 ___(나)___ 가 아니다"라고 추론할 수 있겠는데?

수영 : 〈정의〉에 따르면 빨간 사과는 「빨간 사과」가 가리키는 대상이 되고 「사과」가 가리키는 대상도 돼. 그러니까 너의 추론은 잘못이야.

	(가)	(나)
①	「빨간 사과」	「사과」
②	「빨간 사과」	사과
③	「사과」	「빨간 사과」
④	빨간 사과	「사과」
⑤	빨간 사과	사과

19.

<견해>를 분석한 것으로 옳은 것만을 <보기>에서 있는 대로 고른 것은?

가해자 A의 과실로 피해자 B에게 손해가 발생하자 B는 A에게 손해배상을 청구하는 소송을 제기하였다. 소송에서 가해자 A는 피해자 B에게도 손해 발생에 과실이 있었는지를 조사하여 만약 B에게도 과실이 있다면 자신의 배상책임이 전부 면제되거나 적어도 줄어들어야 한다고 주장하였다. 이러한 A의 주장에 대해 갑, 을, 병은 각각 다음과 같이 진술하였다.

<견해>

갑 : 피해자는 손해에 대해 어떠한 과실도 없을 때만 손해배상을 받을 수 있다. 자신의 손해에 대해 피해자에게도 과실이 있다면 가해자는 배상을 할 필요가 없다.

을 : 과실을 질적으로 판단할 필요는 없지만 양적으로는 판단해야 한다. 판단 결과 피해자의 과실이 가해자의 과실보다 크다면 피해자의 배상청구권은 부정된다. 그러나 피해자의 과실이 가해자의 과실보다 작거나 같은 경우에는 가해자의 배상책임이 인정된다. 다만 이때 가해자와 피해자의 과실을 합한 전체 과실에서 피해자의 과실이 차지하는 비율만큼 가해자의 배상책임은 줄어든다.

병 : 가해자와 피해자 모두에게 과실이 있다면 먼저 과실을 질적으로 판단해야 한다. 피해자에게 사회생활상 당연히 했어야 할 주의를 하지 않은 중과실이 있고 동시에 가해자에게는 일반적인 주의를 하지 않은 단순과실이 있다면 피해자의 과실의 크기와 상관없이 가해자는 배상할 필요가 없다. 이 경우를 제외하면 피해자의 과실이 가해자의 과실보다 양적으로 크더라도 가해자에게는 항상 배상책임이 인정된다. 다만 이때는 과실을 다시 양적으로 판단한 후 가해자와 피해자의 과실을 합한 전체 과실에서 피해자의 과실이 차지하는 비율만큼 가해자의 배상책임은 줄어든다.

───── <보 기> ─────

ㄱ. A의 과실이 중과실인데 양적으로는 B의 과실보다 작다면 을과 병의 결론은 같다.

ㄴ. A의 과실이 B의 과실보다 양적으로 작은 경우 A의 손해배상책임에 대한 갑과 을의 결론은 같다.

ㄷ. B의 과실이 단순과실이라는 사실만 밝혀진 상태에서 B가 소송을 제기한 것이었다면 B는 을보다 병의 견해를 따를 때 더 유리하다.

① ㄱ   ② ㄴ   ③ ㄱ, ㄷ
④ ㄴ, ㄷ   ⑤ ㄱ, ㄴ, ㄷ

20.

다음 논쟁에 대한 분석으로 옳은 것만을 <보기>에서 있는 대로 고른 것은?

보험계약을 체결 시 보험회사가 약관설명의무를 위반하는 경우, A 법률에 따르면 보험회사는 해당 약관을 계약의 내용으로 주장할 수 없고, B 법률에 따르면 보험계약자는 보험계약이 성립한 날로부터 1개월 이내에 그 계약을 취소할 수 있다. 보험계약자 P는 보험계약 체결 후 1개월이 지나 보험회사가 약관의 일부 내용을 설명하지 않았다는 사실을 알게 되었다. A, B 법률의 적용에 대해 다음과 같이 의견이 나뉘고 있다.

갑 : A는 약관 전체에 관한 일반법이고, B는 보험약관에 관한 특별법이므로 B만 적용되고 A는 적용되지 않는다. 즉 보험계약자가 취소권 행사기간 내에 취소권을 행사하지 않으면 그 취소권은 소멸된다. 따라서 보험약관의 효력은 인정되고 동 약관에 근거한 P와 보험회사가 체결한 보험계약은 유효하게 성립한다.

을 : 특별법과 일반법의 관계가 성립하려면 두 법률이 상호 모순·저촉되는 관계이어야 한다. 그런데 설명의무 위반 시 약관을 계약 내용으로 할 수 없다는 A와 취소권을 규정한 B는 서로 모순·저촉되지 않는다. 그렇다면 보험회사는 설명의무를 위반한 약관을 보험계약의 내용으로 주장할 수 없다. 따라서 P와 보험회사가 체결한 보험계약은 유효하게 성립하되 설명의무를 위반한 약관은 보험계약의 내용에 포함시켜서는 안 된다.

───── <보 기> ─────

ㄱ. 갑과 달리 을은 P의 경우에 A 법률이 적용될 수 있다고 보고 있다.

ㄴ. 갑과 을 모두 P가 보험계약을 취소할 수 없다는 것에는 의견을 같이하고 있다.

ㄷ. 갑과 을은 A 법률과 B 법률 중 어느 것을 특별법으로 볼 것인지에 대해서 의견을 달리하고 있다.

① ㄱ   ② ㄷ   ③ ㄱ, ㄴ
④ ㄴ, ㄷ   ⑤ ㄱ, ㄴ, ㄷ

21.

A, B의 논쟁에 대한 분석으로 옳지 <u>않은</u> 것은?

> A1 : 헌법 제39조 제2항은 '누구든지 병역 의무의 이행으로 인하여 불이익한 처우를 받지 아니한다'고 명문화되어 있다. 그러므로 군복무를 이행한 이에게 특정 시험의 필기시험에 군가산점을 주는 혜택이 주어져야 한다.
>
> B1 : 헌법 제39조 제2항의 실제 내용은 2년 동안의 군복무로 인해 불이익한 처우가 발생해서는 안 된다는 것이다. 그런데 가산점 부여는 적극적인 보상 조치이다. 그러므로 어떠한 혜택을 주는 것이 아니라, 불이익의 발생을 막는 제도가 시행되어야 한다.
>
> A2 : 헌법 제39조 제2항의 실제 내용이 불이익을 막기 위한 것이라는 데에는 동의한다. 하지만 이 제도가 적용되는 시험은 일부에 불과하다. 게다가 이 제도를 통해 혜택을 받는 이들은 한 해 병역 의무 이행자 25만 명 중 겨우 110명에 지나지 않는다. 그러므로 이 정도의 혜택을 예외로 둔다고 해서 법을 완전히 잘못 적용한 것이라 볼 수는 없다.
>
> B2 : 같은 기간의 군복무를 하고도 아주 일부에게만 혜택이 주어진다는 것은 법의 적용을 받을 수 있는 이들과 그렇지 않은 이들을 차별하는 것이다. 군가산점제도는 군복무를 이행하지 못해 혜택을 받지 못하는 대다수의 여성을 이미 차별하고 있는데, 여기에 군복무를 이행해도 이들 중 아주 일부에게만 혜택이 주어진다는 것이 더해진다면 이는 법의 적용을 받을 수 있는 이들과 그렇지 않은 이들을 명백하게 차별하는 것이다.
>
> A3 : 비록 군가산점제도가 차별을 낳을지라도, 제도를 실시함으로써 사병들의 사기진작에 도움이 된다면 제도를 시행하는 것이 옳다. 2년 동안 사회와 격리되어 있었기 때문에 사병들이 제대 후 사회 적응에 어려움이 있다는 사실은 잘 알려져 있다. 제대 군인의 보다 빠른 사회 적응을 위해 군가산점제도가 도입되어야 한다.
>
> B3 : 국방의 의무는 국민이라면 당연히 해야 하는 것이다. 그리고 당연히 해야 하는 일을 하는 과정에서 불이익이 발생하더라도 혜택을 주는 것까지 인정할 수는 없다.

① A1과 B1은 제39조 제2항의 취지에 대해 서로 다르게 해석하고 있다.

② A2는 제39조 제2항에 대한 B1의 해석에 일부 동의하면서 자신의 주장이 예외로 적용될 수 있다고 본다.

③ '군가산점제도는 신체 건강한 남성과 그렇지 않은 남성을 차별하고 있다. 이 때문에 자신의 의지와 상관없이 신체상의 건강 여부에 의해 차별적으로 혜택을 받는다는 문제를 안고 있다.'라는 주장은 B2를 강화한다.

④ A3은 군가산점제도가 시행되었을 때 얻을 수 있는 이익보다 평등의 원칙을 더 우선시해야 한다고 본다.

⑤ B3은 A3이 제시한 '사실'에 대해 동의하지만, 그 사실을 통해 A3의 주장이 도출되는 것에 대해서는 반대하고 있다.

22.

다음 글을 분석한 것으로 옳은 것만을 <보기>에서 있는 대로 고른 것은?

> 갑 : 어떤 문서에 '기적 현상'이 기록되어 있더라도 이는 기적이 실제로 발생했다는 증거가 될 수 없다. 왜냐하면 현상 중 과학법칙의 예외적인 현상으로서의 기적이란 존재하지 않기 때문이다. 그렇다면 문서에 기록된 '기적 현상'을 과학적 현상이라고 보아야 하는가? 기록된 기적 현상이 과학법칙으로 설명된다면, 그 문서는 어떠한 과학적 현상이 있었다는 증거가 될 수 있다. 하지만 기록된 기적 현상이 현재의 과학법칙으로 설명되지 않는다고 해서 과학적 현상이 없었다는 증거가 된다고 볼 수 없다. 과학은 여전히 발전 중이고 아직 발견되지 않은 과학법칙도 많다. 따라서 그 문서에 기록된 기적 현상이 앞으로도 과학법칙에 따라 설명될 가능성이 없음이 확인되지 않는 한 그 문서를 과학적인 현상이 존재하지 않았다는 증거로 볼 수는 없고 판단을 유보해야 한다. 또한 앞으로도 과학법칙에 따라 설명될 가능성이 없다고 판단된다면 문서가 거짓으로 기록된 것으로 보아야 한다.
>
> 을 : 기적이란 현상 중에서 과학법칙으로부터 벗어난 현상이다. 따라서 어떤 문서에 기록된 현상이 과학법칙으로 설명된다면 그것은 과학적 현상이므로 기적이 아니다. 그리고 기록된 현상이 과학법칙으로 설명될 수 없다면 당연히 그 문서를 과학적 현상의 증거로 볼 수 없다. 그렇다고 해서 곧바로 기적 현상의 증거가 되는 것도 아니다. 문서의 기록자가 자신이 본 것을 거짓 없이 기록했음이 확인되었을 때만 그 문서의 기록은 기적의 증거가 된다. 그렇지 않다면 문서의 기록은 거짓일 뿐이다.

―――――〈보 기〉―――――

ㄱ. 문서에 '기록된 현상'이 사실대로 기록된 것이라고 판정된 경우, 을은 그 문서의 기록을 기적의 증거라고 본다.

ㄴ. 을은 어떤 현상에 대해 기록된 문서가 기적 현상의 존재를 증명하지 못하면서 과학적 현상의 존재도 증명하지 못하는 경우가 있다고 본다.

ㄷ. 갑은 어떤 문서의 '기적 현상'이 앞으로의 과학법칙으로도 설명되지 않을 경우 이 문서가 기적의 증거라고 보지 않지만, 을은 기적의 증거라고 본다.

① ㄱ   ② ㄴ   ③ ㄱ, ㄷ

④ ㄴ, ㄷ   ⑤ ㄱ, ㄴ, ㄷ

23.

다음으로부터 추론한 것으로 옳은 것만을 <보기>에서 있는 대로 고른 것은?

> 사람이 규범을 준수하는 행위를 하기 위해서는 행위를 둘러싼 상황조건에 대한 정보(사실적 정보)와 실천적 판단의 내용으로서 행위규범에 대한 정보(실천적 정보)가 있어야 한다. 다시 말해, 자신이 하는 행위가 무엇인지를 알아야 하고, 어떤 행위가 금지되는지를 알아야 한다. 양 정보가 다 갖추어진 경우라 하더라도 행위자가 규범을 준수하고자 하는 의지가 있어야 한다. 만약 ㉠ 규범준수의 의지가 없어 규범을 준수하지 않은 경우라면 처벌되어야 한다는 점은 명백하다. 그런데 사실적 정보 또는 실천적 정보가 갖추어지지 않은 경우에도 처벌을 할 것인가?
>
> A : 사람이 규범을 준수하고자 하는 의지가 있다면 자신이 하는 행위가 어떠한 행위인지, 또 그러한 행위가 규범에 의하여 금지되는지를 알아야 하는 것이 원칙이다. 자신의 행위가 어떠한 행위인지 알 수 없는 상황을 스스로 초래했다면 이는 규범 준수의 의지가 없는 것이다. 나아가 실천적 정보의 부지(不知)도 규범준수의 의지가 없는 경우에 해당한다. 따라서 결과적으로 규범준수의 의지가 없는 것이므로 다르게 볼 필요가 없고, 당연히 처벌을 하여야 한다.
> B : 사람이 자신의 행위가 무엇인지를 알지 못하는 상황이 초래되었다면, 그 경위를 불문하고 적어도 자신의 행위가 무엇인지를 인식하였음에도 의지가 없어 규범을 준수하지 않은 사람보다는 규범 준수의 의지가 있는 것이므로 처벌을 하더라도 그 책임을 감경하여야 한다. 그리고 오늘날의 규범은 매우 복잡하고 다양하므로 규범을 알고자 하였음에도 미처 자신의 행위가 금지되는지 여부를 알지 못하여 규범을 준수하지 못하게 된 경우까지 처벌할 수는 없다.

<보 기>

ㄱ. ㉠이 거짓이라면, A의 결론은 따라 나오지 않는다.
ㄴ. 사회적 합의의 결과물인 규범을 이해하는 것은 그 자체가 규범준수의 의지이므로, 규범을 알지 못하였다면 규범준수의 의지도 당연히 없는 것이라는 견해가 있다. 이런 견해가 옳다면, B는 ㉠과 양립 불가능하다.
ㄷ. 한 국가에서는 스스로 음주를 하여 자신이 어떠한 행위를 하고 있는지에 대한 판단력이 없는 상태에서 규범에 위반된 행위를 한 경우 처벌을 감경하는 제도를 두고 있다. 이러한 제도에 A는 반대할 것이지만 B는 찬성할 것이다.

① ㄱ　　　　② ㄴ　　　　③ ㄱ, ㄷ
④ ㄴ, ㄷ　　　⑤ ㄱ, ㄴ, ㄷ

24.

다음 글을 분석한 것으로 옳은 것만을 <보기>에서 있는 대로 고른 것은?

> 갑 : 불황이 나타나는 이유는 생산 능력의 부족이 아니라 유효수요의 부족 때문이다. 사람들이 현금을 모으는 일에만 집중하면 실제 재화나 서비스의 소비가 현저하게 감소한다. 유효수요가 부족해지면 시장에서 거래가 위축되고 그로 인해 불황이 나타나게 되는 것이다. 즉 불황은 경제의 근본적인 강점이나 약점과는 아무런 상관이 없다. 건실한 경제시스템에서도 불황이 일어날 수 있다.
> 을 : 생산이 정상적으로 이루어지는 한 수요는 부족해지지 않는다. 불황이 나타나는 이유는 그 사회의 공급 시스템에 문제가 생겼기 때문이다. 역사적으로 공급에 문제를 일으키는 요인은 다양하게 발견된다. 생산자들의 태만으로 인해 상품의 질이 현저하게 감소하게 되는 것이 대표적인 예이다. 이처럼 생산이 비정상적으로 작동하게 되면 유효수요에도 영향을 주며, 그 결과 불황이 발생하게 된다.

<사례>

> A국의 한 작은 마을에는 애완견 돌봄 조합이 있다. 조합의 설립 목적은 본인이 집을 비워야하는 상황에 대비하여 조합원들이 서로의 애완견을 돌봐주는 것이었다. 조합원들은 모두 애완견을 기르는 사람들이었다. 이 조합은 각 조합원들에게 동일한 부담을 할당하기 위해 쿠폰을 발행하였다. 쿠폰 한 장으로 한 시간 동안 애완견을 맡길 수 있는데, 애완견을 돌보기로 한 조합원은 애완견을 맡기는 조합원으로부터 쿠폰을 받았다. 이 시스템을 통해 조합원들은 자신이 애완견을 맡긴 시간만큼만 다른 애완견을 돌봐주면 되었다. 그런데 어떤 이유에서인지 조합원들은 자신들은 외출을 하지 않고 다른 애완견을 돌봐주고자 하는 현상이 발생하였다. 모든 조합원들이 쿠폰을 사용하는 대신 모으려고만 하자 결국 ㉠쿠폰을 이용한 애완견 돌봐주기 시스템은 거의 작동하지 않는 문제가 발생하였다.

<보 기>

ㄱ. ㉠의 원인이 애완견을 돌봐주는 과정에서 나타나는 조합원들의 불성실한 태도에서 비롯된 것으로 밝혀졌다면, 을은 강화된다.
ㄴ. 갑과 을 모두 ㉠이 나타나는 과정에서 애완견 돌봐주기 서비스에 대한 수요가 부족했다고 판단할 것이다.
ㄷ. 갑과 을 모두 조합이 더 효율적인 쿠폰거래 시스템을 고안하여 사용했을 경우 ㉠은 발생하지 않았을 것이라는 데 동의할 것이다.

① ㄱ　　　　② ㄷ　　　　③ ㄱ, ㄴ
④ ㄴ, ㄷ　　　⑤ ㄱ, ㄴ, ㄷ

25.

A, B 주장에 대한 분석으로 옳은 것만을 <보기>에서 있는 대로 고른 것은?

> X국의 국민건강보험은 국민을 의무적 가입자로 두고 보험료를 부과하고 있다. 보험료는 경제적 부담능력에 따라 부과되는데, 직장가입자의 경우 근로보수를, 지역가입자의 경우에는 소득, 재산, 생활수준, 경제활동참가율 등을 참작한 추정소득을 기준으로 한다. 그런데 지역가입자에게만 소득 외의 요소를 추가하여 보험료를 산정·부과하는 것이 국민건강보험법의 보험료 부담의 평등원칙을 위반하는지에 대해 견해가 나뉜다.
>
> A : 지역가입자의 보험료 산정·부과에는 소득 외 여러 사항이 추가로 적용된다. 이 때문에 지역가입자는 경제적 부담능력 이상으로 보험료를 납부하고 있다. 특히 갑작스런 사고나 실직 등으로 일시적으로 소득이 감소하더라도 소득 외 요인을 근거로 보험료가 감액되지 않아서 지역가입자가 겪는 불이익이 매우 크다. 무엇보다 지역가입자의 낮은 소득파악율은 정부의 노력 여하에 따라 개선될 수 있는 것인데, 이를 이유로 지역가입자에게 일률적으로 추정소득을 기준으로 보험료를 부과하고 있다. 이는 행정절차상의 편의를 위해 소득미파악의 리스크를 지역가입자에게 전가하는 것으로 지역가입자를 차별하는 것이다.
>
> B : 보험료의 산정 기준은 보험료의 평등한 부담에 기여해야 한다. 직장가입자와 지역가입자에게 동일한 기준을 적용하여 평등한 부담을 이룰 수도 있다. 그러나 직장가입자의 소득은 거의 전부 파악되는 데 반해 지역가입자의 소득은 일부밖에 파악되지 않아서 두 집단 간의 소득파악율에는 현저한 격차가 있고, 양자의 소득형태에도 본질적인 차이가 있다. 따라서 가입자 간의 평등한 보험료 부담을 실현하기 위해서는 현재의 이원적 부과체계가 더 합리적인 방법이다. 다만, 지역가입자의 소득추정 방식이 현재보다 더 신뢰할 만하게 개발되어야 할 필요성이 있다.

───────── <보 기> ─────────

ㄱ. 지역가입자의 소득파악율이 직장가입자의 수준으로 높아지면 A와 B의 입장 차이는 해소된다.
ㄴ. 모든 납부자가 하나의 기준에 따른 부담액을 납부할 경우에 보험료 부담 평등의 원칙이 지켜질 수 있을 것이라는 데 A와 B 모두 동의할 수 있다.
ㄷ. 국민건강보험에서 직장가입자의 가입요건을 완화하여 지역가입자에서 직장가입자로 편입된 비율이 현저히 높아졌다면 A의 설득력은 떨어진다.

① ㄱ   ② ㄴ   ③ ㄷ
④ ㄱ, ㄴ   ⑤ ㄴ, ㄷ

26.

다음에서 추론한 것으로 옳은 것만을 <보기>에서 있는 대로 고른 것은?

> 원자는 양성자, 중성자와 전자로 이루어져 있다. 양성자와 중성자의 질량은 거의 같고, 각각은 전자보다 약 1,840배 무거운 것으로 알려져 있다. 원자의 실제 질량은 매우 작아서 가령 수소 원자 1개의 질량은 1.67×10^{-24}g이다. 한편 양성자 수는 같으나 중성자 수가 다른 원소들을 동위원소라고 하는데, 산소에는 양성자가 8개로 같으나 중성자가 각각 9개, 10개인 동위 원소가 소량 존재하며, 질소에는 양성자가 7개로 같으나 중성자가 각각 7개, 8개인 동위원소가 소량 존재한다.
>
> 매우 작은 원자의 실제 질량을 그대로 사용하는 것이 불편하므로 원자의 질량을 상대적 수치로 나타낸 원자량을 사용할 필요성이 제기되었고, 이때 원자량의 기준을 무엇으로 정할지를 두고 다음과 같은 주장들이 제시되었다.
>
> 갑 : 원자량의 기준은 원자의 질량이 가장 가벼운 수소로 결정해야 한다. 양성자가 1개이고, 중성자가 없는 수소의 원자량을 1로 정한 후, 그에 따른 상대적 질량비로 다른 원소들의 원자량을 결정하는 것이다. 예를 들어, 수소 원자 1개의 질량이 1.67×10^{-24}g이고 어떤 원소의 원자 1개의 질량이 1.67×10^{-23}g이라면 어떤 원소의 원자량은 10이 된다.
>
> 을 : 원자량의 기준은 계산하기 용이한 산소로 결정해야 한다. 산소 원자 가운데 양성자와 중성자가 8개인 ^{16}O을 원자량 16으로 정하고, 이것을 기준으로 다른 원소들의 원자량을 정한다. 예를 들어, 양성자와 중성자 수가 6개씩인 탄소는 ^{16}O을 기준으로 질량이 3/4이므로 원자량은 12가 된다. 이는 실제 산소 원자 1개와 탄소 원자 1개의 질량비에 따라 계산한 원자량 값과 근사적으로 일치한다.
>
> 병 : 원자량의 기준을 화학 반응에 많이 참여하는 산소를 기준으로 해야 한다. 하지만, 산소는 자연계에서 중성자 수가 다른 동위원소가 존재하고, 화학 반응에는 이러한 동위원소도 모두 참여하기 때문에 산소의 동위원소의 존재 비율을 고려해서 이들의 평균값을 원자량의 기준인 16으로 결정해야 한다.

───────── <보 기> ─────────

ㄱ. 갑, 을, 병의 기준에 따르면 질소의 원자량은 모두 동일하게 결정된다.
ㄴ. 갑의 기준에 따르면 하나의 원소에 대해 두 개 이상의 원자량이 결정될 수 없다.
ㄷ. 병의 기준에 따라 양성자와 중성자가 각각 6개인 탄소의 원자량을 결정하면 그 값은 12보다 작다.

① ㄱ   ② ㄴ   ③ ㄷ
④ ㄱ, ㄴ   ⑤ ㄴ, ㄷ

27.

다음 글을 분석한 것으로 옳은 것만을 <보기>에서 있는 대로 고른 것은?

<사례>

X국민인 갑은 "을이 어린이를 위한 Y재단법인의 설립을 추진하고 있으니 을에게 내 소유의 토지Z를 기부하겠다."라는 유언을 남기고 사망하였다. 병은 갑의 유일한 상속인으로 갑의 사망 후 갑의 유언과 다르게 Z를 정에게 매도하였고, 정은 Z에 대한 등기도 완료하였다. 한편 을은 Y재단법인을 설립하기 위해 <규정>에 근거하여 정에 대하여 Z의 반환을 청구하고자 한다.

<X국 규정>

제1조 ① 소유자의 의사에 의하여 부동산의 소유권을 이전하기 위하여는 소유자의 의사가 반영된 등기가 필요하다.
　② 상속에 의해 부동산 소유권이 이전되는 경우에는 등기 없이 부동산 소유권이 이전된다.
제2조 유언으로 재단법인을 설립하는 때에 출연재산은 유언의 효력이 발생한 때로부터 유언자가 지정한 사람에게 귀속된다.
제3조 유언은 유언자가 사망한 때로부터 그 효력이 발생한다.
제4조 상속은 피상속인의 사망으로 개시된다.

<견해>

A : 유언으로 재단법인을 설립하는 경우가 아니므로 제2조를 적용할 수 없어. 제1조 제1항은 소유자의 의사에 의한 소유권 변동을, 제2항은 소유자의 의사에 의하지 않은 소유권 변동을 규정한 것이야. 갑은 유언으로 자신의 의사를 분명히 밝혔으므로 제1조 제1항에 따라 Z의 소유권을 확정해야 해.
B : 제1조 제1항은 일반적인 소유권 이전 시, 제1조 제2항은 상속에 의한 소유권 이전의 경우를 규정한 것이야. 그리고 제2조는 유언에 의한 소유권 이전의 경우를 규정한 것인데, 이 경우 유언이 상속에 우선되어야 하므로 Y재단법인은 유언에 의해 소유권 이전을 받은 거야.
C : 갑의 사망 직후에 Z가 누구의 소유인지에 대해서는 B의 견해에 동의해. 하지만 갑의 유언 사실을 모른 채 정이 Z를 매수했을 수 있는데 그렇다면 Z는 정의 소유야.

──────── <보 기> ────────

ㄱ. A에 따르면, 을의 청구는 인정될 것이다.
ㄴ. B에 따르면, 을의 청구는 인정될 것이다.
ㄷ. C에 따르면, 병이 토지Z의 매도대금을 사용할 목적으로 정에게 사정을 다 알려준 후 Z를 매도하였다면 을의 청구는 인정될 것이다.

① ㄱ　　　　② ㄴ　　　　③ ㄱ, ㄷ
④ ㄴ, ㄷ　　　⑤ ㄱ, ㄴ, ㄷ

28.

다음 대화에 대한 분석으로 옳지 않은 것은?

트라시마코스1 : 법이란 지배 계급이 자신의 이익을 위해 만든 것입니다. 법을 만들면서 지배 계급은 그들에게 이익이 되는 것은 무엇이든 피지배자들에게도 '옳은' 것이라 하고 그 법을 깨뜨린 사람을 범죄자라 하여 처벌합니다. 어떤 나라에서나 '정의(正義)'란 권력을 쥔 자들에게 이익이 된다는 점에서 같습니다. 권력을 쥔 자들은 가장 강한 자들입니다. 따라서 '정의'란 어디에서나 똑같이 강자의 이익입니다.

소크라테스1 : 의심할 바 없이 자네는 또한 통치자들에게 복종하는 것이 옳다고 생각하겠지?

트2 : 그렇습니다.

소2 : 그들은 어떤 상황에서도 과오를 저지르는 법이 없는가, 아니면 그들도 때때로 실수를 저지르는가?

트3 : 물론 그들도 실수할 수 있습니다.

소3 : 그렇다면 법을 만들 때 그들이 제대로 할 수도 있고 잘못할 수도 있다는 말 아닌가?

트4 : 분명히 그렇습니다만…….

소4 : 그러나 피지배자들은 그들이 정한 법이면 무엇이든 복종하게 되어 있고, 그렇게 해야 피지배자들은 올바른 행동을 하는 것일 테고?

트5 : 물론입니다.

소5 : 만일 그렇다면, 자네가 설명한 바에 따라서, 강자에게 이익이 되는 일을 행하는 것만이 옳은 것이 아니라, 이익이 되지 않는 일을 하는 것도 옳은 일이 되겠군.

트6 : 무슨 말씀을 하시는 건가요?

소6 : 자네가 말한 바로 그대로일세. ㉠통치자들이 그들 자신의 최선의 이익을 잘못 알기도 한다고 말일세. 그리고 피지배자들은 복종하는 것이 옳다고도 했고 말이야.

트7 : 그렇습니다. 그런 것 같군요.

소7 : 그러면 그것은 통치자나 강자에게 이익이 되지 않는 일을 행하도록 지시받더라도 그것을 따르는 것이 옳은 일이라고 인정하는 것이나 다름없네.

- 플라톤, 『국가』 -

① 소크라테스에 따르면 '정의'에 대한 트라시마코스1의 정의는 '정의'가 약자의 이익도 될 수 있는 가능성을 부정하지 않는다.
② 트라시마코스는 '정의'가 모든 사람의 동의에 의해서가 아니라 통치자들에 의해서 결정되는 것으로 간주한다.
③ 소크라테스는 소크라테스2와 소크라테스3에 대한 트라시마코스의 답변이 ㉠에 대한 긍정을 의미한다고 간주한다.
④ 소크라테스는 '정의'에 대한 트라시마코스1의 견해가 서로 모순되는 두 가지 명제를 동시에 허용한다는 점에서 적절하지 못하다고 비판하고 있다.
⑤ 만일 트라시마코스7이 "통치자들이 법을 만들 때 간혹 실수를 하지만 적어도 자신의 최선의 이익을 잘못 아는 경우는 없다."라고 답했다면 스스로 모순에 빠지게 된다.

29.

다음 글과 <상황>에 대한 분석으로 적절한 것만을 <보기>에서 있는 대로 고른 것은?

A : 보험회사는 피보험자의 동의가 없더라도 그들의 유전자 정보에 접근할 수 있어야 한다. 유전자 검사 기술이 발전함에 따라 사람들은 현재에는 증상이 없지만 미래에 발병될 자신의 유전적 위험을 알 수 있다. 그리고 이 유전적 위험을 발설하지 않고 거액의 보험금을 계약할 가능성이 있다. 그렇다면 보험회사는 나이가 든 후에 발현되는 질병 유전자를 지닌 개인에게 거액의 보험증권을 팔아야 하는데, 이런 불공정한 계약을 하면서 회사를 유지할 수는 없는 것이다. 보험회사가 보험가입 희망자와 동일한 정보에 접근할 수 없다면, 보험회사는 불리한 입장에 서는 것이기 때문이다.

B : 유전적인 문제없이 태어난 사람은 단지 유전자 제비뽑기에 있어서 운이 좋았던 것이며, 유전적으로 질병을 지닌 채 태어난 사람은 단지 불운했을 뿐이다. 그런데 유전적 위험을 가졌다는 이유만으로 그들이 미래에 질병을 가질 것으로 간주하여 그들에게 더 높은 보험료를 부담하게 하는 것은 정당하지 않다. 운으로 인해 어떤 사람이 다른 사람보다 불리하다는 것은 불공정하다. 따라서 유전적 불운으로 인해 개인 구성원이 고통 받는다면 그 비용은 그 개인이 지는 것이 아니라 사회가 함께 부담해야 한다. 즉, 유전적으로 불운한 사람들이 지게 될 수 있는 부담을 재분배해야 한다. 이를 위해서는 어떤 사람이 어떤 유전자를 지니고 있는지를 보험회사가 알지 못하게 해야 한다.

<상황>

X국 인구의 일부는 모든 유전적 질병검사에서 음성(네거티브)을 보인다. 그리고 또 다른 일부는 단일유전자적 질병에 대한 검사에서 양성 반응을 보인 사람들로서(모노), 그들의 발병은 확실하다. 나머지 전부는 각종 다인자적 질병에 대한 검사에서 양성 판정을 받은 사람들로서(폴리), 이들은 도시와 같이 건강을 해치는 것으로 밝혀진 환경에 노출되면 그 질병에 걸린다.

<보 기>

ㄱ. B에 따르면, X국에서 건강보험에 가입하지 않는 네거티브가 많을수록 재분배의 성공률은 낮아질 것이다.

ㄴ. 질병 위험에 따른 차별화된 보험료를 책정하기 위해 보험회사가 건강보험 가입 희망자의 후천적 생활습관을 알아야 한다는 데, A와 B 모두 동의하지 않을 것이다.

ㄷ. 보험회사가 발병이 확실시되는 사람에게 그렇지 않은 사람보다 더 많은 건강보험료를 책정한다면 모노는 네거티브나 폴리보다 항상 더 많은 건강보험료를 지불해야 한다.

① ㄱ ② ㄷ ③ ㄱ, ㄴ
④ ㄴ, ㄷ ⑤ ㄱ, ㄴ, ㄷ

30.

다음 논쟁을 분석한 것으로 옳은 것만을 <보기>에서 있는 대로 고른 것은?

X종교의 교인들은 X종교만이 참된 종교이며 그 외의 모든 종교는 거짓이라고 주장한다. 이러한 극단적인 주장도 하나의 입장으로서 존중받아야 하는지, 즉 X종교의 교인들과 같이 타자를 불관용하는 구성원에 대해서도 관용의 태도를 보여야 하는지를 두고 다음과 같은 논쟁이 벌어졌다.

A : 어떤 사람이 타인의 어떤 행동에 대해 반대할 명분을 가지려면, 타인의 행동이 그가 지키는 원칙에 부합하지 않아야만 한다. 그가 타인의 행동에 반대하여 하지 말라거나 혹은 해줄 것을 요청할 때, ㉠ 그가 자신의 원칙을 성실히 지키고 있다면 그의 요청은 호소력을 띠고, 그가 자신의 원칙을 성실히 지키지 않는다면, 그의 요청은 호소력을 띠지 않는다. 그가 자신이 성실하게 지키고 있는 원칙을 타인도 지켜야 한다고 주장할 때, 적어도 그 자신은 그 원칙이 모든 사람에게 보편타당하다고 믿고 있어야만 하기 때문이다. 그러나 타인의 주장도 하나의 입장으로써 존중하지 않는 사람, 즉 타인을 관용하지 않는 사람은 그 자신이 이미 관용의 원칙을 보편타당하게 받아들이지 않고 있다. 따라서 X종교의 교인들과 같이 타자를 불관용하는 구성원에 대해서 관용의 태도를 보일 필요가 없다.

B : 그러나 우리는 모든 사람이 자신의 종교를 선택함에 있어 어떠한 제약도 경험하지 않기를 바라며, 이는 X종교에 대해서도 마찬가지다. 심지어 X종교의 교인들마저도 '어떤 사람도 자신의 종교를 바꾸도록 강제되어서는 안 된다.'는 원칙에 동의할 것이다. 따라서 X종교가 다른 종교의 교인들로 하여금 X종교로 개종하는 것을 강제하는 데 이르지 않은 한 X종교의 교인들 역시 자신의 믿음을 고수할 수 있다. 즉, X종교조차도 하나의 입장으로서 우리 사회에 존재할 권리를 가지며 우리는 관용의 태도를 보여야만 한다.

<보 기>

ㄱ. 만약 갑이 을에게 '공동주택에서 뛰어서는 안 된다.'는 원칙을 지켜달라고 요청했지만, 을이 이를 보편타당하게 받아들이지 않는다면, A에 따를 때 갑의 요청은 호소력이 없다.

ㄴ. 만약 또 다른 종교 Y에 속한 교인들이 X종교의 교인들을 강제로 Y로 개종시키려고 한다면, A와 B 모두에 따를 때 Y종교의 교인들은 X종교의 교인들을 관용하지 않는 것이다.

ㄷ. B는 X종교에 대해 관용의 태도를 보여야만 하는지의 문제를 판별하는 데 있어 ㉠에 반대한다.

① ㄴ ② ㄷ ③ ㄱ, ㄴ
④ ㄱ, ㄷ ⑤ ㄴ, ㄷ

31.

다음 글에 대한 평가로 적절한 것만을 <보기>에서 있는 대로 고른 것은?

10월 5일, A씨는 교통사고로 중상을 입고 뇌사 상태에 빠졌다. 병원에서는 뇌사판정위원회를 소집하고 A씨의 상태가 뇌사임을 판정하였다. 국립 장기 이식센터에서는 장기 이식 희망 대기자 중에 A씨의 장기를 이식하여 생명을 구할 수 있는 환자 5명을 선정하고, A씨의 가족에게 장기를 기증할 의사가 있는지 문의하였다. 평소 A씨가 장기 기증에 대한 소신이 있음을 알고 있던 가족은 3일간 고심한 결과 장기 기증 의사를 밝혔다. 장기 기증 결정이 내려진 직후인 10월 13일, A씨의 장기 적출 작업은 신속하게 진행되었고 신장 2개와 간, 췌장이 모두 5명에게 이식되어 소중한 생명을 구하게 되었다.

A씨를 뇌사에 이르게 한 운전자 B씨는 어려운 입장에 처하게 되었다. 교통사고 이후 72시간 내에 피해자가 사망할 경우, 가해자는 과실치사의 죄에 해당하며, 72시간 이후 피해자가 사망한 경우 가해자는 과실치상의 죄에 해당한다. 그런데 우리나라 현행법상 사망 인정 시점은 뇌사 시점이 아닌 심장과 폐의 기능이 영구히 정지하는 심폐사 시점이다. 다만 장기 등 이식에 관한 법률 17조에 따르면, 뇌사자와 그 가족이 장기를 기증하기로 결정한 경우에는 뇌사에 이르게 된 때를 사망 시점으로 인정한다.

갑 : 장기를 기증할 경우와 그렇지 않을 경우 사망 인정 시점이 다르다는 것은 문제입니다. 어서 법률을 개정해야 해요. 이래서 B씨 같은 피해자도 나오는 것 아닙니까.

을 : 현행 법률상 사망시점은 심폐사로 일관되게 유지되고 있습니다. 뇌사에 빠진 사람이라도 저절로 심폐사에 이를 때까지는 사망으로 간주하지 않습니다. 다만 장기를 이식하겠다고 희망하는 특수한 경우에 예외를 둘 뿐입니다. 살아 있는 사람에게서 장기를 적출하는 것은 불법이므로, 이미 사망한 것으로 간주하는 것이지요.

갑 : 그렇다면 뇌사를 사망시점으로 일관되게 유지하는 것이 어떻겠습니까?

을 : 그렇게 되면 비록 중환자실에서 인공호흡기에 의지해 있긴 하지만 아직 체온을 유지하며 심장이 뛰고 있는 뇌사자에게 더 이상의 의료행위를 할 수 없게 만드는 것이 됩니다. 그것은 국민 감정상 받아들이기 어렵지요.

갑 : 만약 그것이 국민 정서상 받아들이기 어렵다면, 뇌사자로부터 이식을 위해 장기 적출을 하는 것도 국민 정서상 받아들이기 어렵지 않겠습니까?

─────〈보 기〉─────

ㄱ. 갑은 뇌사자로부터 이식을 위해 장기를 적출하는 것이 국민 정서상 수용하기 어렵다고 주장하고 있다.

ㄴ. 을은 장기 이식을 위해서는 법률상의 사망 인정 시점이 상황에 따라 다를 수 있다는 것을 수용해야 한다고 생각한다.

ㄷ. 을은 법률 개정에 있어 국민 정서가 큰 관건이 된다고 본다.

① ㄱ   ② ㄷ   ③ ㄱ, ㄴ

④ ㄴ, ㄷ   ⑤ ㄱ, ㄴ, ㄷ

○ 이 문제지는 40문항으로 구성되어 있으며, 시험 시간은 125분입니다.

1. 다음으로부터 추론한 것으로 옳은 것만을 <보기>에서 있는 대로 고른 것은?

> X국법에 따르면 물건을 거래할 때에, 그 물건이 누구의 소유인지와 누구에게 이전하는지를 다른 사람이 알 수 있도록 특정한 형식을 취해야 한다. 또한 어떤 사람이 외부로 드러난 그 형식을 믿고 거래를 하였다면 거래 당사자가 진정한 권리자가 아니더라도 일정한 요건을 갖춘 경우 물건에 대한 권리를 취득할 수 있는 것으로 정하고 있다. 구체적인 설명은 다음과 같다.
>
> (1) 물건에는 건물과 토지를 말하는 부동산과 그 이외의 것을 말하는 동산이 있다.
> (2) 부동산에 대하여는 등기를 하여야 소유권을 인정받게 되고, 진정한 소유자가 타인에게 등기를 이전해 주어야 소유권이 이전하게 된다.
> (3) 동산인 경우 물건을 점유를 하고 있어야 소유권이 인정되고 이전을 하기 위해서는 그 동산의 점유를 인도해 주어야 한다.
> (4) 진정한 부동산 소유자인 갑 명의로 되어있는 등기를 을이 마치 자신이 소유자인 것처럼 등기를 위조하고 병에게 부동산을 양도하였다면 병이 그런 사실을 알았건 몰랐건 소유자는 여전히 갑이 된다.
> (5) 동산거래에서 갑이 진정한 소유자가 아니면서 을에게 소유자인양 목적물을 양도했는데 을이 그 사실을 거래당시 몰랐다면 소유권을 을에게 이전한다.

<보 기>

ㄱ. A가 B에게서 훔친 자전거를 C에게 양도하려는데 C는 거래당시 그 사실을 알았지만 대금은 다 지불한 상태라면 현재 소유자는 C가 된다.

ㄴ. A는 등기를 위조를 하지는 않았지만 마치 자신이 진정한 소유자 B인 것처럼 속이고 C에게 B의 건물을 매도하였다. 이때 C는 A가 자신을 속인다는 사실에 대하여 알지 못했다 하여도 소유자로 인정받지 못한다.

ㄷ. 진정한 소유자 A는 대금을 다 받고 건물을 B에게 양도하였고 실제로 B가 그 건물에 살고 있지만 아직 등기는 A의 명의로 되어 있다. 이때 양자 사이에서는 B가 소유자이나, 제3자 C에 대해서는 등기부상 소유자인 A가 여전히 소유자가 된다.

① ㄱ   ② ㄴ   ③ ㄱ, ㄷ
④ ㄴ, ㄷ   ⑤ ㄱ, ㄴ, ㄷ

2. 다음으로부터 추론한 것으로 옳은 것만을 <보기>에서 있는 대로 고른 것은?

<규정>

제00조(불공정거래행위의 금지) 사업자는 동종제품의 동종거래에 있어서 거래의 상대방에 대하여 다음 각 호의 1에 해당하는 정당한 이유 없이 부당한 차별을 하여서는 아니 된다.

1. 정당한 이유 없이 거래지역에 따라 또는 거래 상대방에 따라 현저하게 유리하거나 불리한 가격으로 거래하는 행위
2. 정당한 이유 없이 특정 사업자에게만 수량, 품질에 관하여 현저하게 유리하거나 불리한 취급을 하는 행위
3. 정당한 이유 없이 자기의 계열회사를 유리하게 하기 위하여 가격, 수량, 품질에 관하여 현저하게 유리하거나 불리하게 하는 행위

<상황>

전자제품을 생산, 판매하는 X지역의 K회사는 거래처 A, B, C, D에게 회사 제품들을 공급하고 있다. Y지역에는 A백화점, B전자회사가 있으며, Z지역에는 C전자회사, D백화점이 있다.

<보 기>

ㄱ. K회사가 A, B, C, D에 에어컨을 공급하면서 정당한 이유 없이 A, D에는 대당 100만 원인 고급품을, B, C에는 대당 50만 원인 저급품을 공급하는 행위는 <규정>에 위반된다.

ㄴ. K회사가 A, B, C, D에 대당 30만 원인 동일품질의 휴대전화를 공급하면서 정당한 이유 없이 A, B, C에는 30만 원에, 계열회사인 D에는 40만 원에 공급하는 행위는 <규정>에 위반되지 않는다.

ㄷ. K회사가 A, C에 제품을 거래하면서 정당한 이유 없이 A에게는 컴퓨터용 고급 LCD모니터를 대당 50만 원에, C에게는 저급품질의 LCD텔레비전을 대당 30만 원에 공급하는 행위는 <규정>에 위반된다.

ㄹ. K회사가 A, B, C와 거래하면서 정당한 이유 없이 B회사와 C회사로부터는 고급 품질의 반도체를 개당 3,000원에 구매하고, A회사에는 고급 품질의 반도체를 개당 10,000원에 판매하는 행위는 <규정>에 위반되지 않는다.

① ㄱ, ㄴ   ② ㄴ, ㄷ   ③ ㄴ, ㄹ
④ ㄱ, ㄴ, ㄹ   ⑤ ㄴ, ㄷ, ㄹ

3. 다음으로부터 추론한 것으로 옳은 것만을 <보기>에서 있는 대로 고른 것은?

> 피고가 동일인 여신한도의 제한을 회피하기 위하여 친구인 A에게 부탁하여 A가 직접 은행(원고)을 방문하여 은행과의 금전소비대차약정서에 주채무자로서 서명·날인하였다. 이 때 A는 피고가 위 금전을 사용하도록 할 의도가 있었으며 그 원리금을 피고의 부담으로 상환하기로 피고와 약속하였다. 그러나 원고가 계약상의 명의자인 A에 대하여 위 대여금상환을 청구한 경우 A는 자신이 계약당사자가 아님을 이유로 위 금전소비대차약정이 무효라고 주장할 수 없다. 왜냐하면 명의대여에 의한 차금행위의 경우, 소비대차계약에 따른 경제적 효과를 타인에게 귀속시키려는 의사에 불과할 뿐, 그 법률상의 효과까지 타인에게 귀속시키려는 의사로 볼 수는 없기 때문이다. 그러나 만약 A가 동일인 대출한도에 걸려 대출이 불가능한 피고를 위하여 원고와의 금전소비대차계약을 체결할 당시 원고도 이 사실을 알고 있었고 원고의 양해하에 형식상 제3자 명의를 빌린 경우라면 금전소비대차약정은 계약당사자의 불일치로 인하여 무효가 된다.

―――――――< 보 기 >―――――――

ㄱ. 계약이 유효하기 위해서는 계약당사자명의가 일치해야 하며, 타인의 명의를 빌려 계약을 체결한 경우 이러한 계약은 원칙적으로 무효가 된다.

ㄴ. 타인명의를 빌려서 체결한 계약의 유효여부를 판단하기 위해서는 명의차용자와 명의대여자와의 관계보다는 계약 체결당시의 계약상대방의 의사가 어땠는지가 보다 중요하다.

ㄷ. 타인명의를 빌려서 한 차금행위를 한 경우에는 원칙적으로 명의대여자만이 계약의 당사자이고 명의차용자는 계약의 당사자가 아니다.

① ㄱ ② ㄴ ③ ㄱ, ㄴ
④ ㄱ, ㄷ ⑤ ㄴ, ㄷ

4. 다음으로부터 <사례>를 판단한 것으로 옳은 것만을 <보기>에서 있는 대로 고른 것은?

> X국에는 채권자를 보호하기 위해 채무자가 아닌 보증인이 채무액을 변제할 수 있고 채무자의 소유가 아닌 다른 사람이 소유한 것을 담보물로 할 수 있는 제도가 있다. 최종 변제 책임은 채무자에게 있으나, 채무자가 변제하지 못하는 사정이 있다면 담보물을 제공한 자에게 있다.
>
> 이때 보증인이 채무자의 채무 중 일정액을 변제하면, 이 보증인을 보호하기 위하여 "채권의 일부에 대하여 보증인의 변제가 있는 때에는 보증인의 변제액에 비례하여 채권자와 함께 그 권리를 행사한다."라는 규정을 두고 있다. 이 규정의 '함께'의 의미에 대해 다음과 같이 견해가 대립된다.
>
> A : '함께'의 문언적 의미에 충실하게 해석해야 하며, 채권자의 권리 행사도 보증인과 공동으로 해야 한다. 채권자에게는 자신이 변제받지 못한 채무액, 보증인에게는 자신이 변제한 변제액이 있으므로, 남은 채무액과 변제액에 비례하여 권리를 분배받아야 한다는 의미이다.
> B : '함께'의 의미상, 채권자와 보증인이 권리를 공동으로 행사해야 한다는 부분에 대해서는 이의가 없다. 가령, 담보제공자의 부동산에 경매 신청을 한다면 채권자와 보증인이 공동으로 권리를 행사해야 한다. 그러나 채권자가 보증인보다는 먼저 채권의 남은 채무액 모두를 변제받아야 한다.
> C : 일부 변제가 있었다는 우연한 사정만으로 권리 행사에 제약이 생기지는 않으므로 채권자는 보증인의 권리 행사의 의사와는 상관없이 단독으로 자신의 권리를 행사할 수 있다. 채권자의 채무액에 대한 전액 변제가 보증인의 변제액에 대한 변제보다 우선하므로, 채권자에게 나머지 채무액을 모두 변제한 다음에야 보증인에게 대신 변제한 금액에 대한 권리가 주어진다.

<사례>

> 갑은 을에게 2억 원을 빌려주었다. 이에 대해 병은 보증을 했고, 정은 시가 1억 원의 Y부동산을 담보로 제공했다. 을이 파산하여 갑에게 2억 원을 변제할 수 없는 상황에 이르자, 병이 을의 채무 중 1억 원을 갑에게 변제하였다. 갑은 담보인 Y부동산에 경매신청을 해서 남은 채권액을 변제받으려 하며 경매대금은 부동산의 시가이다.

―――――――< 보 기 >―――――――

ㄱ. Y부동산의 경매대금 중 일부라도 병이 받을 수 있다는 주장에 A와 B 모두 동의할 것이다.

ㄴ. 갑이 Y부동산에 대한 경매 신청을 하려면 병과 함께 경매에 관한 절차를 진행해야 한다는 주장에 대해 A와 B는 동의할 것이지만, C는 동의하지 않을 것이다.

ㄷ. 만약 Y부동산의 시가가 2억 원이고 시가대로 경매가 진행되어 종료하였다면, 병은 견해에 따라 받는 금액이 다를 것이다.

① ㄱ ② ㄴ ③ ㄱ, ㄷ
④ ㄴ, ㄷ ⑤ ㄱ, ㄴ, ㄷ

5. 다음 글에 대한 분석으로 옳은 것만을 <보기>에서 있는 대로 고른 것은?

P국 공정거래법은 "원재료를 독점으로 공급하는 기업이 다른 기업에게 원재료 공급량을 부당하게 조절하는 행위와 소매시장에서 약탈적 가격설정행위를 하는 것은 금지된다."라고 정하고 있다. 그리고 "약탈적 가격설정행위는 기업이 경쟁자를 시장에서 축출하기 위해 제품가를 원가 이하와 같이 지나치게 낮은 가격으로 설정하는 행위"라고 정하고 있다. 하지만 '부당하게 조절'이나 '지나치게 낮은 가격'에 대하여 명확한 판결이 없었다.

갑 기업은 가스 원재료를 독점으로 공급하고 있고, 소매시장에서 가스충전업을 한다. 을 기업은 갑으로부터 가스를 공급받아 가스충전업을 한다. 갑은 매달 일정량의 가스를 을에게만 비싸게 팔고, 동시에 가스충전업 소매시장에서는 원가를 조금 상회하는 낮은 가격으로 을과 경쟁한다. 을은 갑이 공정거래법을 위반하였다고 소를 제기하였고, 이 재판에서 갑의 행위를 어떻게 볼지에 대해 다음의 상반된 견해가 제시되었다.

A : 갑은 을에게 매달 일정량의 원재료를 공급하고 있으므로 원재료 공급량을 부당하게 조절한 적이 없다. 또한 소매시장에서도 갑은 원가를 상회하는 가격을 설정하였으므로 약탈적 가격설정행위를 하지 않았다. 갑의 행위로 을이 경영상의 어려움을 겪는 것이 사실일지라도 공정거래법에서 정하고 있는 내용을 완화하여 해석할 수 없다.

B : 이 법의 취지는 기업이 경쟁사를 축출하는 것을 방지하기 위한 것이다. 따라서 어떤 기업이 경쟁사를 시장에서 축출할 가능성이 매우 높을 때에는 법의 취지를 따라 법을 완화하여 예외를 인정해야 한다. 갑은 을에게만 원재료를 비싸게 팔고, 을과 경쟁하는 시장에서 제품을 지나치게 저렴하게 판매하는데, 이는 을을 소매시장에서 축출시킬 가능성이 매우 높은 행위이다. 따라서 이 개별 사안에서 갑은 공정거래법을 위반했다고 보아야 한다.

─────────< 보 기 >─────────

ㄱ. 다른 기업들의 원재료의 부당한 조절이나 약탈적 가격설정행위 위반 여부를 이 판결에 따라 결정한다면, 법적 분쟁이 생길 가능성은 A를 따를 때가 B를 따를 때보다 더 높다.

ㄴ. 특정 기업에게만 비싼 가격으로 원재료를 공급하는 행위도 원재료에 대한 공급량을 부당하게 제한한 것이라는 주장이 옳다면, 이는 A의 설득력을 낮추고 B의 설득력을 높인다.

ㄷ. 소매시장의 한 기업이 원재료를 전량 구매하여 경쟁 기업들이 원재료를 일절 수급하지 못하게 한 행위가 경쟁사를 축출시킬 가능성이 매우 높은 행위로 인정된다면, 이는 B가 인정하는 예외적인 경우에 해당하지 않는다.

① ㄱ 　　② ㄴ 　　③ ㄱ, ㄷ

④ ㄴ, ㄷ 　　⑤ ㄱ, ㄴ, ㄷ

6. 다음으로부터 추론한 것으로 옳은 것만을 <보기>에서 있는 대로 고른 것은?

<사실 관계>

서로 다른 국적을 가진 세 기업 갑, 을, 병은 모두 <T협정>을 따르고 있는데, <T협정>은 서로 다른 국적을 가진 기업 간에 계약을 체결할 때 준수해야 할 사항을 규정하고 있다. 갑이 상품 X를 생산할 수 있는 특허를 취득하였으므로 다른 기업은 갑의 허가가 없으면 상품 X를 생산할 수 없었다. 이후 갑은 상품 X의 특허 취득에 기여한 을, 병에 대해서는 따로 계약을 체결하였다. 계약 내용에는 을과 병이 갑의 허가 없이 상품 X를 생산할 수 있는 조항(a조항)을 두면서 갑이 상품 X의 생산량을 제한하도록 을과 병에게 요구할 수 있는 조항(b조항), 그리고 갑, 을, 병 중 어느 한 기업이 계약의 일부 조항에 대하여 유보할 수 있는 조항(c조항)이 포함되어 있었다. 이 과정에서 갑과 을은 유보 없이 모든 조항에 동의하였으나 병은 b조항을 유보하는 조건으로 계약에 동의하였다. 병의 유보에 대하여 갑은 이의를 제기하였으나, 을은 유보를 수락하였다.

<T협정>

제1조(유보의 수락 및 유보에 대한 이의) ① 계약에 유보가 가능하다고 규정된 경우에 유보를 제기하는 자가 있다면 다른 당사자의 동의 없이도 그 유보는 성립된다. ② 제1항에 의하여 성립된 유보에 대하여 이의를 제기하는 자가 있는 경우에 이의 제기자가 계약의 성립에 대하여 반대의사를 표시하지 아니하는 한 이의 제기자와 유보 제기자 간에 계약은 성립된다.

제2조(유보 및 유보에 대한 이의의 법적 효과) ① 유보는 유보 제기자와 유보를 수락한 자의 관계에 있어서는 유효하고 유보 조항은 양당사자 사이에서는 적용되지 않는다. ② 유보는 유보 제기자를 제외한 다른 당사자 사이의 관계에 있어서는 효력이 없고 유보 조항은 다른 당사자 사이에서 그대로 적용된다. ③ 전조 제2항에 따라 유보 제기자와 이의 제기자 사이에 계약이 성립된 경우에 전조 제1항에 따라 유보가 성립되었다고 하더라도 양당사자 사이의 관계에 있어서는 효력이 없고 유보 조항은 그대로 적용된다.

─────────< 보 기 >─────────

ㄱ. 갑은 b조항을 근거로 을에게 상품 X의 생산량을 제한하도록 요구할 수 있다.

ㄴ. 갑이 계약의 성립에 대하여 반대의사를 표시한 경우 병은 갑의 허가가 없어도 상품 X를 생산할 수 있다.

ㄷ. 갑이 계약의 성립에 대하여 반대의사를 표시하지 않은 경우 갑은 병에게 상품 X의 생산량 제한을 요구할 수 있다.

① ㄱ 　　② ㄴ 　　③ ㄷ

④ ㄱ, ㄷ 　　⑤ ㄴ, ㄷ

7. 합의한 대로 물건값을 요구할 수 있는 갑에 해당하는 사례로 옳은 것만을 <보기>에서 있는 대로 고른 것은?

법에 따르면 두 사람 사이에 어떤 값에 물건을 매매하기로 합의하면 물건을 넘겨주는 사람은 물건값을 요구할 수 있고 물건을 넘겨받는 사람은 합의한 물건값을 지불해야 한다. 이때 물건은 크게 두 가지 경우로 나뉜다. 첫 번째는 물건이 지정되어 있어서 다른 물건을 대신 넘겨주는 것이 허용되지 않는 것이고, 두 번째는 물건이 지정되어 있지 않아서 같은 종류에 속하는 물건이 존재하는 한 그 종류의 물건을 넘겨주어야 하는 것이다. 이에 추가하여 법은 다음을 규정하고 있다. 첫 번째 경우의 물건은 추가적으로 다음 규정에 따른다. 물건을 넘겨주어야 할 사람은 넘겨줄 때까지 자신의 직업이나 사회적 지위에 비추어 일반적으로 요구되는 주의를 기울여야 한다. 그러한 주의를 다하였지만 물건에 하자가 생긴 경우 그대로 넘겨주고 물건값을 요구할 수 있지만 물건이 완전히 못쓰게 된 경우라면 물건값을 요구할 수는 없다. 하지만 물건을 받을 사람이 잘못하여 물건이 완전히 못쓰게 되었다면 그렇지 않다. 물건을 넘겨주려고 하였지만 물건을 받을 사람이 받을 수 없거나 받기를 거절한 후 물건이 완전히 못쓰게 된 경우에도 물건을 넘겨 줄 사람에게 중대한 잘못이 없다면 물건값을 요구할 수 있다. 두 번째 경우의 물건은 추가적으로 다음 규정에 따른다. 물건을 사는 사람 등이 같은 종류의 여러 물건 중에서 특별히 어떤 물건을 넘겨주기로 지정하거나 아니면 물건을 넘겨주어야 할 사람이 물건을 넘겨주는 데 필요한 행위를 끝내면 첫 번째의 물건과 같이 취급한다. 필요한 행위란 물건을 가져다주기로 한 경우에는 물건을 넘겨받아야 할 사람에게 물건을 가지고 가서 언제라도 물건을 받을 수 있는 상태에 두는 것을 말하고 물건을 찾아가기로 한 경우에는 물건을 넘겨줄 수 있는 상태로 놓아둔 다음 이 사실을 알리는 것을 말한다.

─────<보 기>─────

ㄱ. 자동차 대리점 운영자 갑은 전시된 차를 할인한 가격으로 을과 매매하면서 일주일 후 차를 을의 집으로 갖다 주기로 합의하였는데, 홍수로 자동차가 침수되어 일부 고장이 났고 이후 갑은 그 고장을 수리하지 않은 채 자동차를 을에게 넘겨주었다.

ㄴ. 자동차 대리점 운영자 갑은 전시차와 같은 종류의 신차를 을과 매매하면서 을이 매장으로 와서 찾아 가기로 합의하여 자동차를 매장으로 운반한 후 언제든지 자동차를 찾아갈 수 있도록 준비해 놓고 을에게 연락하기 전, 갑의 가벼운 과실로 매장에 불이 나 폐차해야 할 정도로 자동차가 훼손되었고 이후 갑은 그 자동차를 을에게 넘겨주었다.

ㄷ. 자동차 대리점 운영자 갑은 전시차와 같은 종류의 신차를 을과 매매하면서 을의 직장으로 가져다주기로 합의하여 을의 직장으로 자동차를 운반하였으나 을의 출장으로 자동차를 다시 매장으로 가지고 오던 중 갑의 가벼운 과실로 교통사고가 발생하여 폐차해야 할 정도로 자동차가 훼손되었고 이후 갑은 그 자동차를 을에게 넘겨주었다.

① ㄱ   ② ㄴ   ③ ㄱ, ㄷ
④ ㄴ, ㄷ   ⑤ ㄱ, ㄴ, ㄷ

8. <규정>에 대한 <견해>를 <사례>에 적용한 것으로 옳은 것만을 <보기>에서 있는 대로 고른 것은?

<규정>
제1조 버스노선을 운영하는 자가 인가를 받지 않고 버스 노선을 운영할 시 최대 5,000만 원의 과징금을 부과한다.
제2조 버스노선을 운영하는 자가 인가를 받은 노선을 임의로 변경하여 운영할 시 최대 3,000만 원의 과징금을 부과한다.
제3조 과징금이 부과되는 위반행위를 여러 개 한 자에 대해서는 과징금의 상한액이 가장 큰 위반행위에 그 상한액에 2분의 1을 가중한 액수를 상한으로 과징금을 부과한다. 단, 여러 개의 위반행위 각각에 대하여 한번도 과징금을 부과한 적이 없는 때에 한하여 해당 조항을 적용한다.

<견해>
갑 : 하나의 위반행위에 과징금을 부과할 당시, 다른 위반행위도 이미 이루어졌고 그 위반행위에 대해 과징금을 부과한 적이 없는 경우, 위반행위에 대한 과징금은 <규정> 제3조에 따라 부과한다.
을 : 하나의 위반행위에 과징금을 부과할 당시, 행정청이 인지했음에도 과징금을 부과하지 않았던 다른 위반행위도 있었던 경우, 다른 위반행위에 대해서는 과징금을 부과할 수 없다. 반면, 하나의 위반행위에 과징금을 부과할 당시, 행정청이 인지하지 못했던 다른 위반행위가 있었던 경우에는 두 위반행위에 대한 과징금은 <규정> 제3조에 따라 부과한다.
병 : <규정> 제3조는 과징금이 부과되는 여러 위반행위를 동시에 한 자에 대해서 적용된다. 시기가 다른 별개의 위반행위에 대해서는 제3조와는 별도로 각 위반행위에 대한 과징금을 부과할 수 있다.

<사례>
P회사는 2015년에 ㉠ 인가를 받지 않고 버스노선을 운영하다가 2016년에 인가를 받아 2017년까지 인가 받은 노선으로 운영하다가 2018년에 인가 받은 노선을 ㉡ 임의로 변경하여 운영하였다.

─────<보 기>─────

ㄱ. 행정청이 2016년에 ㉠에 대해 5,000만 원의 과징금을 부과한 경우, 2019년에 ㉡에 대해 3,000만 원의 과징금을 부과할 수 있는지에 대해, 갑, 을, 병은 같은 의견일 것이다.

ㄴ. 행정청이 2019년에 ㉡에 대해 과징금을 부과하는 과정에서 ㉠을 최초로 적발한 경우, 갑은 ㉠에 대해서도 과징금을 부과할 수 있다는 데 동의하지만 을은 그렇지 않다.

ㄷ. 행정청이 2018년에 ㉠을 알면서도 과징금을 부과하지 않았고, 2019년에 ㉡에 대해 과징금을 부과하면서 ㉠에 대해서도 과징금을 부과하려는 경우, 을보다 병에 따를 때 부과할 수 있는 과징금의 총액이 더 클 것이다.

① ㄱ   ② ㄴ   ③ ㄷ
④ ㄱ, ㄴ   ⑤ ㄱ, ㄷ

9. 다음 글을 통해 설명할 수 없는 사례에 해당하는 것은?

범죄피해신고는 범죄피해의 심각성에 대한 인식에 따라 영향을 받는데, 피해자가 범죄피해가 심각하다고 인식할수록 신고율이 높아진다. 피해자가 인식하는 범죄피해의 심각성에는 다양한 요인이 영향을 줄 수 있는데, 재산범죄에서는 피해액이 클수록, 폭력범죄에서는 무기를 소지할수록 피해자들이 피해를 심각하게 생각한다. 또한 단독범행보다는 다수에 의한 범행의 경우 피해자는 범죄피해가 심각하다고 인식한다. 피해자와 가해자의 관계 역시 피해신고 가능성에 영향을 미치는 요인으로 연구되어 왔는데 가해자가 피해자의 가족 구성원이거나 현재 또는 이전 동거인처럼 친밀한 관계에 있는 경우 범죄피해의 심각성을 낮게 평가한다. 하지만 피해자가 가해자를 단순히 일이나 여가활동 등을 통해 알고 있거나 같은 동네에 거주하면서 알게 된 경우에는 피해자는 범죄피해의 심각성을 높게 평가한다. 신고에 영향을 미치는 또 다른 요인으로 피해자의 성별과 경제적 수준, 동거가족의 유무 등이 있다. 여성은 남성에 비해 범죄피해의 심각성을 높게 평가하는 것으로 알려져 있다. 피해자의 경제적 수준이 미치는 영향은 범죄피해의 유형에 따라 다르게 나타나는데, 재산범죄의 경우 대체로 고소득자는 범죄피해의 심각성을 높게 인식하는 반면 폭력범죄에 있어서는 소득수준에 의한 차이는 발견되지 않았다. 다만, 단순절도의 경우 주거침입절도나 자동차절도와 달리 저소득자가 범죄피해의 심각성을 높게 인식했다. 동거가족의 유무도 범죄피해신고에 영향을 미치는데, 배우자와 같이 친밀한 관계의 가족이 함께 거주하는 피해자일수록 재산범죄와 폭력범죄를 불문하고 범죄피해의 심각성을 높게 인식했다.

① 이웃 사람에게 폭행을 당한 여성 집단의 신고율이 지갑을 도둑맞은 고소득 남성 집단의 신고율보다 높았다.

② 부모로부터 폭행을 당한 남성 집단의 신고율이 이웃에 사는 아는 사람으로부터 폭행을 당한 여성 집단의 신고율보다 낮았다.

③ 배우자와 함께 거주하는 고소득 여성 집단의 자동차절도에 대한 신고율이 혼자 거주하는 저소득 남성 집단의 자동차절도에 대한 신고율보다 높았다.

④ 한 사람에게 피해액이 1억에 해당하는 사기를 당한 남성 집단의 신고율이 두 사람에게 피해액이 2억에 해당하는 사기를 당한 남성 집단의 신고율보다 높았다.

⑤ 폭행을 당한 남성 집단의 신고율이 폭행을 당한 여성 집단의 신고율과 유사했는데, 남성 집단의 경우 가해자가 무기를 소지하였고 여성 집단은 그렇지 않은 것으로 드러났다.

10. 견해에 대한 분석으로 옳은 것만을 <보기>에서 있는 대로 고른 것은?

P국 헌법 A규정은 '헌법재판소는 국회가 제정한 법률이나 정부의 공권력 행사가 위헌인지 여부가 문제 되는 경우 그 위헌성을 심사할 권한이 있다'고 규정하고 있다. 그리고 B규정은 '대법원은 정부가 정한 명령이 위헌인지의 여부가 재판 과정에서 문제 된 경우 그 위헌성을 심사할 권한이 있다'고 규정하고 있다. 한편 정부가 정한 명령의 위헌 심사 권한이 어디에 있어야 하는지에 대해 다음과 같은 견해들이 있다.

갑 : 정부가 정한 명령은 정부가 행사하는 공권력의 하나로 볼 수 있다. 그런데 헌법은 A규정이 있음에도 정부가 정한 명령의 위헌성 심사는 대법원에 그 권한이 있다는 B규정을 따로 두고 있다. 그렇다면 정부가 정한 명령의 위헌성 심사는 대법원만이 할 수 있는 것으로 해석해야 한다. 즉, 정부가 정한 명령의 위헌성은 대법원만 심사할 수 있으며, 이에 대한 위헌성 심사 권한을 가진 대법원도 재판과정에서 해당 명령의 위헌성이 문제가 된 경우에만 심사할 수 있다.

을 : B규정에 따르면 재판과정에서의 정부 명령의 위헌성 심사는 대법원만의 고유 권한이다. 그래서 재판과정 외에서의 위헌성 심사는 대법원의 권한에 속하지 않는다고 해석해야 한다. 또한 A규정은 '정부의 공권력 행사의 위헌 여부가 문제 되는 경우'로 정하고 있는데 정부가 정한 명령은 정부가 행사하는 공권력의 하나로 볼 수 있어서 헌법재판소가 심사 권한을 갖는다.

─────〈보 기〉─────

ㄱ. P국의 국민이 재판과정에서 문제가 된 정부가 정한 명령의 위헌 심사를 요청하고자 할 때, 갑과 을 모두 헌법재판소가 이 심사를 할 수 있는 권한이 없다고 볼 것이다.

ㄴ. 을에 대해서는 만약 동일한 정부 명령의 위헌 여부에 관해 대법원과 헌법재판소에서 상충되는 판단이 이루어질 경우가 있다면 사회적 혼란이 초래될 수 있다고 비판할 수 있다.

ㄷ. '일반 시민들이 재판과정의 절차를 거치려면 경제적·정치적 부담이 커서 재판과정 없이도 정부 명령에 대한 위헌 심사가 가능해야 한다.'고 주장하는 사람은 갑보다는 을의 견해에 더 동의할 것이다.

① ㄱ   ② ㄷ   ③ ㄱ, ㄴ
④ ㄴ, ㄷ   ⑤ ㄱ, ㄴ, ㄷ

11. 다음 글을 분석한 것으로 옳은 것만을 <보기>에서 있는 대로 고른 것은?

<사례>

X국민인 갑은 "을이 어린이를 위한 Y재단법인의 설립을 추진하고 있으니 을에게 내 소유의 토지Z를 기부하겠다."라는 유언을 남기고 사망하였다. 병은 갑의 유일한 상속인으로 갑의 사망 후 갑의 유언과 다르게 Z를 정에게 매도하였고, 정은 Z에 대한 등기도 완료하였다. 한편 을은 Y재단법인을 설립하기 위해 <규정>에 근거하여 정에 대하여 Z의 반환을 청구하고자 한다.

<X국 규정>

제1조 ① 소유자의 의사에 의하여 부동산의 소유권을 이전하기 위하여는 소유자의 의사가 반영된 등기가 필요하다.
　② 상속에 의해 부동산 소유권이 이전되는 경우에는 등기 없이 부동산 소유권이 이전된다.
제2조 유언으로 재단법인을 설립하는 때에 출연재산은 유언의 효력이 발생한 때로부터 유언자가 지정한 사람에게 귀속된다.
제3조 유언은 유언자가 사망한 때로부터 그 효력이 발생한다.
제4조 상속은 피상속인의 사망으로 개시된다.

<견해>

A : 유언으로 재단법인을 설립하는 경우가 아니므로 제2조를 적용할 수 없어. 제1조 제1항은 소유자의 의사에 의한 소유권 변동을, 제2항은 소유자의 의사에 의하지 않은 소유권 변동을 규정한 것이야. 갑은 유언으로 자신의 의사를 분명히 밝혔으므로 제1조 제1항에 따라 Z의 소유권을 확정해야 해.
B : 제1조 제1항은 일반적인 소유권 이전 시, 제1조 제2항은 상속에 의한 소유권 이전의 경우를 규정한 것이야. 그리고 제2조는 유언에 의한 소유권 이전의 경우를 규정한 것인데, 이 경우 유언이 상속에 우선되어야 하므로 Y재단법인은 유언에 의해 소유권 이전을 받은 거야.
C : 갑의 사망 직후에 Z가 누구의 소유인지에 대해서는 B의 견해에 동의해. 하지만 갑의 유언 사실을 모른 채 정이 Z를 매수했을 수 있는데 그렇다면 Z는 정의 소유야.

──────<보 기>──────

ㄱ. A에 따르면, 을의 청구는 인정될 것이다.
ㄴ. B에 따르면, 을의 청구는 인정될 것이다.
ㄷ. C에 따르면, 병이 토지Z의 매도대금을 사용할 목적으로 정에게 사정을 다 알려준 후 Z를 매도하였다면 을의 청구는 인정될 것이다.

① ㄱ　　　　　② ㄴ　　　　　③ ㄱ, ㄷ
④ ㄴ, ㄷ　　　　⑤ ㄱ, ㄴ, ㄷ

12. 다음으로부터 추론한 것으로 옳은 것만을 <보기>에서 있는 대로 고른 것은?

<규정>

○ 형벌에는 등급이 있었으며, 경한 것에서 중한 순으로, 태형은 10, 20, 30, 40, 50대까지 5등, 다음으로 장형이 60, 70, 80, 90, 100대까지 5등, 그리고 도형은 1년, 1년 반, 2년, 2년 반, 3년까지 5등이며, 다음으로 유형과 극형인 사형이 있었다.

○ 싸우다가 사람을 구타한 자는 태형 40대에 처한다. 상해하였거나 물건으로 구타한 자는 장형 60대에 처한다. 상해나 머리털이 뽑힌 것이 사방 1촌 이상인 경우에는 장형 80대에 처한다. 귀나 눈에서 피가 나게 하거나 내상을 입혀 피를 토하게 한 경우는 모두 2등을 더한다.

○ 싸우다가 사람을 구타하여 치아를 부러뜨렸거나, 귀나 코를 손상하였거나, 한쪽 눈을 다치게 하였거나, 손가락이나 발가락을 부러뜨렸거나, 뼈에 금이 가게 했거나, 끓는 물이나 불로 사람을 상해하였다면, 도형 1년에 처한다. 치아를 두 개 이상 또는 손가락이나 발가락을 두 개 이상 부러뜨렸거나, 머리털을 깎아버린 경우에는 도형 1년 반에 처한다. 사람을 살해한 경우는 교수형에 처한다.

○ 형이나 누나를 구타한 자는 도형 2년 반에 처한다. 상처를 입혔다면 도형 3년에 처한다. 골절상이면 유형에 처한다. 흉기로 상처를 입혔거나 팔다리를 부러뜨렸거나 또는 한쪽 눈을 실명하게 하였다면 교수형에 처한다. 죽였다면 모두 참수형에 처한다. 욕하였다면 장형 100대에 처한다. 백숙부모·고모·외조부모의 경우는 모두 1등씩 더한다. 만약 과실로 살상하였다면 모두 해당 신분인 살상죄에서 2등을 감한다.

○ 조부모나 부모에게 욕한 자는 교수형에 처한다. 구타한 자는 참수형에 처한다. 과실로 죽인 자는 유형에 처한다. 과실로 상처를 입힌 자는 도형 3년에 처한다. 또한 자손이 가르침이나 명령을 위반하여 조부모나 부모가 구타하여 죽인 경우 도형 1년 반에 처한다. 흉기를 사용하여 죽였다면 도형 2년에 처한다. 만약 적부모·계부모·양부모가 자식을 죽였다면 또 1등을 더하지만, 과실로 죽였다면 모두 논죄하지 않는다.

──────<보 기>──────

ㄱ. 길을 가던 행인을 몽둥이로 구타하여 얼굴과 귀에서 피를 흘리게 한 甲은 장형 80대에 처해질 것이다.
ㄴ. 乙과 씨름 연습을 하던 乙의 형이 다리가 부러지는 부상을 입었다면, 乙은 도형 2년에 처해질 것이다.
ㄷ. 丙의 계부가 짐수레를 잘못 몰아 丙을 치어 사망에 이르게 하였다면, 丙의 계부는 도형 2년 반에 처해질 것이다.

① ㄱ　　　　　② ㄴ　　　　　③ ㄱ, ㄴ
④ ㄴ, ㄷ　　　　⑤ ㄱ, ㄴ, ㄷ

13. 다음 글을 분석한 것으로 옳은 것만을 <보기>에서 있는 대로 고른 것은?

A국 형법에는 피해자의 고소가 있어야만 처벌할 수 있는 범죄인 친고죄가 있으며, 특별한 규정이 없으면 고소기간은 피해일로부터 6개월이다. 고소기간을 지난 고소는 효력이 없으며 친고죄가 아닌 죄는 고소가 없더라도 처벌할 수 있다.

검사 : 2013년 3월 1일 이전에는 형법에서 강제추행죄를 친고죄로 규정함과 동시에 성폭력처벌법에 성범죄 특례조항을 두어 강제추행죄의 고소기간을 1년으로 규정하고 있었습니다. 갑은 2012년 6월 1일 피해자 을을 강제추행하였고 을은 2013년 4월 1일에 갑을 고소하였으므로 갑을 강제추행죄로 처벌할 수 있습니다.

변호인 : 2013년 3월 1일 강제추행죄의 친고죄 규정을 폐지하는 형법 개정이 있었고, 개정에 따라 성폭력처벌법의 특례조항도 삭제하였습니다. 그러나 이 개정된 형법의 시행이 6월부터인데 특례조항을 삭제하면서 개정법 시행 전까지 적용할 아무런 경과규정을 두지 않았습니다. 친고죄가 사라진 것은 피고인에게 불리합니다. 이런 상황에서는 ⊙'피고인의 행위 이후 개정된 법이 피고인에게 불리한 것이라면 개정 이전의 법을 적용한다'는 원칙을 적용해야 합니다. 따라서 이 경우 원칙적 고소기간을 적용해야 합니다.

검사 : 특례조항을 삭제한 것은 친고죄 폐지라는 개정된 형법을 반영하기 위한 것일 뿐 조항에 문제가 있어 강제추행죄의 고소기간을 6개월로 돌려놓으려는 의도가 아닙니다. 개정 전 특례조항의 취지를 존중하여 1년의 고소기간을 적용해야 합니다.

판사 : 선고하겠습니다. 고소기간 특례를 삭제하면서 경과규정을 두지 않았더라도, 그 삭제를 하는 개정의 취지상 삭제되기 전 위 특례를 갑에게 적용할 수 있다고 보는 것이 합리적 법 해석에 부합한다. 따라서 갑을 처벌한다.

─────<보 기>─────

ㄱ. 검사는 ⊙을 부정한다.

ㄴ. '죄의 성립 여부와 관련하여서만 ⊙이 적용되고, 고소기간 등 절차와 관련하여서는 ⊙이 적용되지 않는다.'라는 주장을 검사는 동의할 것이다.

ㄷ. 을이 갑을 2012년 11월 1일에 고소하였다면 이 고소의 효력에 대한 검사와 변호인의 의견 대립이 없었을 것이다.

① ㄱ   ② ㄷ   ③ ㄱ, ㄴ
④ ㄴ, ㄷ   ⑤ ㄱ, ㄴ, ㄷ

14. 다음 논쟁을 분석한 것으로 옳은 것만을 <보기>에서 있는 대로 고른 것은?

X종교의 교인들은 X종교만이 참된 종교이며 그 외의 모든 종교는 거짓이라고 주장한다. 이러한 극단적인 주장도 하나의 입장으로서 존중받아야 하는지, 즉 X종교의 교인들과 같이 타자를 불관용하는 구성원에 대해서도 관용의 태도를 보여야 하는지를 두고 다음과 같은 논쟁이 벌어졌다.

A : 어떤 사람이 타인의 어떤 행동에 대해 반대할 명분을 가지려면, 타인의 행동이 그가 지키는 원칙에 부합하지 않아야만 한다. 그가 타인의 행동에 반대하여 하지 말라거나 혹은 해줄 것을 요청할 때, ⊙그가 자신의 원칙을 성실히 지키고 있다면 그의 요청은 호소력을 띠고, 그가 자신의 원칙을 성실히 지키지 않는다면, 그의 요청은 호소력을 띠지 않는다. 그가 자신이 성실하게 지키고 있는 원칙을 타인도 지켜야 한다고 주장할 때, 적어도 그 자신은 그 원칙이 모든 사람에게 보편타당하다고 믿고 있어야만 하기 때문이다. 그러나 타인의 주장도 하나의 입장으로써 존중하지 않는 사람, 즉 타인을 관용하지 않는 사람은 그 자신이 이미 관용의 원칙을 보편타당하게 받아들이지 않고 있다. 따라서 X종교의 교인들과 같이 타자를 불관용하는 구성원에 대해서 관용의 태도를 보일 필요가 없다.

B : 그러나 우리는 모든 사람이 자신의 종교를 선택함에 있어 어떠한 제약도 경험하지 않기를 바라며, 이는 X종교에 대해서도 마찬가지다. 심지어 X종교의 교인들마저도 '어떤 사람도 자신의 종교를 바꾸도록 강제되어서는 안 된다.'는 원칙에 동의할 것이다. 따라서 X종교가 다른 종교의 교인들로 하여금 X종교로 개종하는 것을 강제하는 데 이르지 않은 한 X종교의 교인들 역시 자신의 믿음을 고수할 수 있다. 즉, X종교조차도 하나의 입장으로서 우리 사회에 존재할 권리를 가지며 우리는 관용의 태도를 보여야만 한다.

─────<보 기>─────

ㄱ. 만약 갑이 을에게 '공동주택에서 뛰어서는 안 된다.'는 원칙을 지켜달라고 요청했지만, 을이 이를 보편타당하게 받아들이지 않는다면, A에 따를 때 갑의 요청은 호소력이 없다.

ㄴ. 만약 또 다른 종교 Y에 속한 교인들이 X종교의 교인들을 강제로 Y로 개종시키려고 한다면, A와 B 모두에 따를 때 Y종교의 교인들은 X종교의 교인들을 관용하지 않은 것이다.

ㄷ. B는 X종교에 대해 관용의 태도를 보여야만 하는지의 문제를 판별하는 데 있어 ⊙에 반대한다.

① ㄴ   ② ㄷ   ③ ㄱ, ㄴ
④ ㄱ, ㄷ   ⑤ ㄴ, ㄷ

15. 다음 글을 분석한 것으로 옳은 것만을 <보기>에서 있는 대로 고른 것은?

갑 : 어떤 문서에 '기적 현상'이 기록되어 있더라도 이는 기적이 실제로 발생했다는 증거가 될 수 없다. 왜냐하면 현상 중 과학법칙의 예외적인 현상으로서의 기적이란 존재하지 않기 때문이다. 그렇다면 문서에 기록된 '기적 현상'을 과학적 현상이라고 보아야 하는가? 기록된 기적 현상이 과학법칙으로 설명된다면, 그 문서는 어떠한 과학적 현상이 있었다는 증거가 될 수 있다. 하지만 기록된 기적 현상이 현재의 과학법칙으로 설명되지 않는다고 해서 과학적 현상이 없었다는 증거가 된다고 볼 수 없다. 과학은 여전히 발전 중이고 아직 발견되지 않은 과학법칙도 많다. 따라서 그 문서에 기록된 기적 현상이 앞으로도 과학법칙에 따라 설명될 가능성이 없음이 확인되지 않는 한 그 문서를 과학적인 현상이 존재하지 않았다는 증거로 볼 수는 없고 판단을 유보해야 한다. 또한 앞으로도 과학법칙에 따라 설명될 가능성이 없다고 판단된다면 문서가 거짓으로 기록된 것으로 보아야 한다.

을 : 기적이란 현상 중에서 과학법칙으로부터 벗어난 현상이다. 따라서 어떤 문서에 기록된 현상이 과학법칙으로 설명된다면 그것은 과학적 현상이므로 기적이 아니다. 그리고 기록된 현상이 과학법칙으로 설명될 수 없다면 당연히 그 문서를 과학적 현상의 증거로 볼 수 없다. 그렇다고 해서 곧바로 기적 현상의 증거가 되는 것도 아니다. 문서의 기록자가 자신이 본 것을 거짓 없이 기록했음이 확인되었을 때만 그 문서의 기록은 기적의 증거가 된다. 그렇지 않다면 문서의 기록은 거짓일 뿐이다.

─────────<보 기>─────────

ㄱ. 문서에 '기록된 현상'이 사실대로 기록된 것이라고 판정된 경우, 을은 그 문서의 기록을 기적의 증거라고 본다.

ㄴ. 을은 어떤 현상에 대해 기록된 문서가 기적 현상의 존재를 증명하지 못하면서 과학적 현상의 존재도 증명하지 못하는 경우가 있다고 본다.

ㄷ. 갑은 어떤 문서의 '기적 현상'이 앞으로의 과학법칙으로도 설명되지 않을 경우 이 문서가 기적의 증거라고 보지 않지만, 을은 기적의 증거라고 본다.

① ㄱ   ② ㄴ   ③ ㄱ, ㄷ
④ ㄴ, ㄷ   ⑤ ㄱ, ㄴ, ㄷ

16. 다음 <상황>에 대한 공리주의자의 판단으로 옳은 것만을 <보기>에서 있는 대로 고른 것은?

현대의 공리주의자들은 스스로를 '행위공리주의자'와 '규칙공리주의자' 두 그룹으로 구분한다. 모든 공리주의자에게 유용성의 원리는 인간 행위의 옳고 그름을 판단하는 궁극적인 척도라는 점에는 이견이 없다. 그러나 이 척도를 적용할 때, 개별적인 행위에 직접 적용할 것인가, 아니면 행위의 규칙에만 제한적으로 적용하여 개별적 행위가 옳은가 그른가를 결정하도록 할 것인가에서 견해차를 보이고 있기 때문이다.

○ 행위공리주의: 유용성의 원리가 개별적인 행위에 적용되어야 한다는 입장이다. 개별적인 행위가 선을 극대화하느냐를 기준으로 행위의 결과를 측정하는 것이다. 어떤 개별적 행위가 옳은 것이 되기 위해서는 타당한 규칙을 따르는 것이 아니라 어떤 구체적인 시간과 장소에서 한 행위의 결과가 다른 가능한 행위의 결과보다 더 많은 유용성을 가져와야 한다.

○ 규칙공리주의: 개인의 행위는 타당한 행위규칙에 일치하면 옳고, 위반하면 그르다는 입장이다. 물론 타당한 행위규칙을 결정하는 척도는 유용성이다. 행위규칙이란 사람들이 이 규칙에 맞게 자신의 행위를 규제하면 다른 규칙을 따를 경우보다 모든 사람에게 더 많은 행복 내지 더 적은 고통을 일으키게 하는 규칙이다.

<상황>

갑 : 갑은 발각되면 강제수용소로 보내질 무고한 유태인들을 숨겨주고 있었다. 나치의 비밀경찰이 찾아와 그들의 거처를 물었을 때, 갑은 거짓말을 하였다.

을 : 병을 앓고 있는 부인의 목숨을 구할 수 있는 약을 발견하였다. 비싼 약값을 감당할 수 없던 가난한 을은 약방문을 부수고 들어가 약을 훔쳤다.

─────────<보 기>─────────

ㄱ. 행위공리주의자들은 나치 치하에서 갑이 거짓말을 함으로써 많은 무고한 유태인들의 목숨을 구한 것이므로, 갑의 행동을 옳다고 판단할 것이다.

ㄴ. 규칙공리주의자들은 '물건을 훔치지 마라'는 규칙은 도둑질을 허용하는 규칙보다 더 큰 유용성이 있기 때문에, 을의 행동을 그르다고 판단할 것이다.

ㄷ. 만일 행위규칙 간에 가치 수준의 차이가 있다고 하더라도 규칙공리주의자들은 을의 행위를 정당한 것으로 평가할 수 없다.

① ㄱ   ② ㄷ   ③ ㄱ, ㄴ
④ ㄴ, ㄷ   ⑤ ㄱ, ㄴ, ㄷ

17. 다음 논쟁에 대한 분석으로 옳은 것만을 <보기>에서 있는 대로 고른 것은?

> 고대의 철학자 A, B, C가 여름철에 비가 자주 내리는 이유를 두고 다음과 같이 논쟁하였다.
>
> A : 태풍은 여름철의 뜨거운 햇볕으로 말미암아 공기가 가열됨으로써 발생한다. 공기는 온(溫)과 냉(冷), 건(乾)과 습(濕) 중에서 두 가지의 성질을 취하며, 따뜻한 성질과 축축한 성질은 서로 끌어당기는 힘을 가진다. 여름철의 뜨겁고 축축한 공기가 하늘에 뭉쳐서 구름을 만들고, 비는 구름으로부터 생기므로 여름철에는 비가 자주 내린다.
>
> B : A는 공기가 다른 원인 없이 자발적으로 움직일 수 있다고 전제하고 있다. 그러나 ㉠ 스스로 움직일 수 있는 것은 오로지 생명을 가진 존재뿐이며, 생명을 가진 존재가 아닌 공기는 이러한 존재에 속하지 않는다. 설령 A의 설명에 따라 여름철에 공기가 하늘에 뭉쳐서 구름과 비를 만들더라도 공기가 스스로 움직이는 것이 아니라 생명을 가진 다른 존재에 의해 움직여진다고 보아야 한다.
>
> C : 우리는 특정한 현상이 일어나는 이유를 그것과 관계된 자의 목적으로부터 발견할 수 있다. 누군가 내게 노동하는 이유를 묻는다면, 나는 내가 노동으로부터 성취하려는 목적을 제시할 것이다. 노동의 보수가 노동에 대한 정당한 이유로 받아들여지는 이유는, 이것이 내게 좋은 것으로 받아들여지기 때문이다. 여름철의 호우는 과실수를 재배하는 데 필요하다. 즉, 우리는 호우 덕분에 과실수를 재배할 수 있으며 이에 따라 호우를 좋은 것으로 받아들인다. 따라서 누군가 우리에게 여름철에 비가 자주 오는 이유를 묻는다면, 우리는 과실수의 재배를 여름철 호우의 목적이자 이유로 제시할 수 있다.

> <보 기>
>
> ㄱ. 일 년 내내 추운 기후가 유지되는 극지방에서 강수량이 적게 나타난다는 사실은 A의 견해를 약화하지 않는다.
>
> ㄴ. 생명을 가지고 있지 않은 천체들이 항상 같은 궤도를 따라 운동하며, 이 천체들을 운동시킬 수 있는 생명을 가진 다른 존재를 생각할 수 없다는 사실은 ㉠을 약화한다.
>
> ㄷ. 인간 행위의 동기에서 자연 현상의 원인을 유추할 수 없다는 주장은 B를 약화하지 않지만 C를 약화한다.

① ㄱ　　　　② ㄷ　　　　③ ㄱ, ㄴ
④ ㄴ, ㄷ　　　⑤ ㄱ, ㄴ, ㄷ

---

18. 다음 논쟁을 분석한 것으로 옳은 것만을 <보기>에서 있는 대로 고른 것은?

> 갑 : '올바름'과 '좋음' 중에서 좋음이 더 근본적인 가치이다. 왜냐하면 우리는 어떤 좋은 것(X)을 먼저 생각한 다음, X가 내포한 좋음을 더욱 증진시키는 다른 어떤 것(Y)을 올바르다고 판단하기 때문이다. 예컨대 날이 잘 선 칼은 물건을 잘 자를 수 있다는 점에서 좋은 칼이다. 그런데 누군가 이 칼의 칼날을 일부러 무디게 만들어서 더이상 날카롭지 않게 하였다면, 무디게 만든 행위는 올바르지 않은 행위이다. 또한 우리가 육체적인 향락을 좋은 것이라고 판단한다면, ㉠ 향락의 양을 더 증진시킬 것으로 기대되는 다른 수단들을 올바르다고 판정할 수 있을 것이다.
>
> 을 : 하지만 '좋음'을 어떻게 정의해야 하는지의 문제가 있다. 만약 어떤 것을 좋다고 할 보편적인 기준이 존재하지 않는다면, 올바름에 대한 보편적 기준 역시도 세울 수 없다. 그러나 좋음의 보편적인 정의가 존재한다고 보기 어려움에도 우리는 올바름의 기준에 대해서는 보편적으로 합의하고 있다. 이는 우리가 좋음과 별개로 올바름에 대한 판단 기준을 가지고 있음을 의미한다. 예컨대 비도덕적인 행위에 대해서 우리는 그 행위가 올바르지 않다고 말한다. 그러나 그것이 우리가 비도덕적인 행위를 좋지 않은 행위라고 판단하기 때문은 아니다. 즉, 비도덕적인 행위가 좋지 않은 행위라는 판단 없이도 우리는 충분히 그것이 옳지 않다고 말할 수 있다.

> <보 기>
>
> ㄱ. 만약 갑이 어떤 행위가 올바르지 않다고 판단하였다면 그 행위는 어떤 좋음을 증진시키지 않은 것이며, 어떤 행위가 올바르다고 판단했다면 그 행위는 어떤 좋음을 증진시킨 것이다.
>
> ㄴ. 을에 따르면, ㉠은 올바르지 않다.
>
> ㄷ. 을에 따르면, 누군가가 어떤 행위를 비도덕적이라고 판단했다면, 그는 그 행위가 좋지 않다고 판단했을 것이다.

① ㄱ　　　　② ㄴ　　　　③ ㄱ, ㄷ
④ ㄴ, ㄷ　　　⑤ ㄱ, ㄴ, ㄷ

19. 다음 논쟁에 대하여 ㉮, ㉯에 들어갈 것으로 가장 적절한 것은?

> 수영과 지연은 다음의 <원리>와 <정의>를 받아들인다.
>
> <원리> : 임의의 대상 a, b, c에 대하여 "a이면 b이다"가 참이고 "c이면 b가 아니다"가 참이라면, c는 a가 아니다.
>
> 예컨대, "x는 과일이다"가 참이고, "y는 과일이 아니다"가 참이라면, y는 x가 아니다.
>
> <정의> : 임의의 대상 a에 대하여, 「a」는 a의 이름이다.
>
> 예컨대, 서울은 대한민국의 수도이다. 「서울」은 대한민국 수도인 서울의 이름이다.
>
> 수영 : 사과에는 여러 가지 색깔이 있지. 그래서 「사과」는 사과의 이름이므로 빨간 사과를 가리킬 수도 있고 초록 사과를 가리킬 수도 있어. 그렇지만 「빨간 사과」는 빨간 사과의 이름이므로 초록 사과를 가리킬 수 없고 오로지 빨간 사과만을 가리킬 수 있지.
> 지연 : 네 말이 옳아. 그리고 <정의>에 따르면 사과는 「사과」가 가리키는 대상이라고 할 수 있어. 또 빨간 사과는 「빨간 사과」가 가리키는 대상이므로, 빨간 사과는 「사과」가 가리키는 대상이 아니라고 할 수 있지. 그렇다면 <원리>에 따라 " ㉮ 는 ㉯ 가 아니다" 라고 추론할 수 있겠는데?
> 수영 : <정의>에 따르면 빨간 사과는 「빨간 사과」가 가리키는 대상이 되고 「사과」가 가리키는 대상도 돼. 그러니까 너의 추론은 잘못이야.

	㉮	㉯
①	「빨간 사과」	「사과」
②	「빨간 사과」	사과
③	「사과」	「빨간 사과」
④	빨간 사과	「사과」
⑤	빨간 사과	사과

20. 다음 논쟁을 분석한 것으로 가장 적절한 것은?

> 갑1 : 이 그림은 예술작품이 아닌 것 같아. 예술이라면 아름다움의 속성을 가져야 하는데 이 그림은 아름답지 않아.
> 을1 : 하지만 아름답지 않은 예술작품도 많아. 어떤 예술사조는 미(美)가 아니라 추(醜)를 의도하기도 해. 예술작품을 정의하는 속성에 아름다움이 꼭 필요한 것은 아니야.
> 갑2 : 그렇다면 아름다움 대신 즐거움은 어때? 예술품은 즐거움을 주어야 하는데 난 이 그림을 보고 불쾌함을 느꼈거든. 즐거움의 속성이 없다면 예술품이 아닌 거지.
> 을2 : 아름다움과 즐거움이 일부 예술작품의 속성일 수 있겠지. 하지만 한 작품을 두고도 어떤 감상자는 즐거움을 느끼고 다른 감상자는 불쾌함을 느끼기도 해. 설령 이러한 점을 극복하더라도 시대와 문화에 따라 어떤 대상을 예술로 인정하는 기준은 너무나 다양하고 계속해서 변화하기 때문에 예술이 공통적으로 가지는 속성을 찾아 예술을 정의하는 것은 불가능해.
> 갑3 : 만약 예술을 정의할 수 없다면, 예술에 대한 정의1, 정의2 등 다양한 결론에 대해서 그 정의가 옳다거나 옳지 않다는 주장을 할 수 없어. 그런데 너는 앞서 거론한 나의 정의가 옳지 않다고 판단했잖아. 그렇다면 예술에 대한 정의는 존재하고 있어. 그 정의를 찾는 데 난항을 겪더라도 예술이라는 말이 의미하는 것을 정확하게 규정하는 정식화는 필요해. 만일 그러한 정식화를 고안하지 못한다면, 우리는 무엇이 예술인지도 모르는 채로 있어야 해.

① 갑1은 예술작품의 자격을 얻기 위한 충분조건을 제시하였고, 을1은 이에 대해 반례를 들어 반박하고 있다.

② 을1의 반박에 대해, 갑2는 갑1에서 제시한 예술의 범위를 좁게 정의하는 것으로 대응하고 있다.

③ 만약 즐거움을 주는 컴퓨터 게임에 예술적 지위를 부여하여 컴퓨터 게임이 미술관에 전시된다면, 예술작품의 공통속성이 즐거움이라는 데 을2도 동의할 것이다.

④ 만약 예술이 공통적으로 가지는 속성이 여러 가지일 수 있다면 갑과 을의 견해 차는 해소된다.

⑤ 만약 예술을 정의하는 것과 어떤 대상이 예술작품인지를 아는 것이 별개의 문제라면, 갑3은 약화된다.

21. 다음 글을 평가한 것으로 적절한 것만을 <보기>에서 있는 대로 고른 것은?

X국은 자신의 살해에 대해 명시적인 동의를 표시한 사람을 죽음에 이르게 한 사람을 처벌하고 있다. 그런데 이를 처벌하는 것은 개인의 자유에 대한 지나친 침해라는 비판이 존재한다. 이에 대해 법학자 A는 다음과 같이 주장하였다.

<A의 주장>
우리 사회는 모든 성인이 일반적인 상황에서 스스로 자신의 미래를 결정할 수 있는 충분한 지적 능력을 가졌다고 전제한다. 그러나 누구든 이러한 능력을 발휘할 수 없는 특수한 상황에 처할 수 있다. 그리고 사람들은 자신이 합리적으로 사고하지 못하는 특수한 상황에서 예상되는 손해로부터 보호받기를 원할 것이며, 이를 보장하는 법 제도의 설립에도 동의하리라고 추론할 수 있다. 따라서 국가는 어떤 사람이 자신의 삶을 중단하겠다는 결정을 내렸을 때, 그의 결정을 거슬러서라도 그 사람을 보호해야 할 의무가 있다. 이러한 국가의 개입은, 일반적인 관점에서 사람들은 자신의 생명을 보호할 만한 가치가 있는 것으로 판정하고 있으며, 이에 따라 그 사람이 추후 합리적으로 사고할 수 있는 능력을 회복했을 때 그와 같은 국가의 개입을 정당한 것으로 인정하게 되리라는 전제 아래에서 정당화된다. 다만 이것이 추후에 동의를 얻을 수 있는 가능성이 존재한다면 언제든 국가가 나서서 사람들의 자발적 선택을 제한해도 괜찮다는 뜻은 아니다. 이와 같은 개입은 언제나 자유를 제한받는 그 사람을 손해로부터 보호한다는 목적과의 강한 관련성을 나타내야만 한다.

―――――<보 기>―――――
ㄱ. 사람들은 자신이 합리적으로 사고할 수 있는 경우에도 예상하지 못한 상황에서 발생할 수 있는 손해로부터 보호받기를 원한다면, <A의 주장>은 유지될 수 없다.
ㄴ. 자신의 삶이 중단되기를 원하는 사람은 국가의 개입에 의해 그러한 바람이 좌절되기를 원하지 않는다면, <A의 주장>은 유지될 수 없다.
ㄷ. 일반적인 관점에서 합리적인 사람들이 생명을 잃어버리는 것보다 자유로운 결정이 침해당하는 것을 더욱 큰 손해로 간주한다면, <A의 주장>은 유지될 수 없다.

① ㄱ ② ㄷ ③ ㄱ, ㄴ
④ ㄴ, ㄷ ⑤ ㄱ, ㄴ, ㄷ

22. 다음으로부터 추론한 것으로 옳은 것만을 <보기>에서 있는 대로 고른 것은?

비록 대지와 모든 열등한 피조물은 만인의 공유물이지만, 그러나 모든 사람은 자신의 인신에 대해서는 소유권을 가지고 있다. 그의 신체의 노동과 손의 작업은 당연히 그의 것이라고 말할 수 있다. 그렇다면 그가 자연이 제공하고 그 안에 놓아 둔 것을 그 상태에서 꺼내어 거기에 자신의 노동을 섞고 무언가 그 자신의 것을 보태면, 그럼으로써 그것은 그의 소유가 된다. 그것은 그에 의해서 자연이 놓아둔 공유의 상태에서 벗어나, 그의 노동이 부가한 무언가를 가지게 되며, 그 부가된 것으로 인해 그것에 대한 타인의 공통된 원리가 배제된다. 왜냐하면 그 노동은 노동을 한 자의 소유물임이 분명하므로, 타인이 아닌 오직 그만이, 적어도 그것 이외에도 다른 사람들의 공유물들이 충분히 남아 있는 한, 노동이 첨가된 것에 대한 권리를 가질 수 있기 때문이다.

떡갈나무 밑에서 자신이 주운 도토리나 숲속의 나무에서 딴 사과를 섭취한 사람은 확실히 그것들을 그 자신의 것으로 수취한 사람이다. 어떤 사람도 섭취한 것이 그의 것임을 부인할 수 없다. 그렇다면 언제부터 그것들은 그의 것이 되었는가? 그가 소화했을 때? 아니면 그가 먹었을 때? 아니면 그가 그것들을 주웠을 때? 그런데 그가 그것들을 처음으로 주웠을 때 그의 것이 되지 않았다면, 그 밖의 다른 어떤 행위도 그것들을 그의 것으로 만들 수 없었을 것이라는 점은 분명하다. 그러한 노동이야말로 그것들과 공유물 간의 구별을 가져온다. 노동이 만물의 공통된 어머니인 자연보다 더 많은 무엇을 그것들에 첨가한 것이다. 그리하여 그것들은 그의 사적인 권리가 된다. 그런데 어느 누가 그는 모든 인류의 동의를 받지 않았기 때문에 아무런 권리가 없다고 말할 것인가? 만약 그런 동의가 필요했다면, 인간은 신이 모든 것을 충분히 주었음에도 불구하고 이미 굶어죽었을 것이다. 협정에 의해 공유지로 남아 있는 것에서 소유권이 시작되는 것은 바로 공유물의 어떤 부분이든 그것을 취해서 자연이 남겨둔 상태로부터 꺼내는 것이라는 점을 우리는 알고 있다. 그러한 일이 없다면 공유지는 아무런 소용이 없다. 그리고 어떤 부분을 떼어가지는가는 모든 공유자의 명시적인 동의에 의존하지 않는다. 나 자신의 것인 노동이 그것들을 원래의 공유상태에서 제거함으로써 나의 소유권을 그것들에 설정한다.

―――――<보 기>―――――
ㄱ. 모든 개인은 인신을 소유하고 있다는 사실로부터 개인의 노동력이 투입된 사물에 대해서도 소유권을 가진다는 주장을 이끌어내고 있다.
ㄴ. 공유지에서 사물을 줍는 행위에는 그 사물을 집에 가져오는 행위와 달리 노동이 포함되어 있다.
ㄷ. 공유지에서 다른 사람들의 소유는 나의 소유를 배제할 수 있다는 점에서 동의가 필요하다.

① ㄱ ② ㄴ ③ ㄱ, ㄷ
④ ㄴ, ㄷ ⑤ ㄱ, ㄴ, ㄷ

23. 다음 논증에 대한 분석으로 옳지 <u>않은</u> 것은?

ⓐ 만일 신이 존재한다면 신은 무한히 이해할 수 없는 존재이다. ⓑ 그는 부분도 한계도 가지고 있지 않으므로 우리와 아무 관련이 없기 때문이다. 그러나 ⓒ 우리가 신과 아무 관련을 맺지 않고 살아갈 수는 없다. 그렇다면 ⓓ 우리는 신의 존재 여부에 대하여 가부간의 태도를 결정해야만 한다. 그런데 ⓔ 우리의 이성은 이 문제에 대해 아무런 결정도 내릴 수 없다. ⓕ 거기에는 우리를 격리시키는 끝없는 혼돈이 있을 뿐이다. ⓖ 결국 신이 있다는 앞면과 없다는 뒷면을 놓고 도박을 해야 하는 상황이 벌어진다.

그런데 ⓗ 도박을 전혀 안할 수는 없다. ⓘ 당신은 이미 패를 손에 들고 있으며 이는 자기 마음대로 결정할 수 있는 일이 아니다. 그렇다면 ⓙ 신이 있다는 앞면과 없다는 뒷면을 각각 택하여 손득을 계산해 본 후 유리한 쪽에 거는 일만이 남았다. ⓚ 만일 당신이 신이 있다는 앞면에 걸 경우 이기면 당신은 모든 것을 얻게 되지만 진다고 해도 당신은 별로 잃을 게 없을 것이다. 그러므로 ⓛ 신이 없다는 뒷면에 걸 경우 당신이 지면 당신은 모든 것을 잃게 되지만 이긴다고 해도 당신이 얻는 것은 아주 보잘 것 없는 것에 불과할 것이다.

① 논증의 최종 결론은 ⓚ와 ⓛ에 의해 도출된다.
② ⓑ는 ⓐ의 근거가 되고, ⓒ는 ⓓ의 근거가 된다.
③ ⓔ는 ⓕ에 의해 지지되며, ⓖ는 ⓒ~ⓕ의 결론이다.
④ ⓗ는 ⓘ의 근거이고, ⓗ와 ⓘ는 결론 ⓙ의 근거이다.
⑤ 논증은 신의 존재여부를 놓고 도박을 해야 하는 이유를 밝히는 부분과, 어느 쪽에 걸어야 유리한지 밝히는 두 부분으로 구성되어 있다.

24. 다음으로부터 추론한 것으로 옳은 것만을 <보기>에서 있는 대로 고른 것은?

경제학자 갑은 사람들이 시장에서 내리는 결정과 결혼에 대해 내리는 결정이 서로 매우 흡사하다고 가정하고 결혼 시장에 대한 수학 모형을 제시했다. 갑의 모형에서 사람들은 외모나 교육, 부 등의 여러 특성을 이용하여 이성 구성원의 매력에 순위를 매긴다. 순위에 따른 결혼 제안에서 결혼이 성사될 경우에 그 사회에는 효용이 발생한다. 가령 <실험>에서 A와 C가 결혼한다면 8의 효용이 발생하는 것이다. 결혼 시장이 안정을 이루기 위해서는 결혼시장 내에서 모든 효용을 합친 값이 최대가 되어야 한다. 또한, 부부 구성원은 결혼으로 발생할 효용을 서로 나누는 방법에 대해서도 동의해야 결혼시장이 안정된다.

A와 C가 결혼하고 B와 D가 결혼한 상황에서 효용값을 부부가 똑같이 나눈다고 가정해보자. 이때, A와 C는 각각 4의 효용을 갖고 B와 D는 각각 3.5의 효용을 갖게 된다. 그런데 만약 B와 C가 각자의 결혼을 깨고 결혼을 한다면 9의 공동 효용을 나누어 4.5의 효용을 갖게 되므로 이혼할 유인이 생기게 된다. 따라서 <실험>에서 부부가 효용값을 똑같이 나눈다면 모델은 안정을 이룰 수 없다. 사회 구성원들은 결혼과 독신 중 하나를 선택하며, 독신 선택의 효용은 각각 1이라고 가정하자.

<실험>
갑이 남성 A, B와 여성 C, D 4인만 존재하는 사회의 결혼시장에서 발생할 효용을 조사한 결과는 다음과 같다.

	C	D
A	8	4
B	9	7

─────<보 기>─────
ㄱ. B와 C가 결혼하는 경우, 결혼시장은 안정을 이룰 수 없다.
ㄴ. A와 C가 결혼하고 B와 D가 결혼한 상황에서 A와 C는 효용을 반으로 나누고 B와 D는 B가 5, D가 2의 효용을 갖기로 합의하는 경우, 결혼시장은 안정을 이룰 수 있다.
ㄷ. 만약 각 구성원이 독신을 선택했을 때 얻는 효용이 각각 4.5로 증가하는 경우, 네 사람 모두 독신을 선택하더라도 결혼시장은 안정을 이룰 수 있다.

① ㄱ   ② ㄷ   ③ ㄱ, ㄴ
④ ㄴ, ㄷ   ⑤ ㄱ, ㄴ, ㄷ

25. 다음으로부터 추론한 것으로 옳은 것만을 <보기>에서 있는 대로 고른 것은?

사회(1) : A의 통제력이 B보다 크고, B의 통제력이 C보다 크다. B의 통제력과 C의 통제력의 합은 A의 통제력의 크기보다 작다.

사회(2) : D의 통제력이 E보다 크고, E의 통제력이 F보다 크다. E의 통제력과 F의 통제력의 합은 D의 통제력의 크기와 같다.

사회(3) : G의 통제력이 H보다 크고, H의 통제력이 I보다 크다. H의 통제력과 I의 통제력의 합은 G의 통제력의 크기보다 크다.

<가정>
ㅇ 사회(1), 사회(2), 사회(3)의 구성원은 각각 세 명이다.
ㅇ 모든 사회의 의사결정에 있어서 항상 찬반양론이 대립한다.
ㅇ 찬성하는 사회 구성원의 통제력의 총합과 반대하는 사회 구성원의 통제력의 총합 중 통제력의 총합의 크기가 큰 쪽으로 사회의 의사가 결정된다.
ㅇ 찬성하는 사회 구성원의 통제력의 총합과 반대하는 사회 구성원의 통제력의 총합이 같을 경우 사회의 의사는 어느 쪽으로도 결정되지 않는다.
ㅇ 사회 구성원은 자신의 의사가, 예측되는 사회의 의사와 일치하는 경우에는 결탁을 시도하지 않으며, 이 경우 다른 구성원에게 결탁을 제의받더라도 결탁 의사를 수용하지 않는다. 이때 결탁이란, 자신의 의사가 사회의 의사로 결정되도록 하기 위해 자신과 반대의 의사를 가진 사람 중 한 사람에게 자신과 동일한 의사를 가지도록 종용하는 것을 말한다.
ㅇ 각 사회의 구성원은 자신이 속한 사회 구성원들의 의사 및 통제력의 크기를 알 수 있다

<보 기>
ㄱ. 사회(1)에서의 의사결정에 있어서 구성원 간에 결탁이 일어날 가능성은 존재하지 않는다.
ㄴ. 사회(2)에서 E와 F의 의사결정이 같다면 구성원 간에 결탁이 일어날 가능성이 존재한다.
ㄷ. 사회(3)에서의 의사결정에 있어서 구성원 간에 결탁이 일어날 가능성이 존재한다.

① ㄱ   ② ㄷ   ③ ㄱ, ㄴ
④ ㄴ, ㄷ   ⑤ ㄱ, ㄴ, ㄷ

---

26. 다음 글로부터 추론한 것으로 옳은 것만을 <보기>에서 있는 대로 고른 것은?

다음은 쌀의 가격과 거래량이 결정되는 구조를 나타내는 그림이다. 가로축은 공급량과 수요량을 나타내며, 세로축은 쌀의 단위당 가격을 나타낸다. 농부의 공급곡선은 쌀 생산량을 추가적으로 늘릴 때 추가되는 비용을 나타내므로 특정 생산량을 생산할 때 드는 총비용은 해당 생산량까지의 공급곡선 아래의 면적이 된다. 농부는 쌀의 단위당 가격이 생산을 추가적으로 늘릴 때 드는 추가비용보다 높은 한, 생산량을 증가시킨다. 따라서 가격이 P1인 경우 Q1까지 생산하고 P2인 경우 Q2s까지 생산한다. 한편 소비자의 수요곡선은 쌀 구입량을 추가적으로 늘릴 때 추가로 얻는 편익을 나타내며, 특정 수량을 구입할 때 소비자가 얻는 총편익은 해당 수량까지의 수요곡선 아래의 면적이 된다. 소비자는 쌀의 단위당 가격이 소비를 추가적으로 늘릴 때 얻는 편익보다 낮은 한, 소비량을 증가시킨다. 따라서 가격이 P1인 경우 Q1까지 소비하고 P2인 경우 Q2d까지 소비한다. 쌀 시장에 아무런 개입이 없으면 생산자와 소비자는 쌀 가격을 P1로 합의하고 쌀 거래량은 Q1로 결정된다. 가격과 거래량이 결정되면 소비자의 이득은 총편익에서 총지불액(=가격 X 거래량)을 뺀 값이 되고 생산자의 이득은 소비자의 총지불액에서 총비용을 뺀 값이 된다.

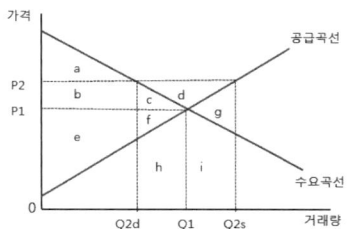

그런데 정부는 쌀 가격이 너무 낮다고 판단하여 쌀 가격을 P2로 올리려고 한다. 이 경우 농부는 공급량을 늘리고 소비자는 소비량을 줄이기 때문에 정부가 개입하기 전처럼 생산량과 수요량이 일치하는 균형 거래량이 결정되지 않는다. 따라서 수요량을 초과하는 공급량에 대해서는 정부가 P2의 가격을 지불하고 사들여야 한다. 단, 정부는 쌀을 소비하더라도 편익은 증가하지 않는다.

<보 기>
ㄱ. 정부가 개입하기 전 농부의 이득은 e+f이다.
ㄴ. 정부가 개입하면 정부는 c+d+f+g+h+i만큼 손해를 본다.
ㄷ. 정부가 개입하면 소비자의 이득 중 b+c만큼은 농부에게 돌아가며, 소비자와 농부가 얻게 되는 이득의 합은 정부 개입 전보다 늘어난다.

① ㄱ   ② ㄴ   ③ ㄷ
④ ㄱ, ㄴ   ⑤ ㄱ, ㄴ, ㄷ

27. 다음 글에서 언급한 (가)~(라)의 판매 전략 사례에 해당하지 <u>않는</u> 것은?

구매를 성공적으로 이끌기 위한 판매 전략에는 대표적으로 다음과 같은 것들이 있다.

㉮ 상호성 전략 : 사람들은 누군가로부터 어떤 것을 받았으면 언젠가는 그에 대한 보답을 해야 한다고 생각한다.

㉯ 일관성 전략 : 사람들은 자신의 태도나 신념을 일관되게 유지해야 한다는 심리적 압박을 느낀다. 처음에는 좋다고 했다가 곧이어 싫다고 하거나, 처음에는 산다고 했다가 곧이어 안 산다고 말하기 어려워한다.

㉰ 사회적 증거의 전략 : 사람들은 자신의 결정이 옳은 것인지 파악하기 위해 사회적 권위를 지닌 특정 인물이나 다수의 사람들이 같은 상황에서 어떻게 결정하는지 참고하려고 한다.

㉱ 희소성 전략 : 사람들은 좋은 물건을 사용하는 데에서 느끼는 만족보다, 희귀한 것을 소유하는 데서 오는 만족을 더 크게 느낀다

① 크리스마스 시즌에 제품들이 무척 인기 있는 것으로 보이기 위해 고의적으로 재고를 낮게 유지한다.

② 어떤 물건의 구매를 고려 중인 고객에게 "세련된 감각을 가진 분들은 대부분 이 물건을 고른다."라고 말한다.

③ 매장을 방문하는 고객에게 상품구매와 관계없이 경품을 나누어 주거나 물건을 산 고객에게 덤으로 다른 물건을 하나 더 얹어 준다.

④ 소비자가 구매하려는 물건과는 상관없는 질문, 예컨대 소비자의 나이, 출신지역, 거주지, 출신학교 등과 관련된 질문을 하면서 자신과의 공통점을 찾는다.

⑤ 소비자가 상품구매를 꺼리는 이유를 물어본 후, 그 이유를 무력화시키는 다른 대안을 제시한다. 예컨대 너무 비싸서라고 답하면 품질은 조금 떨어지지만 가격이 더 저렴한 대체상품을 소개하고, 질이 떨어져서라고 답하면 가격은 조금 더 비싸지만 품질이 더 좋은 대체상품을 권한다.

28. 다음으로부터 추론한 것으로 옳은 것만을 <보기>에서 있는 대로 고른 것은?

협력-배반 게임에서 2명의 참가자는 각각 협력과 배반 두 가지 전략 중 하나를 선택할 수 있다. 만약 2명 모두 협력을 선택한다면 각각 5만 원을 받을 수 있다. 하지만 1명이 협력을 선택하고 1명이 배반을 선택한다면, 협력 선택자는 10만 원을 잃고 배반 선택자는 10만 원을 받는다. 2명 모두 배반을 선택할 경우 아무도 돈을 얻거나 잃지 않는다. 협력-배반 게임의 한 사례인 죄수의 딜레마에 따르면 이 게임에서 2명의 참가자는 모두 배반을 선택하고 아무것도 얻지 못하게 된다. 그런데 이 게임을 반복해서 진행하는 경우 결과는 달라질 수 있다. 일회성 게임과는 달리 현재 자신의 선택이 다음 게임에서 상대방의 선택에 영향을 미칠 수 있기 때문이다. 반복게임에서 참가자들이 취하는 전략으로는 대표적으로 G전략과 T전략이 있다. G전략을 선택한 참가자는 첫 단계에서는 협력을 선택하고 상대방이 협력을 선택하는 한 계속 협력을 선택한다. 하지만 상대방이 어느 단계에서 배반을 선택하면 이어지는 다음 단계부터 영원히 배반을 선택한다. T전략은 일명 대갚음 전략으로, 이 전략을 선택한 참가자는 첫 단계에서는 협력을 선택하되, 나머지 모든 단계에서 상대방이 이전 단계에서 선택한 행동을 따라 그대로 선택한다. 반복게임에서 참가자들은 현재의 선택에 따른 상대방의 대응을 고려하며 전략을 수립하며, 상대방의 대응을 고려할 필요가 없는 경우에는 자신의 이익을 극대화하는 선택을 한다.

─────────< 보 기 >─────────

ㄱ. 반복게임에서 상대방이 G전략을 선택했다는 것을 아는 참가자는 G전략보다 T전략을 선택하는 것이 더 유리하다.

ㄴ. 유한하게 반복하는 게임에서 참가자가 반복횟수를 아는 경우, 횟수를 모르는 경우와 비교해 협력과 배반 선택이 달라질 수 있다.

ㄷ. 100회 반복하는 게임에서 상대방이 G전략을 선택했다는 것을 아는 참가자가 얻을 수 있는 최대 이익은 500만 원이다.

① ㄱ   ② ㄴ   ③ ㄱ, ㄷ
④ ㄴ, ㄷ   ⑤ ㄱ, ㄴ, ㄷ

29. 다음 논쟁에 대한 평가로 적절하지 <u>않은</u> 것은?

> 갑: 대기업은 압도적인 시장지배력을 무기로 하청 중소기업에 납품가 인하를 강요한다. 대기업의 횡포 때문에 중소기업의 수익성은 항상 억제되고, 또 이로 인해 대기업과 중소기업 간 임금 격차가 커지고 있다. 따라서 대기업 중심의 지원 정책을 전면 중단하는 등의 강력한 제재가 이루어져야 한다.
>
> 을: 대기업으로 인한 사회적 폐해가 있고, 그것에 대해 제재가 필요한 것도 사실이다. 그러나 대기업 때문에 중소기업 노동자들이 저임금을 받는 것은 아니다. 중소기업과 달리 대기업 노동자들은 성능이 매우 좋은 자본재를 사용한다. 그래서 대기업이 자본집약도나 수익성이 높기 때문에 노동자도 임금을 많이 받는 것이다.
>
> 갑: 대기업에 부품을 납품하는 대기업의 협력업체들의 경우 대기업 수준으로 자본집약도가 높다. 그래서 이러한 업체들은 대기업과 관계없이 완성재를 생산하는 독자적 중소업체 노동자의 임금보다 높다. 그렇지만 대기업 협력업체 노동자도 대기업 노동자의 임금에 비하면 적은 임금을 받고 있다. 이렇게 대기업과 중소기업 사이의 임금 격차가 심화되기 때문에 사회 양극화 현상 역시 가속되고 있다. 대기업과 중소기업 간 임금 격차가 점점 커진다면 사회 전반적으로 불안이 가중될 것이다.
>
> 을: 우리 사회에 양극화 문제가 심화되고 있는 것은 사실이다. 그러나 사회 양극화 문제를 대기업의 문제로 보는 것은 부당하다. 임금 격차는 기업의 업종 차이에 기인한다. 예를 들어 유통업과 같은 내수 서비스업의 핵심 경쟁력은 인건비 저하를 통한 비용절감 능력이다. 이 때문에 대기업의 협력업체들은 인건비를 낮게 책정한다. 반면 전자업종과 같은 수출 제조업의 경우는 세계시장에서 경쟁력을 유지하기 위해, 대기업이 협력업체들의 경쟁력이나 수익성을 향상시키려고 노력하기 때문에 실제로 대기업과 협력업체 간 임금 격차가 거의 없다.

① 대기업 노동자의 임금 상승률과 같은 기간 대기업 협력업체 노동자의 임금 상승률이 비슷하다는 사실은 갑의 입장을 약화한다.

② 갑과 을은 모두 대기업의 사회적 폐해에 대한 제재가 필요한지의 여부나 양극화 현상이 존재한다는 데 대해서 같은 입장을 취한다.

③ 양극화 현상 심화는 임금 격차가 아니라 사회 전반적으로 상속 등의 과정에서 소득 재분배가 이루어지지 않은 점 때문이라는 주장은 갑의 입장을 약화한다.

④ 기업의 영업이익이나 수익성이 높아지거나 낮아지더라도 이러한 변화가 기업에 근무하는 노동자의 임금에 반영되지 않는다는 사실은 을의 입장을 약화한다.

⑤ 전자 업종의 경우 대기업의 영업이익률 및 임금이 대기업의 1차 협력업체에 비해 미세하게 높지만, 대기업의 2·3차 협력업체와는 거의 비슷하다는 사실은 을의 입장을 강화한다.

30. 다음 글을 분석한 것으로 옳은 것만을 <보기>에서 있는 대로 고른 것은?

> 갑: 불황이 나타나는 이유는 생산 능력의 부족이 아니라 유효수요의 부족 때문이다. 사람들이 현금을 모으는 일에만 집중하면 실제 재화나 서비스의 소비가 현저하게 감소한다. 유효수요가 부족해지면 시장에서 거래가 위축되고 그로 인해 불황이 나타나게 되는 것이다. 즉 불황은 경제의 근본적인 강점이나 약점과는 아무런 상관이 없다. 건실한 경제시스템에서도 불황이 일어날 수 있다.
>
> 을: 생산이 정상적으로 이루어지는 한 수요는 부족해지지 않는다. 불황이 나타나는 이유는 그 사회의 공급 시스템에 문제가 생겼기 때문이다. 역사적으로 공급에 문제를 일으키는 요인은 다양하게 발견된다. 생산자들의 태만으로 인해 상품의 질이 현저하게 감소하게 되는 것이 대표적인 예이다. 이처럼 생산이 비정상적으로 작동하게 되면 유효수요에도 영향을 주며, 그 결과 불황이 발생하게 된다.

> <사례>
>
> A국의 한 작은 마을에는 애완견 돌봄 조합이 있다. 조합의 설립 목적은 본인이 집을 비워야하는 상황에 대비하여 조합원들이 서로의 애완견을 돌봐주는 것이었다. 조합원들은 모두 애완견을 기르는 사람들이었다. 이 조합은 각 조합원들에게 동일한 부담을 할당하기 위해 쿠폰을 발행하였다. 쿠폰 한 장으로 한 시간 동안 애완견을 맡길 수 있는데, 애완견을 돌보기로 한 조합원은 애완견을 맡기는 조합원으로부터 쿠폰을 받았다. 이 시스템을 통해 조합원들은 자신이 애완견을 맡긴 시간만큼만 다른 애완견을 돌봐주면 되었다. 그런데 어떤 이유에서인지 조합원들은 자신들은 외출을 하지 않고 다른 애완견을 돌봐주고자 하는 현상이 발생하였다. 모든 조합원들이 쿠폰을 사용하는 대신 모으려고만 하자 결국 ㉠쿠폰을 이용한 애완견 돌봐주기 시스템은 거의 작동하지 않는 문제가 발생하였다.

> ─────── <보 기> ───────
>
> ㄱ. ㉠의 원인이 애완견을 돌봐주는 과정에서 나타나는 조합원들의 불성실한 태도에서 비롯된 것으로 밝혀졌다면, 을은 강화된다.
>
> ㄴ. 갑과 을 모두 ㉠이 나타나는 과정에서 애완견 돌봐주기 서비스에 대한 수요가 부족했다고 판단할 것이다.
>
> ㄷ. 갑과 을 모두 조합이 더 효율적인 쿠폰거래 시스템을 고안하여 사용했을 경우 ㉠은 발생하지 않았을 것이라는 데 동의할 것이다.

① ㄱ   ② ㄷ   ③ ㄱ, ㄴ

④ ㄴ, ㄷ   ⑤ ㄱ, ㄴ, ㄷ

31. 다음으로부터 추론한 것으로 옳은 것만을 <보기>에서 있는 대로 고른 것은?

> 도박사들이 책정하는 배당률은 대상 사건이 발생할 확률에 기초한다. 가령 동전을 던지는 게임의 배당률은 앞면이 나올 확률 1/2의 역수로 정해진다. 앞면이 나온다고 베팅하여 당첨된다면 베팅한 금액의 2배를 배당받는 방식이다. 이렇게 책정된 배당률을 사전 배당률이라고 한다. 예를 들어, ㉠ A와 B의 축구 경기에서 A가 받는 사전 배당률을 사례로 살펴보면 다음과 같다.
>
> | | 승리 | 무승부 | 패배 |
> |---|---|---|---|
> | 확률 | 45% | 25% | 30% |
> | 사전 배당률 | 20/9배 | 4배 | 10/3배 |
>
> 이로부터 최종 배당률이 책정되기까지 일반 조정과 경우에 따라 특수 조정을 거치게 된다. 일반 조정은 도박사들의 이익을 보장하기 위한 것으로, P 방식은 사건의 확률을 10% 상향한 값을 기준으로 배당률을 책정한다. Q 방식은 사전 배당률에서 10%를 감한 값을 배당률로 책정한다. 가령 P 방식에 따르면 동전 던지기 게임의 앞면 확률은 55%가 되고, Q 방식에 따르면 동전 던지기 게임의 앞면 배당률은 1.8배가 된다. 특수 조정은 일시적인 외부적 요인으로 인한 도박사의 손실을 보전하기 위한 경우에 이루어진다. 베팅에 참여하는 개인들이 합리적인 판단 이외의 다른 요인으로 인해 특정한 사건으로 편중될 것이 명확한 상황에서 도박사들은 일반 조정을 거친 배당률을 다시 한 번 낮추는 조정을 한다. 가령 베팅에 참여하는 사람들이 주로 프랑스 사람들인 경우 프랑스와 독일의 축구 경기에서 프랑스 쪽으로 베팅이 편중될 것을 예상할 수 있는 경우, 프랑스의 배당률을 낮추는 방식이 특수 조정에 해당한다. 특수 조정은 일반 조정으로 도출된 배당률의 15% 미만에서 이루어진다.

<보 기>
ㄱ. 발생할 확률이 높은 사건일수록 사전 배당률은 낮게 책정된다.
ㄴ. ㉠에서 A가 승리하는 경우의 최종 배당률이 2배라면 특수 조정이 적용된 것이다.
ㄷ. 특수 조정이 없다면, ㉠에서 B가 승리하는 경우의 최종 배당률은 P 방식에 따를 때보다 Q 방식에 따를 때 더 높게 책정된다.

① ㄱ   ② ㄷ   ③ ㄱ, ㄴ
④ ㄴ, ㄷ   ⑤ ㄱ, ㄴ, ㄷ

32. 다음으로부터 추론한 것으로 옳은 것만을 <보기>에서 있는 대로 고른 것은?

> 5명의 사람 A, B, C, D, E는 평균 182만 원의 수당을 받는다. 이들 가운데 B와 C의 수당은 같다. E는 D보다 6만 원 더 받으며, D는 C보다 2만 원 더 받는다.

<보 기>
ㄱ. B와 C의 수당 평균이 176만 원이라면, A가 가장 많은 수당을 받는다.
ㄴ. B의 수당이 180만 원은 넘고 182만 원에 미치지 못한다면, A는 가장 적은 수당을 받는다.
ㄷ. A가 가장 적은 수당을 받으며 E와 A의 수당 차이가 13만 원이라면, 이들 가운데 두 번째로 많은 수당을 받는 사람은 183만 원을 받는다.

① ㄱ   ② ㄷ   ③ ㄱ, ㄴ
④ ㄴ, ㄷ   ⑤ ㄱ, ㄴ, ㄷ

33. 다음으로부터 추론한 것으로 옳지 <u>않은</u> 것은?

11개 층으로 이루어진 건물에 전층을 운행하는 3대의 엘리베이터가 설치되어 있다. 이 건물 내에 있던 A, B, C 세 사람은 11층에서 열리는 회의에 참석하기 위해 각자 위치하고 있던 층의 엘리베이터 버튼을 동시에 눌렀다. 엘리베이터를 호출하는 3개의 신호에 따라 각기 다른 층에 대기 중이던 세 대의 엘리베이터가 동시에 움직였다. 이들 엘리베이터는 2개 이상의 호출 신호를 동시에 받는 경우 다음 규칙에 따라 특정 신호만을 선별하여 따른다.

<규칙>
(1) 엘리베이터는 여러 호출 신호 중 탑승자를 태우기 위해 이동해야 하는 거리가 가장 가까운 호출 신호를 따른다.
(2) (1)에 따를 경우 두 개의 호출 신호를 따라야 한다면, 엘리베이터는 사람을 태우기 위해 상승해야 하는 호출 신호가 아닌 하강해야 하는 호출 신호를 따른다.
(3) (1), (2)의 결과 두 개 이상의 엘리베이터가 동일한 호출 신호를 따르게 되는 경우, 두 엘리베이터 중 이동해야 하는 거리가 더 짧은 엘리베이터만이 호출 신호를 따른다.
(4) (3)에서 엘리베이터들의 이동 거리가 모두 같다면, 하강하는 엘리베이터만이 호출 신호를 따른다.
(5) (3)과 (4)에 따라 호출 신호를 따르지 못하게 된 엘리베이터는 다시 (1)의 규칙에 따라 나머지 호출 신호 중 특정 신호를 선별하여 따른다.

그리고 다음과 같은 사실이 알려져 있다.
○ A는 3층, B는 7층, C는 9층에 대기하고 있었다.
○ A, B, C가 위치하고 있던 층과 11층에는 어떤 엘리베이터도 대기하고 있지 않았다.
○ 가장 먼저 엘리베이터에 탄 사람은 A였다.
○ A, B, C 중 어느 누구도 11층에 동시에 도착하지 않았다.
○ 호출 신호에 따라 사람을 태운 엘리베이터는 도중에 멈추지 않고 11층으로 이동하였다.
○ 엘리베이터가 사람을 태우기 위해 정지한 시간은 모든 엘리베이터에서 같았으며, 엘리베이터가 하강하건 상승하건 1개 층을 이동하는 데 걸리는 시간은 같았다.

① 6층과 10층에는 대기하고 있던 엘리베이터가 없었다.
② A와 B 모두 아래로부터 올라온 엘리베이터를 탔다.
③ 한 대의 엘리베이터는 5층에서 대기하고 있었다.
④ 11층에 가장 먼저 도착한 사람은 A가 아니다.
⑤ 11층에 가장 늦게 도착한 사람은 C이다.

34. 다음으로부터 추론한 것으로 옳은 것만을 <보기>에서 있는 대로 고른 것은?

갑은 8자리의 비밀번호를 인터넷으로 을에게 전달하려고 한다. 비밀번호의 각 자릿수는 0 아니면 1이다. 갑은 보안을 위해 다음과 같은 방법을 이용하였다.

<상황>
○ 갑은 자신과 을만이 알고 있는, 8개 항으로 이루어진 수열 1, 2, 4, 8, 16, 32, 64, 128의 각 항을 전달하려는 비밀번호의 각 자릿수와 차례로 대응시킨다.
○ 갑은 수열의 각 항 중 비밀번호의 1에 대응하는 항의 수들을 합한 결과 118이라는 수를 얻었다.
○ 갑은 인터넷으로 을에게 118이라는 숫자를 전달하였다.
○ 을은 갑이 전달한 118이라는 숫자와 수열을 이용하여 비밀번호를 알 수 있었다.

──────<보 기>──────
ㄱ. 갑이 전달하려는 비밀번호의 처음 세 자리는 0, 1, 1이다.
ㄴ. 갑이 인터넷으로 전달한 수가 홀수라면 비밀번호는 1로 시작한다.
ㄷ. 갑과 을이 1, 2, 4, 8, 16, 32, 64, 128이라는 수열이 아닌 1, 3, 6, 9, 27, 81, 108, 243이라는 수열을 이용할 경우 갑이 을에게 같은 숫자를 전달하더라도 비밀번호가 여러 개로 해석될 수 있다.

① ㄱ   ② ㄷ   ③ ㄱ, ㄴ
④ ㄴ, ㄷ   ⑤ ㄱ, ㄴ, ㄷ

35. 다음으로부터 추론한 것으로 옳은 것만을 <보기>에서 있는 대로 고른 것은?

연구자 갑은 흡연이 질병Z의 발병에 영향을 주는지의 여부를 밝히기 위해 진료를 위해 X병원을 방문한 사람들 중에서 질병Z 진단을 받은 질병Z 환자 100명의 흡연 여부를 조사하였다. 그리고 이 조사 결과를 다른 집단과 비교하기 위해, 진료를 위해 X병원을 방문한 사람들 중에서 질병Z가 아니라고 진단받은 사람(질병Z 비환자) 300명을 선별하여 흡연 여부를 조사하였다. 이 결과는 다음 <표>에 나타나 있다. 갑은 조사 결과를 토대로 흡연자가 비흡연자에 비해 질병Z가 발병될 가능성이 높다는 결론을 내렸다.

<표> 질병Z 환자와 비환자의 흡연 여부

구분	흡연	비흡연	합계
질병Z 환자	80명	20명	100명
질병Z 비환자	170명	130명	300명
합계	250명	150명	400명

―――――――<보 기>―――――――

ㄱ. 조사 대상자 중 흡연자는 총 250명이며 이중 질병Z 환자는 80명이므로, 진료를 위해 X병원을 방문한 흡연자의 약 30%는 질병Z 환자라고 추론할 수 있다.

ㄴ. 진료를 위해 X병원을 방문한 사람들 집단이 사회 일반을 대표하는 대표성이 있으며 편향된 부분이 없다는 것이 밝혀졌다면 갑의 결론은 설득력이 높아질 수 있다.

ㄷ. 갑의 결론을 검증하기 위하여 새로운 연구자가 진료를 위해 X병원을 방문한 사람 400명을 무작위로 선별하여 조사하였더니 400명 중 25%가 질병Z 환자로 밝혀졌다면 갑의 결론은 설득력이 높아질 것이다.

① ㄱ   ② ㄴ   ③ ㄱ, ㄷ
④ ㄴ, ㄷ   ⑤ ㄱ, ㄴ, ㄷ

36. 다음으로부터 추론한 것으로 옳은 것만을 <보기>에서 있는 대로 고른 것은?

전하란 입자가 가지는 전기적 성질을 나타내는 말이다. 양전하(+)와 음전하(−)의 두 종류가 있다. 같은 종류의 전하를 띤 물체끼리는 서로 밀어내는 척력이 작용하고 다른 종류의 전하를 띤 물체끼리는 서로 잡아당기는 인력이 작용한다. 인력과 척력의 세기는 각 전하의 세기가 강할수록 강해지고, 전하를 띠는 입체간의 거리가 멀수록 작아진다. 원자나 원자들의 집단이 전기를 양전하를 띠는 경우를 양이온이라고 부르고, 음전하를 띠는 경우를 음이온이라고 부른다. 음(양)전하를 띤 입자와 양(음)전하를 띤 입자가 인력에 의해 결합되는 경우가 많다. 이들의 결합이 끊어지기 위해서는 어느 한쪽이 전하를 잃거나 더 강한 인력에 의해 잡아당겨져야 한다.

식물은 태양광을 이용하여 포도당을 합성하지만, 그 외의 양분은 토양으로부터 흡수한다. 모든 토양입자의 표면은 상당한 음전하를 띠고 있다. 따라서 포타슘, 칼슘, 마그네슘 등 양이온 형태의 무기질 양분은 대부분 토양입자의 표면에 결합되어있다. 양이온들의 양전하의 세기는 저마다 달라서, 그 결합을 끊기위해 필요한 에너지의 양도 저마다 다르다. 식물의 뿌리는 토양입자에 부착되어있는 양분을 직접 흡수하지는 못한다. 오직 뿌리 주변의 물인 토양액에 녹아있는 양분만을 흡수할 수 있다.

뿌리는 식물의 호흡량에 비례해서 생성되는 이산화탄소와 식물 내부의 양이온인 수소이온을 토양액으로 방출한다. 이산화탄소는 토양액의 물과 만나 탄산이 되는데, 여기서도 수소이온이 분리되어 나온다. 토양액의 산성도는 수소이온의 양과 비례한다. 토양액 속의 수소이온들은 그 농도에 비례하여 주변 토양입자에 달라붙어 음전하의 작용을 상쇄시킨다. 결합력이 약해진 무기질 양분들은 토양입자에서 떨어져 나와 토양액 속으로 녹아들어간다. 뿌리는 이 무기질 양분을 흡수한다. 이 과정을 양이온 교환이라고 부른다.

―――――――<보 기>―――――――

ㄱ. 음이온의 형태로 존재하는 영양분은 양이온 교환을 통해 흡수할 수 있다.

ㄴ. 토양액의 산성도가 높아질수록 마그네슘 등 양이온의 전하의 세기가 약해진다.

ㄷ. 식물이 호흡을 활발하게 할수록 더 많은 양분이 뿌리를 통해 흡수된다.

① ㄱ   ② ㄴ   ③ ㄷ
④ ㄱ, ㄷ   ⑤ ㄴ, ㄷ

37. 다음으로부터 추론한 것으로 옳은 것만을 <보기>에서 있는 대로 고른 것은?

한 연구진이 국내에서 퇴행성관절염의 발병률을 성별 및 연령별로 조사하여 아래의 그래프와 같은 결과를 얻게 되었다. 퇴행성관절염은 손가락, 무릎 등 여러 관절에 발병할 수 있는 병이므로, 이 조사에서는 관절의 종류에 상관없이 퇴행성관절염이 발병한 관절이 하나라도 있으면 질병이 발병한 집단으로 포함시켰다. 이 연구 결과를 토대로 아래의 두 가지 가설이 제기되었다.

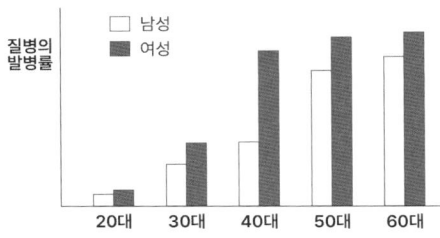

가설 1: 남성에 비해서 여성이 일반적으로 관절 사용 빈도가 더 높은 노동을 한다. 따라서 퇴행성관절염은 특정 시기에 관절 사용 빈도가 높을수록 발병률이 높아질 것이다.

가설 2: 남성에 비해서 여성이 같은 연령대에서 여성 호르몬에 더 많이 노출된다. 또한 연령이 많은 여성이 연령이 적은 여성보다 여성 호르몬에 더 오랫동안 노출되므로 연령이 많은 여성이 평생 동안 더 많은 여성 호르몬에 노출된다. 따라서 해당 시점까지 노출되어 왔던 여성 호르몬의 총량이 많을수록 퇴행성관절염의 발병률은 높아질 것이다.

─────<보 기>─────

ㄱ. 남성의 경우 40대에서 50대로 넘어갈 때 남성 체내의 여성 호르몬 수치에 큰 변화가 없다는 연구 결과는 가설 2를 약화한다.

ㄴ. 제시문의 그래프가 무릎에 발병한 퇴행성관절염이라고 할 때, 그 발병 비율은 여성에게서 더 높고, 남성이 여성에 비해 무릎 관절 사용 빈도가 더 낮다는 연구 결과는 가설 1을 약화한다.

ㄷ. 50대에 접어들면서 40대에 비해 여성에게 부여되는 가사 노동의 관절 사용 빈도는 감소하였으나, 새롭게 노출되는 여성 호르몬의 양이 줄어든다는 연구 결과는 가설 1을 강화하고 가설 2를 약화한다.

① ㄱ
② ㄷ
③ ㄱ, ㄴ
④ ㄴ, ㄷ
⑤ ㄱ, ㄴ, ㄷ

38. <가설 1>과 <가설 2>에 대한 평가로 옳은 것은?

암컷이 교미를 하면 정상적인 상황에서 발정 상태는 사라진다. 그런데 최근 교미한 암컷을 낯선 수컷과 한 공간에 넣어두면 임신이 되지 않는 현상이 생기는데 이를 부르스 효과라고 한다. 이는 수컷의 페로몬 작용 때문에 호르몬의 일종인 암컷의 프로락틴 분비가 차단되고 발정이 계속되기 때문이다. 한편 유사한 것으로 휘튼 효과가 있다. 이는 암컷들만 모아놓고 살게 하면 암컷들의 난소의 활동성도 줄어들고 생리 주기가 불규칙해지는 양상을 보이게 되는데, 그런 집단에 수컷을 한 마리만 같이 살게 하면 3일 이내에 대부분의 암컷들이 난소의 활동이 재개되고 또한 생리 주기가 모두 비슷해지는 현상을 지칭한다.

암소만을 키우는 막사에 사는 암소 A와 B는 최근에 임신한 경력이 없었으며 발정 현상도 보이지 않았다. 어느 날 이 막사에 수소 C가 같이 살게 되자 A와 B가 3일 이내에 발정 현상을 보이게 되었다. 이후 이 막사에 살던 수소 C를 다른 막사로 옮기고 수소 D를 넣어놓자 A의 발정 현상은 감소하였지만 B의 발정 현상은 계속되었다. 이런 현상과 관련하여 두 가지 가설을 세우고 몇 가지 사례를 통하여 이들을 각각 평가해 보았다.

<가설 1>
암소 A와 B가 수소 D에 대해서 다른 반응을 보인 것은 두 암소 중 한 마리에게 호르몬 일종인 프로락틴 분비에 이상이 발생했기 때문이다.

<가설 2>
암소 A와 B가 수소 D에 대해서 다른 반응을 보인 것은 단순히 이들의 발정주기에 따른 차이일 뿐이다.

① 이들 암소에게서는 휘튼 효과가 나타나지 않았다는 사실은 <가설 1>을 강화한다.

② 암소 A와 B가 모두 수소 C와 교미를 하였다는 사실은 <가설 1>을 강화하고 <가설 2>를 강화하지 않는다.

③ 암소 A와 B가 모두 수소 C와 교미를 하지 않았다는 사실은 <가설 1>을 강화하고 <가설 2>를 약화한다.

④ 수소 C가 암소 A와 교미를 하였지만 암소 B와 교미를 하지 않았다는 사실은 <가설 1>과 <가설 2> 모두 강화한다.

⑤ 수소 C가 암소 A와 교미를 하지 않았지만 암소 B와 교미를 하였다는 사실은 <가설 1>을 약화하고 <가설 2>를 강화하지 않는다.

39. 다음으로부터 추론한 것으로 옳은 것만을 <보기>에서 있는 대로 고른 것은?

성인이 하루에 필요로 하는 수분의 양은 일반적으로 몸무게 1kg당 35ml이다. 열이 있으면 섭씨 37도를 기준으로 1도 증가할 때마다 체중에 관계없이 하루에 200ml의 물이 더 소실되며, 구토나 설사 등으로 인한 추가 수분 소실도 고려해야 한다. 2월 20일 입원한 환자 A가 3일간 소실한 수분의 총량은 3,000ml였고, 환자의 체중은 입원 기간 동안 50kg으로 일정하였다. 20일 환자의 체온은 39도였으며, 21일과 22일의 체온은 좀 더 올라가 40도로 측정되었다. 환자는 또한 3일 동안 심한 구토에 시달렸으며, 기타 추가 수분 소실을 야기하는 원인은 없었다. 입원 기간 내 필요한 수분의 양의 1/3 이상이 소실되었다면 수액공급을 시작하기로 결정하였다.

─────< 보 기 >─────
ㄱ. 환자 A는 수액공급이 필요하다.
ㄴ. 3일간 구토로 소실한 수분의 양은 체온의 증가에 의해 소실된 수분의 양보다 많을 것이다.
ㄷ. 정상 체온보다 1도 높은 상태에서는 몸무게가 많이 나가는 사람일수록 '열에 의한 수분 소실량/하루에 필요한 수분의 양'이 감소한다.

① ㄱ　　　　　② ㄴ　　　　　③ ㄱ, ㄴ
④ ㄱ, ㄷ　　　　⑤ ㄴ, ㄷ

40. <이론>을 평가한 것으로 옳은 것만을 <보기>에서 있는 대로 고른 것은?

<이론>
화학 반응은 반응물들이 반응물들 사이의 충분한 에너지, 즉 활성화 에너지를 갖고 충돌할 때 발생한다. 이러한 화학 반응은 통상 하나의 반응식으로 표기되는데, 표기와 달리 화학 반응은 여러 단계를 거치며 일어난다. 가령 '2A + B → C'로 표기되는 화학 반응은 실제로는 두 단계를 거쳐 일어나는 것이다. 이러한 반응 메커니즘을 나타내면 다음과 같다.

$$A + B → AB \qquad (1단계)$$
$$AB + A → C \qquad (2단계)$$

이때 반응 메커니즘 중 한 단계에서 생성되었다가 다음 단계에서 모두 소비되는 화합물을 중간생성물이라 하는데, 위 메커니즘에서는 AB가 1단계에서 생성되었다가 2단계에서 모두 없어졌으므로 중간생성물이다. 한편 각 단계에서 반응물들이 반응하는 속도는 서로 다른데, 이는 활성화 에너지가 클수록 반응물들이 반응하기 어려워 반응 속도가 느려지기 때문이다. 그리고 전체 화학 반응의 속도는 반응 단계 중 가장 느린 단계에 의해 결정된다. 만약 위 반응 메커니즘의 1단계 반응을 거치는 데 하루가 소요되고, 2단계 반응을 거치는 데 5분이 소요된다면 전체 반응물의 반응 속도는 하루가 소요된다고 한다. 전체 반응이 진행되는 데 있어 주된 영향을 끼치는 것은 1단계 반응이기 때문이다. 이때 주된 영향을 끼치는 단계를 반응 속도 결정 단계라 한다.

─────< 보 기 >─────
ㄱ. 여러 단계의 반응을 거쳐 일어나는 화학 반응에서 특정 단계의 활성화 에너지를 높였음에도 전체 반응 속도는 변하지 않았다면 <이론>은 반박된다.
ㄴ. 여러 단계로 이루어진 화학 반응의 각 단계 중 반응 속도가 가장 느린 단계를 제외하고 나머지 단계에 반응 속도를 높이는 정촉매를 투여하자 전체 반응 속도가 빨라졌다는 사실을 <이론>은 설명할 수 있다.
ㄷ. 2단계로 이루어진 화학 반응 과정 중 중간생성물이 늘어나는 단계에서 중간생성물의 생성 속도를 늦추었더니 전체 반응 속도는 변하지 않았으나 중간생성물이 소멸되는 단계에서 중간생성물의 소멸 속도를 늦추니 전체 반응이 느려졌다는 사실을 <이론>은 설명할 수 있다.

① ㄱ　　　　　② ㄷ　　　　　③ ㄱ, ㄴ
④ ㄴ, ㄷ　　　　⑤ ㄱ, ㄴ, ㄷ

메가로스쿨 𝓷

실력 점검!
취약한 유형을 확인할 수 있는
'재배열 모의고사'

재배열 모의고사 활용하기

문제 풀이 → 정답 확인 → 취약 유형 확인 → 해설 확인

문항	정답	유형	해설 페이지
1	②	언어 추리	4P
2	③	언어 추리	5P
3	⑤	언어 추리	7P
4	②	논쟁 및 반론	69P
5	③	논쟁 및 반론	66P
6	④	언어 추리	8P
7	③	언어 추리	11P
8	⑤	논쟁 및 반론	75P
9	④	언어 추리	6P
10	⑤	논쟁 및 반론	67P
11	④	논쟁 및 반론	73P
12	①	언어 추리	12P
13	②	논쟁 및 반론	69P
14	①	논쟁 및 반론	74P
15	②	논쟁 및 반론	72P
16	③	언어 추리	13P
17	⑤	논증 평가 및 문제 해결	83P
18	①	논쟁 및 반론	67P
19	⑤	논쟁 및 반론	70P
20	⑤	논쟁 및 반론	75P

문항	정답	유형	해설 페이지
21	②	논쟁 및 반론	79P
22	①	언어 추리	24P
23	④	논증 분석	63P
24	⑤	언어 추리	30P
25	③	언어 추리	19P
26	⑤	언어 추리	17P
27	④	언어 추리	18P
28	②	언어 추리	34P
29	①	논쟁 및 반론	70P
30	③	논쟁 및 반론	72P
31	①	언어 추리	31P
32	⑤	모형 추리	49P
33	②	모형 추리	53P
34	⑤	모형 추리	44P
35	②	언어 추리	39P
36	③	언어 추리	21P
37	①	논증 평가 및 문제 해결	86P
38	②	논증 평가 및 문제 해결	88P
39	④	언어 추리	22P
40	②	논증 평가 및 문제 해결	93P

※ '해설 페이지'는 '정답 및 해설' 기준입니다.

32.

다음 글을 분석한 것으로 옳은 것만을 <보기>에서 있는 대로 고른 것은?

> 갑 : 현실에 존재하지 않는, 허구적 대상에 대한 명제는 반드시 거짓이다. 예컨대 '모든 도깨비는 대머리이다'라는 명제(P)를 생각해 보자. 이 명제는 도깨비가 현실에 존재하며 또한 이들이 모두 대머리라는 두 가지 조건을 만족할 때에만 참이 된다. 존재하지도 않는 어떤 것이 대머리라고 말할 수는 없기 때문이다. 그런데 도깨비는 현실에 존재하지 않으므로 P는 거짓이며, 이는 허구적 대상에 대한 다른 모든 명제의 경우에도 동일하게 성립한다.
>
> 을 : 어떤 대상에 대한 발화가 가능하기 위해서 그러한 대상이 반드시 현실적으로 존재해야만 하는 것은 아니다. 만약 우리가 오로지 존재하는 것에 대해서만 말할 수 있으며 그 이외의 모든 명제를 난센스로 치부한다면, '도깨비는 존재하지 않는다'는 명제(Q)마저도 일종의 난센스라고 보아야 할 것이다. 그러나 Q는 분명히 참된 명제이다. P로부터 비롯되는 문제는 우리가 그것의 진위를 가릴 충분한 근거를 얻을 수 없다는 데 있다. 즉, P는 참도 거짓도 아닌 명제라고 보아야 한다.
>
> 병 : 허구적 대상이 존재하는 층위를 상세히 나눈다면 그것의 특성에 대해서 타당하게 참 또는 거짓으로 판정할 수 있다. 즉, 도깨비는 '허구적 대상으로서' 존재한다. 만약 도깨비가 전적으로 존재하지 않는 어떤 것이라면 예컨대 도깨비를 소재로 삼은 전래동화 등이 어떻게 존재할 수 있겠는가? 도깨비를 소재 삼아 이야기를 쓰는 사람은 그것의 특성에 대해 여러 가지로 진술하지만, 이와 별개로 그는 도깨비가 현실에 존재하지 않는다는 사실을 받아들일 수 있다. 따라서 우리는 '허구적 대상으로서의 도깨비'에 대해서 얼마든지 유의미하게 발화할 수 있다.

─────────〈보 기〉─────────

ㄱ. "모든 A는 B이다"라는 명제가 반드시 거짓이라면, 갑에 따를 때 B는 현실적으로 존재하는 것이다.

ㄴ. "어떤 A는 B이다"라는 명제가 참이라면, 을과 병에 따를 때 A는 현실적으로 존재하지 않는 것일 수 있다.

ㄷ. A가 현실적으로 존재하지 않는 대상이라면, "모든 A가 B인 것은 아니다"라는 명제는 갑에 따를 때 항상 거짓이지만 병에 따를 때에는 그렇지 않다.

① ㄱ
② ㄷ
③ ㄱ, ㄴ
④ ㄴ, ㄷ
⑤ ㄱ, ㄴ, ㄷ

33.

다음 논쟁을 분석한 것으로 가장 적절한 것은?

> 갑1 : 이 그림은 예술작품이 아닌 것 같아. 예술이라면 아름다움의 속성을 가져야 하는데 이 그림은 아름답지 않아.
>
> 을1 : 하지만 아름답지 않은 예술작품도 많아. 어떤 예술사조는 미(美)가 아니라 추(醜)를 의도하기도 해. 예술작품을 정의하는 속성에 아름다움이 꼭 필요한 것은 아니야.
>
> 갑2 : 그렇다면 아름다움 대신 즐거움은 어때? 예술품은 즐거움을 주어야 하는데 난 이 그림을 보고 불쾌함을 느꼈거든. 즐거움의 속성이 없다면 예술품이 아닌 거지.
>
> 을2 : 아름다움과 즐거움이 일부 예술작품의 속성일 수 있겠지. 하지만 한 작품을 두고도 어떤 감상자는 즐거움을 느끼고 다른 감상자는 불쾌함을 느끼기도 해. 설령 이러한 점을 극복하더라도 시대와 문화에 따라 어떤 대상을 예술로 인정하는 기준은 너무나 다양하고 계속해서 변화하기 때문에 예술이 공통적으로 가지는 속성을 찾아 예술을 정의하는 것은 불가능해.
>
> 갑3 : 만약 예술을 정의할 수 없다면, 예술에 대한 정의1, 정의2 등 다양한 결론에 대해서 그 정의가 옳다거나 옳지 않다는 주장을 할 수 없어. 그런데 너는 앞서 거론한 나의 정의가 옳지 않다고 판단했잖아. 그렇다면 예술에 대한 정의는 존재하고 있어. 그 정의를 찾는 데 난항을 겪더라도 예술이라는 말이 의미하는 것을 정확하게 규정하는 정식화는 필요해. 만일 그러한 정식화를 고안하지 못한다면, 우리는 무엇이 예술인지도 모르는 채로 있어야 해.

① 갑1은 예술작품의 자격을 얻기 위한 충분조건을 제시하였고, 을1은 이에 대해 반례를 들어 반박하고 있다.

② 을1의 반박에 대해, 갑2는 갑1에서 제시한 예술의 범위를 좁게 정의하는 것으로 대응하고 있다.

③ 만약 즐거움을 주는 컴퓨터 게임에 예술적 지위를 부여하여 컴퓨터 게임이 미술관에 전시된다면, 예술작품의 공통속성이 즐거움이라는 데 을2도 동의할 것이다.

④ 만약 예술이 공통적으로 가지는 속성이 여러 가지일 수 있다면 갑과 을의 견해 차는 해소된다.

⑤ 만약 예술을 정의하는 것과 어떤 대상이 예술작품인지를 아는 것이 별개의 문제라면, 갑3은 약화된다.

34.

<규정>에 대한 <견해>를 <사례>에 적용한 것으로 옳은 것만을 <보기>에서 있는 대로 고른 것은?

<규정>

제1조 버스노선을 운영하는 자가 인가를 받지 않고 버스 노선을 운영할 시 최대 5,000만 원의 과징금을 부과한다.

제2조 버스노선을 운영하는 자가 인가를 받은 노선을 임의로 변경하여 운영할 시 최대 3,000만 원의 과징금을 부과한다.

제3조 과징금이 부과되는 위반행위를 여러 개 한 자에 대해서는 과징금의 상한액이 가장 큰 위반행위에 그 상한액에 2분의 1을 가중한 액수를 상한으로 과징금을 부과한다. 단, 여러 개의 위반행위 각각에 대하여 한번도 과징금을 부과한 적이 없는 때에 한하여 해당 조항을 적용한다.

<견해>

갑 : 하나의 위반행위에 과징금을 부과할 당시, 다른 위반행위도 이미 이루어졌고 그 위반행위에 대해 과징금을 부과한 적이 없는 경우, 위반행위에 대한 과징금은 <규정> 제3조에 따라 부과한다.

을 : 하나의 위반행위에 과징금을 부과할 당시, 행정청이 인지했음에도 과징금을 부과하지 않았던 다른 위반행위도 있었던 경우, 다른 위반행위에 대해서는 과징금을 부과할 수 없다. 반면, 하나의 위반행위에 과징금을 부과할 당시, 행정청이 인지하지 못했던 다른 위반행위가 있었던 경우에는 두 위반행위에 대한 과징금은 <규정> 제3조에 따라 부과한다.

병 : <규정> 제3조는 과징금이 부과되는 여러 위반행위를 동시에 한 자에 대해서 적용된다. 시기가 다른 별개의 위반행위에 대해서는 제3조와는 별도로 각 위반행위에 대한 과징금을 부과할 수 있다.

<사례>

P회사는 2015년에 ㉠인가를 받지 않고 버스노선을 운영하다가 2016년에 인가를 받아 2017년까지 인가 받은 노선으로 운영하다가 2018년에 인가 받은 노선을 ㉡임의로 변경하여 운영하였다.

<보 기>

ㄱ. 행정청이 2016년에 ㉠에 대해 5,000만 원의 과징금을 부과한 경우, 2019년에 ㉡에 대해 3,000만 원의 과징금을 부과할 수 있는지에 대해, 갑, 을, 병은 같은 의견일 것이다.

ㄴ. 행정청이 2019년에 ㉡에 대해 과징금을 부과하는 과정에서 ㉠을 최초로 적발한 경우, 갑은 ㉠에 대해서도 과징금을 부과할 수 있다는 데 동의하지만 을은 그렇지 않다.

ㄷ. 행정청이 2018년에 ㉠을 알면서도 과징금을 부과하지 않았고, 2019년에 ㉡에 대해 과징금을 부과하면서 ㉠에 대해서도 과징금을 부과하려는 경우, 을보다 병에 따를 때 부과할 수 있는 과징금의 총액이 더 클 것이다.

① ㄱ ② ㄴ ③ ㄷ
④ ㄱ, ㄴ ⑤ ㄱ, ㄷ

35.

<견해>에 대한 분석으로 옳은 것만을 <보기>에서 있는 대로 고른 것은?

A, B, C국은 모두 '강도의 죄'와 관련하여 아래 <규정>을 적용한다. 이때 세 나라 모두 강도죄의 실행 착수 시기를 폭행 또는 협박을 한 때로 보고 있지만, 야간주거침입강도죄의 실행 착수 시기에 대해서는 아래와 같이 <견해>를 달리한다.

<규정>
제1조(강도) 폭행 또는 협박으로 타인의 재물을 강취한 자는 3년 이상 징역에 처한다.
제2조(야간주거침입강도) 야간에 사람의 주거에 침입하여 강도죄를 범한 자는 무기 또는 5년 이상의 징역에 처한다.
제3조(미수) 강도나 야간주거침입강도의 실행에 착수했으나 재물을 얻지 못한 자는 미수범으로 처벌한다.

<견해>
A : 야간주거침입강도죄는 주거의 평온이라는 보호법익도 해치는 것이므로 야간에 주거를 침입하는 행위를 한 때에 야간주거침입강도 실행에 착수한 것으로 보아야 한다.
B : 야간주거침입강도죄의 본질은 강도죄이므로 시간과 상관없이 언제든 주거에 침입하였고, 폭행이나 협박이 야간에 있었다면 야간주거침입강도의 실행에 착수한 것이다.
C : 야간주거침입강도죄는 주거의 평온과 재산권이라는 두 법익을 보호하기 위한 죄이므로 야간에 주거에 침입하는 행위를 하고, 야간에 폭행이나 협박을 한 때를 실행의 착수를 인정해야 할 것이다.

<사례>
갑은 강도의 범죄를 하기 위해서 야간에 X의 집에 침입해 X를 찾던 중 주위에서 경찰차 소리가 나자 두려움을 느껴 X의 집을 빠져나왔다. 을은 강도의 범죄를 하기 위해서 주간에 Y의 집에 침입해 Y를 기다렸다. 야간이 되어서야 돌아온 Y에게 을은 재물을 내놓으라고 협박하였으나, Y가 완강하여 도망쳐 나왔다.

<보 기>
ㄱ. A국에 따를 때 갑은 강도죄로 처벌받지 않지만, 야간주거침입강도미수죄로 처벌받을 것이다.
ㄴ. B국은 갑과 을의 야간주거침입강도미수죄에 대한 처벌 여부를 다르게 판단할 것이다.
ㄷ. C국에 따를 때 갑과 을 모두 야간주거침입강도미수죄로 처벌받지 않을 것이다.

① ㄱ   ② ㄴ   ③ ㄱ, ㄷ
④ ㄴ, ㄷ   ⑤ ㄱ, ㄴ, ㄷ

36.

다음에 대한 평가로 적절한 것만을 <보기>에서 있는 대로 고른 것은?

갑 : 네트워크 사업자가 트래픽을 근거로 인터넷 서비스를 제한하는 순간, 인터넷 콘텐츠 공급자나 사용자는 네트워크 사업자의 통제를 받을 수밖에 없다. 따라서 트래픽을 조금만 유발하는 저품질의 서비스만을 사용하게 될 것이다. 유발하는 트래픽의 양에 따라 비용을 다르게 책정한다면, 돈이 많은 사람들은 더욱 고급정보를 얻을 수 있고 돈이 없으면 저급 정보만을 얻을 수 있게 된다. 따라서 정보의 빈부격차가 심해진다. 통신망이란 전력, 철도와 같은 공공인프라인데, 이를 사업자의 수익성만을 생각하여 제한한다면 국가 전체의 경쟁력을 약화시킬 것이다.

을 : 인터넷 네트워크 구축에 필요한 물리적 자원에는 한계가 있다. 인터넷 망 구축에 투자를 해도 트래픽의 부담은 가중되고 있어, 트래픽을 제한할 수 있는 대책이 필요하다. 인터넷 콘텐츠 회사들의 동영상, 전화, 메신저 서비스들이 대용량의 트래픽을 유발하여 네트워크 망의 품질을 떨어뜨리고 있다. 전체 사용자들을 위한 네트워크 망 품질 유지를 위해 망 투자비용을 부담해야 한다. 통신망은 다른 재산권과 마찬가지로, 투자에 대한 적절한 보수가 주어질 때 사업자들에 의해 지속적으로 구축 및 운영될 것이다.

<보 기>
ㄱ. 정보의 품질은 트래픽의 양에 비례하지 않는다는 자료를 제시하더라도 갑의 주장이 약화되지 않는다.
ㄴ. 갑과 을 모두 통신망을 사용하는 특정 사용자 이득이 아닌 전체 사용자 이득을 추구한다는 점은 동일하다.
ㄷ. 을은 통신망을 이용하는 사용자에게 트래픽을 유발한 만큼 비용을 받아야한다는 것에 동의할 것이다.

① ㄴ   ② ㄷ   ③ ㄱ, ㄴ
④ ㄱ, ㄷ   ⑤ ㄴ, ㄷ

37.

<자료>를 토대로 다음 주장들을 평가한 것으로 옳은 것은?

> 갑 : 우리나라의 성씨는 제국주의 통치하에서 일반화되었다. 조선 후기까지 점차 성씨의 사용 인구가 증가하였으나 양반과 중인 계급에 한정되었기 때문에 여전히 소수에 그쳤다. 동성동본을 기준으로 하는 족보는 유력한 소수 가계의 전유물이었다. 20세기 초 제국주의 통치기구가 인구를 관리할 통치상 필요에 따라 인구조사를 실시하고 호적등록제를 시행하면서 비로소 대부분의 인구가 성씨를 가지게 되었다. 그러므로 오늘날 자신의 성씨가 수백 년 전 조상으로부터 전래되었다는 믿음은 대개의 경우 허구이다.
>
> 을 : 오늘날 우리나라 사람들이 사용하는 성씨는 대부분 고려조와 조선조를 거치며 상당 기간 동안 점차적으로 형성된 것이다. 양반과 중인만이 성씨를 가졌다는 주장은 적어도 임진왜란 이후에는 성립하지 않는다. 가령 17세기 무렵 '김', '이', '박' 등의 성을 사용한 인구 가운데 소수만이 중인 이상의 신분이었다. 조선 후기를 기준 시점으로 보면, 인구의 대다수가 성씨를 가지고 있었던 것이다. 식민지 시기에 성과 본관을 가지게 된 사례도 보고된 바 있으나 그것은 일부에 지나지 않는다. 대개의 인구가 식민지 시기에 비로소 성씨를 가지게 되었다는 것은 왜곡된 통념이다.

> <자료>
>
> ㄱ. 1630년 문과 식년시 합격자 33명은 모두 성과 본관을 가지고 있었으며 전원이 양반 신분이었다.
>
> ㄴ. 1637년 무과 별시 합격자 5,506명 가운데 성씨를 사용한 사람의 비율은 88%였고 이 중 양반과 중인을 합친 비율은 10% 안팎이었다.
>
> ㄷ. 식민지 시기 첫 인구조사인 1921년 조사에 따르면 당시 인구의 93%가 성씨를 가진 것으로 기록되었고 이후 1935년 조사 때는 그 수치가 96%로 증가하였다.

> ─── <보 기> ───
>
> ㄱ. 정보의 품질은 트래픽의 양에 비례하지 않는다는 자료를 제시하더라도 갑의 주장이 약화되지 않는다.
>
> ㄴ. 갑과 을 모두 통신망을 사용하는 특정 사용자 이득이 아닌 전체 사용자 이득을 추구한다는 점은 동일하다.
>
> ㄷ. 을은 통신망을 이용하는 사용자에게 트래픽을 유발한 만큼 비용을 받아야한다는 것에 동의할 것이다.

① ㄱ은 갑이 을의 주장을 반박하는 근거가 된다.
② ㄴ은 을이 갑의 주장을 반박하는 근거가 된다.
③ ㄷ은 갑이 을의 주장을 반박하는 근거가 된다.
④ ㄴ은 갑과 을 모두의 설득력을 높인다.
⑤ ㄷ은 갑과 을 모두의 설득력을 낮춘다.

MEMO

38.

다음 논증에 대한 비판으로 적절한 것만을 <보기>에서 있는 대로 고른 것은?

> 우리 법에 따르면 위법한 행위로 다른 사람에게 손해를 가한 사람은 그 손해를 배상할 책임이 있다. 또한 위법한 행위로 다른 사람의 신체, 자유 또는 명예를 침해하거나 정신적 고통을 가한 사람은 정신적 손해를 배상할 책임이 있다. 다른 사람의 위법한 행위로 사망한 사람에게는 사망하지 않았다면 장차 얻을 수 있는 이익에 해당하는 재산적 손해와 위법한 행위로 인한 정신적 손해가 발생한다. 따라서 다른 사람의 위법한 행위로 사망한 사람은 자신이 입은 재산적 손해와 정신적 손해에 대하여 위법한 행위를 한 사람에게 배상하도록 청구할 권리가 있다. 그런데 상속인은 자신이 상속받을 사람이 사망할 때 사망한 사람의 권리와 의무를 상속받는다. 따라서 상속인은 사망한 사람이 위법한 행위로 입은 재산적 손해와 정신적 손해를 자신에게 배상하라고 위법한 행위를 한 사람에게 청구할 수 있다.

―――――〈보 기〉―――――

ㄱ. 사망한 사람으로부터 경제적 도움을 받고 있었던 사람이 실질적으로 입은 피해만을 배상받게 할 경우 손해를 배상받을 사람과 손해 배상 금액을 확정하기가 어렵다.

ㄴ. 피해자가 위법한 행위로 치명상을 입어 즉시 사망한 경우라도 피해자가 치명상을 입은 때와 사망한 때 사이에는 아무리 짧은 순간이지만 시간적인 간격이 인정될 수 있다.

ㄷ. 우리 법에 따르면 사람이 권리를 가질 수 있는 기간은 태어나는 순간부터 사망하는 순간까지만 인정되므로 사망 이후 발생하는 권리에 대하여 사망한 사람은 아무런 권리도 가질 수 없다.

① ㄱ   ② ㄴ   ③ ㄷ
④ ㄱ, ㄷ   ⑤ ㄴ, ㄷ

39.

X국 헌법재판소의 합헌 결정에 대한 반론으로 적절하지 않은 것은?

> X국 국민인 청각장애인 A는 "청각장애선거인을 위하여 방송광고, 방송연설, 경력방송 및 대담·토론회의 방송에는 수화 또는 자막방송을 할 수 있다."라는 X국 공직선거법 조항에 대해 수화 또는 자막방송을 의무사항으로 규정하지 않았다는 이유로 위헌법률소송을 제기하였다. 이에 대해 X국 헌법재판소는 합헌 결정을 내렸다. 다음은 합헌 결정에 대한 근거이다.
>
> ○ 청각장애선거인들은 수화방송 등에 의해서만 선거에 관한 정보를 취득하는 것이 아니라 홍보유인물 등 문서·도화에 의한 선거운동이나 정보통신망을 이용한 선거운동 방식 등에 의해서도 선거에 관한 정보를 얻을 수 있다.
> ○ 공직선거법은 방송광고나 방송시설 주관 후보자연설의 방송을 담당할 방송사업자 또는 방송시설에 대하여 일정한 자격이나 시설기준을 제한하고 있지 않다. 그래서 대부분 공영방송사 이외의 영세한 지상파방송사업자나 종합유선방송사업자가 중계방송을 담당하게 되므로 의무적인 수화 또는 자막방송은 그들에게 너무 과도한 부담이 된다.
> ○ 입법자가 수화방송 등을 의무사항으로 규정하지 않은 것은 수화방송 등이 원칙적으로 실시되어야 한다는 것을 부정한 것이 아니다. 이는 방송사업자 등의 시설장비나 기술수준 등에서 비롯되는 불가피한 사유로 말미암아 수화방송 등을 적시에 실시할 수 없는 경우도 있을 수 있다는 사정 때문이다.
> ○ 수화방송 등을 어떠한 예외도 없이 반드시 실시하여야만 하는 의무사항으로 규정할 경우 후보자에게 과도한 재정적 부담이 되어 후보자의 재산권과 선거운동의 자유를 침해하게 된다.

① 대부분의 선거 후보자들은 TV를 통한 선거운동을 가장 선호한다. 따라서 TV에서 얻을 수 없는 선거에 관한 정보를 다른 선거운동 방식을 통해 얻는 것은 사실상 불가능하다.

② 방송사업자 또는 방송시설에 대해 일정한 자격이나 시설기준을 제한하게 되면 지상파방송사업자나 종합유선방송사업자는 공영방송사에 비해 수화방송 등을 더욱 하지 않게 된다.

③ 실제 수화방송 등이 거의 실시되지 않고 있다는 것은 수화방송 등을 의무사항으로 규정하지 아니한 결과이며 결국 수화방송 등의 실시에 대한 원칙적인 부정과 다를 바가 없다.

④ 공직선거법에 따라 일체의 선거비용은 국고에서 보조하기 때문에 후보자가 수화방송의 재정적 부담을 짊어지는 일은 일어날 수 없어 후보자의 재산권이나 선거운동의 자유를 침해하지 않는다.

⑤ 공직선거법 조항에 의하면 "방송물을 송출하는 방송사업자 등은 장애인이 장애인 아닌 사람과 동등하게 제작물 또는 서비스를 접근·이용할 수 있도록 자막, 수화 등 통신중계서비스를 제공하여야 한다"는 장애인차별금지법 조항이 무력화될 수도 있다.

40.

글쓴이의 주장에 대한 비판으로 적절하지 않은 것은?

> 미래세대도 지구의 유한한 자원을 이용할 권리가 있기 때문에 우리는 미래세대를 위해 유한한 자원을 보존할 의무가 있다는 주장은, 비록 그들의 권리 혹은 우리의 의무가 어느 정도 수준일지에 대해서는 의견차이가 있다 할지라도 많은 사람들에게 공감을 얻고 있는 듯하다. 그러나 이러한 주장은 권리에 대한 피상적이고 잘못된 견해에 기초하고 있기 때문에 받아들여서는 안 된다.
>
> 먼저 미래세대는 지금 존재하지 않고 앞으로 존재하지 않을지도 모르기 때문에 미래세대가 그런 권리를 가진다고 말할 수는 없다는 점을 지적하지 않을 수 없다. 물론 우리는 미래세대를 가정할 수는 있지만 미래세대를 때리거나 혼내거나 부당하게 대할 수는 없다. 미래세대는 오직 우리의 상상 속에만 존재하고, 상상적 존재는 상상을 벗어난 범위에서는 어떠한 효력도 미치지 못한다. 이와 마찬가지로 미래세대가 아직 존재하지 않은 상태에서 어떤 것을 소유하고 있다고 말하는 것은 어불성설이다. 미래세대는 앞으로 존재하지 않을 수도 있기 때문에 그들은 권리를 '소유'할 수 없다.
>
> 둘째로 우리가 어떤 사람에게 어떤 권리가 있다고 말할 수 있으려면, 먼저 그 사람이 어떤 이해관계를 갖고 있는지에 대한 분명한 인식이 있어야 한다. 어떤 권리가 존재하는 목적은 권리보유자의 특수한 이익을 보호하기 위한 것이기 때문이다. 그런데 우리는 미래를 정확히 예측할 수 없기 때문에 미래세대가 어떤 이해관계를 갖고 있는지 정확히 알지 못한다. 미래세대는 과연 무엇을 갖고자 할 것인가? 미래세대는 우리와 너무나 다른 욕망이나 즐거움을 지닐 수도 있다. 또한 미래의 기술 여건에 따라 미래세대가 필요로 하는 자원도 우리와는 달라질 수 있다.

① 글쓴이는 우리의 자식이나 손자 세대와 같이 현존하고 있을 뿐만 아니라 그들의 이해관계에 대한 명확한 인식을 가질 수 있는 미래세대가 존재할 가능성을 간과하고 있다.

② 글쓴이는 유한한 자원을 보존해야 할 우리의 의무가 미래세대의 권리 이외의 다른 근거를 가질 수 있다는 점을 고려하지 않고 있다.

③ 글쓴이는 자원고갈에 대비할 수 있는 미래세대의 기술적 능력에 대해 근거 없는 낙관론을 펼침으로써 그들에게 자원을 이용할 권리가 없다는 주장을 뒷받침하고 있다.

④ 글쓴이는 비록 현존하지 않지만 잠재적으로 현존할 가능성이 있는 어떤 대상에 권리를 부여하고 그에 따라 행동하는 것이 합리적일 수 있다는 점을 고려하지 않고 있다.

⑤ 글쓴이의 주장에 따르면 우리 전 세대들이 우리 세대가 쓸 유한한 자원을 모두 고갈시켰다 하더라도 우리 세대는 그러한 행위를 비난할 수 없게 되는데, 이는 우리의 도덕적 직관에 충돌한다.

41.

다음 논쟁을 분석한 것으로 옳은 것만을 <보기>에서 있는 대로 고른 것은?

> X국은 정보통신기술의 발달에 따른 개인정보 유출, 정보 오남용으로 인한 피해 가능성이 증가하자 개인정보 보호를 위한 법을 제정하였다. 이 같은 법이 보호하는 '개인정보'의 범위를 둘러싸고 다음과 같이 견해가 대립한다.
>
> <견해>
> 갑 : 개인의 신체, 신념, 사회적 지위, 신분 등 단독으로 개인의 동일성을 식별할 수 있게 하는 정보만이 개인정보야.
> 을 : 그러한 정보가 개인정보에 속하는 것은 당연해. 하지만 단독으로는 개인의 동일성을 식별할 수 없지만 다른 정보와 결합할 경우 개인을 식별할 수 있는 정보도 있어. 따라서 다른 정보와 쉽게 결합하여 개인의 동일성을 식별할 수 있다면 그 정보도 개인정보로 보아야 하고 그렇지 않다면 개인정보로 볼 수 없어. 만약 단독으로 개인의 동일성을 식별할 수 없다는 이유로 이런 정보를 개인정보라고 하지 않는다면 개인정보를 보호하고자 하는 법의 의미가 퇴색되어버려.
> 병 : 나도 을의 견해에 동의해. 그렇지만 특정 개인에 대한 대부분의 정보는 이 세상에 존재하는 다른 정보와 결합하여 이미 특정 개인을 식별할 수 있을 정도야. 그래서 개인정보의 범위가 무한히 넓어질 수 있어. 따라서 합법적인 범위 내에서 결합할 다른 정보를 입수할 수 있다면 쉽게 결합하는 것으로 보고 그렇지 않다면 쉽게 결합할 수 없는 것으로 보아야 해.
>
> <사례>
> X국 기업인 P사는 A어플리케이션을 출시한 후 관리하는 과정에서 이용자들로부터 특정 개인이 소유한 특정 기기 또는 카드에 부여된 번호인 IMEI와 USIM의 일련번호의 조합정보를 수집하여 이를 서버에 저장하여 왔다. A어플리케이션의 이용자들은 개인확인 절차 없이 아이디를 만들 수 있기 때문에 경우에 따라 IMEI와 USIM의 일련번호가 단독으로 개인의 동일성을 식별할 수도 있지만, 식별할 수 없는 경우도 있다.

───────< 보 기 >───────
ㄱ. P사의 기술력으로 휴대전화 접속기록에 나타난 다른 정보와 IMEI를 쉽게 결합할 수 있으나 P사가 합법적인 범위 내에서 그 다른 정보를 입수할 수 없는 경우, IMEI가 '개인정보'에 해당하는지에 대해 을과 병은 견해를 달리한다.

ㄴ. 병의 견해에서 '개인정보'에 해당한다고 보는 정보는 을의 견해에서도 모두 '개인정보'가 된다.

ㄷ. 갑의 견해에서 '개인정보'에 해당한다고 보는 정보는 을, 병의 견해에서도 모두 '개인정보'가 된다.

① ㄱ   ② ㄷ   ③ ㄱ, ㄴ
④ ㄴ, ㄷ   ⑤ ㄱ, ㄴ, ㄷ

42.

다음 논쟁에 대한 평가로 적절한 것만을 <보기>에서 있는 대로 고른 것은?

A : 사람들은 서로 다른 독립적인 대안들이 주어졌을 때 이들을 개별적으로 평가하고 그 결과로 자신이 가장 선호하는 대안을 선택한다. 가령 X, Y 두 대안에 대해 각각 7점과 8점을 부여하고 Y, Z 두 대안에 대해 각각 8점과 6점을 부여한 갑에게 X, Y, Z 세 개의 대안을 제시하면, 갑은 각각에 7점, 8점, 6점을 부여하고 가장 높게 평가한 Y를 선택할 것이다.

B : 서로 다른 독립적인 대안을 평가하는 사람들은 각각의 대안을 개별적으로 평가하는 것이 아니다. 가령 대안 P와 Q가 제시되었을 경우 각각에 동일한 7점을 부여했던 을에게 대안 P, Q 그리고 Q를 흠결을 가진 형태로 변형한 Q′를 제시할 경우 P와 Q에 대한 을의 평가는 달라진다. 흠결을 가진 Q′를 저평가하게 되면 그 영향으로 Q에 대한 평가를 낮추게 되고, 그 영향으로 P에 대한 평가를 높이게 된다. 어떤 대안에 대한 평가가 다른 대안에 대한 평가에 영향을 미치는 것이다.

C : 이제 조금 ㉠ 변형된 실험을 고려해 보자. 두 개의 대안 P와 Q에 동일한 7점을 부여하는 피험자에게, B가 제안한 실험과 동일하게 P, Q, Q′ 세 가지 대안을 제시한다. 다만 Q′가 Q를 변형한 것이라는 사실을 피험자가 알 수 없도록 설계하여 Q와 Q′가 서로 독립적인 대안으로 보이게 한다. 이때 평가가 달라지는지를 관찰해 보자.

───────〈 보 기 〉───────

ㄱ. 만약 ㉠에서 Q′에 부정적인 평가를 한 피험자가 대안 P와 Q에 대해서는 동일한 7점을 부여했다면, B의 주장은 약화된다.

ㄴ. 만약 피험자가 A의 주장과 같이 대안을 개별적으로 평가한다면, ㉠에서 피험자는 대안 P, Q, Q′에 대해 같은 점수를 부여할 것이다.

ㄷ. ㉠의 결과에 따라, B가 제안한 실험에서 변형된 대안 Q′가 주어진 경우 변형되기 전 대안 Q의 평가가 떨어지는 원인이, Q와 Q 자체가 독립적인 대안으로 제시되지 않았기 때문인지 알아볼 수 있다.

① ㄱ   ② ㄴ   ③ ㄱ, ㄷ
④ ㄴ, ㄷ   ⑤ ㄱ, ㄴ, ㄷ

43.

[A]에 들어갈 을의 반론으로 가장 적절한 것은?

갑 : 사진예술에서 드러나는 사진작가의 숙달성은 회화예술에서 드러나는 화가의 숙달성과 다를 바 없다.

을 : 사진과 회화에는 엄연히 도구로서의 차이가 존재하기 때문에, 회화예술이 사진예술보다 우월하다는 것을 인정해야 한다.

갑 : 카메라와 필름 현상 작업이 인화된 사진에 대해 맺고 있는 관계는, 붓과 붓칠이 캔버스 위에 펼쳐진 물감, 즉 회화에 대해 맺고 있는 관계와 다를 바 없다. 화가가 물감에 맞추어 붓을 골라 사용하는 것처럼, 사진작가는 필름에 맞추어 카메라를 골라 사용하며 그때마다 다른 느낌을 연출할 수 있다.

을 : 사진작가가 어떤 카메라나 필름을 선택하느냐에 따라 같은 풍경을 다른 방식으로 연출할 수 있다고 할지라도 회화에 비해 그것은 매우 제한적이다. 사진작가는 주어진 사물을 사진으로 담아내는 데 수동적일 수밖에 없기 때문에 작가의 창조성을 발휘할 여지가 적기 때문이다.

갑 : 사진작가도 얼마든지 능동적이고 창조적으로 사물을 재구성해 낼 수 있다. 같은 사물이라도 빛과 사물의 관계, 촬영 각도, 현상 과정에서 명암의 강도 조절 등을 통해 얼마든지 다르게 표현해낼 수 있다.

을 : 그렇다 해도 이는 회화에 비해 매우 제한적이다. 사진작가는 카메라라는 도구적 한계 때문에 사물의 색채와 형식상 세부 사항에 대해 구성상 충분한 통제를 가해주지 못한다. 이런 구성상의 약점은 사진이 갖는 표현력의 한계로 이어지는데 결국 최종 결과물을 산출하는 데 있어 사진작가는 카메라라는 도구에 지나치게 의존할 수밖에 없기 때문이다.

갑 : 그렇게 말한다면 음악 분야에서도 회화만큼의 예술성은 찾아볼 수 없다고 해야 한다. 연주 분야의 공연예술을 봐도 피아노나 바이올린이 없이는 예술행위가 일어날 수 없다. 하지만 연주자들이 표현력이나 창조성이 화가보다 떨어진다고 말할 수는 없지 않은가?

을 : [A   ]

① 공연예술을 통해 청중들이 받는 감동 정도는 사진 감상을 통해 관람객이 받는 감동보다 훨씬 더 크다.

② 표현력과 창조성에 있어 연주자의 능력은, 단순히 악기를 다루는 기술적인 측면만으로 고려되는 것은 아니다.

③ 음악의 형식은 피아노나 바이올린 같은 악기에 의해 제한되는 것이 아니라 작곡가나 연주자에 의해 자유롭게 창조되는 것이다.

④ 사진예술에서 카메라와 공연예술에서 피아노나 바이올린은 예술적 표현을 하는 데 있어 적합한 도구 중 하나일 뿐 필수적인 것은 아니다.

⑤ 연주자는 자신만의 곡 해석을 통해, 화가는 자유로운 도구 선택을 통해 창의적인 예술작업을 하지만 사진작가의 활동은 도구 선택이 그리 큰 영향을 미치지 않는다.

44.

(개)의 관점에서 (내)를 비판한 것으로 가장 적절한 것은?

> (개) 노자에 의하면 모든 대상은 그들 자신과 상반하는 대립자들을 지니고 있다. 이는 유가 있으면 무가 있고 앞이 있으면 뒤가 있음을 말한다. 이들 대립자들은 서로 전화(轉化)한다. 화는 복이 되고 흥성한 것은 멸망한다. 모든 대립적인 것, 즉 광명과 암흑, 득과 실, 선과 악 등은 동일한 현상의 다른 면에 불과하다. 따라서 일체의 대립적인 것은 상호의존적이기 때문에, 어떤 투쟁도 결코 어느 한쪽의 완전한 승리로 끝날 수 없고 항상 양자 간의 상호 작용을 표출한다.
>
> (내) 실증주의는 사물이나 현상을 초월적인 것, 추상적인 것 등과 대치시키고, 그 중 사물이나 현상만을 경험적으로 탐구한다. 실증주의가 찾아내고자 하는 체계는 신학이 추구하던 초월적인 것이 아니며, 형이상학에서 요구하는 추상적인 것도 아니다. 그것은 오로지 현실의 구체적인 사항에 관한 것이다. 실증주의에 따르면 과학이 유일하고 확고한 지식이며, 사실들이 지식의 유일하고 가능한 대상이다. 또한 실증주의에 따르면 철학의 과제도 모든 과학에 공통적인 일반원리들을 발견하고 이 원리들을 인간 행위의 지침으로 인정하며 사회 조직의 기초로 사용해야 한다고 본다.

① 실증주의는 철학과 타 영역과의 교류를 지향하므로 상호 의존성을 심화시킨다.

② 과학적 방법으로 환원될 수 없는 연구는 학문의 연구 과정에서 배제되어야 한다.

③ 광명과 암흑, 득과 실, 선과 악이 경험적으로 탐구 가능하다면, 과학적 방법으로 연구될 수 있다.

④ 과학에 의하여 확인되는 사실들과 법칙들을 넘어서 있는 실체들의 존재나 가치는 부정되어야 한다.

⑤ 실증주의는 사물이나 현상의 체계와 초월적인 것, 추상적인 것들의 체계가 분리될 수 없음을 간과하고 있다.

45.

다음 글의 핵심 논지에 대한 반박으로 적절한 것만을 <보기>에서 있는 대로 고른 것은?

> 이성(理性)을 갖추는 시기에 도달할 때까지는 도덕적 존재라든가 사회적 관계에 대한 관념을 가지는 것은 불가능하다. 그렇기 때문에 되도록 그런 관념을 나타내는 말은 아이들 앞에서 사용하지 말아야 한다. 어릴 때 이런 말에 대해 잘못된 관념을 가지게 되면, 성인이 되어서도 바로잡기 힘들기 때문이다. 아이의 머릿속에 새겨진 최초의 잘못된 관념은 오류와 악덕의 씨앗이 된다. 따라서 첫발을 특히 주의하여 내디뎌야 한다.
>
> "아이와 함께 토론하라." 어떤 철학자가 제시한 중요한 준칙이다. 이 말은 오늘날 대단히 유행하고 있다. 그러나 이 준칙을 지킨 결과는 그리 바람직한 것이 아니다. 인간의 모든 능력 중에서 이른바 다른 모든 능력들을 종합한 능력인 이성은, 가장 까다로운 길을 통해, 그리고 가장 늦게 발달한다. 그럼에도 불구하고 사람들은 그것을 사용하여 다른 능력을 발달시키려 하고 있다. 훌륭한 교육이란 이성적인 인간을 만드는 것이다. 그런데도 사람들은 이성에 의해 아이를 교육하려 한다. 즉 목표를 수단으로 삼으려는 것이다. 아이가 이치를 분별한다면 그들을 교육시킬 필요가 없다. 그런데 사람들은 아주 어릴 때부터 조금도 알아듣지 못하는 말을 아이에게 함으로써 그들에게 말만으로 만족하는 습관을 들여 주고, 또 아이들이 다른 사람이 말하는 것을 일일이 따져서 자신이 마치 선생과 똑같이 지혜로운 인간인 양 착각하게 하여 논쟁을 좋아하는 반항아가 되도록 가르치고 있다.

> ─────〈보 기〉─────
>
> ㄱ. 제시문의 견해가 옳다면 토론식 교육을 받지 않으며 자란 성인이 훌륭한 이성을 소유해야 하나, 현실은 그와 반대된다.
>
> ㄴ. 아이들도 기본적인 논리적 추론과 도덕적 판단을 할 수 있으며, 이러한 능력은 일상생활에서도 발현되므로, 굳이 교육 현장에서 금지할 이유가 없다.
>
> ㄷ. 제시문의 견해가 옳다면 아이들에게 주입식 교육을 해야 하는데, 주입식 교육은 보다 큰 문제를 양산한다는 것이 잘 알려져 있는 사실이기 때문에 제시문의 논지를 받아들일 수 없다.

① ㄱ   ② ㄴ   ③ ㄱ, ㄷ

④ ㄴ, ㄷ   ⑤ ㄱ, ㄴ, ㄷ

46.

⊙에 대한 반론으로 적절한 것만을 <보기>에서 있는 대로 고른 것은?

사람들은 누구나 10년 전의 나와 현재의 내가 동일하다고 믿는다. 속성을 기준으로 동일성을 판단하는 '유형적 동일성'에 따르면 10년 전과 현재의 나는 신체와 같은 물리적 속성이 같으므로 동일하다. 수(數)를 기준으로 삼는 '사례적 동일성'에 따르면 10년 전부터 나는 유일한 한 명이었으므로 동일하다. 두 기준 중 동일성을 판단하는 데 결정적인 기준은 무엇인가?

동일성을 정하는 결정적인 요소가 유형적 동일성이라고 해보자. 이에 따르면 동일하다는 것은 물리적 속성이 동일한 것이다. 하지만 가령 오케스트라 A가 2017년 8월 1일에 바흐의 교향곡을 공연한 공연 W가 있고, 공연 W의 실황을 녹음한 레코드 W가 있다고 해보자. 동일성의 기준이 물리적 속성이라면, 레코드 W와 공연 W는 전체 소리가 같으므로 두 존재는 서로 동일하다고 해야 한다. 그러나 두 존재가 동일하다면 레코드 W가 울리는 모든 장소에서 오케스트라 A가 공연 W를 하고 있다고 해야 한다. 하지만 오케스트라 A가 동시에 여러 장소에서 공연 W를 연주하는 것은 불가능하다. 이런 반례를 피하기 위해서 이 견해를 수정할 필요가 있다. 즉, 부수적 속성과 주요 속성을 구분하여 주요 속성이 유사해야 동일하다는 것이다. 이 ⊙ 수정된 견해에 따르면 공연 W는 레코드 W와 동일하지 않다. 왜냐하면 공연 W는 오케스트라 A가 관객을 향해 연주한 소리여서 '관객의 눈앞에서 연주함'이라는 주요 속성을 가지지만, 레코드 W는 이러한 주요 속성을 결여하고 있기 때문이다.

―――――<보 기>―――――

ㄱ. 오케스트라 A가 공연 W에서 연주한 곡을 녹음실에서 여러 번에 걸쳐 녹음한 레코드 X가 있다. ⊙에 따르면 공연 W와 레코드 X는 동일하다. 하지만 공연 W와 레코드 X는 다르다고 해야 한다. 공연 W는 완전히 재현 가능하지 않지만 레코드 X는 언제나 재현 가능하기 때문이다.

ㄴ. '복제'는 '원본이 아님'을 뜻한다. 누군가가 공연 W의 전체 소리를 복제하여 공연 Z를 했다고 상상해 보자. ⊙에 따르면, 둘 모두 '관객의 눈앞에서 연주한' 공연이므로 공연 W와 공연 Z는 동일하다. 하지만 공연 W는 원본이고 공연 Z는 복제이므로 둘은 동일하지 않다. 둘을 동일하다고 한다면 복제와 원본은 모순적인 개념이 된다.

ㄷ. 신체의 주요 속성이 장기라고 할 때 내가 정기적으로 나의 장기들을 복제하여 누군가에게 이식한다고 하자. 장기를 전부 이식한 뒤 나는 죽었고 나의 모든 장기가 이식된 사람은 살아 있다. ⊙에 따르면, 장기를 이식받아 생존한 사람과 죽은 나는 동일한 사람이라고 해야 한다. 그러나 죽었다는 것은 생존하지 않는다는 것이므로 죽음과 생존은 동시에 성립할 수 없다.

① ㄱ   ② ㄴ   ③ ㄱ, ㄷ
④ ㄴ, ㄷ   ⑤ ㄱ, ㄴ, ㄷ

47.

다음 글에 나타난 견해를 비판한 것으로 적절한 것만을 <보기>에서 있는 대로 고른 것은?

(가) 갑은 자신의 자율적인 의지로 사람을 죽이기로 결심하고, 방아쇠를 당겼고, 그 결과 사람이 죽었다. 그런데 갑 자신은 모르고 있었지만 악한 과학자가 갑의 뇌를 모니터링하고 있었다. 그 과학자는 만약 갑이 방아쇠를 당기겠다는 결심이 흔들렸다면 그의 뇌를 조종하여 방아쇠를 당기도록 만들었을 것이다. 하지만 갑의 결심은 흔들리지 않았고 악한 과학자는 개입하지 않았고 사람이 죽었다.

(나) 을은 사람이 물에 빠진 것을 보고 자신이 물에 뛰어들면 그 사람을 구할 수 있다고 생각하였다. 하지만 을은 물에 뛰어들지 않기로 결심하였고, 물에 뛰어들지 않았고, 그 결과 사람이 죽었다. 그런데 을 자신은 모르고 있었지만 악한 과학자가 을의 뇌를 모니터링하고 있었다. 그 과학자는 만약 을이 물에 뛰어들려고 했다면 그의 뇌를 조종하여 물에 뛰어들지 않도록 만들었을 것이다. 하지만 을의 결심은 흔들리지 않았고 악한 과학자는 개입하지 않았고 사람이 죽었다.

갑처럼 어떤 행위를 해서 생긴 결과에 대해서 행위자가 도덕적 책임을 져야 한다는 데에는 이견이 없다. 그런데 을처럼 행위의 부재로 생긴 결과에 대해서는 도덕적 책임을 질 필요가 없다고 주장하는 사람들이 있다. 그러나 이는 옳지 않다.

갑과 을 모두 악한 과학자가 그들의 뇌를 모니터링하고 있었기 때문에, 이들은 방아쇠를 당기거나 물에 뛰어들지 않기로 한 것 이외의 다른 행위를 할 수 없었다. 따라서 방아쇠를 당기는 행위가 원인이 되어서 그 결과로 희생자가 죽었으므로, 갑은 희생자의 죽음에 대해 도덕적 책임이 있다. 갑과 달리 을은 행위 대신 행위의 부재를 결심했다는 차이가 있지만, 이 경우에도 사람의 죽음이라는 결과가 발생하였으므로 행위의 부재도 원인이다. 따라서 을은 익사한 사람에 대해 도덕적 책임이 있다.

―――――<보 기>―――――

ㄱ. 자율적인 의지가 간섭받고 있는 상황이라면 행위의 부재는 원인이 될 수 없다.

ㄴ. 어떤 사람의 죽음과 연관된 기존의 위험이 그대로 진행되도록 내버려두는 행위는 죽음이라는 결과의 원인이 될 수 없다.

ㄷ. 어떤 사람이 그전에 없던 새로운 위험을 창출하여 한 사람을 죽게 하는 결과를 발생시켰다면 이 위험을 창출한 사람은 죽음이라는 결과에 도덕적 책임을 져야 한다.

① ㄱ   ② ㄷ   ③ ㄱ, ㄴ
④ ㄴ, ㄷ   ⑤ ㄱ, ㄴ, ㄷ

48.

다음 글을 평가한 것으로 적절한 것만을 <보기>에서 있는 대로 고른 것은?

X국은 자신의 살해에 대해 명시적인 동의를 표시한 사람을 죽음에 이르게 한 사람을 처벌하고 있다. 그런데 이를 처벌하는 것은 개인의 자유에 대한 지나친 침해라는 비판이 존재한다. 이에 대해 법학자 A는 다음과 같이 주장하였다.

〈A의 주장〉

우리 사회는 모든 성인이 일반적인 상황에서 스스로 자신의 미래를 결정할 수 있는 충분한 지적 능력을 가졌다고 전제한다. 그러나 누구든 이러한 능력을 발휘할 수 없는 특수한 상황에 처할 수 있다. 그리고 사람들은 자신이 합리적으로 사고하지 못하는 특수한 상황에서 예상되는 손해로부터 보호받기를 원할 것이며, 이를 보장하는 법 제도의 설립에도 동의하리라고 추론할 수 있다. 따라서 국가는 어떤 사람이 자신의 삶을 중단하겠다는 결정을 내렸을 때, 그의 결정을 거슬러서라도 그 사람을 보호해야 할 의무가 있다. 이러한 국가의 개입은, 일반적인 관점에서 사람들은 자신의 생명을 보호할 만한 가치가 있는 것으로 판정하고 있으며, 이에 따라 그 사람이 추후 합리적으로 사고할 수 있는 능력을 회복했을 때 그와 같은 국가의 개입을 정당한 것으로 인정하게 되리라는 전제 아래에서 정당화된다. 다만 이것이 추후에 동의를 얻을 수 있는 가능성이 존재한다면 언제든 국가가 나서서 사람들의 자발적 선택을 제한해도 괜찮다는 뜻은 아니다. 이와 같은 개입은 언제나 자유를 제한받는 그 사람을 손해로부터 보호한다는 목적과의 강한 관련성을 나타내야만 한다.

〈보 기〉

ㄱ. 사람들은 자신이 합리적으로 사고할 수 있는 경우에도 예상하지 못한 상황에서 발생할 수 있는 손해로부터 보호받기를 원한다면, 〈A의 주장〉은 유지될 수 없다.

ㄴ. 자신의 삶이 중단되기를 원하는 사람은 국가의 개입에 의해 그러한 바람이 좌절되기를 원하지 않는다면, 〈A의 주장〉은 유지될 수 없다.

ㄷ. 일반적인 관점에서 합리적인 사람들이 생명을 잃어버리는 것보다 자유로운 결정이 침해당하는 것을 더욱 큰 손해로 간주한다면, 〈A의 주장〉은 유지될 수 없다.

① ㄱ
② ㄷ
③ ㄱ, ㄴ
④ ㄴ, ㄷ
⑤ ㄱ, ㄴ, ㄷ

LEET

V

논증평가 및 문제 해결

강화약화

논증 평가 / 문제 해결

Step 1	Step 2	Step 3

유형별 문제집 — 언어이해

기출문제 해설집 — 언어이해

유형별 문제집 — 언어이해 → **기출문제 해설집** — 언어이해

유형별 문제집	기출문제 해설집	유형별 문제집 / 기출문제 해설집
유형별 문제집의 '논증 평가 및 문제 해결' 유형의 문제를 모두 학습하고 강약점 유형 파악 및 문제별 접근 전략을 세운다.	아래 유형별 기출문항표를 보고 메가로스쿨 기출문제 해설집을 통해 약점 유형을 다시 풀이한다.	유형별 집중학습을 통해 정확도를 높이고 문제 풀이 시간을 줄이는 나만의 문제별 접근법을 완성한다.

유형별 기출문항표

문항 유형	세부 영역	학년도	기출문제 해설집 페이지	문항번호
논증 평가 및 문제 해결	강화약화	2026	29	17, 37, 38
		2025	53	2, 10, 13, 16, 26, 28, 29, 30
		2024	77	1, 6, 14, 24, 27, 28
		2023	101	9, 21, 22, 27, 28, 29, 37
		2022	125	1, 19, 28, 29, 30, 31, 38, 39
		2021	149	1, 15, 24, 25, 28, 34, 35, 36, 37
		2020	173	17, 19, 27, 34, 36, 37
		2019	197	17, 18, 23, 33, 39
		2018	221	11, 20, 32, 33, 34
		2017	241	23, 25, 34
		2016	261	18, 20, 21, 23, 25, 26, 27
		2015	281	22, 23, 24
		2014	301	25, 26, 27, 29
		2013	321	28, 29, 30, 31, 33
		2012	341	15, 20, 24, 25, 27
		2011	361	6, 10, 17, 24, 25
		2010	381	20, 25
		2009	401	3, 20, 23, 38
		예비시험	419	7, 10, 12, 15, 18
		1차 예시	449	10
	논증 평가	2024	77	5
		2022	125	21
		2021	149	13
		2020	173	22, 24, 25
		2019	197	22
		2017	241	14, 16
		2014	301	10
		2011	361	26
	문제 해결	2015	281	33

※ 위 문항 구성표는 본고사 홀수형 기준이며, 전 개년 문항이 포함되어 있습니다.
※ 기출문제 해설집 페이지수는 메가로스쿨 2027학년도 기출문제 해설집 문제편 > 연도별 페이지 기준으로 기재되어 있습니다.

01.

다음 글에 대한 평가로 옳은 것만을 <보기>에서 있는 대로 고른 것은?

A국에서는 정부사업을 진행할 때 경쟁입찰 방식으로 사업자를 정한다. 경쟁입찰 방식이란 입찰공고에 따라 입찰한 사업자들 중 최저 입찰액을 제시한 사업자에게 사업을 할당하는 방식으로 사업자들은 원하는 사업을 낙찰받기 위해 최저가로 입찰하고자 한다. A국 정부는 X, Y, Z 세 사업의 입찰공고를 동시에 게재하였다. 각 사업의 경쟁입찰 과정에는 갑, 을, 병이 참여하였고, 상세한 내용은 다음과 같다.

사업 종류	갑	을	병	낙찰자
X사업	50억 원	52억 원	51억 원	갑
Y사업	32억 원	30억 원	31억 원	을
Z사업	22억 원	23억 원	20억 원	병

이 입찰결과에 대해 A국 정부는 갑·을·병(이하 '사업자들') 모두 <규정>을 위반하였다고 판단하였다. 이에 대해 사업자들은 위 결과는 사업 내용을 토대로 분석한 사업 규모와 예상 비용을 계산한 후, 이전의 유사한 정부 사업의 낙찰가를 조사하여 그 조사를 토대로 사업자들의 최대이익을 고려하여 제시한 것이라고 주장하였다. 즉, 이는 우연한 결과에 불과하다는 것이었다.

<규정>

정부사업을 수행할 사업자를 입찰하는 과정에서, 사업자들은 사업별로 입찰경쟁을 회피할 목적으로 낙찰받을 사업자를 합의하거나 금액을 담합하여서는 안 된다.

<보 기>

ㄱ. A국 정부가 추산한 사업별 예상 비용이 X사업 25억 원, Y사업 15억 원, Z사업 10억 원이었고, 이전의 유사한 정부 사업의 낙찰가를 조사하였더니 순이익이 예상 비용의 10%를 넘는 사례가 없었다는 사실은 사업자들의 주장을 약화한다.

ㄴ. 어떤 사업자들이 경쟁입찰에 참여하는지를 갑이 알 수 없었다는 사실은 A국 정부의 판단을 약화한다.

ㄷ. 가용 사업 진행 비용이 을은 30억 원, 병은 20억 원이었다는 사실은 사업자들의 주장을 강화한다.

① ㄱ   ② ㄴ   ③ ㄷ
④ ㄱ, ㄴ   ⑤ ㄱ, ㄷ

02.

'갑'의 변호인 '을'의 다음 주장에 대한 판단으로 적절하지 않은 것은?

의료사고에서 의사에게 책임을 묻기 위해서는 의사의 과실과 환자의 피해 사이에 인과관계가 존재해야 한다. 그런데 의사의 과실이란 의사로서의 의무를 다하지 않은 것이다. 따라서 결과발생을 예견할 수 있었지만 예견하지 못하였고 결과발생을 회피할 수 있었지만 회피하지 못하였다면 의사의 과실이 인정된다. 결과발생을 예견하기 위한 의무를 다하기 위해서는 의사는 같은 업무에 종사하는 보통 사람과 같은 정도의 주의를 기울여야 하며, 그 정도를 판단할 때는 사고 당시의 일반적인 의학의 수준과 의료 환경 및 조건을 고려해야 한다. 결과발생을 회피할 의무를 다하기 위해서는 치료과정에서 결과발생회피에 필요한 주의를 다해야 할 뿐만 아니라 치료 이전 환자에게 치료의 위험에 대하여 설명한 후 치료에 대한 동의를 받아야 한다.

한의사 갑은 사전반응검사를 하지 않은 채 피해자에게 벌의 독인 봉독으로 시술을 하였고 피해자는 아나필락시 쇼크반응으로 인한 상해를 입었다. 그런데 피해자는 다른 병원에서 사전반응검사를 받았으나 이상이 없어 이후 검사를 받지 않은 채 수차례 봉독시술을 받은 적이 있었다는 사실을 시술 전 갑에게 알린 사실이 있다. 그렇다면 갑은 피해자에게 상해가 발생할 것을 예견할 수 없었다. 또한 피해자는 이전에도 여러 차례 같은 시술을 받았었고 봉독시술로 인한 아나필락시 쇼크반응의 발생빈도가 낮은 점에 비추어 갑이 시술에 앞서 피해자에게 시술의 위험을 설명하였더라도 피해자가 시술을 거부하지 않았을 것이다. 그렇다면 갑이 그러한 설명을 하지 않은 과실과 피해자의 상해 사이에 인과관계를 인정하기 어렵다. 따라서 피해자의 상해에 대하여 갑에게 책임을 물을 수 없다.

① 을은 의사와 한의사의 과실을 판단하는 기준이 유사하다고 가정하고 있다.

② 을은 의사에게 과실이 있더라도 의료사고에 대하여 반드시 책임을 지는 것은 아니라는 점에 동의할 것이다.

③ 봉독반응검사에서 이상이 없다면 이후 봉독시술과정에서 쇼크가 발생하는 사례가 거의 없다는 사실은 을의 주장을 약화한다.

④ 아나필락시 쇼크는 봉독을 이용한 시술에서 나타나는 과민 반응 중 10만 명당 2~3명의 빈도로 매우 낮게 발생하고 용량과의 반응관계가 성립하지 않는 경우도 많다는 점은 을의 주장을 강화한다.

⑤ 최초 사전반응검사에서 이상이 없음이 확인되면 통상 시술 시마다 검사를 하지 않으며 갑이 피해자에게 투여한 봉독 투여량은 검사를 할 때 통상적으로 사용하는 투여량과 같았다는 사실은 을의 주장을 강화한다.

03.

갑과 을의 주장에 대한 평가로 가장 적절한 것은?

> 갑 : 우리 법에 따르면 경찰관은 교통안전과 위험방지를 위하여 필요하다고 인정하거나 주취 상태에서 자동차를 운전하였다고 인정할 만한 상당한 이유가 있는 때에는 운전자의 음주 여부를 측정할 수 있다. 그런데 경찰관이 도로를 막고 차량을 정차시켜 운전자의 음주 여부를 단속하면, 운전자는 의사에 반하여 차량을 정지시켜야 한다. 이는 교통체증을 유발하며 음주하지도 않았고 정상적으로 운전 중인 운전자를 잠재적 범죄자로 취급한다. 따라서 음주측정은 술에 취한 상태에서 자동차를 운전하였다고 인정할 만한 상당한 이유가 있는 때에 한하여 요구해야 한다. 그렇다면 외견상 정상적으로 운전 중인 자를 포함하여 불특정 다수의 운전자를 대상으로 일제 음주 단속을 해서는 안 된다.
>
> 을 : 음주운전으로 인한 위험발생의 징후가 인정되는 경우에만 경찰작용을 발동하면 음주운전 행위의 포착률이 현저히 낮아지고 포착하더라도 위험방지 조치가 적시에 행해질 가능성도 낮다. 도로를 차단하여 불특정 다수의 운전자를 상대로 차량을 정차시켜 음주측정을 한다면, 음주운전자가 그중 아주 적은 수에 불과하더라도 적어도 그의 운전행위는 차단되고, 이로써 다른 운전자 또는 보행자 등의 생명·신체·재산에 대한 위해가 방지된다. 따라서 교통안전과 위험방지의 필요성을 위해 외견상 정상적으로 운전 중인 자를 포함하여 불특정 다수의 운전자를 대상으로 일제 음주 단속을 하는 것이 허용된다.

① 갑과 을의 논쟁의 쟁점은 교통안전과 위험방지를 위하여 필요하다고 인정하여 실시되는 음주측정이 허용되는지 여부이다.

② 음주운전은 적발된 건수에 비해서 적발되지 않은 건수가 몇 배 많은 위법행위라는 사실은 갑의 주장을 약화하고 을의 주장을 강화한다.

③ 자동차로 인한 위험방지를 위해서는 자동차를 정지시켜 검문하는 것이 불가결하다는 사실은 갑의 주장을 강화하고 을의 주장을 약화한다.

④ 언제, 어디서 도로를 차단하여 일제 단속이 행해질지 예측하기 어려운 경우 운전자는 음주운전 시도 자체를 포기하는 경향이 높다는 사실은 갑의 주장을 강화하고 을의 주장을 약화한다.

⑤ 자동차 운전은 다른 운전자, 보행자, 기타 도로상·도로변 사람의 생명·신체·재산에 대하여 심각한 손해를 초래할 수 있는 위험을 내포하고 있다는 사실은 갑과 을의 주장을 모두 약화한다.

04.

다음 견해를 평가한 것으로 가장 적절한 것은?

> 갑 : 우리나라에 국적을 두고 있다면 헌법상 인정하는 기본권의 주체가 된다. 따라서 자연인뿐 아니라 우리나라에 국적을 두고 있는 법인 역시 헌법이 인정하는 모든 기본권의 행사주체가 될 수 있다. 우리나라 국적이 없는 외국인의 기본권 인정여부에 대한 판단을 할 때에도 이러한 논리를 일관되게 적용해야 한다.
>
> 을 : 기본권이란 국가 이전의 천부적 권리이기 때문에 자연인과 달리 법인에게는 기본권을 인정할 수 없다. 그러나 우리나라 국적이 없는 외국인의 경우 내국인과 외국인 모두 사람이란 점에서 일치하므로 외국인도 기본권을 주장할 수 있다. 그러므로 우리나라 국적이 없는 이주노동자라도 우리 국가에 대하여 인간적인 대우를 해달라는 주장을 할 수 있다.
>
> 병 : 신체의 자유·양심의 자유·신앙의 자유 등 자연인의 특성에서 비롯된 기본권을 법인에게 인정할 수 없다. 다만 재산권·평등권 등 성질상 법인에게도 인정할 수 있는 기본권에 대해서는 법인의 기본권 주체성을 긍정할 수 있다.

① 갑, 을, 병의 주장은 각각 법인과 외국인의 기본권 주체성에 대한 논의를 하고 있다는 점에서 공통된다.

② 헌법에 따른 법원의 판결 내용이 '법인에게는 양심의 자유를 인정할 수 없다'는 것이라는 사실은 병의 주장을 약화한다.

③ '헌법상 명문의 규정이 있어야 비로소 기본권은 인정될 수 있다'는 주장은 을의 주장을 지지하면서 병의 주장을 반박하는 주장이다.

④ 갑과 을은 우리나라 국적이 없는 외국인과 우리나라 국적의 법인이 기본권을 가질 수 있는지에 대하여 서로 반대되는 주장을 할 것이다.

⑤ 우리나라에 거주하는 우리나라 국적이 없는 외국인이 신앙의 자유를 기본권으로 주장하는 경우 그 외국인에게 신앙의 자유가 인정된다는 사실은 갑의 주장을 약화하고 병의 주장을 강화한다.

05.

다음 글에 대한 평가로 옳은 것은? (단, 어떤 경우에도 무효표는 없다.)

> X국은 대통령 선거에서 유효투표 중 가장 많은 표를 얻은 후보를 당선인으로 결정하는 상대적 다수대표제를 채택하고 있다. 아래 표는 X국에서 상대적 다수투표제로 치른 역대 대통령 선거별 1위 ~ 3위 후보 득표율을 나타낸 것이다. 한편, 결선투표제는 1차 투표에서 유효투표의 절대과반수를 득표한 후보가 없을 경우 상위 2명의 후보를 놓고 2차 투표를 해서 더 많은 표를 얻은 후보를 당선인으로 결정하는 방식이다. 갑은 결선투표제 도입을 찬성하고 있고 을은 결선투표제 도입을 반대하고 있다.
>
> 갑 : 결선투표제는 유효투표의 절대과반수를 확보한 후보가 당선된다는 점에서 상대적 다수대표제에 비해 대통령의 민주적 정당성이 강화된다. 또한, 결선투표제를 도입한다면 상대적 다수대표제에 비해 사표*가 줄어들게 된다.
>
> 을 : 결선투표제를 도입할 경우 투표를 두 번 치러야 하기 때문에 상대적 다수대표제에 비해 비용이 많이 든다. 또한 두 번에 걸친 투표실시에 따른 유권자들의 피로감으로 인해 투표율이 감소하게 된다.
>
> <X국 역대 대통령 선거별 1위 ~ 3위 후보 득표율>
>
> | 구분 | 1위 | 2위 | 3위 |
> |------|------|------|------|
> | 제1대 | 36.6% | 28.0% | 27.0% |
> | 제2대 | 42.0% | 23.8% | 16.3% |
> | 제3대 | 40.3% | 38.7% | 19.2% |
> | 제4대 | 48.7% | 26.2% | 15.0% |
>
> * 사표 : 상대적 다수대표제의 경우 1위 후보를 제외한 후보가 획득한 표. 결선투표제의 경우 2차 투표 결과 1위 후보를 제외한 후보가 획득한 표

① X국의 역대 대통령 선거가 결선투표제로 치러졌다면 갑은 모든 선거에서 대통령의 민주적 정당성이 강화되었다고 볼 것이다.

② X국의 대통령 선거에 결선투표제를 도입할 경우 역대 대통령 선거에서 2위를 기록한 후보들이 모두 당선된다는 시뮬레이션 결과는 갑의 주장을 강화한다.

③ X국의 대통령 선거에 결선투표제를 도입할 경우 결선투표제의 2차 투표는 1차 투표에 비해 비용이 훨씬 적게 든다는 연구결과는 을의 주장을 약화한다.

④ X국의 대통령 선거에 결선투표제를 도입할 경우 선거가 상대적 다수대표제로 치러졌을 때보다 사표가 줄어든다는 시뮬레이션 결과는 을의 주장을 약화한다.

⑤ X국의 대통령 선거에 결선투표제를 도입할 경우 선거가 상대적 다수대표제로 치러졌을 때보다 1위 후보의 득표수가 많아진다는 시뮬레이션 결과는 을의 주장을 약화한다.

06.

다음 글에 대한 평가로 적절한 것만을 <보기>에서 있는 대로 고른 것은?

> 선진국 국민들이 난민이나 이민자의 수용을 반대하는 대표적인 이유 중 하나는 그들의 유입으로 인해 자신들의 일자리가 부족해지고 임금이 내려간다는 것이다. 수요와 공급에 의한 가격결정모델에 따르면 난민이나 이민자의 유입으로 노동의 공급이 증가할 경우 현지인의 임금이 하락하게 된다. 그러나 갑은 이민자들이 유입되어도 현지인의 고용과 임금에 부정적인 영향을 거의 미치지 않는다고 주장하였다. 갑에 따르면 그들이 유입되어도 실제로는 임금이 하락하지 않는데, 그 이유는 가격결정모델이 이민과 관련해서는 적용되지 않기 때문이다. 그리고 스웨덴의 난민 및 이민자 유입 사례를 근거로 제시하였다. 당시 12만 명 가량의 이민자가 스웨덴으로 이민하여 X도시에 정착하였다. 그 결과, X도시에 노동 공급량이 갑자기 7퍼센트나 증가하게 되었다. 그런데 이민자들이 유입되기 전과 후에 X도시 현지인들의 임금과 고용률 변화를 X도시와 비슷한 스웨덴의 다른 네 개의 도시와 비교한 결과 유의미한 차이가 발견되지 않았다. 즉, 수많은 이민자들이 X도시에 유입되었으나 단기와 장기 모두에서 기존 현지인들의 임금과 고용률에 큰 영향을 미치지 않은 것이다. 갑은 이 사례를 통해 가격결정모델은 이민의 영역에서는 적용되지 않는다고 주장하였다.

> ──────〈보 기〉──────
>
> ㄱ. X도시에 정착한 이민자들의 고용률이 현지인의 고용률에 비해 현저히 적었다는 사실은 갑의 주장을 강화한다.
> ㄴ. 많은 난민이나 이민자들이 유입될 것을 알고 있던 여러 기업들이 X도시에 공장을 건설하여 이민자들을 저렴한 임금으로 고용한 결과, X도시에서 근무하는 사람들의 평균 임금이 감소하였다는 사실은 갑의 주장을 약화한다.
> ㄷ. X도시와 비교한 다른 도시 네 곳에 유입된 이민자 수가 X도시에 유입된 이민자 수와 비슷한 수준이었다는 사실은 갑의 주장을 강화한다.

① ㄱ 　　② ㄷ 　　③ ㄱ, ㄴ
④ ㄴ, ㄷ 　　⑤ ㄱ, ㄴ, ㄷ

07.

다음 글을 평가한 것으로 옳은 것만을 <보기>에서 있는 대로 고른 것은?

경제학자 K는 아래와 같이 이익과 손실의 양이 같더라도 주관적인 만족감인 효용은 손실 쪽에서 급격히 하락한다고 보았다. 그에 따르면 객관적인 이익이나 손실은 효용과 정비례하지 않으며 사람들은 의사 결정을 할 때, 이익의 상황에서는 위험이 적은 방향을 추구하는 위험회피 성향을 보이지만 손실의 상황에서는 손실을 만회하고자 오히려 상대적으로 위험을 더 많이 감수하는 성향을 보인다. 그리고 이익과 손실이 극단으로 갈수록 효용의 증가나 하락 폭은 점점 줄어들어 추가적인 이익이나 손실에 대해 둔감한 반응을 보인다.

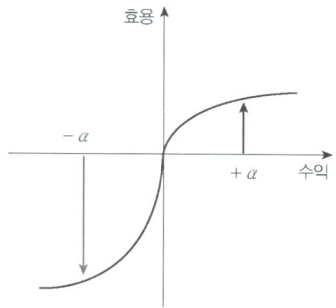

이러한 K의 가설을 검증하기 위해 다음의 실험을 하였다.

〈실험〉

무작위로 선택한 참가자 100명을 대상으로 다음과 같은 질문에 대답하게 하였다.

(1) 현재 10,000원이 있다고 할 때, 1/2의 확률로 10,000원을 더 받거나 1/2의 확률로 아무것도 받지 못하는 경우(A)와 1의 확률로 5,000원을 더 받을 수 있는 경우(B)가 있다면 어떤 것을 선택할 것인가?

(2) 현재 20,000원이 있다고 할 때, 1/2의 확률로 10,000원을 잃거나 1/2의 확률로 아무것도 잃지 않는 경우(C)와 1의 확률로 5,000원을 잃는 경우(D)가 있다면 어떤 것을 선택할 것인가?

(3) 70만 원의 손실을 이미 본 상황에서, 게임에 참여할 경우(E) 1/3의 확률로 150만 원을 받거나 2/3의 확률로 30만 원을 잃게 되고, 게임에 참여하지 않을 경우(F) 30만 원을 받는다면 어떤 것을 선택할 것인가?

────〈보 기〉────

ㄱ. (1)에서 A를 선택한 사람들의 90% 이상이 (2)에서 D를 선택했다면, K의 가설은 강화된다.

ㄴ. (1)에서는 85%가 B를 선택하고 (2)에서는 75%가 C를 선택했다면, K의 가설은 강화된다.

ㄷ. (1)에서 B를 선택한 사람들의 대다수가 (3)에서 F를 선택했다면, K의 가설은 강화된다.

① ㄱ　　　　② ㄴ　　　　③ ㄱ, ㄷ
④ ㄴ, ㄷ　　　⑤ ㄱ, ㄴ, ㄷ

08.

<실험>을 평가한 것으로 옳은 것만을 <보기>에서 있는 대로 고른 것은?

보험회사의 고객들이 자신의 리스크를 계산하는 방식과 관련해 갑과 을은 서로 다른 견해를 갖고 있다. 갑에 따르면 소비자들은 위험의 수학적 확률이나 보험료의 액수를 기반으로 이에 비례하여 리스크를 평가한다. 반면 을에 따르면 소비자들은 개인적인 경험에 기반한 감정이나 인상으로 리스크를 평가한다.

〈실험〉

(1) 참가자들을 그룹1, 그룹2, 그룹3의 3개로 나눈 후에, 임의의 어떤 공장 옆에 살고 있는 A가 유독가스 배출로 사망할 확률을 알려주었다. 다만 그 확률을 그룹1에는 10만분의 1, 그룹2에는 100만분의 1, 그룹3에는 1000만분의 1이라고 하였다. 이후 A가 겪는 리스크가 어느 정도인지 1부터 5 사이의 숫자로 표현하도록 하였는데, 세 그룹의 평가가 모두 같았다.

(2) 또 다른 참가자들을 그룹4, 그룹5, 그룹6의 3개로 나누고, 유독가스 유출로 인한 사망에 대비한 보험의 매달 보험료를 알려 주되, 그 보험료를 그룹4에는 5천 원, 그룹5에는 3만 원, 그룹6에는 8만 원이라고 하였다. 〈실험〉(1)과 마찬가지로 세 그룹의 리스크 평가가 모두 같았다.

(3) 이번에는 위 6개 그룹 각각으로부터 참가자들 일부를 임의로 선발하였다. 이들에게 눈이 많이 오는 청정지역의 이미지와, 공장과 매연이 심한 도심 지역의 이미지를 예로 들어 유독가스 배출사고의 위험과 매달 보험료가 어떻게 달라지는지 설명하였다. 이 설명을 들은 이후, 이들에게 자신들이 평가하였던 〈실험〉(1)과 (2)를 다시 평가하게 하였더니 이전과 달리 리스크를 위험에 비례하여 적절하게 평가하였다.

────〈보 기〉────

ㄱ. 〈실험〉(1)과 (2)의 결과는 갑의 주장을 약화하고 을의 주장을 강화한다.

ㄴ. 만약 〈실험〉(1)의 세그룹과 〈실험〉(2)의 세 그룹 모두 리스크를 각각 다르게 평가했다면 갑의 주장은 강화된다.

ㄷ. 〈실험〉(3)의 참가자들 대부분이 눈이 많이 오는 청정지역과 공장과 매연이 심한 도심 지역 모두에 거주하였으며 청정지역에서는 유독가스로 인한 위험에 노출된 적이 없지만 도심 지역에서는 그러한 위험을 경험한 적이 있었다면 을의 주장은 강화된다.

① ㄱ　　　　② ㄷ　　　　③ ㄱ, ㄴ
④ ㄱ, ㄷ　　　⑤ ㄴ, ㄷ

V
논증평가 및
문제해결

09.

다음 주장을 평가한 것으로 옳은 것만을 <보기>에서 모두 고른 것은?

판사가 법적·정치적 사안에 대해 중립성을 가진다면 판사로서 사안 분석과 법해석 능력을 발휘할 수 있다. 중립성을 가져야만 판사가 분쟁 당사자들에 대한 편견을 가지지 않거나, 분쟁을 일으킨 법적 쟁점 자체에 대해 선입견을 갖지 않는다. 이러한 중립성은 '설득 가능성이 있음'으로 정의될 수 있는데, 즉, 판사는 언제든지 증거와 합리적인 변론에 의해 설득당할 가능성이 있어야 한다는 것이다. 이 정의에 따르면 설령 판사가 어떤 법적 쟁점에 대해 선입견을 갖고 변론을 듣게 되더라도 자신이 이전에는 반대하던 논거를 수용할 수 있기 때문에 중립성이 있다고 인정될 수 있다. 그리고 판사들이 당사자들에 대한 편견과 법적 쟁점 자체에 대해 선입견을 가지게 되면 판사들은 자신의 법적·정치적 쟁점들에 대한 견해를 공표하게 된다. 따라서 판사들의 법적·정치적 쟁점들에 대한 견해 공표는 금지되어야 한다.

―――――〈보 기〉―――――

ㄱ. 논쟁의 여지가 있는 정치적 쟁점에 대해 판사가 신문에 기고하는 행위를 금지하였음에도 분쟁이 된 사안에 대한 판사의 설득 가능성이 없다면, 주장은 약화될 것이다.

ㄴ. 판사가 어떤 쟁점이든 그에 대해 선입견이 없다는 것은 판사가 법률적 쟁점에 대해 자신의 의견을 형성하지 못한다는 의미로 이는 판사로서 사안 해석과 법적용 능력이 없다는 것을 증명하는 것이라면, 주장은 약화될 것이다.

ㄷ. 특정 사건에 대해 어떤 처벌이 가장 공동체에 적합한가를 자신의 관점에서 결정하는 입법자들과 달리 판사는 자신의 관점과 무관하게 입법된 법조문을 해석하지 않고 그대로 따르는 것이 가장 적합한 행위라면, 주장은 강화될 것이다.

① ㄱ ② ㄴ ③ ㄷ
④ ㄱ, ㄴ ⑤ ㄱ, ㄷ

10.

다음 글을 읽고 평가한 것으로 적절한 것만을 <보기>에서 있는 대로 고른 것은?

어린 싹이 빛을 받으면 일정한 단계 후에 잎이 펼쳐지는 탈황화 현상이 일어난다. 식물에는 피토크롬이 있는데 이 피토크롬의 빛 감지는 탈황화 현상의 초기 단계이다. 이후의 중기와 후기 단계에 대해서는 다음과 같은 가설들이 있다.

〈중기 단계〉
○ 가설 (가) : 빛을 감지한 피토크롬이 칼슘이온을 다량 받아들인다. 칼슘이온의 농도가 상승하면 효소 Ⅰ이 활성화된다. 효소 Ⅰ은 전사조절인자를 활성화시킨다.
○ 가설 (나) : 빛을 감지한 피토크롬이 구아닐사이클라아제를 활성화시키고 이것이 cGMP를 합성한다. cGMP는 효소 Ⅰ을 활성화시키고 효소 Ⅰ은 전사조절인자를 활성화시킨다.

〈후기 단계〉
○ 가설 (다) : 본래 DNA와 분리되어 있던 전사조절인자가 활성화되면 DNA와 결합한다. 그 결과 탈황화 현상을 일으키는 단백질이 합성된다.
○ 가설 (라) : 본래 DNA와 결합되어 있던 전사조절인자가 활성화되면 DNA가 분리된다. DNA가 전사조절인자로부터 분리되어야 탈황화 현상을 일으키는 단백질이 합성된다.

식물학자 갑은 가설 (가) ~ (라)를 조합하여 다음과 같은 표를 만들었다. 예를 들어, T1은 가설 (가)와 (다)가 옳은 경우를 가리킨다. 그리고 피토크롬을 제거한 어린 싹 A와 정상적인 어린 싹 B를 대상으로 탈황화 현상 여부를 살펴보았다.

구분		중기 단계	
		가설 (가)	가설 (나)
후기 단계	가설 (다)	T1	T2
	가설 (라)	T3	T4

―――――〈보 기〉―――――

ㄱ. cGMP를 A에 주입하고 빛을 비춘 경우 탈황화 현상이 일어나지 않았지만 B에 주입하고 빛을 비춘 경우 탈황화 현상이 일어났다면 T2의 설득력은 높아진다.

ㄴ. A에 칼슘이온과 활성화되지 않은 구아닐사이클라아제를 주입한 경우와 B에 빛을 비추지 않고 활성화된 전사조절인자를 주입한 경우 모두 탈황화 현상이 일어나지 않았다면 T4의 설득력은 높아진다.

ㄷ. B에 칼슘이온과 전사조절인자를 모두 제거한 뒤 빛을 비추었더니 탈황화 현상이 일어났다면 〈중기 단계〉의 가설을 검증하는 데는 적합하지 않지만 〈후기 단계〉의 가설을 검증하는 데는 적합하다.

① ㄱ ② ㄴ ③ ㄷ
④ ㄱ, ㄷ ⑤ ㄴ, ㄷ

11.

다음 논쟁에 대한 분석으로 옳은 것만을 <보기>에서 있는 대로 고른 것은?

고대의 철학자 A, B, C가 여름철에 비가 자주 내리는 이유를 두고 다음과 같이 논쟁하였다.

A : 태풍은 여름철의 뜨거운 햇볕으로 말미암아 공기가 가열됨으로써 발생한다. 공기는 온(溫)과 냉(冷), 건(乾)과 습(濕) 중에서 두 가지의 성질을 취하며, 따뜻한 성질과 축축한 성질은 서로 끌어당기는 힘을 가진다. 여름철의 뜨겁고 축축한 공기가 하늘에 뭉쳐서 구름을 만들고, 비는 구름으로부터 생기므로 여름철에는 비가 자주 내린다.

B : A는 공기가 다른 원인 없이 자발적으로 움직일 수 있다고 전제하고 있다. 그러나 ㉠ 스스로 움직일 수 있는 것은 오로지 생명을 가진 존재들뿐이며, 생명을 가진 존재가 아닌 공기는 이러한 존재에 속하지 않는다. 설령 A의 설명에 따라 여름철에 공기가 하늘에 뭉쳐서 구름과 비를 만들더라도 공기가 스스로 움직이는 것이 아니라 생명을 가진 다른 존재에 의해 움직여진다고 보아야 한다.

C : 우리는 특정한 현상이 일어나는 이유를 그것과 관계된 자의 목적으로부터 발견할 수 있다. 누군가 내게 노동하는 이유를 묻는다면, 나는 내가 노동으로부터 성취하려는 목적을 제시할 것이다. 노동의 보수가 노동에 대한 정당한 이유로 받아들여지는 이유는, 이것이 내게 좋은 것으로 받아들여지기 때문이다. 여름철의 호우는 과실수를 재배하는 데 필요하다. 즉, 우리는 호우 덕분에 과실수를 재배할 수 있으며 이에 따라 호우를 좋은 것으로 받아들인다. 따라서 누군가 우리에게 여름철에 비가 자주 오는 이유를 묻는다면, 우리는 과실수의 재배를 여름철 호우의 목적이자 이유로 제시할 수 있다.

<보 기>

ㄱ. 일 년 내내 추운 기후가 유지되는 극지방에서 강수량이 적게 나타난다는 사실은 A의 견해를 약화하지 않는다.

ㄴ. 생명을 가지고 있지 않은 천체들이 항상 같은 궤도를 따라 운동하며, 이 천체들을 운동시킬 수 있는 생명을 가진 다른 존재를 생각할 수 없다는 사실은 ㉠을 약화한다.

ㄷ. 인간 행위의 동기에서 자연 현상의 원인을 유추할 수 없다는 주장은 B를 약화하지 않지만 C를 약화한다.

① ㄱ 　　② ㄷ 　　③ ㄱ, ㄴ
④ ㄴ, ㄷ 　　⑤ ㄱ, ㄴ, ㄷ

12.

다음 글에 대한 분석으로 옳은 것만을 <보기>에서 있는 대로 고른 것은?

자연법칙을 거스르는 기적을 경험했다는 주장에 합리적으로 동의할 수 있는가? 다음 예를 통해 알아보자. 어느 날 A는 친구 B에게 어젯밤 자기가 하늘을 날아 전 세계를 일주하고 돌아왔다고 증언하였다. A는 주변 사람들에게 거짓말을 하지 않는 사람으로 알려져 있다. 이 사실을 아는 B는 A를 가장 정직한 사람이라고 생각하고 있으므로, A의 주장이 신빙성이 있다고 판단하였다. 이에 따라 B는 '자연법칙을 거스르는 기적이 실제로 존재한다.'는 가설을 제시하게 되었다. 한편, B의 친구 C는 기적에 대한 증언은 기적이 사실이라는 증거가 되지 못한다고 생각한다. 또한, 기적은 자연법칙을 거스르는 사건이며, 합리적인 사람은 이러한 사건이 전혀 불가능하다고 판단해야만 한다고 본다. 따라서 기적에 대한 증언이 거짓일 개연성과 기적 자체가 일어나지 않았을 개연성을 비교해 보면 후자가 더 높다는 것이다. 즉, 기적이 발생함으로써 자연법칙의 일관성이 깨졌다고 판단하는 것보다 기적에 대한 증언이 거짓이라고 판단하는 것이 더욱 개연적이라고 보았다. 즉, C는 '자연법칙을 거스르는 기적이 존재한다.'는 가설을 부정하였다.

<보 기>

ㄱ. A가 하늘을 날아 전 세계를 일주하는 모습을 목격했다고 증언하는 사람이 여러 명일 경우, C는 B의 가설을 지지할 것이다.

ㄴ. 정직함을 판단하는 기준이 사람마다 다른 것이라면 B의 가설은 강화된다.

ㄷ. 기적이 발생할 수 있는지 여부에 대해 B와 C는 입장을 달리한다.

① ㄴ 　　② ㄷ 　　③ ㄱ, ㄴ
④ ㄱ, ㄷ 　　⑤ ㄴ, ㄷ

13.

다음으로부터 평가한 것으로 옳은 것만을 <보기>에서 있는 대로 고른 것은?

백제의 앞선 문물을 일본에 전파했다고 알려진 왕인(王仁)에 대한 우리 측의 기록은 전무하지만, 일본 측에는 몇 가지 기록이 있다. 『고사기(古事記)』라는 책에는 "백제에 현자(賢者)가 있으면 천거하라는 천황의 명을 받아 천거된 사람이 『논어』1~10권과 『천자문』한 권을 합쳐 11권을 가져와 바쳤다."는 기록이 있다. 또 『일본서기(日本書紀)』에는 오진 천황(재위 270~310년)이 아직기에게 "그대와 같은 훌륭한 박사가 또 있느냐"라고 묻자 "왕인이라는 뛰어난 이가 있다."고 대답했다."는 기록이 있다. 또 "왕인은 오진 천황의 초대로 일본에 건너온 학자로 훗날 야마토 일본에 귀의하였다. 그가 『논어』와 『천자문』을 가지고 와서 일본에 유교와 한자가 전해졌다."는 기록도 있다.

A : 역사적 사실로 증명된 바에 따르면 『천자문』은 6세기에 중국 남조에서 편찬된 책이다. 그리고 『고사기』는 일본의 기원에 관한 신화와 천황가문에 대한 전설을 기록한 책이며, 『일본서기』는 천황의 권위를 확립하기 위한 정치적 목적에서 편찬한 서적이다. 따라서 두 저서 기록의 사실성이 의심되므로 왕인이라는 인물도 실재하지 않았다고 봐야 한다.

B : 신화와 전설을 기록한 책이더라도 역사적 사실이 아닌 것만 적혀있는 것이라고 단정할 수 없다. 『고사기』와 『일본서기』에 모두 왕인에 대한 기록이 있고, 왕인의 활동에 대한 내용이 매우 유사하다. 또 『일본서기』는 백제의 역사를 기록한 『백제기』라는 책을 참고하여 편찬하였다. 그렇다면 『일본서기』의 백제 관련 기록은 사실에 가까울 것으로 추정할 수 있다. 따라서 왕인은 실재했던 인물일 것이다.

C : 왕인은 특정한 인물의 이름이 아니라 백제가 일본에 파견한 사신의 관직명이다. 따라서 『일본서기』와 『고사기』의 왕인 관련 기록은 백제가 존속했던 기간 동안 백제에서 파견된 왕인들의 업적을 압축해 놓은 것이다.

<보 기>

ㄱ. 고고학자들이 백제의 왕이 일본에 파견한 사신단의 이름이 적힌 유물을 발굴하였고 그 안에 왕인이라는 이름이 있다면, A는 약화된다.
ㄴ. 『백제기』의 내용이 역사적 사실과 일치한다는 연구 결과가 밝혀진다면, B는 강화된다.
ㄷ. 『고사기』와 『일본서기』에 기록된 왕인의 활동 기간이 약 300년이라면, A는 약화되고 C는 강화된다.

① ㄱ   ② ㄷ   ③ ㄱ, ㄴ
④ ㄴ, ㄷ   ⑤ ㄱ, ㄴ, ㄷ

14.

다음 글을 분석한 것으로 옳은 것만을 <보기>에서 있는 대로 고른 것은?

폭넓게 허용되고 있는 동물실험을 미래에도 지속해야 하는지에 대해 <견해>가 나뉜다.

<견해>

A : 인간이 가진 질병 3만 가지 가운데 동물이 공유하는 질병은 1.16%뿐이다. 동물과 인간이 전혀 다른 반응을 보이는 병들도 적지 않다. 또한, 동물실험에 사용되는 방법과 복용량은 인간이 처한 실제 상황과 큰 차이를 보인다. 따라서 동물실험이 아닌 인간에 대한 세밀한 연구를 통해 의약품을 개발하고 시장에 내놓아야 한다.

B : 병원의 수익은 병의 진단과 치료에 의해 창출되므로, 의학 분야의 연구는 예방의학보다는 질병의 치료효과 여부를 알 수 있는 동물실험에만 집중되었다. 그렇지만 오늘날 발생하는 주요 질병들은 인간의 생활습관을 고치는 예방적 조치를 통해 상당 부분 해결될 수 있다. 과거 동물실험으로 인해 과학이 발전했다는 것은 과거에 동물실험만을 했던 결과일 뿐이다.

C : 동물실험을 대체하기 위해 개발되어온 다양한 대체시험들은 동물실험이 주는 효과만큼 확실성을 주지 못한다. 또한, 동물실험이 금지되면 인체 대상 실험이 증가할 가능성이 높다. 현재에도 임상 개발이 거의 완료된 제품을 시판하기 전에 인간을 대상으로 한 실험이 행해진다. 하지만 동물실험이 전면 금지된다면 반강제적인 형태를 감수하고서라도 사회적 약자들을 대상으로 실험을 진행하려는 유혹이 증가할 것이다.

<보 기>

ㄱ. B는 동물실험으로 인해 예방의학의 발전이 저해되었다고 본다.
ㄴ. 디카페인 커피에서 카페인 성분 제거제로 사용되는 물질의 발암효과에 대한 실험에서는 사람으로 치면 5천만 잔에 해당하는 양이 하루 동안 쥐에게 주어진다는 사실은 A를 강화하고 C를 약화한다.
ㄷ. 1901년 이후 노벨의학상 수상자의 약 75%는 동물실험을 통해 성과를 얻었고, 역사적으로 심장약과 암 치료 방법, 장기의 이식 기술의 발전은 동물실험 연구 없이는 불가능했다는 사실은 B를 약화하지 않는다.

① ㄱ   ② ㄴ   ③ ㄷ
④ ㄱ, ㄷ   ⑤ ㄴ, ㄷ

15.

<상황>과 <비판>을 평가한 것으로 옳지 <u>않은</u> 것은?

<상황>

A국의 국민참여재판에 있어서 심리와 재판의 주체는 통상의 형사합의 재판과 마찬가지로 직업 법관만으로 구성된 3인의 합의재판부이고, 평결의 주체는 직업 법관이 아닌 일반인으로 구성된 배심원이다. 그런데 배심원의 평결은 기속력*을 가지지 못하고 재판부의 판결에 대한 권고적인 효력을 가질 뿐이다. 이에 다음과 같은 비판이 제기되었다.

<비판>

⑦ 배심원의 평결에 기속력을 부여하는 것이 헌법에 있는 법관에 의한 재판을 받을 권리를 침해하는 것은 아니다.

㉯ 권고적 효력만으로는 배심원의 평결 결과가 배제될 수 있으므로 국민참여재판이 명목상의 제도로 전락될 수 있다.

㉰ 사실문제에 있어서는 직업 법관의 판단이 배심원들의 열띤 토론과 논쟁을 거친 판단보다 우월하다고 할 수 없다.

㉱ 국민참여재판제도가 영미식의 배심제를 기본 모델로 삼아 시작한 만큼 영미식 배심제와 마찬가지로 배심원 평결의 기속력을 인정해야 한다.

㉲ 국민의 대표인 참여시민의 평결을 직업 법관의 의사의 하위에 놓은 현행 국민참여재판제도는 민주적 정당성 측면에서 위헌의 소지가 있다.

* 기속력 : 법원이나 행정기관이 한 재판이나 처분을 자유롭게 취소·변경할 수 없는 효력

---

① "법관에 의한 재판을 받을 권리는 직업 법관에 의한 재판을 받을 수 있는 권리를 의미한다."라는 주장은 ㉮를 약화한다.

② "배심원 평결의 효력에 기속력을 부여하는 것이 배심제도의 본질은 아니다."라는 주장은 ㉯를 약화한다.

③ "법관은 직업·경력·사회경제적 지위와 관련하여 형성된 편견으로부터 자유롭기 힘들다."라는 주장은 ㉰를 강화한다.

④ "미국의 배심제에 있어서 변호인들은 배심원의 자격조건 등을 문제 삼아 평결에 대한 이의를 제기할 수 있다."라는 사실은 ㉱를 약화한다.

⑤ "국민주권주의의 원리상 국민의 대표가 갖는 민주적 정당성은 임명직인 법관의 민주적 정당성보다 하위일 수 없다."라는 주장은 ㉲를 강화한다.

16.

다음 논증에 대한 평가로 옳은 것만을 <보기>에서 있는 대로 고른 것은?

A : 예술이란 개념의 필요충분한 조건들이 제시될 수 있다면, 예술에 대해 하나의 완결된 정의를 할 수 있다. 예술작품과 예술작품이 아닌 것은 다음 요소를 모두 갖추었는지로 구분할 수 있다. 우선, 예술작품은 사람의 손길이 가해진 인공물이어야 하고, 창의적인 것이어야 한다. 무엇보다 선(善)을 추구해야 한다.

B : 하나의 완결된 개념이라는 것은 오직 논리학이나 수학적 개념에만 해당될 수 있다. 예술은 완결된 개념이 아니라 열린 개념이다. 예술은 끊임없는 자기 변화를 시도하기 때문에 예술을 필요충분조건으로 정의하는 것은 필연적으로 자가당착에 이를 수밖에 없다. 정의란 예술을 어떤 틀 속에 가두는 것인데 예술이란 끊임없이 자기를 변화시키는 형식이기 때문에 정의와 예술은 상호 배제적이다.

C : 열린 개념이라는 것이 예술의 본질을 논의할 수 없다는 것은 아니다. 예술의 역사를 보면 언제나 '이것이 예술인가?'라는 물음을 던지는 작품들이 등장함으로써 예술을 변화시켜왔다. 서사시만이 예술이고 회화를 모방기술로 인식하던 시대도 있었으며, 시판되는 변기를 그대로 미술관에 전시하여 '무엇이 예술인가'라는 질문을 던져 개념이나 추상 미술이 하나의 예술사조로 인정받게 된 일도 있다. 이처럼 예술의 본질은 자기관계적 반성 구조이며, 이것이 예술과 비예술을 가르는 기준이 된다. 따라서 예술감상을 위해서는 어떤 사물이 예술작품인지 아닌지라는 지식이 전제되어야 하며, 이 지식은 예술이론이나 예술관습으로부터 얻을 수 있다. 그렇다면 어떤 대상을 예술작품으로 인식하는 이는 예술이론가들일 것이다.

<보 기>

ㄱ. "예술작품과 예술작품이 아닌 것을 구분하는 기준과 가치가 높은 예술작품과 저급한 예술작품을 나누는 기준은 다르다."는 사실은 A를 약화한다.

ㄴ. C에 따르면 예술이론가가 예술품을 인식하는 선행작업이 없다면 어떤 대상도 예술작품이 될 수 없고, 예술작품으로 기능할 수 없다.

ㄷ. "예술은 완결된 개념임과 동시에 열린 개념이지만, 완결된 개념보다는 열린 개념에 더 가깝다."는 주장에 B와 C 모두 동의할 것이다.

---

① ㄱ   ② ㄴ   ③ ㄱ, ㄷ

④ ㄴ, ㄷ   ⑤ ㄱ, ㄴ, ㄷ

17.

다음 논쟁에 대한 평가로 옳은 것만을 <보기>에서 있는 대로 고른 것은?

법학전문대학원 X는 다문화가족 자녀의 전문직 진입 장벽과 사회의 인종적 편견 정도를 낮춘다는 이유에서 다문화가족 자녀에 속하는 지원자에게 면접 시 가산점을 부여한다. 이 제도의 정당성을 두고 다음의 두 가지 주장이 제시되었다.

A : 차별은 부당하다. 이는 학생의 개인적 특성이 선발 과정에 개입해서는 안 된다는 뜻이다. 다문화가족 자녀인지는 개인의 선택 범위에 속하지 않으며, 자신이 선택하지 않은 것에 대해서는 책임을 묻지 않는 것이 합리적이기 때문이다. 그런데 현행 제도는 어떤 식으로든 다문화가족 자녀 여부를 선발 과정에 개입시키며, 이로 말미암아 불합리한 차별을 야기한다. 예컨대 ⊙ 1명을 합격시켜야 하는데 다문화가족 자녀가 아닌 학생과 다문화가족 자녀인 학생이 동일한 점수를 받은 경우, 가산점에 의해 다문화가족 자녀가 합격한 경우를 생각해 보자. 이 경우 다문화가족 자녀가 아닌 학생은 자신이 선택할 수 없는 요인에 의해 불합격했다고 볼 수 있다.

B : 선천적으로 낮은 지능을 타고나서 입학시험에서 낮은 점수를 받은 학생이 있다고 하자. '낮은 지능'은 선택의 대상이 아니지만, 시험을 거쳐 학생을 선발하는 현행 제도는 낮은 점수를 받은 학생들을 배제하며, 우리는 그것을 차별로 보지 않기 때문에 부당한 대우라고 하지 않는다. 또한 다문화가족 자녀인 학생을 우대하는 현행 제도는 결과적으로 다문화가족 자녀가 아닌 학생의 불이익을 야기하지만, 이는 다문화가족 자녀에게 가해진 여타의 차별과는 구별된다. 다문화가족 자녀의 차별은 차별받는 집단에 대한 경멸이었으나 이 경우는 그러한 경멸이 아니기 때문이다. 따라서 X의 정책은 비합리적이지 않고, 애초의 취지를 고려했을 때 오히려 우리 사회에 필요한 조치이다. 같은 점수를 받은 그 다문화가족 자녀가 아닌 학생이 만약 다문화가족 자녀라면 합격했으리라는 것도 사실이지만, 이는 그가 더 높은 점수를 받았다면 합격했다는 진술과 마찬가지로 무의미하다.

<보 기>

ㄱ. ⊙이 발생한 적이 없다는 사실은 A를 약화한다.

ㄴ. 어떤 집단에 속하여 받는 불이익과 그 집단에 속하지 않아 받는 불이익 모두를 '차별'이라고 규정한다는 사실은 B를 약화한다.

ㄷ. X가 채택한 다문화가족 자녀에 대한 교육기관의 우대 정책이 다문화가족 자녀에 대한 편견의 정도를 낮추는 데 실질적으로 기여한다는 사실은 A를 약화하고 B를 강화한다.

① ㄴ   ② ㄷ   ③ ㄱ, ㄴ
④ ㄱ, ㄷ   ⑤ ㄱ, ㄴ, ㄷ

18.

⊙을 평가한 것으로 옳은 것만을 <보기>에서 있는 대로 고른 것은?

임신 중인 산모가 받는 스트레스가 태아의 건강과 향후 사회적 성취에 미치는 영향은 인구경제학에서 중요하게 다루어지는 주제이다. 특히 전쟁 등 광범위한 인구에 스트레스를 유발하는 사건이 발생한 경우 그 영향에 대한 연구가 이루어진다.

1951년 6월 5일 A국에서 전쟁이 발발하였다. A국은 인구 대부분이 만 19세가 되는 해에 대학교 입시를 위한 시험을 치르며, 이 시험 점수는 그 사람의 사회적 성취를 계량화할 수 있는 지표로 인정된다. <표>는 1951년부터 1953년까지 A국의 P지역과 Q지역에서 태어난 사람들의 대입시험 점수를 10점 만점으로 환산한 수치이다. 임신 기간은 평균적으로 10개월이다.

<표>

	1951년생		1952년생		1953년생	
	P지역	Q지역	P지역	Q지역	P지역	Q지역
1월생	6.4	6.2	6.2	6.1	5.5	4.3
2월생	6.3	6.1	6.3	6.3	5.4	4.4
3월생	6.3	6.3	6.1	6.2	5.7	4.1
4월생	6.2	6.4	4.3	6.4	6.3	6.2
5월생	6.4	6.2	4.2	6.1	6.2	6.3
6월생	6.5	6.4	4.1	6.3	6.1	6.1
7월생	6.3	6.1	4.5	6.2	6.4	6.4
8월생	6.4	6.4	4.7	4.2	6.5	6.5
9월생	6.4	6.6	5.1	4.4	6.2	6.7
10월생	6.2	6.1	5.3	4.5	6.3	6.1
11월생	6.3	6.3	5.2	4.1	6.4	6.2
12월생	6.1	6.2	5.4	4.2	6.5	6.3

인구경제학자 갑은 <표>를 근거로 ⊙ 임신기간 중 겪은 전쟁 스트레스가 1951년 전쟁 시기에 임신한 모가 출산한 자녀들의 사회적 성취에 악영향을 미쳤다고 판단하였다.

<보 기>

ㄱ. 1971년 대입시험이 1970년과 1972년의 대입시험보다 난이도가 높았으며, 전쟁으로 인해 52년생들만 P지역 출신은 3월생까지, Q지역 출신은 최대 6~7월생까지도 대입시험을 한 해 일찍 응시하게 하였다는 사실은 ⊙을 약화할 수 있다.

ㄴ. A국에서 발발한 전쟁이 종료되어 1952년 6월~7월에는 사회가 안정되었다는 사실은 ⊙을 강화할 수 있다.

ㄷ. A국에서 발발한 전쟁에서, 적국이 P지역을 먼저 공격하기 시작하여 약 4개월 후에 P지역의 공격횟수를 절반 정도 줄이고 Q지역으로 옮겨 Q지역을 집중 공격하기 시작했다는 사실은 ⊙을 강화할 수 있다.

① ㄱ   ② ㄴ   ③ ㄱ, ㄷ
④ ㄴ, ㄷ   ⑤ ㄱ, ㄴ, ㄷ

19.

갑, 을, 병, 정의 견해에 대한 진술로서 옳지 않은 것은?

> 세계 각 국가들을 대상으로 조사한 결과에 대해 상이한 견해가 있다. 갑은 주권국가로서의 지위가 높으면 근대화에 대한 성취도가 높고, 주권국가로서의 지위가 낮다면 근대화에 대한 성취도가 낮다고 해석하여, 주권국가로서의 지위가 근대화에 대한 성취도를 결정한다고 결론지었다. 을은 경제적으로 다른 나라의 원조를 적게 받는 국가의 주권국가로서의 지위와 근대화에 대한 성취도가 높고, 그렇지 않은 경우 주권국가로서의 지위와 근대화에 대한 성취도가 낮다고 결론지었다. 병은 을의 견해에 동의하면서, 국민에 의한 봉기와 내전이 없을수록 경제적으로 다른 나라의 원조를 적게 받는다고 보고, 전자가 후자에 영향을 준다고 해석하였다. 정은 근대화에 대한 성취도가 높으면 주권국가로서의 지위가 높은 것이고 근대화에 대한 성취도가 낮으면 주권국가로서의 지위도 낮다고 해석하여, 근대화에 대한 성취도가 주권국가의 지위를 결정한다고 결론지었다.

① 주권국가로서의 지위가 높지만 근대화에 대한 성취도가 낮은 국가가 많을수록 갑과 정의 결론이 모두 약화된다.

② 경제적으로 다른 나라의 원조를 적게 받지만 주권국가로서의 지위가 낮은 국가가 많을수록 을과 병의 결론이 모두 약화된다.

③ 근대화에 대한 성취도는 높지만 주권국가로서의 지위가 낮은 국가가 많을수록 갑과 정의 결론이 모두 약화된다.

④ 국민에 의한 봉기와 내전이 많지만 근대화에 대한 성취도가 낮은 국가가 많을수록 을의 결론은 약화되지 않고 병의 결론은 약화된다.

⑤ 경제적으로 다른 나라의 원조를 적게 받고 주권국가로서의 지위가 높고 근대화에 대한 성취도가 높은 국가가 많을수록 갑과 을의 결론이 모두 강화된다.

20.

다음 글을 평가한 것으로 옳은 것만을 <보기>에서 있는 대로 고른 것은?

> ⊙통계적 근거를 사용하여 내리는 판단이 늘 올바른 것은 아니며 오히려 심각한 오류로 이어질 수 있다. 이력서에 범죄 이력을 적는 칸을 없애기로 한 X정책이 통계적으로 가장 범죄율이 높은 A인종의 실업률에 미친 영향을 통해 이러한 사실을 확인할 수 있다. 연구자들은 X정책을 도입하기 직전과 직후에 채용 공고를 낸 고용주들에게 가짜 온라인 지원서를 제출하였다. 고용주가 지원자의 이름을 보고 지원자의 인종을 알 수 있도록 전형적인 A인종 이름과 B인종 이름을 사용했으며, X정책이 도입되기 전에는 범죄 이력을 적는 칸이 있는 경우 무작위로 범죄 이력 여부를 표시했다. 이전의 많은 연구에서 드러난 바대로 A인종에 대한 차별은 존재하였다. 이름만 차이가 나고 동일한 이력서를 보낼 경우 B인종 이름의 지원자가 서류를 통과할 가능성이 A인종 이름의 지원자보다 23%p 더 높았다. 또한 범죄 이력이 있으면 취업이 매우 불리했는데, 다른 조건이 동일할 경우 범죄 이력이 없는 지원자가 서류를 통과할 가능성이 범죄 이력이 있는 지원자에 비해 62%p 더 높았다. 흥미로운 사실은 X정책이 도입되고 나서 범죄 이력을 표시하는 칸이 없어지자 서류를 통과하는 사람의 비중이 인종별로 더 큰 격차를 나타낸 것이다. X정책이 도입되자 B인종 이름의 지원자가 비슷한 조건을 가진 A인종 이름의 지원자보다 서류를 통과할 확률이 43%p 더 높아지게 되었다. ⓒ이는 개개인의 범죄 이력에 대해 실제 정보를 얻을 수 없게 된 고용주들이 통계적 사실에 기초하여 모든 A인종 지원자가 범죄 이력이 있을 가능성이 크다고 가정하였기 때문이다. X정책이 도입되자 고용주들이 인종을 지표로 활용하여 지원자의 범죄 이력 여부를 가늠한 것이다.

---<보 기>---

ㄱ. 실제로 B인종에 비해 A인종의 범죄율이 매우 높다는 사실은 ⊙을 약화하지 않는다.

ㄴ. 만약 연구자들이 X정책이 도입되기 전에 이력서를 제출할 때 B인종 이름의 지원자는 모두 범죄 이력이 있다고 표시하였다면 범죄 이력이 없다고 표시한 A인종 이름의 지원자 이력서보다 서류 통과 확률이 60%p 이상 낮을 것이다.

ㄷ. 다른 조건이 동일할 때 범죄 이력의 여부가 서류 통과 가능성에 미치는 영향이 A인종 집단에 비해 B인종 집단에서 훨씬 더 크다는 사실은 ⓒ을 강화한다.

① ㄱ   ② ㄴ   ③ ㄱ, ㄷ

④ ㄴ, ㄷ   ⑤ ㄱ, ㄴ, ㄷ

21.

다음 글에 대한 평가로 옳은 것만을 <보기>에서 있는 대로 고른 것은?

주류경제학자들은 합리적인 인간의 선택은 결과에 관한 효용의 기대치에 의해 이루어지며, 이 선택은 표현양식에 영향을 받지 않는 일관적인 선호라고 본다. 이에 대해 경제학자 갑은 사람들은 어떤 선택을 할 때 주류경제학자들이 주장하는 것처럼 일관적인 태도를 유지하는 것이 아니라 표현양식의 변화에 따라 다른 것을 선택하며, 이러한 현상을 '선호의 역전'이라고 주장한다. 갑은 도박 게임실험을 통해 선호의 역전을 설명한다. 갑은 실험 참가자들에게 상금은 적지만 이길 확률이 높은 도박 게임 A와 상금이 크지만 이길 확률이 낮은 도박 게임 B를 보여준 다음, 두 개의 질문을 하였다. 하나는 두 개 중 자신이 '더 선호하는 게임을 선택'하라는 것이고, 다른 하나는 각 도박 게임에 참가하기 위해 지불하고자 하는 '참가비용을 책정'하라는 것이었다. 즉, 갑은 두 개의 질문 모두 실험 참가자들이 선호하는 게임이 무엇인지 묻는 것이지만, 그 표현양식을 달리하는 경우에 참가자들이 어떤 선택을 하는지 실험한 것이다. 실험 결과, 사람들은 어떤 게임을 더 선호하는지 선택하라고 한 경우에는 기댓값이 더 높은 A를 선택했으나, 두 게임의 참가비용을 각각 책정하라고 한 경우에는 B의 참가비용을 훨씬 높게 책정하였다. 이에 대해 갑은 도박에서 이길 확률에는 '선택'이라는 표현양식이 더 잘 어울리고, 기대금액에는 '가격 책정'이라는 표현양식이 더 잘 어울리므로, 실험에서 선호의 역전이 발생한 것이라고 주장하였다.

─────── <보 기> ───────

ㄱ. 갑은 실험 참가자가 합리적일 경우 A와 B 중 더 선호하는 도박 게임의 참가비용을 더 높게 책정할 것이라고 본다.
ㄴ. 실험에서 A는 90% 확률로 10만 원을 받는 게임이고 B는 10% 확률로 80만 원을 받는 게임이었다는 사실은 갑의 주장을 강화한다.
ㄷ. 대부분의 사람들은 손실회피적인 성향으로 인하여 이길 확률이 더 높은 게임을 선택한다는 사실은 갑의 주장을 강화한다.

① ㄱ ② ㄷ ③ ㄱ, ㄴ
④ ㄴ, ㄷ ⑤ ㄱ, ㄴ, ㄷ

22.

다음 글에 대한 평가로 옳은 것만을 <보기>에서 있는 대로 고른 것은?

심리학자 갑은 사람들의 행동에 영향력을 행사할 수 있는 방법에 대해 고민하던 중 경로 요인 가설을 생각해낸다. 경로 요인은 특정한 행동들을 촉진하거나 방해할 수 있는 작은 영향력들을 의미한다. 즉, 작은 요인들이 사람들이 취하고자 하는 행동에 대해서 강력한 억제제나 촉진제가 된다는 것이다. 갑은 위 가설을 검증하기 위해 다음과 같은 실험을 진행하였다.

<실험>

A대학교 4학년 학생들을 두 집단으로 나누어 실험을 진행한다. 첫 번째 집단에게는 파상풍의 위험과, 보건소에 가서 예방접종을 받는 일이 얼마나 중요한지에 대한 교육을 진행하였다. 두 번째 집단에게는 동일한 내용의 교육을 진행한 후 보건소 위치에 동그라미가 쳐진 교내 지도를 한 부씩 나눠주었다. 또한 두 번째 집단의 학생들에게 지도를 보고 보건소까지 어떤 경로를 택하여 갈 것인지 결정토록 요청하였다. 즉, 갑은 보건소 위치를 강조한 지도를 나눠주고, 보건소까지 가는 경로를 결정하게 하는 경로 요인을 설정하였다. 실험 결과, 학생들이 보건소에 가서 파상풍 예방주사를 맞을 확률이 첫 번째 집단보다 두 번째 집단에서 9배 이상 높았다.

─────── <보 기> ───────

ㄱ. 두 집단의 학생들 모두가 이미 보건소의 위치를 잘 알고 있었다는 사실은 갑의 가설을 약화한다.
ㄴ. 파상풍에 걸린 경험이 있는 학생들의 비율이 첫 번째 집단에 비해 두 번째 집단에서 더 높다는 사실은 갑의 가설을 강화한다.
ㄷ. 학생들이 보건소까지 갈 수 있는 경로가 오직 하나뿐이라는 사실은 갑의 가설을 약화하지 않는다.

① ㄱ ② ㄷ ③ ㄱ, ㄴ
④ ㄴ, ㄷ ⑤ ㄱ, ㄴ, ㄷ

23.

다음 글에 대한 평가로 옳은 것만을 <보기>에서 있는 대로 고른 것은?

갑은 어떤 행위에서 불쾌함이나 두려움을 느끼면, 그 감정이 우리의 행위에 개입하여 그 행위를 중단하는 결정으로 이어진다는 ⊙가설을 세웠다. 한편 전두 피질은 대뇌에서 판단결정을 내리는 부분과 감정을 관장하는 부분을 연결하는 기능을 한다. 따라서 전두 피질에 손상이 생길 경우 감정과 판단의 연결에 문제가 생긴다. 가설을 검증하기 위하여 A집단 50명 B집단 50명을 선정하여 다음 두 실험을 하였다. A집단은 전두 피질에 손상을 입은 환자들이고 B집단은 손상을 입지 않은 사람들이다.

<실험 1>

참가자들에게 2,000달러를 지급한 후 이들에게 100장으로 된 카드묶음에서 카드를 한 장 뽑아 돈을 받거나 지불하는 게임을 하게 하였다. 100달러의 돈을 받을 수 있는 카드는 총 5장이고, 100달러의 돈을 지불해야 하는 카드는 총 95장인데, 참가자들은 이를 알지 못한다. 참가자들이 모두 모인 가운데 한 명씩 순서대로 카드를 뽑아 그 사람이 돈을 받는지 혹은 돈을 내는지를 보았다. 절반이 넘는 참가자들이 참여했을 정도로 게임이 어느 정도 무르익었는데 돈을 받는 참가자들이 거의 없어 모두 이 게임이 불쾌하다고 느꼈다. 이후 A집단 참가자들은 게임을 계속하였으나 B집단 참가자들은 게임을 중단하였다.

<실험 2>

참가자에게 100달러를 지급한 뒤 동전 던지기 게임을 하였다. 참가자들은 원할 때까지 베팅을 계속할 수 있다. 동전의 앞면이 나오면 20달러를 지불해야 하지만, 뒷면이 나오면 50달러를 받는다. 동전의 앞면과 뒷면이 나올 확률은 동일하다. 모든 참가자들은 게임을 계속 진행하면서 돈을 잃게 되는 것에 대한 두려움을 느꼈다. 이후 A집단 참가자들은 게임을 계속하였으나 B집단 참가자들은 게임을 중단하였다.

─────<보 기>─────
ㄱ. <실험 1>과 <실험 2>의 결과는 모두 ⊙을 강화한다.
ㄴ. 전두 피질이 아닌 감정 관장 부분에만 손상을 입은 C집단에 대해 <실험 2>를 수행한 결과, B집단 참가자들과 C집단 참가자들이 올린 수익에 차이가 없다면 ⊙은 강화된다.
ㄷ. <실험 1>과 <실험 2>의 결과는 모두 '감정은 금전적으로 더 이익이 되는 판단을 하는 데 도움을 준다'라는 사실에 부합한다.

① ㄱ   ② ㄷ   ③ ㄱ, ㄴ
④ ㄴ, ㄷ   ⑤ ㄱ, ㄴ, ㄷ

24.

다음으로부터 추론한 것으로 옳은 것만을 <보기>에서 있는 대로 고른 것은?

한 연구진이 국내에서 퇴행성관절염의 발병률을 성별 및 연령별로 조사하여 아래의 그래프와 같은 결과를 얻게 되었다. 퇴행성관절염은 손가락, 무릎 등 여러 관절에 발병할 수 있는 병이므로, 이 조사에서는 관절의 종류에 상관없이 퇴행성관절염이 발병한 관절이 하나라도 있으면 질병이 발병한 집단으로 포함시켰다. 이 연구 결과를 토대로 아래의 두 가지 가설이 제기되었다.

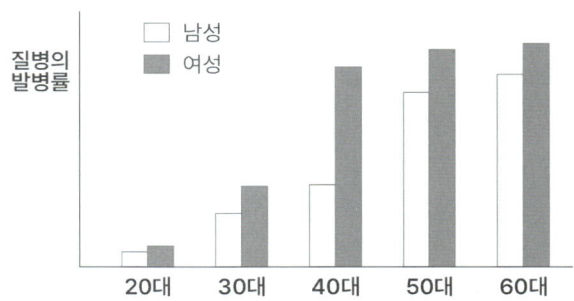

가설 1 : 남성에 비해서 여성이 일반적으로 관절 사용 빈도가 더 높은 노동을 한다. 따라서 퇴행성관절염은 특정 시기에 관절 사용 빈도가 높을수록 발병률이 높아질 것이다.

가설 2 : 남성에 비해서 여성이 같은 연령대에서 여성 호르몬에 더 많이 노출된다. 또한 연령이 많은 여성이 연령이 적은 여성보다 여성 호르몬에 더 오랫동안 노출되므로 연령이 많은 여성이 평생 동안 더 많은 여성 호르몬에 노출된다. 따라서 해당 시점까지 노출되어 왔던 여성 호르몬의 총량이 많을수록 퇴행성관절염의 발병률은 높아질 것이다.

─────<보 기>─────
ㄱ. 남성의 경우 40대에서 50대로 넘어갈 때 남성 체내의 여성 호르몬 수치에 큰 변화가 없다는 연구 결과는 가설 2를 약화한다.
ㄴ. 제시문의 그래프가 무릎에 발병한 퇴행성관절염이라고 할 때, 그 발병 비율은 여성에게서 더 높고, 남성이 여성에 비해 무릎 관절 사용 빈도가 더 낮다는 연구 결과는 가설 1을 약화한다.
ㄷ. 50대에 접어들면서 40대에 비해 여성에게 부여되는 가사 노동의 관절 사용 빈도는 감소하였으나, 새롭게 노출되는 여성 호르몬의 양이 줄어든다는 연구 결과는 가설 1을 강화하고 가설 2를 약화한다.

① ㄱ   ② ㄷ   ③ ㄱ, ㄴ
④ ㄴ, ㄷ   ⑤ ㄱ, ㄴ, ㄷ

25.

다음 글에 대한 평가로 옳은 것만을 <보기>에서 있는 대로 고른 것은?

> 갑 : 만일 어떤 개체가 믿음과 욕구, 지각력, 기억력이 있고 자신의 욕구와 목적을 추구하기 위해 행동하는 능력을 갖는다면 이 개체는 삶의 주체이다. 정상적인 1세 이상의 포유동물들은 이러한 조건을 충족하므로 이들은 삶의 주체로서 공정하게 대우받을 권리가 있다. 무엇보다 삶의 주체들이 갖는 기본권은 계약이나 합의의 산물이 아니라 천부적으로 부여되는 권리이다. 그리고 인간에게는 인도적으로 행동할 보편적 의무가 있다. 따라서 인간이 인간 이외의 다른 포유동물을 공장에서 대량 사육하는 것은 동물의 권리를 침해하는 것이다.
>
> 을 : 자율적 판단 능력이 없어서 도덕원리를 고안해 낼 수 없고 또 이를 준수할 능력이 없다면 권리를 인정할 수 없다. 인간 이외의 동물은 이를 갖추지 못했기 때문에 권리를 인정할 수 없다. 인간 이외의 동물이 어떤 행동을 해도 되고 해서는 안 되는 줄 안다고 하여 자율적 판단 능력이 있는 것으로 보이지만 그것은 조련의 결과일 뿐이다. 따라서 인간 외의 동물은 인간만이 속할 수 있는 도덕공동체의 구성원이 될 자격이 없으며, 따라서 권리 또한 가질 수 없다. 그리고 모든 의무와 권리가 상호적인 것은 아니다. 인간에게는 인도적으로 행동할 보편 의무가 있기 때문에 인간에게는 동물을 학대하지 않을 의무가 있다. 그러나 인간에게 이러한 의무가 있다고 말하기 위해 그것에 대응하는 권리가 인간을 포함한 모든 동물에게 있다고 할 수는 없다.

<보 기>

ㄱ. 갑과 을은 어떤 존재가 권리의 주체로 인정받기 위해 갖추어야 할 요건을 서로 다르게 보고 있다.

ㄴ. 자신의 행동을 자율적으로 조절하는 능력을 결여한 인간에게도 이들에게 인간으로서 정중한 대우를 받을 권리를 인정하고 있다는 것은 을의 입장을 지지하지 않는다.

ㄷ. 동물이 인간의 권리와 질적으로 동등한 수준의 권리를 가질 수 있더라도 인간의 권리 인정 범위가 동물의 그것보다 훨씬 크다는 점을 인정해야 한다는 주장은 을의 입장을 지지한다.

① ㄱ   ② ㄴ   ③ ㄷ
④ ㄱ, ㄴ   ⑤ ㄴ, ㄷ

26.

다음 주장의 설득력을 강화하는 것만을 <보기>에서 있는 대로 고른 것은?

> 설문 조사의 초기 설정은 사람들의 의사 결정에 영향을 미치는데 이는 다음과 같은 이유 때문이다. 첫째 공공 정책의 경우에 사람들은 초깃값을 정책 결정자(대부분은 정부)의 '권유'로 생각하여 좋을 것이라 여기고 받아들이기 때문이다. 또한 초깃값과 다른 의사 결정을 할 때는 신청 서류를 쓴다거나 발송하는 등 시간이나 노동력 측면에서 비용이 들기 때문에 사람들은 초깃값을 받아들인다. 즉, 초깃값에 100퍼센트 동의하지 않더라도 번거로움을 피하기 위해 그냥 덮어두는 것이다.

<보 기>

ㄱ. 온라인을 통해 한 집단에게는 장기를 기증하지 않는 것을 초기 설정으로, 다른 집단에게는 장기 기증을 초기 설정으로 제시하였다. 최종적으로 전자의 집단에서 장기 기증에 동의한 사람은 22%이고, 후자의 집단에서 장기 기증에 동의한 사람은 90%였다.

ㄴ. 인접한 두 도시 중, A시는 보험료가 싼 쪽을 초기 설정으로 지정하여 자동차 보험을 가입하도록 하고 B시는 보험료가 비싼 쪽을 초기 설정으로 지정하여 자동적으로 가입하도록 하였다. 같은 기간 A시 보험 가입자의 80%는 싼 보험료를 선택하고 B시 보험 가입자의 75%는 비싼 보험료를 선택하였다.

ㄷ. C 회사에서는 입사한 직원에게 월급 일부를 퇴직금으로 적립하는 정책을 초깃값으로 설정한 동의서를 제시하였는데 80%의 직원들이 적립을 하는 것에 동의하였다. 이와 달리 초깃값을 설정해 두지 않고 스스로 의사 결정을 해야 할 때는 50%의 사람들이 적립을 하는 것에 동의하였다.

① ㄱ   ② ㄷ   ③ ㄱ, ㄴ
④ ㄴ, ㄷ   ⑤ ㄱ, ㄴ, ㄷ

27.

다음 글에 대한 평가로 적절한 것만을 <보기>에서 있는 대로 고른 것은?

<갑의 이론>

　범죄행위의 결과로 붙게 된 일탈자라는 낙인은 불법적 기회를 증대시켜 지속적인 범죄행위를 야기하는 결과를 가져온다. 일탈자로 낙인찍히게 되면 관습적 사회와 기회로부터 격리·소외되고, 그 결과 일탈자라는 낙인이 찍히지 않았을 때보다 일탈로 나아갈 가능성이 높아지기 때문이다.

<을의 반론>

　최근 A국의 사법기관에서 발표된 통계는 <갑의 이론>과는 배치되는 결과를 보여준다. 갑의 주장처럼 일탈자라는 낙인이 범죄행위를 야기하는 결과를 가져오는 것이라면 사법기관에 인지된 소년범죄의 비율이 증가함에 따라 사법기관에 인지된 소년범의 재범률도 증가해야 한다. 하지만 아래의 <표>는 <갑의 이론>과는 정반대의 양상을 띠고 있으며, 이는 <갑의 이론>이 옳지 않음을 보여준다.

<표> A국의 소년범죄의 범죄율과 재범률

	1990년	2000년	2010년
실제 소년범죄 발생 건수	5,603	8,159	19,145
사법기관에 인지된 소년범죄의 비율	31%	43%	51%
사법기관에 인지된 소년범의 재범률	34%	28%	23%

―――――――――<보 기>―――――――――

ㄱ. 을은 사법기관에 의해 범죄사실이 인지되었다는 것이 곧 일탈자로 낙인찍히는 과정으로 연결된다고 전제하고 있다.

ㄴ. 매년 인지되지 않은 소년범의 재범률이 인지된 소년범의 재범률보다 20% 정도 높았다는 A국 사법기관의 통계자료가 추가된다면, <표>는 <갑의 이론>에 불리한 근거로 작용하지 않는다.

ㄷ. A국은 1990년대 후반부터 보호처분을 받는 소년범의 수를 늘려왔으며, 보호처분을 받는 소년범의 경우 성인범과 달리 범죄사실이 공공에 노출되지 않는다는 사실이 추가된다면, <표>는 <갑의 이론>에 불리한 근거로 작용하지 않는다.

① ㄱ　　　　　② ㄴ　　　　　③ ㄱ, ㄷ
④ ㄴ, ㄷ　　　　⑤ ㄱ, ㄴ, ㄷ

28.

다음 주장을 평가한 것으로 옳은 것만을 <보기>에서 있는 대로 고른 것은?

A : 커피에 들어 있는 카페인이 기억력 향상에 미치는 효과를 알아보기 위하여, 카페인을 복용한 경험이 거의 없는 사람들을 임의로 선발하여 10일간 실험을 실시하였다. 실험집단은 유효량의 카페인이 들어 있는 커피를, 대조집단은 카페인이 들어있지 않은 커피를 매일 두 잔씩 마셨다. 그리고 하루 한 차례씩 기억력 시험을 치른 결과, 10일 모두 실험집단의 기억력이 대조집단보다 우수한 것으로 나타났다. 이 실험의 결과는 카페인이 복용초기부터 기억력 향상에 지속적으로 도움이 된다는 것을 말해준다.

B : 카페인이 단기적으로 기억력 향상에 도움이 될 수 있다. 그러나 카페인 복용이 장기화되면, 그러한 효과는 거의 나타나지 않는다. 커피에 포함된 카페인은 불면, 두통, 불안, 중독 그리고 내성형성과 같은 여러 부작용을 일으킬 수 있다. 특히 중독과 내성형성은 카페인의 효과가 장기화되지 못하게 만드는 주된 요인이다. 사람에 따라 정도는 다르지만 대개 6개월 이상 매일 카페인을 복용할 경우 이러한 부작용으로 인하여 기억력 향상 효과는 나타나지 않는다.

―――――――――<보 기>―――――――――

ㄱ. 카페인에 민감하지 않은 사람들은 카페인을 복용하여도 부작용이 나타나지 않는다는 사실이 확인되었다면, A의 주장은 강화된다.

ㄴ. 카페인을 녹차 추출 성분인 테아닌과 함께 복용하면 복용기간이 장기화되더라도 기억력 향상 효과가 일정하게 나타난다는 사실이 밝혀졌다면, B의 주장은 강화된다.

ㄷ. 사람들이 일정량의 카페인을 매일 복용하도록 한 장기간의 실험 결과 상당수의 사람들에게서 6개월이 지난 이후부터 비로소 기억력 향상 효과가 나타나기 시작한다는 사실이 밝혀졌다면, A와 B의 주장은 모두 약화된다.

① ㄱ　　　　　② ㄷ　　　　　③ ㄱ, ㄴ
④ ㄴ, ㄷ　　　　⑤ ㄱ, ㄴ, ㄷ

29.

다음 주장을 평가한 것으로 적절한 것만을 <보기>에서 있는 대로 고른 것은?

인간의 유전자는 지난 수백만 년간 진화하면서 다양한 변화를 거쳤지만, 유독 수백 개의 유전자는 최소한 3억 년간 전혀 변하지 않은 것으로 보인다. 이를 초보존 유전자라 하는데, 인간의 초보존 유전자는 원숭이, 개, 너구리와 동일한 것은 물론 3억 년 전 분리된 닭과도 완전히 일치한다. 이 초보존 유전자가 3억 년간이나 보존된 이유는 이 유전자가 감시자 역할을 하기 때문일 것이다. 인간의 세포에는 거의 동일한 유전자 두 짝이 한 쌍으로 존재한다. 초보존 유전자는 한 짝의 유전자에 하나씩 존재하여 세포 분열이 일어날 때 유전자가 한 쌍씩 있는지를 확인하는 역할을 한다. 초보존 유전자에 변이가 생겨서 세포에 초보존 유전자가 한 쌍씩 있지 못하면 세포 자살이 유도된다. 또는 세포 분열이 잘못 일어나 세포에 초보존 유전자가 한 쌍보다 더 많거나 적어진다면 초보존 유전자의 숫자가 정상이 아니게 되므로 마찬가지로 세포 자살이 유도된다. 한편 암세포에는 초보존 유전자가 정상 세포보다 적거나 많은데도 암세포는 세포 자살로 유도되지 않고 무한정 증식한다. 이는 암세포가 초보존 유전자가 유도하는 세포 자살 기작을 회피하는 능력이 있기 때문이다.

<보 기>

ㄱ. 무한정 증식된 암세포가 초보존 유전자의 증식이나 억제를 유도하는 능력을 가지고 있다면 위 주장은 약화된다.

ㄴ. 건강한 사람이 암에 걸린 다음에도 생식 세포에는 초보존 유전자가 한 쌍씩 존재하여 자손에 정상 초보존 유전자가 한 쌍씩 유전된다면 위 주장은 약화된다.

ㄷ. 초보존 유전자가 신진대사나 단백질 생산에 관여하여 생물체의 생존에 필수적인 기능을 한다는 것이 밝혀졌다면 위 주장은 약화된다.

① ㄱ   ② ㄴ   ③ ㄱ, ㄴ
④ ㄱ, ㄷ   ⑤ ㄴ, ㄷ

30.

<가설 1>과 <가설 2>에 대한 평가로 옳은 것은?

암컷이 교미를 하면 정상적인 상황에서 발정 상태는 사라진다. 그런데 최근 교미한 암컷을 낯선 수컷과 한 공간에 넣어두면 임신이 되지 않는 현상이 생기는데 이를 부르스 효과라고 한다. 이는 수컷의 페로몬 작용 때문에 호르몬의 일종인 암컷의 프로락틴 분비가 차단되고 발정이 계속되기 때문이다. 한편 유사한 것으로 휘튼 효과가 있다. 이는 암컷들만 모아놓고 살게 하면 암컷들의 난소의 활동성도 줄어들고 생리 주기가 불규칙해지는 양상을 보이게 되는데, 그런 집단에 수컷을 한 마리만 같이 살게 하면 3일 이내에 대부분의 암컷들이 난소의 활동이 재개되고 또한 생리 주기가 모두 비슷해지는 현상을 지칭한다.

암소만을 키우는 막사에 사는 암소 A와 B는 최근에 임신한 경력이 없었으며 발정 현상도 보이지 않았다. 어느 날 이 막사에 수소 C가 같이 살게 되자 A와 B가 3일 이내에 발정 현상을 보이게 되었다. 이후 이 막사에 살던 수소 C를 다른 막사로 옮기고 수소 D를 넣어놓자 A의 발정 현상은 감소하였지만 B의 발정 현상은 계속되었다. 이런 현상과 관련하여 두 가지 가설을 세우고 몇 가지 사례를 통하여 이들을 각각 평가해 보았다.

<가설 1>
암소 A와 B가 수소 D에 대해서 다른 반응을 보인 것은 두 암소 중 한 마리에게 호르몬 일종인 프로락틴 분비에 이상이 발생했기 때문이다.

<가설 2>
암소 A와 B가 수소 D에 대해서 다른 반응을 보인 것은 단순히 이들의 발정주기에 따른 차이일 뿐이다.

① 이들 암소에게서는 휘튼 효과가 나타나지 않았다는 사실은 <가설 1>을 강화한다.

② 암소 A와 B가 모두 수소 C와 교미를 하였다는 사실은 <가설 1>을 강화하고 <가설 2>를 강화하지 않는다.

③ 암소 A와 B가 모두 수소 C와 교미를 하지 않았다는 사실은 <가설 1>을 강화하고 <가설 2>를 약화한다.

④ 수소 C가 암소 A와 교미를 하였지만 암소 B와 교미를 하지 않았다는 사실은 <가설 1>과 <가설 2> 모두 강화한다.

⑤ 수소 C가 암소 A와 교미를 하지 않았지만 암소 B와 교미를 하였다는 사실은 <가설 1>을 약화하고 <가설 2>를 강화하지 않는다.

31.

다음 글에서 발견된 화석과 <알려진 사실>의 관계에 대한 판단으로 옳은 것만을 <보기>에서 있는 대로 고른 것은?

1990년대 후반부터 랴오닝성에서 많은 공룡화석이 발견되었는데, 이 화석들은 기존에 학계에서 공룡에 대해 가지고 있던 견해와 정반대되는 특성들을 몇 가지 보여주었다. 그 중 가장 중요한 것이 발견된 화석 중 다수가 깃털을 가진 공룡의 화석이었고 포유동물들과 동일한 수면 상태의 모습을 보여주고 있다는 점이었다. 또한 깃털공룡의 화석 일부에서는 위장에 깃털공룡보다 체구가 훨씬 작고 날렵한 포유류의 뼛조각이 발견되었다.

<알려진 사실>

(가) 깃털은 표피에서 열의 발산과 흡수를 방해함으로써 체온을 일정하게 유지시켜주는 역할을 한다.

(나) 사냥을 통해서 살아있는 초식공룡만을 잡아먹는 육식공룡도 있었지만, 다른 육식공룡이 사냥한 초식공룡을 빼앗거나 초식공룡의 사체를 먹는 육식공룡도 있었다.

(다) 육식동물은 대부분 몸집이 커질수록 민첩성이 떨어지는 경향을 보여주고 있다.

(라) 현재의 덩치 큰 독수리는 항온동물이며 공중을 날아다니다가 몸집이 작은 먹잇감을 발견하면 순간적인 급강하로 사냥한다.

─────── <보 기> ───────

ㄱ. (가)는 발견된 깃털공룡 화석과 결합하여 공룡이 털이 있는 항온동물로도 진화했을 것이라는 가설을 지지해 준다.

ㄴ. 깃털공룡의 화석 증거들로부터 깃털공룡이 포유류만큼이나 민첩하게 움직였을 것이라는 가설을 세운 경우, (나)는 이 가설을 지지해 준다.

ㄷ. 깃털공룡이 조류의 조상이라면 (다)에도 불구하고, (라)는 발견된 화석과 결합하여 깃털공룡이 항온성과 민첩성을 확보하였을 것이라는 가설을 지지해 준다.

① ㄱ   ② ㄴ   ③ ㄷ
④ ㄱ, ㄷ   ⑤ ㄴ, ㄷ

32.

X국의 자동차손해배상보장법 규정 및 관련 논의에 대한 설명으로 옳은 것만을 <보기>에서 있는 대로 고른 것은?

자동차손해배상보장법(이하 '자배법'이라 한다.)상 '운행' 개념의 정의 및 위험과 관련하여 다음과 같은 견해가 있다. 제1견해는 자동차의 엔진, 제동, 조향 등의 주행장치를 용법에 따라 조작해서 자동차를 이동시키는 것을 자동차의 운행이라고 본다. 이때 위험야기원은 자동차의 '주행장치'이고, 위험야기행위는 주행장치의 '용법에 따른 조작'이다. 제2견해는 자동차에 그 구조상 설비되어 있는 엔진, 제동, 조향, 전동, 제동, 냉각, 배기, 크레인차의 크레인, 덤프카의 덤프 등의 고유장치를 용법에 따라 조작하는 것을 자동차의 운행이라고 본다. 이때 위험야기원은 자동차의 '고유장치'이고, 위험야기행위는 고유장치의 '용법에 따른 조작'이다. 제3견해는 자동차 '존재' 자체를 자동차의 운행이라고 본다. 이때 위험야기원은 '자동차 그 자체'이고, 위험야기행위는 자동차의 '존재로 발생할 수 있는 모든 위험 행위'이다. 이처럼 자배법상 운행 개념의 정의 및 위험에 대한 다양한 견해가 존재하고 있는 상황에서, X국의 자배법 규정은 "'운행'이란 사람 또는 물건의 운송 여부와 관계없이 자동차를 그 용법에 따라 사용하거나 관리하는 것을 말한다."라고 한다.

위 규정과 관련하여, ⓐ <u>구급차로 환자를 병원에 후송하여 구급차에 비치된 들것으로 환자를 하차시키던 도중 들것을 잘못 조작하여 환자를 땅에 떨어뜨려 상해를 입게 한 경우,</u> 이를 자동차의 운행으로 인하여 발생한 사고로 볼 것인지와 관련하여, X국 대법원은 다음과 같이 판시하였다.

자배법 규정에서 '자동차를 그 용법에 따라 사용'한다는 것은 자동차의 용도에 따라 그 구조상 설비되어 있는 장치들을 각각의 장치목적에 따라 사용하는 것을 말하는 것으로써, 자동차가 반드시 주행 상태에 있지 않더라도 주행의 전후단계로서 주·정차 상태에서 문을 열고 닫는 등 각종 부수적인 장치를 사용하는 것도 포함한다. 한편 자동차의 용도에 따라 그 구조상 설비되어 있는 각종 장치는 원칙적으로 자동차에 계속 고정되어 사용되는 것이지만 자동차에서 분리되어야만 그 장치목적에 따른 사용이 가능한 경우에는, 그 장치가 평상시 당해 자동차에 고정되어 있는 것으로서 그 사용이 당해 자동차의 운행목적을 달성하기 위한 필수적인 요소이며 시·공간적으로 당해 자동차의 사용에 밀접하게 관련된다면 자동차에서 분리되어 사용될 수 있다.

─〈보 기〉─

ㄱ. X국 대법원은 운행의 정의에 대한 제2견해에 동의할 수 있다.

ㄴ. 제1견해에서 제3견해로 갈수록 위험야기원과 위험야기행위의 범위가 커진다.

ㄷ. ⓐ를 자동차의 운행으로 인하여 발생한 사고로 볼 것인지에 대해 X국 대법원의 입장은 제1견해와 다르다.

① ㄱ   ② ㄷ   ③ ㄱ, ㄴ

④ ㄴ, ㄷ   ⑤ ㄱ, ㄴ, ㄷ

33.

다음 논쟁을 분석한 것으로 옳은 것만을 <보기>에서 있는 대로 고른 것은?

국가사업 중 수년에 걸쳐서 이루어지는 사업의 경우 국가의 예산이 1년 단위로 편성되어 국회의 의결을 받는 것을 고려하여, '장기계속계약'의 형태로 계약을 체결한다. 장기계속계약은 사업 전체에 관하여 전체 소요 예산과 예상 사업기간을 고려하여 '총괄계약'을 체결하고, 이후 1년 단위로 각 연도에 예산을 안분하여 '연차별계약'을 체결하는 방식의 계약이다. 그런데 총괄계약에 대해서도 별도의 계약의 효력을 인정할 수 있는지 문제된다. 가령 갑이 2017년에 사업기간이 5년인 국가사업을 수주하여 이를 수행하던 중, 2017년에 계약의 이행 과정에서 사업수행을 위해 산정된 그 해의 예산을 초과하여 지출한 경우, 계약을 이행 중인 2021년에 2017년에 초과하여 지출한 비용을 국가에 청구할 수 있는지가 문제된다. 초과비용청구는 계약이 종료되기 전까지만 가능하기 때문이다. 이에 관하여 다음의 두 견해가 대립한다.

A : 총괄계약 역시 사업의 기간과 전체 계약대금, 즉 소요예산을 정하고 있는 것이기 때문에 당연히 계약으로서의 효력이 인정된다. 따라서 각 연차별계약에 따른 사업이 이미 진행되었다 하더라도, 총괄계약에 따른 전체 사업이 완성되지 않았다면 계약이 종료되었다고 보기 어렵다.

B : 총괄계약은 전체적인 사업을 어떻게 추진을 할 것인지 국가와 사업자 사이에 대략적인 합의를 한 것에 불과하고, 구체적인 사업의 내용과 금액은 연차별계약에 의하여 구체화되는 것이다. 따라서 각 연차별계약에 따른 사업이 진행되어 해당 연차별계약에 따른 사업수행이 완료되었다면 그로써 연차별계약이 종료된 것이고, 총괄계약은 별도의 계약이 아니므로 총괄계약상의 사업이 완료되었는지 여부는 고려할 필요가 없다.

─────< 보 기 >─────

ㄱ. A에 따르면 갑은 2017년에 계약의 수행과정에서 발생한 초과비용을 계약을 이행 중인 2021년에 국가에 청구할 수 있으나, B에 따르면 그러하지 않다.

ㄴ. 이전 연도에 발생한 비용을 올해 청구하는 것은 국가의 예산이 1년 단위로 편성되는 점을 고려한 장기계속계약의 취지에 맞지 않다는 주장이 옳다면, A는 약화되고 B는 강화된다.

ㄷ. 장기계속계약으로 계약이 체결되는 국가사업은 그 규모가 크고 복잡한 경우가 많아, 사업수행비용이 예상을 넘어섰는지 여부를 각 연차별계약의 종료 전까지 파악하기가 곤란함에도 사업자로 하여금 단기간에 이를 파악하도록 하는 것은 부당하다는 주장이 옳다면, A는 강화되고 B는 약화된다.

① ㄱ   ② ㄷ   ③ ㄱ, ㄴ
④ ㄴ, ㄷ   ⑤ ㄱ, ㄴ, ㄷ

34.

다음 글을 읽고 평가한 것으로 옳은 것만을 <보기>에서 있는 대로 고른 것은?

X국은 낙태와 그와 관련된 일련 행위를 범죄로 규정하되 예외를 허용하고 있다. 이와 관련한 X국 조항들을 일부 살펴보면 다음과 같다.

A조 ① 낙태한 여성, 또는 임산부의 부탁이나 승낙을 받고 낙태수술을 한 사람을 1년 이하의 징역에 처한다.
　　② 임산부나 배우자가 심각한 장애나 질환이 있는 경우, 강간·준강간에 의해 임신된 경우에는 임신 12주 이내에 낙태할 수 있다. 이 경우 제1항을 적용하지 않는다.
B조 A조 제2항에 해당하는 낙태의 경우 임산부 본인과 배우자의 동의를 받아 낙태할 수 있다.

최근 X국에서는 여권신장 운동이 이루어짐에 따라 A조와 B조에 대해 다음과 같은 비판이 제기되었다.

〈비판〉

㉮ A조는 헌법에서 보장하는 여성의 자기결정권을 침해한다. 임신과 출산은 여성 본인과 배우자의 삶을 근본적으로 변화시킨다. 원치 않은 임신은 부부에게 심각한 해악을 가져다준다. 12주 이내 태아에 대한 일반적인 낙태 행위를 범죄로 규정하는 A조는 상위법인 헌법의 기조에 위배된다.

㉯ A조뿐 아니라 B조 또한 여성의 자기결정권을 침해한다. 12주 이내 태아에 대한 일반적인 낙태 행위를 범죄로 규정해서는 안 된다. 또한 임신과 출산에 직접적으로 영향을 받는 대상은 여성 자신이다. 배우자의 동의까지 요구하는 것은 임산부에게 지나친 부담을 주고 있다.

─────< 보 기 >─────

ㄱ. X국의 현행법에 따르면 강간·준강간이 아닌 정상적으로 이루어진 임신의 경우 낙태가 허용되기 위해서는 태아의 신체적 문제가 전제되어야 한다.

ㄴ. A조 제1항이 수정되어 '1년 이하의 징역' 대신 경미한 수준의 처벌이 이루어지더라도 ㉮를 고수할 수 있다.

ㄷ. B조에서 '배우자의 동의'를 삭제하는 것으로 ㉯가 지적하는 문제가 모두 해소된다.

① ㄱ   ② ㄴ   ③ ㄱ, ㄷ
④ ㄴ, ㄷ   ⑤ ㄱ, ㄴ, ㄷ

35.

<견해>에 대한 평가로 옳지 않은 것은?

> 최근 기업들이 의사결정을 함에 있어 인공지능을 이용하는 경우가 늘고 있는데, 이러한 인공지능이 위법인 결정을 할 때 사업자를 제재할 수 있는지에 관하여 견해가 대립한다.
>
> 〈견해〉
> 갑 : 인공지능을 직접 개발하여 의사결정과정에 도입한 이상 사업자는 인공지능이 위법인 결정을 하지 않도록 감독할 의무가 있어. 인공지능이 위법인 결정을 한 것은 사업자가 그 의무를 다하지 않은 것이므로 제재해야 해.
> 을 : 인공지능을 직접 개발하여 활용하는 사업자들은 인공지능의 구체적인 작동 원리를 알기 때문에 이 경우에 책임을 물어야 해. 하지만 대다수의 사업자들은 의사결정과정에 인공지능을 도입하였을 뿐 인공지능을 직접 개발한 것이 아니야. 개발 외주를 맡기거나, 다른 사업자가 개발한 것을 구매해서 사용하는 경우도 많아. 그래서 사업자들은 인공지능이 어떤 원리로 작동되고 있는지 구체적으로 알지 못해. 그럼에도 인공지능을 감독할 의무를 부과하고 제재하는 것은 부당해.
> 병 : 사업자들이 인공지능의 구체적 작동 원리를 모르는 경우가 많다는 것은 동의해. 하지만 인공지능이 위법인 결정을 하는 행위를 줄이기 위해서라도 사업자들을 제재할 필요가 있어. 인공지능이 위법인 결정을 하였다면 그것은 제품에 하자가 있다는 뜻이야. 사업자가 제재를 받으면 제재로 인하여 손해를 입고, 입은 손해에 대해서 인공지능 개발회사에 배상을 청구할 거야. 이러한 손해배상청구가 많아지면 개발회사들도 하자 없이 개발할 유인을 갖겠지.

① 인공지능을 직접 개발한 사업자가 인공지능의 의사결정 방식을 즉각적으로 개선할 수 있는 관리능력을 갖추고 있다는 사실은 갑의 견해를 강화한다.

② 인공지능이 위법인 결정을 내린 사례 전부가 사업자들이 인공지능의 의사결정과정 감독을 충실히 하지 않은 경우였다는 사실은 갑의 견해를 강화한다.

③ 인공지능을 직접 개발하지 않은 사업자들이 인공지능의 의사결정과정을 감독하더라도 인공지능이 위법인 결정을 내리는 일이 줄지 않는다는 사실은 을의 견해를 강화한다.

④ 개발회사가 자신들이 제공한 인공지능의 하자로 인한 손해배상청구를 당할 위험만을 고려하여 인공지능 제품가격을 인상한다는 사실은 병의 견해를 약화한다.

⑤ 사업자가 사업에 필요한 재화나 용역을 구매한 이후 구매한 상품의 하자로 인하여 손해가 발생하였어도 판매사에 손해배상청구를 하는 일이 많지 않다는 사실은 병의 견해를 약화한다.

36.

다음 글에 대한 분석으로 옳은 것만을 <보기>에서 있는 대로 고른 것은?

> '좋다고 생각하는 것을 함'이 곧 '원하는 것을 함'과 같은 의미일까? 고대 철학자 중 일부는 다음과 같은 이유에서 둘이 다르다고 보았다.
>
> 사람들은 때로 그 행위 자체가 아니라 다른 목적을 원하기 때문에 그 행위를 한다. 예컨대 약을 먹는 환자가 원하는 것은 건강이지 약 먹는 행위 자체가 아니다. 모든 행위는 어떤 목적을 지향하며, 이처럼 목적을 달성하는 데 도움이 되는 것은 좋다고 생각된다. 존재하는 모든 행위는 좋은 행위와 나쁜 행위, 그리고 좋지도 나쁘지도 않은 중간 행위라는 세 가지 분류로 나뉜다. 사람들은 좋은 것을 원하고 좋지 않은 것은 원하지 않는다. 좋은 것이 아님에도 두 번째와 세 번째의 행위를 하는 경우는 그것이 목적을 이루는 데 도움이 될 때뿐이다. 이 때문에 이러한 행위들도 어떤 의미에서는 '좋은 행위'라고 생각된다. 이런 측면에서 '좋다고 생각되는 행위'를 다시 두 가지 의미, 그 자체로 좋은 행위와 수단으로서 좋은 행위로 구별할 수 있다. 두 번째 의미에서 좋은 행위는 그 자체로 좋은 것에 속하지 않지만 좋다고 생각되는 것에는 포함된다. 따라서 '좋다고 생각되는 것'과 '원하는 것'은 다른 의미이다.

> ─────〈보 기〉─────
> ㄱ. 이 글에 따르면, '원하는 것'은 모두 '좋다고 생각되는 것'이지만 '좋다고 생각되는 것'이 모두 '원하는 것'은 아니다.
> ㄴ. 이 글에 따르면, '수단으로서 좋은 행위'가 곧 '중간 행위'는 아니지만 '중간 행위'는 곧 '수단으로서 좋은 행위'이다.
> ㄷ. 목적을 달성하는 데 도움이 되는 것과 상관없이 그 자체로 좋은 행위가 존재한다면, 이 글의 논지는 약화된다.

① ㄱ   ② ㄴ   ③ ㄱ, ㄷ
④ ㄴ, ㄷ   ⑤ ㄱ, ㄴ, ㄷ

37.

A, B에 대한 평가로 옳은 것만을 <보기>에서 있는 대로 고른 것은?

일반적으로 우리는 '지금까지 모든 에메랄드는 초록으로 관찰되었다.', '지금까지 모든 바다는 파랑으로 관찰되었다.'라는 경험적 근거로부터 각각 '이후에 모든 에메랄드도 초록으로 관찰될 것이다.', '이후에 모든 바다도 파랑으로 관찰될 것이다.'를 추리한다. 그런데 철학자 굿맨은 그러한 귀납적 추론이 타당하지 않음을 보이기 위해 '초랑'과 '파록'의 개념을 제시하였다. "ⓐ'초랑'은 관찰된 시점으로부터 이전까지 초록으로 관찰되었고 이후에는 파랑으로 관찰될 대상에 적용된다. '파록'은 관찰될 시점으로부터 이전까지 파랑으로 관찰되었고, 그 외에는 초록으로 관찰될 대상에 적용된다."

앞선 경험적 근거들은 '지금까지 모든 에메랄드는 초랑으로 관찰되었다.', '지금까지 모든 바다는 파록으로 관찰되었다.'로 해석될 여지가 있고, 따라서 '이후에 모든 에메랄드는 파랑으로 관찰될 것이다.', '이후에 모든 바다는 초록으로 관찰될 것이다.'라는, 앞선 귀납적 추론의 결론들과 양립 불가능한 결론들이 도출 가능하다는 것이 굿맨의 지적이다. 그런데 굿맨이 '초랑'과 '파록'의 정의로 무엇을 염두하였는가는 견해의 대립이 있다.

A : 굿맨이 ⓐ에서 '적용된다.'라는 표현을 사용한 것은 '관찰된 시점으로부터 이전까지 초록으로 관찰되었고 앞으로는 파랑으로 관찰될 대상' 이외에도 '초랑'의 색깔이 적용 가능한 다른 대상이 존재할 수 있음을 함의한다. 이를 고려하면 굿맨의 '초랑' 개념에 대한 적절한 정의는 ㉠"관찰된 시점으로부터 이전까지 초록으로 관찰되었거나, 이후에 파랑으로 관찰될 대상"이며, 파록의 경우도 비슷하게 정의될 것이다.

B : '초랑'이라는 생소한 개념을 설명하는 과정에서 만약 굿맨이 초랑이 적용될 수 있는 다른 경우들이 존재할 수 있음을 함의했었더라면 그 대상들을 ⓐ에 포함시켰을 것이다. 그러나 굿맨은 그러하지 않았으므로 ⓐ에 초랑이 적용되는 대상인 ㉡"관찰된 시점으로부터 이전까지 초록으로 관찰되었고 이후에는 파랑으로 관찰될 대상" 그 자체만이 '초랑'에 해당하며, '파록'의 경우도 비슷하게 정의될 것이다.

─────────〈보 기〉─────────

ㄱ. ㉠에 해당하는 것은 ㉡에도 해당한다.

ㄴ. A와 B 모두 관찰된 시점에서 초랑으로 불린 에메랄드가 이후에는 '파랗다.'라는 성질을 갖는다는 점에 동의한다.

ㄷ. '초록이라는 색깔은 관찰된 시점으로부터 이전까지는 초랑으로 불리다가 이후에는 파록으로 불릴 수 있다.'라는 점을 A는 설명할 수 있지만 B는 설명할 수 없다.

① ㄴ   ② ㄷ   ③ ㄱ, ㄴ
④ ㄱ, ㄷ   ⑤ ㄴ, ㄷ

38.

다음 논증에 대한 평가로 옳은 것만을 <보기>에서 있는 대로 고른 것은?

우리는 신체에 속한 감각 기관을 통해 외부의 자극을 받아들인다. 이로 말미암아 우리의 정신에는 어떤 느낌이 산출된다. 전자의 신체적 현상과 후자의 정신적 현상은 동일한 것인가? 예컨대 매운 요리를 먹는다고 할 때, 혀의 미각세포가 자극을 받고 뇌에까지 그러한 자극이 전달되는 물리적 현상(A)을 '이 요리가 맵다'는 나의 사고, 즉 정신적 현상(B)과 다른 것으로 보아야 하는가? 혹은 A와 B는 같은 현상을 다른 관점에서 표현한 것이라고 해야 하는가?

철학자 갑은 철학적 좀비의 예시를 통해 A와 B가 동일하지 않다고 주장한다. 철학적 좀비(X)란 신체적인 면에서 인간과 동일하지만 정신적 현상을 겪지 않는 존재이다. 즉, X는 A를 가지지만 B는 가지지 않는다.

갑은 우리가 X와 같은 존재를 상상할 수 있는 경우, 이러한 가능성만으로도 A와 B가 동일하지 않음이 증명된다고 주장한다. X는 모순적이지 않은 존재이다. 예컨대 '둥근 사각형'은 그 자체로 모순이며 존재하는 것이 불가능하지만 X는 그런 존재가 아니다. 즉, X를 사고하는 것은 모순이 아니며 따라서 X가 존재하는 것이 불가능하지는 않다. 만약 X가 존재하는 경우 이는 보통의 인간과 물리적 측면에서는 전혀 구별되지 않을 것이다. 따라서 만약 A와 B가 완전히 동일한 상태라면 X와 보통의 인간은 같은 존재라고 보아야 할 것이다. 그러나 상식적으로 X는 보통의 인간과 전혀 다른 존재로 보인다. 따라서 ㉠A와 B를 같은 현상으로 치부할 수 없다는 것이 갑의 주장이다.

─────────〈보 기〉─────────

ㄱ. 인간만이 신체로 체험하는 물리적 현상이 항상 정신적 현상을 수반한다면, 철학적 좀비의 상상 가능성은 부정된다.

ㄴ. 상상에 존재하는 어떤 것과 현실에 존재하는 어떤 것을 같은 존재라고 말하는 것이 애초에 불가능하다면, 갑의 논증은 ㉠을 타당하게 입증하지 못한다.

ㄷ. X와 보통의 인간이 다른 존재임을 입증할 수 있는 제3의 증거가 존재한다면, ㉠이 따라 나오지 않는다.

① ㄴ   ② ㄷ   ③ ㄱ, ㄴ
④ ㄱ, ㄷ   ⑤ ㄴ, ㄷ

39.

<비판>에 대한 분석으로 옳은 것만을 <보기>에서 있는 대로 고른 것은?

> 다음과 같은 명제의 진위를 판단해 보자. "이 문장은 거짓이다." 만약 이 명제가 참이라면, 자신을 가리키면서 '거짓'이라고 말하고 있기 때문에 명제는 거짓이 된다. 만약 이 명제가 거짓이라면, '이 문장은 거짓이다'가 거짓이므로 명제는 참이 된다. 따라서 "이 문장은 거짓이다."는 참인 동시에 거짓인 명제라고 할 수 있다.
>
> A는 이 명제가 참인 동시에 거짓이므로 참과 거짓을 배타적으로 판정할 수 없고, 따라서 고전 논리학의 모순율을 따르지 않는 사례라고 주장한다. 모순율을 따르는 명제는 참인 동시에 거짓일 수 없기 때문이다. A는 그 원인을 자기지시적 특성에서 찾는다. 명제에 포함된 '이 문장'이 명제 자체를 가리키는데, 바로 그렇기 때문에 이 명제의 진위가 참인 동시에 거짓이 된다는 것이다.
>
> <비판>
>
> "이 문장은 한국어로 진술되어 있다."는 자기지시적인 명제이다. 따라서 A에 따르면 이 명제는 참인 동시에 거짓이어야 한다. 그러나 이 명제는 거짓이 아닌 참이다. 그렇다면 어떤 명제의 자기지시적인 특성이 그 명제가 참인 동시에 거짓인 결과를 낳는 원인이라고 할 수 없고, 다만 참인 동시에 거짓인 명제가 자기지시적 특성을 갖는다고 결론내릴 수 있을 뿐이다.

─── <보 기> ───

ㄱ. <비판>에 따르면 자기지시적 명제는 모순율을 따른다.
ㄴ. <비판>은 원인이 결과의 충분조건이 아니라면 그것을 원인이라고 볼 수 없다고 전제하고 있다.
ㄷ. A를 반박하기 위해 <비판>은 원인을 제거하면 결과가 도출되지 않는다는 원리에 의존하고 있다.

① ㄱ   ② ㄴ   ③ ㄱ, ㄷ
④ ㄴ, ㄷ   ⑤ ㄱ, ㄴ, ㄷ

40.

다음 글을 평가한 것으로 옳지 않은 것은?

> K시의 시민운동가 갑은 사학비리의 원인이 교장의 막강한 인사권과 학교행정 결정권 때문이므로 교사를 포함한 임직원 승진제도의 다양화와 학교운영위원회 활성화, 학교 내에서의 법적 의결기구 구성이 필요하다고 주장하였다. 이에 대해 또 다른 시민운동가 을은 사학비리의 원인에 교장의 인사권과 학교행정 결정권이 영향을 미치는 것은 사실이지만 그것은 결정적인 요인이 아니며, 독립적인 감사 기능이 없기 때문에 비로소 사학비리가 발생하는 것이라고 주장하였다. 시민운동가 을은 이러한 주장을 검증하기 위해 다음과 같은 규모가 비슷한 세 개의 시를 대상으로 한 사학비리 발생 빈도를 조사하였다. A시는 학교장의 인사권과 행정 결정권이 막강하고 독립적인 감사 기능이 없다. B시는 학교장의 인사권과 행정 결정권이 막강하지만 독립적인 감사 기능이 원활하게 작동하고 있다. C시는 임직원 인사권과 학교행정에 있어 학교장의 권한이 축소되어 있지만 독립적인 감사 기능은 작동하지 않고 있다. 이들을 대상으로 사학비리 발생빈도를 조사하였더니 B시와 C시의 사학비리 발생빈도는 다른 시를 포함한 전체 시의 평균 발생빈도와 일치했지만 A시는 그보다 4.5배나 높은 것으로 나타났다.

	학교장의 막강한 인사권 및 행정 결정권	독립적인 감사 기능 부재	사학비리 발생빈도
A시	○	○	ⓐ 평균의 4.5배
B시	○	×	ⓑ 평균
C시	×	○	ⓒ 평균

① ⓐ와 ⓒ는 사학비리 원인에 대한 갑과 을의 주장을 모두 지지한다.

② ⓑ와 ⓒ는 사학비리 원인에 대한 갑과 을의 주장을 모두 약화한다.

③ ⓐ와 ⓑ는 독립적 감사 기능 부재가 사학비리 발생에 영향을 준다는 주장을 지지한다.

④ 사학비리 원인에 대한 갑의 주장에 따를 경우 ⓐ, ⓑ는 모두 평균보다 높은 발생 빈도를 보여야 한다.

⑤ A, B시의 자료에 C시의 자료를 추가함으로써 사학비리가 '독립적인 감사 기능의 부재'만으로도 유발되는지 확인할 수 있다.

41.

○에 대한 대답으로 적절한 것만을 <보기>에서 있는 대로 고른 것은?

목격자의 진술은 범인을 검거하는 데 큰 역할을 한다. 목격자는 범행 발생 당시 사건을 목도한 자신의 기억을 토대로 수사관이 한 질문에 답을 한다. 이때 목격자의 기억이라는 것은 목격자가 범죄자에 대한 정보를 저장하고, 그것을 인출하는 것 모두를 뜻한다.

범죄학자 A에 따르면 어떤 범죄가 발생했을 때, 목격자가 받은 충격과 공포의 강도가 목격자가 범죄자에 대한 정보를 잘 기억하는지 그렇지 못한지를 가르는 기준이 된다. A에 따르면 목격자가 받은 충격과 공포가 크면 스트레스를 많이 받아 해당 범죄자에 대한 정보를 저장하는 정도가 떨어진다. 그는 목격자가 피해자인 데다 그가 목격한 범죄가 강도 및 폭행 사건일 경우 목격자의 스트레스가 가장 높아 범죄자를 거의 기억하지 못하며, 목격자가 가벼운 절도와 같은 경미한 범죄를 제3자로 목격한 단순 목격자인 경우는 스트레스가 낮아 범죄자를 잘 인식한다고 주장한다. 그런데 실제 사건의 통계를 확인해 본 결과 기소된 용의자가 실제 범죄자인지의 여부를 확인하는 과정에서, 절도 사건의 단순 목격자보다 총기 강도 사건의 피해자이면서 동시에 목격자인 사람이 용의자를 범인으로 지목한 비율이 더 높았다. ○범죄학자 A의 주장과 이 같은 현실을 어떻게 동시에 받아들일 수 있을까?

<보 기>

ㄱ. 무기가 사용된 강력 범죄는 그렇지 않은 단순 절도 범죄에 비해 사건의 목격자가 사건 정보에 대해 저장하고자 하는 동기가 현저히 떨어지기 때문이다.

ㄴ. 강력 범죄의 피해자이자 목격자는 스트레스를 많이 받아 인식한 정보를 제대로 저장하지 못해 기소된 자를 실제 범죄자로 믿어버리는 경향이 강하기 때문이다.

ㄷ. 타인이 범죄의 대상이 된 상황을 목격한 사람들은 범인에 대한 정보를 기억하고 있더라도 자신의 상황을 안전하게 유지하고자 하기 때문에 범인의 정보를 기억한 대로 용의자를 지목하지 않는 경향이 강하기 때문이다.

① ㄱ
② ㄷ
③ ㄱ, ㄴ
④ ㄴ, ㄷ
⑤ ㄱ, ㄴ, ㄷ

42.

갑, 을, 병의 주장에 대한 평가로 적절하지 않은 것은?

갑 : 동물실험은 약품의 효능이나 화학물질의 안전성 등을 검증받기 위해 실시되는데, 이 과정에서 실험 대상이 겪는 고통이나 죽음은 불가피한 것이다. 만약 동물실험의 방법을 사용할 수 없다면, 인간에게 직접 실험하는 비윤리적 문제를 발생하거나 다른 검증 방법을 찾지 못해 의학은 더디게 발전할 것이기 때문이다.

을 : 동물실험이 반드시 인류의 건강과 안전에 기여하고 있다고 볼 수는 없다. 동물실험을 통해 약품을 검증했다고 해서 그 약품이 인간에게 안전한 것이라 볼 수 없기 때문이다. 보통 화학물질의 발암효과를 알아보기 위한 실험에서 생쥐에게 투여되는 양은 사람이 노출될 수 있는 양을 훨씬 초과하는데, 이는 동물의 세포와 조직을 심하게 파손시켜 있을 수 있는 발암반응이 나타나지 않거나, 대사작용을 극심하게 변형시켜 실제 상황에서는 일어나지 않는 발암반응을 유발시킨다. 즉 이와 같은 실험결과로는 화학물질이 인간에게 끼칠 수 있는 영향을 알 수 없으며, 오히려 임상사례와 같이 지금까지 축적된 경험적 증거 등을 통해 연구하는 것이 더 좋은 방법이 될 수 있다.

병 : 동물실험이 아니라도 약품의 효능이나 화학물질의 안전성을 검증할 수 있다. 가령 화장품이나 세제와 같이 일상적으로 사용되는 제품의 안전성을 검증하기 위해 동물실험이 실시되기도 한다. 이러한 경우 동물실험 대신 시험관에서 배양한 인간세포와 조직을 통한 실험을 하는 등의 대체적인 방법으로 검증할 수 있을 것이다.

① 을은 동물실험의 실효성에 대해, 병은 동물실험의 불가피성에 대해 의문을 제기함으로써 갑의 주장에 반론을 제기하고 있다.

② 인간이 가진 질병 중 동물이 공유하는 것은 1.16% 정도로 적으며, 하나의 약품에 대해 동물과 인간이 전혀 다른 반응을 보이는 경우가 많다는 사실은 을의 주장에 불리하다.

③ 과거에 집적된 동물실험 및 임상자료만으로도 현재 사용되는 약품과 화학물질에 대한 안전성 여부에 대한 예측이 가능하다는 사실은 병의 주장에 유리하다.

④ 갑은 을이 제시한 사례가 현행 특정 동물실험이 갖는 한계이지 동물실험 일반이 갖는 한계가 아님을 증명함으로써 을의 반박에 대처할 수 있다.

⑤ 갑은 조직배양과 같은 방법은 전 신체기관의 작용을 확인할 수 없다는 제약이 있다는 사실을 지적함으로써 병의 반박에 대처할 수 있다.

43.

A ~ C에 대한 평가로 옳은 것만을 <보기>에서 있는 대로 고른 것은?

<연구 목적>

아시아에 위치한 X국의 경우 다른 국가들에 비해 위암 발병률이 이례적으로 높다. 甲은 이 질병 발생이 X국민의 유전적 특성 때문인지 아니면 X국의 식문화 특성 때문인지 궁금해졌다. 이에 甲은 "식문화와 유전적 특성 중 X국의 음식 문화가 위암 발병률을 높이는 데 중요한 요인으로 작용한다" 라는 ㉠가설을 세우고 이를 검증하고자 한다.

<연구 설계>

甲은 환경적 요인과 유전적 요인 중 어느 것이 주요 요인인 지를 검증하고자 할 때 사용되는 이민자연구를 선택하였다. 이민자연구는 유전적으로는 출신국가와 동일한 이민자들이 문화나 환경이 다른 이민 국가로 이주한 이후 질병의 양상이 출신국가와 더 비슷한지 혹은 이민국가와 비슷한지를 비교하 는 연구형태이다. 대상이 된 이민자와 이민세대의 유전자는 같으며, 출신 국가와 이민 국가의 유전적 특성은 서로 다르다. 甲의 구체적인 연구 설계는 다음과 같다.

A : 성인일 때 X국에서 Y국으로 이민을 간 이민 1세대 집단과 Y국에서 태어난 X국 이민 2세대 집단의 위암 발생률을 비교한다.

B : Y국에서 태어나 Y국 식문화를 가진 X국 이민 2세대 집단 과 Y국에서 줄곧 살고 Y국 식문화를 가진 Y국 국민 집단의 위암 발생률을 비교한다.

C : X국에서 태어나 X국에서 줄곧 살고 있지만 X국의 식문화 를 갖지 않은 집단과, Y국에서 태어나 Y국에서 줄곧 살고 있지만 X국의 식문화를 가진 Y국 국민 집단의 위암 발생 률을 비교한다.

<보 기>

ㄱ. A를 통해 ㉠의 타당성을 검증하기 위해서는, 이민 1세대 와 이민 2세대 중 어느 한 집단은 X국의 식문화를 가지고 있고 다른 집단은 X국의 식문화와 다른 식문화를 가지고 있다는 조건이 충족되어야 한다.

ㄴ. B에서 비교한 두 집단의 위암 발생률이 유사하다면, 이는 ㉠을 강화한다.

ㄷ. C에서 비교한 두 집단의 위암 발생률이 유사하지 않다면, 이는 ㉠을 약화한다.

① ㄱ   ② ㄴ   ③ ㄱ, ㄷ
④ ㄴ, ㄷ   ⑤ ㄱ, ㄴ, ㄷ

44.

다음 (A)에서 매더가 행하고 있는 논증과 유사한 형식의 논증은?

나사(NASA)의 인공위성, 피닉스(Phoenix)는 우주가 150억 년 전 거대한 폭발로부터 시작되었다고 보는 빅뱅(bing bang) 이론을 지지할 강력한 증거를 제공하였다. 천문학자 존 매더 는 우주 환경 탐사 위성이 측정한 빅뱅 이후의 잔여 에너지양 이 빅뱅이론이 예측한 수치와 정확히 동일하다고 밝혔다.

1920년 처음 제기된 이 이론은 우주의 모든 물질이 한 때 극도로 작으며 높은 열을 지닌 중심점에 압축되어 있었으며, 이후 이 중심점이 폭발하면서 에너지와 입자들이 전 방향으 로 균질하게 퍼져나갔다고 본다. 이 이론에 따르면, 폭발 순 간의 온도는 수십조에 이르며, 폭발 이후 우주의 온도는 계속 해서 내려가게 된다.

(A) 천문학자들은 만약 이 이론이 참이라면, 우주공간에 아직 절대 0도보다 약간 높은 정도의 폭발열이 균등하게 잔존할 것이라고 예측하였다. 매더는 "원적외선 절대 측 광기(Far Infrared Absolute Spectrophotometer)"라고 불리는 우주 환경 탐사 장비가 지구 주변의 우주로부 터 수억 개의 측정결과를 보내왔으며, 이 자료들은 최 초 폭발 온도가 균등하게 분배되었음을 알려주고 있다 고 말하였다. 그는 빅뱅 후 잔존하는 균등한 온도가 절 대 0도보다 다소 높은 2.726도(화씨로는 -456.9도)라 고 말하였다. 매더는 이로부터 빅뱅 이론이 참임이 증 명되었다고 말했다.

① 만약 코페르니쿠스의 말대로 우주의 중심이 지구가 아니라 태양 이라면, 금성은 주기적으로 서로 다른 모양으로 관측될 것이다. 갈릴레이가 관측한 결과 금성은 실제로 주기적으로 서로 다른 모양을 나타내었다. 따라서 코페르니쿠스의 태양중심설은 옳다.

② 정밀한 실험실에서 수행된 수십 번의 테스트 결과, 상표가 없는 세제도 비싼 브랜드 세제만큼 세탁 효과가 있다는 것이 밝혀졌 다. 그러므로 상표가 없는 세제도 비싼 브랜드 세제만큼 세탁 효 과가 있다.

③ 대학생의 90%는 고등학교 때 과외수업을 받았다. 우리 집 위층 에 사는 승엽이는 대학생이다. 따라서 승엽이는 고등학교 때 과 외수업을 받았을 것이다.

④ 동물의 생활 형태를 연구해 보면 동일한 종족의 구성원들 간의 협동이 생존에 매우 유리하다는 것을 알 수 있다. 인간은 동물과 아주 유사하기 때문에, 사회주의가 인간에게 가장 최선의 것이다.

⑤ 만약 과학에 대한 포퍼의 반증주의가 옳다면, 어떤 이론에 대한 결정적인 반증이 나왔을 때, 그 이론은 그 즉시 폐기되었어야만 한다. 그러나 어떤 이론들은 그에 대한 결정적인 반증 결과가 나 왔음에도 불구하고 여전히 폐기되지 않고 계속 통용되었다. 따 라서 과학에 대한 포퍼의 반증주의는 옳지 않다.

45.

<이론>을 평가한 것으로 옳은 것만을 <보기>에서 있는 대로 고른 것은?

<이론>

화학 반응은 반응물들이 반응물들 사이의 충분한 에너지, 즉 활성화 에너지를 갖고 충돌할 때 발생한다. 이러한 화학 반응은 통상 하나의 반응식으로 표기되는데, 표기와 달리 화학 반응은 여러 단계를 거치며 일어난다. 가령 '2A + B → C'로 표기되는 화학 반응은 실제로는 두 단계를 거쳐 일어나는 것이다. 이러한 반응 메커니즘을 나타내면 다음과 같다.

$$A + B \rightarrow AB \qquad (1단계)$$
$$AB + A \rightarrow C \qquad (2단계)$$

이때 반응 메커니즘 중 한 단계에서 생성되었다가 다음 단계에서 모두 소비되는 화합물을 중간생성물이라 하는데, 위 메커니즘에서는 AB가 1단계에서 생성되었다가 2단계에서 모두 없어졌으므로 중간생성물이다. 한편 각 단계에서 반응물들이 반응하는 속도는 서로 다른데, 이는 활성화 에너지가 클수록 반응물들이 반응하기 어려워 반응 속도가 느려지기 때문이다. 그리고 전체 화학 반응의 속도는 반응 단계 중 가장 느린 단계에 의해 결정된다. 만약 위 반응 메커니즘의 1단계 반응을 거치는 데 하루가 소요되고, 2단계 반응을 거치는 데 5분이 소요된다면 전체 반응물의 반응 속도는 하루가 소요된다고 한다. 전체 반응이 진행되는 데 있어 주된 영향을 끼치는 것은 1단계 반응이기 때문이다. 이때 주된 영향을 끼치는 단계를 반응 속도 결정 단계라 한다.

<보 기>

ㄱ. 여러 단계의 반응을 거쳐 일어나는 화학 반응에서 특정 단계의 활성화 에너지를 높였음에도 전체 반응 속도는 변하지 않았다면 <이론>은 반박된다.

ㄴ. 여러 단계로 이루어진 화학 반응의 각 단계 중 반응 속도가 가장 느린 단계를 제외하고 나머지 단계에 반응 속도를 높이는 정촉매를 투여하자 전체 반응 속도가 빨라졌다는 사실을 <이론>은 설명할 수 있다.

ㄷ. 2단계로 이루어진 화학 반응 과정 중 중간생성물이 늘어나는 단계에서 중간생성물의 생성 속도를 늦추었더니 전체 반응 속도는 변하지 않았으나 중간생성물이 소멸되는 단계에서 중간생성물의 소멸 속도를 늦추니 전체 반응이 느려졌다는 사실을 <이론>은 설명할 수 있다.

① ㄱ   ② ㄷ   ③ ㄱ, ㄴ
④ ㄴ, ㄷ   ⑤ ㄱ, ㄴ, ㄷ

46.

(가)에 따를 때 (나)에서 나타나는 역설을 해소할 수 있는 사실로 적절한 것만을 <보기>에서 있는 대로 고른 것은?

(가) 생물체는 미래를 예측하게 해주는 환경신호에 적절히 반응한다. 가령 나방 Nemoria arizonaria는 매년 두 세대를 생산하는데, 봄에 알에서 부화하여 떡갈나무 꽃을 먹고 사는 첫 번째 세대의 애벌레는 떡갈나무 꽃을 닮은 모양으로 발달하지만 여름에 부화하여 떡갈나무 잎을 먹고 사는 두 번째 세대의 애벌레는 떡갈나무 가지와 닮은 모양으로 발달한다. 두 애벌레는 같은 유전자형을 가졌음에도 그들이 처하게 될 환경에 대한 신호에 따라 떡갈나무 꽃 모양의 애벌레로 발달하기도 하고 떡갈나무 가지 모양의 애벌레로 발달하기도 하는 등 표현형이 다르게 발달하는 것이다.

(나) 과학자 갑은 (가)를 토대로 하여 식물은 이웃의 수가 많을수록 더 큰 크기의 종자를 생산할 것이라는 가설을 수립하였다. 큰 종자로부터 발아한 유식물은 종자에 있는 에너지를 이용하여 더 크게 자랄 수 있기 때문에 작은 종자로부터 발아한 다른 유식물에 비하여 이웃이 많은 불리한 환경 조건에서 더 잘 생존할 수 있기 때문이다. 이를 검증하기 위하여 갑은 1㎡당 식물의 수가 200개, 1,000개, 2,000개로 각각 다를 때 식물이 생산하는 종자의 크기를 조사하였다. 그러나 갑의 예상과 달리 각 경우의 종자 크기는 거의 같았다.

<보 기>

ㄱ. 표현형을 결정하는 것은 유전자형이며 환경은 생물체의 발달에 미치는 영향이 거의 없다.

ㄴ. 종자의 크기가 식물의 생존에 유리한 경우는 식물이 생장에 불리한 환경에 처한 경우에 한한다.

ㄷ. 식물이 처한 환경에서 현재 이웃의 수는 그 식물이 생산하는 종자가 발아할 때의 이웃의 수와는 무관하다.

① ㄱ   ② ㄷ   ③ ㄱ, ㄴ
④ ㄴ, ㄷ   ⑤ ㄱ, ㄴ, ㄷ

마지막 날까지 성적이 오르는

LEET 타입별 학습플랜

문제풀이 양은
남보다 뒤지지 않은데
생각만큼 성적이
나오지 않아

성적은 안정적인데
모의고사에
익숙해진 것일까봐
걱정돼

기초부터 쌓기에는
시간이 부족한데
빠르게 기본과 실전을
보완할 수 없을까

특정 유형은 일단
스킵해서 시간 관리는 되지만
본고사에 그 유형이
많이 나올까봐 걱정돼

혹시… 내 얘기인 것 같다면?

메가로스쿨 자가 진단을 통해
나에게 필요한 학습플랜을 알아보자!

LEET 타입
자가진단하기

같은 성적이라도 약점과 강점은 서로 다르므로
메가로스쿨 자가 진단을 통해 나에게 필요한 학습 플랜을 알아보자.

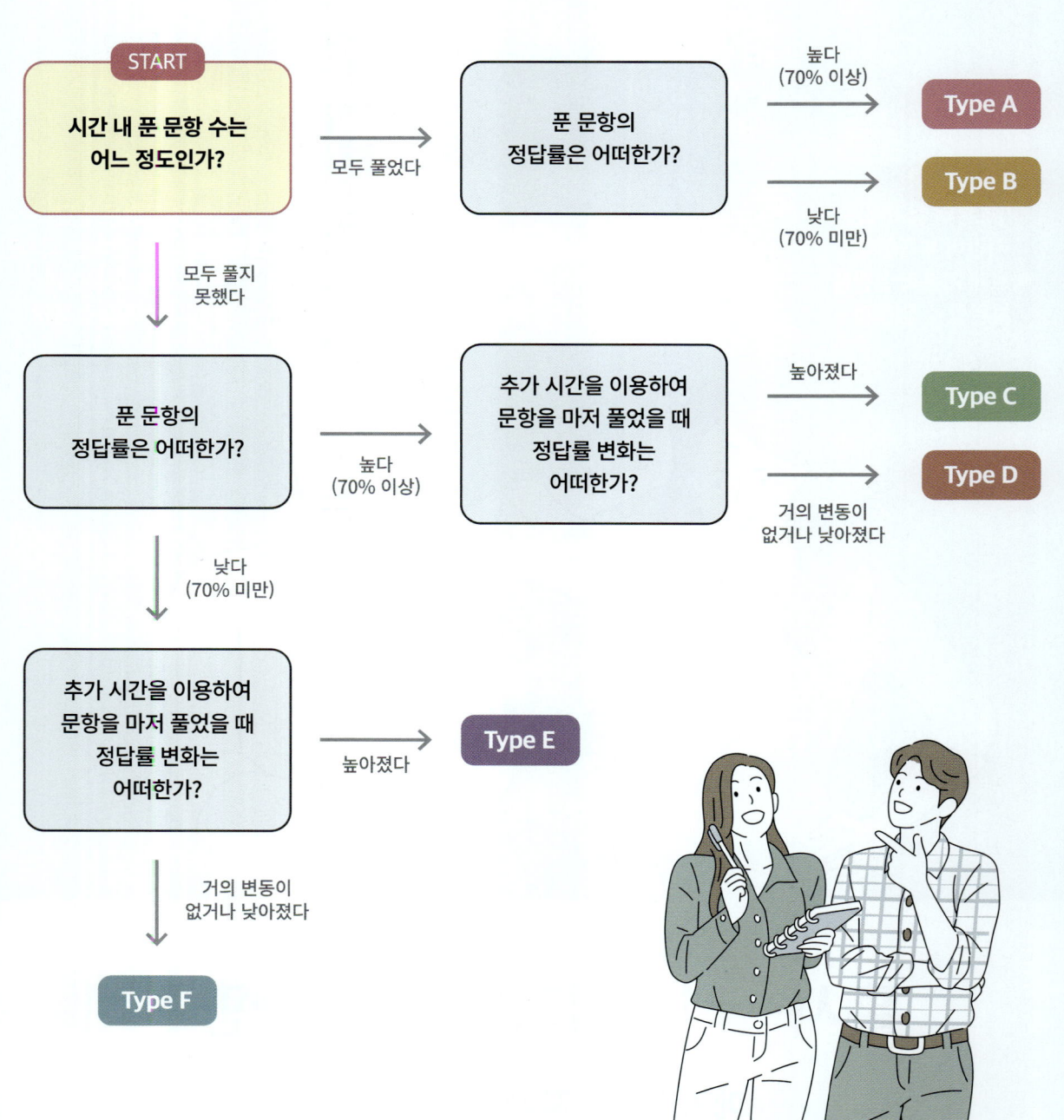

START

시간 내 푼 문항 수는
어느 정도인가?

모두 풀었다 →

푼 문항의
정답률은 어떠한가?

높다
(70% 이상) → **Type A**

낮다
(70% 미만) → **Type B**

↓ 모두 풀지
못했다

푼 문항의
정답률은 어떠한가?

높다
(70% 이상) →

추가 시간을 이용하여
문항을 마저 풀었을 때
정답률 변화는
어떠한가?

높아졌다 → **Type C**

→ **Type D**
거의 변동이
없거나 낮아졌다

↓ 낮다
(70% 미만)

추가 시간을 이용하여
문항을 마저 풀었을 때
정답률 변화는
어떠한가?

높아졌다 → **Type E**

↓ 거의 변동이
없거나 낮아졌다

Type F

문제 풀이 속도와 정확도 모두 안정적

기본적인 독해력이나 문제해결력이 어느 정도 갖추어져 있음을 의미한다.

특히 처음 LEET를 접한 수험생이 시간 내에 이러한 정답률을 보인다면 자신감을 갖고 고득점을 목표로 삼는 것이 좋다. 하지만 이 타입에 속하더라도 틀린 문항에 대해 어느 부분에서 어떻게 틀렸는지를 점검하는 것이 반드시 필요하다.

Study PLAN

오답노트를 통해 현재의 풀이 감각을 유지하되 약점은 철저히 보완해야 한다.
킬러 문항을 정복하자.

평균이 높아진 최근 LEET 경향에 따라 만점을 목표로 해야 원하는 성과를 낼 수 있다. 이 경우 만점을 목표로, 고난도의 추론 문항과 신유형에 대비할 수 있도록 **최대한 다양한 문항**을 풀어보는 것이 좋다. 또한 킬러 문항을 피하거나 혹은 **특정 유형의 문제를 포기하는 경우 결코 고득점을 얻을 수 없다.** 반복해서 틀리는 유형이나 자신이 없는 내용영역에 대해서 피하지 않고 깊게 공부해볼 것을 권한다. 킬러 문항의 경우 손쉬운 공략법은 없으며, **유사한 문제를 꾸준히 풀어보는 것이 정도이자 지름길**이다.

풀이 감각을 유지하기 위해 전국모의고사로 경쟁자의 위치와 나의 수준을 평가하는 것이 중요하다.

무엇보다 성적이 오르지 않거나 성적이 낮은 수험생에게도 오답노트가 필요하지만, 성취 수준이 높은 수험생에게도 오답노트는 유용하게 활용될 수 있다.

오답을 분석해 보면 자주 틀리는 문제가 보일 것이다. 자주 틀리는 문제를 분석한 후에 **어떠한 유형에서 자주 틀리는지를 따로 모아 정리해 두어야 한다.**

단순하게 틀린 문제를 오려 붙이고 답을 써놓는 것은 옮겨 쓰기에 불과하다. 오답노트에는 문제를 풀면서 어디까지 생각했고, 왜 그런 생각을 했으며, 틀린 부분의 근거를 제시문에서 도출하여 기록해 두는 것이 중요하다. 바로 이 부분이 문제를 틀리게 되는 시점이기 때문이다.

Recommend

▶ 파이널 실전 모의고사는 LEET 평균과 유사한 3회분의 실전 모의고사와, 2회분의 고난도 모의고사로 구성되어 있다. 다양한 난도의 시험에서 시간 관리를 해봄으로써 어떤 난도의 시험에서도 흔들리지 않는 시험 운영력을 향상시킬 수 있을 것이다.

모든 문항을 다 풀지만 실점 문항도 많다

시간 내 모든 문항을 풀어냈으므로 시간 관리 감각이 떨어지는 것은 아니다. 그러나 LEET에서의 **'시간 단축 능력'과 '정확한 문제 해결력**은 별개의 능력이 아니다.** 시간을 단축시켜주는 것은 결국 실력이기 때문이다. 그래서 이 타입의 경우, 본고사에서 낯설거나 생소한 유형/소재가 등장하였을 때 실질적으로 득점을 하지 못하면서 시간에 쫓길 가능성이 크다.

문제 풀이만 반복하는 것은 시간을 단축시켜줄 뿐 실력을 높여주지도, 또 정답률을 높이지도 못하므로 정확도를 높이는 데 주력해야 한다.

Study PLAN

정확도를 높여야 한다.
자주 실수하는 부분이 있다면 반드시 교정하자.

한 문제라도 철저히 풀어보고 분석해야 한다.
필요하다면 몇 회독을 했더라도 기출문제를 다시 펴고 정오답 근거를 구조화하여 직접 해설을 작성해낼 수 있어야 한다. LEET를 모르는 친구에게 설명을 해준다는 생각으로 제시문을 소화해내야 한다.

기출문제 중 본인이 이해가 잘 되지 않거나 부족한 부분에 대해서는 한 번 더 반복해서 학습한 후 모의고사 문제풀이에 들어가는 것을 권한다.

제시문에 주어진 정보의 범위를 넘어서는 추론을 해서도, 제시문에 주어지지 않은 정보를 끌어들여 추론을 해서도 안 된다는 **LEET식 사고**를 깊게 체화할 필요가 있다. 제시문에 주어진 정보를 정확히 파악하는 능력을 기르고 싶다면, 모의고사 문제풀이 단계에서도 선택지의 정오에 확신이 없는 문제들을 따로 선별하여, 사고 과정을 직접 작성한 후 해설지의 논리와 비교하는 훈련이 필요하다. **한 문제라도 정확히 분석하는 것이 결국 속도를 높이는 것**이므로, 조급해 하며 문제 풀이의 양에 집중하지 않아도 될 것이다.

Recommend

▶ 기출 분석은 아무리 강조해도 부족함이 없으므로, 유난히 어려워하는 유형의 기출문제 해설을 직접 작성한 후, 메가로스쿨 기출문제 해설집과 협의회의 해설서 논리를 삼중으로 비교 검토하는 학습을 제안한다. 이후 유형별 문제집의 문제들을 유형/내용 영역별로 풀고 유형별 기출 논리를 완성해 가는 학습도 도움이 될 것이다.

정확도는 높지만 한 문항을 푸는 데 소요되는 시간이 많다

LEET식 사고가 체화되어 있어 정오 판단 기준은 정립되어 있다. 하지만 빠르게 지나가야 할 문제도 신중히 시간을 들이는 타입이므로, 본고사가 예년보다 쉽게 출제될 경우 공부한 만큼 성취율이 나오지 않을 가능성이 있다.

따라서 이제는 전체 시험에서의 운영 능력을 향상해야 한다.

Study PLAN

시간 관리 능력을 키워야 한다.

유형/내용영역별로 모아둔 문제를 집중적으로 풀면서 문제별로 나만의 접근법과 풀이법을 만들어 둘 필요가 있다.

▶법조문이 제시문으로 나온 문제는 구조 분류 후, 예외 체크만 한 후 선택지로 넘어 가는 것

▶강화약화 문제는 제일 먼저 주장이나 가설부터 찾은 후, 가설과 사례를 분리하고 선택지를 판단하는 것

▶반대로 철학 문제는 제시문의 면밀한 정독이 끝난 후 선택지 판단을 하는 것 등

사람마다, 성취 수준마다, 전공마다 문제 접근법은 다르다. 다른 사람의 완벽한 노하우가 나에겐 장애물이 될 수 있다.

LEET에 자주 나오는 내용을 사전에 학습하면 관련된 내용이 문제로 출제될 때 빠르게 접근할 수 있다. 그 후 유형별로 문제를 집중적으로 풀어나가면서, 나만의 문제 접근법을 만들어야 시간을 벌 수 있는 문제와 시간을 더 써야 하는 문제를 구분할 수 있다.

Recommend

▶ 유형별 기출문제집, 잘고른300제, 유형별 문제집이 유형/내용 영역별로 문제를 모아둔 교재이므로, 2~4주 플랜으로 세 교재를 동시에 집중 학습하는 것을 제안한다.

[LEET 배경지식&기초논리학 with 기출을 통해 LEET에 빈출되는 내용 숙지 ⇒ 유형별 기출문제집으로 유형/내용영역별 기출문제의 풀이 방법 습득 ⇒ 유사 기출인 잘고른 300제로 나만의 문제접근법 정립 ⇒ 유형별 문제집을 통해 유형별로 묶어 풀어보면서 완성]

난도가 높은 문항은 스킵하고 푸는 타입일 가능성이 높다

푼 문제는 정답률이 높고, 안 푼 문제는 시간을 충분히 가졌음에도 정답률이 현저히 낮다는 것은 특정 유형이나 소재의 문제를 쉽게 포기하는 전략을 썼기 때문일 수 있다. 그러나 본고사 난도가 어떤 수준으로 출제될지는 누구도 모르는 것이므로, 이 전략으로는 평소 포기했던 유형의 비중이 높게 출제되거나, 저난도로 출제될 경우 다른 수험생에 비해 등수가 낮아질 수 있다. **취약한 소재나 유형을 너무 쉽게 포기해서는 안 된다.** 충분히 보완할 시간이 있다.

Study PLAN

약한 유형을 집중적으로 학습하자.

수험생마다 까다로운 제재나 유형이 존재한다.
어떤 유형이나 제재는 열심히 공부하였지만 기본적으로 정보량이 많아 득점률이 떨어질 위험이 있다. 하지만, 어떤 유형은 충분한 연습을 통해 접근법을 파악하면 득점으로 연결될 수 있다.

후자의 대표적인 유형이 추리논증의 **'수리형'** 문항이다. 법조문 및 사회, 과학, 인문 전반에서 수리적 언어 사이에 반복되는 일정한 연결 고리나 법칙을 찾게 하는 문제 비중이 높아지고 있다. 언어 형태로 주어진 정보를 표나 그래프의 수리적 형태로 바꾸어 표현할 수 있으면 문제를 보다 효율적으로 풀 수 있는데, 이 과정에서 수학적 지식은 요구되지 않으므로 고도의 수식이나 계산은 필요치 않다. 따라서 이러한 유형은 대량의 반복 연습을 통해 충분히 득점으로 연결될 수 있다.

그리고 언어이해와 추리논증 모두 제시문은 논증의 논리적 성격을 가지고 있다. 논증의 논리적 성격을 파악하고 **논증의 논지와 필수적인 정보**를 찾는 훈련을 집중적으로 해나가면, 정보량이 많은 제시문도 수월하게 접근할 수 있다. 이런 연습을 하려면 논증의 형태를 띤 글을 많이 접해야 하는데, 기출문제를 제외하고는 논증의 형태의 글을 찾기가 쉽지 않다. 따라서 기출문제의 제시문을 재료로 삼아 이를 집중 분석할 필요가 있다. 논증이라면 주장에 대한 근거가 있기 마련이므로, **주장을 찾았으면 근거가 되는 진술과 근거가 되지 않는 진술, 그리고 주장과 근거가 모두 아닌 진술을 명확히 구분하여 분석**해야 할 것이다.

또한 **전제 간 결합 관계**에 따라 **결론** 도출이 어떻게 되는지를 면밀히 분석해야 한다. 기출문제 제시문을 분석할 때는 결론과 전제, 그리고 소결론이 대결론의 전제가 되는 구조, 긴 제시문의 전체적인 구조를 파악할 수 있어야 한다.

Recommend

▶ 약점 문항이 묻는 것을 정확히 파악하고 정오를 판단하는 연습을 충분히 하기 위해 유형별 기출문제집과 잘고른 300제를 풀이하여 학습한다. 만약 약점이 되는 부분이 언어이해의 '규범'이거나 추리논증의 '강화약화'라면, 유형 전략서를 통해 보완한다. 그리고 유형별 문제집을 통해 유형별로 학습한다면 도움이 될 것이다. 유형별로 문제를 모아 풀면서, 특정 유형의 문제를 푸는 과정에서 발견되는 반복되는 규칙을 찾으면 정답이 찾아지는 경우가 많으므로 이러한 나만의 접근법을 정립하는 데 초점을 두어야 한다.

[유형별 기출문제집에서 나의 약점 유형만 뽑아 집중적으로 풀기 ⇒ 잘고른 300제의 해당 유형 풀기 ⇒ 유형 전략서로 약한 유형 집중 보완 ⇒ 유형별 문제집의 실전문제를 통해 약점 보완 확인 및 점검]

어떤 문항을 먼저 푸느냐에 따라 점수 변화가 크다

시간 내 푼 문제는 정답률이 현저히 낮고, 시간 제한 없이 푼 문제는 정답률이 높다. 이는 2개의 경우로 분석할 수 있는데 우선, 시간 내 문제를 해결해야 하는 '시험' 자체에 대한 훈련이 부족하기 때문일 수 있다. 다음으로 시간 내에 푼 문제가 고난도 문제라면 난도가 높은 문항에 시간은 시간대로 쓰면서 동시에 고난도 문제를 해결할 능력이 부족한 것을 의미할 수도 있다.

첫 번째 경우라면, LEET가 요구하는 사고를 가졌으므로 일정 시간 내에 문제를 해결해야 하는 **'시험'에 대한 훈련,** 즉 남은 기간 동안 전국모의고사를 통해 본고사 현장과 같은 분위기에서 실력을 평가해보고, 시험 운영 전략을 세워 나간다면 고득점을 받을 수 있을 것이다.

그러나 두 번째 경우라면, 어떤 문제가 어려운 문제이며 시간을 많이 써도 내가 맞힐 가능성이 낮은 것인지를 구분하지 못하고 있다는 의미일 수 있다.

이 경우 **LEET 시험을 구성하고 있는 유형을 먼저 공부**하여 익숙해진 후, 문제별로 접근 전략을 짜야 한다. 본고사에서는 어떤 문제가 먼저 나올지 모르므로 문제 풀이 시 정확도를 높이는 훈련과 함께 시간 내에 풀 수 있는 문항의 개수를 점차 늘려갈 수 있도록 학습 플랜을 마련할 필요가 있다.

Study PLAN

유형/내용별로 나에게 유리한 문제와 아닌 문제를 구분할 수 있어야 한다.

유형/내용영역별로 모아둔 문제를 집중적으로 풀면서 문제별로 나만의 접근법과 풀이법을 만들어 둘 필요가 있다.

LEET에 자주 나오는 내용을 사전에 학습하면 관련된 내용이 문제로 출제될 때 빠르게 접근할 수 있다. 예를 들어, **법조문**이 제시문으로 나온 문제는 구조 분류 후, 예외 체크만 한 후 선택지로 넘어 가는 것, **강화약화** 문제는 가설부터 찾은 후 가설과 사례를 분리하고 선택지를 판단하는 것, 반대로 철학 문제는 제시문의 면밀한 정독이 끝난 후 선택지 판단을 하는 것 등등 **나만의 문제 접근법**을 만들어야 시간을 벌 수 있는 문제와 시간을 더 써야 하는 문제를 구분할 수 있다.

Recommend

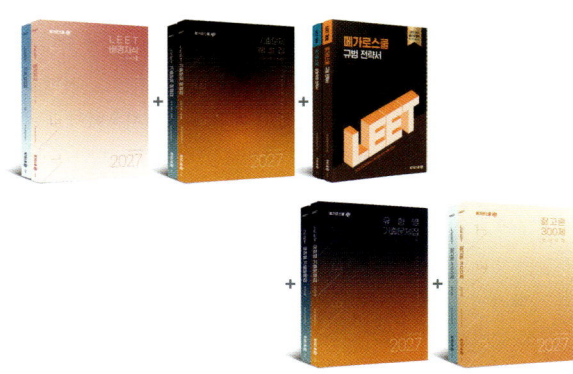

▶ 우선 기출문제의 출제 원리를 파악해야 한다. 그 다음으로 자신만의 풀이 방법을 확립하는 것이 중요하다.

[LEET 배경지식&기초논리학 with 기출을 통해 LEET에 빈출되는 내용 숙지 ⇒ 기출문제 해설집을 통한 기출문제의 출제 원리 파악 ⇒ 유형 전략서를 통해 언어이해의 기본이 되는 '규범' 영역 학습 / 추리논증의 기본이 되는 '강화약화' 영역 학습 ⇒ 유형별 기출문제집을 통해 기출문제를 유형별로 나누어 풀이하여 유형별 풀이 방법 확립 ⇒ 잘고른 300제를 통해 확립된 풀이 방법을 적용]

문제 풀이 속도와 정확도 모두 불안

저득점의 원인이 반드시 시간 부족에 있다고 보기 어려운 경우이다.

시간 내 풀지 못한 문항이 많다는 것은 한 문항을 푸는 데 적지 않은 시간을 들였다는 것을 의미한다. 시간을 많이 들여 푼 문항들마저 오답긴 경우가 많다면 풀이 과정의 정확도와 속도를 모두 높일 수 있는 훈련이 필요하다.

문제 풀이 속도를 높이는 방법은 따로 있지 않고, 문제 해결력을 높이면 속도는 일정 수준까지는 충분히 뒤따라온다. 그러므로 조급해하기보다는 양질의 문제를 통해 **LEET의 출제 구조와 선택지 정오를 면밀히 분석하여 정확하게 푸는 훈련**을 하는 것이 고득점으로 향하는 바른 학습법이다.

Study PLAN

기출문제의 정오부터 분석한다.

LEET 문항의 출제 원리와 이에 부합하는 사고 과정을 충분히 **학습한다는 것은 과목별로 다소 상이할 수 있다.**

언어이해의 경우, 가장 기본이 되는 것은 **제시문과 선택지의 관계**를 분석하는 것이다. 제시문과 선택지의 관계는 크게 '의미상 대등한 변형'과 '핵심 정보를 유지하는 압축'으로 나누어 볼 수 있다. **'의미상 대등한 변형'**이란 선택지에 사용된 단어나 어구가 제시문에서 사용된 단어나 어구와 동일한 의미로 해석 가능한지 판단하도록 하며, **'핵심 정보를 유지하는 압축'**은 제시문에 제시된 정보들의 관계가 선택지에서도 유지되고 있는지 등을 판단하도록 한다.

문제 해결에 필요한 정보는 제시문에 명시되어 있으므로, **선택지의 정오를 판단하기 위한 근거가 될 만한 내용을 제시문에서 조회**하는 것이 문제 해결에 있어 가장 우선된다. 이후 조회한 내용과 선택지 내용을 비교·대조하여 의미상 일치 여부를 판단한다. 이때 제시문에 사용된 어휘나 어구가 서로 의미 변화 없이 대체 가능한 것들로 변환되어 선택지에 사용되었는지, 제시문에 제시된 정보와 선택지에 제시된 정보들 사이의 논리적 관계가 변환 이후에도 그대로 유지되고 있는지, 정보들 사이의 논리적 관계에 오류는 없는지를 판단할 수 있어야 한다.

이 분석이 충실히 갖추어진다면, 이후 추론, 평가 유형에 속하는 모든 문항의 득점을 위한 발판이 마련되었다고 할 수 있다. 이 해결 능력을 충분히 함양하지 않으면 나머지 유형의 문항에서도 정답률을 높이기 어려우니, 고득점을 위해서는 반드시 기출문제를 이렇게 분석할 수 있어야 한다.

추리논증의 경우 제시문이 대부분 논증으로 구성되어 있으므로, 선택지 판단을 하기에 앞서 제시문을 **전제와 결론, 주장과 근거**로 구분하여 그 구조를 분석하는 훈련을 할 필요가 있다. 많은 문제를 분석하기에 시간이 부족하다면, 단 1개를 학습하더라도 충실히 하는 것이 본시험에서 보다 더 도움이 될 것이다.

Recommend

▶ LEET의 기초가 되는 출제원리를 먼저 습득한 후, 기출문제를 분석하여 LEET의 기초를 마련하는 것이 중요하다.

[LEET 배경지식&기초논리학 with 기출을 통해 LEET에 빈출되는 내용 숙지 ⇒ 유형 전략서를 통해 언어이해의 기본이 되는 '규범' 영역 학습 / 추리논증의 기본이 되는 '강화약화' 영역 학습 ⇒ 기출문제 해설집을 통한 기출문제의 출제 원리 파악 ⇒ 유형별 기출문제집과 유형별 문제집을 통해 유형별 풀이 방법 확립]

성공을 위한 러닝메이트,
메가로스쿨

메가로스쿨은 2008년부터 현재까지
로스쿨 수험생들과 함께
합격의 꿈을 이뤄가고 있습니다.

메가로스쿨

메가로스쿨 ⋔

유형별
문제집

추리논증 | 정답 및 해설

메가로스쿨 오늘리요구소

LEET 메가로스쿨

2027

유형별
문제집

추리논증 | 정답 및 해설

목가른스쿨오오난리효누사

LEET 메가로스쿨

2027

성공을 위한 러닝메이트,
메가로스쿨

메가로스쿨은 2008년부터 현재까지
로스쿨 수험생들과 함께
합격의 꿈을 이뤄가고 있습니다.

Ⅰ. 언어 추리

01 ②	02 ⑤	03 ②	04 ②	05 ④	06 ③	07 ③	08 ③	09 ④	10 ②	11 ①	12 ⑤	13 ⑤	14 ④	15 ③
16 ⑤	17 ④	18 ②	19 ④	20 ②	21 ④	22 ③	23 ④	24 ⑤	25 ⑤	26 ②	27 ③	28 ⑤	29 ①	30 ②
31 ③	32 ③	33 ⑤	34 ④	35 ④	36 ③	37 ①	38 ④	39 ⑤	40 ③	41 ⑤	42 ④	43 ⑤	44 ③	45 ③
46 ⑤	47 ④	48 ⑤	49 ④	50 ⑤	51 ④	52 ③	53 ③	54 ③	55 ①	56 ③	57 ⑤	58 ③	59 ①	60 ③
61 ⑤	62 ⑤	63 ②	64 ④	65 ④	66 ④	67 ②	68 ③	69 ③	70 ②	71 ⑤	72 ⑤	73 ④	74 ③	75 ②
76 ③	77 ①	78 ④	79 ②	80 ⑤	81 ③	82 ③	83 ③	84 ⑤	85 ②	86 ②	87 ③	88 ⑤	89 ⑤	90 ②
91 ④	92 ②	93 ②	94 ④	95 ④	96 ②	97 ④	98 ③	99 ⑤	100 ④	101 ①	102 ④	103 ①	104 ③	105 ③
106 ⑤	107 ③	108 ⑤	109 ③	110 ⑤	111 ②	112 ⑤	113 ①	114 ④	115 ③	116 ③	117 ①	118 ①	119 ②	120 ④
121 ①	122 ①	123 ①	124 ⑤	125 ⑤	126 ⑤	127 ①	128 ③	129 ①	130 ④	131 ①	132 ①	133 ②	134 ①	135 ⑤
136 ③														

Ⅱ. 모형 추리

01 ⑤	02 ④	03 ⑤	04 ③	05 ③	06 ①	07 ②	08 ⑤	09 ④	10 ④	11 ⑤	12 ④	13 ⑤	14 ③	15 ③
16 ②	17 ③	18 ⑤	19 ①	20 ④	21 ②	22 ⑤	23 ①	24 ①	25 ③	26 ③	27 ③	28 ④	29 ③	30 ④
31 ②	32 ③	33 ①	34 ④	35 ②	36 ②	37 ③	38 ①	39 ⑤	40 ⑤	41 ③	42 ③	43 ④	44 ③	45 ③
46 ①	47 ②													

Ⅲ. 논증 분석

01 ③	02 ⑤	03 ③	04 ③	05 ④	06 ⑤	07 ⑤	08 ④	09 ④	10 ③	11 ④	12 ①	13 ⑤	14 ②	15 ⑤
16 ③	17 ④	18 ④	19 ①	20 ②	21 ④	22 ③	23 ④							

Ⅳ. 논쟁 및 반론

01 ③	02 ④	03 ②	04 ③	05 ④	06 ⑤	07 ⑤	08 ④	09 ①	10 ⑤	11 ④	12 ①	13 ②	14 ②	15 ④
16 ①	17 ⑤	18 ①	19 ④	20 ⑤	21 ④	22 ②	23 ⑤	24 ③	25 ②	26 ③	27 ④	28 ⑤	29 ①	30 ①
31 ④	32 ④	33 ⑤	34 ⑤	35 ⑤	36 ⑤	37 ②	38 ③	39 ②	40 ③	41 ②	42 ③	43 ③	44 ⑤	45 ①
46 ④	47 ③	48 ②												

Ⅴ. 논증 평가 및 문제 해결

01 ④	02 ③	03 ②	04 ④	05 ①	06 ①	07 ②	08 ②	09 ④	10 ⑤	11 ⑤	12 ②	13 ③	14 ③	15 ④
16 ②	17 ①	18 ⑤	19 ④	20 ②	21 ③	22 ②	23 ①	24 ①	25 ④	26 ③	27 ③	28 ②	29 ①	30 ②
31 ④	32 ⑤	33 ⑤	34 ②	35 ④	36 ①	37 ②	38 ①	39 ②	40 ②	41 ④	42 ②	43 ①	44 ①	45 ②
46 ②														

01. 정답 ②

| 내용영역 법규범 | 문항 유형 언어 추리 |

① 옳다. 1-①의 마지막 문장이 근거이다.

② 옳지 않다. 2-④의 마지막 문장이 근거이다. '그러나 초시 합격자가 상을 당하였을 경우 거주지 수령의 공문을 받아 예조에 제출하면 다음의 복시에 바로 응시할 수 있었는데, 이를 진시(陳試)라 하였다.'를 근거로 옳지 않은 선택지임을 알 수 있다.

③ 옳다. 2-③의 마지막 문장이 근거이다.

④ 옳다. 2-①의 두 번째 문장이 근거이다. '원적에 없는 타도인이 향시에 응시하였을 경우 3년 동안 응시자격을 박탈하였다.'라고 명시되어 있다.

⑤ 옳다. 2-②가 근거이다. '하급관리가 되는 소과는 참하관 이하, 고관으로 진출하는 대과는 당하관 이하에게 응시자격을 주었으나'라는 부분에서 당하관이 참하관보다 상위의 관직임을 알 수 있다.

02. 정답 ⑤

| 내용영역 법규범 | 문항 유형 언어 추리 |

ㄱ. 옳지 않다. (가)에서 A가 완성한 부분에 상응하는 보수 옥수수 20자루 이외에 B의 잘못이 없었다면 얻을 수 있었던 이익은 옥수수 10자루이고 B의 잘못으로 A가 입은 손해도 이와 같다. 따라서 A는 원칙적으로 B에게 보수와 배상을 포함하여 옥수수 30자루를 줄 것을 요구할 수 있다. 그런데 A는 B의 잘못이 없었다면 K의 집수리를 해줄 수 없었을 것이므로 K로부터 받은 옥수수 10자루는 넷째 원칙에 의해 A가 보유하는 결과가 되어서는 안 된다. 즉, A가 옥수수 30자루를 B에게 요구하면 B의 잘못으로 K로부터 받은 보수 옥수수 10자루까지 보유하게 되어 상대방의 잘못이 없었다면 바로 그때 자신이 실제로 얻었을 것이 분명한 이익 이상을 상대방에게 요구하는 결과가 된다. 결국 A는 옥수수 20자루만 B에게 요구할 수 있고 K로부터 받은 옥수수 10자루와 합하여 총 30자루를 보유하게 된다. 한편 세 번째 원칙에 의하여 B의 잘못으로 A가 입을 것이 분명한 손해는 10일 동안 농사일에 대한 대가 옥수수 10자루였다. 그러나 A는 이에 상응하는 대가를 K로부터 받았으므로 네 번째 원칙에 의하여 배상범위가 제한되고 결국 B는 A에게 자기 농사일을 20일 동안 한 보수로 옥수수 20자루만 주면 된다.

ㄴ. 옳다. C의 잘못으로 인하여 D가 입게 될 손해는 수확할 수 없게 된 옥수수 10자루와 K와의 약속불이행으로 K에게 주어야 할 쌀 2가마니 중에서 자신이 받은 쌀 1가마니를 공제한 쌀 1가마니이다. 그러므로 전통의 가르침과 세 번째 원칙에 따라 C는 D에게 옥수수 10자루와 쌀 1가마니를 배상하여야 한다.

ㄷ. 옳다. 한편, D는 C의 잘못이 없었다면 바로 그때 자신이 실제로 얻었을 것이 분명한 이익은 밭에서 수확할 수 있었던 옥수수 10자루이고 첫 번째 원칙에 따라서 그 이상을 상대방에게 요구할 수 없으므로 D는 C에게 옥수수 10자루만 청구할 수 있다. 참고로

D가 C에게 쌀 2가마니를 요구하거나 C가 D에게 쌀 2가마니를 배상한다면 D는 K에게 쌀 2가마니를 배상하고도 이전에 K로부터 받은 쌀 1가마니를 보유하게 되는 결과가 되므로 네 번째 원칙에 어긋나게 된다.

ㄹ. 옳다. D가 K에게 옥수수 30자루를 수확기에 주기로 하였을 경우 약속을 지키지 못하면 D가 입을 손해는 〈보기 ㄴ〉과 마찬가지로 옥수수 10자루와 쌀 1가마니이다. 그런데 C의 잘못 없어도 수확기에 옥수수를 수확하는 생산양은 10자루밖에 안 되고 창고에 보관 중인 10자루를 합해도 20자루로서 K와의 약속을 지킬 수 없게 되므로 쌀 1가마니에 대한 손해는 C의 잘못이 없었더라도 생겼을 손해이다. 따라서 두 번째 원칙에 의하여 C는 자신의 잘못으로 인하여 손해를 입힌 옥수수 10자루만 배상하면 된다. 한편 D가 C에게 요구할 수 있는 배상범위는 〈보기 ㄷ〉과 동일하게 옥수수 10자루이다.

03. 정답 ②

| 내용영역 법규범 | 문항 유형 언어 추리 |

ㄱ. 옳지 않다. A는 C에게 자전거를 양도하려고 한다. 자전거는 동산이므로 A가 진정한 소유자가 아니라 해도 C가 그 사실을 알지 못했다면 C는 소유자가 될 수 있다. 그러나 C는 그 사실을 알고 있었으므로 대금을 모두 지급한 것과는 상관없이 소유권을 주장할 수 없다.

ㄴ. 옳다. 오직 동산에 관해서만, 진정한 소유자가 아니더라도 상대방이 그 사실을 몰랐다면 소유자로 인정받을 수가 있다. 그런데 이 경우는 부동산이고, 부동산은 진정한 소유자만이 소유권을 넘길 수가 있다. 따라서 C가 그 사실을 몰랐다 해도 소유권을 인정받을 수가 없다.

ㄷ. 옳지 않다. 부동산은 등기를 해야 소유권이 인정되고 소유권이 이전하게 된다. 실제로 B가 그 건물에 살고 있더라도 A와 B 간이나 제3자 C에 대해서나 소유자는 A이다.

04. 정답 ②

| 내용영역 법규범 | 문항 유형 언어 추리 |

P의 ⓐ는 협박을 통해 일반인의 업무를 방해한 경우이고, ⓑ는 위력을 통해 공무원의 공무를 방해한 경우이다.

ㄱ. 옳다. 제10조는 위력을 행사하여 공무원 아닌 다른 사람의 업무 집행을 방해했어야 하는데 P는 A를 협박하여 업무를 방해하였다. 따라서 A는 제10조가 정하고 있는 요건을 정확히 충족하지 못한다. 그리고 제11조는 직무를 집행하는 공무원을 폭행 또는 협박하여 공무집행을 방해한 때 적용되는데 P는 B에게 위력을 행사하여 공무집행을 방해하였다. 따라서 P는 제10조와 제11조가 정하는 요건도 정확히 충족하지 못한다. 갑의 견해에 의하면 P의 ⓐ행위와 ⓑ행위 모두 처벌할 수 없다.

ㄴ. 옳다. P의 ⓑ행위는 위력을 행사하여 공무집행을 방해한 것으로 제11조가 정하는 폭행이나 협박의 방법으로 '공무'를 방해한 것은 아니다. 따라서 을의 견해에 의하면 P에게 제11조는 적용될 수 없다. 그러나 을은 '공무'는 '일반업무'에 포함된다고 보고 제10조가 정하는 방법으로 '공무'를 방해하면 제10조를 적용할 수 있다고 본다.

ㄷ. 옳지 않다. 병의 주장에 의하면 폭행 또는 협박을 한 것은 위력을 행사한 경우로 볼 수 있지만 위력을 행사한 경우 모두를 폭행 또는 협박을 한 경우로 볼 수는 없다. 그러므로 ⓑ의 위력을 행사한 경우는 반드시 폭행 또는 협박을 한 것으로 볼 수는 없어, 공무원에 대한 폭행 또는 협박을 요건으로 하는 제11조는 적용될 수 없다고 볼 것이다.

05. 정답 ④

내용영역 **법규범**　　　　문항 유형 **언어 추리**

제시문의 내용을 요약하면 다음과 같다.

(1) 재산범죄 : 피해액↑ → 신고율↑

(2) 폭력범죄 : 무기소지 → 신고율↑

(3) 다수 → 신고율↑

(4) 가해자가 가족 → 신고율↓

(5) 가해자가 아는 사람 → 신고율↑

(6) 피해자가 여성 → 신고율↑

(7) 재산범죄(일반) : 피해자 경제수준↑ → 신고율↑

(8) 재산범죄(단순절도) : 피해자 경제수준↓ → 신고율↑

(9) 폭력범죄 : 피해자 경제수준 → 신고율 무관

⑩ 동거가족 ○ → 신고율↑

① 설명할 수 있다. (5), (6), (8)에 따르면 아는 이에게 폭행을 당한 여성의 신고율이 단순절도 피해를 입은 남성의 신고율보다 높을 것으로 예측이 된다.

② 설명할 수 있다. (4), (5), (6)에 따라 가족에게 폭행을 당한 남성의 신고율은 아는 사람에게 폭행을 당한 여성의 신고율보다 낮을 것으로 예측된다.

③ 설명할 수 있다. (6), (7), ⑩에 따르면 피해자가 배우자와 함께 거주하는 점, 고소득인 점, 여성인 점 등은 모두 신고율을 높이는 요인이다.

④ 설명할 수 없다. (1),과 (3) 모두 한 사람에게 피해액이 1억에 해당하는 사기를 당한 사람의 신고율이 두 사람에게 피해액이 2억에 해당하는 사기를 당한 사람의 신고율보다 낮을 것으로 예측한다.

⑤ 설명할 수 있다. (6)에 따르면 피해자가 남성이란 점은 여성보다 신고율이 낮아지는 요인이다. 그러나 (2)에 따르면 폭행 가해자가 무기를 소지했다는 점은 신고율을 높이는 요인이므로 두 사례의 신고율이 유사했다는 점을 설명할 수 있다.

06. 정답 ③

내용영역 **법규범**　　　　문항 유형 **언어 추리**

ㄱ. 옳다. 제시문에 따르면 "금전지급을 청구하는 경우 금전의 성격은 기재하지 않는다." 따라서 1천만 원이 손해배상금인지 여부는 청구취지 작성에 있어서 중요하지 않으므로, '원하는 액수의 금전'만을 기재하면 충분하다. 따라서 A는 청구취지 1번에서 "10,000,000원의 손해배상금"이 아니라 "10,000,000원"으로만 기재하면 충분하다.

ㄴ. 옳지 않다. 제시문에 따르면 토지에 관한 소유권이전등기청구를 구하는 경우 지목 및 면적을 기재하여야 하지만, 그 지상 건물에 관한 소유권이전등기청구를 하는 경우에는 토지의 지목 및 면적을 기재하지 않는다. 따라서 청구취지 2번에 있어서는 토지의 지목과 면적을 특정해야 하지만, 청구취지 3번을 작성함에 있어서는 토지의 지목과 면적을 표시할 필요가 없다. 따라서 청구취지 2번을 작성할 때에만 옳은 진술이고, 청구취지 3번을 작성할 때에는 옳지 않은 진술이다.

ㄷ. 옳다. 제시문에 따르면 부동산의 등기부에는 등기의 원인이 기재되기 때문에 금전지급청구와 달리 등기원인을 청구취지에 기재하여야 한다. A가 작성한 청구취지 2번 및 3번은 소유권이전등기 절차를 이행하라고만 하지, 소유권이전등기의 원인에 관하여는 쓰고 있지 않다. 제시문에 따르면 A는 "2018. 3. 2. 자 매매"를 원인으로 소유권이전등기를 구하고 있는 것이므로, 그 원인을 각각 기재해야 한다.

07. 정답 ③

내용영역 **법규범**　　　　문항 유형 **언어 추리**

ㄱ. 옳지 않다. 〈규정〉 위반 아님. A, D는 백화점이고 B, C는 전자회사이므로 K회사는 동종제품인 에어컨 공급에 있어 거래상 대방에 따른 품질 차별을 하고 있다. 그런데 1호에 의할 때 정당한 이유 없이 거래상대방에 따라 가격을 차별하는 행위만 금지된다. ㄱ의 행위는 각각 공급되는 품질이 다른 것이므로 〈규정〉에 위반되지 않는다.

ㄴ. 옳다. 〈규정〉 위반 아님. 3호에 따르면 정당한 이유 없이 자기의 계열회사를 「유리하게 하기 위하여」 가격에 관하여 현저하게 유리하거나 불리하게 하는 행위가 〈규정〉에 위반된다. 그런데 대당 30만 원인 동일품질의 휴대전화를 계열사 D만 40만 원에 공급하는 행위는 자기의 계열회사를 유리하게 하기보다는 오히려 A, B, C에게 유리한 것이므로, 이는 〈규정〉에 위반되지 않는다.

ㄷ. 옳지 않다. 〈규정〉 위반 아님. 거래지역이 다른 거래상대방에 따라 가격과 품질을 차별하고 있지만, LCD모니터와 LCD텔레비전은 동종제품이 아니다. 〈규정〉은 동종제품의 동종거래에 적용되는 것이므로 ㄷ의 행위는 〈규정〉에 해당되지 않는 행위로서 〈규정〉에 위반되지 않는다.

ㄹ. 옳다. 〈규정〉 위반 아님. 〈규정〉은 동종제품의 동종거래에 적용된다. K회사가 동종제품인 반도체를 거래하면서 A와 B, C 간에 가격 차이를 두었지만, A에는 판매를, B, C와는 구매 거래를 하고 있으므로 거래의 종류가 다르다. 따라서 ㄹ의 행위는 〈규정〉에 위반되지 않는다.

---

08. 정답 ③

내용영역 법규범   **문항 유형** 언어 추리

각 입장에 따른 죄의 성립 여부를 정리하면 다음과 같다.

구분	견해	유통 목적 위조	신용력 과시 목적 위조	행사할 목적×
수표	甲	B	×	×
유가증권		A	×	×
수표	乙	B	B	B
유가증권		A	A	×
수표	丙	B	B	×
유가증권		A	×	×

ㄱ. 옳다. 甲에 따르면 신용력 과시를 위하여 수표를 위조한 경우 행사할 목적이 없이 수표를 위조한 것이다. 甲은 수표 위조의 경우 행사할 목적이 요구된다고 하였으므로 이 경우 B가 적용되지 않는다. 乙은 B의 경우 별도로 행사할 목적을 요구하지 않는 것으로 보므로 수표 위조의 경우 B가 적용된다.

ㄴ. 옳다. 아무런 행사할 목적 없이 수표를 위조한 경우 乙에 따르면 B가 적용되지만 丙에 따르면 A와 B 모두 적용되지 않는다.

ㄷ. 옳지 않다. 유가증권을 위조한 경우 乙은 유통 목적이나 신용력 과시 목적 모두 A가 적용된다. 丙에 따르면 신용력 과시의 목적일 때는 A가 적용되지 않는다.

---

09. 정답 ④

내용영역 법규범   **문항 유형** 언어 추리

ㄱ. 옳지 않다. 폭행이 X국 내에서 일어났기 때문에 A는 외국인이라도 ㈎의 적용을 받게 되고 이 경우 B의 국적은 X국이든 X국이 아니든 상관이 없다.

ㄴ. 옳다. C는 X국 국민이 아니고 항공기 역시 X국 영역이 아닌데 C가 [규정]에 의해 처벌받았다면 A는 X국 국민이어야 한다.

ㄷ. 옳지 않다. ㈎에 의해 항공기 안은 X국 영역이 되고, B는 ㈎에 의해 처벌을 받게 된다.

ㄹ. 옳다. 일단 B는 처벌의 근거가 없기 때문에 처벌을 받지 않게 되고 (외국인이 외국에서 외국인을 상대로 범죄를 저지른 경우가 됨) A는 ㈏, C는 ㈐의 적용을 받는다. 또한 A와 B, C와 A가 각각 자식과 부모의 관계라면 각각 최대 징역 5년씩을 처벌받을 수 있다. 가령 A는 아버지, B는 할아버지, C는 아들인 경우, 국적은 셋 모두 다를 수 있다.

---

10. 정답 ②

내용영역 법규범   **문항 유형** 언어 추리

○ 친고죄

처벌을 원한다는 의사 ×	공소제기 ×
처벌을 원한다는 의사 ○	공소제기 ○
처벌을 원하지 않는다는 의사 ○	형사재판 중단, 공소기각 판결

○ 반의사불벌죄

처벌을 원한다는 의사 ×	공소제기 ○
처벌을 원한다는 의사 ○	공소제기 ○
처벌을 원하지 않는다는 의사 ○	형사재판 중단, 공소기각 판결

○ 피해자의 승낙

피해자의 승낙 인정	형사재판 진행 후 무죄 판결

ㄱ. 옳지 않다. 피해자의 승낙이 인정되면, 재판을 진행한 후 무죄 판결을 선고해야 한다.

ㄴ. 옳다. 모욕죄는 친고죄로, '처벌을 원한다'는 의사표시가 있어야 공소를 제기할 수 있다.

ㄷ. 옳지 않다. 피해자의 승낙이 재판 도중 밝혀지면, 법원은 무죄판결을 선고해야 하므로 절도죄는 성립할 수 없다.

---

11. 정답 ①

내용영역 법규범   **문항 유형** 언어 추리

ㄱ. 옳다. X는 본형 40대의 죄를 범한 자를 고신하면서 본형 10대를 가했으나 이를 감하지 않았으므로 위령조에 의해 본형 20대로 처벌받아야 한다. 그리고 과실로 원죄 본형 40대를 본형 70대로 3등급을 증량하였으므로, 증량한 3등급의 형량에서 2등급을 감한 1등급인 본형 10대의 처벌을 받아야 한다. 죄목이 다른 두 건 이상의 죄가 함께 발각되면 가장 중한 형량으로 처벌한다고 하였고, 이 경우는 위령조를 위반한 죄와 관가출입인죄를 위반하여 죄목이 다른 두 건의 죄를 지었으므로 본형 10대보다 무거운 본형 20대로 처벌받을 것이다.

ㄴ. 옳지 않다. X는 본형 10대의 죄를 범한 자를 고신하면서 본형 10대를 가했으나 이를 감하지 않았으므로 위령조에 의해 본형 20대로 처벌받아야 한다. 그리고 과실로 원죄 본형 60대를 본형 10대로 5등급을 감량하였으므로, 감량한 5등급의 형량에서 3등급을 감한 본형 20대의 처벌을 받아야 한다. 죄목이 다른 두 건 이상의 죄가 함께 발각되었을 때 형량이 같으면 가중한다고 하였으므로, X는 본형 30대의 처벌을 받아야 한다.

ㄷ. 옳지 않다. 고의로 본형 40대를 본형 70대로 3등급을 증량하였으므로 본형 30대의 처벌을 받아야 한다. 그리고 과실로 본형 50대를 본형 100대로 5등급 증량하였으므로 2등급을 감경해 본형 30대의 처벌을 받아야 한다. 그리고 이 경우는 죄목이 같은 두 건 이상의 죄가 함께 발각되었으므로 X는 본형 30대의 두 형량을 합산하여 본형 60대의 처벌을 받을 것이다.

12. 정답 ⑤

내용영역 법규범   문항 유형 언어 추리

ㄱ. 옳지 않다. 제시문의 마지막 문장에서처럼 계약이 유효로 되기 위해서는 계약당사자명의가 일치해야 한다. 그러나 명의를 차용한 경우라도 원칙적으로도 유효하며 제시문에서처럼 계약상대방이 명의차용사실에 대하여 양해라는 별도의 부가적사정이 있는 경우에 한하여 무효가 될 뿐이다.

ㄴ. 옳다. 명의차용에 의한 차금행위의 상대방이 그러한 사실을 알고 있었고 양해하에 그러한 행위가 이루어진 경우에만 무효가 되며 그렇지 않은 경우에는 계약이 유효가 되므로 계약상대방의 의사가 그 기준이 된다.

ㄷ. 옳다. 명의차용에 의한 차금행위는 원칙적으로 유효하므로 명의대여자만이 계약의 당사자이며 명의차용자는 계약의 당사자가 아니다.

13. 정답 ⑤

내용영역 법규범   문항 유형 언어 추리

〈갑, 을, 병의 부담부분〉

연대보증계약이 체결될 당시 채무액이 6,000만 원이며 각 연대보증인의 부담부분이 1:1:1이었으므로 갑, 을, 병의 부담부분은 각각 2,000만 원이었으나, 이후 A가 B에게 1,500만 원을 변제하였으므로 갑, 을, 병의 부담부분은 각각 1,500만 원이 된다.

ㄱ. 옳다. 8.15.에 갑이 을에게 상환 청구를 한 경우, 견해 1에 따르면 갑이 B에게 변제한 시기(8.3.)를 기준으로 법률관계를 확정하게 되고, 이때 을은 변제한 것이 없다. 따라서 이 경우 자신의 부담부분 1,500만 원에서 500만 원을 초과하여 변제한 갑은 전혀 변제를 하지 않은 을에게 상환 청구 가능하다. 반면, 견해 2에 따르면 갑이 을에게 상환 청구를 한 시기(8.15.)를 기준으로 법률관계를 확정하게 되는데 이때 을은 이미 자신의 부담부분 1,500만 원을 변제한 후이므로 갑은 을에게 상환 청구를 할 수 없다.

ㄴ. 옳다. 연대보증인은 자신의 부담부분을 초과하여 변제한 경우에만 다른 연대보증인에게 상환 청구할 수 있다. 따라서 자신의 부담부분을 초과하여 변제하지 않은 을은 견해 대립 여부와 무관하게 갑에게 상환 청구를 할 수 없다.

ㄷ. 옳다. 8.5.에 갑이 을에게 상환 청구를 한 경우 견해 1에 따르면 8.3.을 기준으로, 견해 2에 따르면 8.5.을 기준으로 법률관계를 확정하게 되므로 어느 견해에 따르더라도 을의 B에 대한 변제부분(8.10.)은 고려하지 않으며 자신의 부담부분 1,500만 원에서 500만 원을 초과하여 변제한 갑은 전혀 변제를 하지 않은 을에게 상환 청구 가능하다.

14. 정답 ④

내용영역 법규범   문항 유형 언어 추리

① 옳다. 乙은 음화구매자로서 대향범으로는 처벌받지 않는다. 하지만 甲의 범행 의사를 乙이 가지게 한 것이므로 A에 따르면 乙은 甲의 음화판매죄의 공범으로 처벌된다. 반면, B에 따르면 乙은 처벌되지 않은 관여자로서 乙을 공범으로 처벌할 수 없다고 볼 것이다.

② 옳다. A에 따르면 음화판매자 乙이 공범으로 처벌받기 위해서는 甲에게 범죄 의사를 가지게 하여야 한다. 그런데 甲이 음화 판매 의사를 丙에 의해 가지게 되었다면 A는 乙을 음화판매죄의 공범으로 처벌할 수 없다고 볼 것이다. 그리고 B에 따르면 대향범에서 어떤 일방의 관여자를 처벌하지 않을 경우 관여자를 공범으로도 처벌할 수 없으므로 B는 乙을 음화판매죄의 공범으로 처벌할 수 없다고 볼 것이다.

③ 옳다. 뇌물죄는 관여자 쌍방이 모두 처벌되는 대향범이고 각각의 관여자에게 가담한 제3자는 공범으로 처벌된다. 따라서 丙은 甲의 뇌물공여죄의 공범으로, 丁은 乙의 뇌물수수죄의 공범으로 처벌된다.

④ 옳지 않다. 甲은 음화를 판매한 자로 음화판매죄로 처벌되지만 甲이 이미 범죄 의사를 가지고 있었던 경우 乙은 처벌되지 않는다. 따라서 丙은 乙의 범행결의를 부추긴 공범으로 乙이 처벌되지 않으므로 丙도 공범으로 처벌되지 않는다.

⑤ 옳다. 음화판매죄는 음화판매자 일방만 처벌하는 죄이다. 甲은 음화판매에 관여한 자로서 대향범으로 처벌된다. 따라서 甲이 음화 구매 의사가 없는 乙을 부추겨서 乙에게 음화를 판매한 경우 甲은 공범으로 처벌되지 않는다.

15. 정답 ③

내용영역 법규범   문항 유형 언어 추리

갑이 지급해야 할 금액은 다음과 같다.

	환율	을 (15,000달러)	병 (20,000달러)
A	이행기 (18년 9월)	1,500만 원	2,000만 원
B	실제 변제	1,650만 원 (19년 5월)	(1) 2,500만 원 (19년 8월 변제 시) (2) 2,400만 원 (19년 9월 변제 시)
C	일반:실제 변제 대용급부청구권 행사시:변론종결	1,650만 원 (19년 5월)	2,500만 원 (19년 8월)

ㄱ. 옳다. 을은 소송을 통해 대용급부청구권을 행사한 경우가 아니므로 B와 C는 갑이 실제로 변제한 2019년 5월의 환율인 1:1100을 적용해야 한다고 볼 것이다. 따라서 "갑이 1:1000의 환율을 적용하여 채무를 변제해야 한다."는 판단에 대해서 B와 C 모두 동의하지 않는다는 점에서 견해가 같을 것이다.

ㄴ. 옳지 않다. 병의 경우 C를 따르면 고정적으로 원화로 2,500만 원을 변제받는다. 병이 B를 따르게 되면 8월에 변제받는 경우 2,500만 원을 받을 수 있지만, 9월에 변제받는 경우 2,400만 원을 받는다. B와 C의 방식으로 취득하게 될 원화 변제금액이 동일한 경우가 있기 때문에, 병은 C를 택할 때에 취득하는 원화 변제금액이 B를 택할 때보다 더 많다고 볼 수 없다.

ㄷ. 옳다. 위의 표에 따르면 을은 A를 따를 때보다 B를 따를 때 더 많은 원화 변제금액을 취득하며, 병 역시 8월과 9월 중 어느 시기를 따르더라도 B를 따를 때 A보다 더 많은 원화 변제금액을 취득한다.

---

16. 정답 ⑤

내용영역 **법규범**   문항유형 **언어 추리**

ㄱ. 옳다. A 견해는 운전면허 효력 발생시기를 면허증 수령 시점으로 보는 반면 B 견해는 면허증에 기재된 교부일자로 보고 있다. 면허증 교부에는 최소한 일정한 시간을 요하므로 면허증에 기재된 교부일자가 더 앞서게 된다. 따라서 B 견해에 의하면 운전면허 효력 발생이 A 견해에 비해 더 앞당겨지므로 무면허운전으로 인한 법위반 범위는 A가 더 넓게 보고 있다.

ㄴ. 옳다. 甲은 시내버스의 운전에 대해 면허 취소 처분을 받았으므로 甲이 대형면허 취소 처분을 받았음을 알 수 있다. X 원칙에 따르면 시내버스를 운전할 수 있는 모든 면허가 취소될 수 있으므로, 5인승을 운전할 수 있는 보통면허는 취소되지 않을 것이다. Y 원칙에 따르면 대형면허가 보통면허를 포함하므로 보통면허는 취소될 것이다. 따라서 이 경우 甲이 5인승을 운전하는 것은 X 원칙에 따르면 적법하고, Y 원칙에 따르면 적법하지 않다.

ㄷ. 옳다. X 원칙은 차량기준으로 면허 취소 범위를 판단하고 있고 Y 원칙은 면허기준으로 범위를 판단하고 있다. 5인승 일반차량은 보통면허로도 운전 가능하고 특수면허로도 운전 가능하므로 X 원칙에 의하면 보통면허와 특수면허가 모두 취소된다. 이와 달리 보통면허로 운전 가능한 차량의 범위는 특수면허로 운전 가능한 차량의 범위를 포함하지 않으므로 Y 원칙에 의하면 보통면허만 취소된다. 따라서 乙의 입장에서는 Y 원칙을 따르는 것이 더 유리하다.

---

17. 정답 ④

내용영역 **법규범**   문항유형 **언어 추리**

ㄱ. 옳다. 제2조 제2항에 따라 유보는 유보 제기자가 아닌 다른 당사자 간에는 효력이 없으므로 갑과 을 사이에는 계약이 그대로 적용된다. 따라서 갑은 b조항을 근거로 을에게 상품 X의 생산량을 제한하도록 요구할 수 있다.

ㄴ. 옳지 않다. 제1조 제2항을 반대 해석하면 갑이 계약의 성립에 대하여 반대의사를 표시한 경우 갑과 병 사이의 계약은 성립되지 않는다. 따라서 병은 갑의 허가 없이 상품 X를 생산할 수 없을 것이다.

ㄷ. 옳다. 갑이 계약의 성립에 대하여 반대의사를 표시하지 않은 경우 제1조 제2항에 따라 갑과 병 사이에는 계약이 성립되고, 이 경우 제2조 제3항에 따라 유보와 관련된 b조항이 갑과 병 사이에 적용된다. 따라서 갑은 병에게 상품 X의 생산량을 제한하도록 요구할 수 있다.

---

18. 정답 ②

내용영역 **법규범**   문항유형 **언어 추리**

〈규정〉을 정리하면 다음과 같다.

○ 원칙 : 개발사업의 인가를 받은 날

○ 예외(1) : 사업자가 토지를 취득한 날

  ⅰ) 인가 받기 전 2년 이내에 최초의 토지 이용 계획이 변경

  ⅱ) 토지 이용 계획이 변경되기 전에 토지를 취득

○ 예외(2) : 최초의 토지 이용 계획이 변경된 날의 6개월 전에 해당하는 날

  ⅰ) 인가를 받기 전 2년 이내에 최초의 토지 이용 계획이 변경

  ⅱ) 토지를 취득한 날로부터 1년 이상이 지난 후 토지 이용 계획 변경

ㄱ. 옳지 않다. X 토지는 인가(2017.1.1.) 받기 전 2년 이내에 최초의 토지 이용 계획이 변경(2016.5.1.)되었다. 그리고 인가 시기로부터 1년 이내의 어느 시점에 토지를 취득하였고, 그 후 최초의 이용 계획을 변경하였는데, 토지 취득 후 최초 계획 변경이 1년 이내에 이루어졌으므로 예외(1)에 해당한다. 따라서 이 경우 개발부담금 부과 개시 시점은 사업자가 토지를 취득한 날이다.

ㄴ. 옳지 않다. X, Y 토지 모두 2016년 3월 1일에 최초의 토지 이용 계획을 변경하였으므로, 인가(2017.1.1.)를 받기 2년 이내에 최초의 토지 이용 계획이 변경되어 원칙이 적용되지 않는다. 또한 X, Y 토지 모두 토지 취득 후 최초의 토지 이용 계획을 변경하였는데, X 토지는 취득 후 1년 이상이 지난 후 변경하였고 Y 토지는 그렇지 않다. 따라서 X 토지는 예외(2)에 따라 최초의 토지 이용 계획이 변경된 날의 6개월 전에 해당하는 날인 2015년 9월 1일, 그리고 Y 토지는 예외(1)에 따라 토지를 취득한 2015년 4월 1일이 개발부담금 부과 개시 시점이다. 따라서 개발부담금 부과 개시 시점은 X 토지가 Y 토지보다 더 이르지 않다.

ㄷ. 옳다. X 토지는 인가(2017.1.1.)를 받기 전 2년 이내에 최초의 토지 이용 계획이 변경된 것이 아니므로 원칙에 따라 개발사업 인가를 받은 날(2017.1.1.)이 개발부담금 부과 개시 시점이다. Y 토지는 인가를 받기 전 2년 이내에 최초의 토지 이용 계획이 변경되었지만, 토지 계획을 변경한 후 토지를 취득하였으므로 예외(1)과 예외(2)에 모두 해당하지 않는다. 따라서 Y 토지의 경우는 예외에 해당하지 않으므로 원칙에 따라 개발사업 인가를 받은 날(2017.1.1.)이 개발부담금 부과 개시 시점이다.

19. 정답 ④

내용영역 법규범   문항 유형 언어 추리

	(가)	(나)	(다)
범죄자 국적	X	Y	Y
피해자 국적	X	X	Y
범죄 장소	Y	Y	X
처벌 가부	가능	가능	불가

ㄱ. 가능하지 않다. 〈사실관계〉 (다)로부터 추론할 수 있는 것은 X국의 영역 내에서 죄를 범한 외국인에 대해서는 처벌하지 않는다는 것이다. 그런데 X국 법률에 X국의 영역 내에서 죄를 범한 외국인을 처벌할 수 있는 법률이 존재한다면 (다)의 경우에 죄를 범한 외국인은 처벌된다. 따라서 ㄱ은 존재해서는 안 되는 규정이다.

ㄴ. 가능하다. 〈사실관계〉 (가)로부터 추론할 수 있는 것은 Y국(X국의 영역 외)에서 죄를 범한 X국 국민이 처벌되었다는 것이다. 그러므로 X국 법률에는 X국의 영역 외에서 죄를 범한 X국 국민에게 적용할 수 있는 법률이 존재한다.

ㄷ. 가능하다. 〈사실관계〉 (나)에 따르면 X국 이외의 장소에서 X국 국민을 상대로 범죄를 저지른 외국인이 처벌되었다. 그러므로 X국 법률에는 X국의 영역 외에서 X국 국민에 대하여 죄를 범한 외국인에게 적용할 수 있는 법률이 존재한다.

20. 정답 ②

내용영역 법규범   문항 유형 언어 추리

ㄱ. 옳지 않다. B에 따를 경우 법정대리인인 丙이 범인을 안 날(2017. 4. 27.)로부터 고소기간이 진행되는데, 乙은 그 다음날인 2017. 4. 28. 법정대리인인 丙에게 범인을 알려주었으므로, 丙의 고소기간은 2017. 4. 28.부터 진행하여 초일을 산입하지 않고 180일째 되는 날인 2017. 10. 25.이 고소할 수 있는 마지막 날이 된다. 그러나 A에 따를 경우 丙의 고소기간은 乙의 그것에 따르게 되고, 乙은 미성년자였으므로, 제2조 제2항 및 제1조 제3항에 따라 고소할 수 없는 상태에 있었고, 성년이 되는 2018. 1. 1.부터 고소를 할 수 있으므로, 丙의 고소기간 역시 그 때부터 진행되어 乙과 丙 모두 초일을 산입하여 180일이 되는 날인 2018. 6. 29.까지 고소할 수 있다.

ㄴ. 옳다. A와 B의 견해 대립은 법정대리인의 고소기간이 미성년자와 독립하여 진행하는 것인지 여부에 관한 것이지, 피해자의 고소기간에 관하여는 견해를 같이한다. 따라서 어느 견해에 따르더라도 乙 자신은 성년자가 된 2018. 1. 1.부터 고소를 할 수 있고, 그 때로부터 초일을 산입하고 180일째 되는 날인 2018. 6. 29.까지 고소할 수 있다.

ㄷ. 옳지 않다. B에 따를 경우 법정대리인인 丙은 2017. 10. 25.까지 고소할 수 있고 乙은 2018. 6. 29.까지 고소할 수 있다. 따라서 乙의 고소기간이 丙의 고소기간보다 늦게 도과한다. 그러나 A에 따를 경우 丙의 고소기간은 을의 그것에 따르게 된다.

21. 정답 ④

내용영역 법규범   문항 유형 언어 추리

자유무역협정에 의하면 수출국에서 생산된 부품이 65% 넘게 사용되어야 혜택을 받을 수 있다. 따라서 세 부품 중 적어도 둘 이상의 부품이 수출국에서 생산된 부품이어야 한다.

(가) A, C, D 부품을 사용해서 X국에서 생산된 갑 제품은 Y국에 수출되는 경우 무관세 혜택을 받을 수 있다. 따라서 A, C, D 중 최소한 둘 이상은 X국에서 생산된 것이다.

(나) B, D, E 부품을 사용해서 Y국에서 생산된 을 제품은 X국에 수출되는 경우 무관세 혜택을 받을 수 있다. 따라서 B, D, E 중 최소한 둘 이상은 Y국에서 생산된 것이다.

(다) A, B, E 부품을 사용해서 Y국에서 생산된 병 제품은 X국에 수출되는 경우 무관세 혜택을 받을 수 없다. 따라서 A, B, E 중 최소한 둘 이상은 X국에서 생산된 것이다.

○ (가)에서 A, C, D가 모두 X국 생산이라면 (나)에서 B, E는 자동적으로 Y국 생산이 된다. 그렇게 되면 (다)에서 A, B, E는 협정의 요건을 충족하여 무관세 혜택을 받아야 한다. 하지만 병 제품은 혜택을 받지 못했다고 했으므로 이는 옳지 않다. 이는 X국에서 생산된 부품이 D인 경우에도 역시 같다. 왜냐하면 B와 E 부품이 모두 Y국에서 생산된 것이 되므로 X국에 수출되는 경우 무관세 혜택을 받아야 함에도 (다)에서는 받지 못한다고 하기 때문이다. 결국 D는 Y국에서 생산한 부품이고 A, C가 X국에서 생산한 부품이다.

○ (다)에서 B와 E가 모두 Y국에서 생산된 부품일 수는 없다. 그렇게 되면 병 제품은 무관세 혜택을 받았어야 할 것이기 때문이다. 반대로 B와 E 모두 X국에서 생산된 부품이어서도 안 된다. (나)와 부합되지 않기 때문이다. 따라서 B와 E 둘 중 하나가 X국에서 생산되고 다른 하나는 Y국에서 생산된 부품이지만 어느 부품이 어디서 생산되는지는 알 수 없다.

○ 이상에서 X국에서 생산한 부품이 A, B, C이면 Y국에서 생산한 부품은 E, D가 되고, X국에서 생산한 부품이 A, C, E이면 Y국에서 생산한 부품은 B, D가 됨을 알 수 있다.

ㄱ. 옳지 않다. B와 E는 어느 국가에서 생산한 것인지를 판별할 수 없다.

ㄴ. 옳다. X국에서는 A, C 두 부품과 B, E 중 한 부품을 생산해서 총 세 가지 부품을 생산하고 Y국에서는 D 부품과 B, E 중 한 가지 부품을 생산해서 총 두 가지 부품을 생산한다.

ㄷ. 옳다. A는 X국에서 생산된 부품이고 B와 E 중 하나는 Y국에서 생산된 것이 분명하므로 Y국에서 생산된 D를 A 대신 사용하면 〈협정〉상 혜택을 받을 수 있다.

22. 정답 ③

내용영역 **법규범**　　　　　　　　문항유형 **언어 추리**

○ 조례제정 원칙
　조례를 제정할 때, 적용대상이 되는 사람들이 조례로 인해 법률을 적용할 때에 비해 더 불리해져서는 안 된다.

○ 예외
　적용대상이 되는 사람들이 더 불리해지는 조례를 만들 수도 있는데, 그러려면 원래의 법률이 '적용대상이 되는 사람들에게 부담을 주는 법률'이고, 또 법률이 모든 지역에 반드시 적용되어야 할 기준을 담고 있어야 한다. (이때 덜 불리하게 하는 조례는 제정할 수 없음)

ㄱ. 옳다. 둘째 자녀부터 대학등록금 전액을 지원하는 조례가 제정된다면 (내)법률보다 적용대상이 되는 사람들은 유리해진다. 즉, 해당 조례가 사람들을 더 불리하게 하는 것은 아니므로 '법률의 범위 내'에서 제정된 것이다. 따라서 이 조례는 법률의 범위를 벗어나지 않는다.

ㄴ. 옳다. (개)법률은 적용대상이 되는 사람들에게 부담을 주는 법률이고, 또 모든 지역에 반드시 적용되어야 할 기준을 담고 있는 것이다. 이런 경우에는 '더 불리하게 하는 조례'만 허용된다. 그런데 부동산 합산 기준금액을 6억 원에서 9억 원으로 올리는 것은 적용대상이 되는 사람들에게 더 유리해지는 것이다. 즉, 해당 조례가 사람들을 덜 불리하게 하는 것은 제정할 수 없으므로 이 조례는 '법률의 범위 내'에서 제정된 것이 아니고 법률의 범위를 벗어난 것이다.

ㄷ. 옳지 않다. (개)법률은 적용대상이 되는 사람들에게 부담을 주는 법률인데, ㄷ의 경우 모든 지역에 반드시 적용되어야 할 기준을 담고 있지 않다. 그렇다면 조례 제정의 예외가 되지 않으므로 원칙에 따라 제정해야 한다. ㄷ의 조례로 인해 적용대상이 되는 사람들은 기준금액 초과분에만 종합부동산세를 추가로 더 납부하다가 보유한 부동산 공시가격 합계액 전부에 대해 종합부동산세를 추가로 더 납부하게 된다. 이는 조례로 인해 사람들이 더 불리해진 것으로, 조례가 사람들을 더 불리하게 해서는 안 된다는 원칙에 위배되는 것이다. 즉, '법률의 범위 내'에서 제정된 것이 아니므로 이 조례는 법률의 범위를 벗어난다.

23. 정답 ④

내용영역 **법규범**　　　　　　　　문항유형 **언어 추리**

○ 자연물질을 발견한 갑에 대해서는 양국 모두 특허가 인정되지 않았으므로 단순한 자연물질의 발견만으로는 특허가 인정되지 않는다.

○ 자연물질을 발견하고 그 물질의 작용 원리를 발견한 을에 대해서 A국은 특허를 인정하였으나, B국은 인정하지 않았으므로 자연물질 발견과 작용원리 발견은 A국에서의 특허 인정 요건이 된다.

○ 자연물질을 독자적으로 발견하지 않았으나 제조방법은 개발한 경우 A국에서는 특허를 인정하지 않았지만, B국은 인정하였으므로 자연물질의 독자적인 발견과 무관하게 제조방법의 개발만으로 B국에서는 특허가 인정된다.

○ 자연물질을 독자적으로 발견하고 그 제조방법을 개발한 경우 A, B국 모두에게서 특허가 인정된다.

이에 따라 A국과 B국에서 특허가 인정되는 경우/부정되는 경우를 정리하면 다음과 같다.

유형	특허권 인정 여부	
	A	B
자연물질 독자적 발견	×	×
자연물질 독자적 발견 + 원리 등 규명	○	×
자연물질 독자적으로 발견하지 않음 + 제조방법 등 개발	×	○
자연물질 독자적 발견 + 제조방법 등 개발	○	○

ㄱ. 옳지 않다. A국에서는 원리 규명에도 특허권을 인정하지만, 제조방법만 개발한 경우에는 특허권을 인정하지 않는 반면, B국에서는 원리 규명에는 특허권을 인정하지 않지만, 제조방법만 개발한 경우에도 특허권을 인정한다. 따라서 어느 쪽이 더 넓게 인정하고 있다고 말할 수 없다.

ㄴ. 옳다. 단순히 자연물질만을 발견한 갑에게 A, B국 모두 특허권을 인정하지 않고 있다.

ㄷ. 옳다. 병에게는 특허권이 인정되지 않았지만, 정에게는 특허권이 인정되었으므로 A국은 자연물질에 관한 특허의 경우 자연물질의 독자적인 발견을 요구하고 있다고 볼 수 있다.

24. 정답 ③

내용영역 **법규범**　　　　　　　　문항유형 **언어 추리**

甲에 의하면 A는 범죄행위 시에 Y국 국적을 가지고 있었으므로 외국인이고, 乙과 丙에 의하면 A는 소추 전에 X국의 국적을 취득하였으므로 내국인이다.

ㄱ. 옳다. A가 X국 영역 내에서 죄를 범한 경우 A가 내국인인지 외국인인지에 상관없이 제1조를 적용하여 A를 소추할 수 있으므로 甲, 乙, 丙에 의하면 제1조를 적용하여 A를 소추할 수 있다.

ㄴ. 옳다. 乙과 丙에 의하면 A는 내국인에 해당하므로, 만약 A가 Y국 영역 내에서 죄를 범하였다면, 乙과 丙은 제2조를 적용하여 X국 영역 외에서 죄를 범한 내국인 A를 소추할 수 있을 것이다.

ㄷ. 옳지 않다. A는 甲에 의하면 외국인이고, 丙에 의하면 내국인이다. 따라서 제3조를 적용하여 A를 소추할 수 있는 경우는 甲에 의할 때이다.

25. 정답 ③

내용영역 법규범　　　　　　　　문항 유형 언어 추리

ㄱ. 옳다. 자동차 대리점 운영자 갑은 매장에 전시 중인 자동차라는 이유로 어떤 자동차를 할인한 가격으로 을과 매매하기로 합의하였다는 점에서 첫 번째 경우에 해당한다. 이 경우 주의를 다하였더라도 물건에 흠이 생긴 경우에 흠이 있는 그대로 물건을 넘겨주고 물건값을 요구할 수 있다. 갑이 정상적인 영업을 하였다는 점에서 갑이 일반적인 주의를 다하였다고 보이고, 또 갑이 주의를 다하였더라도 홍수라는 불가항력적인 이유로 자동차에 하자가 생긴 것이라고 볼 수 있으므로 자동차를 수리하지 않더라도 갑은 물건값을 요구할 수 있다.

ㄴ. 옳지 않다. 자동차 대리점 운영자 갑은 매장에 전시 중인 자동차와 같은 차종의 차량을 을과 매매하기로 합의하였으므로 두 번째 경우에 해당한다. 을이 특별히 같은 차종의 차 중 특별히 어떤 차를 넘겨받기로 지정하지는 않았다. 이 경우 물건을 넘겨주어야 할 사람이 물건을 넘겨주는 데 필요한 행위를 끝내면 첫 번째의 물건과 같이 취급한다. 물건을 찾아가기로 한 경우 물건을 넘겨줄 수 있는 상태로 놓아둔 다음 넘겨줄 준비가 되었으니 물건을 가지고 가라고 알리는 경우에 필요한 행위가 끝난다. 갑은 물건을 넘겨줄 준비를 다 하였지만 그 사실을 을에게 알리지 않았으므로 필요한 행위를 끝내지 못했다. 따라서 같은 종류의 물건이 존재하는 한 그 종류의 물건을 넘겨주지 않고는 물건값을 요구할 수 없다.

ㄷ. 옳다. 자동차 대리점 운영자 갑은 매장에 전시 중인 자동차와 같은 차종의 차량을 을과 매매하기로 합의하였으므로 두 번째 경우에 해당한다. 이 경우 물건을 넘겨주어야 할 사람이 물건을 넘겨주는 데 필요한 행위를 끝내면 첫 번째의 물건과 같이 취급한다. 따라서 물건을 넘겨받아야 할 사람에게 물건을 가지고 가서 언제라도 물건을 받을 수 있는 상태에 두었다면 물건을 넘겨주려고 하였지만 물건을 받을 사람이 받을 수 없거나 받기를 거절한 후 물건이 못쓰게 된 경우에 물건을 넘겨 줄 사람에게 중대한 과실이 없는 한 물건값을 요구할 수 있다. 을의 직장으로 자동차를 가지고 갔으나 을의 출장으로 을은 자동차를 받을 수 없었고 자동차를 매장으로 다시 가져 오던 중 갑의 중대한 과실이 아닌 가벼운 과실로 교통사고가 발생하여 폐차해야 할 정도로 자동차가 완전히 못 쓰게 된 것이므로 갑은 물건값을 요구할 수 있다.

26. 정답 ②

내용영역 법규범　　　　　　　　문항 유형 언어 추리

ㄱ. 옳지 않다. A의 의사표시는 거래의 상대방인 B가 행한 거짓말이나 협박에 의한 것이 아니다. 따라서 A는 B에게 한 아파트 판매의 의사표시를 취소할 수 없고 A와 B 사이의 아파트 거래는 처음부터 없었던 것으로 되지 않는다.

ㄴ. 옳다. A가 거래의 상대방이 아닌 B의 거짓말에 의해 아파트 판매의 의사표시를 한 것이므로 만약 이 사실을 C가 알았다면

A는 자신의 거래의 의사표시를 취소할 수 있고 이 때 거래는 처음부터 없었던 것이 된다.

ㄷ. 옳지 않다. A는 거래의 상대방인 B가 행한 거짓말에 의해 거래할 의사를 표시한 것이므로 B가 행한 거짓말이 C의 협박에 의한 것인지를 몰라도 얼마든지 자신의 거래의 의사표시를 취소할 수 있다.

27. 정답 ③

내용영역 법규범　　　　　　　　문항 유형 언어 추리

o B - C 사이의 소송은 X시 법원에 적법하게 제기되었는데, X시는 판매자 B의 주소지이다. 따라서 B - C 사이의 거래는 민법이 적용된 것이므로 (가)에 따르면 B와 C는 모두 일반인이고, (나)에 따르면 B는 상인, C는 일반인이 된다. 여기서 C는 일반인이라는 것이 도출된다.

o E - D 사이의 소송은 Y시 법원에 적법하게 제기되었는데 Y시는 구매자 D의 주소지이다. 따라서 E - D 사이의 거래는 상법이 적용된 것이므로 (가)에 따르면 E와 D는 모두 상인이고, (나)에 따르면 E는 일반인, D는 상인이 된다. 여기서 D는 상인이라는 것이 도출된다.

o F - A 사이에서 X시 법원에 제기된 소송은 관할을 준수한 것이 아니다. 즉 이 소송은 Z시 법원에 제기되었어야 하는 것이었다. Z시는 판매자 F의 주소지이므로 F-A의 거래는 민법이 적용되는 것이다. 따라서 (가)에 따르면 F와 A는 모두 일반인이고, (나)에 따르면 F는 상인, A는 일반인이 된다. 여기서 A는 일반인이라는 것이 도출된다.

o 이상에서 A와 C는 일반인, D는 상인이라는 사실이 확인된다.

ㄱ. 옳지 않다. E와 F는 모두 상인일 수도 있다. 따라서 이들 사이의 거래에는 상법이 적용될 수도 있다.

ㄴ. 옳지 않다. A와 C 모두 일반인이므로 C - A 사이의 거래에 관련된 소송은 판매자 C의 거주지인 Y시를 관할하는 Y시 법원에서 소송을 관할한다.

ㄷ. 옳다. 구매자인 D는 상인이다. 판매자 B가 상인이라면 (가)에 의하여, B가 일반인이라면 (나)에 의하여 상법이 적용된다. 그러므로 구매자 D의 거주지인 Y시를 관할하는 Y시 법원에서 소송을 관할한다.

28. 정답 ⑤

내용영역 법규범　　　　　　　　문항 유형 언어 추리

① 옳다. (가)의 경우 폭우로 양륙의 완료는 불가능해졌으므로 인도된 것이라고 볼 수 없으므로, 운송인에게 관리 책임이 있다.

② 옳다. (나)의 경우 컨테이너를 양륙하여 내용물을 확인한 때 인도된 것으로 본다. 따라서 이후 차량 이동 중에 일어난 손해는 수하인이 부담한다.

③ 옳다. 지문에 따르면 '정기선 및 부정기선 운송의 경우에는 세관통과의 목적을 위하여 운송물은 창고에 일정기간 머물러야 한다.' 그리고 '단, 어떠한 경우에도 운송인이 운송물의 상태를 확인하거나 확인할 수 있어야만 인도할 수 있다.' 그런데, ③의 경우는 통관 완료 전까지 물건 확인이 이루어지지 않으므로 통관을 위해 창고로 이동 중 생긴 사고는 인도 전에 이루어진 것이므로 운송인이 책임을 진다.

④ 옳다. 민물게는 생물로 직상차 방식에 의하므로, 직상차 방식에 따르면 부두에 양류된 때 인도된 것으로 본다. 따라서 민물게가 살아 있었을 때는 인도가 이루어지지 않은 것이며, 민물게가 죽은 뒤에 접안하여 양류하였으므로 이때 인도가 이루어진 것이다. 이 경우 민물게가 죽은 데 대한 손해배상은 인도가 이루어지지 않은 동안의 손해에 대한 것이므로 운송인에게 배상책임이 있다.

⑤ 옳지 않다. 민물게는 생물로 직상차 방식에 의하므로, 직상차 방식에 따르면 부두에 양류된 때 인도된 것으로 본다. ④와 같이 이 경우에도 이미 손상된 후 양류하였으므로 운송인이 책임을 진다.

---

29. 정답 ①

〔내용영역〕 **법규범**   〔문항 유형〕 **언어 추리**

ㄱ. 옳다. 물건으로 구타하면 장형 60대이고, 귀에서 피가 나게 한 경우는 2등을 더하므로, 장형 80대가 된다.

ㄴ. 옳지 않다. 형에게 골절상을 입힌 경우는 유형이다. 그러나 씨름 연습을 하던 중이라면 과실로 볼 수 있으므로 2등을 감하여, 도형 2년 반이 된다.

ㄷ. 옳지 않다. 짐수레를 잘못 본 경우는 과실로 볼 수 있으므로 논죄하지 않는다.

---

30. 정답 ②

〔내용영역〕 **법규범**   〔문항 유형〕 **언어 추리**

A문서와 B문서는 신원확인과 자격증명 중 하나의 용도를 갖는다. 그리고 (라)에서 B문서의 사용권한자는 병이고, A문서의 사용권한자는 갑 또는 을임을 알 수 있다.

조건에서 갑은 A문서를 신원확인용으로 사용하였는데 처벌받지 않았다. 〈규정〉에 의할 때 갑이 처벌받지 않는 경우는 A문서의 사용권한자가 아닌데 A문서의 용도가 자격증명용인 경우이거나 갑이 A문서의 사용권한자인데 A문서의 용도가 신원확인용인 경우이다.

1. 갑이 A문서의 사용권한자인 경우
   갑이 〈규정〉에 의해 처벌받지 않았으므로 이 경우 A문서의 용도는 신원확인용, B문서의 용도는 자격증명용이 된다. 그런데 을은 B문서의 사용권한은 없는 것으로 확인되었으므로 〈규정〉에 의해 처벌받은 을은 B문서를 자격증명용으로 사용한 것이 된다. 한편 병은 B문서에 대한 사용권한이 있는 자이므로 병이

A와 B 문서 중 어떤 것을 사용하더라도 〈규정〉으로는 병을 처벌할 수 없게 되어 병이 처벌된다는 조건에 맞지 않게 된다. 따라서 갑이 A문서의 사용권자일 수는 없다.

2. 갑이 A문서의 사용권한자가 아닌 경우
   신원확인용으로 A문서를 사용한 갑이 처벌받지 않았으므로 A문서의 용도는 자격증명용이 되고 B문서의 용도는 신원확인용이 된다. 또한 셋 중 두 명은 문서의 사용권한자여야 한다는 조건과 (라)의 조건에 의해 을이 A문서의 사용권한자가 되고 병이 B문서의 사용권한자가 된다. B문서를 사용한 을에게는 B문서의 사용권한이 없으므로 을은 신원확인용으로 B문서를 사용한 것이 된다. 또한 B문서의 사용권한자인 병은 A문서나 B문서 중 어느 것을 자격증명용으로 사용해도 〈규정〉에 의해 처벌을 받게 된다. 따라서 A문서의 용도는 자격증명용이고 을이 사용권한자이고, B문서의 용도는 신원확인용이고 병이 사용권한자이다. 갑은 권한 없이 A문서를 신원확인용으로 사용한 것이고, 을은 권한 없이 B문서를 신원확인용으로 사용한 것이며, 병은 A와 B 둘 중 어떤 문서를 사용하더라도 처벌을 감수해야 한다.

ㄱ. 옳지 않다. A문서의 사용권한자는 을이다.

ㄴ. 옳다. 을은 신원확인용으로 사용하였다.

ㄷ. 옳지 않다. 병은 A와 B 문서 중 어떤 것을 사용하더라도 처벌받는 조건을 만족하므로 어떤 문서를 사용하였는지 알 수 없다.

---

31. 정답 ③

〔내용영역〕 **인문**   〔문항 유형〕 **언어 추리**

ㄱ. 옳다. 베이비박스를 철거한다면 A의 봉사단체 앞에 누군가가 아기를 놓아두고 갈 것이며 이는 아기가 저체온증으로 생명에 위험을 받아 위험에 빠지게 하는 행위일 수 있다. 갑은 인간의 생명은 절대적 가치라고 하였으므로, 아기의 생명이 위험해질 수도 있는 상황을 담보하면서 베이비박스를 철거한다면 A는 비판받아야 할 것이다.

ㄴ. 옳다. 생명이 위태로운 아기를 장애가 있는 영아를 전문적으로 치료 및 보육하고 있는 A의 단체에 유기한 행위는 생명이 위태로운 영아의 생명을 살릴 수 있는 행위일 수 있다. 따라서 갑에 의하면 이 영아를 유기한 부모의 행위는 도덕적으로 정당화될 수 있다. 또한 그 행위로 인해 아기의 행복의 양이 더 크다면 을에 의해서도 정당화될 수 있을 것이다.

ㄷ. 옳지 않다. 유기된 영아의 입장에서는 베이비박스가 있는 것이 생존 확률이 더 높아지므로 행복의 양이 더 많아질 수 있다. 따라서 베이비박스가 없는 것보다 있는 것이 더 옳은 행위일 것이다. 그러나 베이비박스 설치 이후 유기되는 영아의 수가 이전보다 현저히 많다는 것은 유기를 조장하는 장치로 작용했을 가능성이 있다는 것이다. 유기되지 않을 수도 있었는데 베이비박스로 인해 유기되었다면, 이때의 행복과 불행의 양은 산정하기 어렵다. 따라서 이 경우 언제나 A의 행위가 옳다고 보기 어렵다.

32. 정답 ③

내용영역 인문   문항 유형 언어 추리

ㄱ. 옳다. 행위공리주의자들은 구체적인 시간과 장소에서 행한 행위의 결과가 초래한 유용성을 놓고 판단한다. 갑은 비록 거짓말을 하였지만, 부도덕한 나치 치하에서 행한 거짓말이고, 그것이 유용한 결과를 가져왔다면, 갑의 행동은 옳다고 판단할 것이다.

ㄴ. 옳다. '물건을 훔치지 마라'가 행위규칙인 이유는 다른 규칙, 즉 '도둑질을 해도 좋다'에 따를 경우보다 모든 사람들에게 더 많은 행복을 주기 때문이다. 규칙공리주의자들은 행위공리주의자들과는 달리 을의 처한 상황과 그 구체적인 행동에 따라 판단하지 않는다. 따라서 을의 도둑질은 정당화되지 않는다.

ㄷ. 옳지 않다. 행위규칙 간에 가치 수준의 차이가 있다는 점을 인정한다면, 약방의 주인이 응분의 약값을 받는 것보다 부인을 죽게 만드는 결과가 훨씬 더 나쁜 결과일 것이다. 이런 경우에는 행위규칙으로 '물건을 훔치지 마라'는 사람의 생명과 관련된 행동에 적용할 때는 부차적인 것이 되므로, 을의 행동에 대해서 옳다고 평가할 가능성이 열리게 된다.

33. 정답 ⑤

내용영역 인문   문항 유형 언어 추리

ㄱ. 옳지 않다. 노름의 경우 만일 룰에 따른 공정한 게임에 참가하였다면, 그 결과가 어떠한 내용을 갖는 공정한 것이므로 순수 절차적 정의에 해당한다.

ㄴ. 옳다. 기여한 정도에 따라 분배한다는 원칙이 절차와는 상관없는 독립적인 기준으로 주어져 있다. 그러나 이를 위한 절차를 마련하기 어려운 경우이므로, 불완전한 절차적 정의에 해당한다.

ㄷ. 옳다. 순수 절차적 정의는 공정한 결과가 무엇인지에 대한 기준을 고려하지 않고 공정한 절차만으로 그 결과에 정당성을 부여한다는 점에서 완전한 절차적 정의와 차이가 난다. 따라서 공정한 기준과 공정한 절차가 마련되어 있다면 완전한 절차적 정의를 만족하므로 순수 절차적 정의 역시 만족한다. 그러나 순수 절차적 정의를 만족한다고 해도 공정한 기준이 없을 수 있으므로 완전한 절차적 정의를 만족하는지는 판단할 수 없다.

34. 정답 ④

내용영역 인문   문항 유형 언어 추리

ㄱ. 옳지 않다. 주어져야 할 것이 주어진 경우 받는 사람도 이를 거부해서는 안 된다. 단 그 전제는 마땅히 주어져야 할 것이 주어졌다는 것이다. 공무원의 동의를 받지 않은 인사이동이 자기에게 마땅히 주어져야 하는 공무원의 능력에 맞는 더 적합한 직위로의 이동이라면 그 공무원은 이를 거부해서는 안 된다. 하지만 ㄱ에서는 이러한 내용이 나타나 있지 않다. 따라서 공무원은 반드시 따라야 하는 것은 아니다.

ㄴ. 옳다. 제시문에 의하면 교향악단의 연주자라는 직위는 가장 연주 실력이 우수한 사람에게 주어져야 정의로운 것이고 실력 외의 외적 요소가 판단에 영향을 미쳐서는 안 된다. 따라서 연주자가 누구인지 알 수 없도록 가림막을 치는 것은 정의에 부합하는 것이 된다.

ㄷ. 옳다. 모든 사람을 균등하게 교육받게 한다는 것은 실력이나 우수성과 무관하게 교육을 받게 한다는 것이다. 이는 외적인 요소가 개입하는 것으로 제시문에 의하면 정의에 반한다. 하지만 시험 성적순으로 고등교육 기회를 부여하는 것은 고등교육을 받는 데 필요한 실력이나 우수성을 기준으로 판단하여 자격을 부여한다는 것으로 제시문이 주장하는 정의에 부합한다.

35. 정답 ④

내용영역 인문   문항 유형 언어 추리

따분한 상대주의는 서로 다른 사람이 '같은 문장'을 말하지만 그 문장은 서로 '다른 주장'이며, '서로 모순되지 않아야' 성립된다.

ㄱ. 옳지 않다. A에게 진리는 "독도는 한국 땅이야"가 참이라는 것이고 B에게 진리는 "독도는 한국 땅이야"가 거짓이라는 것이다. 즉 이들은 같은 주장(독도는 한국 땅이다)에 대해 하나는 참이라고 보고 다른 하나는 거짓이라고 보고 있으므로, 이들의 진리는 서로 양립할 수 없다. 따라서 이 사례는 흥미로운 상대주의에 해당한다.

ㄴ. 옳다. C와 D가 말한 "엄마에게 병이 있어"는 같은 문장이지만 C의 주장은 "엄마에게 병(病)이 있어"이고 D의 주장은 "엄마에게 병(甁)이 있어"이다. 이는 서로 다른 주장이므로 얼마든지 하나가 참이고 다른 하나는 거짓일 수 있다. 따라서 '따분한 상대주의'에 해당한다.

ㄷ. 옳다. E, F가 말한 "지금 이곳에서 하이브리드 차가 유행중이야"는 같은 문장이지만 서로 다른 주장이다. 또 E의 말이 참이더라도 F의 말은 참일 수도 거짓일 수도 있다. 따라서 '따분한 상대주의'에 해당한다.

ㄹ. 옳지 않다. G의 주장은 "점성술은 미신이다"이고 H의 주장은 "점성술은 미신이 아니다"이다. 두 사람은 서로 다른 주장을 하고 있으며 두 사람의 진리는 서로 양립할 수 없다. 따라서 이 사례는 흥미로운 상대주의에 해당한다.

36. 정답 ③

내용영역 인문   문항 유형 언어 추리

반증주의는 한 가설이 과학적이기 위해서 만족시켜야 하는 요소로 반증 가능성을 제시한다. 반증 가능성이란 한 가설과 모순되는 관찰 진술(들)이 가능함을 의미한다. 또는 관찰에 의해 반증될 수 있음을 의미한다. 또한 경험 과학의 법칙이 현재까지 참이라 알려져 있더라도, 그 법칙이 거짓이라고 가정하는 것이 논리적으로 가능하다면 반증 가능하다 할 수 있다.

ㄱ. 옳다. 일요일에는 비가 내리지 않았다는 진술의 경우 실제로 관찰해 보면 모순되는 관찰 진술이 가능하다. 따라서 반증 가능하다.

ㄴ. 옳지 않다. 이 진술은 항상 참이고, 이 진술을 반증할 수 있는 관찰은 논리적으로 불가능하다. 따라서 반증 불가능하다.

ㄷ. 옳지 않다. 원의 정의에 따라 이 진술은 필연적으로 참이다. 원주 위의 점들이 중심에서 등거리에 있지 않으면 그 도형은 원이 아니기 때문이다. 이 진술이 거짓인 경우를 가정하는 것은 논리적으로 불가능하므로, 따라서 반증 불가능하다.

ㄹ. 옳다. 빛이 평면거울에서 반사될 때, 입사각의 크기와 반사각의 크기가 동일하지 않다는 관찰 진술이 가능하다. 왜냐하면, 거울에 비스듬히 입사한 각이 수직으로 반사될 수도 있기 때문이다. 반사 법칙이 참이라면 이런 일이 일어나지 않겠지만, 이 법칙을 거짓이라 가정하는 것이 논리적 모순은 아니다.

37. 정답 ①

내용영역 인문   문항 유형 언어 추리

ㄱ. 정당화될 수 없다. 조건 (1)에 따르면 "행위의 주요하고도 직접적인 목표가 인간의 본질적 선(예컨대 '생명')을 파괴하는 것이어서는 안 된다." '갑'의 저격행위는 인질범의 생명을 파괴하는 것을 직접적인 목표로 삼고 있다고 볼 수 있고, 설령 그의 직접적 목표가 '인질 구출'에 있었다 하더라도, '좋은 효과(인질 구출)'가 '나쁜 효과(인질범의 생명 파괴)'에 의해 얻어져서는 안 된다는 조건 (2)에 위배되므로, '갑'의 행위는 '이중효과의 원리'에 의해 정당화될 수 없다.

ㄴ. 정당화될 수 있다. 전우의 머리에 총을 쏜 '을'의 행위는 그의 생명을 파괴하는 것을 직접적 목표로 한 것이 아니라 죽음이 임박한 전우의 극심한 고통을 덜어주려는 것을 목표로 한 것이므로, 생명의 파괴는 그가 원래 의도했던 행위(고통의 제거)의 부수적 결과물에 해당한다. 따라서 조건 (1)을 만족시킨다. 또 고통을 덜어주는 '좋은 효과'가 목숨을 빼앗는 '나쁜 효과'에 의해 야기되었다고 할 수 없다. 왜냐하면 그의 행위가 아니더라도 전우는 어차피 죽음을 피할 수 없을 것이고, 덜 고통스럽게 죽음을 맞게 해주는 것을 '나쁜 효과'라고 말할 수 없기 때문이다. 따라서 조건 (2)도 만족한다. 또 '을'이 '나쁜 효과'를 의도하지 않았기 때문에 조건 (3)도 만족하며, 조건 (2)에서와 같이 그의 행위가 '나쁜 효과'를 낳았다고 볼 수 없기 때문에 당연히 조건 (4)도 만족한다. 따라서 '을'의 행위는 이중효과의 원리에 의해 정당화된다.

ㄷ. 정당화될 수 없다. 행위의 주요 목표가 생명이라는 인간의 본질적 선을 파괴하는 행위여서는 안 된다는 조건 (1)에 위배될 뿐 아니라, 독재자 '병'의 암살을 통해 발생하는 '좋은 효과' - 압제로부터의 해방 - 가 아무리 크다 할지라도, '좋은 효과'가 '나쁜 효과(독재자를 죽임)'를 원인으로 하여 발생하기 때문에 조건 (2)에도 위배된다. 따라서 독재자의 암살 행위는 이중 효과의 원리에 의해 정당화될 수 없다.

ㄹ. 정당화될 수 없다. '무'의 치료를 포기한 부모의 행위는 우선 행위의 주요 목표가 생명이라는 인간의 본질적 선을 파괴하는

행위여서는 안 된다는 조건 (1)에 위배된다. 또한 '무'의 치료를 포기함으로써 얻어지는 '좋은 효과'는 살아가면서 '무'가 미래에 겪게 될 육체적, 심리적 고통이 발생하지 않는 것과, 평생 아이를 돌봐야 하는 부모의 노고와 경제적 부담이 발생하지 않는 것 등이 될 것인데, 이 행위를 통해 얻게 되는 '나쁜 효과'는 한 생명의 파괴를 초래하기 때문에 사소한 '선'을 얻기 위해 보다 중대한 '악'을 허용하는 결과가 되어 조건 (4)에도 위배된다. 따라서 '이중효과의 원리'에 의해서 정당화되지 않는다.

38. 정답 ④

내용영역 인문   문항 유형 언어 추리

ㄱ. 옳지 않다. "신을 이 문화적 상대성에서 구하여 그에게 절대성을 부여하려면 구체적 형상을 포기해야 했을 것이다."라는 진술로 미루어 볼 때 구체적 형상을 포기한다고 해서 종교적 아우라마저 포기하는 것이 아님을 추론할 수 있다. 오히려 형상금지의 계율은 신의 절대성을 더 강화함으로써 종교적 아우라를 강화하려는 것으로 볼 수 있다. 따라서 아우라는 구체적 형상 속에서만 존재할 수 있다는 진술은 옳지 않다.

ㄴ. 옳다. 제시문에 따르면 원래 제의의 대상이던 것이 오늘날 전시, 복제의 대상이 된 현상이 아우라 파괴에 해당하며, 전시된 '작품' 속에서는 더 이상 종교적 아우라를 체험할 수 없다. 또한 우리는 각종 방법으로 신전을 복제한 결과물을 시간, 장소에 구애받지 않고 감상할 수 있다. 사진이나 동영상은 전시된 '작품'을 다시 한번 복제한 것이다. 따라서 이러한 사진이나 동영상과 같은 매체의 발달은 아우라의 파괴를 더욱 가속화할 것이라고 추론할 수 있다.

ㄷ. 옳다. 벤야민은 원래 제의의 대상이던 것이 오늘날 전시, 복제의 대상이 된 것에서 아우라 파괴의 시작을 보며, 종교적 아우라가 예술적 아우라로 대체되었다고 본다. 반테이 스레이는 이를 뒷받침하는 예로, "정교한 건축과 조각으로 이루어진 이 완벽한 작품 앞에서 우리는 종교적 외경과 흡사한 예술적 경외를 체험하게 된다."는 진술을 통해 예술적 아우라가 종교적 아우라와 유사한 심리적 감흥을 불러일으킨다는 점을 추론할 수 있다. 따라서 벤야민에 따르면 예술적 아우라는 반테이 스레이를 방문한 여행객들에게 종교적 아우라와 유사한 체험을 가능하게 한다.

39. 정답 ⑤

내용영역 인문   문항 유형 언어 추리

제시문은 특칭진술과 전칭진술이 관찰에 의해 참 또는 거짓을 보이는 데 있어서 어떤 차이가 있는지를 (가), (나)의 예를 들어서 설명하고 있다.

(가) 특칭진술 : 관찰에 의해 참임을 보일 수 있지만 거짓임을 보일 수 없음

(나) 전칭진술 : 관찰에 의해 참임을 보일 수 없지만 거짓임을 보일 수 있음

ㄱ. 옳다. "어떤 경찰은 남자가 아니다."는 특칭진술이므로 (개와 마찬가지로 경험에 의해 참임을 보일 수는 있지만 거짓임을 보일 수는 없다.

ㄴ. 옳다. "모든 까마귀는 희지 않다."는 전칭진술이므로 (내와 마찬가지로 관찰에 의해서 참임을 보일 수 없지만 관찰에 의해서 거짓임을 보일 수는 있다.

ㄷ. 옳다. "모든 물리적 실체는 그것을 녹일 수 있는 용제를 가진다." 는 진술은 물리적 실체에 대해서는 전칭진술이지만 어떤 용제에 대해서는 특칭진술이라는 특수성을 가진다. 따라서 관찰에 의해 참과 거짓을 보일 수 있는지 모두 따져보아야 한다. 우선 아무리 많은 사례를 검토한다고 하여도 여전히 어떤 용제에도 녹지 않는 물리적 실체가 있을 가능성이 있기 때문에 이 진술이 확실히 참이라고 주장할 수 없다. 또한 절대 녹지 않는 물리적 실체 X가 있다고 하여도 X를 녹일 수 있는 용제가 있을 가능성은 여전히 있으므로 이 진술이 확실히 거짓이라고 주장할 수도 없다.

40. 정답 ③

내용영역 인문   **문항유형** 언어 추리

ㄱ. 옳지 않다. 어떤 예술작품에 대해 다양한 해석은 가능할 수 있지만 그것이 예술가가 재현한 것과 일치하지 않을 경우 '옳은' 해석이 될 수 없다는 것이지 애초에 다른 해석의 시도조차 금지된다는 것은 아니다.

ㄴ. 옳지 않다. 제시문에 따르면 실재로부터 분리되어 있는 중립적 존재인 예술가는 객관적 관점으로 편견 없이 세계를 관찰할 수 있다. 즉, 실재로부터 분리된 예술가는 편견이 없는 것이다. 이로부터 실재로부터 분리되지 못한 예술가는 편견 없이 세계를 관찰하고, 실재를 명백하게 객관적으로 재현하지 못한다는 점을 알 수 있다. 하지만 이러한 정보만으로 실재로부터 분리되지 못한 예술가는 세계를 관찰하고 재현하는 것이 불가능하다고 단정할 수 없다.

ㄷ. 옳다. 제시문에 따르면 예술가가 외적 실재를 재현해야 한다는 의무를 짊어짐으로써, 예술작품 감상자들은 예술가의 특권적 권위를 인정하고 예술가가 실재라고 믿은 것만을 수용해야 한다. 따라서 재현 예술의 관점에서는 해석의 절대적 기준이 존재한다는 진술을 수용할 수 있다.

41. 정답 ⑤

내용영역 사회   **문항유형** 언어 추리

총 매출액	공급가격×공급량
부가가치세	공급가격×공급량×부가가치세율
사업소득세	[(공급가격×공급량) - 총비용]×사업소득세율

ㄱ. 옳다. 단말기보조금이 매출 에누리에 해당한다고 본다면, <이론>에 따르게 된다. 부가가치세는 '공급가격×공급량'에 부가가치세

율을 곱한 금액이고, 사업소득세는 [(공급가격×공급량)-총비용]에 사업소득세율을 곱한 금액이다. 단말기보조금을 공급가격에서 차감한다면 부가가치세와 사업소득세가 모두 줄어들지만, 단말 기보조금을 총비용에서 차감한다면 부가가치세는 변동하지 않고 사업소득세만 줄어든다. 즉, 매출 에누리를 공급가격에서 많이 차감할수록 전체 세 부담은 줄어든다. 따라서 매출 에누리 전부를 공급가격에서 차감하는 A국에 의할 때 세 부담이 가장 적다.

ㄴ. 옳다. B국은 매출 에누리를 총비용에 가산한다. 따라서 단말기보 조금을 매출 에누리로 보게 되더라도 총비용에 가산되고, 이를 매출 에누리로 보지 않고 판촉비로 보아도 이는 총비용에 가산되 므로, 세액 계산에 차이를 가져오지 않는다.

ㄷ. 옳다. 단말기보조금을 매출 에누리에 해당한다고 보고, C국 법률 에 따르므로 매출 에누리 총액의 10%는 공급가격에서 차감하고 90%는 총비용에 가산한다. 갑이 지급한 단말기보조금 총액은 750만 원(= 5만 원×150대)이다. 이 중 10%인 75만 원은 총매출 액 7,500만 원(= 50만 원×150대)에서 차감하고, 90%인 675만 원은 총비용 600만 원(= 400만 원 + 200만 원)에 가산한다. 사업소득세는 '총매출액 - 총비용'이고 사업소득세율이 10%라고 하였고, 위의 차감과 가산을 반영하면, 갑이 납부하는 사업소득세 는 '(7,425만 원 - 1,275만 원)×10%'로 615만 원이다.

42. 정답 ④

내용영역 사회   **문항유형** 언어 추리

ㄱ. 옳지 않다. S1에서 미국과 소련의 상황은 상대방이 공격의 대상이 며, S2에서도 양국이라고 설명하고 있다. 따라서 공격의 대상이 자국인 유형이다.

ㄴ. 옳다. S1은 냉전시대의 일반적인 평상시 상황이며, S3는 지속적 인 상황에 대한 내용이다.

ㄷ. 옳다. 공격 대상국은 제3국이며, 즉각적인 위기 상황이므로 S4에 해당한다.

43. 정답 ⑤

내용영역 사회   **문항유형** 언어 추리

ㄱ. 적절하다. 상대위험도가 1보다 크다는 것은 노출군에서의 질병 발생률이 비노출군에서의 질병 발생률보다 크다는 것이므로 그 값이 크면 클수록 노출과 질병 사이에 관련성이 인정될 가능성 이 있다. 그러나 노출군과 비노출군의 질병 발생률에 차이가 없다면, 즉 상대위험도가 1이라면 노출과 질병 사이에 관련성이 인정될 가능성이 적을 것이다.

ㄴ. 적절하다. 어떤 질병의 기여위험도가 1이라는 것은 비노출군에서의 질병 발생률이 0, 즉 비노출군에서는 질병이 전혀 발생하지 않은 반면 노출군에서만 질병이 발생했다는 것이므로 그 요인은 그 질병 발생의 원인일 가능성이 높다고 볼 수 있다. 어떤 질병의 기여위험도가 0이라는 것은 노출군과 비노출군에서의 질병 발생

률에 아무런 차이가 없다는 것이고, 그렇다면 그 요인은 그 질병 발생의 원인일 가능성이 낮다고 볼 수 있다.

ㄷ. 적절하다. 기여위험도에 대한 정의를 바탕으로 식을 정리하면 다음이 도출된다.

$$\frac{(노출군에서의 질병 발생률) - (비노출군에서의 질병 발생률)}{(노출군에서의 질병 발생률)}$$

$$= 1 - \frac{(비노출군에서의 질병 발생률)}{(노출군에서의 질병 발생률)}$$

$$= 1 - \frac{1}{상대위험도}$$

따라서 상대위험도가 4라면 그 질병의 기여위험도는 $1 - \frac{1}{4}$, 즉 75%가 된다.

---

44. 정답 ③

`내용영역` 사회 `문항 유형` 언어 추리

제시된 가설은 직업분류상 사회경제적 계층의 차이가 건강상의 불평등의 원인이라는 것이다. 이러한 가설을 뒷받침하는 사례는 직업분류상 사회경제적 계층의 차이가 건강상의 차이로 인과적으로 연결되는 것이어야 한다.

ㄱ. 적절하지 않다. 도시지역이나 농촌지역에 거주한다는 사실은 직업분류상 사회경제적 계층의 차이라고 할 수 없으므로, 제시된 가설을 뒷받침하는 사례로 볼 수 없다.

ㄴ. 적절하지 않다. 건강상의 차이가 사회경제적 계층의 차이를 낳은 사례이므로 사회경제적 계층의 차이가 건강상의 불평등의 원인이라는 가설을 뒷받침한다고 볼 수 없다.

ㄷ. 적절하다. 비숙련노동자 계층의 작업환경이 전문직 종사자의 업무환경에 비해 상대적으로 신체에 위해를 가할 요소가 많고 이러한 사실로 인해 비숙련노동자가 만성질환에 걸리는 비율이 높다는 점은 직업분류상 사회경제적 계층의 차이가 건강상의 차이의 원인이 된다는 가설을 뒷받침한다.

---

45. 정답 ③

`내용영역` 사회 `문항 유형` 언어 추리

ㄱ. 옳다. A 기업은 환율이 떨어져 매출이 16억 원으로 급감하는 것을 두려워하고 있으며 현재 환율로 계산한 매출을 유지하고 싶어 한다. 그렇다면 6개월 뒤 받을 200만 달러에 대하여 A 기업은 1달러당 1,000원에 200만 달러를 파는 계약을 체결할 것이다. 환율이 오르고 내리는 것에 상관없이 A 기업은 매출 20억 원을 올릴 것이다.

ㄴ. 옳지 않다. 6개월 뒤 환율이 1,300원이 되었다면, 환헤지를 하지 않은 경우라면 A 기업은 26억 원(1,300원 × 200만 달러)의 매출을 올릴 수 있었다. 그런데 환헤지를 한 A 기업은 환율에 상관없이 매출 20억 원을 올리므로, 6억 원의 환차익을 거둘 수 있는 기회를 상실한다.

ㄷ. 옳다. 영국 파운드화의 가치가 원화보다 10% 올랐다면, C는 펀드 자체의 수익률뿐만 아니라 영국 파운드화의 가치 상승으로 인한 수익도 얻을 것이다. 만약 B와 C가 100만 파운드를 각각 투자하였고, 영국 파운드화 가치가 2,000에서 6개월 뒤 2,500원으로 올랐다면 C는 25억 원을 추가로 버는 셈이 된다.

---

46. 정답 ⑤

`내용영역` 사회 `문항 유형` 언어 추리

① 적절하지 않다. '체현 상태 효과'란 건축물을 관람하는 관객들로 하여금 감정 상태 또는 호르몬 분비 작용의 변화를 이끌어내는 힘을 의미한다. 창문 수를 적게 만들어 시간을 알 수 없어짐으로써 감정 상태나 호르몬 분비 작용이 변하는지는 제시문에서 확인할 수 없다.

② 적절하지 않다. 돔형 천장은 착시 효과를 유발하는 장치이므로 이것이 인간의 감정 상태나 호르몬 분비 작용을 변화시키는지는 제시문에서 확인할 수 없다.

③ 적절하지 않다. 배흘림기둥은 착시 효과를 교정하는 장치이므로, 이것이 인간의 감정 상태나 호르몬 분비 작용을 변화시키는지는 제시문에서 확인할 수 없다.

④ 적절하지 않다. '근대화의 상징'은 마천루라는 특정 건물이 갖는 의미이며, 인간의 감정 상태나 호르몬 분비 작용의 변화에 해당하지 않는다.

⑤ 적절하다. '체현 상태 효과'에 따라 건축물의 시각적 효과가 사람들로 하여금 특정한 감정을 느끼게 하거나 호르몬 분비의 변화를 이끌어낼 수 있다. 놀이동산의 색다른 건물들 역시 시각적 효과를 통해 사람들에게 '즐거움과 호기심'이라는 감정을 이끌어내고 있다.

---

47. 정답 ④

`내용영역` 사회 `문항 유형` 언어 추리

결론 : 중앙 정부가 해당 지자체를 도울 의무가 없다.

전제 : 해당 지자체는 무분별한 개발 산업의 투자와 무리한 금융차입으로 인해 현재와 같은 위기에 처하게 되었다. 해당 지자체가 내부 관행에 변화가 없는 한 그 지자체가 중앙 정부로부터 도움을 받는다 하더라도 또다시 같은 위기에 빠질 것이다.

가정 : A지자체의 내부적 문제에 의해 스스로 위기에 빠진 것, 또다시 그럴 가능성이 있다면 중앙 정부는 A지자체를 도울 필요가 없다.

〈중앙 정부의 암묵적 원칙〉

1) A지자체가 곤경에 빠진 것은 해당 지자체의 잘못

2) 이번에 A지자체를 구제해 주더라도 재발방지를 위해서는 A지자체 자신의 행동을 변화시켜야 한다.

① 적절하지 않다. 제시문의 중앙 정부의 상황과 맞지 않는다. 제시문에서 중앙 정부는 해당 지자체를 지원할 여력이 충분하다고 밝혔다.

② 적절하지 않다. 제시문을 통해 해당 지자체가 다른 도움을 받을 방법이 있는지에 관해서는 알 수 없다.

③ 적절하지 않다. 지금 당장 A지자체가 도움을 받는 사실 여부를 통해 나중에 더 큰 도움을 요구하게 되는 상황이 닥치게 될지에 관해서는 알 수 없다.

④ 적절하다. '외부 환경의 피치 못할 사정으로 발생한 위기'라는 제시문의 내용은 A시가 당면한 위기의 원인에 대한 직접적 언급은 아니지만 A지자체는 자신의 내부적 문제의 결과로 현재 곤경에 빠졌으며, 이에 대해 중앙 정부는 A지자체를 돕지 않는다고 하였다. 따라서 중앙 정부가 A지자체를 도와야 할 최소한의 요건이 '외부환경의 피치 못할 사정으로 발생한 위기'라고 한다면 A시는 이 자체를 충족하지 못했기 때문에 중앙 정부가 A시를 도울 필요가 없다.

⑤ 적절하지 않다. 도움의 궁극적인 효과가 도움을 받는 해당 지자체의 관행을 변화시킬 수 있느냐의 여부에도 불구하고 해당 지자체를 도와야 한다는 원리를 적용할 경우 중앙 정부는 제시문의 결론과 반대로 해당 지자체를 도와야 한다.

48. 정답 ⑤

[내용영역] 사회 [문항 유형] 언어 추리

ㄱ. 옳다. 정부가 개입하기 전에는 가격과 거래량이 P1, Q1로 정해진다. 이 경우 소비자가 얻는 총편익은 Q1까지의 수요곡선 아래의 면적이고 총지불액은 P1과 Q1로 이루어진 사각형에 해당한다. 따라서 소비자의 이득은 a+b+c이다. 한편, 농부의 이득은 총지불액 즉, P1과 Q1로 이루어진 사각형의 면적에서 총비용 즉, Q1까지의 공급곡선 아래의 면적을 뺀 e+f이다.

ㄴ. 옳다. 정부가 가격을 P2로 올리는 경우, 농부는 Q2s만큼 생산하고 소비자는 Q2d만큼 소비한다. 정부는 수요량을 초과하는 공급량에 대해서는 정부가 P2의 가격을 지불하고 사들여야 하므로 정부의 구입량은 Q2d에서 Q2s까지이며 P2의 가격으로 구입하면 세로의 길이는 0~P2, 가로의 길이는 Q2d~Q2s인 사각형만큼 지불해야 한다. 정부는 쌀을 소비하더라도 편익은 증가하지 않는다고 했으므로 그 사각형 면적만큼 정부는 손해를 본다. 따라서 정부는 c+d+f+g+h+i만큼 손해를 본다.

ㄷ. 옳다. 정부가 가격을 P2로 올리면 소비자는 Q2d만큼 소비하므로 총편익은 Q2d까지의 수요곡선 아래의 면적이며 총지불액은 P2와 Q2d로 이루어진 사각형의 면적이다. 따라서 소비자의 이득은 a이다. 한편 농부는 Q2s만큼 생산하여 소비자에게 Q2d만큼 팔고 나머지는 정부가 사갈 것이다. 따라서 농부가 받는 금액은 P2와 Q2s로 이루어진 사각형의 면적에 해당한다. 농부의 총비용은 Q2s까지의 공급곡선 아래의 면적이므로 사각형에서 해당 면적을 빼면 농부의 이득은 b+c+d+e+f가 됨을 알 수 있다. 정부 개입 전, 후의 소비자와 농부의 이득을 비교하면 다음과 같다.

	정부 개입 전 (1)	정부 개입 후 (2)	차이 (3=2-1)
소비자	a+b+c	a	-b-c
농부	e+f	b+c+d+e+f	b+c+d
합계	a+b+c+e+f	a+b+c+d+e+f	d

정부가 개입한 이후 소비자의 이득 중 b+c에 해당하는 부분이 농부에게 돌아가고 소비자와 농부의 총이득은 증가하는 것을 확인할 수 있다.

49. 정답 ④

[내용영역] 사회 [문항 유형] 언어 추리

ㄱ. 옳다. 추장은 생질에게 자신의 지위를 물려주는데 아버지인 B가 아들인 A에게 추장 지위를 물려주기 위해서는 A가 B의 아들인 동시에 생질에 해당해야 한다. 따라서 C는 B의 부인인 동시에 B의 누이일 것이다.

ㄴ. 옳다. 성년이 지나 결혼한 E는 부인인 F의 마을에 살아야 하는데 F는 딸이기 때문에 평생을 어머니인 D의 마을에 살고 있을 것이다. 따라서 E는 D가 살고 있는 마을로 돌아왔을 것이다.

ㄷ. 옳지 않다. G는 A의 생질이므로 추장이 될 가능성이 있다. 만약 G가 추장이 된다면 H는 G의 누이인 F의 아들이므로 G의 생질이 되어 추장이 될 가능성이 있다.

50. 정답 ⑤

[내용영역] 사회 [문항 유형] 언어 추리

① 옳다. 제시문의 <사례>를 통해 '내적 설명'을 선호하는 역사가들은 외부에서의 공급보다는 내부에서의 수요변화에 초점을 맞춘다는 사실을 확인할 수 있으므로 옳은 진술이다.

② 옳다. 제시문의 설명에 따르면, '외적 설명'은 역사의 진행과정을 사회 내부의 구조적 문제로 설명하기 보다는 기본적으로 통제 불가능한 외적 변수들로 인해 우연적으로 진행되는 과정으로 파악하며, '질병', '전쟁', '정복', '문화 이식' 등이 이러한 외적 변수들에 해당한다. 따라서 옳은 진술이다.

③ 옳다. '로마의 평화'가 장기간 지속되었다는 사실을 통해 전쟁을 통한 노예의 외부공급이 감소했을 것임을 추론할 수 있고, 이러한 외적 요소에 의해 노예제의 기반이 붕괴된 것으로 설명하고 있으므로 옳은 진술이다.

④ 옳다. 페스트(질병)라는 외적 변수를 유럽의 인구감소를 촉발시킨 원인으로 보지 않고, 내적 요인에 의해 이미 유럽의 인구감소가 시작되었다고 설명하고 있다. <사례>의 현상을 설명하는 내적 설명과 유사한 설명패턴이라 할 수 있으므로 옳은 진술이다.

⑤ 옳지 않다. 생산양식과 생산력의 모순이 봉건제 붕괴의 원인임을 지적하고 있으므로, '내적 설명'의 전형이라 할 수 있다. 봉건제 붕괴에 대한 설명에서 특별한 외적 요인을 언급하지 않고 있으므로 잘못된 설명이다.

51. 정답 ④

내용영역 사회   문항 유형 언어 추리

① 해당한다. 재고를 낮게 유지해서 소비자가 희소한 것을 구매했다는 만족을 얻기 위해 구매토록 하려는 판매 전략이다. 따라서 '희소성 전략'에 해당하는 사례이다.

② 해당한다. '사회적 증거의 전략'은 자신의 선택이 옳았는지를 판단하는 기준으로 다른 권위 있는 인물이나 다수의 선택에 의존한다는 내용으로, 당신이 구매를 고려 중인 이 물건을 앞서 어떤 유명인도 구매했다거나, 이미 수많은 사람들이 이 물건을 구매했다고 말하는 등이 대표적인 사례이다. ㄴ의 사례도 이와 유사하게 '세련된 감각을 가진 사람'들이 이 물건을 구매했다고 말함으로써 (다) '사회적 증거의 전략'에 호소하고 있다.

③ 해당한다. 공짜 선물이나 덤을 얹어 줌으로써 고객으로 하여금 대가를 지불하지 않고 뭔가 받았다는 심리적 부담을 주고, 차후 구매를 통해 이러한 부담을 해소하게 하려는 전략이므로 '상호성 전략'에 해당하는 사례이다.

④ 해당하지 않는다. 사람들은 자신과 친숙하거나 호감을 느끼는 사람에게 끌리기 때문에 그가 요구하는 것을 들어주고 싶은 마음이 생긴다. 이러한 사람들의 심리적 경향을 이용하는 것을 '호감 전략'이라 하며, ④는 이를 이용해 구매자의 호감을 사고 이를 판매와 연결시키려는 전략이라 할 수 있다.

⑤ 해당한다. 방금 구매를 할 수 없는 어떤 이유를 제시해 놓고 곧바로 그 이유를 뒤집는 것은 상대방에게 자신이 비합리적이거나 줏대가 없는 인물로 보일 위험이 있어 부담스럽다. 이 점을 이용해서 고객이 제시한 구매거절 이유를 무력화시킬 수 있는 다른 대안을 제시하면, 고객은 자신이 방금 제시한 이유를 뒤집고 비합리적인 고객이 되기보다는 그 대안상품을 구매함으로써 자신이 일관된 입장과 태도를 지닌 고객임을 입증하는 방향으로 행동할 개연성이 더 높다는 것이다. 따라서 이는 '일관성 전략'을 이용한 판매 전략이라 할 수 있다.

52. 정답 ③

내용영역 사회   문항 유형 언어 추리

① 옳지 않다. 실업의 이력현상은 실제 실업률이 자연실업률로 회귀하지 못하고 이전 수준에 머무르는 현상이다. 또한 유럽 국가들의 실업률이 높아지면서 실업의 이력현상에 대한 관심이 집중되고 있으므로, 글로벌 금융위기 이후 실제 실업률은 자연실업률을 지속적으로 상회하였기 때문에 관심이 증가하였다고 추론할 수 있다.

② 옳지 않다. 내부자-외부자 가설에 따르면 경기회복시 내부자들은 고용확대보다 임금인상을 요구하지만, 경기침체기에는 해고보다는 임금 인하를 요구하여 자신들이 내부자의 위치를 유지하고자 한다. 따라서 경기침체기에 사측이 인원을 삭감한다는 서술은 이 가설이 주장하는 내용과 맞지 않다. 경기변동에도 노동시장에서의 고용이 크게 변동하지 않기 때문에 외부자들이 취직을 하지 못하고 지속적으로 실업상태에 놓이는 문제가 발생하는 것이다.

③ 옳다. 유럽 노동시장의 결과는 경기침체기에 진출하는 세대가 이후 경기가 좋아짐에도 불구하고 일자리를 얻는 데 필요한 기간이 길어짐으로 인해 업무 역량을 쌓지 못해 일자리를 얻지 못한다고 설명한다. 이는 이들이 구직으로 인해서 업무 역량을 축적하지 못하였고, 이 점이 실업 상태 지속에 영향을 미치고 있음을 보여주므로 '업무능력 저하 가설'의 주장을 뒷받침한다.

④ 옳지 않다. 총요소생산성 가설에 따르면 R&D 투자규모가 감소하면, 향후 총요소생산성이 감소하여 노동자의 생산성 증대효과 또한 감소하여 신규 고용을 이전만큼 하지 않는다. 따라서 실업률이 늘어나므로 R&D 투자규모가 축소되는 것이 아니라, R&D 투자규모가 감소하면 향후 총요소생산성이 감소하여 고용을 회복하지 않는다.

⑤ 옳지 않다. 연구결과는 미국보다 일본에서 실업의 이력현상이 두드러지게 발생함을 보여주고, 일본의 노동조합이 협상에 적극적으로 임한다고 설명한다. 이로부터 일본의 사례는 실업의 이력현상이 발생하는 원인을 총요소생산성이 아닌 내부 노동자들의 행위로 파악하고 있음을 알 수 있다.

53. 정답 ③

내용영역 사회   문항 유형 언어 추리

문제에서 "기존의 사건 진행과정을 인위적으로 바꾸는 것"은 (가)의 경우 통제실의 명령에 따라 기관사가 본궤도에서 다른 궤도로 진행과정을 바꾸는 것이고, (나)의 경우, 제공자의 동의 없이 간 조직을 더 떼어내어 환자 B에게 이식하는 것이다.

ㄱ. 옳다. 갑은 기존의 사건 진행과정을 인위적으로 바꾸는 것이 원인이 되어, 바꾸지 않았다면 발생하지 않았을 고통이 발생할 경우, 사건 진행과정을 바꾸는 것을 허용치 않고 있다. (가)에서 통제실이 기차 1의 기관사에게 궤도를 바꾸도록 명령하여 기존의 사건 진행과정을 인위적으로 바꿀 경우, 그렇지 않았다면 발생하지 않았을 사망자가 1명 발생할 것이다. 따라서 갑의 견해에 따르면, 통제실이 기차 1의 기관사에게 본궤도로 계속 달리도록 명령하는 것을 허용할 것이며, (나)는 기존의 사건 진행과정을 인위적으로 바꿈으로서 한 사람(간 제공자)에게 바꾸지 않았다면 발생하지 않았을 고통을 초래할 것이므로, 역시 B에 대한 이식수술을 허용하지 않을 것이다.

ㄴ. 옳다. 을은 기존의 사건 진행과정을 인위적으로 바꾸는 것이 원인이 되어, 바꾸지 않았다면 발생했을 고통의 양이 더 증가하지 않을 경우에만 사건 진행과정을 바꾸는 것이 허용된다는 입장이다. (가)에서 기차 1과 2의 기관사가 모두 본궤도로 달린다면 총 6명의 사망자가 발생하는데, 기차 1과 2의 기관사가 모두 궤도를 바꿀 경우, 바꾸지 않을 때와 동일하게 총 6명의 사망자가 발생할 것이다. 따라서 을의 견해에 따르면, 기존의 사건 진행과정을 바꾸는 것은 바꾸지 않았다면 발생했을 고통의 양을 더 증가시키지 않을 것이므로, 통제실이 두 기관사에게 본궤도를 유지하도록 하든, 동시에 궤도를 바꾸라고 하든 상관없이 모두 허용할 것이다. (나)의 또한 기존의 사건 진행과정을 인위적으로 바꾸어 B에게 이식 수술을 함으로써 그렇지 않았을 경우 발생했

을 고통의 양이 더 증가하지 않을 것이므로(즉, 이식수술을 했을 때 A, B 두 명이 살고, 제공자 한 명의 고통이 발생한다면, 사건 진행과정을 인위적으로 바꾸지 않아 B 한 명이 죽게 될 경우에 비해 고통의 양이 더 증가하지는 않기 때문에) B에 대한 이식수술을 허용할 것이다.

ㄷ. 옳지 않다. 병은 기존의 사건 진행과정을 인위적으로 바꾸는 것이 원인이 되어 발생한 고통의 양이, 그렇지 않았다면 발생했을 고통의 양보다 더 적을 경우에만 사건 진행과정을 바꾸는 것이 허용된다는 입장이다.

(나)의 경우에는, 기존의 사건 진행과정을 인위적으로 바꾸어 B에게 이식수술을 함으로써 A, B 두 사람이 살고 제공자 한 명이 고통받게 될 것이고, 진행과정을 바꾸지 않는다면 A가 살고 B 한 명의 고통이 발생할 것이다(즉 고통의 양은 동일하다). 따라서 사건의 진행과정을 인위적으로 바꿈으로써 고통의 양이 더 작아지지 않기 때문에 B에 대한 이식수술을 허용하지 않을 것이다.

그러나 (가)에서 기차 1과 2의 기관사가 모두 궤도를 바꾸면 둘 다 바꾸지 않고 본궤도를 달릴 때와 비교해서 고통과 죽음의 양은 더 작아지지 않고 동일하다. 따라서 병은 기차 1과 2의 기관사가 모두 궤도를 바꾸는 것을 허용하는 것이 아니라 허용하지 않을 것이므로 ㄷ은 틀린 진술이다.

---

54. 정답 ③

내용영역 사회 **문항 유형** 언어 추리

ㄱ. 옳다. 사회(1)은 B와 C의 통제력의 합이 A의 통제력보다 작기 때문에 어떤 경우에도 A의 의사대로 사회의 의사가 결정된다. 따라서 결탁이 일어날 가능성이 없다.

ㄴ. 옳다. 아래의 표를 보면, 결탁이 일어나는 경우는 (대), (래)이다. 즉 E와 F의 의사결정이 같다면 구성원 간의 결탁이 일어날 가능성이 존재한다.

	D	E	F	통제력의 합이 큰 의견	결탁에 나설 가능성
(가)	찬	찬	반	찬	없음
(나)	찬	반	찬	찬	없음
(다)	반	찬	찬	찬 = 반	있음
(라)	찬	반	반	찬 = 반	있음
(마)	반	찬	반	반	없음
(바)	반	반	찬	반	없음

ㄷ. 옳지 않다. 아래의 표를 보면, 같은 의사를 가진 2명의 구성원의 결정에 따라 사회의 의사가 결정되므로 결탁이 일어날 가능성은 없다.

G	H	I	통제력의 합이 큰 의견	결탁에 나설 가능성
찬	찬	반	찬	없음
찬	반	찬	찬	없음
반	찬	찬	찬	없음
찬	반	반	반	없음
반	찬	반	반	없음
반	반	찬	반	없음

---

55. 정답 ①

내용영역 과학기술 **문항 유형** 언어 추리

〈(가)에 따를 경우〉

X단백질이 있음 ⇨ 머리

X단백질이 없음 ⇨ 머리×

(1) A와 C의 경우, 난자에 의해 X단백질이 어느 한쪽 끝에만 분포하여 머리가 1개 생성된다.

(2) B와 D의 경우, 난자가 없으므로 X단백질이 없다. 따라서 H단백질이 생성되지 않아 머리가 생성되지 않는다.

〈(나)에 따를 경우〉

X단백질이 있음 ⇨ 머리×

X단백질이 없음 ⇨ 머리

(1) A의 경우, 정자와 난자의 X단백질이 모두 있는 경우로 정자의 신호에 의해 모든 X단백질은 한쪽 끝을 제외한 곳에 분포하여 머리가 1개 생성된다. B의 경우 역시 정자의 신호에 의해 X단백질이 한쪽 끝에만 없어 머리가 1개 생성된다.

(2) D의 경우, 난자와 정자 모두에 X단백질이 없으므로 수정란의 모든 세포에 X단백질이 없다. X단백질이 없을 경우 H단백질이 합성된다. 따라서 모든 세포가 H단백질을 가지고 있게 되어, 머리가 10개 이상 생성된다.

(3) C의 경우, 난자의 X단백질만 있다. C의 경우는 난자의 X단백질만 있어 정자의 신호가 없는 경우이므로 X단백질은 한쪽 끝에만 머물러 있어 H단백질이 배아 여러 곳에서 생겨 머리도 1개보다는 많이 생길 것이다.

난자	정자		(가)	(나)
+	+	A	1개	1개
-	+	B	0개	1개
+	-	C	1개	여러 개
-	-	D	0개	10개 이상

ㄱ. 옳다. (가)에 따를 경우, A에 생성된 머리의 수는 1개이다. 그리고 B와 D에 생성된 머리의 수를 합치면 0개이다. 따라서 A에 생성된 머리의 수는 B와 D에 생성된 머리의 수를 합친 수보다 많다.

ㄴ. 옳지 않다. (나)에 따를 경우, C에 생성된 머리의 수는 A에 생성된 머리의 수보다 많다.

ㄷ. 옳지 않다. (가)에 따르면 D에 생성된 머리의 수가 A에 생성된 머리의 수보다 적지만, (나)에 따르면 D에 생성된 머리의 수가 A에 생성된 머리의 수보다 많다.

56. 정답 ③

| 내용영역 | 과학기술 | | 문항 유형 | 언어 추리 |

건조 공기 중 산소와 질소의 부분 압력의 비는 1 : 4이다. 또, 100g의 물 0℃에서 질소는 2.4ml까지 녹을 수 있고, 산소는 그 2배인 4.8ml까지 녹을 수 있으므로 산소가 질소보다 2배 잘 녹는다는 것을 알 수 있다. 즉, 질소의 용해도 상수가 k라면 산소의 용해도 상수는 2k라고 표현할 수 있다. 이에 따라 질소와 산소 각각의 용해도를 다음과 같이 구할 수 있다.

산소의 용해도 = 2k·1P = 2kP

질소의 용해도 = k·4P = 4kP

결과적으로 질소가 산소보다 2배 많이 녹게 되므로 물에 녹은 공기 중 $\frac{1}{3}$이 산소, $\frac{2}{3}$가 질소가 된다. 따라서 물에 녹은 공기 중 산소의 비율은 약 33%이다.

57. 정답 ⑤

| 내용영역 | 과학기술 | | 문항 유형 | 언어 추리 |

구분	MHC	단백질	거부반응
(1)	자기	자기	없음
(2)	비자기	비자기	있음
(3)	비자기	자기	가장 강함
(4)	자기	비자기	있음

ㄱ. 옳다. A1과 B의 MHC와 단백질의 성질은 다음과 같다.

쥐	MHC	단백질
A1	a	동일
B	a&b	

B의 피부를 A1에 이식할 경우, A1에게는 MHC-b라는 비자기 MHC가 생길 것이다. 따라서 위 (3)과 같이 거부반응이 나타날 것이다.

ㄴ. 옳다.

쥐	MHC	단백질
A2	b	동일
B	a&b	

A2의 피부를 B에 이식할 경우, B에는 이미 MHC-b가 있으므로 자기 MHC로 인식될 것이다. 따라서 위 (1)과 같이 거부반응이 나타나지 않을 것이다.

ㄷ. 옳다.

쥐	MHC	단백질
A1	a	동일
A2	b	

A1의 피부를 A2에 이식할 경우, A2에게는 MHC-a라는 비자기 MHC가 생길 것이다. 따라서 위 (3)과 같이 거부반응이 나타날 것이다.

쥐	MHC	단백질
A1	a	동일×
C	a&b	

A1의 피부를 C에 이식할 경우, C에게는 비자기 단백질이 생길 것이다. 따라서 위 (4)와 같이 거부반응이 나타날 것이다. 따라서 이 경우, (3)이 다른 거부반응보다 더 강하다고 하였으므로 (4)보다 이식거부반응이 더 강하다.

58. 정답 ③

| 내용영역 | 과학기술 | | 문항 유형 | 언어 추리 |

ㄱ. 적절하다. 대류 현상의 원인은 유체 하부의 상대적인 온도 상승이므로, 유체 상부의 상대적인 온도 하강도 대류 현상의 원인이 될 수 있다. 따라서 저수지 바닥의 상대적으로 높은 온도와 냉각된 수면 온도의 차이 때문에 불안정한 상태가 만들어지고 대류 현상도 일어날 것이다.

ㄴ. 적절하지 않다. 상부층은 수온이 높고, 하부층은 수온이 낮다. 대류 현상은 무거운 것(온도가 낮음)이 가벼운 것(온도가 높음) 위에 있어 불안정한 상태에서 일어난다. 따라서 이 경우 수온 약층은 안정적인 상태이므로 대류 현상이 일어난다고 예상할 수 없다.

ㄷ. 적절하다. 역전층에서는 지표면 부근의 온도가 높아지므로 지표면과 거리가 있는 차갑고 무거운 공기가 하부에, 상대적으로 온도가 높고 가벼운 지표면 부근의 공기가 상부에 위치하는 안정적인 층을 형성하게 된다. 따라서 대류 현상이 일어난다고 예상할 수 있다.

59. 정답 ①

| 내용영역 | 과학기술 | | 문항 유형 | 언어 추리 |

ㄱ. 옳다. 〈연구〉의 과학자들에 따르면, 어떤 우주 공간에서 새로 생성되는 은하의 수는 그 우주 공간의 밀도에 비례한다. 따라서 밀도가 높다면 많은 은하가 생겨나고 밀도가 낮다면 새로 생겨나는 은하의 수는 줄어들 것이다. 그리고 X0에서 X4로 갈수록 생성되는 은하의 수가 줄었다고 하였으므로, X0 시점에서 가장 많은 수의 은하가 새롭게 생성되고 X4에서 가장 적은 수의 은하가 새롭게 생성될 것이다. 따라서 X1에서 X4로 갈수록 새로 생성되는 젊은 은하의 수는 점차 적어지는 반면 나이 든 은하의 수는 늘어나므로 젊은 은하의 비율은 점차 낮아질 것이다. 이를 아래처럼 임의로 수를 넣어 가정해 볼 수 있다.

구분	X0	X1	X2	X3	X4
총 탄생 은하의 수	100	90	80	70	60
누적 은하의 수		190	270	340	400
젊은 은하의 수		90	80	70	60

ㄴ. 옳지 않다. B의 가설에 의하면 우주의 밀도는 시간이 흘러도 큰 변화가 없으므로 관찰 기간 동안 새롭게 생성되는 은하의 수는 일정할 것이다. 즉, X1에서 X4까지 X공간의 밀도는 일정하게 유지되므로 새롭게 생성되는 젊은 은하의 수도 일정할 것이므로 늘어나는 것은 아니다.

ㄷ. 옳지 않다. 은하의 수명은 100억 년 이상인데 X0에서 X4까지는 80억 년의 시간만 흘렀으므로 X0에서 X4까지 X공간의 전체 은하의 수는 계속 늘어날 것이다. 따라서 A와 B의 가설 중 누구의 가설에 따르더라도 X1에서 X4로 갈수록 X공간의 은하의 수는 점차 늘어난다.

60. 정답 ③

내용영역 과학기술 　　　　　　문항유형 언어 추리

ㄱ. 옳지 않다. 양이온 교환의 과정은 식물이 식물내부의 양이온을 방출하여 토양입자에 결합되어 있는 양분을 분리시켜 흡수하는 과정이다. 음이온의 경우에는 음전하를 띠고 있는 토양입자와 척력이 작용하므로 토양입자에서 양분을 분리시키는 과정이 불필요하다. 따라서 틀린 선택지이다.

ㄴ. 옳지 않다. 토양액의 산성도가 높아진다는 것은 토양액의 수소이온이 더 많다는 것이다. 수소이온의 농도에 비례하여 토양입자의 음전하가 약화되므로, 산성도가 높아질수록 토양입자와 양이온들의 결합력이 낮아져서 더 많은 양이온이 토양액 속으로 분리되어 나올 것이다. 그러나 제시문에는 토양입자의 음전하를 약화시킬 수 있다는 진술만을 확인할 수 있으므로, 양이온 자체의 전하에 영향을 줄 수 있다는 진술은 틀린 진술이다.

ㄷ. 옳다. 식물이 호흡을 활발하게 할수록 그에 비례하여 더 많은 이산화탄소가 발생할 것이다. 이산화탄소의 양이 증가할수록 더 많은 수소이온이 분리되어 토양액 속으로 들어갈 것이다. 그러면 토양액의 산성도는 식물의 호흡량에 비례할 것이다. 토양액의 산성도가 높아질수록 토양입자의 음전하가 상쇄되는 정도가 커지고, 그러면 조금만 상쇄되어도 분리되는 양이온뿐 아니라, 상쇄하는 정도가 클 때만 비로소 분리되는 양이온까지도 모두 분리될 것이다. 결과적으로 더 많은 양이온이 분리되어 나오면 더 많은 양이온인 양분이 뿌리를 통해 흡수될 것이다.

61. 정답 ⑤

내용영역 과학기술 　　　　　　문항유형 언어 추리

	1열	2열	3열	4열
1행	0	0	0	1
2행	0	1	0	1
3행	1	0	0	1
4행	1	1	0	1

이진 코드
〈그림 1〉

➡

	1열	2열	3열	4열
1행	0	0	0	1
2행	0	1	1	1
3행	1	1	0	1
4행	1	0	1	1

그레이 코드
〈그림 2〉

ㄱ. 옳다. (가)는 1101이다.

ㄴ. 옳다. (나)는 1101로, (가)와 (나) 모두 3열에 해당하는 비트는 0이다.

ㄷ. 옳다. 〈그림 2〉의 4행에 해당하는 1011은 13을 그레이 코드로 나타낸 것이다. 이때, 14의 이진 코드는 1110으로, 이를 그레이 코드로 변환한 것은 1011에서 3열만 바뀐 1001이다.

62. 정답 ⑤

내용영역 과학기술 　　　　　　문항유형 언어 추리

① 옳다. 1150년 이후 항성의 밝기는 점차 어두워졌다고 했으므로, 항성 X는 1150년 이후로 얼마 동안은 지구로부터 멀어지고 있다. 그런 상황에서 항성 X가 주황색으로 관측이 되었다는 것은 항성 X의 색깔이 주황색보다는 더 큰 주파수의 색깔을 가지는 것으로 생각할 수 있다. 즉, 표에서 주황색보다 우측에 있는 어떤 색깔 중 하나인 것이다. 따라서 항성 X의 고유 색깔이 빨강색일 수는 없다.

② 옳다. 1110년에 항성 X가 파랑색에서 보라색으로 변한 것으로 관측되었으므로, 주파수가 더 큰 색깔로 관측된 색깔이 달라진 것이다. 따라서 이 때 항성 X가 지구로 접근하는 속도는 증가하였다.

③ 옳다. 1200년에는 항성 X가 빨강색으로 관측되었고, 1160에는 주황색으로 관측되었다. 빨강색이 주황색보다 주파수가 더 작은 색깔이므로 1200에 항성 X가 지구로부터 더 빨리 멀어졌다고 볼 수 있다.

④ 옳다. 1100년부터 10년간 항성 X가 파랑색으로 관측되었을 때, 항성 X는 지구로 접근 중이었다. 즉, 파랑색으로 관측이 된다는 것은 항성이 나타내는 색깔의 주파수보다 더 큰 것으로 관측이 되었다는 것이다. 이는 1305년에도 동일하게 적용된다. 따라서 항성 X는 지구를 향해 접근 중에 있다고 볼 수 있다.

⑤ 옳지 않다. 1310년부터 30년 동안 항성 X는 초록색으로 관측되고 있으며, 이는 1140년의 상황과 마찬가지로 항성 X가 지구로 접근하고 있음을 의미한다. 따라서 항성은 점점 밝은 것으로 관측되어야 한다.

63. 정답 ②

내용영역 과학기술 　　　　　　문항유형 언어 추리

ㄱ. 옳지 않다. A의 재생산지수는 1에서 3(10/10 ~ 15/5)이고, D의 재생산지수는 1에서 2.5(5/5 ~ 10/4)이다. 따라서 A의 재생산지수가 D보다 항상 높은 것은 아니다.

ㄴ. 옳지 않다. B의 재생산지수는 0.8에서 1.6(20/25 ~ 40/25)이다. 예방접종필요인구가 음수 값이면 감염은 장기적으로 사라질 것이지만 그렇지 않은 경우에 감염은 인구 집단에 퍼질 수 있다. B의 재생산지수가 0.8일 때는 예방접종필요인구는 음수이지만, 1 이상일 때는 음수가 아니다. 따라서 이 경우 B는 장기적으로 사라지지 않는다.

ㄷ. 옳다. C의 재생산지수는 4에서 10(20/5 ~ 30/3)이므로, 예방접종필요인구규모(1 - 1/R)값은 0.5를 넘는다. 따라서 C의 확산을 막기 위해서는 인구의 절반 이상의 예방접종이 필요하다.

64. 정답 ④

`내용영역` **과학기술**　　　　　　　　`문항유형` **언어 추리**

ㄱ. 옳다. 환자가 필요한 수분량은 총 35ml/kg × 50kg × 3일 = 5,250ml이다. 입원 기간 동안 손실된 수분량은 총 3,000ml이고, 이는 총 필요 수분량의 1/3 이상이므로 환자는 수액공급을 받게 될 것이다.

ㄴ. 옳지 않다. 먼저 3일간 체온에 의해 소실된 수분량은 20일의 소실량 400ml(=(39-37) × 200ml)와 20~21일의 소실량 1,200ml(=(40-37) × 200ml × 2일)을 더한 값, 즉 1,600ml 이고, 구토에 의한 소실량은 기타 추가 수분 소실이 없었다는 조건에 의해 총 소실량에서 체온에 의해 소실된 값을 빼주면 되므로 1,400ml 이다. 그러므로 구토에 의해 소실된 수분량이 체온에 의해 소실량 보다 적다.

ㄷ. 옳다. 체온에 의한 소실량은 체중에 관계없이 정상체온보다 1도 증가할 때마다 200ml씩 소실된다고 했으므로 일정하며, 하루에 필요한 수분량은 몸무게 1kg당 35ml라고 했으므로 체중이 높을 수록 증가한다. 그러므로 체중이 높은 사람일수록 '열에 의한 소실량/하루에 필요한 수분량'은 감소한다.

65. 정답 ④

`내용영역` **인문**　　　　　　　　`문항유형` **언어 추리**

①, ② 옳지 않다. 언어 능력의 발달과 수 계산 능력의 발달(또는 손의 사용 능력의 발달)이 직립보행이라는 공통 원인을 갖고 있다고 해서 수 계산 능력의 발달(또는 손의 사용 능력의 발달)이 언어 능력을 발달하게 한다고 추론할 수는 없다.

③, ⑤ 옳지 않다. 뇌의 두정엽은 수적 계산 능력과 관련이 있지만, 언어적 능력을 제어하거나 자음과 모음을 분류하고 구별하는 능력과는 관련이 없다.

④ 옳다. 제시문에 따르면, 인간의 수적 계산 능력의 발달과 언어 능력의 발달은 직립보행으로부터 기인된 것이다. 그리고 수적 계산 능력과 언어 능력은 인간의 중요한 지적 능력에 해당하므로, 인간의 중요한 지적 능력의 발전은 직립보행이라는 신체적 변화에 의해 생겨났다. 따라서 ④는 제시문으로부터 추론할 수 있는 진술이다.

66. 정답 ④

`내용영역` **인문**　　　　　　　　`문항유형` **언어 추리**

ㄱ. 옳다. 로봇이 사람에게 위해를 입히려면 (가)를 위배하게 되므로 로봇은 그 명령을 따를 수 없다.

ㄴ. 옳다. 두 사람이 "나에게 먼저 와!"라는 명령을 내릴 경우, 어느 한 쪽의 명령을 수행하는 것은 반드시 (나)에 위배된다. 따라서 로봇은 명령을 따를 수 없다.

ㄷ. 옳지 않다. 어린이가 내린 명령이더라도 그 명령을 거부하는 것은 (나)에 상충한다. 따라서 로봇은 자신을 보호할 수 없다.

67. 정답 ②

`내용영역` **인문**　　　　　　　　`문항유형` **언어 추리**

갑과 을의 공통전제를 토대로 각 사례에서 A가 〈사고 실험〉 후에도 동일성을 가지는지 여부를 판단하면 다음과 같다.

	갑	을
(가)	×	×
(나)	○	×
(다)	×	×

ㄱ. 옳지 않다. 위 표 참조

ㄴ. 옳지 않다. 위 표 참조

ㄷ. 옳다. 위 표 참조

68. 정답 ③

`내용영역` **인문**　　　　　　　　`문항유형` **언어 추리**

ㄱ. 옳다. 논증에 따르면, 신이 존재하는 것을 이해하지 못하더라도 신에 대하여 들을 때, 생각 속에 신이 존재하기 때문에 신을 이해하고 있다고 할 수 있다.

ㄴ. 옳다. 논증은 최고로 위대한 존재자는 실제로 존재한다는 것을 증명한다. 따라서 만약 신이 최고로 위대한 존재자라면, 이는 신이 실제로 존재한다는 것을 함축한다.

ㄷ. 옳지 않다. 논증에 따르면, 신이 생각 속에서만 존재한다고 가정할 경우 신보다 더 위대한 존재가 실제로 존재한다고 할 수 있게 된다. 따라서 신이 실제로 존재하지 않는다고 가정할 경우 신보다 위대한 존재가 실제로 존재하는 것이 불가능하다고 말할 수 있는 것이 아니라 오히려 가능하다고 말할 수 있다.

69. 정답 ③

`내용영역` **인문**　　　　　　　　`문항유형` **언어 추리**

ㄱ. 옳다. 소크라테스가 아테네 법이 그의 죽음을 요구한다고 믿었다면, 그의 죽음은 곧 아테네 법을 준수하는 것을 의미한다. 이 경우 (b)가 직접 (c)를 야기하는 것으로 믿은 것이라 할 수 있다. 따라서 아테네 법 준수라는 행위를 할 욕구가 있고, 그의 죽음이 아테네 법 준수라는 행위를 발생시킨다는 믿음에 의한 것이므로 소크라테스의 죽음은 자살이 된다.

ㄴ. 옳다. 소크라테스가 아테네 법이 독배를 마시도록 명령하지만 그것이 죽음을 의미하는 것은 아니라고 믿었다면, (a)가 직접 (c)를 야기하지만, (b)가 (c)를 발생시키지는 않는다고 믿은 것이다. 따라서 행위 (a)는 강하게 의도된 것이라고 할 수 있지만, (b) 즉 소크라테스의 죽음은 약하게 의도된 것이므로 자살이 아니다.

ㄷ. 옳지 않다. 소크라테스가 죽음을 인지하고 이타적 동기에서 독약을 마시고 죽은 경우는 톨허스트에 따르면 강하게 의도된 것에 해당하지 않는다. 따라서 이러한 경우는 자살이라고 하기 어렵다.

70. 정답 ②

| 내용영역 | 인문 | | 문항 유형 | 언어 추리 |

ㄱ. 옳지 않다. 존재하지 않는 것의 참거짓, 즉 진릿값을 결정하는 행위를 할 수 없다면 이것을 지적한 ⓒ은 발생하지 않을 것이다. 그러나 여전히 사람들의 직관과 현실이 부합하지 않는 데에서 기인하는 ⓐ은 발생할 수 있다. 사람들이 A를 거짓으로 판단했다면, '2019년 프랑스의 왕은 대머리가 아니다.', 즉 '2019년 프랑스의 왕이면서 대머리인 사람은 없다.'고 판단했기 때문이다. 따라서 이 직관에서도 사람들은 2019년 프랑스의 왕이 존재한다고 본 셈이며, 이는 현실과 부합하지 않는다. 그러므로 A에 대해 사람들이 거짓이라는 직관을 가질 경우 ⓐ은 발생할 수 있다.

ㄴ. 옳다. '2019년 프랑스의 왕은 반드시 대머리가 아니다.'에서 앞 조건은 '2019년 프랑스의 왕이 있다면'이다. 전통 논리학에 따르면 앞 조건을 충족하는 존재자가 실제 존재할 수 없을 경우 조건문을 참으로 간주한다. 이 문장에서도 앞 조건은 충족되지 않으므로 이 조건문은 참이다.

ㄷ. 옳지 않다. 사람들은 p를 충족하면서 q를 충족하지 않는 존재가 실제로 있을 수 있으므로 A를 거짓일 수 있다고도 생각한 것이다. 이 경우 사람들은 직관적으로 문장을 거짓으로 만드는 경우가 있을 수도 있으므로 해당 문장을 거짓이라고 생각한다. 따라서 문장의 참이나 거짓을 판별할 수 없을 때 해당 문장을 참으로 보는 것은 사람들의 직관과 부합한다고 볼 수 없다.

71. 정답 ③

| 내용영역 | 인문 | | 문항 유형 | 언어 추리 |

(1) [질의2]의 결과에서 [질의3]의 결과를 빼서 홍길동의 봉급을 추적하는 방법

⇨ [직급이 '과장'이고 직무가 '인사'인 사원들의 봉급 합계] = [직급이 '과장'인 사원들의 봉급 합계] - [ⓐ]

⇨ [ⓐ] = [직급이 '과장'인 사원들의 봉급 합계] - [직급이 '과장'이고 직무가 '인사'인 사원들의 봉급 합계]

⇨ 따라서 ⓐ은 [직급이 '과장'이고 직무가 '인사'가 아닌 사원들의 봉급 합계]이다.

(2) [질의4]와 [질의5]의 결과를 더한 값에서 [질의6]과 [질의7]의 결과를 더한 값을 빼서 홍길동의 봉급을 추적하는 방법

⇨ [질의4 + 질의5] - [질의6 + 질의7] = [ⓒ + 직급이 '과장'이고 직무가 '인사'인 사원 또는 성별이 '남성'이 아닌 사원들의 봉급 합계] - [성별이 '남성'인 사원들의 봉급 합계 + 성별이 '남성'이 아닌 사원들의 봉급 합계]

⇨ [ⓒ + 직급이 '과장'이고 직무가 '인사'인 사원 또는 성별이 '남성'이 아닌 사원들의 봉급 합계] - [전체 사원들의 봉급 합계]

⇨ ⓒ은 [직급이 '과장'이고 직무가 '인사'인 사원 또는 성별이 '남성'인 사원들의 봉급 합계]이다.

72. 정답 ②

| 내용영역 | 인문 | | 문항 유형 | 언어 추리 |

ㄱ. 옳지 않다. 두 언어 표현의 지시체가 동일하더라도 두 언어 표현이 동일하지 않을 수 있다. 예컨대 표현 '독도'와 'Dokdo Island'는 서로 다른 표현이지만 동일한 지시체를 가진다.

ㄴ. 옳다. 특정한 뜻을 가지는 언어 표현은 특정한 지시체와 일정하게 대응된다. 따라서 어떤 언어 표현이 동일한 뜻을 가지면 동일한 지시체를 가진다. (뜻→지시체) 그러므로 두 언어 표현이 서로 다른 지시체를 가진다면 두 언어 표현의 뜻은 다를 수밖에 없다.

ㄷ. 옳지 않다. 언어 표현이 뜻을 갖더라도 지시체를 갖지 않는 경우가 존재한다. 가령 표현 '0보다 큰 음수'는 뜻을 갖지만 지시체를 갖고 있지 않다. 따라서 어떤 언어 표현이 뜻을 갖기 위해서 반드시 지시체를 가져야 하는 것은 아니다.

73. 정답 ④

| 내용영역 | 인문 | | 문항 유형 | 언어 추리 |

ㄱ. 옳지 않다. 제시문에 의하면, 학문은 관념을 다루는 학문과 인상을 다루는 학문으로 구별된다. 그리고 관념을 다루는 학문의 일부는 오류로 귀결된다. 그러나 관념을 다루는 학문 모두가 오류로 귀결되는 것은 아니다. 특정한 인상에 기반한 관념을 다루는 학문은 오류로 귀결되지 않는다. 따라서 A가 오류로 귀결되지 않는다는 것만으로 그것이 인상을 다루는 학문임, 즉 관념을 다루는 학문이 아님을 추론할 수는 없다.

ㄴ. 옳다. 관념을 다루는 학문이 오류에 빠지는 이유는 관념 자체의 모호함 때문이다. 관념 B가 허구적 관념(C)보다 모호하다면 B도 허구적 관념일 것이며, 그것을 다루는 학문이 오류로 귀결되리라고 추론할 수 있다.

ㄷ. 옳다. 제시문에 의하면 허구적 관념을 다루는 전통 형이상학은 참된 형이상학이 아니며 폐기해야 할 형이상학이다. 따라서 형이상학에서 다루어지는 관념이 인상에 기인하는지의 여부는 참된 형이상학과 폐기해야 할 형이상학을 구분하는 기준이 된다.

74. 정답 ③

`내용영역` 인문 　　　　　　　　　　　　　　`문항 유형` 언어 추리

ㄱ. 옳다. (2)를 아래와 같이 해석할 경우, A에 따라 목격자의 결론은 참이 된다.
　(1) 범인(X)은 제가 알고 있는 사람(Z)입니다.
　(2) 체포된 용의자(Y)는 제가 알고 있는 사람(Z)이 아닙니다.
　(3) 범인(X)은 체포된 용의자(Y)가 아닙니다.

ㄴ. 옳다. (2)를 아래와 같이 해석할 경우, B에 따라 목격자의 결론은 거짓이다. 즉, 범인으로 목격한 그 사람이 용의자가 되어 체포된 것인지, 혹은 다른 사람이 체포된 것인지 알 수 없는 상태이다. 따라서 이 경우 범인이 곧 체포된 용의자일 수 있으므로 (3)은 거짓이다.
　(1) 범인은 제가 알고 있는 사람입니다.
　(2) 체포된 용의자가 제가 알고 있는 그 사람인지 아닌지를 알지 못합니다.
　(3) 범인은 체포된 용의자가 아닙니다.

ㄷ. 옳지 않다. B에 따르면 ㄴ의 경우에 목격자의 결론은 거짓이다. 그러나 ㄴ의 경우가 아니라고 해서 목격자의 진술이 참이라는 것은 도출되지 않는다. 따라서 이 경우 B에 따를 때, 결론이 참이라고 할 수 없다.
　(1) 범인은 제가 알고 있는 사람입니다.
　(2) 저는 체포된 용의자를 압니다.
　(3) 범인은 체포된 용의자가 아닙니다.

75. 정답 ②

`내용영역` 인문 　　　　　　　　　　　　　　`문항 유형` 언어 추리

논증의 구조는 다음과 같다.

1) 정의롭거나 절제된 행위는 다음의 세 가지 조건을 충족해야 한다.
　(a) 행위자가 그것의 정의로움과 절제됨을 알고 있을 것
　(b) 행위자가 합리적 선택에 의거해서 행위하며, 그 행위 자체 때문에 그것을 선택했을 것
　(c) 행위자가 확고하고도 흔들리지 않는 상태에서 행위

2) (a), (b), (c)를 충족하는 행위(A)는 정의롭거나 절제 있는 행위이다.

3) A를 행하는 사람은 정의롭거나 절제 있는 사람이다.

① 옳다. 정의로운 행위를 하는 것으로부터 정의로운 사람이 된다고 하였다. 즉, 정의로운 행위를 하면 정의로운 사람인 것이다.

② 옳지 않다. 정의롭거나 절제 있는 행위는 (a), (b), (c)를 모두 충족해야 한다. (b)만을 충족하고 나머지를 충족하지 않는 행위의 경우도 있을 수 있다. 따라서 합리적인 선택에 의거한 행위가 정의롭거나 절제 있는 행위라고 단정할 수 없다.

③ 옳다. 정의롭거나 절제 있는 행위는 (a), (b), (c)를 충족한다. 합리적 선택에 의거하지 않은 행위는 (b)를 충족하지 못하므로 정의롭거나 절제 있는 행위가 아니다.

④ 옳다. (a)알면서, 그리고 (b)그 행위 자체 때문에 그것을 선택했을 때, 마지막으로 (c)확고하고도 흔들리지 않는 상태에서 행위했을 때 정의로운 행위가 된다. 따라서 (b)다른 목적이 아니라 그 행위 자체 때문에 선택했을 때 정의로운 행위가 될 수 있다.

⑤ 옳다. 정의롭거나 절제 있는 행위는 (a), (b), (c)를 충족한다. 따라서 정의롭거나 절제 있는 행위는 확고하고도 흔들리지 않는 상태(c)에서 그것을 실천할 것이다.

76. 정답 ③

`내용영역` 인문 　　　　　　　　　　　　　　`문항 유형` 언어 추리

ㄱ. 옳다. '어떤 유니콘도 외뿔짐승이 아니다(E).'와 '어떤 유니콘은 외뿔짐승이다(I).'의 명제가 ㈏의 명제의 주어가 지칭하는 대상이 존재한다는 주장을 전제한다면 유니콘은 실재하는 대상이 아니므로 E와 I는 모두 거짓일 수 있으며 ㈎에서 설명하는 모순관계에 해당되지 않는다.

ㄴ. 옳다. '어떤 유니콘은 외뿔짐승이다(I).'와 '어떤 유니콘은 외뿔짐승이 아니다(O).'의 명제가 ㈏의 명제의 주어가 지칭하는 대상이 존재한다는 주장을 전제한다면 유니콘은 실재하는 대상이 아니므로 I와 O는 모두 거짓일 수 있으며 ㈎에서 설명하는 소반대관계에 해당되지 않는다.

ㄷ. 옳지 않다. '어떤 유니콘은 외뿔짐승이다(A).'와 '어떤 유니콘도 외뿔짐승이 아니다(E).'의 명제가 ㈏의 명제의 주어가 지칭하는 대상이 존재한다는 주장을 전제한다면 유니콘은 실재하는 대상이 아니므로 A와 E는 모두 거짓일 수 있으며 ㈎에서 설명하는 반대관계에 해당된다.

77. 정답 ①

`내용영역` 인문 　　　　　　　　　　　　　　`문항 유형` 언어 추리

ㄱ. 옳다. 위 글은 전체적으로 모든 개인은 인신을 소유하고 있다는 사실을 전제로 하여, 개인의 노동력이 투입된 사물에 대해서도 소유권을 가진다는 주장을 이끌어내고 있는 글이다.

ㄴ. 옳지 않다. 그가 소화했을 때, 그가 먹었을 때, 그가 삶았을 때, 그가 그것들을 집에 가져왔을 때, 그가 그것들을 주웠을 때는 시간순서대로 거꾸로 일어난 사건이다. 그런데 그가 그것들을 처음으로 주워모았을 때 그의 것이 되었기 때문에, 그 밖의 다른 어떤 행위도 그것들을 그의 것으로 만들 수 있었다. 그러한 노동이 시간상 앞서기 때문에 최초 소유가 발생했지, 다른 행위가 노동이 아니기 때문이 아니다.

ㄷ. 옳지 않다. 적어도 그것 이외에도 공유물들이 충분히 남아 있는 한, 누구나 다른 사람의 동의 없이도 공유지 안의 사물 중에 노동이 첨가된 것에 대한 권리를 가질 수 있다. 만약 그런 동의가 필요했다면, 인간은 신이 모든 것을 충분히 주었음에도 불구하고 이미 굶어죽었을 것이기 때문이다.

78. 정답 ④

내용영역 인문 　　　　　**문항 유형** 언어 추리

ㄱ. 옳지 않다. 각각의 가설이 자신이 뒷받침하는 역사적 사실을 적어도 하나 갖고 있다면 어떤 역사적 사실은 모든 가설을 뒷받침할 수도 있다. 따라서 (가)가 성립하면 (나)가 성립할 수도 있다.

ㄴ. 옳다. 어떤 역사적 사실이 모든 가설을 뒷받침한다면 모든 가설들은 자신을 뒷받침하는 역사적 사실은 최소 하나는 가지게 된다.

가설	A	B	C	D	E	F	…
역사적 사실	ㄱ	ㄴ	ㄷ	ㄹ	ㅁ	ㅂ	…

ㄷ. 옳지 않다. 다음과 같이 어떤 역사적 사실(E)은 그것을 뒷받침하는 역사적 사실이 없다고 하여도 ㄱ처럼 어떤 역사적 사실은 서로 다른 가설들을 뒷받침하고 서로 다른 역사적 사실이 동시에 뒷받침하는 가설이 없는 상황이 가능하다.

ㄹ. 옳다. 어떤 역사적 사실이 서로 다른 가설을 뒷받침하고 동시에 어떤 역사적 사실이 모든 가설을 뒷받침할 수 있다.

79. 정답 ②

내용영역 인문 　　　　　**문항 유형** 언어 추리

ㄱ. 옳지 않다. 합목적성의 내용은 시대와 상황에 따라 달라지지만, 법이 합목적성을 갖추어야 한다는 자체는 변화가 없다.

ㄴ. 옳다. 제시문에 따르면 법이 갖추어야 할 합목적성에서의 '목적'은 사회에 따라 달라진다. 이를 고려하면 어떤 사회에서는 합목적성을 갖추지 못한 법규정이 다른 사회에서는 합목적성을 갖춘 것이 될 수 있다.

ㄷ. 옳지 않다. '합목적성'에서의 '목적'은 법적 평화나 정의가 아닌 다른 목적을 지칭한다. 따라서 법이 법적 평화와 정의라는 법의 궁극적 목적을 잘 달성할 수 있는 형태일 때 법의 이념 중 하나로서의 '합목적성'을 갖추었다고 설명할 수는 없다.

80. 정답 ⑤

내용영역 인문 　　　　　**문항 유형** 언어 추리

먼저, 가설에 등장한 조건은 다음과 같다.

(1) 항해기술 또는 강한 해군을 통해 해상국가로 변모
(2) 절대왕정보다 발전된 정치제도 보유
(3) 산업화 또는 상업화에 성공

먼저, 모든 국가는 발달된 원양항해 기술을 보유하고 있었다. 또 정치적 발전도는 B - C - A 순인데, 다음 조건을 보면 두 국가는 절대왕정보다 발전해 있었고, 한 국가는 절대왕정에 머물러 있었다. 따라서 A는 절대왕정이며 발전된 정치제도를 갖지 못했으므로 다음과 같이 정리된다.

	항해기술 ∨ 해군	절대왕정 넘어섬	산업화 ∨ 상업화
A	○(항해기술)	×(3위)	
B	○(항해기술)	○(1위)	
C	○(항해기술)	○(2위)	

정치적 발전도가 가장 높은 국가는 유일하게 강력한 해군을 보유하지 못했으므로 다음과 같이 정리된다.

	항해기술 ∨ 해군	절대왕정 넘어섬	산업화 ∨ 상업화
A	○ (항해기술 & 해군)	× (정치발전 3위)	
B	○ (항해기술 & ~해군)	○ (정치발전 1위)	
C	○ (항해기술 & 해군)	○ (정치발전 2위)	

마지막으로 산업화와 상업화에 성공한 국가가 하나씩 존재하는데, 상업화에 성공한 국가의 정치적 발전도가 더 높았다는 점을 이용하면 3가지 경우가 가능하다. 그런데 첫 번째와 두 번째의 경우는 B도 가설의 세 가지 조건을 모두 만족하게 되어, 가설을 모두 만족하는 사례가 C밖에 없었다는 조건에 위배된다. 따라서 세 번째 경우였음을 추론할 수 있다.

	항해기술 ∨ 해군	절대왕정 넘어섬	산업화 ∨ 상업화	
A	○ (항해기술 & 해군)	× (정치발전 3위)	산업	산업
B	○ (항해기술 & ~해군)	○ (정치발전 1위)	상업	상업
C	○ (항해기술 & 해군)	○ (정치발전 2위)	산업	상업

① 옳지 않다. A는 절대왕정에 머물렀다.

② 옳지 않다. A는 해군을 보유하고 있었다.

③ 옳지 않다. B는 절대왕정을 넘어서 가장 발전한 정치제도 보유하였다.

④ 옳지 않다. B의 경우 조건 (3) 이외에는 가설에 부합한다.

⑤ 옳다. C는 상업화에 성공하였다.

81. 정답 ③

내용영역 인문 　　　　　**문항 유형** 언어 추리

① 옳지 않다. 전분등제를 실시한 것은 개간을 장려하기보다는 조세 징수를 합리적으로 하기 위한 목적이었다.

② 옳지 않다. 고려시대에는 개간 사업을 장려하기 위해서 일정한 기간 조세를 면제해 주는 대신, 장기적으로는 일반적인 과세인 1/10이 아닌 1/2~1/4를 과세하였기 때문에 단기적인 혜택에 초점이 맞추어져 있었다.

③ 옳다. 소유 규모가 작은 자영농은 국역을 부담하는 경우 자작만으로는 생계를 꾸리기 어려워 소작을 겸하거나 부담을 견뎌내지 못하고 토지를 팔거나 하여 전호농(佃戶農)이 되기도 하였다. 전분등제와 연분등제가 시행되었지만 힘없는 농민의 척박한 땅은 제 등급 이상으로 올려 매겨지기 일쑤였다. 풍흉의 등급을 매기는 연분등제의 경우도 면을 단위로 하였으므로 소유 규모가 작은 농민이 재해를 입었다 하더라도 세를 면제받기가 어려웠다.

따라서 전분등제와 연분등제는 자영농의 전호농화를 가속화시키는 조세제도로 변모하였다.

④ 옳지 않다. 한편 흉작이 발생하면 연분등제에 따라 조세가 감면되었는데, 여기서 발생하는 혜택은 넓은 토지를 경작하는 양반지주층이 더 컸을 것이다.

⑤ 옳지 않다. 전분등제와 연분등제는 자영농이 전호농으로 전락하는 것을 막기 위한 조세제도가 아니라, 토지의 질과 풍흉 여부에 따라 합리적으로 과세하여 농민들의 생활 안정을 돕기 위한 과세였다.

82. 정답 ③
내용영역 인문   문항유형 언어 추리

ㄱ. 옳다. 소영이가 정민이를 좋아하는 것이 참이라고 하여도 정민이는 소영이를 좋아할 수도 좋아하지 않을 수도 있다. 따라서 비대칭적 관계이다.

ㄴ. 옳다. 민우가 소영이를 알아도 소영이는 민우를 모를 수 있으므로 비대칭적 관계이다. 또 민우가 소영이를 아는 것이 참이고 소영이가 갑돌이를 아는 것이 참인 경우, 민우가 갑돌이를 아는 것이 참인지 거짓인지 알 수 없다. 따라서 비이행적 관계이다.

ㄷ. 옳지 않다. 철수가 영희보다 나이가 두 살 많다면 철수는 영희보다 나이가 두 살 어리게 되므로 '영희는 철수보다 나이가 두 살 많다'는 거짓이 된다. 따라서 반대칭적 관계이다. 또 영희가 을순이보다 나이가 두 살 많은 경우, 철수는 을순이보다 4살이 더 많으므로 '철수가 을순이보다 두 살 많다'는 거짓이 된다. 따라서 반이행적 관계이다.

83. 정답 ③
내용영역 인문   문항유형 언어 추리

ㄱ. 옳다. A에 따르면, 진실 안에 있다는 것은 적어도 어떤 핵심적인 부분에서 진실을 말하고 있다는 것이다. 다만 진실 안에 있다고 해서 반드시 모든 것에 대해 진실을 말하고 있는 것은 아니다. 따라서 우리가 진실만을 말하는 경우라면, 언제나 우리는 진실 안에 있다고 할 수 있다. B에 따르면, 진실 안에 있다는 것은 기존의 언명범주들을 규정하는 담론의 영역에 수용될 수 있다는 것이다. 따라서 우리가 진실을 말하며 진실 안에 있을 수도 있지만, 진실을 말하며 진실 안에 있지 않을 수도 있다.

ㄴ. 옳다. 아직은 밝혀지지 않은 그러나 언젠가 밝혀질 객관적이고 보편적인 진실을 누군가 선취하였는데 이것이 당대에 수용되거나 인정을 얻지 못했을 경우, A에 따르면 그는 진실 안에 있지만, B에 따르면 그는 진실을 말했을 뿐 진실 안에 있지 않은 것이다.

ㄷ. 옳지 않다. 당대의 담론지평에 수용되었으나 훗날 진실이 아니라고 밝혀진 이론의 경우, A에 따르면 핵심적인 진실을 말하지 못하여 진실 안에 있지 않은 것이며, B에 따르면 수용될 수

있었던 당시에는 진실 안에 있었지만 객관적이고 보편적인 진실을 말한 것은 아닌 것이다.

84. 정답 ⑤
내용영역 인문   문항유형 언어 추리

논증은 다음과 같이 구성된다.

1. 전제 : 각 정권의 지배자는 더 강한 자들이다.
2. 전제 : 더 강한 자들은 자기들에게 편익이 되는 것을 다스림을 받는 자들에게 올바른 것으로 공표하고서는, 이를 위반하는 자를 범법자 및 올바르지 못한 짓을 저지른 자로서 처벌한다.
3. 암묵적 전제 : (더 강한 자들이 올바른 것이라고 공표한 것은 곧 올바른 것이다.)
4. 결론 : 따라서 정의란, 더 강한 자의 편익이다.

ㄱ. 옳다. 트라시마코스가 견지하고 있는 것으로 간주되는 주장은 위 논증의 암묵적 전제이다.

ㄴ. 옳다. 트라시마코스가 견지하고 있는 것으로 간주되는 주장은 트라시마코스의 "모든 정권은 자기 편익을 목적으로 법률을 제정한다"는 주장으로부터 추론될 수 있다.

ㄷ. 옳다. 트라시마코스가 견지하고 있는 것으로 간주되는 주장은 "올바른 것은 더 강한 자의 편익이다"는 주장으로부터 추론될 수 있다.

85. 정답 ②
내용영역 인문   문항유형 언어 추리

ㄱ. 옳지 않다. 제시문에 따르면 (C)"이 장미는 빨갛지 않다."에서 존립하지 않는 사태들은 바로 "이 장미는 빨갛다."를 이루는 어떤 사태들이다. 따라서 "이 노트북은 검은 색이 아니다."라는 사실이 존립하지 않는 사태들은 "이 노트북은 검은 색이다."를 이루는 어떤 사태들이다.

ㄴ. 옳다. 사실은 '사태들의 존립'이지 존립하는 사태들이 아니며, 사태는 '대상들의 결합'이지 결합된 대상들이 아니라고 한다. 따라서 세포를 이루는 대상들이 K라고 한다면 세포는 결합된 K가 아니라 K의 결합이라고 해야 한다.

ㄷ. 옳지 않다. 긍정적 사실 또는 부정적 사실은 참인 명제를 전제로 한다. 그런데 우리 앞에 상자가 존재하지 않는데 "이 상자는 네모이다."라고 말하는 것은 거짓이다. 따라서 긍정적 사실이라고 할 수 없다.

86. 정답 ②

내용영역 인문　　　　　　　　　　　　문항 유형 언어 추리

첫째 날 추론 : 이 추론은 반응속도와 피질의 길이가 비례할 것이라는 전제로부터 나온 것이다. 그러나 제시문의 내용만으로는 반사작용과 피질의 길이의 관계를 추론할 수 없다.

둘째 날 추론 : 월리스의 가설에서 '뇌량'은 모든 정신작용이 일어나기 위해 필수적으로 요구되는 두뇌 부위로 설명되고 있다. 그러므로 생명체의 뇌량이 제거되면 생명체의 정신작용이 일어나지 않을 것이라고 추론하는 것이 옳다.

셋째 날 추론 : 월리스의 가설에 따르면 소뇌는 반사작용에 필수적인 부분이긴 하지만 소뇌가 식욕과 연관된다고 볼 수 없다. 소뇌가 제거된다고 하더라도 정기가 대뇌피질까지 올라가면 식욕이 생겨날 수 있다. 월리스가 제시한 가설만으로는 소뇌와 식욕이 반드시 관련된다고 보기 어렵다.

넷째 날 추론 : 월리스의 이론에서 어떤 생명체가 대뇌피질에 많은 고랑을 가지고 있다면 몸길이가 클 것이라는 것은 없기 때문에 이것은 추론되지 않는다.

87. 정답 ③

내용영역 인문　　　　　　　　　　　　문항 유형 언어 추리

ㄱ. 옳다. 제시문에 따르면, 순 임금 시대에는 벼슬의 유무만 다를 뿐, 선비(士)와 농·공·상의 근본이 같았으나 후세에 와서 농·공·상이 선비의 일을 하지 못하게 되었다고 주장한다. 따라서 이는 옳은 진술이다.

ㄴ. 옳다. 순 임금 때는 벼슬을 하지 못한 선비가 모두 농·공·상이 되었다 하였으므로 신분의 귀천이 있었다고 볼 수 없다. 따라서 옳은 진술이다.

ㄷ. 옳지 않다. 근본이 같다고 해서 귀천의 차이가 없는 것은 아니다. 순 임금 시대 이후에는 사대부의 명호가 높아지고 농·공·상은 천한 신분이 되었다고 했으므로 틀린 진술이다.

88. 정답 ⑤

내용영역 인문　　　　　　　　　　　　문항 유형 언어 추리

ㄱ. 옳다. 서울은 대한민국의 수도이고 '서울'은 대한민국의 수도를 지시하는 이름 그 자체를 언급한 것이다. 따라서 '서울' 즉 대한민국의 수도를 지시하는 이름에는 인용부호가 없다.

ㄴ. 옳다. "서울"은 "서울"을 지시한다. 지시받는 대상을 보면 두 쌍의 인용부호와 한국어 자음 세 개, 모음 두 개가 있다. 따라서 "서울"에는 두 쌍의 인용부호와 한국어 자음 세 개, 모음 두 개가 있다.

ㄷ. 옳다. 서울은 대한민국의 수도이고 대한민국의 수도에는 인구가 천만이 있을 수 있다. 하지만 서울을 지시하는 이름인 '서울'에 인구가 천만이 있을 수는 없다.

89. 정답 ⑤

내용영역 인문　　　　　　　　　　　　문항 유형 언어 추리

ㄱ. 옳다. "황소는 노랗다."라는 지식은 실제로 황소가 노란지 여부에 의해 참으로 판단되는 것이 아니다. 단지 언어적 규약에 의해 '황소'가 '노랗다'는 속성을 함축하고 있기 때문에 참이 된다. 따라서 이는 사소한 참이다.

ㄴ. 옳다. "10마리의 토끼 10무리를 하나의 우리에 넣어두면 100마리의 토끼를 셀 수 있다."는 수학적 지식은 '10×10=100'이라는 주장과 동일하다. 이것은 수학적 규칙에 의해 추론되는 지식이므로, 사소한 참이다. 한편, "10마리의 토끼 10무리를 하나의 우리에 넣어두면 100마리의 토끼를 셀 수 있다."는 주장은 을의 입장에서 경험적 사실에 의해 참이 된다는 견해와는 무관하다. 수학적 주장이 사실에 의해 참이 된다는 을의 입장에서 '사실'은 물리적 대상과는 다른 방식으로 존재하고 그에 따라 다른 방식으로 경험되는 수학적 대상에 관한 것이다.

ㄷ. 옳다. 을은 규약에 의해 참인 주장과는 달리, 사실에 의해 참이 되는 주장은 사실들이 주장된 바와 다를 수도 있기 때문에 거짓이 될 수도 있다고 본다. 따라서 최소한 갑과 을은 규약에 의해 참인 주장은 사소한 참이며 그것이 거짓이 될 수 없다는 것에는 견해를 같이할 것이다.

90. 정답 ②

내용영역 인문　　　　　　　　　　　　문항 유형 언어 추리

자연의 세 가지 의미는 다음과 같다.

i) 물리적 대상 : 우리를 둘러싼 환경으로서의 자연, 하늘, 바다, 산, 강, 들판 및 이런 환경으로부터 창출되는 산물들

ii) 인간의 본성 : 본능과 같은 욕구들

iii) 사회 : 인간이 인위적으로 만든 것이지만, 인간이 태어나면서부터 인간을 둘러싼 환경. 인간에게 원래부터 주어졌다는 i)과 ii)의 의미가 사회에 유비적으로 적용된 경우

ㄱ. 옳지 않다. "자연 : 사회 = 있는 그대로의 것 : 인위적인 것"이다. 따라서 세 번째 의미의 자연은 아니다.

ㄴ. 옳다. "자연 개발"은 물리적 환경으로서의 자연 개발을 의미한다.

ㄷ. 옳다. 자연은 두려움을 싫어하는 인간의 본성을 가리킨다. 따라서 두 번째 의미의 자연 개념이다.

ㄹ. 옳지 않다. 고통을 싫어하는 것이 인간의 본성을 가리키므로 두 번째 의미의 자연을 가리킨다.

91. 정답 ④

내용영역 인문   문항유형 언어 추리

(가)의 주장 : 언어는 개별적 발화로 볼 수 있다. 이 개별적 발화를 위해서라도 언어는 보편적 약속이어야 한다. 그러므로 언어는 사회적 약속이며, 규칙이다. 이 규칙은 개인이 바꿀 수 없으며 개인은 규칙을 따를 뿐이다.

(나)의 주장 : 민족의 정신과 언어는 서로 밀접히 연관되어 있다. 민족 언어와 민족의 정신은 뗄 수 없는 사이다.

(다)의 주장 : 인간은 언어의 지배를 받는다. 언어를 통해서 해석된 경험이어야 비로소 인간의 경험이 될 수 있다.

① 적절하지 않다. (가)는 개인이 사회 속의 규칙에 의해 언어 행위를 한다고 주장하고, (나)는 민족의 언어와 민족의 정신은 밀접히 연결되어 있다고 주장하고 있다. 따라서 "사회는 언어활동의 필요조건이다."라는 주장은 (가)와 (나)에 의해 추론될 수 있다. 하지만 (다)의 주장인 "인간의 경험은 언어를 통해 해석되어야 비로소 경험이 될 수 있다."는 이 주장을 뒷받침하지 못한다. (다)는 주로 인간의 언어와 경험과의 관계를 기술하고 있다.

② 적절하지 않다. 언어를 통해 경험을 해석할 수 있어야 비로소 그것이 진정한 경험이 될 수 있다고 주장한 (다)의 내용은 "언어 없이는 인간의 사유도 불가능하다."라는 주장을 뒷받침할 수 있다. 하지만 "언어 없이는 인간의 사유도 불가능하다."는 언어가 개인에게 규율로 작용한다는 (가)의 주장과도, 민족 언어와 민족 정신이 밀접히 연관되어 있다는 (나)의 주장과도 연관성이 약하다.

③ 적절하지 않다. (가)에서 언어가 언어 공동체에서 만들어진 협약이나 사회 집단적 관습이라 했으므로, "언어는 인간의 집단적 사회 활동을 통해 만들어진다."라는 주장을 뒷받침할 수 있다. 하지만 그렇다고 하더라도 "언어는 인간의 집단적 사회 활동을 통해 만들어진다."는 민족정신과 민족 언어의 밀접성에 대해 설명한 (나)의 주장과도, 인간의 경험은 언어의 해석이라 주장하는 (다)의 주장과도 연관성이 약하다.

④ 적절하다. (가)는 인간의 언어활동이 그 사회의 규칙에 따라 이루어진다고 주장하고 있다. 그러므로 그 사회에서 통용되는 언어를 알면 그 사회의 규칙과 관습을 알 수 있다. (나)는 언어가 민족의 정신과도 맞닿아 있다고 본다. 한 민족의 언어를 알면 그 민족의 바탕이 되는 정신을 알 수 있다. 그리고 (다)는 우리의 경험은 언어를 통한 해석되어야만 가능하다고 본다. 이들 (가), (나), (다)의 견해를 종합해 보면 언어는 사회의 규칙이고, 민족의 정신이며, 경험을 가능하게 하는 것이다. 그러므로 (가), (나), (다)로부터 "언어는 인간과 사회를 이해하기 위한 원천으로 간주될 수 있다."라는 진술을 공통적으로 추론할 수 있다.

⑤ 적절하지 않다. ⑤의 진술은 민족정신과 민족 언어의 밀접성에 대해 설명하는 (나)의 내용과는 별다른 관련성이 없고, 언어와 경험의 관계를 설명하고 있는 (다)의 내용과도 연관성이 약하다. 따라서 (가), (나), (다)로부터 공통적으로 추론할 수 있는 진술로는 부적절하다.

92. 정답 ②

내용영역 인문   문항유형 언어 추리

ㄱ. 옳지 않다. ㉢의 정의를 따르더라도 원인과 결과가 상호 수반된다는 사실까지는 참이다. 다만 ㉢은 둘 사이의 필연적 연관을 부정하는 것이다.

ㄴ. 옳다. ㉢이 참인 경우 ㉡에서 제시하는 양자택일의 문제는 확정된다. ㉢이 참인 경우 사건들은 그 자체로 필연적인 연관을 맺지 않으며 단지 우리에게 그렇게 보이는 것일 뿐이기 때문이다. 따라서 ㉡이 확정되지 않는 경우 ㉢은 참이 아니다.

ㄷ. 옳지 않다. ㉢의 정의에 따르면, 원인과 결과의 연결은 이제까지 관찰된 사건들에 한해 가능하다. 반면 아직 일어나지 않은 사건에 대한 예측은 원인이 존재할 때 결과가 필연적으로 발생하리라고 전제함으로써 가능하다. 그러나 ㉢은 그러한 전제를 배격하므로, ㉣이 참이더라도 미래 사건에 대한 예측은 여전히 불가능하다.

93. 정답 ②

내용영역 인문   문항유형 언어 추리

제시문은 예술제도론이 '예술작품의 자격이 무엇인가'란 문제에 대해 '전문가들에 의해 자격을 부여받은 것'이란 설명을 제시하는데, 왜 전문가들이 특정 대상에 예술작품의 자격을 부여하는가의 문제에 접어들면 이는 결국 1) 설명하려는 문제를 오히려 전제로 간주하는 순환논증의 문제를 낳거나 2) 예술제도론이 아닌 다른 기준이 필요하다는 문제를 낳는다는 점을 지적한다.

① 적절하다. 제시문은 예술제도론을 받아들일 경우 시대마다 예술작품의 기준이 변하는 현상이 잘 설명되는 점을 지적하고 있다.

② 적절하지 않다. 제시문에서는 예술제도론이 예술작품에 대한 설명이 될 수 없음을 지적하지만, 동시대 전문가라 할지라도 예술작품에 대한 판단이 다를 수 있다는 점을 지적하고 있지는 않다.

③ 적절하다. 1) 참조

④ 적절하다. 2) 참조

⑤ 적절하다. 제시문은 예술제도론이 1), 2)의 문제를 가진다고 지적함으로써 최종적으로 예술제도론이 예술작품에 대한 설명이 될 수 없다고 지적한다.

94. 정답 ④

내용영역 인문   문항유형 언어 추리

① 옳지 않다. A와 K가 전쟁을 벌일 경우, I는 직접적인 주군 - 가신 관계를 맺은 사람이 없으므로 군역의 의무가 없다.

② 옳지 않다. B와 D가 전쟁을 벌일 경우, G는 D에게 직접적인 봉주-봉신의 관계로 맺어져 있지만, B와는 K를 매개로 맺어진 관계이므로 G는 선택 없이 D에게 군역을 제공하면 된다.

③ 옳지 않다. D와 B가 전쟁을 벌일 경우, E는 B의 봉신이지만 D의 봉주이다. 따라서 자신의 봉주인 B에게 군역(軍役)을 제공하면 되며, 자신의 봉신에게는 그러한 의무가 없으므로 선택이 필요 없다.

④ 옳다. D와 F의 봉신 중에 같은 봉주를 가진 자는 없으므로 선택을 해야 하는 상황은 없다.

⑤ 옳지 않다. A와 B가 전쟁을 벌일 경우, 직접적으로 둘과 모두 봉신을 맺고 있는 E만이 선택의 상황에 직면한다.

---

95. 정답 ②

내용영역 인문   문항 유형 언어 추리

ㄱ. 옳지 않다. 해당 명제는 제시된 세 조건의 어느 것에도 해당하지 않으며, 따라서 <사례 논증> 자체의 설득력을 강화하지는 않는다.

ㄴ. 옳지 않다. 문제의 대상인 성질과 관련된 공유 성질이 추가되는 경우 유비 논증의 설득력이 강화된다. 그러나 이와 무관한 개별적 성질이 추가된다고 하더라도 유비 논증의 설득력이 약해지는 것은 아니다.

ㄷ. 옳다. 유사성을 공유(질서 유지, 체벌 허용)하는 대상의 수가 증가하면 유비 논증의 설득력도 따라서 증가한다.

---

96. 정답 ②

내용영역 인문   문항 유형 언어 추리

ㄱ. 적절하지 않다. 갑의 주장에 의하면, 초자아와 원초적 본능의 관계가 범죄를 저지를지 여부를 결정하는 유일한 요인이므로, 올바른 초자아가 형성되어 있다면, 그는 범죄를 저지르지 않을 것이다. 그런데 10세 전후의 아동기의 부모와 자녀와의 애정관계가 초자아의 형성에 영향을 주지만, 10세가 되기 한참 전의 아동기 때 부모와의 애정관계가 양호하다고 해서 초자아가 윤리적으로 올바른 방향으로 형성되는 것은 아니다. 그러므로 10세가 되기 한참 전에 부모와 자녀와의 애정관계가 양호한 것은 그 아이가 범죄를 저지르는지 유무와 관련 없다.

ㄴ. 적절하다. 갑의 주장에 의하면 초자아의 형성은 부모와의 애정관계에 좌우되고, 이렇게 형성된 초자아는 일생에 걸쳐 영향을 끼친다. 따라서 아동폭력에 시달리는 10세 전후의 아동을 부모로부터 격리시켜 정상적인 가정에 입양시킨다 하더라도 자식 간 애정관계의 이상으로 인해 초자아 형성단계에서 생긴 문제점은 제거되지 않을 것이고, 그 결과로 인해 발생하는 범죄행위에 대해서도 별다른 영향을 주기 어려울 것으로 추론함이 합당하다.

ㄷ. 적절하지 않다. 갑의 주장에 의하면, '승화'는 초자아가 형성된 이후에 일어날 수 있다. 따라서 초자아가 아직 형성되지 않았거나 형성과정이라고 할 수 있는 초등학교에서의 학교체육활동은 초자아가 형성되고 난 이후라 할 수 있는 중등학교체육활동보다 폭력범죄 예방에 미치는 영향이 적어도 더 크다고 말할 수 없다.

---

97. 정답 ④

내용영역 사회   문항 유형 언어 추리

ㄱ. 옳지 않다. 만약 R회사가 메틸 메타크릴레이트를 소비하는 소비자 개개인의 지불용의를 모두 알 수 있었다면, 1급 가격차별이 가능했을 것이다. 1급 가격차별은 개개인의 지불용의만큼 가격을 부과하여 수익을 극대화하는 것이다. 그런데 이 경우에도 저렴하게 구매할 수 있는 소비자가 상품을 구매하여 지불용의가 높은 소비자에게 되파는 것이 가능하다. 즉 여전히 ㉠의 문제는 생길 수 있다.

ㄴ. 옳다. <이론>에 따르면, 2급 가격차별은 수요의 탄력성이 큰 소비자에 대해서는 가격을 낮추고 반대의 소비자에게는 가격을 높이는 방식으로 이루어진다. <사례>에서 R회사는 공업용으로는 상품을 저렴하게, 치과의사들에게는 상품을 비싸게 판매하고자 하고 있으므로, R회사는 공업용 상품 소비자들은 수요의 탄력성이 높고, 치과의사들은 수요의 탄력성이 낮은 것으로 파악하고 있음을 알 수 있다.

ㄷ. 옳다. <이론>에서 ㉠의 문제를 <사례>에 적용하면, 공업용으로 메틸 메타크릴레이트를 구매한 소비자가 이를 치과의사에게 되파는 것을 방지하여야 한다는 것이다. 그런데 공업용으로 공급하는 메틸 메타크릴레이트의 경우 열가소성을 줄여 변형할 수 없도록 한다면 공업용으로 공급되는 메틸 메타크릴레이트를 치과의사가 사용할 수 없게 만들 수 있다. 따라서 ㉠을 달성하는 방법이 될 수 있다.

---

98. 정답 ③

내용영역 사회   문항 유형 언어 추리

ㄱ. 적절하지 않다. 오염배출권 가격이 3만 원 이상이면 A 기업은 오염배출권 20장을 매각하려 할 것이고, 오염배출권 가격이 4만 원 이상이면 B 기업도 오염배출권 20장을 매각하려 할 것이다. 한편, 오염배출권이 6만 원 미만이면 C 기업이 오염배출권 10장을 매입하려 할 것이고, 오염배출권 가격이 5만 원 미만이면 D 기업도 오염배출권 40장을 매입하려 할 것이다. 오염배출권 가격이 5만 원 미만인 경우에는 오염배출권시장은 초과수요상태이므로, 결국 오염배출권 가격은 5만 원으로 결정될 것이다.

ㄴ. 적절하지 않다. B기업의 경우 오염저감비용이 배출권의 시장가격보다 낮다. 오염배출권의 자유로운 거래가 허용되므로, B기업은 오염배출권을 매각하고 오염배출량 40톤 모두 오염저감비용으로 지불하는 것이 유리하다. 즉 40톤 × 4만 원 = 160만 원이다.

ㄷ. 적절하다. 오염배출원 직접 규제 시에 기업의 오염저감비용 총합은 $(10 \times 3) + (20 \times 4) + (10 \times 6) + (40 \times 5) = 370$(만 원)이지만, 오염배출권제도 시행 후에는 $(30 \times 3) + (40 \times 4) + (10 \times 5) = 300$(만 원)으로 70만 원의 비용감소효과를 얻을 수 있다.

99. 정답 ⑤

내용영역 사회   문항 유형 언어 추리

ㄱ. 옳다. B와 C가 결혼한다면 A는 D와 결혼하게 되고, 이때 사회에서 효용의 총합은 13이다. 하지만 B와 D가 결혼하고 A와 C가 결혼하는 경우에 효용의 총합은 15이다. 효용의 총합이 최대가 될 때 결혼이 안정되므로, B가 C와 결혼한다면 결혼시장이 안정을 이루지 않을 것이다.

ㄴ. 옳다. 이 경우 A와 C는 각각 4의 효용을 얻게 된다. B는 5의 효용을 얻는데, 만약 B가 C와 결혼을 하고 자신에게 5의 효용을 줄 것을 요구한다면 C는 3의 효용을 얻을 것이다. C는 이런 제안을 받을 필요가 없으므로, C는 B와 결혼하지 않을 것이다. 따라서 B도 이혼할 유인이 없으므로, 결혼시장은 안정을 이룰 수 있다.

ㄷ. 옳다. 만약 독신을 선택했을 때 얻는 효용이 각각 4.5로 증가하는 경우, 이 결혼시장이 안정을 이루기 위해서는 결혼시장 내에서 모든 효용을 합친 값이 최대가 되어야 한다. 이때, 효용의 최댓값은 18이며, 두 가지 경우의 수가 존재한다. 네 명 모두 독신을 선택하는 경우와 B와 C는 결혼을 선택하고 A와 D는 각각 독신을 선택하는 경우이다. 따라서 네 사람 모두 독신을 선택하더라도 결혼시장은 안정을 이룰 수 있다.

100. 정답 ④

내용영역 사회   문항 유형 언어 추리

$$\text{수요의 가격탄력성}$$
$$= \frac{\text{수요량의 변동률}}{\text{가격 변동률}}$$
$$= \frac{\dfrac{\text{변화 후 수량} - \text{변화 전 수량}}{\text{변화 전 수요량}}}{\dfrac{\text{변화 후 가격} - \text{변화 전 가격}}{\text{변화 전 가격}}} \quad \left(= \frac{P}{Q} \times \frac{\Delta Q}{\Delta P}\right)$$

ㄱ. 옳다. 수요의 가격탄력성이 0이라는 것은 분자인 수요량의 변동률이 0이라는 것을 뜻한다. 즉, P×ΔQ가 0인 것이다. 이때 가격(P)이 0원이 아닌 경우이므로, 수요 변동률이 0이다. 따라서 가격의 변화에 상관없이 수요량은 변하지 않는다. 총지출액은 가격(P)과 수요량을 곱한 값이다. 이때 수요량의 변동은 없으므로 가격을 올릴 경우 총지출액은 가격에 비례하여 증가한다.

ㄴ. 옳지 않다. 가격이 P2인 B점은 수요의 가격탄력성이 1인 지점이다. 가격이 P3점은 수요의 가격탄력성이 1보다 작은 지점이다. 수요의 가격탄력성이 1보다 작다는 것은 가격이 감소할 때 수요량은 증가되지만 그 증가폭이 가격의 감소분보다 적다는 의미이다. 따라서 수요의 가격탄력성이 1보다 작은 지점에서는 수요의 가격탄력성이 1인 지점에 비하여 가격과 수요량의 곱으로 나타나는 총지출액은 감소할 것이다. 다시 말해 수요의 가격탄력성이 1보다 작을 경우 가격이 10% 하락하면 수요량은 10%보다 더 적게 증가하기 때문에 이 둘을 곱한 총지출액은 감소하는 것이다.

ㄷ. 옳다. 수요의 가격탄력성은 $\frac{P}{Q} \times \frac{\Delta Q}{\Delta P}$로, 다시 말해 $\frac{P}{Q} \times \frac{1}{\text{기울기}}$이라고 할 수 있다. 이때 $\frac{1}{\text{기울기}}$은 고정되어 있으므로, $\frac{P}{Q}$만 고려하면 선형 그래프의 각 점에서의 수요의 가격탄력성을 알 수 있다. B는 수요의 가격탄력성이 1인 지점으로, P/Q가 1이다. 수요곡선을 따라서 가격이 감소하고 수요량이 증가하면 수요의 가격탄력성에서 분자는 감소하고 분모가 증가하는 것이므로, P/Q는 감소하기 때문에, B점보다 가격이 하락하는 지점은 모두 수요의 가격탄력성이 1보다 작다. 반대로 B점보다 가격이 상승한 지점은 모두 수요의 가격탄력성이 1보다 크다. 따라서 수요의 가격탄력성은 A점에서는 1보다 크고, C점에서는 1보다 작다.

101. 정답 ③

내용영역 사회   문항 유형 언어 추리

ㄱ. 옳다. 쌀과 즉석밥 사이의 지지도는 전체 데이터 중 쌀과 즉석밥을 동시에 구매한 고객의 비중을 의미한다. 쌀을 구매한 고객은 1, 3, 6, 7이고, 즉석밥을 구매한 고객은 2, 8이다. 쌀과 즉석밥을 동시에 구매한 고객은 없으므로, 쌀과 즉석밥 사이의 지지도는 0이다.

ㄴ. 옳다. 소주의 닭발에 대한 신뢰도는, 소주가 포함된 데이터 중 소주와 닭발이 동시에 포함된 고객의 비중을 말한다. 소주를 구매한 고객은 4, 6, 8, 10으로 4명이고, 닭발을 구매한 고객은 4, 8, 10으로 3명이다. 이 중 4, 8, 10의 3명이 소주와 닭발을 모두 구매하였다. 소주를 구매한 4명 중 닭발을 동시에 구매한 고객이 3명이므로, 신뢰도는 $\frac{3}{4}$, 즉 0.75이다. 이는 소주를 구매한 고객 중 75%가 닭발을 구매했다는 것을 의미한다.

ㄷ. 옳지 않다. 갈치의 쌀에 대한 향상도는, 갈치가 포함된 데이터 중 갈치와 쌀이 동시에 포함된 데이터의 비중을, 전체 데이터 중 쌀이 포함된 데이터의 비중으로 나눈 값을 말한다. 쌀을 구매한 고객은 1, 3, 6, 7로 4명이다. 갈치를 구매한 고객은 1, 3, 7로 3명이다. 1, 3, 7은 모두 쌀을 구매하였다. 따라서 갈치가 포함된 데이터 중 갈치와 쌀이 동시에 포함된 데이터의 비중은 1이다. 그리고 전체의 데이터 중 쌀을 구매한 데이터의 비중은 0.4이다. 그러므로 갈치의 쌀에 대한 연관성은 1을 0.4로 나눈 2.5가 된다. 따라서 갈치가 쌀에 대하여 양(+)의 연관성을 가지는 것은 맞으나, 그 향상도는 2.5이다.

102. 정답 ④

내용영역 사회 문항유형 언어 추리

ㄱ. 옳지 않다. 법적 권리가 있는 갑 회사는 100만 원의 피해를 보고 있기 때문에 100만 원을 넘는 보상액을 받는다면 경제적 후생이 증가한다. 하지만 을 회사는 하수처리 설비 비용인 150만 원보다 적은 금액을 보상액으로 하는 경우에만 경제적 후생이 증가할 수 있다. 따라서 보상액은 100만 원을 넘고 150만 원보다는 작아야 한다.

ㄴ. 옳다. 가령 협상 비용이 24만 원인 경우 을이 갑에게 125만 원의 보상액을 제안한다면 협상이 이루어질 수 있다. 을은 보상액과 협상 비용을 합쳐 총 149만 원의 비용을 지불하게 되는데 이는 하수처리 설비를 설치하는 비용 150만 원보다 적은 비용이다. 따라서 경제적 후생이 1만 원 증가하고 협상에 임할 것이다. 갑의 경우에도 24만 원의 협상 비용을 쓰는 대신 125만 원의 보상액을 받음으로써 전보다 후생이 1만 원 증가하므로 협상에 임할 것이다.

ㄷ. 옳다. 하천 이용에 대한 법적 권리가 을 회사에 있는 경우 갑 회사가 을 회사에게 보상을 해주어야 한다. 이때 갑 회사는 자신들이 보던 피해인 100만 원보다 큰 금액을 보상하지 않으려 할 것이고 을은 150만 원보다 적은 금액을 보상액으로 받아들이지 않을 것이다. 따라서 협상은 이루어지지 않으며, 갑은 하천 오염으로 인한 피해를 계속해서 감수할 수밖에 없을 것이다.

103. 정답 ①

내용영역 사회 문항유형 언어 추리

ㄱ. 옳다. 사전 배당률은 사건이 발생할 확률의 역수로 정해진다. 따라서 발생할 확률이 높을수록 사전 배당률은 낮게 책정된다.

ㄴ. 옳지 않다. A의 승리에 책정된 사전 배당률은 $\frac{20}{9}$배이다. Q 방식으로 일반 조정을 할 경우, 배당률은 $\frac{20}{9} \times \frac{9}{10} = 2$(배)가 된다. 따라서 A의 승리 최종 배당률이 2배라고 해서 특수 조정이 적용된 것이라고 단정할 수 없다.

ㄷ. 옳지 않다. B의 승리 확률은 $\frac{3}{10}$이고 사전 배당은 $\frac{10}{3}$배이다. P 방식에 따라 일반 조정이 이루어지면 배당률은 $\frac{3}{10} \times \frac{11}{10} = \frac{33}{100}$의 역수인 $\frac{100}{33}$배로 이는 3배보다 크다. Q 방식에 따라 일반 조정이 이루어지면 최종 배당률은 $\frac{10}{3} \times \frac{9}{10} = 3$(배)가 된다. 따라서 P 방식에 따를 때 최종 배당률이 더 높게 책정된다.

104. 정답 ③

내용영역 사회 문항유형 언어 추리

'기대이익 = 총이익 × 성공확률'이며 '순이익 = 기대이익 - 총비용'이다. 그리고 기대이익과 순이익을 참여 국가 수로 나눈 것이 국가별 기대이익과 순이익이다. 개발 참여 국가의 수에 따라 각 참여 국가의 기대이익과 순이익을 정리하면 다음과 같다.

1) 한 국가만 참여할 때 : 기대이익은 40조 원 × 0.5로 20조 원이고 여기서 비용 19조 원을 뺀 1조 원이 순이익이다.

2) 두 국가만 참여할 때 : 기대이익은 40조 원 × 0.7로 28조 원이고 참여국가가 A - B인 경우 개발비용이 26조 원이므로 순이익은 국가별로 1조 원씩, B - C인 경우 개발비용이 24조 원이므로 순이익은 국가별로 2조 원씩, A - C인 경우 개발비용이 22조 원이므로 순이익은 국가별로 3조 원씩이다.

3) 세 국가가 모두 참여할 때 : 기대이익은 40조 원 × 0.9로 36조 원이고 각 국가별 순이익은 비용 30조 원을 뺀 값을 세 나라로 나눈 2조 원이다.

① 옳지 않다. C가 참여하지 않으면 A - B나 A 혼자 참여하는 경우인데, 둘 모두 순이익은 1조 원이다. 따라서 B가 참여하건 말건 무관하다.

② 옳지 않다. B의 경우, 세 국가가 모두 참여하거나 A만 참여하지 않는 두 가지 경우에 순이익이 2조 원으로 가장 높다. 따라서 반드시 A가 참여하지 않기를 원하지는 않을 것이다.

③ 옳다. C의 경우, 참여국이 B - C인 경우 순이익은 2조 원인데 A - C인 경우는 3조 원이다. 따라서 C는 A가 참여하길 바랄 것이다.

④ 옳지 않다. 국가별 기대이익은 한 국가만 참여할 때 20조 원으로 가장 크다.

⑤ 옳지 않다. A와 C의 경우는 B가 참여하지 않고 둘만 참여하는 경우가 가장 이익이다.

105. 정답 ③

내용영역 사회 문항유형 언어 추리

ㄱ. 옳다. 0년차~1년차의 기간은 원자재의 가격이 상승한 폭보다 더 높은 폭으로 사업자들이 판매하는 재화의 가격이 상승한 기간이므로, 가격 담합이 나타난 것으로 볼 수 있는 상황이다. 1년차~2년차의 기간은 원자재의 가격이 하락한 폭보다 적은 폭으로 사업자들이 판매하는 재화의 가격이 하락한 기간이므로, 마찬가지로 가격 담합이 발생한 것으로 볼 수 있는 기간이다. 2년차~3년차의 기간은 원자재의 가격이 상승한 폭보다 큰 폭으로 사업자들이 판매하는 재화의 가격이 상승한 기간이므로 가격 담합이 발생한 것으로 볼 수 있는 기간이다. 3년차~4년차의 기간은 원자재가격이 상승하였음에도 사업자들이 판매하는 재화의 가격이 하락한 기간이므로 가격 경쟁이 일어난 것으로 볼 수 있는 기간이다. 4년차~5년차의 기간은 원자재 가격의

하락폭보다 더 큰 폭으로 사업자들이 판매하는 재화의 가격이 하락한 기간이므로 가격 경쟁이 일어난 것으로 볼 수 있는 기간이다. 5년차~6년차의 기간은 원자재 가격이 하락하였음에도 사업자들이 판매한 재화의 가격이 상승한 기간이므로 담합이 발생한 것으로 볼 수 있는 기간이다. 6년차~7년차의 기간은 원자재 가격이 상승한 폭보다 적은 폭으로 사업자들이 판매한 재화의 가격이 상승한 기간이므로 가격 경쟁이 발생한 것으로 볼 수 있는 기간이다. 이를 정리하면 다음과 같다.

0~1년	1~2년	2~3년	3~4년	4~5년	5~6년	6~7년
담합	담합	담합	경쟁	경쟁	담합	경쟁

따라서 담합이 나타난 것으로 볼 수 있는 기간은 4년이다.

ㄴ. 옳다. 연속한 기간에 가격 담합이 있었던 것으로 볼 수 있는 상황이 나타났다면, 해당 연속한 기간 동안 하나의 담합행위가 있었던 것으로 본다. 위 ㄱ에서 보는 바와 같이 0년차~3년차의 기간에는 연속하여 담합한 것으로 볼 수 있는 상황이 나타났다. 이 경우 0년차~3년차의 기간 동안에는 하나의 담합행위가 있었던 것으로 보게 된다. 담합행위는 행위 종료 후 5년 이내에만 제재할 수 있고, 위 행위의 종료일은 3년차가 되므로 7년차에 제재하는 것이 가능하다.

ㄷ. 옳지 않다. 5년차에서 6년차 사이에 발생한 가격 담합은 6년차에 종료된다. 6년차와 7년차는 가격 경쟁이 나타난 것으로 볼 수 있기 때문이다. 따라서 11년차까지만 이를 제재하는 것이 가능하고, 12년차에 이르러서는 제재할 수 없다.

106. 정답 ⑤
내용영역 사회 　　　　　　　　문항 유형 언어 추리

ㄱ. 옳다. 남자와 여자 모두 종교의 유무와 심리적 안정도 간의 관계가 정의 관계이므로 종교가 있을 때 심리적 안정도도 높다는 것을 알 수 있다. 그리고 종교의 유무와 출소 후 취업률 간의 관계에서는 남자와 여자 모두 종교의 유무와 출소 후 취업률 간의 관계가 빈칸이기에 유의미한 관계가 없음을 알 수 있다.

ㄴ. 옳다. 남자의 경우 교육 수준과 직업기술 계발의지가 부의 관계에 있고 직업기술 계발의지는 취업률과 정의 관계에 있으므로, 교육 수준이 높을 때 직업기술 계발의지가 낮아지며 이를 매개로 출소 후 취업률이 낮아진다. 여자의 경우 교육수준과 직업기술 계발의지가 정의 관계에 있고, 직업기술 계발의지와 취업률이 정의 관계에 있으므로 교육수준이 높을수록 직업기술 계발의지가 높아지고, 직업기술 계발의지와 취업률이 부의 관계에 있으므로 이를 매개로 출소 후 취업률이 높아진다고 말할 수 없다.

ㄷ. 옳다. 남자의 경우 교육수준과 심리적 안정도가 부의 관계에 있고 심리적 안정도와 사회생활 만족도는 정의 관계에 있으므로 교육수준이 높을 경우 안정도가 낮아지고, 이를 매개로 사회생활 만족도가 낮아진다고 말할 수 있다. 또한 여자의 경우 교육 수준과 심리적 안정도에 유의미한 관계가 없지만 교육 수준과 사회생활 만족도가 부의 관계에 있으므로 교육 수준이 심리적 안정도에 영향을 주지는 않지만 교육 수준이 높으면 사회생활 만족도가 낮다고 말할 수 있다.

107. 정답 ③
내용영역 사회 　　　　　　　　문항 유형 언어 추리

甲의 연구를 정리하면 다음과 같다.
1. 각 지방정부가 서로 다른 또는 유사한 공공서비스를 제공한다.
2. 정책 선호에 따라 주민들의 이주에 의한 투표가 일어난다.
3. 주민들이 다른 지역으로 떠나버린 지역의 정책결정자는 자신들의 공공서비스 정책을 변경하여 주민들을 다시 유인한다.

ㄱ. 옳다. 주민들은 자신이 만족하거나 선호하는 서비스를 제공하는 지역으로 이주한다. 이후 이 서비스가 만족스러울 경우 이들은 거주를 지속할 것이고, 만족하지 못할 경우 다른 지역으로 이주할 것이다. 자신들의 만족도가 높은 곳으로 이주해가기 때문에 이주할수록 만족도는 높아질 것이다. 따라서 어느 순간 자신들의 만족도가 충족되는 지역에서 이주를 멈출 것이므로, 시간이 지날수록 지역 간 인구 이동은 점차 감소하는 경향을 띨 것이다.

ㄴ. 옳지 않다. 주민들이 만족하거나 선호하는 공공서비스의 성격은 연령, 생활습관 등으로 인해 차이가 있을 수밖에 없다. 따라서 일부는 서로 유사한 경향을 띨 수 있지만 모든 지방자치단체의 공공서비스가 서로 유사하지는 않을 것이다.

ㄷ. 옳다. 각 지역의 정책결정자들이 떠난 주민들을 다시 불러들이기 위해 정책을 변경한다. 이는 지역의 인구수를 유지하거나 늘릴 유인이 존재한다는 것이다. 따라서 인구수에 따라 얻을 수 있는 이익이 달라진다고 할 수 있다.

108. 정답 ⑤
내용영역 사회 　　　　　　　　문항 유형 언어 추리

○ Y도의 전체인구는 80만 명이고 선거구는 8개이므로 기준이 되는 선거구 평균인구수는 10만 명이다.

○ 농어촌 유형의 선거구는 도 선거구 평균인구수의 상하 60% 편차 이내에 존재해야 하므로 평균인구수의 40%에 못 미치거나 160%를 초과하면 안 된다. 따라서 인구가 4만 명~16만 명 내인 선거구는 새롭게 획정할 필요가 없다.

○ 도시 유형의 선거구는 도 선거구 평균인구수의 상하 50% 편차 이내에 존재해야 하므로 평균인구수의 50%에 못 미치거나 150%를 초과하면 안 된다. 따라서 인구가 5만 명~15만 명인 선거구는 새롭게 획정할 필요가 없다.

○ 이 기준에 의하면 농어촌 유형의 선거구 중 A와 H선거구는 기준에 어긋나고 E와 G선거구는 기준에 부합된다. 도시 유형의 선거구 중에서는 D만 기준을 초과하여 어긋나게 된다.

○ 선거구의 인구가 기준에 미달하면 인접한 선거구와 통합하게 된다. 따라서 A는 원칙적으로 B, D, E선거구와 통합할 수 있으며, H는 E선거구와 통합할 수 있다. 그런데 A선거구가 B 또는 D선거구와 통합하면 인구수 기준을 초과하게 되므로 A선거구는 E선거구와 통합하여야 한다. 결국 A, E, H선거구가 통합하여 하나의 선거구(인구수 15만)가 된다.

○ 도시 유형의 선거구 D는 인구가 19만 명이므로 평균인구수의 상위 편차 50%를 초과하여 두 개의 선거구로 분리된다.

① 옳지 않다. A + E + H 선거구의 통합으로 도의원이 2명 줄고, D선거구의 분리로 도의원이 1명 늘게 되므로 결국 도의원 수는 1명이 줄게 된다. 따라서 Y도의 의원정원은 7명으로 원래 8명보다 줄어든다.

② 옳지 않다. 선거구 획정 원칙상의 기준에 반하는 선거구는 A, H, D 모두 3개이다.

③ 옳지 않다. 선거구 통합이 필요한 경우 A선거구는 E와 H선거구와 통합되므로 잘못된 진술이다.

④ 옳지 않다. 새롭게 선거구를 획정한 후 선거구가 7개로 줄었으므로 Y도 선거구별 평균 인구수는 획정 전보다 줄어든다.

⑤ 옳다. D선거구는 인구수가 Y도의 평균인구수 상위 편차 50%를 초과하고 있으므로, C와 D에서 1명의 의원을 뽑는다면 평등선거 원칙에 어긋난다. 그래서 D선거구는 2개로 분리하여 2명의 의원을 뽑아야 선거권 가치에 있어서 평등하다고 할 수 있을 것이다.

109. 정답 ③

내용영역 사회　　　　　　　　　　문항 유형 언어 추리

을은 앞으로 무엇을 하고 싶냐는 질문에 전체적으로는 '법학을 공부해서 검사가 되고 싶다.'라는 대답을 한 것이다. 따라서 전혀 연관성이 없는 대답만을 하는 것으로 평가할 수는 없으므로, 사고의 부적절성이 나타난다고 보기 어렵다. 또한 을은 법학을 공부해서 검사가 되고 싶다는 대답으로 시작을 한 뒤, 대륙법-독일-맥주-맥주의 도수로 이어지는 부수적인 연상을 돌았지만, 결과적으로 검사가 되기 위해 법학전문대학원에 진학하겠다는 결론으로 돌아왔으므로, 사고의 이탈에도 해당하지 않는다. 여러 부수적 연상을 돌다가 목적하였던 결론에 최종적으로 도달하는 사고우원증에 해당한다.

한편 을은 '맥주에서 만든 양조장이 도수가 높아서 웬만큼 센 술이 사람이면 취한다고 한다.'라는 말을 하고 있는데, 이는 말이 연결되지 않아 문법적으로는 문제가 없으나 이야기의 의미를 온전히 파악할 수 없게 되는 경우에 해당한다. 이는 사고의 지리멸렬에 해당한다.

따라서 을에게서 나타나고 있는 증상은, '사고우원증'과 '사고의 지리멸렬'의 두 가지이다.

110. 정답 ⑤

내용영역 사회　　　　　　　　　　문항 유형 언어 추리

ㄱ. 옳다. 140원에 판매할 경우 유형1 소비자와 유형2 소비자 모두 구매할 것이기 때문에 28,000원의 매출을 올린다. 반면 각각 판매할 경우 독점 기업은 상품A를 130원에 판매하고 상품B를 100원에 판매하게 되므로 상품A는 유형1 소비자만 구매하고 상품B는 유형2 소비자만 구매하게 되어 23,000원의 매출을 올린다.

ㄴ. 옳다. 두 상품의 가격이 140원일 경우 유형1 소비자는 B를 10원에 구매했다고 생각한다. 그리고 유형2 소비자는 B를 100원에 구매했다고 생각하기 때문에 10배 차이가 나게 된다.

ㄷ. 옳다. 상품A와 상품B를 각각 판매할 경우 매출은 23,000원이므로 끼워팔기한 경우의 매출이 23,000원이 되려면 끼워팔기 가격은 이를 200(명)으로 나눈 115원이 된다. 따라서 유형1 소비자는 상품A를 115원에 구입했다고 생각하고 유형2 소비자는 상품A를 15원에 구입했다고 생각한다.

111. 정답 ②

내용영역 사회　　　　　　　　　　문항 유형 언어 추리

주어진 정보로 추론할 수 있는 경우의 수는 다음의 세 가지이다.

(1) A안과 B안으로 1단계 투표를 진행한 경우

	대안1	대안2	결정
1단계 투표	A안	B안	
득표 결과	23%	77%	B안
2단계 투표	B안	C안	
득표 결과	43%	57%	C안

(2) B안과 C안으로 1단계 투표를 진행한 경우

	대안1	대안2	결정
1단계 투표	B안	C안	
득표 결과	43%	57%	C안
2단계 투표	C안	A안	
득표 결과	34%	66%	A안

(3) A안과 C안으로 1단계 투표를 진행한 경우

	대안1	대안2	결정
1단계 투표	C안	A안	
득표 결과	34%	66%	A안
2단계 투표	A안	B안	
득표 결과	23%	77%	B안

ㄱ. 옳지 않다. 2단계 투표에서 가장 많은 득표 차이가 발생하는 경우는 (3)이며, (3)은 1단계 투표에서 A안과 C안으로 투표를 진행한 경우이다.

ㄴ. 옳다. 위와 같은 투표 방식은 투표 순서에 따라 결과를 조정할 수 있다. 중도파가 자신이 원하는 대안이 최종 선택되도록 하려면 (3)을 선택해야 한다. 따라서 중도파가 투표에 올릴 대안의 순서를 결정할 수 있다면, A안과 C안을 선택하여 1단계 투표를 진행할 것이다.

ㄷ. 옳지 않다. 선호하는 대안에 대한 지지 강도가 중도파는 낮고 개혁파와 보수파의 경우에는 높다. A안이 결정될 경우 개혁파(최선 선택) + 중도파(차선 선택) 66%, B안이 결정될 경우 중도파(최선 선택) + 보수파(차선 선택) 77%, C안이 결정될 경우 보수파(최선 선택) + 개혁파(차선 선택) 57%의 득표를 얻는다. 그러나 중도파와 개혁파 및 보수파의 지지 강도의 차이가 어느 정도인지, 최선이 아닌 차선의 대안을 선택했을 때에 대해서는 어떤 변화가 일어나는지에 대한 정보는 제시되어 있지 않다.

112. 정답 ⑤

내용영역 사회　　　　　　　　문항유형 언어 추리

① 적절하다. 제시문에 따르면 A는 국방 예산을 엄청나게 늘림으로써 기존보다 총액이 증가된 세금 지출의 상황이 낭비가 아닌 것으로 보고 있다. 또한 A는 사회복지 프로그램에 예산을 줄이는 것을 목표로 삼고 있다. 이를 볼 때 A는 단순히 세금 지출이 늘어난 것을 문제 삼는 것이 아니라, 자신의 도덕적 목표에 위배되는 부문에 지출되는 것을 문제 삼고 있다는 것을 알 수 있다.

② 적절하다. 제시문에 따르면 보수주의는 공산주의가 그들이 추구하는 도덕을 위반한다고 판단한다. 그렇다면 보수주의자들은 국방예산의 증액은 공산주의로부터 자국을 보호하기 위해 반드시 필요한 것이라고 주장할 가능성이 높다.

③ 적절하다. 제시문에 따르면 보수주의는 노력한 사람을 보상하고 그렇지 않은 사람을 징벌하는 이른바 보상과 징벌로서의 도덕을 배후로 한다. 그런데 보수주의에 따르면 ⓒ의 상태는 도덕적으로 올바른 상황이다. 그렇다면 보수주의자들은 ⓒ의 상태가 보상과 징벌로서의 도덕에 부합하는 상황이라고 판단하였을 것이다.

④ 적절하다. 제시문은 보수주의가 내세우는 정책 자체가 아니라 그 이면의 도덕적 배후에 대해 논의해야 한다고 보고 있으므로 A에 대한 올바른 비판은 A가 근거로 하고 있는 보상과 징벌로서의 도덕과 관련한 것이어야 할 것이다.

⑤ 적절하지 않다. 제시문에 따르면 진보주의의 보수수의에 대한 비판은 보수주의가 원리로 삼고 있는 도덕원리에 대한 것이 아니라 그 정책에 대한 것이다. 따라서 진보주의의 도덕원리가 보수주의의 도덕원리와 양립할 수 없는 것인지는 판단할 수 없다.

113. 정답 ③

내용영역 사회　　　　　　　　문항유형 언어 추리

ㄱ. 옳지 않다. SNS 사용시간이 길수록 더 영향을 받고 언어적인 모욕의 경우에는 남자가 여자보다 더 영향을 많이 받는다. 따라서 SNS 사용시간이 1시간으로 짧은 남자와, 4시간으로 긴 여자에게 언어적인 모욕이 가해진 경우 어느 쪽이 더 많이 탈퇴를 고려하는지 확정적으로 추론하기 어렵다.

ㄴ. 옳지 않다. 비언어적인 모욕은 여자가 남자에 비해 더 많이 영향을 받는다. 그런데 남자의 경우 높은 호감성으로 인해 그 영향의 정도가 줄어들 것이고 여자의 경우 높은 성실성 때문에 전혀 영향을 받지 않을 것이다. 따라서 이 경우 여자가 탈퇴를 고려할 확률이 더 높다고 볼 수 없다.

ㄷ. 옳다. 언어적인 모욕으로 비인격적 대우를 받을 경우 다른 조건이 같다면 남자가 여자보다 더 많이 영향을 받는다. 따라서 팔로워로부터 받는 부정적 영향은 '1시간 남자 > 1시간 여자'의 관계가 성립할 것이다. 그런데 부정적 영향의 정도는 SNS 사용시간이 길수록 더 커진다. 따라서 4시간 남자 > 1시간 남자의 관계가 성립할 것이다. 따라서 부정적 영향의 차이는 1시간 남자 - 1시간 여자의 경우보다 4시간 남자 - 1시간 여자의 경우가 더 클 것이다.

114. 정답 ①

내용영역 사회　　　　　　　　문항유형 언어 추리

ㄱ. 옳다. 소득크기에 관계없이 소득의 일정비율을 세금으로 납부하는 비례세의 경우 제시문의 두 가지 조건을 모두 만족시킬 수 있다. 예를 들어 소득의 $x\%$를 세금으로 납부하는 비례세를 도입하면 A, B 부부와 C, D 부부 모두 결혼 전, 후 세금은 다음과 같다.

구분	A	B	C	D
결혼 전	0	$10,000x$	$5,000x$	$5,000x$
결혼 후	$10,000x$		$10,000x$	

따라서 첫 번째 조건과 두 번째 조건을 동시에 만족하게 된다.

ㄴ. 옳지 않다. A, B 부부와 C, D 부부는 모두 2,000만 원씩의 세금을 내게 되므로 첫 번째 조건은 만족한다. 하지만 A, B 부부의 세금은 결혼 전에는 2,250만 원이지만 결혼 후에는 2,000만 원이 되어 두 번째 조건을 만족하지 못한다.

ㄷ. 옳지 않다. 이렇게 하면 A, B 부부는 2,250만 원, C, D 부부는 2,000만 원의 세금을 내게 되므로 첫 번째 조건을 만족할 수 없다.

115. 정답 ②

내용영역 사회　　　　　　　　문항유형 언어 추리

ㄱ. 옳지 않다. 상대방이 G전략을 선택했을 경우 내가 G전략을 선택한다면 모든 게임에서 상대방과 협력을 할 것이다. 또한 T전략을 선택하는 경우에도 모든 게임에서 협력을 할 것이므로, 두 전략은 차이가 없다.

ㄴ. 옳다. 유한한 게임에서 반복횟수를 알 경우, 모르는 경우와 비교해서 마지막 게임에서 참가자의 선택에 차이가 있다. 제시문에 따르면, 참가자들은 상대방의 대응을 고려할 필요가 없는 경우에는 자신의 이익을 극대화하는 선택을 한다. 마지막 게임에서는 다음에 이어질 상대방의 선택을 고려할 필요가 없으므로 각 참가자들은 자신의 이익을 극대화시키기 위해 배반을 선택할 것이다. 반면 반복횟수를 모르는 경우, 어느 게임이 마지막인 줄 모르기 때문에 마지막 게임에서 배반을 선택하지 않을 것이다.

ㄷ. 옳지 않다. 상대방이 G전략을 선택했을 경우 이익을 극대화시키기 위해서는 99번째 게임까지 협력을 하면 된다. 마지막 경기에서는 배반을 선택해서 10만 원을 얻는 전략이 이익을 극대화하는 선택이기 때문이다. 따라서 얻을 수 있는 최대이익은 505(=49+10)만 원이다.

116. 정답 ③

내용영역 과학기술 | 문항 유형 언어 추리

ㄱ. 옳다. 동일한 O3b1 타입 Y 염색체를 가진 남성들은 짧게는 1,000년에서 길게는 1,500년 전에 생존했던 한 남성을 공통의 부계 조상으로 가질 수 있다. 오 씨이면서 O3b1 타입 Y 염색체를 가진 남성과 윤 씨이면서 O3b1 타입 Y 염색체를 가진 남성은 성씨가 다르지만, 6~11세기 무렵에 생존했던 한 남성의 후손일 수 있다.

ㄴ. 옳다. DNA 감식의 피검사자가 O3b1 타입 Y염색체를 가지는 성 씨일 확률은 0.5%×80%=0.4%이고, 피검사자가 O3b1 타입 Y염색체를 가지는 오 씨일 확률은 1.5%×40%=0.6%이다. 따라서 피검사자가 O3b1 타입이라면 성 씨일 확률보다는 오 씨일 확률이 더 높다.

ㄷ. 옳지 않다. 성 씨 남성 가운데 O3b1 타입 Y염색체를 가지는 사람은 80%이고, 오 씨 남성 가운데 O3b1 타입 Y염색체를 가지는 사람은 40%이다. 피검사자일 가능성이 있는 용의자 8명 가운데 성 씨는 1명이고 오 씨는 2명이므로, 용의자 가운데 O3b1 타입인 성 씨가 존재할 확률은 80%이고, O3b1 타입인 오 씨가 존재할 확률은 80%(=40%×2)이다. 따라서 피검사자가 O3b1 타입 Y염색체를 가질 경우 용의자 중 성 씨일 확률과 오 씨일 확률은 동일하다.

117. 정답 ①

내용영역 과학기술 | 문항 유형 언어 추리

ㄱ. 옳다. 23종류의 상동염색체로부터 각각 1개씩의 염색체를 뽑는데, 상동염색체는 2개씩 있으므로, 2를 23번 곱한 수는 만들어질 수 있는 정자나 난자 종류의 개수가 된다. 여성과 남성 모두 23종류의 상동염색체를 가지고 있으므로, 둘의 결과는 같다.

ㄴ. 옳지 않다. 외할머니의 염색체가 X1X2이고, 외할아버지의 염색체가 X3Y1일 때, 엄마의 염색체는 X1X3과 X2X3 중 하나이다. 그리고 아빠의 염색체가 X4Y2일 때, 딸의 염색체는 X1X4, X3X4, X2X4, X3X4 중 하나이다. 만약 딸의 염색체가 X3X4일 경우, 인간 여성은 외할머니와 동일한 X 염색체를 가지고 있다고 볼 수 없다.

ㄷ. 옳지 않다. 정자는 23개의 염색체, 난자도 23개의 염색체를 가지고 와서 자손에게 전달하므로, 사람은 아버지와 어머니에게 똑같은 수의 염색체를 받는다. 제시문에 따르면 유전자의 일부가 발현된다고 했으므로, 이 여성의 경우 어머니로부터 받은 유전자가 아버지로부터 받은 유전자보다 더 많이 발현된 것이다.

118. 정답 ①

내용영역 과학기술 | 문항 유형 언어 추리

ㄱ. 옳다. 와파린 유지 용량은 해당 효소와 와파린의 반응비에 따라 그 평균치가 결정된다. TT형 효소의 경우 3.5(2.3~4.7)mg의 와파린에 의해 작용이 억제되고, CC형 효소의 경우 5.0(3.8~6.2)mg의 와파린에 의해 작용이 억제된다. 따라서 다른 조건이 동일하다면, 와파린은 TT형 효소를 CC형 효소보다 더 잘 억제한다.

ㄴ. 옳지 않다. AA형 효소는 3.7mg의 와파린을 정상 수준으로 분해하고, CC형 효소는 2.6mg의 와파린을 정상 수준으로 분해한다. 따라서 다른 조건이 동일하다면, 와파린은 CC형 효소보다 AA형 효소에 의해 더 잘 분해된다.

ㄷ. 옳지 않다. 갑이 VKORC1 유전자에 특정한 단일염기다형성(TT형 또는 TC형)을 가진 환자일 경우에도 전문가는 <표>에 따라 와파린 3.4mg을 매일 복용하라는 처방을 할 수 있다. 따라서 갑이 CYP2C9 유전자에 특정한 단일염기다형성을 가진 환자일 것이라고 단정할 수 없다.

119. 정답 ②

내용영역 과학기술 | 문항 유형 언어 추리

ㄱ. 옳지 않다. CAP은 cAMP와 결합해야 활성화된다. cAMP가 없는 환경의 대장균이라면 CAP가 활성화되지 못하여 lac오페론이 발현되지 않을 것이며, cAMP는 대장균에 포도당이 고갈되어야 생산되는 물질이다. 즉 포도당이 고갈되지 않은 상태의 대장균은 cAMP가 생산되지 않을 것이며, 이러한 상태의 대장균은 lac오페론을 발현시킬 수 없을 것이다.

ㄴ. 옳다. 포도당이 존재할 때 lac오페론이 발현되지 않는 이유는 포도당이 고갈되어야 cAMP라는 물질이 생산되어 CAP을 활성화시킬 수 있기 때문이다. 즉 대장균을 키우는 시험관에 cAMP와 젖당을 동시에 첨가하면 억제자의 제거와 CAP 활성화라는 두 개의 조건을 동시에 만족시킬 수 있으므로 lac오페론은 발현될 것이다.

ㄷ. 옳지 않다. 알로락토오스와 결합하는 부분을 망가뜨린 억제자를 대장균에 다량 주입하면, 알로락토오스 유무에 관계없이 억제자는 항상 RNA중합효소와 프로모터의 결합을 방해하게 된다. 따라서 포도당의 유무에 관계없이 lac오페론의 발현은 억제된다.

120. 정답 ①

내용영역 과학기술 | 문항 유형 언어 추리

ㄱ. 옳지 않다. '생태적 수행도=특정한 영양 수준에서 자란 식물종의 생물량/최대 생물량을 성취한 식물종의 생물량'이다. P1보다 낮은 구간에서는 A의 생태적 수행도가 1이므로, 최대 생물량을 성취한 식물종은 A이다. B의 생태적 수행도는 'B의 생물량/A의 생물량'인데, P1보다 낮은 구간에서 영양 수준이 증가함에 따라 B의 생물량은 일정한데 생태적 수행도는 증가하고 있다.

따라서 이 구간에서 A의 생물량은 영양 수준이 증가함에 따라 감소하였을 것이다.

ㄴ. 옳다. P2~P3의 구간에서는 B의 생태적 수행도가 1이므로, 최대 생물량을 성취한 식물종은 B이다. A의 생태적 수행도는 'A의 생물량/B의 생물량'인데, P2~P3의 구간에서 영양 수준이 증가함에 따라 A의 생태적 수행도는 일정한데 B의 생물량은 증가하고 있다. 따라서 이 구간에서 A의 생물량은 영양 수준이 증가함에 따라 증가하였을 것이다.

ㄷ. 옳지 않다. C의 경쟁력이 가장 높은 구간은 영양 수준이 P3보다 높은 구간이다. 이 구간에서는 C의 생태적 수행도가 1이므로, 최대 생물량을 성취한 식물종은 C이다. B의 생태적 수행도는 'B의 생물량/C의 생물량'인데, P3보다 높은 구간에서 영양 수준이 증가함에 따라 B의 생태적 수행도는 감소하는데 B의 생물량은 증가하고 있다. 따라서 이 구간에서 C의 생물량은 증가하였을 것이다. 만약 C의 생물량이 일정하다면 B의 생태적 수행도가 증가해야 한다.

---

121. 정답 ①

내용영역 과학기술   문항유형 언어 추리

ㄱ. 옳다. HDL에 대한 LDL의 밀도 비율이 높을수록 심혈관계 질환에 걸릴 확률이 높아진다고 했다. 이를 통해 HDL에 대한 LDL의 밀도 비율이 낮을수록 심혈관계 질환에 걸릴 확률이 낮아진다는 결론을 도출할수 있다. 조사결과에서 HDL의 밀도는 같으므로 LDL의 밀도만 비교하면 된다. PCSK9의 활성이 없는 경우는 63mg/dL이고 PCSK11의 활성이 없는 경우는 95mg/dL이다. PCSK9의 활성이 없는 쪽이 LDL의 양이 적으므로 심혈관계 질환에 걸릴 확률도 더 낮다.

ㄴ. 옳지 않다. HDL에 대한 LDL의 밀도 비율이 높을수록 심혈관계 질환에 걸릴 확률이 높아진다고 했다. 이를 통해 HDL에 대한 LDL의 밀도 비율이 낮을수록 심혈관계 질환에 걸릴 확률이 낮아진다는 결론을 도출할 수 있다. HDL의 밀도는 같다고 했으므로 PCSK9의 활성만 없는 사람과 PCSK9과 PCSK11 모두의 활성이 없는 사람의 LDL 밀도를 비교하면 결론을 내릴 수 있다. 두 경우 모두 63mg/dL로 같다. 따라서 두 경우 모두 심혈관계 질환에 걸릴 확률은 같다. 그러므로 이 선택지는 틀렸다.

ㄷ. 옳지 않다. 조사결과에서 PCSK9의 활성이 없는 경우, PCSK11의 활성이 없는 경우와 활성이 있는 경우는 LDL 밀도에 아무런 차이가 없다. 따라서 PCSK11의 유출이 일어나지 않았더라도 LDL 밀도에는 차이가 없었을 것이다.

---

122. 정답 ①

내용영역 과학기술   문항유형 언어 추리

A와 B의 대화를 요약하면 다음과 같다.

(1) 박테리아 → 대기

(2) ~박테리아 → ~수소 (수소 → 박테리아)

(3) 수증기 → 산소, 수증기 → 수소

(4) 대기 → 수증기

(5) 이산화탄소 → 수증기

이를 토대로 박테리아가 발견되었을 때 (가)에 들어가기에 타당한 내용을 추론하면 다음과 같다.

ㄱ. 옳다. (1), (3), (4)로부터 추론할 수 있다.

ㄴ. 옳지 않다. 이산화탄소 → 수증기이므로 이산화탄소가 발견되었을 경우에 수증기가 있다는 것이지, 수증기가 있다고 해서 이산화탄소가 반드시 있다고는 할 수 없다.

ㄷ. 옳지 않다. (1), (4)에서 수증기는 존재한다.

---

123. 정답 ①

내용영역 과학기술   문항유형 언어 추리

ㄱ. 옳다. 첫 번째 결과와 네 번째 결과를 비교해 보면 알 수 있다. 주황색광 아래에서는 100%, 작은 지느러미를 제거한 경우에는 30%가 짝짓기를 하였으므로, 몸 색깔을 주황색으로 바꾸는 것이 훨씬 효과적이라고 할 수 있다.

ㄴ. 옳지 않다. 자연광 아래에서 작은 지느러미가 있는 푼다밀리아 수컷의 3%가 니에레레이 암컷과 짝짓기를 하였다. 주황색광 아래에서 짝짓기 확률이 높아지는 이유를 작은 지느러미 존재 여부를 알아보기 힘들어지는 것으로 본다면, 몸 색깔이 어떠한지에 관계없이 작은 지느러미 존재 여부에 의해서도 주황색광과 적어도 동일한 정도의 효과가 나타나야 한다. 그런데 주황색광에 의해서는 짝짓기 확률이 100%로 올라가는 데 비해, 작은 지느러미만을 제거한 경우에는 30%까지만 올라갔을 뿐이므로 이 선택지의 진술은 참이 아니다.

ㄷ. 옳지 않다. 이 선택지의 진술이 참이 되려면, 첫 번째 결과와 두 번째 결과를 비교했을 때 두 번째 결과가 더 우월해야 한다. 그런데 두 경우 모두 100%로 동일하므로, 이 실험결과를 토대로 어느 한쪽이 우월하다는 결론을 이끌어낼 수는 없다.

---

124. 정답 ⑤

내용영역 과학기술   문항유형 언어 추리

① 적절하지 않다. 적절한 고정점에 대한 연구자들의 합의가 형성되더라도 혈온을 고정점에서 배제하려는 과제를 해소하기 위해서는 혈온이 일정치 않음을 확인하는 과정이 필요하다.

② 적절하지 않다. 가상의 고정점을 설정하더라도 대상의 온도를 측정하기 위해 인간 감각을 통한 검증을 피할 수 있는 것은 아니며, 가상의 고정점으로부터 혈온은 일정하지 않아서 적절한 고정점이 아니라는 사실이 도출되는 것은 아니다.

③ 적절하지 않다. 의학이 발전하여 인간의 혈온이 일정하지 않음을 확인하려면 온도계가 필요하고, 이는 부적절한 고정점들을 배제

하는 과정을 통해 적절한 고정점을 찾는 단계가 선행되어야 함을 의미한다.

④ 적절하지 않다. 온도란 무엇인가의 철학적 탐구가 혈온이 일정치 않음을 증명해주기를 기대할 수는 없다.

⑤ 적절하다. 혈온을 고정점에서 배제하기 위해서는 혈온이 고정점으로 사용하기에 적절하지 않다는 것을 확인해야 한다. 비록 매우 정확한 온도 측정이 가능하지 않은 조건에서라도, 일관된 측정이 가능하여 혈온이 항상 일정하지 않음을 밝힐 수만 있다면 혈온을 고정점에서 배제할 수 있다.

125. 정답 ⑤

내용영역 **과학기술**　　　　　문항 유형 **언어 추리**

① 옳지 않다. 베르누이의 식 $P_1 + \frac{1}{2}\rho v_1^2 = P_2 + \frac{1}{2}\rho v_2^2$ 에 따르면, 압력의 차이는 운동에너지에 해당하는 $\frac{1}{2}\rho v^2$의 차이에 의해 발생한다. 달에서는 ρ의 값이 지구에서의 $\frac{1}{160}$ 수준으로 매우 작으므로, P_1과 P_2의 차이가 매우 작을 것이다. 따라서 비행기에 작용하는 부력의 크기는 지구에서보다 작을 것이라고 추론할 수 있다.

② 옳지 않다. 비행기의 곡률이 클수록, 같은 시간당 공기의 이동거리 차이가 커지기 때문에 공기의 속도 차이가 더욱 커진다. 공기의 속도 차이가 커질수록, 압력 차이도 커지기 때문이다. 비행기의 날개를 평평하게 만든다면 공기의 이동거리 차이가 없을 것이고 따라서 공기의 속도 차이도 발생하지 않게 된다. (즉, $v_1 = v_2$) 이럴 경우, 날개의 위, 아래의 압력이 같기 때문에 부력이 발생하지 않는다.

③ 옳지 않다. 공에 회전이 많이 걸린다면, 회전에 따른 공기의 속도 변화가 더욱 커지고, 베르누이 법칙에 따른 압력의 차이도 더욱 커질 것이다. 따라서 공은 더욱 많이 회전할 것이다.

④ 옳지 않다. 정면을 바라보고 시계 방향으로 회전하도록 찬 공은 공의 왼쪽에서는 공기의 진행 방향(공의 진행 방향과 반대)과 공의 회전 방향이 반대이므로 속력이 느려지고 공의 오른쪽에서는 속력이 빨라지게 된다. 베르누이의 법칙에 따라 속력이 느린 곳의 압력이 더 크므로 공은 왼쪽에서 오른쪽으로 휘게 된다.

⑤ 옳다. 제시문에서 높은 위치의 공기는 속력이 더 빠르다는 사실을 알려주고 있으므로, 베르누이의 법칙을 적용하면 높은 입구의 압력은 낮고, 낮은 입구의 압력은 높을 것이다. 따라서 공기는 낮은 입구에서 높은 입구로 환기가 진행될 것이라고 추론할 수 있다.

126. 정답 ⑤

내용영역 **과학기술**　　　　　문항 유형 **언어 추리**

발생학자들의 가설은 두 가지 예측을 담고 있다. 첫째, 배아의 각 부위는 분화 운명을 가지고 있으며 다른 부위로 이식하더라도 원래의 운명을 기억하여 분화한다. 둘째, 형태발생물질의 농도를 인식하여,

그에 해당하는 위치에 맞게 분화한다. 즉 다른 부위로 이식할 경우, 새롭게 위치를 인식하고 그에 따라 분화한다.

ㄱ. 옳다. 부위 A에 이식된 b의 분화 운명은 형태발생물질의 농도에 따라 흑색, 황색, 자색 가운데 하나이다. b가 인식하는 위치는 이식된 위치로, 형태발생물질의 농도가 가장 높은 구간과 두 번째로 높은 구간에 걸쳐 있다. 따라서 가설에 따르면 ⌈흑색⌉ ⌈황색⌉ 으로 분화한다.

ㄴ. 옳다. 부위 B에 이식된 c의 분화 운명은 청색 백색 적색 가운데 하나이고, c가 인식하는 위치는 형태발생물질의 농도가 가장 낮은 구간이다. 따라서 c는 ⌈적색⌉ 으로 분화한다.

ㄷ. 옳다. 부위 B에 이식된 a의 분화 운명은 청색, 백색, 적색 가운데 하나이다. a가 인식하는 위치는 이식된 자리에 따라 형태발생물질의 농도가 가장 높은 구간이다. 따라서 가설에 따르면 ⌈청색⌉ 으로 분화한다.

127. 정답 ①

내용영역 **과학기술**　　　　　문항 유형 **언어 추리**

ㄱ. 옳다. 색깔 항목의 값이 같다면 색도 같은 것으로 볼 수 있는데 M1, M6, M7 / M2, M4 / M3, M5의 색은 서로 같다. 그런데 은하의 밝기와 질량은 모두 M1>M6>M7 / M2>M4 / M5>M3이다. 따라서 같은 색이라면 밝은 은하일수록 더 무겁다고 볼 수 있다.

ㄴ. 옳지 않다. 밝기는 M2=M5=M6, M4=M7인데 M2, M5, M6 중 가장 무거운 M2의 색깔은 4, 그 다음으로 무거운 M6는 3, 가장 가벼운 M5는 2이다. 그리고 색깔 항목의 값이 작을수록 은하의 색은 푸른색에 가깝고 클수록 붉은색에 가까우므로 M2, M5, M6 사이에서는 밝기가 같을 때 무거울수록 은하의 색은 붉은색을 띠게 된다는 명제에 부합한다. 하지만 M4는 M7보다 가벼운데 M7보다 더 붉은색을 띠고 있다. 따라서 같은 밝기라면 무거운 은하일수록 더 붉은색을 띤다고 볼 수 없다.

ㄷ. 옳지 않다. 질량은 M1=M2, M3=M4, M5=M7이다. M1과 M2 중에서는 M1이 더 푸른데 밝기도 더 밝다. M5와 M7 중에서도 M5가 더 푸르고 밝기도 더 밝다. 그러나 M3와 M4 중에서는 M3가 더 푸르지만 밝기는 M4가 더 밝다. 따라서 같은 질량이라면 푸른 은하일수록 더 밝다고 볼 수 없다.

128. 정답 ③

내용영역 **과학기술**　　　　　문항 유형 **언어 추리**

ㄱ. 옳다. G2기에서 M기로 넘어가려면 MPF의 양이 일정 정도로 축적되어야 한다. CDK는 재사용되므로 MPF의 양을 결정하는 것은 사이클린의 양일 것이다. 따라서 G2기에 사이클린을 주입하면 MPF의 양을 빠르게 축적할 수 있을 것이고, 그만큼 M기로 넘어가는 시기를 앞당길 수 있을 것이다.

ㄴ. 옳지 않다. M기 말에는 이미 MPF의 사이클린이 분해되기 시작한다. 사이클린의 합성 및 축적이 진행되고 분해는 일어나지 않는 G2기의 종료시점이 세포 주기에서 사이클린이 가장 많은 시기이다.

ㄷ. 옳다. G2기에서 M기로 넘어가 세포분열이 일어나기 위해서는 사이클린과 CDK가 결합된 MPF의 양이 충분히 있어야 한다. 따라서 사이클린을 제거하는 약물을 지속 투여할 경우에는 MPF가 형성되지 않아 핵막의 분해를 비롯한 세포분열이 일어나지 못한다.

129. 정답 ①

<내용영역> 과학기술 <문항유형> 언어 추리

① 옳다. 쿼크가 4종일 때는 CP 대칭성의 파괴를 일으킬 수 없는 반면, 쿼크가 6종일 때는 입자와 반입자 사이에 생기는 가벼운 입자의 비율에 차이가 생겨서 CP 대칭성의 파괴를 설명할 수 있다.

② 옳지 않다. 쿼크가 6종일 때 입자와 반입자는 그들 내부의 일부 쿼크의 변신하기 쉬운 정도가 달라지기 때문에 입자와 반입자 간 차이가 발생한다. 하지만 변신하기 쉬운 정도가 커진다고 해서 입자와 반입자 간 차이가 커지는 정도에 있어서 양의 상관관계가 발견된다고 볼 수는 없다.

③ 옳지 않다. 쿼크의 수에 따라 가벼운 입자의 비율이 늘어나거나 줄어드는 것은 아니다. 다만 쿼크의 수를 6종이라고 가정한 경우 입자와 반입자 간 생기는 가벼운 입자의 비율이 달라지는 대칭성의 파괴를 설명할 수 있을 뿐이다.

④ 옳지 않다. 쿼크의 수가 4종이 아니라 6종으로 설정됐을 때 CP 대칭성의 파괴를 설명할 수 있을 뿐, CP 대칭성의 파괴가 발생할 수 있는 확률을 의미한 것은 아니다.

⑤ 옳지 않다. 쿼크의 변신은 4종에서도 발견된다. 그러나 쿼크의 수를 4종이라고 설정한다면 CP 대칭성의 파괴를 설명할 수 없다. 따라서 쿼크의 변신이 CP 대칭성의 파괴를 유발한다고 볼 수 없다.

130. 정답 ④

<내용영역> 과학기술 <문항유형> 언어 추리

제시문을 정리하면 다음과 같다.

린네	헤켈	채튼	워즈
	원생생물	원핵생물	세균
			고세균
		진핵생물	원생생물
식물	식물		균류
			식물
동물	동물		동물

ㄱ. 옳지 않다. 워즈의 분류상 균류는 린네의 분류에서 식물에 포함된다.

ㄴ. 옳다. 헤켈의 분류상 원생생물은 워즈의 분류에 따르면 세균, 고세균, 원생생물의 3계로 나뉜다.

ㄷ. 옳다. 헤켈의 분류에서 원생생물에 해당하는 생물은 워즈의 분류에 따르면 세균, 고세균, 원생생물로 세분된다. 따라서 워즈의 분류에서 원생생물에 해당하는 생물은 헤켈의 분류에서 원생생물에 속한다.

131. 정답 ①

<내용영역> 과학기술 <문항유형> 언어 추리

ㄱ. 옳다. 어느 한 관측소에서 P파가 관측된 후 S파가 관측되기까지의 시간을 PS시라고 하면 P파가 S파보다 속도가 빠르므로 진앙에서 멀어질수록 PS시는 길어질 것이다. 세 지역의 PS시를 측정해 보면 칠레 남부의 비오-비오 지역은 약 6분, 파나마 운하의 벨보아 하이츠 지역은 약 8분, 일본 센다이현의 도호구 지역은 약 5분임을 알 수 있다. 따라서 PS시간이 가장 짧은 일본 센다이현의 도호구 지역이 진앙으로부터 가장 가까운 지역에 있을 것이다.

ㄴ. 옳지 않다. 칠레 남부의 비오-비오 지역의 PS시는 약 6분이므로 그래프 (나)에서 ⓑ파와 ⓐ파의 관측된 시간(세로축) 차이가 6분이 조금 초과된 때에 진앙으로부터의 거리가 5,000km이다.

ㄷ. 옳지 않다. (나)의 어떤 지점에서 항상 ⓑ파가 ⓐ파보다 먼저 도달하고 있고, P파가 S파보다 전파속도가 빠르므로 ⓐ는 S파이고 ⓑ는 P파임을 알 수 있다. 가로축이 거리이고 세로축이 시간이므로 기울기가 작을수록 속도는 크다. 그리고 진앙에서 멀어질수록 PS시는 길어진다.

132. 정답 ①

<내용영역> 과학기술 <문항유형> 언어 추리

갑의 분류 과정을 정리하면 다음과 같다.

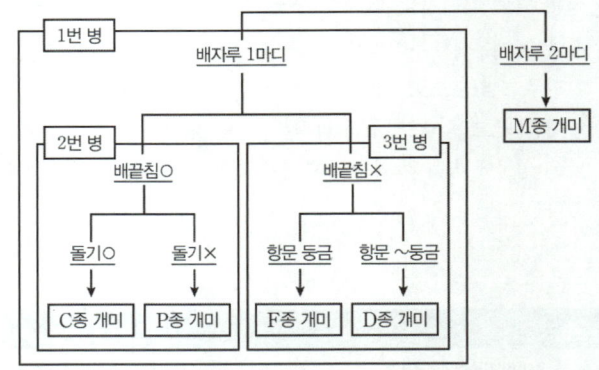

ㄱ. 옳다. 3번 병에는 배 끝에 침이 없는 개미만 있으므로 배 끝에 침이 있는 C종 또는 P종 개미는 있을 수 없다.

ㄴ. 옳지 않다. M종에 속하려면 배자루마디가 2마디여야 하고, C종에 속하려면 배자루마디가 1마디여야 하므로 불가능하다.

ㄷ. 옳지 않다. 배 끝에 침이 있는 개미의 배마디자루가 1마디라면 그 개미는 확실히 C종 개미이거나 P종 개미라고 할 수 있지만, 배마디자루가 2마디인 개미 중에서도 배 끝에 침이 있는 개미가 있을 수 있으므로 ㄷ이 반드시 참인지는 알 수 없다.

---

133. 정답 ②

내용영역 과학기술　　　　　　　　　**문항 유형** 언어 추리

ㄱ. 옳지 않다. 진료를 위해 X병원을 방문한 흡연자 중 질병Z 환자의 비율을 알기 위해서는 (1) 진료를 위해 X병원을 방문한 사람들 중 흡연자의 수와 (2) 이 중 Z질병 환자가 몇 명인지가 필요하다. 〈표〉에서는 질병Z 환자 100명을 선별하여 흡연 여부를 조사하였고, 또 질병Z 비환자 300명을 선별하여 흡연 여부를 조사하였기 때문에 질병Z 환자와 질병Z 비환자의 비율이 어느 정도인지 파악할 수 없다.

예를 들어, (1)이 200명이고 질병Z 환자와 비환자의 비율이 1:1이라고 하자. 그렇다면 질병Z 비환자는 300명일 때 흡연자가 170명이었으므로, 100명일 때는 약 57명일 것이다. 그리고 비흡연자는 300명일 때 130명이었으므로 100명일 때는 약 43명일 것이다.

구분	흡연	비흡연	합계
질병Z 환자	80명	20명	100명
질병Z 비환자	57명	43명	100명
합계	137명	63명	200명

이 경우, 병원을 방문한 흡연자(137명) 중 Z질병 환자는 80명으로, 50%를 상회하게 된다. 이처럼 진료를 위해 X병원을 방문한 사람 중 질병Z 환자와 질병Z 비환자의 비율을 알 수 없으므로, 이 비율이 1:1이 아닌 다른 비율로 달라진다면 그 결과도 달라질 것이므로, 30%가 아닐 수 있다.

ㄴ. 옳다. 갑이 조사 대상으로 삼은 집단은 진료를 위해 X병원을 방문한 사람들이다. 질병Z를 앓고 있는 환자와 흡연과의 관계에 대한 갑의 결론은 갑이 조사 대상으로 삼은 집단이 사회 전체 구성원을 대표할 수 있는 대표성을 지닐수록 설득력이 높아질 수 있다.

ㄷ. 옳지 않다. 갑의 결론은 흡연자가 비흡연자에 비해 질병Z가 발병될 가능성이 높다는 것이다. 그런데 X병원을 방문한 사람들 중 질병Z 환자가 25%이지만 이들이 모두 비흡연자이고, 질병Z 비환자 75% 모두가 흡연자라면 갑의 설득력을 높이지 않을 것이다.

---

134. 정답 ①

내용영역 과학기술　　　　　　　　　**문항 유형** 언어 추리

미생물의 개체수가 1/10로 줄어드는 데 필요한 멸균 시간을 온도에 따라 정리하면 다음과 같다.

구분	50℃	65℃	70℃	75℃	80℃	85℃
A			20분	2분	0.2분	0.02분
B		20분		2분		0.2분
C	20분			2분		

ㄱ. 옳지 않다. 미생물 A, B, C는 75℃가 아닌 다른 온도에서는 저항성이 서로 다르지만, 75℃에서는 모두 2분 만에 1/10로 개체수가 줄어든다. 따라서 세 종의 미생물 A, B, C는 75℃에서 열에 대한 저항성이 동일하다.

ㄴ. 옳다. 미생물 A는 70℃에서 20분 동안 멸균하였을 때 미생물의 개체수가 1/10로 줄어든다. 따라서 65℃에서 20분 동안 멸균한다면, 줄어드는 미생물의 개체수는 그보다 적을 것이고 생존 개체수는 많을 것이다. 미생물 B는 65℃에서 20분 동안 멸균하였을 때, 개체수가 1/10로 줄어든다. 따라서 65℃에서 20분간 멸균하였을 때 생존 개체수는 A가 더 많을 것이다.

ㄷ. 옳지 않다. 미생물 B는 85℃에서 12초 동안 멸균하면 개체수가 1/10로 줄어든다. 미생물 C는 100℃에서 12초간 멸균하면 개체수가 1/10로 줄어든다. 따라서 미생물 C는 85℃에서 12초 동안 멸균하였을 때 개체수가 1/10로 줄어들지 않을 것이다.

---

135. 정답 ⑤

내용영역 과학기술　　　　　　　　　**문항 유형** 언어 추리

ㄱ. 옳다. 소리의 크기는 울리는 현의 개수에 비례하기 때문에 그랜드 피아노에서는 해머가 때리는 현의 개수를 줄여 작고 부드러운 소리를 얻는다. 또한 업라이트 피아노에서는 해머가 현을 때리는 강도를 줄임으로써 동일한 효과를 얻는다고 설명하고 있으므로, 현을 때리는 강도 역시 소리의 크기와 비례한다고 추론할 수 있다.

ㄴ. 옳다. 소스테누토 페달은 페달을 밟을 때 누르고 있는 건반의 댐퍼만 고정시킨다. 따라서 건반을 누르지 않은 채로 소스테누토 페달을 밟으면 아무 댐퍼도 고정되지 않게 되고, 이 소리는 페달을 밟지 않을 때의 소리와 같다.

ㄷ. 옳다. 업라이트 피아노의 머플러 페달은, 해머와 현 사이에 얇은 천이 내려오게 하여, 소리의 크기를 줄인다. 반면에 소프트 페달은 해머와 현의 거리를 가깝게 하여서 소리를 줄인다. 즉, 두 페달의 작동 원리는 다르지만 소리를 줄인다는 공통점을 가지고 있다.

136. 정답 ③

(내용영역) **과학기술**　　　　　　　　　　　(문항유형) **언어 추리**

ㄱ. 옳다. 아이가 부모의 친자임이 밝혀짐과 상관없이, 아버지의 혈액형이 AB형이므로 아버지는 H 유전자의 효소가 정상적으로 작용한다. 즉 아버지의 H 유전자 형태는 HH이거나 Hh이다. 아이가 친자이므로, 아이는 H유전자가 불활성화된 hh형태여서 O형을 보이는 경우이다. 따라서 아이의 H유전자는 hh형태이고, 이는 아버지로부터 하나의 h를 물려받았음을 의미하므로 아버지 H유전자는 Hh 형태이다. 그리고 아이는 어머니로부터도 하나의 h를 물려받아야 한다. 따라서 어머니에게는 적어도 하나의 h 유전자가 존재한다.

ㄴ. 옳지 않다. 부모의 H 유전자가 모두 hh 형태이면, 자녀의 H유전자 형태도 hh일 것이다. hh 형태라면, 자녀의 H유전자는 활성화되지 않은 상태이므로 효소를 생산할 수 없어 푸코오스가 붙지 않는다. 따라서 O형인 아버지와 O형인 어머니에게서 태어난 O형 자녀의 갈락토오스*에 푸코오스가 반드시 붙어 있는 것은 아니다.

ㄷ. 옳다. 자녀가 A형이라는 것은 H유전자가 활성화되었다는 의미이므로 아버지나 어머니 중 적어도 한 명은 H유전자를 가지고 있어야 한다. 또한 아버지와 어머니 모두 O형이라고 하였으므로 아버지와 어머니 중 한 명은 HH(또는 Hh)형태의 O형, 다른 한 명은 hh 형태의 A형일 수 있다. 따라서 이들의 자녀는 Hh형태의 A형이 될 수 있다.

MEMO

II. 모형 추리

01. 정답 ⑤

| 내용영역 | 논리학수학 | 문항유형 | 모형 추리 |

제시문의 정보를 간략히 기호화하면 다음과 같다.

(1) 사냥꾼 ∨ 전사 ∨ 무당

(2) 사냥꾼 → 노예 다섯 이상

(3) 전사 → ~닭

(4) 노예 세 명 이상 → 전사 ∨ ~염소

(5) 무당 → 미혼

(6) 경작지 보유 → 기혼자

(7) (A) 닭 & 염소

이로부터 A에 대해 다음과 같은 정보들을 추론할 수 있다.

(8) (A) ~전사 ····················· (3)의 대우, (7)

(9) (A) ~노예 세 명 이상 ······ (4)의 대우, (7), (8)

(10) (A) ~사냥꾼 ····················· (2), (9)

(11) (A) 무당 ····················· (1), (8), (10)

(12) (A) 미혼 ····················· (5), (11)

(13) (A) ~경작지 보유 ········ (6)의 대우, (12)

① 옳지 않다. (11)에 따르면 A는 사냥꾼이 아니라 무당이다.

② 옳지 않다. (13)에 따르면 A는 경작지를 보유하고 있지 않다.

③ 옳지 않다. (11)에 따르면 A는 사냥꾼이 아니라 무당이다.

④ 옳지 않다. (9)에 따르면 A의 노예는 세 명 이상이 아니므로 A가 노예를 두고 있지 않은 것은 옳다. 하지만 (13)에 따르면 A는 경작지를 보유하고 있지 않다.

⑤ 옳다. (9)에 따르면 A의 노예는 세 명 이상이 아니므로 A의 노예가 5명 이상이 아니라는 추론은 옳다. 또한 (13)에 따르면 A는 경작지를 보유하고 있지 않다.

02. 정답 ④

| 내용영역 | 논리학수학 | 문항유형 | 모형 추리 |

주어진 진술들을 기호로 간략하게 표기하면 다음과 같이 된다.
A : 그것을 진실로 안다.
B : 그것이 실제로 참이다.
C : 그것을 스스로 정당화시킬 수 있다.

(가) A → (B ∧ C)

(나) (B ∧ C) → A

(다) B → (~ A ∨ C)

(라) C → (A ∨ ~B)

(마) (A → B) ∧ (A → C)

(가)의 'A → (B ∧ C)'는 '~ A ∨ (B ∧ C)', '(~ A ∨ B) ∧ (~ A ∨ C)', '(A → B) ∧ (A → C)' 등과 논리적으로 동등한 진술이다. 따라서 (가)와 (마)는 논리적으로 동등한 진술임을 알 수 있다. (나)의 '(B ∧ C) → A'는 '~ (B ∧ C) ∨ A', '~ B ∨ ~ C ∨ A', 'C → (A ∨ ~ B)' 등과 논리적으로 동등한 진술이다. 따라서 (나)와 (라)는 논리적으로 동등한 진술임을 알 수 있다.

그리고 (다)는 논리적으로 동등한 진술을 갖지 않는다.

이들 진술이 논리적으로 동등하거나 동등하지 않다는 것은 다음과 같은 표를 통해서도 분명하게 확인할 수 있다.

A	B	C	A →(B∧C)	(B∧C) →A	B →(~A∨C)	C →(A∨~B)	(A→B)∧ (A→C)
T	T	T	T	T	T	T	T
T	T	F	F	T	F	T	F
T	F	T	F	T	T	T	F
T	F	F	F	T	T	T	F
F	T	T	T	F	T	F	T
F	T	F	T	T	T	T	T
F	F	T	T	T	T	T	T
F	F	F	T	T	T	T	T

03. 정답 ⑤

| 내용영역 | 논리학수학 | 문항유형 | 모형 추리 |

제시된 정보를 기호화하면 다음과 같다.

(1) A ∧ B → D ∨ F

(2) ~C → B

(3) E ∨ F → D & G

(4) F ∨ G → ~A

(5) ~D & (E ↔ G)

(5)를 통하여 ~D가 도출된다. (3)의 대우명제는 ~D ∨ ~G → ~E ∧ ~F이므로, ~E, ~F가 도출된다. 이를 토대로 다시 (5)를 확인하면 ~G이 도출된다.

(1)의 대우명제는 ~D ∧ ~F → ~A ∨ ~B이고, ~D, ~F이기 때문에 ~A ∨ ~B이다.

1) A라고 가정할 경우, ~B이고 (2)를 통해 C가 도출된다.

2) ~A라고 가정할 경우, ~B라면 (2)를 통해 C가 도출되고 B라면 C는 알 수 없다.

따라서 ~D, ~E, ~F, ~G가 도출된다.

ㄱ. 옳다. (A, ~B, C) 또는 (~A, B, C)인 경우가 가능하므로 A, B, C 중 최소 1명은 반대한다.

ㄴ. 옳다. (~A, ~B, C) 또는 (~A, B, ~C)인 경우가 가능하므로 A, B, C 중 최대 2명은 반대한다.

ㄷ. 옳다. 4명이 반대하고, A, B, C 중 최소 1명은 반대하므로 반대 의견을 낸 최소인원은 5명이다.

04. 정답 ③

내용영역 **논리학수학**　　　　　　　　文항 유형 **모형 추리**

제시문의 정보를 간략히 기호화하면 다음과 같다.

투발루의 국토가 바다에 잠기고 있다 : A

해수면이 상승했다는 추측은 참이다 : B

남극과 북극의 빙하가 녹는다 : C

온실가스 농도가 높아졌다 : D

지구 온난화를 증명할 수 있다 : E

환경오염이 심각해졌다는 보고가 있었다 : F

(1) ~A → ~B

(2) ~C & ~D → ~E

(3) F → E

(4) ∴ F → A

(5) F → E → (C ∨ D), B → A이므로, 결론을 도출하기 위해서는 (C ∨ D) → B (남극과 북극의 빙하가 녹거나 온실가스 농도가 높아졌다면 해수면이 상승했다는 추측은 참이다.)라는 진술이 필요하다.

① 적절하지 않다. 선지를 기호화하면 ~C → ~F로, 이는 결론 도출과 무관하다.

② 적절하지 않다. 선지를 기호화하면 ~C → ~A로, 이는 결론 도출과 무관하다.

③ 적절하다. 위 논증재구성 참고.

④ 적절하지 않다. 선지를 기호화하면 ~B → ~A로, 이는 결론 도출과 무관하다.

⑤ 적절하지 않다. 선지를 기호화하면 ~C → ~E로, 이는 결론 도출과 무관하다.

05. 정답 ③

내용영역 **논리학수학**　　　　　　　　文항 유형 **모형 추리**

주어진 〈이유〉와 〈주장〉은 다음과 같이 바꾸어 표기할 수 있다.

1. 고왕 → (덕 ∨ 법)　　　　　　A → (B ∨ C)

2. 덕 → 눈치　　　　　　　　　B → D

3. 법 → 기피　　　　　　　　　C → E

4. 눈치 → ~ 일　　　　　　　　D → ~F

5. ~ 일 → (빈곤 ∧ 흉흉)　　　 ~F → (G ∧ H)

∴ 고왕 → 흉흉　　　　　　　 ∴ A → H

〈이유〉로부터 〈주장〉을 도출할 수 있도록 하기 위해 추가될 수 있는 진술 가운데 첫 번째로 떠오르는 것은 "신하들이 법에 어긋나는 것으로 보이는 행동을 기피하게 되면 나라 일을 제대로 돌보지 못한다"는 진술일 것이다. 그러나 주어진 선택지에는 그러한 진술이 없기에, 〈주장〉을 도출할 수 있는 다른 진술을 찾아야 한다. 주어진 논증을 다루는 방법은 몇 가지 있으나, 이 경우에는 다음과 같이 판단하는 것이 가장 빠르고 정확한 방법일 것이다.

〈주장〉이 조건문으로 되어 있으므로, A를 가정하면 H가 나와야 한다. 만일 A를 가정하면 '1'에서 'B ∨ C'만 남게 된다. 'B ∨ C'는 '2'와 '4'와 '5'와의 관계에 의해 '(G ∧ H) ∨ C'가 되며, 또 '3'과의 관계에 의해 결국 '(G ∧ H) ∨ E'가 된다. '(G ∧ H) ∨ E'는 '(G ∨ E) ∧ (H ∨ E)'과 동치이며, 이로부터 '(H ∨ E)'를 얻을 수 있다. 따라서 '~E'만 있으면 'H'를 얻게 된다. 이 과정을 논리의 연산과정으로 풀어서 표기하면 다음과 같이 된다.

∴ A → H

1. A → (B ∨ C)		전제
2. B → D		전제
3. C → E		전제
4. D → ~ F		전제
5. ~ F → (G ∧ H)		전제
6. A		가정(∴H)
7. B ∨ C		1, 6 전건긍정
8. B → ~ F		2, 4 삼단논법
9. B → (G ∧ H)		5, 8 삼단논법
10. (G ∧ H) ∨ E		3, 7, 9 양도논법
11. (G ∨ E) ∧ (H ∨ E)		10, 분배법칙
12. H ∨ E		11, 단순화
13. ~ E		추가 진술
14. H		12, 13 선언지제거
15. A → H		6 ~ 14 조건증명법

이 외에도 〈주장〉을 도출시킬 수 있도록 〈이유〉에 추가될 수 있는 진술을 여럿 생각해 볼 수 있으나, 주어진 선택지의 다른 진술들은 그러한 역할을 하지 못한다.

06. 정답 ①

내용영역 **논리학수학**　　　　　　　　文항 유형 **모형 추리**

양말의 종류가 n종류일 때 n개의 양말을 선택한다면 최악의 경우, 즉 선택한 양말이 모두 다른 종류의 양말인 경우는 짝이 맞는 한 켤레의 양말도 존재하지 않을 수 있다. 만일 이 상태에서 이보다 한 개의 양말을 추가로 선택한다면 추가로 선택된 양말은 이미 선택한 양말 중에 반드시 하나 짝이 맞는 것이 존재할 것이므로 어떠한 경우에도 짝이 맞는 양말이 하나 이상 존재할 것을 기대할 수 있다. 따라서 n종류의 양말에서 위 조건을 만족시키기 위해서는 n+1개의 양말을 선택해야 한다.

ㄱ. 옳다. n종류의 양말이 있을 때 위 조건을 만족시키기 위해 선택해야 하는 양말의 개수(n+1)이므로, 양말의 종류가 4일 때에는 5개의 양말을 선택해야 한다.

ㄴ. 옳지 않다. 앞서 설명한 것처럼 철수가 4개의 양말을 선택한다면 최악의 경우 A, B, C 종류의 양말 1개씩과 A, B, C 종류 중 어느 하나의 양말을 추가로 선택하게 되어 한 켤레의 짝이 맞는

양말을 만들 수 있다. 가령 추가로 선택한 양말이 A라면 A종류 양말 한 켤레를 얻을 수 있는 것이다. 이 상태에서 한 개의 양말만을 추가로 선택하면 최악의 경우 그 양말이 A종류의 양말이 될 수 있으므로, A종류 양말 한 켤레와 A, B, C 종류 양말 1개씩을 갖게 되어 여전히 한 켤레의 짝이 맞는 양말밖에는 만들 수 없다. 하지만 이 상태에서 한 개의 양말을 더 선택한다면, 그 양말이 A, B, C 어느 종류이건 짝이 맞는 2 켤레의 양말을 만들 수 있게 된다. 따라서 철수는 2개의 양말을 추가로 선택, 총 6개의 양말을 선택해야 한다.

ㄷ. 옳지 않다. 만일 A, B 양말은 각각 10켤레지만 C 양말은 한 켤레밖에 없다 하더라도 4개의 양말을 선택한다면 앞서 설명한 이유로 반드시 1켤레 이상의 짝이 맞는 양말이 존재하게 된다.

---

07. 정답 ②

내용영역 논리학수학 　　　　**문항유형** 모형 추리

한 사람당 받는 곡물량을 X, 곡물값을 Y, 시민 1명당 거두는 세금을 Z라고 하면 1, 2, 3차 곡물법에 따른 결과는 다음과 같다.

	1차	2차	3차
수혜받은 시민	5만	10만	15만
유/무상 배급량	5만X	10만X	15만X
배급에 따른 비용	5만Y	5만Y	15만Y
거둔 세금	5만Z	10만Z	20만Z
수혜비율	33.3% (5만/15만)	33.3% (10만/30만)	50% (15만/30만)

수혜비율은 총 인구에서 유무상의 곡물값 혜택을 받는 비율을 뜻한다. 총 인구는 시민과 노예를 모두 합친 것이다.

3차 곡물법 시행 당시 거둔 세금이 20만Y인 것은, 기존 시민 10만 명과 더불어 5개 구역 노예 계층 10만 명이 시민으로 귀속되었기 때문이다.

ㄱ. 옳지 않다. 1차, 2차 개정 모두 전 인구 중 이 법의 혜택을 받은 수혜인의 비율은 약 33.3%로 변하지 않았다. 2차에서 3차 개정 시 수혜인의 비율은 약 33.3%에서 50%로 늘어났다. 따라서 곡물법이 개정될 때마다 전 인구 중 이 법의 혜택을 받은 수혜인의 비율은 늘어난 것이 아니다.

ㄴ. 옳지 않다. 1차에서 2차 개정 시 수혜를 받는 시민의 수가 증가한 비율은 100%이다. 2차에서 3차 개정 시 수혜를 받는 시민의 수는 50% 비율로 증가하였다. 따라서 곡물법이 개정될 때마다 수혜를 받는 시민의 수가 동일한 비율로 증가한 것이 아니다.

ㄷ. 옳다. 1차 곡물법 시행 당시 로마시가 거둔 세금에서 시민에게 제공한 곡물값의 비중은 $\frac{5만Y}{5만Z}$이다. 그런데 3차 곡물법 시행 당시 이 비중은 $\frac{15만Y}{20만Z}$가 되었다. 3차 시행으로 세금에서 곡물값으로 지출하는 금액의 비중이 작아졌다는 것을 알 수 있다.

---

08. 정답 ⑤

내용영역 논리학수학 　　　　**문항유형** 모형 추리

항	첫째	둘째	셋째	넷째	다섯째	여섯째	일곱째	마지막
수열	1	2	4	8	16	32	64	128
				6	22	54	118	118
비밀번호			0	1	1	1	0	

ㄱ. 옳다. 비밀번호의 여덟 번째 자리가 1이라면 갑이 전달한 수에 수열의 마지막 항 128이 더해졌을 것이다. 전달된 수가 128보다 작다면 마지막 항 128이 더해지지 않았고 그럴 경우 비밀번호의 여덟 번째 자리 수는 0이다. 그런데 전달된 수 118은 128보다 작으므로 비밀번호의 여덟 번째 자리 수는 0이다. 또한 이것은 1, 2, 4, 8, 16, 32, 64 전부 또는 일부를 합하면 118이 된다는 것을 의미한다.

비밀번호 마지막 자리가 0인 경우, 수열의 일곱 번째 항과 118을 비교하여 일곱 번째 항이 118보다 더 크다면 비밀번호 일곱 번째 자리도 0이 될 것이다. 하지만 이 경우 일곱 번째 항 64는 118보다 작으므로 비밀번호 일곱 번째 자리는 1이 됨을 알 수 있다. (또한 64를 제외한 나머지 1, 2, 4, 8, 16, 32를 모두 더해도 64보다 작다.) 이것은 1, 2, 4, 8, 16, 32 전부 또는 일부를 합할 경우 54가 된다는 것을 의미한다. 이하 같은 방식으로 생각하면 비밀번호의 여섯째와 다섯째가 각각 1이라는 것을 알 수 있다.

위 표에서 6은 전달된 수 118에 포함되어 있는 16, 32, 64를 빼고 남은 수이다. 따라서 1, 2, 4, 8 전부 또는 일부를 합할 경우 6이 되어야 한다는 것을 의미한다. 8은 6보다 크므로 수열의 넷째 항 8과 대응하는 비밀번호는 0임을 알 수 있다.

마찬가지로 1, 2, 4 전부 또는 일부를 이용하여 6이 되는 경우는 2와 4가 각각 1에 대응하는 경우뿐이다. 따라서 비밀번호의 앞쪽에서부터 세 개는 0, 1, 1이 된다.

ㄴ. 옳다. 수열 1, 2, 4, 8, 16, 32, 64, 128의 항 중 홀수는 첫 번째 항 1뿐이다. 따라서 인터넷으로 전달한 수가 홀수라면 첫 번째 항 1이 더해졌다고 볼 수 있으므로 비밀번호의 첫 번째 숫자는 0이 아닌 1이라고 할 수 있다.

ㄷ. 옳다. 비밀번호가 0, 1, 1, 0, 0, 0, 0, 0인 경우와 비밀번호가 0, 0, 0, 1, 0, 0, 0, 0인 경우, 두 상황 모두 갑은 9라는 숫자를 전달하게 된다. 을은 이를 위의 두 가지 방식 중 하나로 해석할 수 있다.

---

09. 정답 ④

내용영역 논리학수학 　　　　**문항유형** 모형 추리

단계별로 보면 1라운드 이후의 승점은 승리팀 +20점, 패배팀 −20점이므로 쉽게 찾을 수 있다. 그리고 2라운드의 을과 정의 대결에서 정이 −30점이므로 을이 +30점이 되어 110점이 된다.

구분	갑	을	병	정
시작 전	100	100	100	100
1라운드	갑 vs. 을, 병 vs. 정			
1라운드 이후	120	80	80	120
2라운드	갑 vs. 병, 을 vs. 정			
2라운드 이후		110		90
3라운드	갑 vs. 정, 을 vs. 병			
최종 승점		80		

이후 110점의 을과 알 수 없는 병의 경기 이후 갑의 승점이 −30점이 되므로, 2라운드 이후 병의 승점은 최대 100점이다. 그런데 이 점수는 120점의 갑과 80점의 병 사이의 경기 후 얻어지는 점수이다. 그러므로 병이 자신보다 승점이 높은 갑을 이길 시에 얻게 되는 110점은 불가능하다. 그러므로 경기에서 진 점수인 70점만이 가능하다. 동시에 갑의 2라운드 이후 점수는 130점이 된다. 그리고 병의 최종승점은 70점에 30점을 더한 100점이 된다.

구분	갑	을	병	정
시작 전	100	100	100	100
1라운드	갑 vs. 을, 병 vs. 정			
1라운드 이후	120	80	80	120
2라운드	갑 vs. 병, 을 vs. 정			
2라운드 이후	130	110	70	90
3라운드	갑 vs. 정, 을 vs. 병			
최종 승점		80	100	

3라운드에서 130점인 갑과 90점인 정의 대결 후 승점만이 알 수 없는데, 갑 승리 시 갑 140점, 정 80점이 된다. 반대의 경우 갑 100점, 정 120점이 된다. 그래서 최종 승점은 다음과 같다.

구분	갑	을	병	정
시작 전	100	100	100	100
1라운드	갑 vs. 을, 병 vs. 정			
1라운드 이후	120	80	80	120
2라운드	갑 vs. 병, 을 vs. 정			
2라운드 이후	130	110	70	90
3라운드	갑 vs. 정, 을 vs. 병			
최종 승점	140 or 100	80	100	80 or 120

위의 표와 맞지 않는 것은 ④이다.

10. 정답 ④

[내용영역] 논리학수학   [문항 유형] 모형 추리

빨간색 용액의 양을 x, 노란색 용액의 양을 y, 파란색 용액의 양을 z라고 하자.

i) 4%의 빨간색 용액 1/3과 7%의 노란색 용액 1/3을 섞어 6%의 주황색 용액이 만들어졌다. 그리고 제시문의 공식에 따라 다음과 같은 관계식을 알 수 있다.

용액의 농도 $= (\frac{색소의 질량}{용액의 양}) \times 100$

색소의 질량 $= (\frac{용액의 농도 \times 용액의 양}{100})$

위 관계식에 따라 주황색 용액의 농도를 다음과 같은 식으로 표현할 수 있다.

$$\frac{(\frac{4 \times \frac{x}{3}}{100} + \frac{7 \times \frac{y}{3}}{100})}{(\frac{x}{3} + \frac{y}{3})} \times 100 = 6$$

이로부터 빨간색 용액 1/3과 노란색 용액 1/3을 섞어 6%의 주황색 용액이 만들어졌다면, 빨간색 용액 전체와 노란색 용액 전체를 섞어도 6%의 주황색 용액이 만들어진다는 점을 알 수 있다. 위 식의 좌변에서 분모와 분자에 공통적으로 포함된 숫자를 약분하면 다음과 같이 정리할 수 있다.

$$\frac{(4x + 7y)}{(x + y)} = 6$$

ii) 빨간색 용액과 파란색 용액을 섞어 8%의 보라색 용액이 만들어졌다. 제시문의 관계식에 따라 보라색 용액의 농도를 다음과 같은 식으로 표현할 수 있다.

$$\frac{(4x + 10z)}{(x + z)} = 8$$

i)로부터 $y = 2x$, ii)로부터 $z = 2x$가 각각 도출된다.

iii) 빨간색, 노란색, 파란색 용액을 섞어서 만든 검정색 용액의 농도를 a라 하자. 제시문의 관계식에 따라 주황색 용액의 농도를 다음과 같은 식으로 표현할 수 있다.

$$\frac{(4x + 7y + 10z)}{(x + y + z)} = a$$

$y = 2x$, $z = 2x$이므로 y는 2x로, z는 2x로 바꿀 수 있다. 이를 정리하면 다음과 같다.

$$a = \frac{(4x + 7y + 10z)}{(x + y + z)} = \frac{4x + 14x + 20x}{x + 2x + 2x} = \frac{38x}{5x} = \frac{76}{10} = 7.6(\%)$$

11. 정답 ⑤

[내용영역] 논리학수학   [문항 유형] 모형 추리

먼저 갑이 탁구에서 1등을 하였으며 최소한 두 종목의 경기가 있었으므로, 1등의 점수는 3점 이상 8점 이하의 승점을 가지게 된다. 그러나 1등이 8점일 경우에는 갑의 최종 점수가 9점이기 때문에 두 종목만 가능하며, 이 경우 병의 점수가 19점 이상일 수 없다. 따라서 1등의 승점은 8점이 될 수 없다.

1등의 승점이 7점일 경우에는 최대 3종목의 경기가 있을 수 있기에 병의 점수를 19점 이상으로 만들 수 있다. 그러나 탁구에서 이미 갑이 1등을 하였기 때문에 병은 탁구 이외의 두 종목에서 1등 승점인 7점을 획득할 수 있으며, 총점이 19점 이상이 되기 위해 탁구에서 5점 이상의 승점을 따야 한다. 그러나 2등의 점수가 5점이라고 하더라도 을의 총점은 11점이 되어 조건을 만족시키지 못한다.

1등의 승점이 6점일 경우에는 최대 4종목의 경기가 가능하며, 병이 3종목에서 6점씩 18점을 획득하기 때문에 탁구에서 1점 이상의 승점만 얻게 되더라도 조건을 만족시키게 된다. 그러나 이 경우 2등의 승점을 몇점으로 하든 을의 총점을 9점으로 만들 수 없게 되므로, 1등의 승점은 6점일 수 없다.

1등의 승점이 4점일 경우에는 갑의 총점이 9점이므로 1등, 2등, 3등의 승점이 각각 4점, 3점, 2점이거나 4점, 2점, 1점인 경우만 가능한데, 조건을 만족시킬 수 없다. 1등의 승점이 3점인 경우도 마찬가지다.

따라서 유일하게 조합 가능한 경우는 1등의 승점이 5점인 경우뿐이며, 이 경우 2등의 승점을 2점, 3등의 승점을 1점으로 할 경우 다음의 표와 같은 점수에서 모든 조건이 만족된다.

구분	탁구	배드민턴	3번째	4번째	5번째	총점
갑	5	1	1	1	1	9
을	1	2	2	2	2	9
병	2	5	5	5	5	22

ㄱ. 옳다. 갑, 을, 병이 진행한 경기의 종목 수는 5개이다.

ㄴ. 옳다. 갑은 탁구 이외의 종목에서 모두 3등을 하였다.

ㄷ. 옳다. 씨름이 몇 번째 열린 경기인가와 상관없이 3번째부터 5번째까지 종목에서 을은 항상 2등이다.

12. 정답 ④

내용영역 논리학수학 **문항유형** 모형 추리

A, B, C가 각각 24시간 동안 생산하는 부품의 양을 a, b, c라 하면 a+b+c=30,000이다. 한편 B, C만으로는 48시간에 30,000개의 부품을 생산하므로 b+c=15,000이 된다. (B, C는 24시간 동안 5,000개의 부품을 생산하므로) 또한 이번에 고장 난 로봇을 B라 하면 a+c=20,000이 된다. (36시간에 30,000개를 생산하므로 24시간 동안에는 20,000개를 생산) 따라서 A는 24시간 동안 15,000개의 부품을, B는(이번에 고장 난 로봇) 24시간 동안 10,000개의 부품을, C는 24시간 동안 5,000개의 부품을 생산함을 알 수 있다.

ㄱ. 옳다. 이번에 고장 난 로봇은 24시간 동안 10,000개의 부품을 생산하므로 24시간 동안 15,000개의 부품을 생산하는 A 로봇보다는 작업 효율이 낮다.

ㄴ. 옳지 않다. 공장장이 원하는 목적을 달성하기 위해 구매할 수 있는 로봇은 A 로봇뿐이다. 이번에 고장 난 로봇을 구매한다면 A, B, C를 동시에 사용할 때와 같은 효율을 내며, 이번에 고장 나지 않은 로봇을 구매한다면 A, B, C 세 가지 로봇을 동시에 사용할 때 효율이 더 떨어지게 된다.

ㄷ. 옳다. 이번에 고장 난 로봇과 A 로봇을 함께 사용하면 24시간 동안 25,000개의 부품을 생산할 수 있으므로 30,000개의 부품 생산에는 (30,000 / 25,000) × 24=1.2 × 24시간이 소요되므로 24시간보다 20%의 시간이 더 소모된다.

13. 정답 ⑤

내용영역 논리학수학 **문항유형** 모형 추리

ㄱ. 옳다. 만취한 사람이 3번 비틀거린 결과 도랑에 빠지는 경우는 3번 연속해서 오른쪽으로 걷는 경우(오-오-오)뿐이다. 이 사람이 어느 쪽 방향으로 걷게 될지는 무작위로 결정되므로, 그 확률은 $\frac{1}{2} \times \frac{1}{2} \times \frac{1}{2} = \frac{1}{8}$이 된다.

ㄴ. 옳지 않다. 만취한 사람이 도랑에 빠질 때는 오른쪽으로 비틀거리는 횟수가 왼쪽으로 비틀거리는 횟수보다 3만큼 더 많을 때이다. 따라서 4번째 비틀거릴 때 도랑에 빠지는 경우는 존재하지 않는다. 한편, 5번째 비틀거릴 때 도랑에 빠지는 경우는, 적어도 왼쪽으로 한 번, 오른쪽으로 네 번 비틀거리는 경우여야 한다. 즉, (왼, 오, 오, 오, 오)가 배열되는 5가지 경우가 가능하다. 그러나 (오-오-오-왼-오)와 (오-오-오-오-왼)은 이미 3번째 비틀거릴 때 도랑에 빠지는 경우이므로 제외되어야 한다. 따라서 5번째 비틀거릴 때 도랑에 빠지는 경우는, (왼-오-오-오-오), (오-왼-오-오-오), (오-오-왼-오-오)의 3가지만이 가능하다. 5번 비틀거리는 경우의 수는 총 32가지이지므로, 확률은 $\frac{3}{32}$이 된다.

ㄷ. 옳다. 만취한 사람이 오른쪽으로 걸은 횟수가 5번, 왼쪽으로 걸은 횟수가 3번일 때 이 사람이 〈그림〉의 인도 왼쪽 끝에서 출발하는 경우, 오른쪽으로 가장 멀리 이동하는 경우는 (왼-왼-왼-오-오-오-오-오)의 경우이다. 이때 이 사람은 왼쪽으로는 움직이지 않고, 오른쪽으로 5번 걷게 되는데, 인도의 오른쪽 끝에 도달하지 않는다.

그리고 만취한 사람이 〈그림〉의 인도 정중앙에서 출발하는 경우, 오른쪽으로 최대한 멀리 이동하는 경우 중 하나는 (왼-왼-왼-오-오-오-오-오)의 경우이다. 이때 이 사람은 왼쪽으로 3번 걷고, 오른쪽으로 5번 걷게 되는데, 첫 번째 경우와 마찬가지로 인도의 오른쪽 끝에 도달하지 않는다. 따라서 두 경우 모두 이 사람은 도랑에 빠지지 않는다.

14. 정답 ③

내용영역 논리학수학 **문항유형** 모형 추리

구분	파란 구슬		빨간 구슬		합계
	투명	불투명	투명	불투명	
흠집 있음	0	20	8	12	40
흠집 없음	10	10	7	3	30
합계	10	30	15	15	70

ㄱ. 옳다. 투명한 파란 구슬은 모두 흠집이 없는 구슬이다.

ㄴ. 옳다. 흠집이 있는 구슬은 40개이고 흠집이 없는 구슬은 30개이다.

ㄷ. 옳지 않다. 투명한 구슬은 25개이고, 이 중 흠집이 있는 것은 8개, 없는 것은 17개이다.

15. 정답 ③

| 내용영역 | 논리학수학 | 문항 유형 | 모형 추리 |

A조의 근무는 2일을 기준으로 반복되고, B조의 근무는 5일을 기준으로 반복되므로 2와 5의 공배수인 10일 동안 어떤 근무 패턴이 나타나는지 살펴보자. (○는 근무, ×는 휴무, ⊗는 규정 (3) 또는 (4) 때문에 휴일임에도 쉬지 못하는 경우, X옆의 수는 누적 휴일수이다.)

규정(3)

	1	2	3	4	5	6	7	8	9	10
A	○	X1	○	⊗	○	X2	○	X3	○	X4
B	○	○	○	X1	X2	○	○	○	X3	⊗

규정(4)

그런데 10일까지 A, B조가 쉰 날은 각각 4일과 3일이므로 11일째가 되면 A, B조는 쉰 날이 똑같이 0일이던 1일째와는 다른 조건에서 일을 시작하게 된다. 따라서 11일부터 20일까지의 근무는 어떤 형태로 진행되는지 더 살펴볼 필요가 있다.

규정(3)   규정(3)

	11	12	13	14	15	16	17	18	19	20
A	○	X5	○	⊗	○	X6	○	X7	○	⊗
B	○	○	○	X4	X5	○	○	○	X6	X7

이를 살펴보면 1~10일의 패턴과는 달리 20일째 되는 날 B조가 쉬게 되고 이를 통해 A, B조의 쉰 날이 똑같이 7일이 됨을 확인할 수 있다. 그렇다면 21일째부터는 다시 1~20일까지의 패턴이 반복되리란 점을 추론할 수 있다. 이를 토대로 선택지를 검토하면, 다음과 같다.

ㄱ. 옳다.

ㄴ. 옳다. A조가 휴일임에도 쉬지 못하는 경우는 늘 규정 (3) 때문이다.

ㄷ. 옳지 않다. 20일 동안 A, B조의 쉰 날이 같고 이것이 반복되므로 360일째가 되는 날 A, B조의 쉰 날은 서로 같을 것이다. 그리고 나머지 5일은 1~5일째의 근무 패턴과 같을 것인데, 위에서 살펴본 바에 따르면 처음 5일간 A조는 1번, B조는 2번을 쉰다. 따라서 365일 동안 두 조의 쉰 날을 비교하면 A조가 아니라 B조가 더 많을 것이다.

16. 정답 ②

| 내용영역 | 논리학수학 | 문항 유형 | 모형 추리 |

P, Q, R의 흡수 스펙트럼을 비교하면 P와 Q 사이에서는 동일한 위치에 있는 검은색 선이 발견되지 않는다. 그런데 P와 R, 그리고 Q와 R 사이에서는 다음과 같이 동일한 위치에 있는 검은색 선이 확인된다.

〈P와 R〉

물질 P ▭

물질 R ▭

〈Q와 R〉

물질 Q ▭

물질 R ▭

이 때 물질 P와 R이 모두 가지고 있는 원자의 종류를 A, 물질 Q와 R이 모두 가지고 있는 원자의 종류를 B라고 하자. 그리고 물질 P, Q, R을 구성하는 원자들은 모두 두 개 또는 세 개의 검은색 선이 나타나는 흡수 스펙트럼이 나타난다는 사실이 알려져 있다. 그런데 물질 P의 경우 원자 X의 흡수 스펙트럼을 제외하면 세 개의 검은색 선이 남으므로 이는 한 종류의 원자(이를 C라고 하자)의 흡수 스펙트럼이다. 그리고 물질 Q도 원자 Y의 흡수 스펙트럼을 제외하면 역시 세 개의 검은색 선이 남으므로 이 세 개의 검은색 선 역시 한 종류의 원자(이를 D라고 하자)의 흡수 스펙트럼이다. 그리고 물질 R은 원자 X와 Y를 제외하면 다음과 같은 흡수 스펙트럼 상의 검은색 선이 남는다.

〈물질 R의 흡수 스펙트럼〉

물질 R ▭

남은 검은색 선의 수는 두 개이므로, 이 역시 한 종류의 원자(이를 E라고 하자)의 흡수 스펙트럼이다.

결국 물질 P는 원자 A와 C, Q는 B와 D, R은 A, B, E로 구성되어 있음을 알 수 있다. 따라서 물질 P, Q, R을 각각 구성하고 있는 원자의 종류는 A, B, C, D, E의 5종류이다.

17. 정답 ③

| 내용영역 | 논리학수학 | 문항 유형 | 모형 추리 |

ㄱ. 옳다. 제시문에 따르면 1파수스 10웅키아는 1파수스 1페이스 1웅키아에 비하여 3웅키아가 작은 수치이므로 1파수스 13웅키아가 1파수스 1페이스 1웅키아와 동일함을 알 수 있다. 13웅키아는 1페이스 1웅키아에 해당하고, 이로부터 1페이스는 12웅키아에 해당함을 알 수 있다.

또 4페이스 6웅키아는 1파수스 10웅키아보다 16웅키아가 작은 수치이고, 4페이스 6웅키아는 54웅키아($= 4 \times 12 + 6$)이고, 1파수스 10웅키아는 70웅키아에 해당하며 이로부터 1파수스는 60웅키아임을 알 수 있다. 1파수스는 60웅키아이고, 1페이스는 12웅키아이므로, 1파수스는 5페이스이다. 따라서 1파수스 1페이스는 72웅키아($60 + 12$)에 해당한다.

ㄴ. 옳지 않다. 현재 로마제국 인구 전체의 평균신장은 70웅키아, 평민계급의 평균신장은 64웅키아, 군인계급의 평균신장은 90웅키아이다. 여기서 전체 인구를 100이라고 하고 귀족계급의 평균신장을 h 웅키아라고 하면,
$70 \times 100 = (64 \times 80) + (90 \times 10) + (h \times 10)$이고, $h = 98$이 나온다. 따라서 현재 평균신장이 가장 큰 계급은 귀족계급이다.

ㄷ. 옳다. 전체 인구의 80%인 평민의 평균신장은 5웅키아가 감소하였는데, 전체 인구의 평균신장은 3웅키아가 감소하였다. 한편 전체 인구의 10%인 군인의 평균신장은 3웅키아가 증가하였다. 제시문에 따르면 인구 및 인구구성의 변화는 없었으므로, 전체

인구를 100이라고 하면 80명의 평균신장은 5웅키아가 감소하고 10명의 평균신장은 3웅키아가 증가하였고, 100명 전체의 평균신장은 3웅키아가 감소하였다.

여기서 귀족계급의 신장변화량을 Δh 웅키아라고 하면, $(-3 \times 100) = (-5 \times 80) + (3 \times 10) + (\Delta h \times 10)$이고, $\Delta h = 7$이 나온다. 따라서 귀족계급의 평균신장은 10년 전에 비하여 7웅키아가 증가하였다.

---

18. 정답 ⑤

[내용영역] 논리학수학   [문항유형] 모형 추리

1) 먼저 풀이를 쉽게 하기 위해서 문제에 주어진 표를 다음과 같은 그래프로 바꾼다.

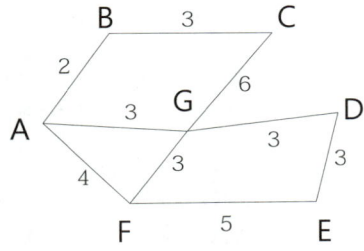

2) 임의의 한 개의 꼭짓점을 선택하고 길이가 가장 짧은 인접 꼭짓점과 연결한다.

3) 연결되지 않은 꼭짓점들을 조사해보자. 연결된 꼭짓점에서 가장 길이가 짧은 연결되지 않은 꼭짓점을 찾아서 이 두 꼭짓점을 연결한다. (연결된 꼭짓점에서 가장 짧은 거리에 한 개 이상의 꼭짓점이 있다면 임의적으로 아무 꼭짓점이나 연결한다.)

4) 모든 꼭짓점이 연결될 때까지 이 과정을 반복한다. 이러한 과정을 반복하여 모든 도시가 도로로 연결되면 이 과정을 멈춘다.

전체 도로의 최소길이를 구하는 구체적인 풀이 방법은 다음과 같다.

1) 먼저 A를 꼭짓점으로 선택한다. (편의상의 선택이다. 다른 꼭짓점을 선택할 수도 있다.

2) A와 연결된 B, G, F에 대해서 각각의 길이를 조사해보면 2/3/4임을 알 수 있다. 그러므로 최소거리인 B를 택한다.

3) 이제 A, B와 연결된 꼭짓점 C, G, F의 길이를 살펴보면 3/3/4임을 알 수 있다.
그러므로 이 중 길이가 최소인 G를 선택한다.(물론 C를 선택해도 된다.)

4) 마찬가지 방법으로 C(또는 G)를 선택한다.

5) F를 선택한다.

6) D를 선택한다.

7) E를 선택한다.

---

7)의 결과 모든 도시가 도로로 연결되어 있음을 알 수 있다. 결과는 아래 그림과 같다. 이때의 전체 도로 길이, 즉 (가)는 17이다.

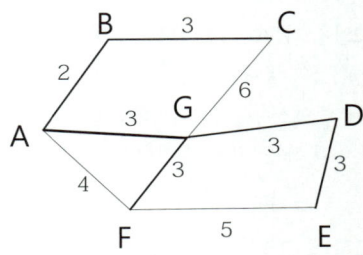

(나)의 경우 E와 F 사이를 반드시 도로로 연결해야 하므로, 위 그림에서 E와 F를 연결하고 그 대신 D와 E 사이를 도로로 연결시키지 않으면 구하는 최소의 도로 길이, 즉 (나)는 17+5-3=19 임을 알 수 있다.

따라서 (가)+(나)는 17+19=36이다.

---

19. 정답 ①

[내용영역] 논리학수학   [문항유형] 모형 추리

갑의 아내가 3번의 질문만으로 번호를 맞췄다면 질문의 대답이 최대한 숫자가 작은 쪽으로 이루어졌을 것이라고 추론한 뒤 가능성 여부를 따져볼 수 있다.

① 옳다. 동일한 숫자가 반복된다는 질문에 갑이 그렇다고 대답한다면 가능한 숫자는 11, 22, 33, 44, 55, 66, 77, 88, 99가 되고 이 중 3의 배수냐는 질문에 역시 그렇다고 대답하면 가능한 숫자는 33, 66, 99로 좁혀진다. 여기서 홀수냐는 질문에 남편이 아니라고 답한다면 가능한 숫자는 66만 남게 되어 갑의 아내는 사물함 번호를 알아낼 수 있다.

② 옳지 않다. 역시 ⓐ질문을 통해 11, 22, 33, 44, 55, 66, 77, 88, 99의 숫자로 좁힐 수 있다. 그러나 여기서 50보다 작은 수이거나 큰 수이거나 4개나 5개가 남게 되고 이 중 홀수인지에 대한 대답으로는 하나의 숫자만을 남길 수가 없다.

③ 옳지 않다. 30보다 작은 수이면서 3의 배수인 경우는 3, 6, 9, 12, 15, 18, 21, 24, 27이 되는데 이 중 두 자리로 구성된 수가 아니라고 답한다고 해도 가능한 경우가 3, 6, 9로 세 가지가 나오므로 바로 알아낼 수 없다.

④ 옳지 않다. 동일한 숫자로 반복되면서 4의 배수인 경우는 44와 88만 남게 되는데 ⓕ의 질문으로는 두 숫자를 가려낼 수 없으므로 적합한 질문의 조합이 아니다.

⑤ 옳지 않다. 70보다 큰 수이면서 4의 배수인 경우는 72, 76, 80, 84, 88, 92, 96, 100이 되는데 이때 ⑧의 질문에 대한 대답이 아니라고 해도 남는 숫자는 72와 76으로 2개가 되므로 갑의 아내가 비밀번호를 바로 알아낼 수 없다.

20. 정답 ④

내용영역 논리학수학 문항유형 모형 추리

ㄱ. 옳지 않다. ⓐ의 T=(30분)+(30분)=60분, ⓑ의 T=(30분)+(32분)=62분, ⓒ의 T=(30분)+(36분)=66분이다.

ㄴ. 옳다. ⓐ에서 평균 속도가 60km이면 ⓐ의 T는 (40분)+(30분)=70분이 되므로, T가 62분인 ⓑ가 최단시간 노선이 된다.

ㄷ. 옳다. ⓐ에서 신호등이 3개 늘어나면 9분이 늘어나 T가 69분이 되고, ⓑ에서 평균 속도가 40km로 낮아지면 T가 15분이 늘어나 77분이 된다. 따라서 ⓒ가 최단시간 노선이 된다.

21. 정답 ②

내용영역 논리학수학 문항유형 모형 추리

먼저 하는 것이 유리하다. 주어진 상황과 같은 경우의 확률은 주어진 개체수 가운데 하나를 뽑는 확률로 생각해서는 안 된다.

x=1이라고 가정하면 참붕어가 1마리, 황쏘가리 2마리, 가물치가 1마리이므로, 전체 물고기는 4마리가 된다. 갑이 가물치를 낚는 경우는 첫 번째와 세 번째 낚시에서 가물치를 낚는 것이다. 을이 가물치를 낚는 경우는 두 번째와 네 번째 낚시에서 가물치를 낚는 것이다.

구분	1회 낚시	2회 낚시	3회 낚시	4회 낚시	확률
갑이 낚는 경우	○				1/4
	×	×	○		3/4 × 2/3 × 1/2 = 1/4
을이 낚는 경우	×	○			3/4 × 1/3 = 1/4
	×	×	×	○	3/4 × 2/3 × 1/2 ×1/1 = 1/4

위와 같이 갑이 가물치를 낚을 확률은 1/2(1/4+1/4)이고, 을이 가물치를 낚을 확률도 1/2(1/4+1/4)로서 동일하다.

x=2이라고 가정하면 참붕어가 2마리, 황쏘가리 4마리, 가물치가 1마리이므로, 전체 물고기는 7마리가 된다. 갑이 가물치를 낚는 경우는 첫 번째와 세 번째, 다섯 번째, 일곱 번째 낚시에서 가물치를 낚는 것이다. 을이 가물치를 낚는 경우는 두 번째와 네 번째, 여섯 번째 낚시에서 가물치를 낚는 것이다. 이를 계산하면 갑이 가물치를 낚을 확률은 4/7, 을이 가물치를 낚을 확률은 3/7이 되어 먼저 낚시를 한 갑이 유리해진다.

이를 확장하면 전체 물고기 개수가 짝수일 경우에는 갑과 을이 가물치를 낚는 경우의 수는 동일하므로 그 확률도 동일하게 나온다. 반면 전체 물고기 개수가 홀수인 경우에는 가물치를 낚는 경우의 수가 갑이 을보다 항상 1나 더 나오므로 갑이 가물치를 낚는 확률이 항상 높게 나온다. 따라서 먼저 하는 사람이 이길 확률이 높거나 같기에 정답은 ②번이다.

22. 정답 ⑤

내용영역 논리학수학 문항유형 모형 추리

A, B, C, D, E의 수당을 각각 a, b, c, d, e로 표현할 경우, 이들 수당의 합은 a+b+c+d+e=182×5=910이 된다. e는 d보다 6만 원 더 많으므로, e=d+6이며, d는 c보다 2만 원 더 많으므로 d=c+2인데 c와 b가 같으므로 d=b+2이기도 하다. 따라서 주어진 조건으로부터 a+b+b+(b+2)+(b+8) = a+4b = 900임을 알 수 있다.

ㄱ. 옳다. b와 c의 값은 같으므로 이들의 평균값이 곧 b와 c의 값이다. 따라서 b와 c가 176이라면 그 결과는 다음의 표와 같게 된다.

a	b	c	d	e
900-4b	b	b	b+2	b+8
196	176	176	178	184

ㄴ. 옳다. ㄴ에 주어진 조건은 180 < b < 182로 표현할 수 있다. 이 값을 토대로 정리하면 다음과 같은 표가 된다.

a	b	c	d	e
900-4b	b	b	b+2	b+8
172<a<180	180<b<182	180<b<182	182<b<184	188<b<190

ㄷ. 옳다. a가 가장 작고 e와 a의 차가 13이라는 것은 (b+8)-a=13, a=b-5를 뜻한다. 이를 a+4b=900에 대입하면 5b=905로, 즉 b는 181임을 알 수 있다. 이 경우 a~e 가운데 두번째로 큰 수는 d이므로, d=183이 된다. 이를 표로 정리하면 다음과 같다.

a	b	c	d	e
900-4b	b	b	b+2	b+8
176	181	181	183	189

23. 정답 ①

내용영역 논리학수학 문항유형 모형 추리

ㄱ. 옳다. D상자에 담기는 종이는 두 번째 시행의 결과이므로 거꾸로 따져보자. D상자의 종이는 B, C상자에서 뽑힌 것이다. 즉, 다음과 같이 D상자에 사각형이 있다면 하나는 B에서 다른 하나는 C에서 뽑힌 것이다.

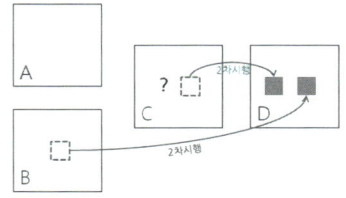

그렇다면 C상자에는 첫 번째 시행의 결과 사각형이 있었다는 것이고, C상자에는 같은 모양 2개만이 존재할 수 있으므로 위 그림의 '?' 역시 사각형임을 알 수 있다. 그런데 C상자의 종이는 다음과 같이 각각 A, B에서 꺼낸 종이이다.

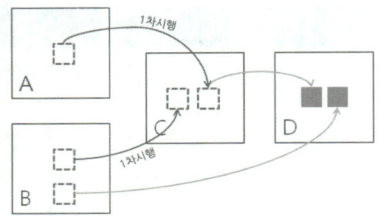

즉 B상자에서 총 2개의 사각형이 C, D상자로 이동한 것이다. 그런데 맨 처음 B상자에는 사각형이 2개였으므로 2차 시행의 결과 B상자에는 사각형이 하나도 없음을 추론할 수 있다.

ㄴ. 옳지 않다. 어떤 도형이 D상자에서 발견될 확률은 다음과 같이 구할 수 있다.

(도형이 C상자에서 뽑힐 확률)×(도형이 B상자에서 뽑힐 확률)

이에 따라 계산하면, 동그라미나 별 모양이 D상자에서 발견될 확률은 D상자에서 삼각형이 발견될 확률보다 높다.

삼각형 : $(\frac{3}{15}×\frac{3}{15})×(\frac{2}{14})=\frac{18}{15×15×14}$

동그라미 : $(\frac{2}{15}×\frac{4}{15})×(\frac{3}{14})=\frac{24}{15×15×14}$

별 : $(\frac{1}{15}×\frac{5}{15})×(\frac{4}{14})=\frac{20}{15×15×14}$

ㄷ. 옳지 않다. 오각형의 경우 B 상자에 1개만 들어 있다. A, B상자에서 각각 하나씩 종이를 꺼낼 때 B상자의 오각형이 C상자로 옮겨지면, B상자에는 오각형이 하나도 남지 않는다. 따라서 D상자에서 B, C상자에서 각각 하나씩 종이를 꺼낼 때 B상자에서는 절대 오각형이 나올 수 없다. 두 종이가 같은 모양인 경우가 성립하지 않으므로, 오각형은 D상자에서 발견될 수 없다.

---

24. 정답 ①

내용영역 논리학수학   문항유형 모형 추리

ㄱ. 옳다. C국가와의 전쟁 투표에서 병과 무 두 부족만 참석하여 투표한 결과 전쟁이 시작되었다. 따라서 병, 무 부족 중 적어도 하나는 호전적이다. 한편 D국가와의 전쟁에는 갑, 을, 병, 정 부족이 참석하였고 투표 결과 전쟁이 시작되었다. 그런데 을과 정은 평화적인 부족이므로(ㄴ 참조) 전쟁에 반대를 하였을 것이고 4부족 중 50% 이상이 전쟁에 찬성해야만 전쟁이 시작하므로 갑과 병은 모두 전쟁에 찬성을 하였다는 것을 알 수 있다. 따라서 병은 호전적인 부족임을 알 수 있다.

ㄴ. 옳지 않다. B국가와의 전쟁 투표에는 을과 정 두 부족만 참석하였으므로 을과 정 중 어느 하나라도 전쟁에 찬성하였다면 전쟁이 시작되었을 것이다. 그런데 투표 결과 전쟁이 시작되지 않았다. 따라서 을과 정 모두 전쟁에 반대하였음을 알 수 있다.

ㄷ. 옳지 않다. ㄱ, ㄴ에 따르면 갑~기 부족 중 갑~정 부족의 성격은 다음과 같이 정리된다.

갑	을	병	정	무	기
호전	평화	호전	평화	?	?

E국가와의 전쟁에 대한 투표에는 6국가 모두가 참석했으므로 3부족 이상이 호전적인 부족이어야 한다. 그런데 무 부족의 성격을 알 수 없다. 즉 무와 기가 모두 평화적인 부족이라면 E국가와의 전쟁은 시작될 수 없다.

---

25. 정답 ③

내용영역 논리학수학   문항유형 모형 추리

첫째, 둘째 사실에 따라 6명에 대한 신상을 정리하면 다음 <표>와 같다. 세 번째, 네 번째 조건에 따르면 남학생 중 하나는 A대학교, 다른 하나는 B대학교 소속임을 알 수 있고, 당첨된 여학생 2명은 모두 A대학교 소속임을 알 수 있다.

<표>

순서	성별	당첨여부	소속학교
1~4	남	○	A
1~4	남	○	B
1~4	여	○	A
1~4	여	○	A
5	여	×	?
6	여	×	?

다섯 번째 조건에 따를 때 구매 순서는 다음과 같다. 그러나 갑과 병 중 누구의 순서가 앞섰는지, 을과 무 중 누구의 순서가 앞섰는지, 기의 순서가 몇 번째인지는 알 수 없다.

갑   정   을
병   무

기는 1, 2, 3, 4, 5, 6 등이 모두 가능하며, 이에 따라 6가지 경우가 가능하다.

① 옳다. 기의 구매 순서와 관계없이 갑은 1, 2, 3등을 할 수 있으며 4등 이하는 할 수 없다. 따라서 갑은 문화상품권 5장을 받았음을 알 수 있다.

② 옳다. 남학생은 모두 상품을 받았다는 조건에 따라 을이 남학생이라면 기의 구매 순서는 을보다 뒤임을 알 수 있다. 이 경우 을의 구매 순서는 4번째가 되므로 을은 문화상품권 50장을 받게 된다.

③ 옳지 않다. 가령 기가 을 또는 무보다 먼저 구매를 했다면 을과 무는 순서와 관계없이 5, 6번째 구매자가 되고 ④ 설명에 따라 모두 여학생이다. 기는 1~4번째 구매자 중 하나인데 남자일 수도 있지만 여자일 수도 있다. 따라서 세 사람 모두가 여학생인 경우도 가능하다.

④ 옳다. 정이 문화상품권 50장을 받았다면 정은 4위이므로 을과 무는 5, 6위이다. <표>에 따르면 5, 6위는 모두 여학생이다.

⑤ 옳다. 병이 세 번째로 구매를 했다면, 갑과 기가 병보다 먼저 구매를 했다는 것인데 이 경우 정이 4번째 구매자가 되고, 무는 을의 순서와는 관계없이 경품을 타지 못한다.

26. 정답 ③

내용영역 논리학수학   문항유형 모형 추리

A의 진술부터 차례대로 검토해 보자. 먼저 A의 진술이 참이라면 A는 여성이 되고 B는 A의 말이 거짓이라고 했으므로 남성이 된다. C의 진술은 참이 되므로 C도 여성이 되며 D가 만약 여성이라고 가정하면 D의 진술을 참이라고 옹호한 E까지 여성이 되어 여성은 총 4명이 되어야 하는데 이는 D의 진술과 배치되므로 D는 거짓말을 하고 있음을 알 수 있다. 따라서 이 경우 여성은 A, C 남성은 B, D, E가 된다. 다음으로 A의 진술이 거짓이라면 A는 남성이 되고 B는 여성이 된다. C는 거짓말을 하고 있으므로 남성이 된다. D가 만약 여성이라면 E의 진술 역시 참이 되어 결론적으로 여성은 총 3명이 되므로 D와 E 역시 여성임을 알 수 있다. 그러나 만약 D가 남성이라고 가정하면 D의 진술은 거짓이 되고 E 역시 남성이 되므로 이 또한 가능한 경우가 된다. 따라서 이 경우는 B 혼자 여성일 수도 있고, B와 D, E가 여성이고 A와 C가 남성일 수도 있다.

ㄱ. 옳다. 위에서 설명한 경우 중 D와 E는 항상 같은 성별이므로 옳은 추론이다.

ㄴ. 옳다. 경우에 따라 여성은 최대 3명(B, D, E)이 될 수 있다.

ㄷ. 옳지 않다. 두 번째 경우를 보면 B가 여성일 경우 D와 E는 둘 다 여성이거나 둘 다 남성 모두 가능하므로 반드시 그렇다고 할 수 없다.

27. 정답 ③

내용영역 논리학수학   문항유형 모형 추리

B조 구성원은 항상 거짓말을 한다. 첫 번째 진술과 두 번째 진술이 B조 대표가 한 말이라면 참이 되므로, B조 대표는 세 번째 진술을 했음을 알 수 있다. B조 대표가 세 번째 진술을 하였다면 "B조는 적어도 2명 이상이다."는 거짓이다. 따라서 B조의 인원수는 2명 미만이다. 적어도 1명씩은 있다고 하였으므로 B조의 인원수는 1명이다.

B조의 인원수가 1명이라면, 첫 번째 진술에서 "B조와 C조의 인원수를 곱하면 12이다."를 통해 C조의 인원이 12명임을 알 수 있다. 그런데 A, B, C조의 인원은 모두 10명이라고 하였으므로 이는 거짓이다. 그리고 이 진술은 A조나 C조 대표가 한 것인데, 이들은 B조가 아니므로 "나는 B조이다."도 거짓이 된다. 따라서 첫 번째 진술은 거짓말을 하는 대표가 한 말이다. A조 구성원은 참말만을 하므로 첫 번째 진술은 C조 대표가 한 말이다.

첫 번째 진술은 C조 대표가 한 거짓말이고, 세 번째 진술은 B조 대표가 한 거짓말이므로, 두 번째 진술은 A조 대표가 한 참말이다. 두 번째 진술이 참이 되려면, "A조와 B조의 인원수를 합하면 6이다."가 참이어야 한다. 따라서 B조의 인원수는 1명이고, A조의 인원수는 5명이다. 그리고 C조의 인원수는 4명이다.

ㄱ. 옳다. 위 해설 참고

ㄴ. 옳다. 위 해설 참고

ㄷ. 옳지 않다. 자신이 B조라는 진술만 참으로 말하였더라도, 해당 진술은 모두 참이 되므로 B조 대표가 거짓말을 한다는 조건에 위배된다. 따라서 B조 대표는 자신이 B조라는 진술을 말하지 않았다.

28. 정답 ④

내용영역 논리학수학   문항유형 모형 추리

갑 부족의 입장에서는 참이 아닌 말이면서 을 부족의 입장에서는 참인 말은 "우리는 모두 을 부족의 사람들이다."라는 말이다. 즉, 이 두 조건을 모두 충족시키기 위해서는 "우리는 모두 을 부족의 사람들이다."라는 말은 병 부족의 사람들만이 할 수 있는 것이다. 따라서 "우리는 모두 을 부족의 사람들"이라고 답한 두 번째 조는 병 부족의 사람들로만 구성된 조이다. 한편 이들은 자신들의 말을 참말로 만든다고 했으므로, 이들은 자신들의 진술에 의해 을 부족 사람들이 되어버렸다. 따라서 이들은 B에서 자게 된다. 반면, "우리는 모두 병 부족 사람들이다."라고 말하는 사람들 속에는 갑 부족원이 끼어있어서는 안 되지만 을 부족원은 끼어 있어도 되며, 마찬가지로 병 부족원이 끼어 있어도 된다. 따라서 두 개의 부족으로 구성된 조는 세 번째 조이며, 이들은 15명의 을 부족 사람들과 15명의 병 부족 사람들로 구성되어 있다.

따라서 "우리는 모두 갑 부족 사람들이다."라고 말하는 사람들은 10명씩 세 부족원으로 구성된 첫 번째 조 사람들이다. 갑 부족이라고 말하는 사람들은 갑 부족 입장에서는 참말을 하는 것이지만, 을과 병 부족 입장에서는 참이 아닌 말이 된다. 하지만, 병 부족의 경우, 우리는 모두 갑 부족이라고 외치면 이들의 말이 그대로 실현되므로, 이들은 갑 부족이 되는 것이다. 따라서 첫 번째 조의 사람들은 세 부족의 사람들이 10명씩 섞여 있는 사람들이다.

결국 이 날 세 부족의 사람들은 갑 부족이 10명, 을 부족이 25명, 병 부족이 55명이 있었고, 첫 번째 조는 갑 10명, 을 10명, 병 10명, 두 번째 조는 병 30명, 세 번째 조는 을 15명과 병 15명으로 구성되어 있었다. 그리고 이들의 말에 의해서 최종적으로 갑 부족원은 10+10(첫 번째 조의 병 부족 사람들)명, 을 부족원은 25+30(두 번째 조 사람들)이 되어 55명, 병 부족원은 15명(세 번째 조의 병 부족 사람들)이 된다. 이를 정리하면 최종적으로 B에서 잠을 자는 사람의 수는 55명이다.

29. 정답 ③

내용영역 논리학수학   문항유형 모형 추리

ㄱ. 옳다. '갑'은 모든 사람을 지지했으므로 '을', '병', '정'은 각각 한 표씩을 획득하고 있다. 이때 '을'과 '병'이 모두 '갑'을 지지하게 된다면 '갑'은 2표를 획득하게 된다. 그런데 '정'은 '갑'을 지지하지 않는다고 했으므로 '을'이나 '병' 중 적어도 한 명을 지지할 것이다. 그렇게 되면 '을'이나 '병'이 '갑'과 같은 수의 표를 득표하게 된다. 만약 '을'이나 '병'이 '갑'을 지지하지 않는다면 '갑'은 한 표도

득표하지 못할 수 있다. 따라서 '갑'은 가장 많은 표를 받게 되는 경우에도 다른 후보와 동수의 표를 얻게 되어, 이번 과대표 선거에서 과대표로 선출되지 못하고 선거가 연기되게 된다.

ㄴ. 옳다. '을'과 '병'은 서로를 지지하지 않으며 '정'은 '갑'을 지지하지 않으므로, 모두에게 지지를 받을 수 있는 사람은 '정'뿐이다.

ㄷ. 옳지 않다. '갑'의 지지로 '을', '병', '정'은 각각 한 표씩 획득한 상태에서, '을'과 '병'이 다른 후보를 한 명씩만 지지하며, 그 두 후보는 서로 다른 사람임이 밝혀진다면 '갑'은 1표를, '정'은 2표를 얻게 된다. 그러나 '정'도 반드시 다른 사람을 지지해야 하며, 그것은 '을'이나 '병' 중 적어도 한 사람이 되어야 한다. 이 경우에는 '정'이 2표를 얻고, '을'이나 '병' 가운데 한 사람이 똑같이 2표를 얻어 동률이 되므로 선거가 연기된다.

---

30. 정답 ④

| 내용영역 | 논리학수학 | | 문항유형 | 모형 추리 |

주어진 조건을 표로 만들면 다음과 같다.

구분	갑	을	병	정
옷	검정 or 노랑 or 파랑	빨강	검정 or 노랑 or 파랑	노랑 or 파랑
악세서리	모자 or 시계 or 가방	모자 or 시계	모자 or 시계 or 가방	안경

보기에 주어진 상황에 따라 하나씩 대입한 후, 소거법으로 선택가능성을 지워나가면서 풀 수 있다.

① 가능한 조합이다.
갑 : 가방, 을 : 모자, 병 : 시계, 정 : 노란색 옷. (○)
갑이 가방을 착용했다면, 검은색 옷을 입을 수 없다. 그러므로 검은색 옷은 병만 가능하며, 가방착용은 불가능하다. 여기서 을이 모자를 착용했다면, 병은 시계를 착용했다. 그리고 갑이 파란색 옷을 입었다면, 정은 노란색 옷을 입는 것이 가능하다.

② 가능한 조합이다.
갑 : 모자, 을 : 시계, 병 : 노란색 옷, 정 : 파란색 옷. (○)
갑이 모자를 착용했다면 을은 시계, 병은 가방이다. 가방은 노랑 혹은 파란색 옷만 가능하므로, 병이 노란색 옷이라면 정은 파란색 옷이다.

③ 가능한 조합이다.
갑 : 노란색 옷, 을 : 시계, 병 : 모자, 정 : 파란색 옷. (○)
갑이 노란색 옷이라면 정은 파란색 옷이고, 병은 검정색 옷이다. 검정색 옷은 모자 혹은 시계이므로, 을이 시계를 착용했다면 병은 모자를 착용했다. 갑이 가방을 착용했고, 노란색 옷을 입었다면, 정은 파란색 옷을 입고 있다.

④ 가능한 조합이 아니다.
갑 : 파란색 옷, 을 : 시계, 병 : 가방, 정 : 노란색 옷. (×)
갑이 파란색 옷이라면 정은 노란색 옷이고, 병은 검정색 옷이다. 검정색 옷은 모자 혹은 시계만 가능하므로, 병이 가방을 착용하는 것은 불가능하다.

⑤ 가능한 조합이다.
갑 : 검정색 옷, 을 : 모자, 병 : 파란색 옷, 정 : 노란색 옷. (○)
갑이 검정색 옷이라면 병과 정은 노란색 옷이거나 파란색 옷이다. 을이 모자를 착용했다면, 갑은 시계를 착용했고, 병은 가방을 착용했다. 따라서 모두 가능하다.

---

31. 정답 ②

| 내용영역 | 논리학수학 | | 문항유형 | 모형 추리 |

변환의 룰에 대해서 표로 정리하면 다음과 같다. (카드의 첫째 칸은 맨 왼쪽 칸을 말한다.)

〈변환기 X〉

문자 \ 위치	첫째 칸에 쓰인 경우	둘째 칸에 쓰인 경우	셋째 칸에 쓰인 경우
a	b	b	b/c
b	c	a/c	a/c
c	b	b	b

〈변환기 Y〉

문자 \ 위치	첫째 칸에 쓰인 경우	둘째 칸에 쓰인 경우	셋째 칸에 쓰인 경우
a	b	b	b
b	c	a	c
c	a	a	a

ㄱ. 옳지 않다. (c, a, c)가 나오는 것은 불가능하다.
　(1) (c, b, b) → 변환기 X → (b, a, a) → 변환기 Y → (c, b, b)
　(2) (c, b, b) → 변환기 X → (b, a, c) → 변환기 Y → (c, b, a)
　(3) (c, b, b) → 변환기 X → (b, c, a) → 변환기 Y → (c, a, b)
　(4) (c, b, b) → 변환기 X → (b, c, c) → 변환기 Y → (c, a, a)

ㄴ. 옳다.
　(c, c, b) → 변환기 Y → (a, a, c) → 변환기 X → (b, b, b)이다. 따라서 카드의 두 번째, 세 번째에 쓰인 문자는 모두 b이다.

ㄷ. 옳지 않다.
　(c, b, a)라고 쓰인 카드를 변환기 X 또는 Y에 삽입하고, 나온 카드를 변환기 X 또는 Y에 삽입하는 경우는 총 4가지가 가능하다.
　(1) X (변환 경로 ii) → X (변환 경로 ii)
　ii) (c, b, a) → 변환기 X → (b, c, b) → 변환기 X → (c, b, a)
　(2) X (변환 경로 ii) → Y
　ii) (c, b, a) → 변환기 X → (b, c, b) → 변환기 Y → (c, a, c)

(3) Y → X

(c, b, a) → 변환기 Y → (a, a, b) → 변환기 X → (b, b, a)

또는 (b, b, c)

(4) Y → Y

(c, b, a) → 변환기 Y → (a, a, b) → 변환기 Y → (b, b, c)

따라서 (b, a, c)가 나올 수는 없다.

32. 정답 ③

내용영역 논리학수학　　　　　　　　**문항 유형** 모형 추리

주어진 조건을 정리하면 아래와 같다.

구분	레이저 A	레이저 B	레이저 C	레이저 D	레이저 E
필터 (가)	×			×	×
필터 (나)	×	×	×		
필터 (다)		×	×		
필터 (라)	×	×			
필터 (마)					

여기에 모든 각각의 레이저는 두 종류의 필터를 통과해야 하므로, 필터 (마)는 레이저 A와 B만 통과시키는 것을 알 수 있다.

그리고 각각의 필터는 세 종류의 레이저를 차단하므로, 필터 (다)가 ①이라면 필터 (라)는 ④이고, 필터 (다)가 ②라면 필터 (라)는 ③임을 알 수 있다.

구분	레이저 A	레이저 B	레이저 C	레이저 D	레이저 E
필터 (가)	×			×	×
필터 (나)	×	×	×		
필터 (다)		×	×	①	②
필터 (라)	×	×		③	④
필터 (마)			×	×	×

ㄱ. 옳다. 한 종류의 레이저만을 사용하기 위해서는 반드시 두 종류의 필터가 필요하다.

ㄴ. 옳다. 필터 (다)와 (라)를 동시에 사용한다면, 레이저 A, B, C는 반드시 차단된다. 그리고 필터 (다)가 레이저 D를 차단하면 필터 (라)가 레이저 E를 차단하고, 반대의 경우도 마찬가지이다. 그러므로 필터 (다)와 필터 (라)를 동시에 사용하면, 반드시 모든 레이저를 차단한다.

ㄷ. 옳지 않다. 필터 (마)는 레이저 C, D, E를 차단하므로, 어떠한 경우에도 레이저 D가 통과하지 않는다.

33. 정답 ①

내용영역 논리학수학　　　　　　　　**문항 유형** 모형 추리

ㅇ C는 1승 1패로 승점 2점을 얻었다. 따라서 C는 두 경기 모두 상위 리그 팀을 상대했다. C가 상대한 팀은 E와 F인데, E와 F는 서로 다른 리그에 속해 있다. 따라서 C는 3부 리그에 속한 팀이다. 또한 A는 F보다 상위 리그에 속해 있으므로 F는 2부, A와 E는 1부 리그 팀이다.

ㅇ D는 1승 1무로 승점 4점을 얻었다. 따라서 D는 두 경기 모두 상위 리그 팀을 상대했다. D가 상대한 팀은 A와 B인데, A와 B는 서로 다른 리그에 속해 있다. 따라서 D는 3부 리그에 속한 팀이다. 또 A는 1부, B는 2부 리그 팀이다.

ㄱ. 옳다. A는 2부 리그 팀(F)에게 승리하여 승점 1점을 얻고, 3부 리그 팀(D)와 무승부를 이루어 승점 1점을 잃었으므로 현재 승점이 0점이다. F는 3부 리그 팀(C)에게 승리하여 승점 1점을 얻고 1부 리그 팀(A)에 패하여 승점 1점을 잃었으므로 현재 승점이 0점이다.

ㄴ. 옳지 않다. B(2부)는 D(3부)에 패하였고, E(1부)와 무승부를 기록했다. 따라서 B가 얻은 승점은 -3+1=-2(점)이다. C가 얻은 승점은 2점이므로, 두 팀이 얻은 승점은 같지 않다.

ㄷ. 옳지 않다. 1부 리그에 속한 A와 E의 승점은 각각 0점, -4점이다. 2부 리그에 속한 B와 F의 승점은 각각 -2, 0점이다. 1부 리그 팀이 얻은 승점(-4)보다 2부 리그 팀이 얻은 승점(-2점)이 더 높고, 2부 리그 팀이 얻은 승점보다 3부 리그 팀이 얻은 승점(6점)이 더 높다. 따라서 상위 리그일수록 그에 속한 팀들이 얻은 승점이 높다고 할 수 없다.

34. 정답 ④

내용영역 논리학수학　　　　　　　　**문항 유형** 모형 추리

1) 절차진행의 속도는 C국~E국이 동일하기 때문에 이들은 모두 2점이거나 모두 1점이거나 모두 0점이어야 한다. 그런데 모두 2점인 경우가 제2항에 3개 존재한다. 따라서 C, D, E는 (가), (다), (라) 중 하나에 해당한다.

2) C국과 E국은 1점을 부여받지 않았을 것이기 때문에 (가), (다) 중 하나에 해당하고 따라서 (라)는 D국이다.

3) 제1항의 경우 (가)가 2점, (다)가 0점을 부여받았기 때문에 (가)국은 C국에 해당한다. 따라서 (다)국은 E국이다.

4) 종합 점수를 내면 B국이 6점, A국이 7점에 해당하기 때문에 (마)는 A국, (나)는 B국이 된다.

35. 정답 ②

내용영역 논리학수학　　　　　　　　**문항 유형** 모형 추리

A, B, C의 위치는 (3층, 7층, 9층)이며, 이들이 위치하고 있던 층과 11층에는 어떤 엘리베이터도 대기하고 있지 않았으므로 엘리베이터는 3층, 7층, 9층, 11층에 위치하고 있지 않음을 알 수 있다.

이때 알려진 사실 3에 따라 3층에서 버튼을 누른 A가 가장 먼저 탑승을 해야 한다. 그런데 엘리베이터가 10층, 8층, 6층에 위치하고 있었다면 B 또는 C가 가장 먼저 엘리베이터에 탑승하게 되거나 A와 동시에 탑승하게 된다. 따라서 엘리베이터가 위치할 수 있는 층은 5층, 4층, 2층, 1층 중 세 곳이다.

그런데 엘리베이터가 4층과 2층 모두에 위치하고 있다면 4층에

있는 엘리베이터가 A에게 이동하므로 총 이동 층은 9개가 된다. 또 2층에 위치하고 있던 엘리베이터의 총 이동 층도 9개가 된다. 이는 A, B, C 중 어느 누구도 11층에 동시에 도착하지 않았다는 조건에 위배된다. 따라서 엘리베이터가 위치할 수 있는 층은 (5층, 4층, 1층), (5층, 2층, 1층), 2가지 조합만 가능하다.

ⅰ) (5층, 4층, 1층)에 대기하고 있는 경우

4층 엘리베이터가 A에게로 이동하며 A가 탄 엘리베이터의 총 이동 층은 9개 층이다. 그 후 5층 엘리베이터가 B에게로 이동하며 B가 탄 엘리베이터의 총 이동 층은 6개 층이다. 마지막으로 1층 엘리베이터가 C에게로 이동하며 C가 탄 엘리베이터의 총 이동 층은 10개 층이다.

ⅱ) (5층, 2층, 1층)에 대기하고 있는 경우

2층 엘리베이터가 A에게로 이동하며 A가 탄 엘리베이터의 총 이동 층은 9개 층이다. 5층 엘리베이터가 B에게로 이동하며 B가 탄 엘리베이터의 총 이동 층은 6개 층이다. 마지막으로 1층 엘리베이터가 C에게로 이동하며 C가 탄 엘리베이터의 총 이동 층은 10개 층이다.

이상을 정리하면 다음과 같다.

	(5층, 4층, 1층)	(5층, 2층, 1층)
A를 태운 엘리베이터의 이동 층 수	9	9
B를 태운 엘리베이터의 이동 층 수	6	6
C를 태운 엘리베이터의 이동 층 수	10	10

① 옳다. 위 표 참조.

② 옳지 않다. B는 ⅰ)의 경우, ⅱ)의 경우 모두 5층에서 올라온 엘리베이터를 탔다. 하지만 A는 ⅰ)의 경우 4층에서 내려온 엘리베이터를, ⅱ)의 경우 2층에서 올라온 엘리베이터를 탔다.

③ 옳다. 위 표 참조.

④ 옳다. 11층에 가장 먼저 도착한 사람은 언제나 B이다.

⑤ 옳다. 11층에 가장 늦게 도착한 사람은 언제나 C이다.

---

36. 정답 ②

내용영역 논리학수학   문항유형 모형 추리

을과 병이 잡과에 응시했냐는 질문에 대한 갑의 '예'라는 대답은 1)참일 수도, 2)거짓일 수도 있다.

○ 먼저 1)과 같이 참이라고 가정하자. 이는 갑이 잡과에 응시하지 않았다는 뜻이다. 그렇다면 갑은 문과나 무과에 응시한 것인데, 무과 응시자는 거짓말만 하므로 '예'라고 참말을 할 수 없다. 따라서 갑의 '예'라는 대답이 참이라면 갑은 문과 응시자다. 2)갑의 '예'라는 대답이 거짓이라면 을 또는 병은 잡과 응시자가 아니므로 갑이 잡과 응시자이다. 정리하면 1)갑의 대답이 참이라면

갑은 문과, 2)갑의 대답이 거짓이라면 갑은 거짓말을 하는 잡과 응시자다.

○ 을의 '예'라는 대답 역시 a)참일 수도 b)거짓일 수도 있다. a)먼저 참이라고 가정해 보자. 을 역시 갑이 문과 또는 잡과 응시자란 사실을 추론하였을 것이다. 그런데 갑이 무슨 과에 응시했는지 안다는 것은, 을이 문과 또는 잡과 응시자인 경우에만 가능하다. 을 자신이 문과라면 갑은 잡과, 을 자신이 잡과라면 갑은 문과이기 때문에 을은 갑이 어떤 시험에 응시했는지를 알 수 있는 것이다. 반면 b)을의 '예'라는 대답이 거짓이라면, 을은 갑이 문과인지 잡과인지 모른다는 것이고, 이는 을이 무과일 때만 가능하다. 또 을은 무과이므로 거짓으로 모르면서도 '예'라고 대답하게 된다. 정리하자면, a)을의 '예'가 참이라면 을은 문과 또는 잡과 응시자고 b)거짓이라면 을은 무과 응시자다.

○ 갑과 을의 대답을 통해 가능한 모든 경우의 수를 따져보면 다음과 같이 ⅰ~ⅳ의 네 가지 경우가 가능하다.

구분	ⅰ	ⅱ	ⅲ	ⅳ
갑	문과	잡과(F)	문과	잡과
을	잡과(T)	문과	무과	무과

이제 이러한 내용을 토대로 각 선택지를 검토해 보자.

ㄱ. 옳지 않다. ⅰ~ⅳ의 각 경우에 병은 무과, 무과, 잡과, 문과일 수 있다. 이를 정리하면 다음과 같다.

구분	ⅰ	ⅱ	ⅲ	ⅳ
갑	문과	잡과(F)	문과	잡과(F)
을	잡과(T)	문과	무과	무과
병	무과	무과	잡과	문과

만약 병이 문과라면 이는 ⅰ~ⅳ 중 ⅳ의 경우에 해당한다는 것이므로 병은 을이 무과에 응시했음을 추론할 수 있다. 즉, 병이 문과라면 "예"라는 대답은 옳다. 따라서 병의 "예"라는 대답이 반드시 거짓말이라고 추론할 수 없다.

ㄴ. 옳다. ⅰ~ⅳ에서 잡과에 응시한 사람이 정의 질문에 참말로 대답하는 경우는 ⅰ뿐이고, 이때 갑은 문과 응시자다.

ㄷ. 옳지 않다. ⅰ~ⅳ에서 잡과에 응시한 사람이 정의 질문에 거짓말로 대답하는 경우는 ⅱ와 ⅳ의 두 가지 경우로 만약 ⅳ의 경우라면 을은 무과에 응시했지만, ⅱ의 경우라면 을은 무과에 응시하지 않았다. 따라서 반드시 을이 무과에 응시했다고 추론할 수 없다.

---

37. 정답 ③

내용영역 논리학수학   문항유형 모형 추리

F가 악수를 4번 했다면, 이는 자기 자신과 배우자를 제외한 모든 사람과 악수를 했다는 것이다. 그렇다면 오직 이 사람의 배우자만이 0번 악수를 할 수 있다는 것도 함께 알 수 있다. 즉, F의 배우자는 B이다.

E가 악수를 3번 했다는 것은 자기 자신과 배우자, 그리고 B를 제외하고 모두와 악수를 했다는 것이다. 이때 오직 그의 배우자만이 1번 악수를 할 수 있음을 알 수 있다. 왜냐하면 B와 E의 배우자를 제외하면 모두가 최소 F, E와 악수했기 때문이다. 따라서 E의 배우자는 C이다.

D가 악수를 두 번 했다는 것은 E, F와 악수했고, 나머지와는 하지 않았다는 것이다. 이 사람의 배우자는 마찬가지로 2번 악수했을 수밖에 없는데, 왜냐하면 D의 배우자는 확정적으로 E, F와 악수했을 것이고, B, C, D와는 악수했을 수 없기 때문이다. 이러한 점에서 D의 배우자는 유일하게 진술하지 않은 A임을 알 수 있다.

따라서 A의 배우자는 D이고, B의 배우자는 F이다.

ㄱ. 옳다. 갑이 앞면에 x금액을 걸었다고 할 경우 만일 을이 앞면에 x보다 많은 금액을 건다면 앞면이 나올 때 이기고 뒷면이 나올 때 지게 된다. 반대로 을이 앞면에 x보다 적은 금액을 건다면 을은 앞면이 나올 때 지고 뒷면이 나올 때 이긴다. 어떤 경우이든 을의 승리확률은 50%(1/2)이다.

ㄴ. 옳지 않다. 각 던지기마다 갑의 내기 선택을 그대로 따르면 된다. 갑이 앞면에 x금액을 걸었고 을 역시 앞면에 x금액을 걸었다면 동전 던지기 결과와는 무관하게 항상 을의 소지금이 갑의 것보다 많게 된다.

ㄷ. 옳지 않다. 만약 갑이 100원을, 을이 10원을 소지하고 있는 경우에 갑은 을의 내기 선택과 상관없이 언제나 승리할 수 있다. 이러한 경우의 수는 얼마든지 나올 수 있으며 이와 반대로 갑이 패배하는 경우의 수도 얼마든지 나올 수 있다. 그러므로 갑의 승리확률은 주어진 조건만으로 알 수 없으므로 갑의 승리확률이 50%라고 한 보기는 틀린 문장이다.

자신의 머리에 칠해져 있는 색은 흰색 아니면 빨간색이지만, 첫째 날은 아무도 자신의 머리 색을 정확하게 알 수 없다. 왕 앞에 불려갔을 때 상대방의 머리 색을 보더라도 자신의 머리 색을 알 수는 없기 때문이다. 둘째 날도 마찬가지이다. 왕이 준 단서를 토대로 추론할 수 있는 것은 아무것도 없다. 그러나 셋째 날은 모두 석방될 수 있다.

머리에 칠해진 색은 모두 흰색이거나, 모두 빨간색이거나, 한 사람만 빨간색이다.

ⅰ) 한 사람만 흰색일 경우에는 둘째 날 두 사람 가운데 한 사람이 간수에게 자신의 머리 색을 말하고 석방될 것이다. 따라서 셋째 날에는 한 사람만이 왕 앞에서 참회를 할 것이며, 그 자리에서 그 죄수는 자신의 머리 색이 빨간색이라는 것을 알게 될 것이다. 따라서 그는 셋째 날 간수에게 자신의 머리 색을 말하고 석방될 것이다.

ⅱ) 둘 모두 흰색일 경우에는 둘째 날 아무도 간수에게 자신의 머리 색을 말하지 못한다. 따라서 셋째 날에도 둘 모두가 왕 앞에서

참회의 말을 할 것이며, 돌아간 후에는 두 사람 모두 간수에게 자신의 머리 색을 말하고 풀려날 것이다. 왜냐하면 상대방의 머리 색이 흰색이기 때문에 자신의 머리 색을 확신할 수 없었던 것인데, 둘 모두 확신하지 못하는 상황이었음을 알 수 있게 되기 때문이다.

ⅲ) 둘 모두 빨간색일 경우는 왕이 부정하였기 때문에 따질 필요가 없다.

그런데 모두 흰색인지 한 사람만 흰색인지는 주어진 글로부터 추론할 수 없다. 따라서 가장 정확한 추론은 셋째 날 이후에는 모두 석방되어 '넷째 날 아무도 참회의 말을 하지 않는다'이다.

C와 G가 공동 우승했으므로 두 사람의 전적은 같아야 한다. 그런데 C와 G가 한 경기를 치렀을 것이며 따라서 이 중 한 사람은 이 경기에서 졌을 것이므로 우승자는 7전 전승이 아닌 적어도 패가 한 번 이상 있어야 한다. 즉 6승 1패, 5승 2패, 4승 3패 중 하나여야 한다. 그런데 만일 두 우승자가 4승 3패라면 나머지 사람들의 승률은 모두 5할 이하가 되어야 한다. 하지만 나머지 사람들이 모두 3승 4패를 거두었다고 해도 이들의 합은 18승 24패가 되고, 두 우승자는 합해서 8승 6패를 거두었으므로, 리그전이 끝나면 모든 선수들의 승수와 패수의 합이 같아야 한다는 논리적 사실로 판단할 때 4승 3패는 가능하지 않다는 것을 알 수 있다. 따라서 우승자인 C와 G는 6승 1패 혹은 5승 2패를 한 것이다.

만일 C가 A를 이겼다면 두 번째 결과에 의해 C는 H에게 졌을 것이며, H에게 이겼다면 세 번째 결과에 의해 A에게 졌을 것이라는 사실이 추론된다. 이는 G에 대해서도 마찬가지이다. 즉, C와 G는 A와 H 모두에게 이길 수는 없으며 둘 중 한 사람에게 졌거나 혹은 둘 모두에게 진 것이다. 만일 C가 A와 H 모두에게 졌다면, C는 반드시 G를 이겨야 우승자가 최대 2패라는 사실에 부합하게 된다. 그런데 만일 C가 A를 이겼다면 세 번째 결과에 의해 C는 H에게 졌어야 한다. C가 G를 이겼으며 유일한 패배가 H여서 6승 1패로 우승했다면 G도 6승 1패로 우승해야 하는데, G가 A와 H 모두에게 이기는 것이 두 번째와 세 번째 결과에 의해 불가능하므로, 우승자가 6승 1패인 경우는 나올 수 없다. 따라서 우승자인 C와 G는 5승 2패로 우승한 것이 된다.

따라서 이러한 결론으로부터 ①, ②, ③은 틀렸다는 사실을 알 수 있다. 한편 C가 G를 이겼다면, G의 2패는 C로부터 하나, 그리고 A와 H 중 한 사람으로부터 하나를 받은 것이므로 G는 나머지 사람들을 모두 이긴 것이 된다. 따라서 ④도 틀린 진술이다. 하지만 G가 C를 이긴 경우 자신의 2패를 모두 A와 H로부터 받을 수도 있으며(두 번째와 세 번째 결과에 위배되지 않는다), 혹은 1패를 A나 H로부터 그리고 나머지 1패를 나머지 네 사람 중 한 사람에게 받을 수도 있다. 따라서 정답은 ⑤이다.

41. 정답 ③

내용영역 논리학수학　　　　　**문항 유형** 모형 추리

① 옳다. ⓒ가 참이라면 ⓔ와 ⓕ가 모두 참이므로 을은 2등이다. 그런데 조건에 따르면 2등을 한 사람의 진술은 모두 참이다. 따라서 을의 두 번째 발언 ⓓ는 참이다. ⓕ가 참이라면 을이 2등을 한 것이므로 2등을 한 사람의 진술이 모두 참이라는 조건에 따라 ⓒ와 ⓓ가 참이다. ⓒ에 따르면 병의 진술은 모두 참이므로 병의 첫 번째 진술 ⓔ 역시 참이다.

② 옳다. ①의 해설에 따르면 ⓒ가 참일 경우, ⓓ, ⓔ, ⓕ도 참이다. 따라서 갑은 4등, 정은 꼴찌, 을은 2등이다. 그렇다면 을이 2등이라는 ⓘ는 참이지만 정이 4등을 했다는 ⓐ, 무가 꼴찌를 했다는 ⓗ는 거짓이다. 따라서 ⓘ, ⓙ 중 적어도 하나가 거짓이라는 추론은 옳다.

③ 옳지 않다. ①의 해설에 따르면 ⓕ가 참일 경우 ⓒ, ⓓ, ⓔ 모두 참이고 갑은 4등, 정은 꼴찌, 을은 2등이다. 그렇다면 정이 4등을 했다는 ⓐ, 무가 꼴찌를 했다는 ⓗ는 거짓이다. 결과적으로 무의 진술은 모두 참이라는 ⓑ는 거짓이다. 따라서 ⓐ와 ⓑ는 모두 거짓이다.

④ 옳다. ①의 해설에 따르면 ⓕ가 참인 경우 ⓓ가 참이다. 따라서 ⓓ와 같은 진술인 ⓖ 역시 참이다.

⑤ 옳다. ③의 해설에 따르면 ⓕ가 참인 경우 ⓒ, ⓓ, ⓔ 모두 참이고 갑은 4등, 정은 꼴찌, 을은 2등이다. 이를 정리하면 아래와 같다.

1등	
2등	을
3등	
4등	갑
5등	정

이렇게 보면 병은 1등 또는 3등을 했을 가능성이 있다. 그런데 병의 두 진술 ⓓ, ⓔ가 모두 참이므로 '3등을 한 사람의 진술은 거짓'이라는 조건에 따라 병은 3등이 될 수 없다. 따라서 병은 1등임을 알 수 있다. 이 경우 병, 을, 무, 갑, 정 순으로 1, 2, 3, 4, 5등이 된다. 이 경우 주어진 조건이나 각 사람의 발언을 따져보면 어떠한 모순도 발생하지 않음을 알 수 있다. 따라서 ⓕ가 참인 경우 병이 1등이라는 추론은 옳다.

42. 정답 ③

내용영역 논리학수학　　　　　**문항 유형** 모형 추리

ㄱ. 옳지 않다. 기가 첫 턴에 죽는다면, 시민이 바로 승리하면서 무는 살아있을 수 있다.

ㄴ. 옳지 않다. 갑은 누구와도 최후의 2인이 될 수 있다. 예를 들어 정을 첫 턴에 죽인다면, 두 번째 턴에는 무가 죽고, 셋째 턴에 기를 죽인 후에 넷째 턴에 을을 죽이면 갑과 병이 최후의 2인으로 남는다.

ㄷ. 옳다. 갑이 마피아인 경우 을을 죽이면 바로 승리가 확정된다. 무가 마피아인 경우 갑을 죽이면 바로 승리가 확정된다. 기가 마피아인 경우 갑을 죽이면 바로 승리가 확정된다. 나머지 을, 병, 정이 마피아인 경우에는 첫 턴에 누구를 죽이더라도 승리를 확정지을 수 없다.

43. 정답 ④

내용영역 논리학수학　　　　　**문항 유형** 모형 추리

① 옳지 않다. 만약 A가 3번째 게임에서 지면, A, C의 승점은 각각 6, 6이 된다. 그리고 B가 D에 이겼을 경우에는 B도 승점이 6이 되고 승점에서 A, C와 나란해진다. 승점이 동일한 경우, 순위는 득실점차로 결정되므로 A가 진출하지 못할 수 있다.

② 옳지 않다. 만약 B가 3번째 게임에서 비긴다면 B, D의 승점은 각각 4, 1이 된다. 그리고 C가 3번째 게임에서 A에 이겼을 경우에는 A, C의 승점은 각각 6, 6이 된다. 이러한 상태에서 A, C의 득실점차에 의한 순위에 상관없이 B는 3위가 되기 때문에 결승 토너먼트에 진출할 수 없다.

③ 옳지 않다. 만약 C가 3번째 게임에서 이기면 A, C의 승점은 각각 6, 6이 된다. 이 시점에서 순위를 보면 C는 상위 2팀에 들어간다. 그리고 B가 D에 이겼을 경우에는 B의 승점은 6이 된다. 이러한 상태에서는 A, B, C는 승점 6으로 나란해진다. 그리고 승점이 동일한 경우, 순위는 득실점차로 결정되므로 그 결과에 따라서 C가 진출하지 못할 수 있다.

④ 옳다. 만약 D가 3번째 게임에서 비기면 B, D의 승점은 각각 4, 1이 되고 A는 이미 승점 6점을 얻고 있기 때문에 D는 상위 2팀에 들어갈 수 없고 결승 토너먼트에 진출할 수 없다. 또 D가 3번째 게임에서 졌을 경우, D는 상위 2팀에 들어갈 수 없고 결승 토너먼트에 진출할 수 없다. 반면 D가 3번째 게임에서 이겼을 경우, 득실점차에 의해 D는 결승 토너먼트에 진출할 가능성이 있다. 이상으로부터 D가 결승 토너먼트에 진출하기 위해서는 적어도 3번째 게임에서 이겨야 함을 알 수 있다.

⑤ 옳지 않다. 3번째 게임의 대진은 각각 A vs C, B vs D이다. 그리고 3번째 게임의 B vs D에서 D가 이기고 A vs C에서 C가 지면 B, C, D는 각각 승점 3으로 나란해진다. 승점이 같은 경우 B, C, D 3팀의 순위는 득실점차로 결정되므로, 세 번째 게임의 골 득실 결과에 따라서 D가 올라갈 수도 있다.

44. 정답 ③

내용영역 논리학수학　　　　　**문항 유형** 모형 추리

A는 4등이므로 그의 진술은 거짓이다. 그런데 A의 진술과 C의 진술은 서로 모순이므로 C의 진술은 참이다. 따라서 C는 1등이거나 2등이다. 그리고 그의 진술이 참이므로 B는 A보다 성적이 좋다. 나머지 (B, D, E, F) 중 한 사람의 진술만 참이고 나머지는 거짓이다. 먼저 F의 진술이 참이라고 가정하자. 그러면 F는 1등이거나 2등이고, B는 1등이 아니다. 그러니까 C와 F가 1등 혹은 2등을 차지할 것이다. 그러므로 B는 1등도 2등도 아니고 따라서 그의 말은 거짓이다.

그러므로 C는 2등이 아니다. 따라서 C가 1등 F가 2등이 될 것이고, 그러면 E의 진술이 참이 되어 조건을 위배한다. 따라서 F의 진술은 참일 수 없다.

F의 진술이 거짓이라고 가정하면, B는 1등이다. 그리고 B의 진술은 참이다. 그러므로 B는 1등, C는 2등이 된다. 그리고 나머지 사람의 말은 모두 거짓이다. D와 E의 말이 모두 거짓이므로 D와 F는 A보다 성적이 나쁘다. 그러므로 3등은 E이다. 그러므로 이상의 결과를 정리하면 다음과 같다.

    B - C - E - A - D - F
    B - C - E - A - F - D

따라서 정답은 ③이다.

45. 정답 ③

내용영역 **논리학수학**   문항유형 **모형 추리**

① 옳지 않다. 예를 들어 을이 1(노랑) 2(노랑) 2(빨강) 3(노랑) 3(빨강)의 카드를 받았을 경우, 갑은 3점이 주어지지만, 을은 0점이 되기 때문에, 갑의 승리가 된다.

② 옳지 않다. 예를 들어 을이 1(파랑) 1(빨강) 2(노랑) 2(파랑) 3(파랑)의 카드를 받았을 경우, 같은 점수의 사람이 받은 카드에 기재된 수를 모두 합계해 수가 많은 편이 이기는 것으로 하기 때문에 갑이 승리하게 된다.

③ 옳다. 이 경우 을은 1, 2, 3, 4, 5가 쓰인 카드를 받을 수 있지만, 갑이 받은 카드 중에는 파랑, 빨강, 노랑이 모두 포함되어 있기 때문에, 2점을 받을 수 없다. 그렇다면 을은 최대 3점밖에 주어지지 않아 갑과 같은 점수가 된다. 여전히 승패가 결정 나지 않는 경우 파란 카드를 많이 받은 사람이 이기기 때문에, 결국 갑이 이기게 된다.

④ 옳지 않다. 예를 들면 을이 4(파랑) 4(빨강) 4(노랑) 3(파랑) 3(노랑)의 카드를 받았을 경우, 파랑의 카드를 많이 받은 사람이 이긴다는 룰에 따라 을이 승자가 된다.

⑤ 옳지 않다. 예를 들어 을이 1(파랑) 2(파랑) 3(파랑) 4(파랑) 5(파랑)의 카드를 받았을 경우, 파랑의 카드를 많이 받은 사람이 이기기 때문에, 을이 승자가 된다.

46. 정답 ①

내용영역 **논리학수학**   문항유형 **모형 추리**

두 배가 처음 마주쳤을 때 두 배가 이동한 거리의 합은 강의 폭과 같다. 두 배가 다시 마주쳤을 때 두 배가 이동한 거리의 합은 강폭의 3배와 같다. 그러므로 두 배가 다시 마주쳤을 때 각각의 배가 이동한 거리는 처음 마주쳤을 때 각각의 배가 이동한 거리의 3배이다.

첫 번째 마주친 지점과 두 번째 마주친 지점이 같을 경우, 두 배의 속도는 같고, 강폭은 800미터이다. 그런데 첫 번째 마주친 지점과 두 번째 마주친 지점이 다르므로, 두 배의 속도는 같지 않다.

처음 두 배가 만난 지점이 동쪽 강변에서 400미터 떨어진 곳이라고 가정해보자. 이 경우 만일 A팀의 배가 B팀의 배보다 빠르다면, 강폭은 400미터의 2배에 미치지 못한다. 그런데 두 번째 마주친 지점이 한쪽 강변에서 200미터 떨어진 거리이므로, 이는 동쪽에서 200미터 떨어진 것이며 A팀이 1,200미터를 이동한 지점이다. 따라서 강폭은 700미터가 된다.

만일 A팀의 배가 B팀의 배보다 느리다면, 강폭은 400미터의 2배를 넘는다. 그런데 두 번째 마주친 지점이 한쪽 강변에서 200미터 떨어진 거리이므로, 이는 서쪽에서 200미터 떨어진 것이며 A팀이 1,200미터를 이동한 지점이다. 따라서 강폭은 1,000미터가 된다. 강폭이 700미터일 경우, A팀과 B팀 두 배의 속도는 4:3의 비율이 되며, 강폭이 1,000미터일 경우 두 배의 속도는 2:3이 된다.

처음 두 배가 만난 지점이 서쪽 강변에서 400미터 떨어진 곳이라고 가정해도 동일한 추론이 적용된다. 즉, 강폭이 700미터일 경우, A팀과 B팀 두 배의 속도는 3:4의 비율이 되며, 강폭이 1,000미터일 경우 두 배의 속도는 3:2가 된다. 따라서 옳지 않은 추론은 ①이며, 나머지는 참인 경우를 말할 수 있는 진술들이다.

47. 정답 ②

내용영역 **논리학수학**   문항유형 **모형 추리**

두 명씩 참과 거짓으로 나누어지므로 총 3가지 경우가 가능하다.

1) 갑의 진술이 참인 경우 : 갑의 진술에 따라 집행력 영역에서 최고점을 받은 정의 진술도 참이 되며 나머지 을과 병의 진술은 거짓이 되는데, 이 경우 논리수리력 영역에서 최고점을 받은 사람이 갑이라는 병의 진술이 참이 되어 서로 모순되는 결론을 도출한다.

2) 을의 진술인 참인 경우 : 을의 진술에 따라 작업기억력 영역에서 최고점을 받은 병의 진술은 거짓이 되어야 하므로 나머지 정의 진술은 참이 되어야 하는데, 주의집중력 영역에서 최고점을 받은 사람이 을이라는 정의 진술이 거짓이 되므로 서로 모순되는 결론을 도출한다.

3) 병과 정이 참이고 갑과 을이 거짓인 경우 : 병과 정이 참이므로 정의 진술에 따라 주의집중력 영역에서 최고점을 받은 사람은 을이고 작업기억력 영역에서 최고점을 받은 사람은 갑이 된다. 그리고 갑과 을의 진술이 거짓이므로 병은 집행력 영역에서 최고점을 받았음을, 정은 논리수리력 영역에서 최고점을 받았음을 알 수 있다.

따라서 갑은 작업기억력, 을은 주의집중력, 병은 집행력, 정은 논리수리력에서 가장 높은 점수를 받았다.

① 옳지 않다. 네 가지 영역 평균이 가장 높은 사람은 〈주의집중력〉에서 최고점을 받은 을이다.

② 옳다. 네 가지 영역 평균이 가장 높은 사람은 〈주의집중력〉에서 최고점을 받은 을이다.

③ 옳지 않다. 네 가지 영역 평균이 가장 높은 사람은 〈주의집중력〉에서 최고점을 받은 을이다.

④ 옳지 않다. 〈집행력〉에서 최고점을 받은 사람은 병이다.

⑤ 옳지 않다. 〈논리수리력〉에서 최고점을 받은 사람은 정이다.

01. 정답 ③

`내용영역` 법규범　　　　　　　　　　　`문항 유형` 논증 분석

ㄱ. 옳다.

1. (가) 말에 능하고 가난한 자들이 말에 능하진 않지만 부유한 자를 허위로 고소한다.

2. (ㄱ의 전제) 니키아스는 말에 능하고 가난한 반면 에우튀누스는 말에 능하지 않지만 부유하다.

3. (결론) 니키아스가 에우튀누스를 허위로 고소할 개연성이 더 높다.

ㄴ. 옳지 않다. (나)는 잘 아는 사람보다는 잘 모르는 사람을 상대로 범죄를 저지를 개연성이 더 높다는 주장이므로 니키아스가 (나)를 자신의 입장을 옹호하는 논거로 사용하려면, 자신은 아우튀누스를 잘 모르지만 아우튀누스는 자신을 잘 안다는 전제가 필요할 것이다. 그런데 만약 ㄴ과 같이 사기행위를 할 때보다는 허위고소를 할 때 수치심이나 두려움을 덜 느낀다고 한다면 오히려 사기행위를 하는 것보다 허위고소를 하는 것이 개연성이 더 높아질 수 있다. 따라서 니키아스가 이를 전제로 삼지는 않을 것이다.

ㄷ. 옳다. (다)에 의하면 사람들은 나쁜 일이나 바른 일을 꾸미려고 할 때, 금액의 전부를 가지고 일을 꾸민다. 만약 에우튀누스가 사기행위를 꾸미려고 하였다면, 에우튀누스는 빌렸던 돈의 전부를 가로채지 일부를 가로채려 하지 않을 것이기 때문에 자신이 빌린 돈 전부를 돌려주지 않았을 것이다. 그런데 에우튀누스는 자신이 니키아스에게서 빌린 돈 전부를 돌려주었다고 주장한다. 따라서 에우튀누스는 (다)를 근거로 자신이 사기행위를 했다고 주장하는 니키아스의 주장이 개연성이 떨어지는 것이라고 반박할 수 있다.

02. 정답 ⑤

`내용영역` 법규범　　　　　　　　　　　`문항 유형` 논증 분석

전제1 : 형사소송에서 피고인이 표시한 의사를 유효한 의사표시로 인정하기 위해서는 의사표시 당시에 피고인에게 의사능력이 있었다는 것이 인정되어야 한다.

[암묵적 가정1] 어떤 사람이 소송에서 자신의 지위를 이해하고 이에 따라 행위할 수 있는 능력이 있다면 그 사람에게 의사능력이 인정된다.

결론1 : 피고인이 자신의 지위와 이해관계를 이해하고 이에 따라 행위한다면 피고인이 표시한 의사표시는 유효하다고 인정된다.

전제1 : 형사소송에서 피고인이 표시한 의사를 유효한 의사표시로 인정하기 위해서는 의사표시 당시에 피고인에게 의사능력이 있었다는 것이 인정되어야 한다.

[암묵적 가정2] 소송에서 피고인이 한 의사표시가 유효하기 위한 어떤 조건은 피해자가 한 의사표시가 유효하기 위한 조건과 다르지 않다. (→ 소송에서 피해자가 한 의사표시가 유효하기 위해서는 피해자에게 의사능력이 필요하다.)

결론2 : 의사능력이 있는 청소년인 피해자가 가해자에 대한 처벌을 희망하지 않는다는 의사를 표시할 경우 이러한 의사표시는 유효하다.

전제2 : 의사능력이 있는 청소년의 단독 의사표시를 인정하지 않는 것은 처벌가능성을 확대하는 것으로 법률상 근거 없이 범죄자를 불리하게 대우하는 것이다.

[암묵적 가정3] 법률상 근거 없이 범죄자를 불리하게 대우하면 죄형법정주의에 위반된다.

결론3 : 의사능력이 있는 청소년 피해자가 가해자를 처벌하기를 희망하지 않을 때 부모 등 법에서 규정한 사람이 대신 그 의사표시를 해야 한다는 주장은 죄형법정주의에 위반되어 부당하다.

ㄱ. 적절하다. 암묵적 가정3에 해당한다.

ㄴ. 적절하다. 암묵적 가정1에 해당한다.

ㄷ. 적절하다. 암묵적 가정2에 해당한다.

03. 정답 ③

`내용영역` 법규범　　　　　　　　　　　`문항 유형` 논증 분석

주어진 제시문의 정보를 종합하여 그 정보에 어긋나지 않는 법 규정을 추론하는 문제이다. 각 제시문의 정보를 바탕으로 선택문항을 소거해 나가면 다음과 같다.

갑 : A조항의 입법 목적으로 '자동차 운전자가 교통사고 후 피해자를 방치하고 도주하는 경우를 넘어서 피해자를 사고 장소로부터 옮기는 등 적극적으로 유기하고 도주하는 행위에 대하여 강한 윤리적 비난가능성이 있다고 보아 이를 엄하게 처벌하겠다'를 들고 있는 점을 볼 때 단순히 교통사고 후 피해자를 그대로 둔 채 도주한 경우에는 A조항이 적용되지 않을 것임을 알 수 있다. 따라서 선택지 ①은 소거된다.

을 : A조항에 의한 처벌이 고의로 자동차를 통해 살해하는 경우보다 훨씬 더 무겁다는 정보를 파악해 낼 수 있다. 따라서 '5년 이상에서 사형'보다 낮거나 동일한 형벌을 규정한 선택지 ④는 소거된다.

병 : 피해자의 사망시점이 도주 전후인지 여부와 관계없이 A조항에 의해 처벌을 받을 수 있으므로 '사망하게 한 후 도주'한 경우에 대해 서술한 선택지 ②는 소거된다. 또한 피해자의 사망이라는 결과가 발생하면 그것이 사고 운전자의 고의에 의한 것인지 혹은 과실에 의한 것인지를 구분하지 않고 A조항으로 처벌할 수 있으므로 선택지 ⑤는 소거된다.

따라서 ③이 정답이다.

04. 정답 ③

내용영역 법규범   문항 유형 논증 분석

(개)는 어떤 행위가 법규를 어긴 행위라면, 이 행위를 처벌하는 때에 해당 법규의 효력이 상실되었다고 하더라도 그 위반 행위를 처벌할 수 있다고 주장한다. 이에 대한 근거는 행위 당시에 그 행위를 규제하는 해당 법규가 존재하고 있었다는 점, 그리고 당시 그 법규의 효력이 유지되고 있었다는 점, 그리고 위반 행위를 처벌하지 않을 경우 법규를 제정한 목적을 달성하기 어렵다는 점이다.

(내)는 어떤 행위를 처벌하는 법규가 없었고 그 행위를 처벌하는 법규가 행위 후에 제정된 경우에는 해당 행위를 처벌할 수 없다고 주장한다. 해당 행위가 비록 사후에 제정된 법규의 목적에 반하는 것이라도, 행위 이후에 제정된 법규를 근거로 어떤 행위를 처벌하게 되면 국민의 법적 안정성에 혼란을 초래하고, 그 행위가 처벌되지 않을 것이라는 정당한 신뢰가 깨지게 된다는 점을 그 근거로 제시하고 있다.

① 적절하지 않다. (내)의 경우 법규의 제정을 통하여 달성하고자 하는 목적은 보조석에 앉은 사람의 안전을 보장하기 위함이다. 따라서 이 목적을 달성하기 위해서는 갑을 처벌해야 함에도 (내)는 해당 법규가 제정되기 이전의 행위는 처벌할 수 없다고 주장하고 있다. 따라서 ①은 두 제시문 모두에 공통된 전제라고 볼 수 없다.

② 적절하지 않다. (개)의 경우 A법은 '재판 당시에 유효기간이 지나 그 효력이 상실된 상태'이다. 그럼에도 (개)는 A법을 어긴 사람을 처벌할 수 있다고 주장하고 있다. 또한 (내)는 처벌 당시에 제정된 B법이 있음에도 갑을 처벌할 수 없다고 보고 있다. 따라서 ②는 두 제시문 모두에 공통된 전제라고 볼 수 없다.

③ 적절하다. (개)는 행위 시에 이를 처벌하는 법규가 있었으므로 그 행위를 처벌할 수 있다고 주장하고 있으며, (내)는 행위 시에 이를 처벌하는 법규가 없으므로 그 행위를 처벌할 수 없다고 주장하고 있다. 그러므로 두 제시문 모두 어떤 행위를 처벌하기 위해서는 그 근거가 되는 처벌 법규가 행위 시 존재하고 있어야 함을 전제로 하고 있다.

④ 적절하지 않다. (개)는 자신의 행위가 법규에 위반되는 것인지를 행위자가 알지 못하는 경우에 대해 논의하고 있지 않기 때문에 ④와 같은 진술을 전제하고 있다고 볼 수 없다. (내)는 자신의 행위가 법규에 위반되는 것인지를 행위자가 알지 못했다는 점을 행위의 처벌 불가능성에 대한 근거로 삼고 있기 때문에 ④와 같은 진술에 동의하지 않을 것이다. 따라서 (내)도 이를 전제하고 있다고 볼 수 없다.

⑤ 적절하지 않다. (내)는 법규의 제정 목적을 달성할 수 있더라도 법정 안정성을 근거로 처벌을 반대하고 있으므로 전자보다 후자를 더 중요시한다고 볼 수 있다. 그러나 (개)는 행위 시의 위반 행위를 처벌하지 못한다면 법규의 목적을 달성할 수 없으므로, 유효기간이 지난 법규라도 행위 시 그 효력이 유지되고 있었다면 그 위반 행위를 처벌할 수 있다고 주장한다. 따라서 법규의 제정 목적을 중요시한다고 할 수 있다. 그러나 법적 안정성의 유지와 법규의 제정 목적 중 어느 것을 더 중요시한다고는 판단할 수 없다. 따라서 ⑤는 두 제시문 모두에 공통된 전제라고 볼 수 없다.

05. 정답 ④

내용영역 법규범   문항 유형 논증 분석

① 옳다. X국은 법원이 기업구조조정 계획을 인가하도록 하고 있는데, 법원의 심리가 지연되어 신속하게 이루어져야 하는 기업구조조정의 핵심가치를 훼손할 수 있을 것으로 우려하는 사람은, X국 제도를 반대할 것이다.

② 옳다. X국은 기업이 구조조정을 하려는 경우 구조조정 계획을 법원으로부터 인가받도록 하고, 반대 채권자의 의사도 종합하여 의견을 청취한다. 그리고 손실의 분담이 채권자들 간에 형평성 있게 이루어지는지를 살펴 구조조정 계획의 인가여부를 결정한다. Y국의 경우 사실상 반대채권자들의 채권의 매수가 완료되지 않으면 구조조정 계획이 실행되지 않고, 매수가격이 반대채권자들이 동의하는 가격에 이루어지기 때문에, 반대채권자의 지위가 절대적으로 강해진다. 그러나 Y국의 경우 반대채권자의 불합리한 요구를 차단할 수단이 없고, X국의 경우 권위 있는 기관인 법원이 그러한 불합리한 요구를 일정 부분 제한하는 것이 가능하다.

③ 옳다. Y국은 반대채권자에게 사실상 구조조정계획의 실행 여부에 대한 결정권한을 부여하고 있는 것이다. 이러한 지위를 이용하여 채권매수가격을 지나치게 높이는 등 나머지 채권자들에게 과중한 재정부담을 요구할 수도 있을 것이다. 이러한 점을 우려하는 사람은 Y국 제도를 반대할 것이다.

④ 옳지 않다. X국 제도나 Y국 제도나 모두 소수의 반대 채권자를 보호하기 위한 제도이다. 다만 그 방식에 있어서 다른 것이고, '다수 채권자의 횡포'를 우려하는 사람이 X국 제도나 Y국 제도 중 어느 하나에 특별히 더 지지를 할 것으로 보기는 어렵다. 나아가 오히려 Y국 제도가 반대채권자들의 인가계획의 실행에 미치는 영향력이 강하기 때문에, 오히려 Y국 제도를 더 지지할 가능성이 크다.

⑤ 옳다. Y국은 기업의 구조조정에 법원이 개입하지 않도록 하고, 기업구조조정에 찬성하는 채권자와 반대하는 채권자들 간의 채권매수청구권 행사와 그 매수가격의 협상으로 문제를 해결하도록 하고 있다. 만약 기업구조조정 계획의 수용 여부를 사적 자치와 상호협상의 영역으로 두어야 한다고 생각한다면, 법원이 개입하는 X국 제도보다 채권자들 간의 협상을 통하여 문제를 해결하는 Y국 제도를 더 지지할 것이다.

06. 정답 ⑤

내용영역 인문   문항 유형 논증 분석

① 옳다. (내), (대)의 논의는 진드기나 진드기보다 작은 피조물이 진드기의 발의 크기를 지각할 수 있다는 점을 전제로 진행된다. 그리고 이에 대한 필로누스와 하일라스의 합의는 (개)에서 이루어지고 있다.

② 옳다. (개)에서 필로누스는 사람이나 동물에게 감각이 부여되는 목적은 생명 유지로 동일하다는 점을 들며, 이를 토대로 사람이 자신의 사지와 외적 대상을 지각을 할 수 있듯이 동물 역시 자신의 사지와 외적 대상을 지각할 수 있다는 주장을 이끌어낸다.

③ 옳다. (나)에서 하일라스는 진드기의 발을 사람, 진드기, 진드기보다 작은 피조물이 모두 다른 크기로 지각할 것이라고 본다. 그런데 ㉠우리가 감각을 통해 지각하는 연장이 외적 대상 속에 존재한다면 사람과 진드기 그리고 훨씬 더 작은 동물들이 진드기의 발을 모두 같은 크기로 지각해야 한다. 따라서 (나)에서 하일라스가 인정한 내용은 ㉠과 양립할 수 없다.

④ 옳다. ③에서 지적했듯 ㉠이 옳다면 사람, 진드기, 훨씬 더 작은 피조물은 모두 진드기의 발을 같은 크기로 지각해야 한다. 그런데 (다)에서 하일라스는 ㉢ 하나의 사물이 동시에 서로 다른 크기의 것이 될 수 있다는 주장이 불합리하다고 대답한다. 즉 (다)에서 하일라스는 하나의 사물이 동시에 서로 다른 크기의 것이 될 수 없다고 대답한다. 따라서 이 내용은 ㉠과 일치한다.

⑤ 옳지 않다. (다)에서 필로누스는 ㉠이 옳다면 ㉢도 옳지 않아야 하며, 하일라스가 ㉢이 옳지 않다는 것을 알면서 정작 (나)에서는 ㉢에 동의했다는 점을 비판하고 있다.

내용영역 인문   문항유형 논증 분석

① 옳지 않다. ㉠은 이름이 합의나 관습에 의해 사람들로부터 지어지는 것이라는 주장이다. ㉡은 이름이 일종의 도구라는 것이므로 ㉡은 ㉠과 양립할 수 있다. 따라서 ㉡은 ㉠을 반박하지 못한다.

② 옳지 않다. ㉣에서 헤모게네스가 동의하는 것은 이름이 법칙들의 정립자에 의해 제공된다는 것이다. ㉠에서 헤모게네스가 주장하는 '사람들'이 정립자이고, '합의나 관습'이 모종의 법칙이라면 헤모게네스는 ㉣에서 ㉠의 주장이 틀렸다는 것을 인정하는 것이 아니다.

③ 옳지 않다. 소크라테스의 주장을 논증으로 재구성하면 다음과 같다.

1. 이름은 이름의 법칙들을 정립한 존재가 제공한 것이다.
   (이름을 제공하는 것은 → 법칙들을 정립한 존재이다.)

2. 특정한 기술을 지닌 존재들만이 법칙들을 정립하는 존재이다.
   (법칙들을 정립하는 존재는 → 특정한 기술을 지닌 존재들이다.)

3. 사람들은 법칙들을 정립하는 기술을 지니지 않았다.
   (사람들은 → 법칙들을 정립하는 기술이 없다.)

따라서, 이름을 제공하는 것은 사람들이 아니다.

이때 1, 2, 3의 전제들은 결론을 위해 소크라테스가 제시하는 것들로, 전제들 간에는 서로 영향을 주지 않는다. 2의 전제가 없다고 하더라도 3의 전제는 제시될 수 있다. 즉, 2의 전제가 없다고 하여 3의 전제가 도출될 수 없는 것은 아니다.

④ 옳지 않다. 이름이 특정한 기술, 즉 사람들의 합의나 관습에 의해 정립되지 않더라도 소크라테스는 이름이 사람들에 의해 지어지는 것이 아니라는 주장을 펼칠 수 있다. 따라서 이름을 짓는 특별한 기술이 합의나 관습에 의해 지어지는 것이라 할지라도, 소크라테스는 우리 모두 기술, 즉 '합의나 관습을 만들 기술'을 가지지 않다고 주장하므로 소크라테스는 헤모게네스의 주장에

동의하지 않을 것이다.

⑤ 옳다. 결론적으로 소크라테스는 우리 모두 '이름을 짓는 기술'을 가지지 못하므로 이름의 정립자가 될 수 없다는 것을 ㉤과 ㉥을 통해 주장한다.

내용영역 인문   문항유형 논증 분석

① 전제되어야 한다. 북방계가 아닌 무덤에서도 동복이 발견된다면, 동복이 출토되었다는 사실만으로는 무덤의 주인이 북방계 사람임을 추론할 수 없다.

② 전제되어야 한다. 일반인의 것으로 추정되는 고분에서도 파형동기가 발견될 경우, 적어도 가야에서는 파형동기가 일본의 경우와 달리 흔한 물건이었을 것이고, 따라서 그것이 무덤 주인이 지닌 힘과 권위를 상징하는 것일 수는 없을 것이다.

③ 전제되어야 한다. 스이지가이 조개의 모습에서 유래된 파형동기가 남방계 문화에 고유한 유물이 아니라면, 대성동 고분에서 파형동기가 출토된다는 사실만으로 가야에 북방계 문화와 남방계 문화가 공존했다고 추론할 수는 없다.

④ 전제될 필요가 없다. ⓓ가 성립하기 위해서는 '신라의 왜구를 쫓기 위해 고구려에서 보낸 5만의 군대가 실은 가야의 지배 세력을 축출하고 철을 획득하기 위해 보낸 군대였다.'는 사실이 전제되어야 하겠지만, 그 군대의 규모가 왜구 소탕에 동원되는 규모보다 컸다는 사실이 ⓓ의 성립을 위해 반드시 전제될 필요는 없다.

⑤ 전제되어야 한다. 말 관련 유물이 일반인의 무덤에서도 출토되거나, 당시 일본이 가야에 의해서만 말이 들어올 수 있는 상황이 아니었다면 ⓔ는 성립될 수 없다.

내용영역 인문   문항유형 논증 분석

제시문을 재구성하면 다음과 같다.

〈논증1〉 - 선택이 바람이라고 해보자

전제1	선택은 바람이다.
전제2	어떤 것이 불가능하다는 것을 안다면, 선택하지 않는다.
결론	어떤 것이 불가능하다는 것을 안다면, 바라지 않는다.

'선택은 바람이다.'는 전제가 참이라고 가정할 때, '우리가 바라는 것들은 모두 가능한 것이어야 한다'는 결론이 도출된다. 그런데 이러한 결론은 실제로 우리가 불가능한 것을 바라는 것이 많다는 것을 비추어 보았을 때 불합리한 귀결이다. 따라서 '선택은 바람이다.'는 전제는 참이 아니라는 결론을 내릴 수 있다.

<논증2> - 선택이 욕구나 분노라고 해보자

전제1	선택은 욕구나 분노이다.
전제2	욕구나 분노는 늘 고통이 동반된다
결론	따라서 선택은 늘 고통이 동반된다.

'선택은 욕구나 분노이다.'는 전제가 참이라고 가정할 때, '선택은 늘 고통이 동반된다.'는 귀결에 달하지만, 선택이 언제나 고통을 동반하는 것은 아니라는 점을 들어 이 귀결이 불합리한 것임을 보인다. 이를 통해 선택은 욕구가 아니며, 선택은 분노도 아니라는 것을 보인다.

<논증3>

<논증1>과 <논증2>의 결론이 전제2가 되어, 선택은 욕망이 아니라는 결론을 도출한다.

전제1	선택이 욕망이라면, 선택은 바람이거나 욕구이거나 분노여야 할 것이다.
전제2	선택은 바람도 아니고, 욕구도 아니고, 분노도 아니다.
결론	따라서 선택은 욕망이 아니다.

ㄱ. 옳지 않다. 위 <논증3>의 결론은 '선택이 욕망이 아니다.'이다. 이로부터 '선택은 믿음이다'를 이끌어 낼 수는 없다.

ㄴ. 옳다. 위 <논증1> 참고

ㄷ. 옳다. 위 <논증2>를 보면 ⓛ은 선택이 욕구나 분노라는 전제가 참일 때 도출되는 결론이다. 그리고 ⓒ은 ⓛ이 불합리한 귀결임을 보이고 있다.

10. 정답 ③

내용영역 인문　　　　　　　　　　　　　　　　　　문항 유형 논증 분석

(1) 외부 대상 그 자체는 존재하는 대상이다. (갑 부정, 을 긍정)

(2) 인간은 외부 대상을 그 자체로 직접적으로 지각할 수 있다. (갑 부정, 을 부정)

(3) 인간은 주관적으로만 대상들을 지각할 뿐이다. (갑 긍정, 을 긍정)

ㄱ. 옳다. 갑은 외부 대상은 그 자체로 존재하지 않는다고 하여 명제(1)을 부정하고, 을은 외부 대상은 그 자체로 존재한다고 하여 명제(1)을 받아들인다.

ㄴ. 옳지 않다. 갑은 '우리가 지각하는 대상은 지각된 대상이며, 외부 대상 그 자체를 지각할 수 있는 것은 아니다'고 하여 명제(2)를 부정한다. 그리고 을은 우리는 외부 대상 그 자체를 직접 지각할 수 없다고 하여 명제(2)를 부정한다. 따라서 갑이 명제(2)를 받아들이는 것이 아니다.

ㄷ. 옳다. 갑은 우리가 지각하는 대상은 우리의 마음을 거쳐 지각된 대상일 뿐이라고 하여 명제(3)을 받아들인다. 을은 우리는 우리의 마음으로부터 독립해 있는 외부 대상 그 자체를 직접 지각하지 못하고, 굽은 막대기만을 지각한다고 하여 명제(3)을 받아들인다.

11. 정답 ④

내용영역 인문　　　　　　　　　　　　　　　　　　문항 유형 논증 분석

① 옳다. 기업의 이윤은 소멸하여 자본주의적 생산 체제가 무너지는 사태가 벌어질 것이라고 하였다. 이는 다시 말해 이윤이 소멸하면 자본주의적 생산 체제가 무너진다는 것이다. 따라서 자본주의적 생산 체제가 무너지지 않으려면 기업의 이윤이 있어야 함을 의미한다.

② 옳다. ⓐ는 노동자의 주식 소유가 노동자에게 이익이 된다는 것이다. 이를 소개한 후 ⓒ에서는 이와 반대되는 실제 현상을 제시한 후, 이러한 현상이 벌어지는 이유를 ⓓ~ⓕ에 걸쳐 노동자의 주식소유제가 반노동자적임을 설명하고 있다.

③ 옳다. ⓕ의 '허위의식'은 노동자들이 갖는 허위의식인데, 이는 ⓔ의 '우리도 회사의 주인'이라는 인식을 의미한다. '우리도 회사의 주인'이라는 인식이 허위가 되기 위해서는 노동자의 입장에서 노동자가 회사의 주인이 아니라는 것이 전제되어야 한다. 따라서 ⓕ는 회사가 노동자의 것이 아님을 전제하고 있다.

④ 옳지 않다. ⓑ는 ⓐ를 전제하였을 때에 예상되는 결과를 제시한 것이지, ⓐ를 뒷받침하는 근거가 되는 것은 아니다.

⑤ 옳다. 노동시간의 연장 및 강화와 임금 일부의 포기 및 저임금, 그리고 이에 동반하는 노동조합의 무력화 및 노동조건 개선을 위한 동력의 상실 등은 모두 노동자 주식소유제도의 반노동자적 특성의 일면을 보여주는 예시에 해당한다.

12. 정답 ①

내용영역 인문　　　　　　　　　　　　　　　　　　문항 유형 논증 분석

<심플리치오 논증 재구성>

1. Ⓐ 배가 가만히 서 있을 때 돌을 떨어뜨리면 돌은 돛대 밑동에 떨어진다. 배가 움직일 때 돌을 떨어뜨리면 돌은 멀찍한 지점에 떨어진다.

2. 그래서 돌을 떨어뜨려 그것이 돛대 밑동에 떨어지면 배가 가만히 있고, 멀찍한 지점에 떨어지면 배가 움직이고 있음을 알 수 있다. (그래서 돌을 떨어뜨려 관찰하는 것으로 배가 움직이는지 정지하는 것인지를 알 수 있다.)

3. [생략된 전제] 배에서 일어나는 일은 지구에 대해서도 마찬가지로 성립한다.

4. 높은 탑 위에 올라가서 돌을 떨어뜨려 관찰하는 것으로 지구가 움직이는지 정지하는 것인지를 알 수 있다.

5. 높은 탑 위에 올라가서 돌을 떨어뜨렸을 때 돌은 탑 바로 아래에 떨어질 것이다.

6. 따라서 지구는 움직이지 않음을 알 수 있다.

<살비아티 논증 재구성>

1. 실제로 실험을 해 보니 자네가 얘기한 내용과 반대가 됨을 어린 아이라도 알 수 있었다. 배가 가만히 있든 어떤 속력으로 움직이든 돌은 늘 갑판의 같은 지점에 떨어졌다. (심플리치오 논증의 전제1(Ⓐ)을 반박)

2. [생략된 전제] 따라서 돌을 떨어뜨려 관찰하는 것으로 배가 움직이는지 정지하는 것인지를 알 수 없다. (심플리치오 논증의 전제2를 반박)

3. [생략된 전제] 배에서 일어나는 일은 지구에 대해서도 마찬가지로 성립한다. (심플리치오 논증의 전제3을 받아들임)

4. [생략된 전제] 높은 탑 위에 올라가서 돌을 떨어뜨려 관찰하는 것으로 지구가 움직이는지 정지하는 것인지를 알 수 있다. (심플리치오 논증의 전제4를 받아들임)

5. 그래서 탑 꼭대기에서 떨어뜨린 공이 바로 밑으로 떨어진다 하더라도 그걸 가지고 지구가 가만히 있는지 아니면 움직이는지 추론할 수 없다. (심플리치오 논증의 전제3과 4를 받아들이더라도 같은 결론이 도출되지 않음을 들어 결론을 반박)

ㄱ. 적절하다. 논증 재구성 참고

ㄴ. 적절하지 않다. 논증 재구성 참고

ㄷ. 적절하지 않다. 논증 재구성 참고

---

13. 정답 ⑤
〔내용영역〕 **사회**　　　　　　　〔문항 유형〕 **논증 분석**

지문의 결과에서 음주자와 비음주자 집단이 흡연자와 비흡연자로 구분되면서 음주의 폐암발생에 대한 위험도가 작아졌고, 이를 통해 을은 음주가 폐암발생의 원인이 아니라는 주장을 펼치고 있다. 따라서 정답은 ⑤가 된다. 즉, 결과에서 음주자와 비음주자 집단 내 구분이 일어나면서 음주의 위험도가 변했고, 따라서 음주가 폐암의 원인이 아니라는 결론에 도달하기 위해서는 ⑤의 전제가 필요하다.

---

14. 정답 ②
〔내용영역〕 **인문**　　　　　　　〔문항 유형〕 **논증 분석**

ㄱ. 옳지 않다. ㉠을 도출하는 과정에서 논자는 우리가 우주를 지배하는 법칙들을 향해서 점차 가까이 다가갈 수 있다는 전제가 깔려있다고 하여 점차 완전한 이론에 접근한다는 개념을 보인다. 그리고 '완전한 통일이론이 실제로 존재한다면'이라는 단서를 달아 ㉠을 주장한다. 이때 완전한 이론에 접근해갈 수 있는 능력과 그것의 성취가 실제로 가능한 것은 다른 의미이다. 논자 역시 완전한 이론이 존재한다는 단서 하에서 ㉠을 주장하는 것이지 그러한 이론이 실제로 성취 가능 여부에 대해서까지 어떤 견해를 피력하는 것은 아니다. 따라서 점차 완전한 이론에 접근할 수 있다는 것과 완전한 이론을 성취하는 것이 실제로 가능하다는 것을 동일한 의미로 간주한다고 보기 어렵다.

ㄴ. 옳다. ㉢은 우리의 지능이 생존에 도움을 주었다고 하여, 사유능력의 차이가 생존 가능성의 차이를 만들어낸다는 전제와 같은 의미이다. 그렇기 때문에 우주가 규칙적인 방향으로 전개된다면 이러한 사고를 활용하는 것이 통일이론의 탐색에 유효하다는 것이다. 따라서 이 주장에서 사유능력의 차이가 생존 가능성의

차이를 만들어낸다고 이미 전제하고 있다. 또한 만약 ㉢이 거짓이라면 자연선택이 우리에게 부여한 사유능력이 통일이론을 탐색하는 데에도 유효하지 않을 것이며 그에 따라 ㉺도 도출할 수 없을 것이다. 따라서 위 글은 개체들의 사유능력에서의 차이가 그들의 생존 가능성에서의 차이를 만들어낸다는 데 동의할 것이다.

ㄷ. 옳지 않다. ㉣은 ㉢으로부터 ㉺을 추론하는 데 필요한 전제이다. 만약 ㉣이 거짓이라면, 즉 과거에 참이었던 사실(㉢)이 지금도 참이라고(㉺) 믿을 근거가 없다면 ㉺이 타당하게 도출되지 않을 것이다.

---

15. 정답 ⑤
〔내용영역〕 **사회**　　　　　　　〔문항 유형〕 **논증 분석**

ㄱ. 적절하다. (1)에서 병부와 순군부라는 두 개의 관부로 군사기구가 이원화되어 있었다는 사실은, 연정론자의 시각에서 볼 때 국왕이 호족의 군사권을 완전히 흡수하지 못한 결과로 해석될 수 있고, 훗날 순군부가 호족세력의 사병이 중앙 정부에 흡수되면서 폐지되었다는 사실은, 시간이 지나면서 국왕이 호족세력을 누르고 중앙 집권을 강화하는 데 성공한 결과로 해석될 수 있다. 또 (5)에서 순군부가 역모를 일으켰다는 것은 국왕이 중앙 집권적 권력을 강화해 가는 과정에서 호족연합세력이 반발한 사건으로 해석될 수 있고, 순군부 관리 채용 시 가문과 출신지가 고려되었다는 것은 당시의 호족연합세력이 순군부의 군사권을 적절하게 나누어 가졌던 것으로 해석될 수 있다. 따라서 (1)과 (5)를 바탕으로 연정론자들은 당시 순군부가 호족연합세력의 사병에 대한 지휘권을 행사하던 관부였다고 해석할 수 있다.

ㄴ. 적절하다. 비판론자의 시각에서 (2)와 (3)을 결합하면, 순군부는 병부와 같이 중앙 정부 소속으로서 궁궐의 경비와 감시를 맡은 기관이므로 왕의 권한 아래에 있던 조직이라고 추론할 수 있다. 따라서 비판론자는 고려 초기가 국왕 주도의 정치체제라는 입장에서 당시 순군부가 왕권을 보위하기 위해 호위 또는 감찰업무를 담당하던 관부였다고 해석할 수 있다.

ㄷ. 적절하다. (3)에서 순군부가 수도를 경비했다는 사실에서 순군부가 호족 세력을 호위하지 않았음을 알 수 있고, (4)를 통해 순군부의 군사권이 국왕의 통제 하에 있었음을 알 수 있다. 이를 토대로 비판론자는 순군부 휘하 군사들이 호족연합세력의 사병이 아닌 중앙 정부 소속의 왕병이었다고 해석할 수 있다.

---

16. 정답 ③
〔내용영역〕 **인문**　　　　　　　〔문항 유형〕 **논증 분석**

① 옳다. 이 논증은 상대성이론이 모든 가능세계에 공통적으로 적용되는 유일한 원리라는 ⓐ의 주장에 대하여, ⓑ와 ⓒ가 ⓐ를 뒷받침하고 있다. 그리고 ⓓ~ⓔ에서 상대성이론 외에 뉴턴 역학이 적용가능한 모든 가능세계가 있고, ⓕ~ⓘ에서 상대성이론을 적용할 수 없는 가능세계가 있음을 밝혀 ⓐ의 주장을 반박하고 있다.

② 옳다. 만약 모든 가능세계에 하나 이상의 관성계가 존재하지 않는다면 관성계를 설명하는 뉴턴 역학은 모든 가능세계에 적용될 수 없을 것이다.

③ 옳지 않다. 뉴턴 역학도 가능세계에 적용되는 원리라면, 상대성이론만이 가능세계에 적용되는 유일한 원리라는 ⓐ는 반박된다. 이때 '뉴턴 역학도 가능세계에 적용되는 원리이다'는 ⓔ는 다음 논증으로 구성되어 있다.

전제1. 모든 가능세계는 시공간과 관성계를 포함한다.

전제2. 관성계는 모든 가능세계의 일부를 구성하고 있다.

전제3. 관성계는 뉴턴 역학에 의해 설명될 수 있다.

결론. ⓔ 뉴턴 역학도 모든 가능세계에 적용되는 원리이다.

ⓔ는 위의 전제1~전제3에 의해 도출된 결론이고 전제1~전제3 중 ⓑ를 부정하는 것은 없다. 전제1은 가능세계가 시공간으로 구성되었다는 것을 부정하지 않는다. ⓔ는 ⓑ와 ⓒ 모두를 부정하지 않고, '관성계를 제시하여 ⓐ의 주장을 부정하여 ⓐ를 반박하는 것이므로 ⓔ가 ⓒ를 부정하지 않는다.

④ 옳다. ⓕ의 의문은 ⓖ와 ⓗ같은 양자역학의 연구 결과에 근거한 것이므로 ⓖ와 ⓗ는 ⓕ의 근거라고 볼 수 있다.

⑤ 옳다. ⓘ에 의하면 상대성이론이 적용될 수 없는, 즉 시공간에 의해 구성되어 있지 않은 가능세계가 하나 이상 존재한다는 것이므로 모든 가능세계가 시공간으로 구성되어 있다는 ⓑ를 반박하는 것이다.

III
논증 분석

17. 정답 ④

내용영역 **인문**　　　　　　　문항 유형 **논증 분석**

① 옳다. ⓐ는 가정적 상황에서 사람들이 어떤 원칙에 합의할 것인지를 예측하는 주장인데, ⓑ는 그 예측의 타당성이 아니라 그렇게 예측된 원칙이 정당한가를 문제 삼고 있다. ⓑ가 ⓐ의 타당성을 문제 삼으려면 오히려 ⓐ의 예측이 근거가 희박하다는 점을 제기해야 할 것이다.

② 옳다. ⓑ는 실제 상황의 계약은 도덕적으로 정당화될 여지가 있지만 가정적 상황의 계약은 도덕적으로 정당화되기 어렵다는 주장이다. 그런데 ⓖ와 같이 실제 계약의 결과는 불공정할 가능성이 높은 반면 가정적 상황의 계약의 결과는 공정하다면 ⓑ는 약화된다.

③ 옳다. ⓒ는 합의라는 조건만 갖추면 그 계약은 정당화된다고 주장하는데, ⓓ는 합의라는 조건을 갖추더라도 계약이 정당화되지 못하는 원인을 제시한다.

④ 옳지 않다. 제시문은 실제 계약이 가지는 일반적 특성을 ⓓ에서 소개하고 이를 근거로 실제 계약은 정당하지 않을 가능성이 높다는 ⓔ의 주장을 이끌어내고 있다. 따라서 ⓓ에 대한 근거로 ⓔ를 제시한 것이 아니다.

⑤ 옳다. ⓕ가 ⓖ를 뒷받침하고 ⓖ가 ⓗ를 뒷받침하므로 ⓕ, ⓖ 모두는 ⓗ의 근거라고 볼 수 있다.

---

18. 정답 ①

내용영역 **사회**　　　　　　　문항 유형 **논증 분석**

〈비판〉의 논증을 재구성하면 다음과 같다.

1. ⓐ 삶 혹은 주어진 것을 선물로 여기는 태도는 우리가 갖추어야 할 중요한 인간적 덕이다.

2. ⓑ 생명공학적 기술을 통한 인간 본성의 향상 추구는 완전성이나 정복에 대한 충동에 의해 지배되고 있다.

3. ⓒ 완전성이나 정복에 대한 충동은 삶 혹은 주어진 것을 선물로 여기는 태도와 양립 가능하지 않다.

4. ⓓ 기술을 통한 인간 본성의 향상 추구는 우리가 갖추어야 할 좋은 성품의 중요한 측면 혹은 중요한 인간적 덕에 반한다.

5. ⓔ 만약 어떤 것이 중요한 인간적 덕 중 하나와 충돌한다면, 이는 그것을 금지할 결정적인 이유에 해당한다.

6. ⓕ 기술을 통한 인간 본성의 향상 추구에 반대할 결정적 이유가 존재한다.

ㄱ. 옳다. 위의 논증 재구성 참고

ㄴ. 옳지 않다. 위의 논증 재구성 참고

ㄷ. 옳지 않다. 〈비판〉은 ⓐ~ⓕ를 통해 ㉠이 불가능함을 보이고자 하는 것이 아니라 ㉠이 부당함을 보이고자 한다.

---

19. 정답 ①

내용영역 **인문**　　　　　　　문항 유형 **논증 분석**

① 옳지 않다. ⓓ~ⓖ는 ⓒ를 뒷받침하는데, ⓒ는 ⓐ의 '가설'을 반박한다. 하지만 ⓒ가 ⓐ의 '가설'을 반박하는 과정에서 ⓑ가 부정되지는 않는다.

② 옳다. ⓓ~ⓖ는 처음 보는 TV 진행자의 뉴스 보도를 믿기 위해 정보를 충분히 수집해야 하는데, 이 정보 또한 증언이기 때문에 증언을 정당화하기 위한 과정이 무한히 계속됨을 보이고 있다. 이러한 불가능한 상황은 증언을 정당화할 만한 경험적 증거들을 충분히 발견하기란 불가능하다는 주장의 근거가 되고 있다.

③ 옳다. ⓐ의 '가설'이 옳다면 우리는 처음 보는 TV 진행자의 뉴스 보도를 믿을 수 없다. 그런데 ⓗ는 경험적 증거 없이도 처음 보는 TV 진행자의 뉴스 보도를 믿을 수 있다는 것이므로, ⓗ는 ⓐ의 '가설'에 대한 반례가 될 수 있다.

④ 옳다. 증언을 신뢰하기 위해서는 정보가 필요한데, 이 정보 또한 증언이므로 이 증언도 다른 증언에 의해 정당화가 필요하다. 그리고 이러한 과정은 무한히 계속될 것이다(ⓖ). 그런데 만약 경험적 증거 없이 신뢰할 수 있는 정보가 존재한다면, 증언을 정당화하기 위한 과정이 무한히 계속될 필요가 없다(ⓖ가 참이 아닐 수 있음). 그렇다면 이로부터 뒷받침되는 ⓒ가 약화될 것이다.

⑤ 옳다. 이 논증은 현상 ⓗ는 ㉠의 가설로 잘 설명된다는 점을 근거로 ㉠의 가설을 받아들여야 한다는 결론을 이끌어내고 있다. 그런데 ㉠ 이외에 현상 ⓗ를 설명할 수 있는 또 다른 가설이 존재한다면 결론의 설득력이 낮아질 가능성이 있다.

20. 정답 ②

내용영역 인문   **문항 유형** 논증 분석

① 옳다. ⓐ는 ⓐ가 주장하는 자기 이익을 위한 도덕적 삶과 ⓒ가 주장하는 신의 보상을 위한 도덕적 삶 모두가 모순을 가진다는 점을 지적함으로써 도출되고 있다.

② 옳지 않다. ⓑ는 ⓒ를 지지하는 근거가 된다. 하지만 ⓕ는 ⓖ를 지지하는 근거가 되지 않는다. ⓕ는 조건문인 ⓖ의 전건에 해당할 뿐 ⓖ의 지지나 약화와는 무관하다.

③ 옳다. ⓒ가 옳다면 ⓓ와 같은 사례는 있을 수 없다.

④ 옳다. ⓔ가 도덕과 자기 이익의 갈등을 해소하기 위한 전제조건은 종교적 윤리학이 참이어야 한다. ⓗ는 그것이 참인지 알 수 없다는 점을 ⓘ는 현실적으로 많은 이들이 그것을 거짓으로 여긴다는 점을 지적하고 있다.

⑤ 옳다. ⓘ는 ⓐ~ⓘ를 통한 논증의 결론에 해당하므로 주어진 글 안에서 지지근거를 찾을 수 있다. 하지만 ⓚ는 이에 대한 배경 정보에 해당할 뿐이므로 다른 전제에 의해서 지지되는 것은 아니다. 따라서 주어진 글 안에서 지지근거를 찾을 수 없다.

21. 정답 ④

내용영역 인문   **문항 유형** 논증 분석

1. 전제 ⓑ와 ⓒ가 결합하여 ⓓ에서 무한한 시간에 걸쳐 존재하는 우연적 사물들에 관한 결론을 내리고 있다.

2. ⓔ에서는 유한하게 지속하는 시간동안 존재하는 사물들에 대해 결론을 내리고 있다.

3. ⓐ에 따르면 사물은 무한한 시간 아니면 유한한 시간에 존재한다.

4. 따라서 ⓐ와 ⓓ와 ⓔ가 결합하면 유한한 시간이건 무한한 시간이건 사물이 우연적이라면 앞선 어떠한 시점에는 아무것도 존재하지 않았다는 결론을 내릴 수 있다. (ⓕ)

5. 질량보존의 법칙에 따르면 아무것도 존재하지 않았다면 그 이후에도 어떤 것도 존재하지 않아야 한다. (ⓖ)

6. 그러므로 ⓕ와 ⓖ를 결합하면 존재하는 사물들이 우연한 것이라면 아무것도 존재하지 못하게 된다는 결론을 내릴 수 있다. (ⓗ)

7. 하지만 지금은 우리들이 존재하고 있으므로 이는 거짓이므로 사물들이 우연적인 것은 거짓이다. (ⓗ + ⓘ)

8. 따라서 필연적인 존재, 신이 있어야 한다는 결론을 내릴 수 있다. (ⓙ)

따라서 ⓑ와 ⓒ가 결합하여 ⓓ를 이끌어내고, ⓐ, ⓓ, ⓔ가 결합하여 ⓕ를 이끌어내고, ⓕ와 ⓖ가 결합하여 ⓗ를, ⓗ와 ⓘ가 결합하여 최종결론인 ⓙ를 이끌어 낸다고 볼 수 있다.

22. 정답 ③

내용영역 인문   **문항 유형** 논증 분석

① 적절하다. ⓛ은 ⓖ의 전건을 긍정하는 진술이므로 이를 통해 ⓖ의 후건을 도출할 수 있다. 따라서 어떤 동물을 활용한 동물실험의 유용성을 인정할 수 있다는 것을 추론할 수 있다.

② 적절하다. ⓖ, ⓛ, ⓒ을 통해서는 '어떤 동물은 그 동물을 활용한 동물실험의 유용성을 인정할 수 없다'와 '어떤 동물은 그 동물을 활용한 동물실험의 유용성을 인정할 수 있다'를 도출할 수 있는데, 이 둘은 동시에 참이 될 수 있는 진술이므로 ⓖ, ⓛ, ⓒ은 동시에 참일 수 있다.

③ 적절하지 않다. ⓜ은 ⓖ의 후건을 부정하는 진술이므로 이를 통해 쥐와 인간의 생리적 메커니즘의 유사성이 일정 수준을 넘지 않는다는 것을 추론할 수 있다. 다만 이는 쥐와 인간의 생리적 메커니즘이 유사하지 않다는 의미가 아니며, 쥐를 제외한 어떤 동물과 인간의 생리적 메커니즘이 일정 수준을 넘는 유사성을 보일 수도 있다. 그러므로 어떤 동물도 인간의 생리적 메커니즘과 유사하지 않다고 볼 수는 없다.

④ 적절하다. 쥐를 활용한 동물실험의 유용성을 인정할 수 없다는 진술과 쥐를 활용한 동물실험이 활발하게 진행되고 있다는 진술은 무관한 진술이므로 동시에 참일 수 있다.

⑤ 적절하다. ⓒ이 참이 되기 위해서는 어떤 동물이라도 그 동물을 활용한 동물실험의 유용성을 인정할 수 없는 경우가 존재하기만 하면 된다. 그런데 ⓜ은 쥐라는 특정된 동물을 바탕으로 ⓒ의 내용을 설명하고 있다. 따라서 ⓜ이 참이면 ⓒ도 참일 수 있다.

23. 정답 ④

내용영역 사회   **문항 유형** 논증 분석

이 논증은 ⓐ~ⓘ까지 순차적으로 논증이 진행되어 최종결론인 "신이 있다는 쪽에 걸어야 한다(신을 믿어야 한다)."를 도출하는 전형적인 연역논증이다. 논증의 최종결론이 제시문에 명시되어 있지는 않으나, ⓚ와 ⓛ로부터 도출되고 있음을 직관적으로 파악할 수 있다.

또한 이 논증은 크게 신의 존재여부를 놓고 도박을 해야 하는 이유를 밝히는 부분과, 어느 쪽에 걸어야 유리한지 밝히는 두 부분으로 구성되어 있다. 전반부에서는 ⓑ가 ⓐ의 근거 역할을 하고, ⓒ는 ⓓ의 근거 역할을 한다. 또 ⓕ로부터 ⓔ가 나오고, ⓒ, ⓓ, ⓔ, ⓕ가 합쳐서 중간결론 ⓖ가 도출된다. 후반부에서는 ⓘ가 ⓗ의 근거이며, ⓗ와 ⓘ는 ⓙ의 근거역할을 하고 있다. ⓗ, ⓘ, ⓙ, ⓚ, ⓛ이 합쳐서 최종결론은 도출하고 있다.

따라서 옳지 않은 선택지는 ⓗ가 ⓘ의 근거라고 진술하고 있는 ④이다.

MEMO

01. 정답 ③

내용영역 **법규범**　　　문항유형 **논쟁 및 반론**

① 옳다. p원칙은 스스로 자신의 죄를 말할 필요가 없다고 하고 있을 뿐 반드시 자신의 죄를 말하지 않을 의무가 있다고 보는 것은 아니므로 갑1은 p원칙에 따르더라도 A가 경찰과 검찰에서 B를 살해하였다는 진실을 스스로 밝히는 것이 가능하다고 볼 것이다.

② 옳다. 도덕 영역과 법 영역에서 p원칙과 q원칙의 적용여부에 관한 갑과 을의 견해를 정리하면 다음과 같다.

구분	도덕	법
갑	$(\sim p \wedge q)$	$p \wedge \sim q$
을	$\sim p \wedge q$	$\sim p \wedge q$

③ 옳지 않다. "인간에게 어떠한 본성이 존재한다고 해서 반드시 그 본성을 존중해야 할 필요는 없다."라는 진술은 죄를 지은 사람에게 형벌을 부과할 의무를 지는 형사절차의 속성상 A에게도 q원칙을 적용해야 한다는 을2의 근거가 될 수 있기 때문에 갑3이 이를 을2에 대한 비판의 논거로 삼기는 어렵다.

④ 옳다. 갑과 을은 현재 경찰과 검찰에서 A가 진실을 말해야 할 의무가 있는지에 대해 논하고 있으므로 법관이 진실을 알 권리를 가지고 있다는 것은 을3의 갑3에 대한 비판으로 적절하지 않다.

⑤ 옳다. 을3은 자신을 거짓말하는 수단으로 삼아서는 안 된다고 한다. 따라서 어떠한 경우에도 인간을 수단으로 삼아서는 안 된다는 주장은 을3의 주장과 양립 가능하다.

02. 정답 ④

내용영역 **법규범**　　　문항유형 **논쟁 및 반론**

ㄱ. 옳다. 갑은 A법률이 근로자의 노동운동의 자유를 부당하게 제한하고 있어 헌법에 위반된다는 입장이다. 그렇다면 갑은 (가)를 근거로 공무원과 사적 영역의 근로자는 본질적으로 차이가 없음에도 차별하고 있다. 따라서 (가)는 갑이 A법률이 위헌이라는 자신의 주장을 뒷받침하기 위해 사용할 수 있는 논거가 된다.

ㄴ. 옳지 않다. (나)는 공무원의 직무와 사기업 근로자의 업무에 대한 공익성을 비교 형량하여 공무원의 직무의 공공성이 더 크다는 주장이다. 그런데 보기 ㄴ은 공무원의 직무와 사기업 근로자의 업무의 공익성을 비교한 것이 아니라, 공무원 직무 내의 종류와 성질 등에 따라 공익성이 달라질 수 있음을 고려하자는 주장이므로 (나)에 대한 적절한 반박이 되지 못한다. 설령 공무원 직무 공공성이 그 직무에 따라 상하가 나뉜다더라도 사기업의 직무와 견주어 비교 형량할 수 있는 정보가 제시되지 않는 한 공무원 직무 상호 간의 공공성이 차이난다는 것만으로는 (나)를 반박하기에는 적절하지 않다.

ㄷ. 옳다. 공무의 성질상 어떤 것이 공무 중 사실상 노무에 해당하는 것인지를 모두 법률에 정하는 것은 불가능하다면 하위 법규를 통하여 이를 규정하는 것이 올바르다는 것이 (라)의 주장이므로, (다)를 근거로 한 갑의 주장에 대해 적절한 반박이 될 수 있다.

03. 정답 ②

내용영역 **법규범**　　　문항유형 **논쟁 및 반론**

ㄱ. 옳지 않다. 다른 기업들의 원재료의 부당한 조절이나 약탈적 가격설정행위 위반 여부를 이 판결에 따라 결정한다면, A에 따르면 공정거래법에서 정하고 있는 내용을 완화하여 해석할 수 없고 문언의 내용대로 결정해야 하지만, B에 따르면 B가 인정하는 예외에 해당하는지를 판단해야 할 필요가 제기될 수 있다. 따라서 B를 따를 때가 A를 따를 때보다 법적 분쟁이 생길 가능성이 더 높을 것이다.

ㄴ. 옳다. A는 갑이 을에게 원재료를 공급하고 있으므로 원재료 공급에 관한 규범을 위반한 것이 아니라고 한다. 그러나 B는 갑이 을에게만 원재료를 비싸게 파는 것이 을의 축출 가능성을 높이고 있다고 보아 갑이 규범을 위반한 것이라고 본다. 따라서 원재료를 특정 기업에게만 비싸게 공급하는 것이 사실상 원재료의 공급량을 부당하게 제한한 것이라는 주장이 옳다면, 갑의 행위는 공급량을 부당하게 조절하는 행위로 인정될 것이다. 그렇다면 갑이 규범을 위반하지 않았다고 한 A의 설득력은 떨어지고, 갑이 규범을 위반한 것이라고 본 B의 설득력은 높아질 것이다.

ㄷ. 옳지 않다. B는 기업이 경쟁사를 축출할 가능성이 매우 높은 경우를 예외로 두어 판단해야 한다고 본다. 소매시장의 어떤 기업이 경쟁 기업의 원재료 수급을 막고 있고 이것이 경쟁사를 축출시킬 가능성이 매우 높은 행위로 인정된다면 B는 이를 예외적인 경우로 인정할 수 있다. 따라서 이러한 경우를 B가 예외로 인정하지 않는다고 보기 어렵다.

04. 정답 ③

내용영역 **법규범**　　　문항유형 **논쟁 및 반론**

ㄱ. 적절하다. A는 현 체제에서 사법부가 통치행위를 심사하는 것 자체를 부적절하다고 보고 있다. D는 통치행위가 입법부와 행정부의 고유 권한을 벗어나지 않는 한 그것에 대한 사법적 심사는 정당화될 수 없다고 보는데, 이는 고유 권한을 벗어나는 행위에 대해서는 사법적 심사가 정당화될 수 있다는 것이다. 따라서 이 경우 통치행위를 사법부가 심사할 수 있다는 데 A는 동의하지 않지만 D는 동의할 것이다.

ㄴ. 적절하지 않다. B에 따르면 법률에서 예외로 인정한 통치행위의 경우에는 사법적 심사를 받을 필요가 없다. 그래서 이러한 예외 범위가 축소될수록 사법심사의 대상이 되는 통치행위의 범위는 넓어질 것이다. C의 경우는 통치행위의 사법심사를 최대한 자제하자고 하여, 사법심사의 대상이 되는 통치행위의 범위를 좁게 보는 입장이다. 따라서 이 경우에 B와 C는 비슷한 결론을 내리지 않을 것이다

ㄷ. 적절하다. C는 국민의 기본권 침해와 관련해서는 통치행위가 사법심사의 대상이 된다고 보므로, 이 경우에 C는 동의할 것이다. D는 국가기관의 고유 권한에 해당하는 행위는 사법심사의 대상이 아니라고 보므로, 이 경우에 D는 동의하지 않을 것이다.

05. 정답 ④

내용영역 **인문** 문항유형 **논쟁 및 반론**

① 적절하다. A1은 경제 지원이 오히려 북한의 핵개발에 도움을 주었다고 비판하고 있고, B1은 북한이 체제 유지에 사활이 달려 있다고 본 핵개발을 영구히 포기하기 위해서는 그에 상응하는 반대급부로서의 충분한 경제 지원이 이루어져야 함에도 그렇지 못했다고 주장하고 있다.

② 적절하다. A2는 체제 보장을 위해서는 국가의 경제를 살려야 하며, 이를 위해서는 개방과 개혁이 필요하다고 보고 있다. 반면, B2는 개방과 개혁이 오히려 체제를 불안하게 만들 수 있다고 보고 있다.

③ 적절하다. A3은 이란의 예를 통해 이란에 대한 경제제재 및 압박이 이란 국민들에게 친서방적인 정권을 선택하는 결과를 가져왔다고 설명함으로써 북한에 대한 해법을 제시하고 있다. 하지만 만약 북한이 이란과 달리 국민 스스로가 정권을 선택할 수 있는 권한을 갖고 있지 않다면 북한에게 경제 제재 및 압박을 가한다고 하여도 이란과 같은 결과를 가져오지 않을 수 있다.

④ 적절하지 않다. 경제 제재와 압박에도 불구하고 이란의 핵개발 시도가 다시 발생할 수 있다면 북한에 경제 제재와 압박을 가한다 해도 북한의 핵개발을 성공적으로 저지할 수 없음을 의미한다. 따라서 B3으로 하여금 A3의 해결책을 받아들일 수 없게 한다.

⑤ 적절하다. B3은 이란과 달리 북한에 대한 경제 제재 및 압박이 우리의 운명에 결정적 영향을 미칠 수 있음을 지적하고 이란의 사례가 북한에 대한 해결책으로 적절하지 않을 수 있다고 보고 있다.

06. 정답 ⑤

내용영역 **법규범** 문항유형 **논쟁 및 반론**

ㄱ. 적절하지 않다. 갑과 을 모두 감청이 범죄수사를 위해 필요한 방법이라는 점에는 동의를 하고 있다. 갑과 을이 견해를 달리하는 지점은 감청의 연장을 무제한 허용하는 것이 옳은가이다.

ㄴ. 적절하다. ㄴ과 같더라도 갑은 (가)와 (나) 그리고 (다)의 논거를 토대로 주장을 계속할 수 있다.

ㄷ. 적절하다. 을의 논거와 같이 감청기간연장 청구에 대해 법원이 불허하는 경우가 매우 드물다면, 법원이 감청기간 연장을 허가할 때 총 기간 내지 횟수를 정하게끔 법률을 개정하더라도 감청이 필요 이상으로 남용될 소지는 여전히 존재할 수 있다. 따라서 을은 개정된 법률에 대해서도 위헌을 주장할 수 있다.

07. 정답 ⑤

내용영역 **법규범** 문항유형 **논쟁 및 반론**

구분	재판과정을 거쳐, 정부가 정한 명령의 위헌 심사를 요청하고자 할 때	재판과정 없이, 정부가 정한 명령의 위헌 심사를 요청하고자 할 때
갑	대법원만이 심사할 수 있음	어디든 심사할 수 없음
을	대법원만이 심사할 수 있음	헌법재판소가 심사

ㄱ. 옳다. P국의 국민이 재판과정을 거쳐 정부가 정한 명령의 위헌 심사를 요청하고자 할 때, 갑에 따르면 정부가 정한 명령은 재판과정을 거쳤을 때, 대법원만이 심사할 수 있다고 본다. 그리고 을에 따르면 대법원만의 고유 권한은 재판과정에서의 정부가 정한 명령의 위헌성 심사이다. 따라서 이 경우 갑, 을 모두 대법원만이 심사를 할 수 있다고 보며, 헌법재판소가 이 심사를 할 수 있는 권한이 없다고 볼 것이다.

ㄴ. 옳다. 갑과 달리 을의 경우는 재판과정을 거치지 않을 경우는 어떤 명령에 대해 대법원만이 심사할 수 있으며, 재판과정을 거친 경우에는 어떤 명령에 대해 헌법재판소가 그 위헌성을 심사할 수 있다. 양 기관에서 동일한 명령의 위헌 여부에 관하여 상충하는 판단이 이루어진다면, 사회적 혼란이 초래될 수 있으므로 이에 대해 비판할 수 있다.

ㄷ. 옳다. 재판과정이 없이 정부 명령의 위헌 심사를 요청하고자 할 때 갑에 따르면 대법원과 헌재 모두 심사 권한이 없다. 그러나 을에 따르면 헌법재판소가 이를 심사할 수 있다. 따라서 '재판과정이 없이도 정부 명령에 대한 위헌 심사를 할 수 있어야 한다.'고 주장하는 사람은 갑보다는 을의 견해에 더 동의할 것이다.

08. 정답 ④

내용영역 **법규범** 문항유형 **논쟁 및 반론**

갑은 A조항의 보험급여 제한사유가 헌법에 위반된다고 주장하고 있고, 을은 헌법에 위반되지 않는다고 주장하고 있다. 그런데, ㈐는 경과실로 인한 범죄에 의한 보험사고를 고의나 중과실에 의한 범죄로 발생한 보험사고와 동일하게 취급하는 것은 불합리하다는 주장이다. A조항은 경과실에 의한 범죄로 발생한 보험사고도 중과실에 의한 범죄로 발생한 보험사고와 동일하게 취급하고 있으므로, ㈐는 을의 주장과 일관되지 않는다.

09. 정답 ①

내용영역 **인문** 문항유형 **논쟁 및 반론**

ㄱ. 옳다. 갑에 의하면, 좋은 것(X)은 '좋음'을 내포하고 있는데, 이 어떤 좋음을 증진시키는 것은 올바르다. 가령 '날이 잘 선 칼은 좋은 칼인데 이 칼은 '물건을 잘 자름'이라는 좋음을 내포하고 있다. 따라서 물건을 잘 자름이라는 어떤 좋음을 증진시키면 올바른 행위이지만, 일부러 무디게 한 행위는 올바르지 않은

행위이다. 따라서 갑이 어떤 행위가 올바르지 않다고 판단하였다면 그 행위는 어떤 좋음을 증진시키지 않은 것이며, 어떤 행위가 올바르다고 판단했다면 그 행위는 어떤 좋음을 증진시킨 것이다.

ㄴ. 옳지 않다. 갑은 좋은 것이 내포한 좋음을 증진시키는 것이 올바르며, 증진시키지 않는 것은 올바르지 않다고 주장한다. 즉, 갑은 '올바름'과 '좋음'이 별개가 아니라 관계가 있다고 보는 것이다. 이에 대해 을은 우리가 올바르다고 판단할 때, '좋음'에 의존하지 않는다는 지적을 한다. 따라서 갑에 의하면 향락을 좋은 것이라고 판단한다면, ㉠은 올바르며, 향락을 좋은 것이라고 판단하지 않는다면, ㉠은 올바르지 않다. 그리고 을에 의하면 ㉠이 보편적으로 올바르면 올바른 것이지만, 만약 보편적으로 올바르지 않다면 올바르지 않다. 따라서 을의 관점에서 ㉠이 올바른 것이 아닐 수도 있다.

ㄷ. 옳지 않다. 을은 우리가 올바름의 기준에 대해서 보편적으로 합의하고 있으며 이 보편적 합의는 '좋음'에 대한 판단이 없어도 가능하다. 그래서 을은 좋지 않은 행위라는 판단 없이도 어떤 행위가 비도덕적이라고 말할 수 있다고 본다. 즉, 반드시 좋지 않은 행위가 옳지 않은 행위의 근거가 되지 않는다는 것이다. 따라서 누군가가 어떤 행위에 대해 비도덕적이라고 판단하였다면 그는 그 행위가 좋지 않은 행위라고 판단했을 수도 있고 좋은 행위라고 판단했을 수도 있다.

10. 정답 ⑤
내용영역 **법규범**　　　문항유형 **논쟁 및 반론**

ㄱ. 적절하다. 갑은 제1매수인이 이중매매로 예측하지 못한 손해를 입게 되므로 제2매수인 보다 더 보호가 필요하다고 하고 있다. 따라서 등기를 갖추지 않은 제1매수인보다는 등기까지 갖춘 제2매수인을 더 보호해야 한다면 갑은 약화된다고 보아야 한다.

ㄴ. 적절하다. 갑은 어느 시기에 처분행위가 이루어졌든 배임죄 성립을 부정한다. 을은 어느 정도 계약이 진행된 이후(예컨대 중도금 수수 이후)에만 배임죄의 성립을 긍정하므로, 계약금만 수수한 단계에서는 배임죄의 성립을 부정할 것이다.

ㄷ. 적절하다. 갑은 매도인이 등기 이전에 필요한 서류를 매수인에게 제공하는 협력 의무는 타인(매수인)을 위한 사무에 해당할 뿐인지 타인의 사무가 될 수 없다고 한다. 따라서 갑은 매도인의 협력 의무는 인정하지만 이로 인한 매도인의 배임죄 성립을 부정할 것이다.

11. 정답 ④
내용영역 **법규범**　　　문항유형 **논쟁 및 반론**

① 적절하다. 계약이 반사회적이라고 하는 경우를 살펴보면, C는 일방의 반사회적 동기에 상대방이 관여하여 그 동기가 당사자 공동의 동기로 외부로 표시된 경우이고, A는 상대방의 관여 없이 일방의 반사회적 동기가 표시된 경우이며, B는 일방의 반사회적 동기가 외부로 표시된 경우뿐 아니라 외부로 표시되지 않은 경우도 있다. 따라서 계약이 반사회적이라고 판단하는 범위는 C<A<B가 된다.

② 적절하다. A, B, C는 모두 계약의 상대방이나 계약의 양 당사자가 반사회적인 동기를 인식할 수 있었을 경우, 그 동기가 계약의 내용을 이루게 된다고 보아 계약이 무효라고 한다. 계약의 내용은 당사자의 의사의 합치로 이루어지는데 동기가 계약의 내용에 포함될 수 없다고 한다면 동기가 계약의 내용을 이룰 수 있다고 본 A, B, C의 설득력은 낮아질 것이다.

③ 적절하다. A와 B의 견해 차이는 표시되지 않은 반사회적 동기를 어떻게 볼 것이냐는 것이다. 당사자들이 동기를 표출하는 경향이 강할수록 동기도 내심에 머물러 있기보다는 대부분 상대방에게 표시될 것이다. 그러므로 반사회적 동기가 상대방에게 표시되는 경우가 많을수록 B와 A 모두 계약이 반사회적이라는 결론을 많이 내릴 것이다. 따라서 이 경우 B는 A와 비슷한 결론을 내린다고 볼 수 있다.

④ 적절하지 않다. 일방의 반사회적 동기가 상대방에게 표시되지 않을 경우이므로 A는 해당 계약이 무효가 아니라고 할 것이다. 또한 B는 상대방이 일방의 반사회적 동기를 알 수 없다고 하였으므로, 그 동기를 알 수 없는 상대방은 계약이 무효가 아니라고 할 것이다. 따라서 A와 B는 계약이 무효가 아니라는 같은 결론을 내릴 것이다.

⑤ 적절하다. C는 일방의 반사회적 동기에 상대방이 관여하여 그 동기가 당사자 공동의 동기로 외부로 표시된 경우에, 그 동기는 계약의 내용을 이룬다고 본다. 만약 양당사자가 동기를 공동으로 표시한 경우에 당사자가 달성하려는 목적의 판단 자료가 되고 이 목적이 계약의 내용에 포함된다면, 이때의 동기는 계약의 내용에 포함될 것이다. 따라서 양 당사자의 동기를 고려해야 한다는 ⑤의 주장은 C의 설득력을 높일 것이다.

12. 정답 ⑤
내용영역 **법규범**　　　문항유형 **논쟁 및 반론**

갑과 을의 기본 입장을 정리하면 다음과 같다.

갑 : 헌법조항의 개정의 위헌 여부는 헌법규정에 따라 판단해야 하므로 헌법이 정한 개정절차에 따르는 한 어떤 제약 없이 모든 헌법조항을 개정할 수 있다.

을 : 헌법의 본질적 이념을 규정한 조항은 헌법을 제정한 권력의 의사가 반영된 것으로 개정을 금지하는 명문규정이 없더라도 개정할 수 없다.

이에 따르면 갑은 헌법 개정 절차를 따르는 한 헌법 개정에 한계가 없다는 기본 입장을 갖고 있는데 ㈐에서 헌법 개정에 자연법적 한계를 인정한다는 점에서 자신의 기본입장과 일관되지 않는 주장을 하고 있다. 따라서 정답은 ⑤이다.

내용영역 법규범   **문항유형** 논쟁 및 반론

ㄱ. 옳지 않다. 검사와 변호인의 쟁점은 친고죄를 폐지하는 형법 개정 이후 특례조항을 삭제하고 시행 전까지 아무런 경과규정을 두지 않은 공백 상태를 어떻게 해석할 것인지이다.

〈변호인의 주장〉을 정리하면 다음과 같다.

전제1	피고인의 행위 이후 개정된 법이 피고인에게 불리한 것이라면 개정 이전의 법을 적용한다는 원칙(㉠)을 적용해야 한다.
전제2	개정된 법은 강제추행죄의 친고죄 규정을 폐지한 것으로 이는 피고인에게 불리한 것이다.
결론	따라서 개정 이전의 법을 적용해야 한다.

그런데 이 결론에 따라 '개정 이전의 법'을 적용하고자 할 때, '개정 이전의 법'이 문제가 된 것이 아니라 이 법에 특례조항이 있었는데 현재는 이것이 삭제되었다는 것이 쟁점인 것이다. 변호인은 특례조항이 현재 삭제되었으므로 고소기간을 6개월로 보아야 한다고 주장하는 것이고, 검사는 특례조항에 문제가 있어 삭제한 것이 아니라 친고죄 폐지를 반영하기 위한 것일 뿐이므로 특례조항의 취지를 받아들여 고소기간을 1년으로 보아야 한다는 것이다. 따라서 위 〈변호인의 주장〉을 검사가 모두 수용하더라도 여전히 검사는 개정 이전의 법을 적용하는 것에 있어 자신의 주장을 유지할 수 있다. 그러므로 검사가 ㉠을 부정한다고 할 수 없다.

ㄴ. 옳지 않다. 검사가 하는 주장은 법 개정의 취지상 ㉠을 적용할 수 없다는 것이지, 법 개정이 절차와 관련한 것이기 때문에 ㉠을 적용할 수 없다는 주장이 아니다. 따라서 이 주장이 검사의 견해에 영향을 주지 않으므로 검사가 반드시 이 견해에 동의한다고 할 수 없다.

ㄷ. 옳다. 피고인의 변호인은 성폭력처벌법상 특례규정을 삭제하는 개정법이 적용되면 원칙적 고소기간인 6개월에 따라 처벌 여부를 결정해야 한다고 주장한다. 따라서 변호인에 의하면 피해일로부터 6개월이 지나 이루어진 피해자의 고소는 효력이 없다고 볼 것이다. 검사는 개정 전 법이 적용된다고 보므로 특례규정상 1년의 고소기간이 적용되므로 그 이전에 이루어지는 피해자의 고소는 효력이 있다고 볼 것이다. 따라서 만약 을의 고소가 피해일로부터 5개월 후인 2012년 11월 1일에 이루어졌다면 변호인과 검사 모두 고소가 효력이 있다는 데 동의할 것이므로 의견 대립이 없을 것이다.

내용영역 법규범   **문항유형** 논쟁 및 반론

A, B, C의 입장을 정리하면 다음과 같다.

	권리 행사	금액 분배
A	채권자와 보증인 공동	채권자가 변제받지 못한 채무액과 보증인의 변제액을 비례
B	채권자와 보증인 공동	채권자의 채무액 전액 변제가 우선, 그 다음이 보증인
C	채권자 단독	채권자의 채무액 전액 변제가 우선, 그 다음이 보증인

〈사례〉를 A, B, C의 입장에 적용하면 다음과 같다.

A : 갑과 병은 공동으로 권리를 행사해야 하고, 병이 1억 원을 변제하였고 갑도 1억 원의 채무만 남았으므로 Y부동산 경매액 1억 원을 1:1로 비례하여 가지므로 5천만 원씩 변제받을 것이다.

B : 갑과 병은 공동으로 권리를 행사해야 하고, 갑이 먼저 채권 전액인 1억 원을 변제받을 것이다.

C : 갑이 단독으로 경매 신청이 가능하고 금액 분배는 B와 같다.

	권리 행사	금액 분배
A	갑, 병 공동	갑 : 5천만 원 병 : 5천만 원
B	갑, 병 공동	갑 : 1억 원
C	갑이 단독으로 가능	갑 : 1억 원

ㄱ. 옳지 않다. A에 따르면 병은 5천만 원을 변제받을 수 있지만, B에 따르면 갑의 남은 채무액이 1억 원이므로 병은 일부라도 변제받을 수 없다.

ㄴ. 옳다. A와 B는 채권자와 보증인, 즉 갑과 병이 함께 경매에 관한 절차를 진행해야 한다고 보며, C는 채권자, 즉 갑이 단독으로 경매에 관한 절차를 진행할 수 있다고 본다.

ㄷ. 옳지 않다. Y부동산의 시가가 2억 원인 경우 금액 분배는 다음과 같다. 갑이 받지 못한 금액은 1억 원이고, 병이 변제한 금액은 1억 원이므로 둘 모두 변제받을 것이다. 따라서 이 경우 아래와 같이 병은 어느 견해를 따르든 1억 원을 받을 것이다.

내용영역 법규범   **문항유형** 논쟁 및 반론

〈감금죄의 성립 기준〉

A	특정 장소를 실제로 떠나려 할 때 물리적으로 제한될 위험 ⇨ 감금죄 ○ 특정 장소를 실제로 떠나려 할 때 물리적으로 제한될 위험 × ⇨ 감금죄 ×
B	특정 장소를 실제로 떠나려 할 때 물리적으로 제한 ⇨ 감금죄 ○ 특정 장소를 실제로 떠나려 할 때 물리적으로 제한 × ⇨ 감금죄 ×

ㄱ. 옳지 않다. B는 사람이 실제로 특정 장소를 떠나고자 하는 의지를 가졌을 때, 그때에 물리적 제한이 있었다면 감금죄가 성립한다고 본다. 반면, A는 사람이 실제로 특정 장소를 떠나고자 하는 의지를 가졌든 가지지 않았든, 특정 장소를 떠날 수 없게 하는 물리적 제한의 위험이 있다면 감금죄가 성립한다고 본다. 따라서 A에 따른 감금죄의 성립 범위에는 B에 따른 감금죄의 성립 범위가 포함되어 A는 B에 비해 감금죄의 성립 범위를 넓게 본다고 할 수 있다. 따라서 B에 따를 때에 감금죄에 해당하는 행위는 A에 따를 때에도 감금죄에 해당한다.

ㄴ. 옳다. A와 B는 모두 사람이라면 누구나 특정 장소를 떠날 수 있는 자유가 보장되어야 한다는 점에 대해서는 인정하고 있다. 다만 감금죄 성립에 대한 구체적인 구성요건에 대해서 이견이 있을 뿐이다.

ㄷ. 옳다. B는 사람이 특정 장소를 떠나려는 의지를 가졌을 때, 그때에 실제로 물리적으로 제한했는지를 기준으로 감금죄의 성립 여부를 판단한다. 따라서 의지가 없을 때에는 장소 이전의 자유가 침해되지 않는다고 본다. 반면 A는 언제든 사람이 특정 장소를 떠나려 할 때 물리적 제한의 위험이 있었다면 감금죄가 성립한다고 본다. 즉, A는 특정 장소를 떠나려 할 때 실제로 물리적으로 제한되기 이전의 단계에서도 장소 이전의 자유가 침해될 수 있다고 본다.

16. 정답 ①

[내용영역] **사회**　　　　　[문항유형] **논쟁 및 반론**

① 적절하지 않다. 만약 대기업이 100원의 임금에서 10%의 임금 인상이 된다면 대기업의 임금은 110원이 된다. 그리고 협력업체의 임금이 50원에서 10% 인상된다면 55원이 된다. 그래서 임금 상승률이 비슷할 경우, 임금 격차는 50원에서 55원으로 그 격차가 커진다. 따라서 대기업과 협력업체 간 임금 상승률이 비슷하더라도 원래의 임금 격차가 있는 상황이라면, 임금 격차는 더 심화될 것이다. 따라서 이 경우 대기업과 협력업체 간 임금 격차 심화를 주장한 갑의 입장을 약화하지 않는다.

② 적절하다. 갑은 대기업에 대해 강력한 제재가 필요하다는 입장이고, 을 또한 대기업으로 인한 사회적 폐해가 있고, 그것에 대해 제재가 필요한 것도 사실이라고 하여 그 필요를 인정한다. 또한 사회 양극화 문제의 원인에 대해서는 이견이 있지만, 이 현상이 사회에 존재한다는 데 대해서는 같은 입장을 보이고 있다.

③ 적절하다. 사회 양극화 현상이 임금 격차가 아니고, 또한 사회 전반적으로 상속 등과 같은 과정에서 소득 재분배가 제대로 이루어지지 않기 때문에 발생한다면, 대기업과 중소기업 사이의 임금 격차로 사회 양극화 현상이 발생한다고 주장한 갑의 입장을 약화한다.

④ 적절하다. 을에 따르면 중소기업과 달리 대기업 노동자들은 성능이 매우 좋은 자본재를 사용한다. 그래서 대기업은 자본집약도나 수익성이 높기 때문에 노동자도 임금을 많이 받는다. 이는 중소기업 노동자들은 성능이 비교적 좋지 않은 자본재를 사용하므로 수익성이 낮아 임금을 많이 받지 못한다. 이에 따르면 을은 기업의 수익성이 노동자의 임금으로 반영된다는 입장이다. 그런데 기업의 영업이익이나 수익성이 높아지고 낮아지더라도 이러한 사실이 기업에 근무하는 노동자의 임금으로 반영되지 않는다면 이는 을의 입장을 약화한다.

⑤ 적절하다. 을에 따르면 전자 업종 같은 수출 제조업의 경우에, 대기업이 협력업체의 경쟁력이나 수익성을 향상시키려고 노력한다. 따라서 전자 업종의 경우 대기업의 임금이 여러 협력업체에 비해 낮거나 비슷하다는 사실은 을 주장의 근거가 될 수 있다. 따라서 이는 을을 강화한다.

17. 정답 ⑤

[내용영역] **사회**　　　　　[문항유형] **논쟁 및 반론**

① 옳다. B₁은 A₁이 제시한 기회균등의 원칙에 위반된다는 기준을 적용했을 때 제소자의 투표권 박탈 문제도 시민 불복종의 대상이 될 수 있다는 것을 지적하고 있다.

② 옳다. B₁에서 재소자의 투표권이 박탈이 시민 불복종의 대상이 될 수 있다는 지적에 대하여 A₂는 사회적 합의라는 기준을 적용하면 시민 불복종의 대상이 되지 않는다고 대응하고 있다.

③ 옳다. A₃은 개인의 도덕적 종교적 신념에 근거한 시민 불복종을 인정하게 되면, 사실상 개인과 집단이 제기하는 모든 불만을 시민 불복종 대상으로 인정해 주지 않을 수 없는 문제가 발생한다고 지적하고 있고, 이러한 상황을 사회에 위험한 일로 보고 있으므로 옳은 분석이다.

④ 옳다. B₃는 '합법적인 절차로는 위반의 시정을 도저히 이루어낼 수 없는 경우'이어야 한다는 시민불복종의 두 번째 조건을 상기시킴으로써 A₃에 대응하고 있다.

⑤ 옳지 않다. A와 B 모두 합법적인 절차가 존재하지 않을 경우를 시민 불복종의 요건으로 보고 있는 것은 일치한다. 그리고 A는 시민 불복종의 요건으로 정부 정책이 사회적으로 합의된 정의의 원칙에 어긋날 것을 들고 있다. B가 정부 정책이 사회 구성원들의 삶에 불이익을 줄 때 시민불복종의 요건이 된다고 보고 있으나 사회적으로 합의된 정의의 원칙에 어긋나는 경우를 요건에서 배제하고 있다고 할 수 없다. 따라서 정부 정책이 사회적으로 합의된 정의의 원칙에 어긋나고 합법적인 절차로는 시정이 불가능할 때 A와 B는 모두 시민 불복종이 가능하다고 할 것이다.

18. 정답 ⑤

[내용영역] **인문**　　　　　[문항유형] **논쟁 및 반론**

지연의 추론은 다음과 같다.

전제1) 사과는 「사과」가 가리키는 대상이다.

전제2) 빨간 사과는 「사과」가 가리키는 대상이 아니다.

결론) 빨간 사과는 사과가 아니다.

지연의 추론은 <정의>를 적용한 전제1)과 전제2)로부터 <원리>에 따라 결론을 도출하고 있다. 그런데 전제2)는 <정의>의 올바른 적용이 아니다. <정의>에 따르면 "빨간 사과는「빨간 사과」가 가리키는 대상이다'라고 할 수 있고 "빨간 사과는「사과」가 가리키는 대상이다'라고 할 수 있지만, 전제2)와 같이 말할 수는 없다. 수영은 이를 지적하고 있다.

따라서 정답은 ⑤이다.

---

19. 정답 ④

내용영역 **법규범**　　　　　문항유형 **논쟁 및 반론**

ㄱ. 옳지 않다. 을은 피해자의 양적 과실이 가해자의 양적 과실보다 크면 가해자의 배상책임이 부정된다. 그런데 가해자 A의 과실이 피해자 B의 과실보다 작으므로 A의 배상책임은 부정될 것이다. 병에 의하면 가해자는 단순과실이고 피해자가 중과실일 때만 가해자가 면책될 수 있다. 따라서 가해자 A의 과실이 중과실이라면 가해자 A는 배상책임이 인정될 것이다. 따라서 이 경우 을과 병의 결론은 같지 않다.

ㄴ. 옳다. 갑은 피해자 B에게 손해발생에 대한 과실이 인정되기만 하면 손해배상책임을 부정한다. 을도 가해자 A의 과실이 피해자 B의 과실보다 작다면 가해자의 손해배상책임을 부정한다. 따라서 A의 과실이 B의 과실보다 작다면 갑과 을 모두 A의 손해배상책임을 부정할 것이다.

ㄷ. 옳다. 병은 피해자 중과실, 가해자 단순과실일 때만 가해자 A의 배상책임이 면제된다. 따라서 피해자 B가 단순과실이라면 가해자의 배상책임이 면제되는 경우는 없고, 전체 과실에서 피해자 B의 과실만큼 줄어든 배상책임을 진다. 그리고 을의 견해에 의하면 B의 과실이 양적으로 가해자 A보다 크다면 가해자의 배상책임이 면책된다. 결국 B의 과실이 단순과실인 경우 피해자 B의 과실이 가해자 A의 과실보다 작은 경우에는 을과 병 누구의 견해에 따르더라도 B는 자신의 과실의 크기만큼 줄어든 배상을 받을 수 있다. 그러나 B의 과실이 A의 과실보다 큰 때는 을의 견해에 의하면 B는 배상을 받을 수 없게 되지만 병의 견해에 의하면 감액된 손해배상을 받을 수 있게 된다. 따라서 이때는 을보다 병의 견해를 따르는 것이 B에게 더 유리하다.

---

20. 정답 ③

내용영역 **법규범**　　　　　문항유형 **논쟁 및 반론**

ㄱ. 옳다. 갑은 명시적으로 A 법률이 적용되지 않는다고 하고 있다. 반면 을은 보험회사가 보험계약자에게 설명하지 않은 약관을 계약의 내용으로 주장할 수 없다고 하였으므로 A 법률을 적용한 것으로 볼 수 있다.

ㄴ. 옳다. 갑에 의하면 보험계약자가 취소권 행사기간 내에 취소권을 행사하지 않으면 그 취소권은 소멸된다고 하고 있으므로 P가

보험계약을 취소할 수 없다고 보고 있다. 그리고 을에 의하더라도, P와 보험회사가 체결한 보험계약은 유효하게 성립된다고 하고 있으므로 P가 보험계약을 취소할 수 없다고 보고있음을 알 수 있다.

ㄷ. 옳지 않다. 갑은 A 법률은 약관 전체에 관한 일반법이고, B 법률은 보험약관에 관한 특별법이라고 하고 있다. 반면 을은 설명의무 위반 시 약관을 계약 내용으로 할 수 없다는 A 법률과 취소권을 규정한 B 법률은 서로 모순·저촉되지 않으므로 A 법률과 B 법률은 특별법과 일반법의 관계가 아니라고 보고 있다. 따라서 갑과 을이 A 법률과 B 법률 중 어느 것을 특별법으로 볼 것인지에 대해서 의견을 달리하고 있다고 볼 수 없다.

---

21. 정답 ④

내용영역 **법규범**　　　　　문항유형 **논쟁 및 반론**

① 옳다. 제39조 제2항의 취지에 대해 A1은 제대군인에게 혜택을 주어도 좋다고 해석하고 있고, B1은 혜택을 주는 것이 아니라, 제대군인이 불이익을 받는 것을 막아야 한다고 주장하고 있다.

② 옳다. B1은 제39조 제2항이 혜택을 주는 것이 아니라, 불이익을 막는 조항이라 해석한다. 그리고 A2는 이 조항이 불이익이 발생해서는 안 된다는 내용이라는 점에 동의한다. 그러므로 A2는 제39조 제2항에 대한 B1의 해석에 일부 동의한다고 볼 수 있다. 그러면서도 A2는 아주 적은 인원이 군가산점 혜택을 받는다면 제39조 제2항에 대한 B1의 해석에 일부 동의하면서도 군 가산점을 도입하자는 자신의 주장이 예외로 적용될 수 있다고 본다.

③ 옳다. B2는 군가산점제도가 이미 군대를 갈 수 있는 남성과 그렇지 않은 여성을 차별하고 있는데, 군대를 다녀와도 모두가 혜택을 받는 것은 아니기 때문에 또 다른 차별을 낳는다고 주장한다. 그러므로 이와 유사한 주장인, 군가산점제도는 신체 건강한 남성과 그렇지 않은 남성을 차별하고 있다는 주장은 B2를 강화할 수 있을 것이다.

④ 옳지 않다. A3은 군가산점제도를 실시함으로 인해 차별이 생길 수 있지만 사병들이 제대 후 사회 적응을 위해서는 군가산점제도를 실시해야 한다고 주장한다. 그러므로 A3은 차별을 하지 않는 것, 즉 평등의 원칙보다 제대 후 사회 적응, 즉 제도가 시행되었을 때 얻을 수 있는 이익을 더 우선한다고 본다.

⑤ 옳다. B3은 A3이 제시한 '2년 동안 사회와 격리되어 있었기 때문에 사병들이 제대 후 사회 적응에 어려움이 있다'는 사실에 대해서는 동의하고 있다. 하지만 그렇다고 해서 그에 대해 보상을 하는 것은 있을 수 없다고 말하고 있으므로, 그러한 사실을 통해 군가산점제도가 도입되어야 한다는 주장이 도출되는 것에 대해서는 반대하고 있다고 볼 수 있다.

22. 정답 ②

| 내용영역 | 인문 | 문항유형 | 논쟁 및 반론 |

문서에 기록된 '기적 현상'에 대한 갑과 을의 판단을 정리하면 다음과 같다.

기적 현상	갑	을
과학법칙으로 설명 됨	과학 현상의 증거가 됨	과학 현상의 증거가 됨
과학법칙으로 설명 안 됨	장래 과학법칙에 따른 설명 가능성 있음: 판단 유보	기록자가 사실대로 기록: 기적의 증거
	장래 과학법칙에 따른 설명 가능성 없음: 문서의 기록이 거짓	기록자가 거짓으로 기록: 문서의 기록이 거짓

ㄱ. 옳지 않다. 을에 따르면 과학법칙으로 설명이 안 되는 현상에 대해서만 기적의 증거가 될 여지가 있다. 따라서 기록자가 진실을 기록했더라도, 그것이 과학법칙으로 설명된다면 이 기록은 과학 현상의 증거가 될 뿐 기적의 증거는 되지 않는다.

ㄴ. 옳다. 을에 따르면 과학법칙으로 설명이 안 되는 경우에, 기록자가 거짓으로 그 기록을 남겼다면 이 문서의 기록은 과학 현상을 증명하지도 못하고, 기록된 현상이 기적이 아니라는 것도 증명하지 못한다고 본다.

ㄷ. 옳지 않다. 갑에 의하면 기적은 과학법칙의 예외적인 현상이며, 이러한 기적은 없다. 이런 점에서 갑은 과학법칙으로 설명되지 않는 현상은 아직 설명에 필요한 과학법칙이 발견되지 않았거나 거짓으로 기록한 것이라고 본다. 따라서 갑은 문서의 '기적 현상'이 현재 또는 장래의 과학법칙으로 설명되지 않을 경우 적어도 기적은 아니라고 볼 것이다. 반면, 을은 과학법칙으로 설명되지 않는 문서의 '기적 현상'은 기적의 증거가 되는 경우와 그 문서가 거짓으로 작성된 경우로 나누어 본다. 따라서 을은 문서의 '기적 현상'이 현재 또는 장래의 과학법칙으로 설명되지 않을 경우 반드시 기적이라고 보는 것은 아니다.

23. 정답 ⑤

| 내용영역 | 법규범 | 문항유형 | 논쟁 및 반론 |

ㄱ. 옳다. A는 사실적 정보를 알지 못하고 그러한 정보를 알지 못한 상황을 스스로 초래하였다면 이는 규범준수의 의지가 없는 것이고, 실천적 정보를 알지 못한 경우에도 규범준수의 의지가 없는 것이므로, 처벌을 하여야 한다고 한다. 이는 즉 규범준수의 의지가 없으므로 처벌할 수 있다는 점을 전제로 한다. 따라서 ⊙이 거짓이라면 A의 결론은 성립할 수 없게 된다.

ㄴ. 옳다. B에 따르면 규범을 알지 못하는 상태에서 규범을 위반한 경우는 처벌할 수 없다. 그런데 '규범을 알지 못하는 것은 규범준수 의지가 없다'는 견해가 옳다면, ⊙에 따라 규범을 알지 못하는 상태에서 규범을 위반한 경우 처벌을 해야 한다. 따라서 B가 이와 같은 경우에 처벌할 수 없다는 결론을 유지하려면 ⊙을 폐기해야 하므로 ⊙과 양립할 수 없다.

ㄷ. 옳다. B는 '경위를 불문하고' 자신의 행위가 무엇인지 인식하였음에도 의지가 없어 규범을 준수하지 않은 사람보다는 규범준수의 의지가 있으므로 처벌을 하더라도 책임을 경감하여야 한다고 주장하므로, 음주에 의하여 사실적 정보에 대한 인식능력이 저하된 경우 처벌을 감경하는 제도에 찬성할 것이다. 그러나 A의 경우 '자신의 행위가 어떠한 행위인지 알 수 없는 상황을 스스로 초래한 경우'는 '규범준수의 의지가 없는 경우'로서 '다르게 볼 필요가 없고' 따라서 처벌을 감경할 만한 사유가 될 수가 없을 것이다. 따라서 A는 이에 반대할 것이다.

24. 정답 ③

| 내용영역 | 사회 | 문항유형 | 논쟁 및 반론 |

ㄱ. 옳다. 을은 불황의 이유를 공급의 문제에서 찾고 있으므로 을이 옳다면 ⊙의 원인은 애완견 돌봄 서비스의 공급에서 문제가 생긴 현상이 예측될 것이다. 이 경우는 조합원들이 애완견을 돌볼 때 불성실한 태도를 갖는 것, 즉 공급의 질이 하락한 것이므로 이 사례는 을을 강화한다.

ㄴ. 옳다. 갑은 조합원들이 쿠폰을 모으기만 하는 것, 즉 서비스 이용을 하고자 하는 수요가 부족했다고 볼 것이다. 을의 경우 ⊙의 원인은 공급의 측면에 있지만, 생산이 비정상적으로 작동하면 수요에도 영향을 준다고 하였으므로 공급의 문제가 수요의 부족으로 이어진다고 본다. 따라서 이 경우, 조합원들이 쿠폰을 사용하는 대신 모으려고만 하였으므로 갑과 을 모두 ⊙이 나타나는 과정에서 애완견 돌봐주기 서비스에 대한 수요가 부족했다고 판단할 것이다.

ㄷ. 옳지 않다. 갑에 따르면 불황은 한 경제의 근본적인 강점이나 약점과는 아무런 상관이 없이 발생하기 때문에 건실한 경제시스템에도 불황이 발생할 수 있다. 따라서 갑은 조합이 더 효율적인 시스템을 만들어도 ⊙이 발생할 수 있다고 볼 것이다. 한편 을은 시스템의 효율성과 불황의 발생 가능성 간의 관계에 대해 언급하고 있지 않으므로 을이 ⊙이 발생하지 않았을 것이라는 데 동의하지 않을 수 있다.

25. 정답 ②

| 내용영역 | 법규범 | 문항유형 | 논쟁 및 반론 |

ㄱ. 옳지 않다. A는 지역가입자가 경제적 능력보다 더 많은 보험료를 납부하고 있다는 이유로 현재의 이원적 부과 체계가 평등한 부담을 이루고 있지 않다고 주장한다. B는 두 집단은 소득파악율과 소득형태의 차이가 있다는 이유로 현재의 이원적 부과체계가 평등한 부담을 이룬다고 본다. 따라서 직장가입자와 지역가입자의 소득파악율의 차이가 거의 없어진다고 해도, B는 양 집단의 소득형태에 본질적인 차이가 있다는 이유로 A와 입장 차이를 보일 수 있다.

ㄴ. 옳다. A는 건강보험이 지역가입자에게만 추가 사항을 요구하고 있어 불평등하다고 본다. 따라서 A는 동일한 기준에 따라 부담액

을 납부할 때 평등할 것이라는 데 동의할 것이다. B 역시 직장가입자와 지역가입자에게 동일한 기준을 적용하여 평등한 부담을 이룰 수도 있다고 하여, 납부자들이 하나의 기준에 따를 때 부담 평등의 원칙이 지켜질 수 있다는 데 동의할 수 있다.

ㄷ. 옳지 않다. A는 지역가입자의 소득파악율이 낮다는 것을 근거로 자신의 입장을 피력하므로, 지역가입자 집단이 축소되더라도 지역가입자들이 경제적 능력보다 더 많은 보험료를 납부하고 있다면 자신의 주장을 유지할 수 있다. 따라서 지역가입자의 비율이 떨어지는 현상이 A의 설득력을 떨어뜨리지 않는다.

---

26. 정답 ③

내용영역 인문   문항유형 논쟁 및 반론

ㄱ. 옳지 않다. 갑에 따르면 양성자와 중성자가 각각 7개인 질소의 경우 질량 값은 1.67×10^{-24}g의 약 14배이므로, 14에 근사하는 값이 되고, 중성자가 8개인 경우는 15에 근사하는 값이 된다. 을에 따르면 양성자와 중성자가 각각 7개인 질소의 경우 상대적 질량이 산소의 약 7/8이므로 14에 근사하는 값이 되고, 중성자가 8개인 경우 산소의 약 15/16일 것이므로 15에 근사하는 값이 된다. 그런데 병의 기준에 따르면 양성자와 중성자의 개수가 각각 16, 17, 18인 산소 원자들의 평균값이 원자량 16으로 정해지므로 양성자와 중성자의 개수가 16개인 산소 원자를 기준으로 할 때보다 큰 질량 값이 원자량 16으로 결정된다. 질소의 동위원소 평균 질량값 또한 14보다 약간 큰 값이 되므로 병의 기준에 따르면 질소의 원자량은 $14. x/16. x$의 값이 된다. 따라서 갑, 을, 병의 기준에 따른 질소의 원자량은 동일하지 않다.

ㄴ. 옳지 않다. 갑의 주장에 따르면 원소의 원자량은 수소의 원자량과의 상대적인 비로 결정된다. 양성자 8개와 중성자 8개로 이루어진 산소와 양성자 8개와 중성자 9개로 이루어진 산소는 실제 측정된 질량값이 (수소 원자의 약 16배와 약 17배로) 다르기 때문에, 갑의 기준에 따라 정한 원자량의 값도 달라진다. 따라서 산소의 원자량은 두 가지 이상이 된다.

ㄷ. 옳다. 을의 주장에 따르면 양성자와 중성자가 각각 8개인 산소의 원자량을 16으로 정하고, 다른 원소들은 그에 따른 상대적 질량비로 결정한다. 반면 병은, 중성자가 9, 10개인 산소 원자까지 고려하여 16으로 결정한다고 주장한다. 즉, 병에서의 원자량 16은 을의 원자량 16보다 다소 무거운 값이다. 따라서 병의 기준으로 측정한 탄소의 원자량은 12보다 작게 측정된다.

---

27. 정답 ④

내용영역 법규범   문항유형 논쟁 및 반론

ㄱ. 옳지 않다. A는 제1조 제1항에 따라 토지Z의 소유권을 확정해야 한다고 주장한다. 제1조 제1항에 의하면, 소유자인 갑의 의사를 반영한 등기가 필요한데, 현재 등기는 정이 완료하였고 을은 갑의 의사를 반영한 등기를 하지 못한 상태이다. 따라서 소유권이 인정되지 않아 청구가 인정된다고 할 수 없다.

ㄴ. 옳다. B에 따르면, 이 경우는 유언에 의한 소유권 이전의 경우이므로 제2조를 따라야 한다. 제2조에 의해 유언으로 재단법인을 설립하는 때에 출연재산인 토지Z는 갑의 사망한 때로부터 효력이 발생하므로 갑의 사망 이후 토지Z는 유언에 의해 을의 소유이다. 따라서 B에 따르면 토지Z의 반환 청구가 인정된다.

ㄷ. 옳다. B에 따르면 토지Z의 소유권은 을이 가져야 한다. C도 원칙적으로는 이에 동의하지만, 예외적으로 정이 유언을 몰랐을 경우에는 정이 소유권을 가진다. 정은 사정을 다 알고 있다고 하였으므로 C에 따를 때 소유권은 을이 가져야 할 것이다. 따라서 이 경우 을의 반환 청구가 인정될 것이다.

---

28. 정답 ⑤

내용영역 인문   문항유형 논쟁 및 반론

① 옳다. 트라시마코스의 관점에서 '강자의 이익'은 '정의'이기 위한 충분조건에 해당한다. 따라서 어떤 '정의'가 강자의 이익이 됨과 동시에 약자에게도 이익이 될 수 있는 가능성을 배제하지는 않는다.

② 옳다. 트라시마코스의 주장 중 "지배 계급이 그들에게 이익이 되는 것을 '옳은 것'이라고 하고"에 따르면 트라시마코스는 어떤 것이 정의로운 것인지를 지배 계급이 결정하는 것이라고 보고 있음을 알 수 있다.

③ 옳다. 소6에서 소크라테스는 '자네가 말한 바로 그대로일세'라며 소2와 소3에 대한 트라시마코스의 답변에 따르면 ㉠을 옳은 것으로 간주해야 한다고 주장한다.

④ 옳다. 소크라테스는 '정의'에 대한 트라시마코스의 견해에 따르면 '강자에게 이익이 되는 일을 행하는 것'과 '강자에게 이익이 되지 않는 일을 행하는 것'이라는 서로 모순되는 두 가지 명제가 모두 '정의'가 된다.

⑤ 옳지 않다. 소크라테스는 (a)통치자들이 때때로 실수할 수 있다는 점이 인정된다면, 법을 만들 때 잘 못 할 수 있다는 점이 인정되는 것이고, 이는 곧 ㉠을 긍정하는 것이라고 간주한다. 또한 트라시마코스는 (a)에 대해 긍정한 상황이다. 그런데 논리적으로 (a)가 ㉠을 함축하는 것은 아니므로 만약 트라시마코스가 이를 지적한다고 하더라도 (a)에 대해 긍정했던 자신의 입장과 모순되는 것은 아니다.

---

29. 정답 ①

내용영역 인문   문항유형 논쟁 및 반론

ㄱ. 적절하다. X국의 상황에서 B가 의도하는 재분배가 성공적으로 이루어지려면 X국의 많은 국민이 보험에 가입해야 할 것이다. 특히, 유전적으로 문제없이 태어난 네거티브가 많이 가입해야 모노나 폴리가 자신들의 유전적 불운에 따른 부담을 재분배할 수 있을 것이다. 따라서 X국에서 건강보험에 가입하지 않는 네거티브가 많을수록 재분배의 성공률은 낮아질 것이다.

IV
논쟁 및 반론

ㄴ. 적절하지 않다. A는 보험회사가 보험가입 희망자와 동일한 정보에 접근해야 공정하다고 보기 때문에, 보험 가입 희망자의 건강이 위험한지의 여부를 평가할 수 있는 요소가 있다면, 그러한 정보를 모두 보험회사가 알아야 한다는 데 동의할 것이다. B는 운이 좋고 나쁘다는 이유로 어떤 사람에게 더 많은 보험료를 책정한다는 것은 정당하지 않다고 본다. 따라서 운이 아닌 후천적 생활습관에 대해서는 차별화된 보험료를 책정하는 것이 정당하다고 볼 가능성도 있다. 따라서 이에 대해 B가 동의하지 않는다고 단정하기 어렵다.

ㄷ. 적절하지 않다. 도시에 사는 '폴리'는 '모노'와 같은 보험료를 지불해야 할 수 있다. 따라서 발병이 확실시되는지의 여부만으로 모노가 네거티브나 폴리보다 항상 더 많은 보험료를 지불해야 하는 것은 아니다.

---

30. 정답 ①

내용영역 인문 　　　　　　　　 문항 유형 논쟁 및 반론

ㄱ. 옳지 않다.

〈A의 주장〉

1. 타인의 행동이 자신의 원칙에 부합하지 않는다 → 타인의 행동에 반대할 명분을 가진다.

(1) 그가 자신의 원칙을 성실히 지키고 있을 때 그의 요청은 호소력을 띠고,

(2) 그가 자신의 원칙을 성실히 지키지 않는다면, 그의 요청은 호소력을 띠지 않는다.
　　⇨ 자신의 원칙이 보편타당하다고 믿고 있기 때문

2. 타인을 불관용(존중하지 않음)하는 사람은, 관용을 보편타당한 원칙으로 받아들이고 있지 않음 ⇨ 따라서 이 사람의 불관용은 호소력을 띠지 않음

A에 따르면 어떤 사람의 요청이 호소력을 띠는지의 여부는 〈A의 주장〉 (1)과 (2)에서처럼 '요청하는 사람이 원칙을 성실히 지키는지의 여부'에 달려 있다. 즉, A는 요청을 받는 상대방, 즉 타인이 원칙을 보편타당하게 받아들이는지의 여부에 대해서 고려하지 않는다. 따라서 이 경우 갑이 원칙을 성실하게 스스로 지키는 사람이라면 갑의 요청이 호소력이 있을 수 있다.

ㄴ. 옳다. A는 타인을 불관용(존중하지 않음)하는 사람은, 관용을 보편타당한 원칙으로 받아들이고 있지 않으므로 X종교의 교인들에 대해 관용의 태도를 보일 필요가 없다고 주장한다. 따라서 A는 X종교의 교인들은 타인을 관용하지 않는다고 판단한다. 그리고 B에게 관용의 의미는 개종을 강제당하지 않는다는 것인데, Y가 강제로 개종시키고자 하므로 관용하지 않은 것이다. 따라서 A와 B 모두에 따를 때 Y의 교인들은 X종교의 교인들을 관용하지 않은 것이다.

ㄷ. 옳지 않다. ㉠은 A와 B가 함께 인정할 수 있는 원칙이다. B는 X종교의 교인들이 타인에게 개종을 강제하지 않는 한 이들 역시도 개종을 강제당해서는 안 된다고 주장하는데 이는 우리 모두가

자신의 종교를 선택함에 있어 어떠한 제약도 경험하지 않기를 바라며 X종교도 그렇다고 한다. 즉, X종교 사람들이 자신의 원칙을 성실히 지키고 있으므로 그들의 주장도 호소력을 띨 수 있다는 것이다. 따라서 B가 ㉠을 반대하지 않을 수 있다.

---

31. 정답 ④

내용영역 사회 　　　　　　　　 문항 유형 논쟁 및 반론

ㄱ. 적절하지 않다. 갑은 마지막 진술에서 뇌사자로부터 이식을 위해 장기를 적출하는 것이 국민 정서상 수용하기 어렵다고 주장하는 것이 아니다. 심장이 뛰고 있는 뇌사자에게 더 이상의 의료행위를 할 수 없는 것이 국민 정서상 수용하기 어렵다면 뇌사자로부터 장기를 적출하는 것도 국민 정서상 수용하기 어렵다는 것만을 지적하고 있다.

ㄴ. 적절하다. 을은 첫 번째 발언에서 장기 이식을 위해 예외적으로 뇌사를 사망으로 인정하는 데 동의하고 있음을 드러내고 있다. 그러므로 법률상 사망 인정 시점이 상황에 따라 다르다는 것을 수용하고 있다.

ㄷ. 적절하다. 을은 두 번째 발언에서 국민감정에 위배되는 법률 개정은 문제가 있다는 입장을 보이고 있다.

---

32. 정답 ④

내용영역 인문 　　　　　　　　 문항 유형 논쟁 및 반론

ㄱ. 옳지 않다. 갑은 "모든 A는 B이다."가 참이 되려면, A가 현실에 존재해야 하고, 이들이 모두 B라는 두 가지 조건을 모두 충족해야만 한다고 본다. 따라서 "모든 A는 B이다."가 거짓이라면, A가 현실에 존재하지 않거나 A가 현실에 존재하더라도 A 모두가 B인 것은 아니거나, B가 현실에 존재하지 않아도 "모든 A는 B이다."가 거짓일 수 있다.

ㄴ. 옳다. 을은 어떤 것이 허구적 대상이더라도 그것에 대한 발화가 모두 난센스는 아니라고 보며, '도깨비는 존재하지 않는다'는 명제가 참된 명제라고 본다. 따라서 을은 "어떤 A는 B이다."라는 명제에서 A가 현실적으로 존재하지 않는 것이어도 참일 수 있다고 볼 것이다. 또한, 병은 도깨비가 '허구적 대상으로서' 존재하며, 허구적 대상의 특성에 대해서 참 또는 거짓으로 판정할 수 있다고 본다. 즉, 병은 현실적으로 존재하지 않는 것에 대해서 유의미하게 발화할 수 있다고 보므로, "어떤 A는 B이다."라는 명제에서 A가 현실적으로 존재하지 않는 것이어도 참일 수 있다고 볼 것이다.

ㄷ. 옳다. 갑은 허구적 대상에 대한 명제가 반드시 거짓이라고 본다. 따라서 현실적으로 존재하지 않는 A에 대해 발화하는 모든 명제는 거짓이라고 볼 것이다. 한편, 병은 허구적 대상에 대한 유의미한 발화가 가능하다는 점만을 주장할 뿐 그것이 필연적으로 참 또는 거짓이라는 주장을 하지는 않는다. 따라서 병에 따를 때 해당 명제가 항상 거짓인 것은 아니다.

33. 정답 ⑤

내용영역 인문   문항유형 논쟁 및 반론

① 적절하지 않다. 갑1의 논증은 다음과 같다.

전제1	예술이라면, 아름다움의 속성을 가져야 한다.
전제2	이 그림은 아름답지 않다.
결론	이 그림은 예술이 아니다.

이때 전제1에서 갑1은 예술작품의 필요조건으로 아름다움을 제시한다.

② 적절하지 않다. 갑1이 참이라면 '예술이라면, 모두 아름다워야 한다.' 이에 대해 을1은 '예술이지만, 아름답지 않은 것이 있다'고 하여 갑1의 반례를 들어 갑1의 주장을 반박한다.

이러한 반박에 대해 갑은 자신의 전제1을 수정하여 예술에 대한 다른 방식의 정의를 시도한다.

전제1	예술품이라면, 즐거움을 주어야 한다. [즐거움을 주지 않는다면, 예술품이 아니다.]
전제2	이 그림을 보고 불쾌함을 느꼈다.
결론	이 그림은 예술품이 아니다.

이때 즐거움과 아름다움 간의 범위를 어느 편이 더 넓거나 좁다고 판단하기 어려우므로 갑2의 범위가 더 넓은 것일 수 있다.

③ 적절하지 않다. 컴퓨터 게임이 예술품으로 인정받더라도, 을2에 따르면 하나의 작품을 두고 즐거움을 느끼는 감상자와 그렇지 않은 감상자가 있을 것이다. 이러한 난항 때문에 을2는 예술이 공통적으로 가지는 속성을 찾아 예술을 정의하는 것은 불가능하다는 입장이다. 따라서 어떤 대상이 예술로 인정되더라도 모든 예술의 공통속성이 즐거움이라는 데 을2가 동의한다고 볼 수 없다.

④ 적절하지 않다. 을은 예술에 대한 기준이 하나의 작품을 두고서도 감상자가 다르게 느끼므로 예술의 공통속성을 알기 어렵다는 것과, 예술에 대한 기준이 계속해서 변화하고 있기 때문에 알 수 없다는 근거를 들고 있다. 예술을 정의하기 위해 예술의 공통 속성이 여러 개라고 하더라도, 을에 따르면 그것을 받아들이는 감상자가 저마다 다르게 받아들인다면 여전히 예술을 정의하기 어려울 것이다. 따라서 예술의 공통 속성이 여러 가지일 수 있더라도 갑과 을의 견해 차는 해소된다고 볼 수 없다.

⑤ 적절하다. 갑3은 예술을 정의하지 못한다면, 우리는 무엇을 예술로 봐야 하고 그렇지 않은지 모른다고 주장한다. 그러나 예술의 정의와, 어떤 대상을 예술작품으로 아는 것이 별개라면 이는 갑3의 전제를 부정한 것이므로 갑3은 약화될 것이다.

34. 정답 ⑤

내용영역 법규범   문항유형 논쟁 및 반론

ㄱ. 옳다. 갑, 을, 병은 하나의 위반행위에 과징금을 부과할 당시 다른 위반행위도 이미 이루어졌고, 그 위반행위에 대해 과징금을 부과한 적이 없는 경우에 과징금을 어떻게 부과할 것인가에

대해 의견을 달리 한다. 그런데 ㉠에 대하여 2016년에 행정청이 과징금을 부과한 이후, ㉡에 대하여 2019년에 행정청이 과징금을 부과하려는 경우는 갑, 을, 병 모두 ㉡에 대하여 제2조를 적용하여 최대 3,000만 원의 과징금을 부과할 수 있다고 판단할 것이다. 따라서 갑, 을, 병은 모두 같은 의견일 것이다.

ㄴ. 옳지 않다. ㉡에 대해 과징금을 부과하는 과정에서 ㉠을 알았다면, 갑은 〈규정〉 제3조에 따라 7,500만 원의 과징금을 부과할 수 있다고 볼 것이다. 그리고 이 경우, 행정청이 2019년에 ㉠을 최초로 적발한 것이므로, 하나의 위반행위에 대해 과징금을 부과할 당시 다른 위반행위가 이미 이루어졌으나, 행정청이 인지하지 못했던 경우에 해당한다. 따라서 을은 〈규정〉 제3조에 따라 7,500만 원의 과징금을 부과할 수 있다고 볼 것이다. 즉, 갑과 을은 ㉡뿐만 아니라 ㉠에 대해서도 과징금을 부과할 수 있다는 데 동의할 것이다.

ㄷ. 옳다. 행정청이 2018년에 ㉠을 알면서도 과징금을 부과하지 않았고, 2019년에 ㉡에 대해 과징금을 부과하면서 ㉠에 대해서도 과징금을 부과하려는 경우, 병에 따르면, ㉠과 ㉡의 행위 시기가 다르므로, 각각 최대 5,000만 원과 최대 3,000만 원의 과징금을 부과할 수 있을 것이다. 즉, 최대 8,000만 원의 과징금을 부과할 수 있을 것이다. 한편, 을에 따르면, 하나의 위반행위에 과징금을 부과할 당시, 행정청이 인지했음에도 과징금을 부과하지 않았던 다른 위반행위도 있었던 경우, 다른 위반행위에 대해서는 과징금을 부과할 수 없다. 따라서 을은 ㉡에 대해 최대 3,000만 원의 과징금을 부과할 수 있다고 볼 것이다. 따라서 이 경우 을보다 병에 따를 때, 부과할 수 있는 과징금의 총액이 더 크다.

35. 정답 ⑤

내용영역 법규범   문항유형 논쟁 및 반론

〈실행 착수 시기에 대한 견해〉

	강도죄 실행 착수	야간주거침입강도 실행 착수
A	폭행이나 협박	야간에 주거에 침입
B		주거에 침입 & 야간에 폭행이나 협박
C		야간에 주거에 침입 & 야간에 폭행이나 협박

〈갑과 을의 사례 판단〉

	갑		을	
	강도죄	야간주거침입강도죄	강도죄	야간주거침입강도죄
A	실행 착수×	실행 착수 (미수죄)	실행 착수 (미수죄)	실행 착수×
B	실행 착수×	실행 착수×	실행 착수 (미수죄)	실행 착수 (미수죄)
C	실행 착수×	실행 착수×		실행 착수×

ㄱ. 옳다. A국은 야간에 주거를 침입할 경우 야간주거침입강도죄의 실행에 착수했다고 본다. 갑은 폭행이나 협박을 하지 않아 강도죄로 처벌받지 않을 것이나, 재물을 얻지 못했음에도 야간에 주거에

침입했기 때문에 야간주거침입강도미수죄로 처벌받을 것이다.

ㄴ. 옳다. 위의 표 참조

ㄷ. 옳다. 위의 표 참조

36. 정답 ⑤

내용영역 과학기술　　　　　　　　　　**문항유형** 논쟁 및 반론

ㄱ. 적절하지 않다. 보기는 갑의 논거 중 (나)를 약화시키는 정보이다. (나)는 트래픽을 많이 유발하는 정보를 고급정보로 가정하고 있으므로, 정보의 품질은 트래픽의 양에 비례하지 않는다는 자료는 (나)의 가정을 부정한다.

ㄴ. 적절하다. 갑의 (가)에서 콘텐츠 공급자와 사용자들이 고품질의 서비스를 사용할 권리를 주장한다. 보다 직접적인 표현은 돈과 상관없이 정보의 평등을 추구하는 (나)에서 특정 사용자가 아닌, 전체 사용자의 이득을 추구한다는 것을 알 수 있다. 을의 경우에는 (마)의 '전체 사용자들을 위한 네트워크 망의 품질 유지'에서, 특정 사용자가 아닌 전체 사용자의 이득을 추구함을 알 수 있다.

ㄷ. 적절하다. 을은 (라)에서 트래픽의 부담은 가중되고 트래픽을 제한할 수 있는 대책이 필요하다고 하면서, (마)에서는 트래픽에 대한 비용을 부담의 필요성을, (바)에서는 통신망은 다른 재산권과 마찬가지로 사업자들에 의해 통신망이 지속적으로 구축 및 운영될 수 있도록 하기 위하여 투자비용이 필요하다고 하고 있다. 따라서 을은 통신망 사용에 대한 비용을 사용자가 부담하여야 하는 데 동의할 것이다.

37. 정답 ②

내용영역 사회　　　　　　　　　　**문항유형** 논쟁 및 반론

① 옳지 않다. 을의 주장처럼 17세기 무렵 양반 계급뿐만 아니라 인구의 대다수가 성씨를 사용했다면, 이에 따라 1630년 문과 급제자 33명이 모두 성과 본을 가지고 있었고 그들이 모두 양반이었다는 사실을 설명할 수 있다. 따라서 ㄱ은 을의 주장을 반박하는 근거로 적절하지 않다.

② 옳다. 1637년 무과 합격자 5,506명 가운데 성씨를 사용한 사람이 88%이고 그들 가운데 양반과 중인은 10%에 불과했다면, 이러한 자료는 양반이나 중인이 아닌 다른 신분의 사람들도 많은 수가 성씨를 사용했다는 사실을 보여주는 증거가 될 수 있다. 따라서 이러한 사실은 임진왜란 이후 조선 인구의 대다수가 성씨를 사용했다고 주장하는 을이, 20세기 이전에는 양반과 중인만이 성씨를 사용했다고 주장하는 갑을 반박하는 근거가 된다.

③ 옳지 않다. 을의 주장처럼 17세기 무렵 이미 인구의 대다수가 성씨를 사용했다면, 그에 따라 식민지 시기의 인구 조사에서 인구의 대부분이 성씨를 가진 것으로 나타났다는 ㄷ을 설명할 수 있다. 따라서 ㄷ은 을의 주장을 반박하는 근거로 적절하지 않다.

④ 옳지 않다. 갑은 조선 후기까지 인구의 대다수가 성씨를 가지지

못했고 소수의 양반과 중인만이 성씨를 가졌다고 주장한다. 을은 17세기 무렵에 인구의 대다수가 성씨를 가졌었다고 주장한다. 만약 1637년 무과 합격자 5,506명 가운데 성씨를 사용한 사람이 88%이고 그들 가운데 양반과 중인은 10%에 불과했다면, 이러한 자료는 양반이나 중인이 아닌 다른 신분의 사람들도 많은 수가 성씨를 사용했다는 사실을 보여주는 증거가 된다. 따라서 ㄴ은 을의 설득력을 높일 수는 있어도 갑의 설득력을 높일 수는 없다.

⑤ 옳지 않다. 갑의 주장처럼 식민지 시기에 비로소 인구의 대부분이 성씨를 가지게 되었다면 ㄷ과 같은 결과를 설명할 수 있다. 또한 을의 주장처럼 조선 후기에 이미 인구의 대부분이 성씨를 가졌다고 하더라도 ㄷ과 같은 결과를 설명할 수 있다. 따라서 ㄷ이 갑과 을 모두의 설득력을 낮춘다고 할 수 없다.

38. 정답 ③

내용영역 법규범　　　　　　　　　　**문항유형** 논쟁 및 반론

1. 위법한 행위로 다른 사람에게 손해를 가한 사람은 그 손해를 배상할 책임이 있다.

2. 위법한 행위로 다른 사람의 신체, 자유 또는 명예를 침해하거나 정신적 고통을 가한 사람은 정신적 손해를 배상할 책임이 있다.

3. 다른 사람의 위법한 행위로 사망한 사람에게는 재산적 손해와 정신적 손해가 발생한다.

∴ 중간 결론 : 위법한 행위로 사망한 사람은 재산적 손해와 정신적 손해에 대한 손해배상청구권이 있다.

4. 상속인은 피상속인의 사망하는 순간부터 사망한 사람의 권리와 의무를 상속받는다.

∴ 결론 : 상속인은 사망한 피상속인의 재산적 손해와 정신적 손해에 대한 손해배상청구권을 행사할 수 있다.

ㄱ. 적절하지 않다. 제시된 논증은 사망한 사람의 상속인이 사망한 사람의 손해배상청구권을 상속받아 행사할 수 있다는 것이다. 가해자가 배상해야 할 사람이 사망한 사람의 상속인이 아니라 사망한 사람으로부터 실질적으로 경제적 도움을 받고 있었던 사람이라고 할 경우 손해를 배상받을 사람과 손해 배상 금액을 확정하기가 어렵다는 주장은 제시된 논증에 대한 비판이 되지는 않는다.

ㄴ. 적절하지 않다. 피해자가 위법한 행위로 치명상을 입어 즉시 사망한 경우에 치명상을 입은 때와 사망한 때 사이에는 아무리 짧은 순간이지만 시간적인 간격이 인정될 경우 위법한 행위부터 사망 때까지 짧은 시간 동안 피해자에게 발생한 권리는 상속인에게 상속될 수 있다. 이러한 사실이 제시된 논증에 대하여 (강화하는 주장이 될 가능성은 있지만) 비판이 되지는 않는다.

ㄷ. 적절하다. 우리 법에 따를 경우 사람이 권리를 가질 수 있는 기간은 태어나는 순간부터 사망하는 순간까지만 인정되므로 사망 이후 발생하는 권리에 대하여 사망한 사람은 아무런 권리도 가질 수 없다면, 사망하기 직전까지는 사망으로 인하여 장차 얻을 이익에 대한 손해가 없다고 볼 수 있고, 사망 직후부터는 사망자가 아무런 권리를 가질 수 없으므로 상속인이 상속받을 권리가 없게 된다는 점에서 ㄷ은 제시된 논증에 대한 적절한 비판이 된다.

39. 정답 ②

내용영역 법규범   **문항 유형** 논쟁 및 반론

① 적절하다. 다른 수단과 차별되는 TV의 우월성이 있기 때문에 여기서 불평등이 발생할 경우 다른 수단의 존재만으로 그것이 해소되기 어렵다.

② 적절하지 않다. 일정한 자격이나 시설기준을 제한한다면 공영방송사와 달리 지상파방송사업자나 종합유선방송사업자는 제한기준에 미달하게 될 가능성이 높아 이 조항에 포섭될 확률이 낮아지게 된다. 따라서 이는 적절한 반론이라고 보기 어렵다.

③ 적절하다. 불가피한 사유로 말미암아 적시에 실시할 수 없는 예외적인 경우가 거의 대부분이라면 이는 실제적으로 수화방송이 거의 이루어지지 않는 상황이라고 볼 수 있다.

④ 적절하다. 후보자의 재산권과 선거운동의 자유를 침해하는 전제로 삼은 재정적 부담은 실제 국가가 지고 있다면 이 주장이 성립될 수 없다.

⑤ 적절하다. 동일한 내용에 대해 장애인차별금지법 조항은 의무로 규정되어 있는 반면 공직선거법은 의무로 규정되어 있지 않다면 장애인차별금지법 조항이 무력화될 수 있다.

40. 정답 ③

내용영역 인문   **문항 유형** 논쟁 및 반론

① 적절하다. 글쓴이는 '미래세대'의 범위를 현존하지 않는 먼 미래에 존재할 수 있는 사람들로 설정하고 있지만, 우리의 자식이나 손자 세대를 '미래세대'의 범주에 포함시키는 것도 가능하다. 그렇다면 미래세대가 (1) 존재하지 않고 존재할지 알 수 없으며 (2) 어떤 이해관계를 가지는지 알 수 없다는 점 때문에, 미래세대의 권리를 부정하는 글쓴이의 주장은 약화될 것이다.

② 적절하다. 글쓴이는 유한한 자원을 보존해야 할 우리의 의무를 부정하기 위하여 그 의무가 근거하는 미래세대의 권리가 존재하지 않는다는 점을 논증하고 있다. 그런데 유한한 자원을 보존해야 할 우리의 의무가 미래세대의 권리가 아닌 다른 근거를 얼마든지 가질 수 있다면 글쓴이의 주장은 약화된다.

③ 적절하지 않다. 글쓴이는 미래세대의 권리를 논하려면 그들의 이해관계를 분명히 알 필요가 있는데, 우리는 그것을 예측할 수 없다고 주장한다. 그리고 이해관계를 알 수 있는 지표로서 욕망이나 즐거움, 기술여건에 따른 필요 자원 등을 들고 있다. 여기서 글쓴이는 미래세대가 필요로 하는 자원이 그 기술여건에 따라 우리와 다를 수 있다고 언급했을 뿐 그들의 기술적 능력을 낙관적으로 예측하여 그들이 자원 고갈에 대비할 수 있다고 주장하지는 않고 있다.

④ 적절하다. 글쓴이는 권리란 이미 현존하는 어떤 존재만이 '소유'할 수 있다고 가정하고 있다. 하지만 ④와 같이 이러한 가정이 반드시 옳은 것은 아니라면 글쓴이의 주장은 약화될 것이다.

⑤ 적절하다. 글쓴이의 주장에 따르면 미래세대에게 지구의 유한한 자원을 이용할 권리가 없으므로 우리는 미래세대를 위해 유한한 자원을 보존할 의무가 없다. 그런데 이 같은 논리를 우리 전 세대와 우리 세대의 관계에 적용하면 우리 전 세대가 유한한 자원을 고갈시켰다 하더라도 우리 세대는 우리 전 세대를 비난할 수 없게 되는데 이는 우리의 도덕적 직관과 충돌할 것이다.

41. 정답 ②

내용영역 법규범   **문항 유형** 논쟁 및 반론

갑에 따르면 단독으로 개인의 동일성을 식별할 수 있게 하는 정보는 개인정보이다. 을에 따르면 그런 정보가 개인정보에 속하는 것은 당연하므로, 단독으로 개인의 동일성을 식별할 수 있게 하는 정보는 개인정보이다. 그런데 을은 이에 나아가 단독으로는 개인의 동일성을 식별하지 못하지만 다른 정보와 쉽게 결합할 경우 개인정보이고, 다른 정보와 쉽게 결합하지 못할 경우 개인정보가 아니라고 본다. 그리고 병은 을의 견해에 동의하면서, '쉽게'의 기준을 '합법'이라고 재정의하고 있다.

〈갑의 경우〉

단독으로 식별 가능	단독으로 식별 불가능
개인정보	개인정보×
개인정보	개인정보×

〈을의 경우〉

	단독으로 식별 가능	단독으로 식별 불가능
다른 정보와 쉽게 결합	개인정보	개인정보
다른 정보와 쉽게 결합하지 못함	개인정보	개인정보×

〈병의 경우〉

	단독으로 식별 가능	단독으로 식별 불가능
합법	개인정보	개인정보
불법	개인정보	개인정보×

ㄱ. 옳지 않다. 이 경우는 단독으로 식별이 가능한지의 여부는 알 수 없지만, 쉽게 결합할 수 있으나 불법인 경우이다. 가령 을에 따르면 개인정보이지만 병에 따르면 개인정보일 수도 있고 개인정보가 아닐 수도 있는 것이다. 따라서 이 경우 을과 병이 견해를 같이할 수도 있다.

ㄴ. 옳지 않다. 가령 을은 '쉽게'의 기준을 기술적 효율성이나 혹은 접할 수 있는 정보의 수준 등 다양한 관점에서 해석할 수 있다. 하지만 병은 '쉽게'의 기준을 명확히 제시하고 있는데 그것은 '합법적'인지의 여부이다. 따라서 합법적이지만 기술적으로 결합하기 쉽지 않은 정보의 경우, 병은 이것이 합법적인 범위 내이므로 개인정보로 볼 것이지만, 을은 기술적으로 결합하기 쉽지 않은 정보이므로 개인정보로 인정하지 않을 가능성이 있다. 따라서 병의 견해에서 개인정보에 해당하는 것이 모두 을의 견해에서도 개인정보가 되지 않을 수 있다.

ㄷ. 옳다. 을은 갑이 말하는 정보가 개인정보에 속하는 것은 당연하다고 하여 갑의 견해에서 개인정보의 범위를 확장한다. 그리고 병은 을의 견해에 동의한다고 하고, 을이 보는 개인정보에서 '쉽게'의 기준을 재정의한다. 따라서 병 역시 을이 갑의 개인정보를 받아들인 것에 대해서도 동의하므로 을, 병 모두 모두 갑의 견해에서의 개인정보보다 범위를 확장한 것이다. 따라서 갑의 견해에서 개인정보에 해당하는 정보는 을, 병의 견해에서도 모두 개인정보가 된다.

---

42. 정답 ③

內容領域 **사회**　　　　　　　文項類型 **논쟁 및 반론**

ㄱ. 적절하다. A의 주장은 인간이 서로 다른 독립적인 대안을 개별적이고 독립적으로 비교한다는 것이고 B의 주장은 인간이 서로 다른 대안을 평가할 때, 다른 대안으로부터 영향을 받는다는 것이다. 변형된 실험의 결과, Q'에 의하여 Q에 대한 평가가 떨어지지 않고, P와 Q에 대한 피험자의 평가가 유지되는 것으로 나타났다면, 이러한 결과는 개별 대안에 대한 평가는 다른 대안의 영향을 받는다는 B의 주장을 약화한다.

ㄴ. 적절하지 않다. 피험자가 대안들을 개별적으로 평가한다면 동일하게 평가하는 P와 Q를 여전히 동일하게 평가할 것이고, 그에 비해 흠결이 있는 대안인 Q'는 P와 Q에 비해 상대적으로 낮게 평가할 것이다. 따라서 P와 Q의 선호 비율은 동일하게 유지될 것이지만, Q'의 선호 비율은 P와 Q에 비해 낮을 것이다.

ㄷ. 적절하다. 변형된 실험에서 B의 실험과 동일한 결과가 나왔다면 독립적으로 제시된 대안 사이에서도 영향을 받는다고 볼 수 있지만, P와 Q의 평가가 동일한 정도로 나타났다면 B의 실험 결과가 대안들이 독립적으로 제시되지 않았기 때문이라고 볼 수 있다.

---

43. 정답 ③

內容領域 **인문**　　　　　　　文項類型 **논쟁 및 반론**

① 적절하지 않다. 공연예술의 청중이나 사진의 감상자가 받는 감동은 논점과 무관하다.

② 적절하지 않다. 갑은 카메라와 마찬가지로 도구가 없으면 예술행위를 할 수 없는 연주행위를 예로 들어 도구가 없이 예술행위를 할 수 없다는 점이 표현력이나 창조성에 대한 평가와는 무관함을 보여주고 있다. 즉 연주자의 표현력과 창조성이 기술적인 측면만으로 고려된다는 진술을 하는 것은 아니다.

③ 적절하다. 갑은 카메라가 도구적 한계 때문에 구성상의 제약을 갖는다면 음악 분야도 사진예술과 마찬가지라며 을의 주장이 함축하는 결론을 받아들일 수 없다고 지적한다. 이에 대해 음악의 형식은 악기에 의해 제한되는 것이 아님을 보이는 것은 갑의 지적이 옳지 않음을 지적하는 것이므로 적절한 반론이 될 수 있다.

④ 적절하지 않다. 을은 사진작가는 카메라라는 도구에 지나치게 의존할 수밖에 없다고 하고 있으므로 카메라가 예술적 표현을 하는 데 있어 적합한 도구 중 하나일 뿐 필수적인 것은 아니라는 주장은 을의 입장과 다르다.

⑤ 적절하지 않다. 사진작가의 활동에 도구 선택이 그리 큰 영향을 미치지 않는다는 주장은 을의 기존 입장과는 모순되는 주장이다.

---

44. 정답 ⑤

內容領域 **인문**　　　　　　　文項類型 **논쟁 및 반론**

① 적절하지 않다. (나)에서 실증주의는 철학의 과제가 모든 과학에 공통적인 일반원리들을 발견하는 것이어야 한다고 주장하므로, 실증주의가 철학과 타 영역과의 교류를 지향한다는 것은 (나)의 내용과 부합한다. 하지만 실증주의가 철학과 타 영역과의 교류를 지향하므로 상호의존성을 심화시킨다는 주장은 (나)의 내용과 부합하지 않는다. 그러므로 (가)가 (나)를 비판하는 것으로 적절하지 않다.

② 적절하지 않다. 과학적 방법으로 환원될 수 없는 연구는 학문의 연구 과정에서 배제되어야 한다는 주장은 (가)의 내용과 관련이 없으므로, (가)가 할 수 있는 주장이 아니다.

③ 적절하지 않다. 광명과 암흑, 득과 실, 선과 악이 경험적으로 탐구 가능하게 되어, 과학적 방법으로 연구될 수 있다 하더라도 광명과 암흑, 득과 실, 선과 악이 과학적 방법으로 연구되어야 한다는 것은 (가)의 주장과 거리가 멀다. 그러므로 선택지는 (가)의 관점에서 (나)를 비판한 것으로 적절하지 않다.

④ 적절하지 않다. 과학에 의하여 확인되는 사실들과 법칙들을 넘어서 있는 실체들의 존재나 가치는 부정되어야 한다는 주장은 (가)의 내용과 관련이 없으므로, (가)가 할 수 있는 주장이 아니다.

⑤ 적절하다. 실증주의는 사물이나 현상의 체계가 초월적인 것, 추상적인 것과 대치된다고 주장한다. 그러므로 대립적인 것들이 상호 의존적이라 주장하는 (가)의 관점에서 실증주의가 사물이나 현상의 체계와 초월적인 것, 추상적인 것들의 체계가 분리될 수 없음을 간과하고 있다고 주장할 수 있다.

---

45. 정답 ①

內容領域 **사회**　　　　　　　文項類型 **논쟁 및 반론**

제시문의 핵심논지는 '아이에게 토론식 교육은 부적절하다.'라는 것이고, 그 근거로서 다음을 들고 있다.

1. 교육의 목적은 (아이에게 없는) 이성을 갖게 하는 것이며 이성은 어떤 시기에 이른 후에야 갖추게 되는 것인데, 토론식 교육은 (아이에게 없는) 이성을 수단으로 사용해야 하는 교육이므로, 교육의 목적을 수단으로 삼으려는 잘못을 범하고 있다.

2. (그 결과 교사들이) 아이들이 조금도 알아듣지 못하는 말을 아이들에게 함으로써 그들에게 말만으로 만족하는 (잘못된) 습관을 들인다.

3. 다른 사람이 말하는 것을 일일이 (엉터리로) 따져서 자신이 마치 선생과 똑같이 지혜로운 인간인 양 착각하게 하여 (엉터리) 논쟁을 좋아하는 반항아가 되도록 가르치고 있다.

ㄱ. 적절하다. 제시문의 견해가 옳다면 토론식 교육을 받지 않으며 자란 성인이 훌륭한 이성을 소유한다고 말해야 한다. 제시문은 아이들에게 도덕 및 기타 주제에 대해 토론하는 것보다 그렇게 하지 않는 것이 더 좋다고 말하고 있기 때문에, 가만두는 것이 더 좋다고 말할 수밖에 없기 때문이다. 그러나 제시문이 주장하는 식으로 성장한 성인이 보다 훌륭한 이성을 소유하고 있다는 증거가 없으며, 오히려 그 역의 사례들이 많기 때문에 'ㄱ'은 반박의 자격을 갖는다고 할 수 있다.

ㄴ. 적절하지 않다. 제시문은 아이들이 일상에서 논리적 추론과 판단을 하지 않는다고 말하는 것도 아니고, 일상에서 그것을 금지해야 한다고 말하는 것도 아니다. 다만 그것을 교육 현장에서 적극적으로 활용하도록 하는 것에 반대하고 있을 뿐이다. 따라서 'ㄴ'은 제시문에 대한 반박이 되지 못한다.

ㄷ. 적절하지 않다. 제시문의 견해를 주입식 교육에 찬성한다거나 권하는 것으로 볼 수 없다. 따라서 'ㄷ'은 제시문에 대한 반박이 되지 못한다.

46. 정답 ④

내용영역 인문   **문항 유형** 논쟁 및 반론

ㄱ 반론이 될 수 없다. ㉠에 따르면 레코드 X는 녹음실에서 여러 번에 걸쳐 녹음된 것으로 오케스트라 A의 공연 W의 주요 속성인 '관객의 눈앞에서 연주함'이 없다. 따라서 ㉠에 따르면 공연 W와 레코드 X는 동일하지 않다. 이는 수정된 견해(㉡)를 잘못 이해한 것이므로 ㉠에 대한 반론으로 적절하지 않다.

ㄴ 반론이 될 수 있다. 공연 W의 모든 소리를 복제한 공연 Z는 공연 W의 주요 속성인 '관객의 눈앞에서 연주함'도 복제한 것이므로, ㉠에 따르면 이 둘은 동일하다고 해야 한다. 하지만 복제는 원본이 아님을 뜻하는데, 이 경우에는 '원본이 아님(복제)과 원본은 동일하다'는 모순을 일으키므로 ㉠에 대한 반론으로 적절하다.

ㄷ 반론이 될 수 있다. ㉠에 따르면 나의 주요 신체적 속성인 장기를 복제하여 다른 누군가에게 이식하였을 때, 나와 다른 누군가는 동일하다고 해야 한다. 그런데 나는 이미 죽음의 상태이고 다른 누군가는 생존의 상태일 것이므로, 이 경우 죽음과 생존이 동시에 성립하지 않는다. 하지만 ㉠에 따르면 '죽음과 생존은 동일하다'고 해야 하므로 ㉠에 대한 반론으로 적절하다.

47. 정답 ③

내용영역 사회   **문항 유형** 논쟁 및 반론

제시문에 나타난 견해는 갑의 행위와 을의 행위(행위의 부재) 모두 죽음이라는 결과를 발생시켰으므로, 행위의 부재 역시 원인이라는

것이다. 이 견해를 비판하는 것은 행위의 부재는 원인이 될 수 없다는 것이 될 것이다.

ㄱ. 적절하다. 갑은 자율적인 의지로 희생자의 죽음을 발생시킨 반면 을의 경우는 물에 뛰어들 수 있는 자유가 보장된 것이 아니다. 따라서 을의 자율적인 의지가 간섭받는 상황에서, 을이 물에 뛰어들지 못한 행위(행위의 부재)는 원인이 될 수 없다면 을의 행위가 원인이 될 수 있다는 제시문의 견해에 대한 비판으로 적절하다.

ㄴ. 적절하다. 을은 이미 물에 빠진 사람의 죽음과 연관된 기존의 위협이 진행되도록 내버려두었다. 이러한 을의 행위가 원인이 될 수 없다는 것은, 을의 행위가 원인이라는 제시문의 견해에 대한 비판으로 적절하다.

ㄷ. 적절하지 않다. 갑의 행위는 방아쇠를 당긴 것으로 이는 그전에 없던 새로운 위험을 창출해 낸 행위로 볼 수 있다. 글쓴이는 갑처럼 어떤 행위를 해서 생긴 결과에 대해서 행위자가 도덕적 책임을 져야 한다는 데에는 이견이 없다고 하여 갑의 행위가 죽음의 원인인 것을 인정하고 있다. 따라서 제시문의 견해와 동일한 입장이므로 견해에 대한 비판으로 적절하지 않다.

48. 정답 ②

내용영역 인문   **문항 유형** 논쟁 및 반론

ㄱ. 적절하지 않다. A는 사람들은 자신이 합리적으로 사고하지 못하는 특수한 상황에서 예상되는 손해로부터 보호받기를 원할 것이며, 이를 보장하는 법제도의 설립에도 동의하리라고 추론할 수 있다고 본다. 만약 사람들은 자신이 합리적으로 사고할 수 있는 경우에도 예상하지 못한 상황에서 발생할 수 있는 손해로부터 보호받기를 원하더라도, 이는 A의 주장과 양립가능하다. 따라서 A의 주장은 유지될 수 있다.

ㄴ. 적절하지 않다. 자신의 삶이 중단되기를 원하는 사람은 국가의 개입에 의해 그러한 바람이 좌절되기를 원하지 않더라도, A는 자신의 삶이 중단되기를 원하는 바람을 가진 사람이 이미 합리적인 사고 능력을 일부 상실했으며, 이에 따라 국가의 개입이 정당화된다고 볼 것이다. 따라서 A가 해당 사실을 인정하더라도, A의 주장은 유지될 수 있다.

ㄷ. 적절하다. A는 사람들이 일반적으로 자신의 생명이 보호할 가치를 가지므로, 자유를 일부 침해받더라도 이에 의해 생명을 보호할 수 있다면 그것을 손해로 보지 않을 것이라고 본다. 그런데 일반적인 관점에서 합리적인 사람들이 생명을 잃어버리는 것보다 자유로운 결정이 침해당하는 것을 더 큰 손해로 간주한다면, A의 주장은 반박될 수 있을 것이다.

V. 논증 평가 및 문제 해결

01. 정답 ④

| 내용영역 법규범 | 문항 유형 논증 평가 및 문제 해결 |

ㄱ. 옳다. 사업자들은 제시한 입찰 금액이 이전에 진행된 유사한 정부 사업의 낙찰가에 대해 조사한 내용을 토대로 한 것이라고 했다. 입찰결과에 따른 낙찰가에서 A국 정부가 추산한 사업 예상 비용을 뺀 순수익은 X사업 25억 원, Y사업 15억 원, Z사업 10억 원이다. 그러나 이전에 진행된 유사한 정부 사업의 낙찰가의 순수익이 예상 비용의 10%를 넘지 않았다는 것은, 사업자들의 예상 순수익이 현재 낙찰가의 100% 수준인 것과 배치된다. 이는 사업별로 예상 비용의 두 배 수준에서 입찰 금액 담합을 한 결과이다. 따라서 사업자들의 주장은 약화된다.

ㄴ. 옳다. 갑이 을과 병의 존재를 알지 못했다면, 주장한 것과 같이 사업 내용분석과 사업 규모와 예상 비용 계산 및 이전의 유사한 정부 사업의 낙찰가에 대한 조사를 토대로 입찰 금액을 제시한 것이다. 만일 을과 병 두 사업자가 규정을 어기는 행위를 하였더라도, 갑은 규정 위반행위를 하지 않았기 때문에, 사업자들 모두가 규정을 위반했다고 본 A국 정부의 판단은 약화된다.

ㄷ. 옳지 않다. 을과 병의 가용 사업 진행 비용이 30억 원, 20억 원이었다면 애초에 을은 X사업에, 병은 X와 Y사업에 입찰 금액을 제시할 필요가 없다. 만일 을과 병이 허수로 입찰 금액을 낸 이유가 사업자들이 공정한 경쟁을 통해 사업을 낙찰받았다고 A국 정부가 믿게 만들려는 의도였다면, 이는 사업자들이 사전에 합의를 통하여 진행 가능한 사업을 낙찰받도록 입찰 금액을 맞추어 제시한 결과가 된다. 따라서 사업자들의 주장을 강화한다고 볼 수 없다.

02. 정답 ③

| 내용영역 법규범 | 문항 유형 논증 평가 및 문제 해결 |

① 적절하다. 을은 의료사고에서 의사의 책임을 묻기 위해 필요한 요건을 기술한 후, 한의사인 의뢰인이 그러한 요건에 해당하지 않는다는 주장을 펼치고 있다. 따라서 ①을 가정하지 않는다면 을의 주장이 성립할 수 없다.

② 적절하다. 을은 의사에게 과실이 있다는 것만으로는 책임을 물을 수 없고, 과실과 피해 사이에 인과관계가 성립해야만 책임이 있다고 보고 있다.

③ 적절하지 않다. 다른 병원에서 사전반응검사를 받았으나 이상이 없어 이후 검사를 받지 않은 채 수차례 봉독시술을 받은 적이 있었다는 사실을 갑이 들었다는 점으로부터 갑이 상해 발생을 예상할 수 없었다고 추론하는 과정에는 반응검사에 이상이 없으면 이후 시술 과정에서 이상이 발생하는 사례가 거의 없다는 점을 암묵적으로 가정하고 있는 것이다. 따라서 ③의 사실은 을의 주장을 약화한다고 볼 수 없다.

④ 적절하다. 변호인 을은 봉독시술로 인한 아나필락시 쇼크반응의 발생빈도가 낮다는 점을 근거로 피해자에게 시술 위험을 설명하였더라도 피해자가 시술을 거부하지 않았을 것이라고 추론하는

과정에는 아나필락시 쇼크의 발생빈도가 매우 낮다는 점을 암묵적으로 가정하고 있는 것이다. 따라서 갑의 설명 의무 위반과 피해자의 상해 사이에 인과관계를 인정하기 어렵다는 을의 주장을 지지한다.

⑤ 적절하다. 피해자는 이미 반응검사를 받은 바 있으므로 ⑤의 사실이 더해지면 갑의 설명 의무 위반과 피해자의 상해 사이에 인과관계를 인정하기 어려워진다.

03. 정답 ②

| 내용영역 법규범 | 문항 유형 논증 평가 및 문제 해결 |

① 적절하지 않다. 을은 교통안전과 위험방지를 위하여 필요하다고 인정되는 경우에는 음주운전이 허용된다고 보고 있다. 갑 역시 을과 마찬가지로 교통안전과 위험방지를 위하여 필요하다고 인정되는 경우에는 음주운전이 필요하다고 볼 것이다.

② 적절하다. 음주운전의 속성상 적발 건수에 비해 적발되지 않은 건수가 몇 배 많다면 일제 음주 단속이 불특정 다수를 대상으로 이루어져서는 안 된다는 갑의 주장은 약화되고, 을의 주장은 강화된다.

③ 적절하지 않다. 오히려 갑의 주장을 약화하고 을의 주장을 강화하는 사실이다.

④ 적절하지 않다. 일제 음주 단속이 음주운전 예방 효과가 크다는 것이므로, 이러한 사실은 오히려 갑의 주장을 약화하고 을의 주장을 강화한다.

⑤ 적절하지 않다. 음주 운전에 따른 피해가 크다면 음주운전이라고 인정할 만한 상당한 이유가 있을 때뿐 아니라 교통안전과 위험방지를 위하여 필요하다고 인정될 때에도 음주 운전 단속이 이루어져야 한다. 그렇다면 을의 주장은 오히려 강화된다.

04. 정답 ④

| 내용영역 법규범 | 문항 유형 논증 평가 및 문제 해결 |

① 적절하지 않다. 갑, 을, 병은 모두 법인의 기본권주체성에 대한 논의는 하고 있지만, 외국인의 기본권 주체성에 대해서는 갑과 을만 논의하고 있다.

② 적절하지 않다. 병에 따르면 양심의 자유는 성질상 법인에게 인정될 수 없는 기본권이다. 법원이 법인에게 양심의 자유를 인정하지 않았다는 사실이 병의 주장을 약화하지 않는다.

③ 적절하지 않다. 을의 경우 기본권이란 명문으로 있건 없건 당연히 천부적으로 주장을 할 수 있다는 점에서 헌법상 명문의 규정이 있어야 비로소 기본권은 인정될 수 있다는 사실이 을의 주장을 강화한다고 할 수 없다. 병의 경우 헌법상 기본권의 규정에 대한 언급이 없다는 점에서 병의 주장과 헌법상 명문의 규정이 있어야 비로소 기본권은 인정될 수 있다는 주장은 무관하다.

④ 적절하다. 갑에 따르면 우리나라의 국적을 가지고 있으면 모두 기본권 주체가 된다. 우리나라 법인은 우리나라에 적을 두고

있다. 따라서 우리나라 법인은 기본권 주체가 된다는 논리를 펴고 있다. 이 논리를 외국인에게 적용하면, 외국인은 우리나라에 국적을 둔 사람이 아니다. 따라서 외국인은 기본권 주체가 될 수 없다. 반면 을은 법인은 자연인이 아니므로 기본권 주체가 될 수 없지만, 외국인은 사람이기 때문에 우리나라의 헌법상 기본권을 주장할 수 있다고 한다. 결과적으로 갑과 을은 서로 다른 결론을 주장하고 있다.

⑤ 적절하지 않다. 외국인에게 기본권을 인정하고 있다는 사실은 갑의 주장을 약화하지만 병은 외국인의 기본권에 대하여 어떠한 언급도 하고 있지 않다는 점에서 외국인의 기본권 인정 여부는 병의 주장과 무관하다.

05. 정답 ①

내용영역 사회　　　　　문항유형 논증 평가 및 문제 해결

① 옳다. X국의 역대 대통령 선거에서 1위 후보는 모두 유효투표의 과반수를 득표하지 못했다. 그런데 X국의 역대 대통령 선거가 결선투표제로 치러진다면 모든 선거에서 1위 후보는 유효투표의 과반수를 확보하게 되기 때문에 갑에 의하면 모든 선거에서 대통령의 민주적 정당성은 강화된다.

② 옳지 않다. 갑은 민주적 정당성 강화와 사표 감소를 주장의 근거로 삼고 있기 때문에 시뮬레이션 결과는 이와 무관하므로 갑의 주장을 약화하지도 강화하지도 않는다.

③ 옳지 않다. 2차 투표가 1차 투표에 비해 비용이 훨씬 적게 든다고 하더라도 절대적인 비용은 늘어나게 되는 것이므로 이로 인해 을의 주장이 약화된다고 보기는 어렵다.

④ 옳지 않다. X국의 대통령 선거에 결선투표제를 도입할 경우 선거가 상대적 다수대표제로 치러졌을 때보다 사표가 줄어들 경우에도 투표율은 감소할 수 있기 때문에 을의 주장이 반드시 약화되는 것은 아니다.

⑤ 옳지 않다. X국의 대통령 선거에 결선투표제를 도입할 경우 선거가 상대적 다수대표제로 치러졌을 때보다 1위 후보의 득표수가 많다고 하더라도 투표율은 오히려 감소할 수 있기 때문에 을의 주장이 반드시 약화되는 것은 아니다.

06. 정답 ①

내용영역 사회　　　　　문항유형 논증 평가 및 문제 해결

ㄱ. 적절하다. 갑은 이민자들이 유입되어도 현지인의 고용과 임금에 부정적인 영향을 거의 미치지 않는다고 본다. X도시에 정착한 이민자들의 고용률이 현지인의 고용률에 비해 현저히 적었다는 사실을 통해 이민자가 유입되더라도 이민자들이 고용시장에서 차지하는 비율이 낮으므로, 현지인들의 고용률과 임금에 부정적인 영향을 미치지 않을 것임을 알 수 있다. 따라서 이 사실은 갑을 강화한다.

ㄴ. 적절하지 않다. 갑은 수요와 공급에 의한 가격결정모델이 이민과 관련해서는 적용되지 않기 때문에 이민자의 유입으로 노동의 공급이 증가하더라도 현지인의 임금은 하락하지 않는다고 본다. 이민 정책이 실행된 이후, 여러 기업들이 X도시에 공장을 건설하여 이민자들을 저렴한 임금으로 고용하였다. 이로 인해 X도시에서 근무하는 사람들의 평균 임금이 감소하였다고 할 때, 저렴한 임금으로 노동을 하고 있는 이민자들이 평균 임금을 내렸을 수 있다. X도시 현지인들의 평균 임금이 유지되거나 상승하더라도 저임금 이민 노동자들의 대량 유입으로 전체 근로자의 평균 임금이 낮아졌을 수 있다. 따라서 이 사실은 갑의 주장을 약화하지 않는다.

ㄷ. 적절하지 않다. 갑은 이민자들이 유입되기 전과 후에 X도시 거주자의 임금과 고용률 변화를 X도시와 비슷한 도시 네 곳과 비교하였을 때, 유의미한 차이가 발견되지 않았다는 것을 근거로 이민자들의 이민이 X도시 현지인들의 임금과 고용률에 큰 영향을 미치지 않았다고 본다. 그런데 X도시와 비교한 네 도시 역시 X도시와 비슷한 수의 이민자가 유입되었다면, 이민자들의 이민이 X도시 현지인들의 임금과 고용률에 부정적인 영향을 미쳤는지를 비교할 수 없다. 따라서 이 사실은 갑의 주장을 강화하지 않는다.

07. 정답 ②

내용영역 사회　　　　　문항유형 논증 평가 및 문제 해결

ㄱ. 옳지 않다. A를 선택한 사람들은 불확실한 이익이라도 큰 이익을 볼 수 있을 때 더 큰 효용을 느끼는 것이라 할 수 있는데 이들 중 다수가 손실 상황에는 확실한 손실에 더 큰 효용을 느꼈다. K의 가설은 이익의 상황에서는 위험회피 성향을 보인다고 하였으므로, A를 고른 것은 K의 가설에 부합하지 않으며, D를 선택한 것 또한 손실 상황에서 위험을 감수하기 보다는 확실한 손실을 추구한 것이므로 K의 가설에 부합하지 않는다. 따라서 제시된 결과는 K의 가설을 강화하지 않는다.

ㄴ. 옳다. 제시된 실험결과에 따르면 사람들이 B와 같이 이익 상황에서는 확실한 이익을 선호한 반면, 손실 상황에서는 C와 같이 5,000원의 확실한 손실보다는 아무것도 잃지 않기 위해 10,000원의 손실을 볼 위험을 감수하는 경향을 보였다. 이는 K의 가설과 부합하므로 K의 가설을 강화한다.

ㄷ. 옳지 않다. 이미 70만 원의 손실이 발생한 상황에서 E를 선택하면, 1/3의 확률로 총 80만 원의 이익을 보거나 2/3의 확률로 또다시 30만 원의 손실을 보아 총 100만 원의 손실을 보게 될 것이다. 반면 F를 선택하면 30만 원을 받게 되어 총 40만 원의 손실을 보게 된다. K의 가설에 따르면 손실의 상황에서는 손실을 만회하고자 상대적으로 위험을 더 많이 감수하는 성향을 보인다. 또한 손실이 극단으로 갈수록 추가적인 손실에 대해 둔감한 반응을 보이게 된다. 이러한 K의 가설을 (3)에 적용했을 때, 이미 70만 원의 손실을 본 상황에서 게임에 참여하지 않음으로써 30만 원을 얻어 총 40만 원의 손실을 보는 것이나, 게임에 참여함으로써 2/3의 확률로 30만 원을 잃어 총 100만 원의 손실을

보는 것이나 참가자가 느끼는 효용에는 큰 차이가 없을 수 있다. 오히려 현재 손실을 보고 있는 상황이기 때문에 위험을 감수하더라도 손실을 만회할 수 있는 선택(E)을 하게 될 것이다. 따라서 B를 선택한 사람들의 대다수가 F를 선택한다는 것은 K의 가설을 강화하지 않는다.

08. 정답 ②

내용영역 **사회**　　　　문항유형 **논증 평가 및 문제 해결**

ㄱ. 옳지 않다. 갑이 옳다면 〈실험〉(1)과 같이 유독가스 위험의 수학적 확률이 다름에 따라 사람들은 리스크를 다르게 평가해야 할 것이다. 그러나 〈실험〉(1)의 참가자들은 위험을 모두 동일하게 평가하였으므로 이 결과는 갑을 약화할 것이다. 또한 을의 주장과 같이 개인적인 경험에 기반한 감정이나 인상에 의해 이러한 평가를 했는지는 알 수 없고, 개인마다의 경험이 다르다면 결과 역시 달라야 하는데 같으므로 을의 주장을 강화하지 않는다.

〈실험〉(2) 역시 보험료가 모두 다르다면, 갑이 주장한대로 서로 다른 보험료를 기반으로 하여 리스크를 다르게 평가하여야 하는데 같았으므로 갑의 주장을 약화한다. 하지만 을의 주장처럼 개인적인 경험에 기반한 감정에 따라 동일하게 평가하였는지는 알 수 없으므로 을의 주장을 강화하지 않는다.

ㄴ. 옳지 않다. 갑에 따르면 소비자들은 위험의 수학적 확률이나 보험료의 액수를 기반으로 리스크를 평가하며, 반면 을에 따르면 소비자들은 개인 경험에 기반한 감정이나 인상으로 리스크를 평가한다.

만약 5천 원의 보험료를 내는 A, 3만 원의 보험료를 내는 B, 8만 원의 보험료를 내는 C가 있다고 할 때 갑에 따르면 소비자들은 보험료의 액수를 기반으로 평가하므로, 액수가 높아질수록 리스크가 커진다거나 혹은 액수가 높아질수록 리스크가 작아진다고 평가할 것이다. 즉, (1) A < B < C, 또는 (2) C < B < A의 순서로 리스크가 커진다고 평가할 것이다.

ㄴ 선택지의 경우는 소비자들이 리스크를 각각 다르게 평가하였다는 것이므로 위 (1)이나 (2)의 경우일 수도 있지만, (3) A < C < B, (4) C < A < B 등의 경우도 포함한다. 따라서 만약 ㄴ 선택지의 평가가 (3)이라면 이 경우 갑의 주장은 강화되지 않는다.

ㄷ. 옳다. 참가자들은 이전 〈실험〉에서는 유독가스 위험의 수학적 확률이나 보험료의 액수를 들은 후, 위험을 같게 평가하였다. 그러나 〈실험〉(3)에서는 이미지를 예로 들고, 이들 모두 해당 이미지의 지역에서 거주한 경험이 있었다. 이러한 상황에서 참가자들은 이전 〈실험〉을 다시 평가할 때, 리스크를 위험에 비례하여 적절하게 평가하였다. 을은 소비자들이 개인적인 경험에 기반한 감정이나 인상으로 리스크를 평가한다고 하였는데 이들이 이미지에 따른 유독가스 배출사고의 위험과 매달 보험료에 대한 설명을 들었고, 모두 이런 경험을 한 적이 있었다면 리스크를 자신의 경험에 기반한 감정이나 인상에 따라 다르게 평가할 것이다. 따라서 이 〈실험〉 결과는 을의 주장을 강화할 것이다.

09. 정답 ④

내용영역 **법규범**　　　　문항유형 **논증 평가 및 문제 해결**

ㄱ. 옳다. 논자는 '판사들의 견해 공표는 금지되어야 한다'는 결론의 전제로 '선입견을 가지게 되면, 견해를 공표하게 된다.'를 들고 있다. 따라서 논자는 '견해를 공표하지 않는다면, 선입견을 가지지 않는다(A)'를 받아들이고 있다. 논자가 이러한 결론을 주장하는 이유는 판사의 능력 발휘를 위한 조건으로 생각하기 때문이다. 어떻게 하면 판사가 능력을 발휘할 수 있는가에 대해 논자는 중립성을 가질 것을 요구하는 것이며, 이 목적을 달성하기 위하여 견해 공표를 금지하자는 주장을 펼치고 있다. 또한 신문, SNS, TV프로그램 등 여러 수단 모두 '견해 공표'에 속하므로, 신문에 기고하는 행위는 '견해 공표'에 해당한다. 중립성은 설득 가능성으로 정의된다고 하였으므로, 따라서 신문에 기고하는 행위를 금지하였음에도 판사의 설득 가능성, 즉 중립성이 없다면 이는 주장을 약화한다.

ㄴ. 옳다. 주장에 따르면 선입견이 없을 경우 그 판사는 중립성을 갖춘 판사이며, 판사로서 사안 해석이나 법적용 능력을 발휘할 수 있다. 그러나 선입견이 없다는 것이 사안 해석이나 법적용 능력이 없다는 것을 증명한다면, 주장은 약화될 것이다.

ㄷ. 옳지 않다. 주장에 의하면 판사에게 편견이나 선입견이 없다면 사안 분석과 법해석 능력을 발휘할 수 있다. 이는 판사가 법해석을 하는 것에 대해 동의하고 있다는 것이다. 그런데 판사가 편견이나 선입견을 갖지 않는 것을 입법된 법조문을 해석하지 않고 그대로 따르기 위해 갖추어야 할 요소로 보는 것은 주장이 동의하고 있는 바가 아니다. 따라서 판사가 법조문을 그대로 따르는 것이 가장 정의로운 행위라는 것은 주장을 강화하지 않는다.

10. 정답 ⑤

내용영역 **과학기술**　　　　문항유형 **논증 평가 및 문제 해결**

ㄱ. 적절하지 않다. 피토크롬의 유무와 상관없이 cGMP를 주입할 경우 가설 (내)에 따르면 전사조절인자가 활성화되므로 탈황화 현상이 일어나야 한다. 그런데 A에 cGMP를 주입할 경우 탈황화 현상이 일어나지 않으면 가설 (내)로 설명할 수 없다. 따라서 T2의 설득력이 높아진다고 할 수 없다.

ㄴ. 적절하다. A의 경우, 가설 (개)가 옳다면 A에 칼슘이온을 주입한 경우에 탈황화 현상이 일어날 것이다. 그런데 탈황화 현상이 일어나지 않았다면 가설 (개)로는 설명할 수 없다. 활성화되지 않은 구아닐사이클라아제를 주입한 경우 cGMP를 합성할 수 없으므로 탈황화 현상이 일어나지 않을 것이다. 따라서 가설 (내)로는 설명할 수 있다. B의 경우, 가설 (대)에 의하면 DNA와 결합되어 있는 전사조절인자가 활성화되면 DNA가 분리된다. DNA가 분리되어야 탈황화 현상이 일어나는데, 본래 DNA에 붙어있던 전사조절인자는 활성화된 전사조절인자를 주입하더라도 여전히 DNA에 결합해 있으므로 탈황화 현상이 일어나지 않는다. 따라서 가설 (대)에 따르면 ㄴ을 설명할 수 있으므로 T4의 설득력은 높아진다.

ㄷ. 적절하다. 전사조절인자를 전부 제거하였다면, 가설 (대가 옳을 경우에는 DNA와 전사조절인자가 결합할 수 없으므로 탈황화 현상이 일어나지 않는다. 반면, 가설 (라가 옳을 경우에는 DNA가 전사조절인자와 결합되지 않은 상태로 존재하므로 탈황화 현상이 일어난다. 즉, 가설 (라만으로 ㄷ을 설명할 수 있으므로 가설 (개와 (나가 옳은지는 알 수 없다. 따라서 ㄷ은 〈중기 단계〉의 가설을 검증하는 데는 적합하지 않지만 〈후기 단계〉의 가설을 검증하는 데는 적합하다.

---

11. 정답 ⑤

내용영역 인문   문항유형 논증 평가 및 문제 해결

ㄱ. 옳다. A는 온과 냉, 건과 습 중 두 가지의 성질이 끌어당기는 힘을 가지는데, 따뜻한 성질과 축축한 성질은 서로 끌어당기므로 여름철의 뜨겁고 축축한 공기가 하늘에 뭉쳐서 구름을 만들고, 이 구름이 비를 만들기 때문에 여름철에 비가 많이 온다고 본다. 즉, A는 차가운 성질과 건조한 성질이 서로 끌어당기는 힘을 가지기 때문에 추운 날씨에는 강수량이 적게 나타날 것이라고 볼 것이다. 따라서 일 년 내내 추운 기후가 유지되는 극지방에선 강수량이 적게 나타난다는 사실은 A를 약화하지 않는다.

ㄴ. 옳다. ㉠의 의미는 스스로 움직일 수 있는 것은 오로지 생명을 가진 존재들뿐이며, 공기는 생명을 가진 존재가 아니기 때문에 스스로 움직일 수 없다는 것이다. 그런데 생명을 가지지 않은 존재인 천체들이 항상 같은 궤도를 따라 운동하며 이를 운동시킬 수 있는 다른 생물 존재를 생각할 수 없다는 사실은 생명을 가진 존재가 아닌 천체들이 스스로 움직일 수 있다는 것을 의미하므로, ㉠을 약화한다.

ㄷ. 옳다. C는 자신에게 좋은 것을 성취하겠다는 의도에 따라 일어나는 인간의 노동 행위를 통해 자연현상인 여름철의 호우를 설명하고 있다. 따라서 인간 행위의 동기에서 자연 현상의 원인을 유추할 수 없다는 주장은 C의 주장을 약화한다. 반면, B는 인간 행위의 동기에서 자연 현상의 원인을 유추하지 않았으므로, 특정한 의도를 따르는 인간 행위와 그렇지 않은 자연 현상을 동일 선상에서 비교할 수 없다는 주장은 B를 약화하지 않는다.

---

12. 정답 ②

내용영역 인문   문항유형 논증 평가 및 문제 해결

ㄱ. 옳지 않다. C는 증언이 기적이 사실이라는 증거가 되지 못한다고 생각한다. 이에 따라 여러 명의 증언이 있더라도, 그 증언이 기적이 사실이라는 증거가 되지 못한다고 생각할 것이다. 따라서 C는 B의 가설을 지지하지 않을 것이다.

ㄴ. 옳지 않다. B는 A가 거짓말을 하지 않는 정직한 사람이라고 판단하였기 때문에 A의 증언을 믿었으며, 이에 따라 자연법칙을 거스르는 기적이 실제로 존재한다는 가설을 제시한다. 즉, B는 정직한 사람의 증언은 신빙성이 있다고 믿은 것이다. 그런데

정직함을 판단하는 기준이 사람마다 다르더라도 B의 가설은 강화되지 않는다.

ㄷ. 옳다. B는 자연법칙을 거스르는 기적이 실제로 존재한다고 본다. 그러나 C는 합리적인 사람은 기적이 전혀 불가능하다고 판단해야 한다고 보고, 자연법칙을 거스르는 기적이 존재한다는 것을 부정한다. 즉, C는 기적이 발생할 수 없다고 믿는다. 따라서 기적이 발생할 수 있는지 여부에 대해 B와 C는 입장을 달리한다.

---

13. 정답 ③

내용영역 인문   문항유형 논증 평가 및 문제 해결

ㄱ. 옳다. A는 『고사기』는 신화와 전설을 기록한 책이고, 『일본서기』는 정치적 목적에서 편찬된 서적이므로 두 책의 기록을 사실로 받아들일 수 없으므로 왕인이 실재했던 인물이 아니라고 본다. 만약 고고학자들이 백제의 왕이 일본에 파견한 사신단의 이름이 적힌 유물을 발견하였고, 그 안에 왕인이라는 이름이 있다면, 왕인이 실재했던 인물이라는 증거가 발견된 것이다. 이는 A가 거짓일 때 예상되는 사실이므로, A를 약화한다.

ㄴ. 옳다. B는 『일본서기』는 백제의 역사를 기록한 『백제기』를 참고하여 편찬하였으므로, 백제 관련 기록이 사실에 가까울 것으로 추정할 수 있다고 본다. B는 『백제기』의 내용이 사실에 가깝다고 볼 것이다. 만약 『백제기』의 내용이 역사적 사실과 일치한다는 연구 결과가 밝혀진다면, 이는 B의 주장이 참일 때 예상할 수 있는 결과이다. 따라서 이 사실은 B의 주장을 강화한다.

ㄷ. 옳지 않다. A는 『고사기』는 신화와 전설을 기록한 책이고, 『일본서기』는 정치적 목적으로 편찬된 서적이므로, 두 책의 기록을 사실로 받아들일 수 없으므로, 왕인은 실재했던 인물이 아니라고 본다. 『고사기』와 『일본서기』에 기록된 왕인의 활동 기간이 약 300년이더라도 이는 A의 주장이 거짓일 때 예상되는 사실이 아니므로, A를 약화하지 않는다. C는 왕인은 특정 인물의 이름이 아니라 백제가 일본에 파견한 사신의 관직명이라고 본다. 『고사기』와 『일본서기』에 기록된 왕인의 활동 기간이 약 300년이라면, 통상적으로 한 명의 사람이 300년을 사는 것은 불가능하기 때문에 왕인이라고 불리는 여러 사람이 있었음을 추론할 수 있다. 이 사실은 C가 참일 때 예상할 수 있는 사실이므로, C를 강화한다.

---

14. 정답 ③

내용영역 인문   문항유형 논증 평가 및 문제 해결

ㄱ. 옳지 않다. B는 의학 분야에서 예방의학보다 동물실험에 중점을 두어왔기 때문에 동물실험이 그동안 과학발전에 기여할 여지가 많았다고 말하고 있을 뿐, 동물실험으로 인해 예방의학의 발전이 저해되었다고 보는 것은 아니다.

ㄴ. 옳지 않다. A는 동물과 인간이 공유하는 질병이 많지 않고, 동물실험에서 주어지는 상황은 인간이 처한 실제 상황과 크게 다르다는 입장이다. 5천만 잔에 해당하는 양의 카페인 성분

제거제가 하루 동안 쥐에게 주어진다는 것은 현실과 크게 다른 상황의 예라고 할 수 있으므로, 이는 A는 강화한다. 한편, C는 동물실험을 대체할 다른 대안이 없다는 입장이다. 따라서 동물실험에서 주어지는 상황이 인간의 현실과 다르다는 점을 나타내는 사례가 C를 약화시킨다고 할 수 없다.

ㄷ. 옳다. B는 동물실험이 현재까지 과학에 기여하여왔다는 사실은 인정한다. 따라서 역사적으로 동물실험이 의학 분야의 발전에 기여해왔다는 사실은 B를 약화하지 않는다.

15. 정답 ④

내용영역 법규범　　　　　**문항유형** 논증 평가 및 문제 해결

① 옳다. 법관에 의한 재판을 받을 권리가 반드시 직업 법관에 의한 재판을 받을 수 있는 권리를 의미한다면 법관이 아닌 배심원의 평결에 기속력을 부여하는 것이 권리의 침해상황을 발생시키기 때문에 ㈎는 약화된다.

② 옳다. 배심원 평결의 효력에 기속력을 부여하는 것이 배심제도의 본질이 아니라면 기속력이 없을 경우 국민참여재판이 명목상의 제도로 전락할 수 있다는 ㈏는 약화된다.

③ 옳다. 법관이 편견으로부터 자유롭기 힘들다면 법관의 판단은 편견의 결과일 확률이 높아지므로 법관의 판단이 배심원들의 판단보다 우월하지 않다는 ㈐는 강화된다.

④ 옳지 않다. 미국에서 변호인들이 배심원의 평결에 이의를 제기할 수 있다는 것과 배심원의 평결이 기속력을 가져야 한다는 것은 무관하기 때문에 ㈑는 약화되지는 않는다.

⑤ 옳다. 국민의 민주적 정당성이 법원의 민주적 정당성보다 하위일 수 없다면 시민의 평결을 법관의 의사의 하위에 놓은 국민참여재판제도는 헌법에 위반될 가능성이 있으므로 ㈒는 강화된다.

16. 정답 ②

내용영역 인문　　　　　**문항유형** 논증 평가 및 문제 해결

ㄱ. 옳지 않다. A는 예술작품의 정의에 대해서는 의견을 피력하고 있지만, 예술작품 내에서도 가치에 따라 구별할 수 있는지에 대해서는 언급하고 있지 않다. A가 예술작품 내에서도 가치에 따라 구별할 수 있다고 볼 수도 있지만, 예술작품이라면 그 가치가 모두 같다고 볼 수도 있기 때문에 예술작품의 가치를 나누는 기준이 없다고 할 수도 있다. 따라서 가치로 예술작품을 나누는 기준이 있고, 그 기준이 예술작품 정의의 기준과 다르다는 사실은 A와 양립 가능하므로 A를 약화하지 않는다.

ㄴ. 옳다. C에 따르면 어떤 대상을 예술작품으로 인식하는 이는 예술이론가들이다. 따라서 예술이론가들이 예술작품으로 인식하지 않는 대상은 예술작품이 될 수 없을 것이며 예술작품이 아니므로 예술로 기능할 수 없을 것이다.

ㄷ. 옳지 않다. B는 예술이 완결된 개념이 아니라고 주장한다. 따라서 예술이 완결된 개념이라는 주장에 동의하지 않을 것이다. C는

예술이 열린 개념이더라도 본질을 정할 수 있으며 그 본질은 자기관계적 반성 구조이며 이것이 예술을 정의하는 기준이라고 주장한다. 이때 C는 예술이 열린 개념이라는 데는 동의하지만, 열린 개념과 완결된 개념이 동시에 성립할 수 없다거나 혹은 동시에 성립할 수 있다는 것을 주장한 것은 아니다. 따라서 C는 예술이 완결된 개념이 아니며 열린 개념이라고 주장했을 수도 있으므로 C가 반드시 동의할 것이라고 볼 수는 없다.

17. 정답 ①

내용영역 인문　　　　　**문항유형** 논증 평가 및 문제 해결

ㄱ. 옳지 않다. ㉠은 A가 가정한 한 사례로서, 그것이 실제 일어났음을 가정하지 않는다. 따라서 ㉠이 발생한 적이 없다는 사실이 있더라도, 이는 A를 약화하지 않는다.

ㄴ. 옳다. B는 A가 언급한 불이익 중 다문화가족 자녀가 아닌 학생이 받은 불이익은 선천적으로 낮은 지능을 타고난 경우와 같다고 보아 해당 불이익이 부당하지 않다고 본다. 그리고 다문화가족 자녀가 받는 불이익을 차별받는 집단에 대한 경멸로 보며, 이를 고려한 정책은 비합리적이지 않고 애초의 취지를 고려했을 때 오히려 우리 사회에 꼭 필요한 조치라고 본다. 그러나 구별이 성립하지 않고 인종적 요소로 말미암은 불이익 모두가 인종차별로 규정된다는 사실이 있다면, B는 약화될 것이다.

ㄷ. 옳지 않다. A는 X의 제도가 자신이 선택할 수 없는 개인적 특성인 다문화가족 자녀인지에 따라 차별하는 것이므로 부당하다고 본다. 즉, 이 제도가 다문화가족 자녀의 차별 완화라는 결과 달성을 위해 부적절하다는 것이 아니라 다문화가족 자녀인지가 선발 과정에 개입해서는 안 된다는 것이다. 따라서 이런 정책이 다문화가족 자녀에 대한 편견의 정도를 낮추는 데 기여하더라도 A를 약화하지는 않는다. 한편, B는 X의 정책의 취지를 고려했을 때 우리 사회에 필요한 조치라고 본다. 따라서 X의 제도가 그 취지에 맞게 다문화가족 자녀에 대한 편견의 정도를 낮추는데 실질적으로 기여를 한다는 사실은 B를 강화할 것이다.

18. 정답 ⑤

내용영역 사회　　　　　**문항유형** 논증 평가 및 문제 해결

ㄱ. 옳다. 일반적으로 A국의 51년생은 70년 대입시험을 치를 것이고, 52년생은 71년, 53년생은 72년에 시험을 치를 것이다. 한편, 51년 6월 5일에 전쟁이 발발하였고, 임신 기간이 10개월이므로 51년 6월로부터 10개월 후인 52년 4월생부터는 전쟁 스트레스 하에서 태어난 사람들이다.

〈표〉에 따르면 P지역의 52년 4월생부터, Q지역의 52년 8월생부터 대입시험의 평균 점수가 급격하게 하락한다. 이는 전쟁 발발로부터 10개월 후에 태어난 사람들의 대입시험 평균 점수라고 볼 수 있으며, 갑은 이를 근거로 산모가 임신 기간 중 겪은 스트레스가 태아의 사회적 성취에 악영향을 미쳤다고 판단하였다.

그런데 71년 시험이 전년도나 그 다음연도의 시험보다 난이도가 높아 어려운 시험이었고 P지역의 1~3월생, Q지역의 1~7월생이 1년 일찍 대입시험을 응시한 것이라면, P지역의 52년 4월생과 Q지역의 52년 8월생들부터는 어려운 71년 시험을 치렀다는 의미가 된다. 이는 전쟁 스트레스 때문이 아닌, 고난도 시험과 특수한 응시기간 허용이라는 다른 원인에 의해 이들의 성취도 하락이라는 결과가 나왔다는 것을 설명할 수 있다. 따라서 이러한 사실은 ㉠을 약화할 수 있다.

ㄴ. 옳다. 갑에 따르면 52년 6월부터 사회가 안정되었다면 그로부터 10개월 후인 53년 4월부터 태어난 사람들의 대입시험 평균 점수는 전쟁 전인 이전과 유사한 수전일 것이다. 〈표〉에 따르면 1953년 4월생부터 대입시험의 평균 성적이 원래의 6.1~6.7 수준으로 회복되었다. 따라서 이 사실은 갑의 판단인 ㉠이 옳을 때 예상되는 사실이므로 ㉠을 강화할 수 있다.

ㄷ. 옳다. 적국이 P지역을 먼저 공격하기 시작하여 약 4개월 후에 Q지역으로 공격지역을 옮겨가기 시작했다면, 갑에 따를 때 P지역 산모들이 전쟁 스트레스를 먼저 겪은 후 4개월 후부터 Q지역 산모들이 전쟁 스트레스를 겪게 될 것이다. 따라서 갑이 옳다면 P지역의 경우 52년 4월생부터 성취도가 떨어질 것이고, Q지역의 경우 52년 8월생부터 학업 성취도가 떨어질 것이다. 또한 Q지역이 집중 공격받는 동안 P지역의 공격횟수가 줄었으므로, Q지역의 52년 8월생의 성취도가 떨어지는 동시에 P지역 52년 8월생부터는 약간의 성적 회복이 있을 수 있다.

〈표〉에 따르면 P지역의 경우 52년 4월생부터, Q지역의 경우 52년 8월생부터 급격하게 대입시험의 평균 성적이 크게 하락하였다. 또한 P지역의 경우 52년 10월생부터 대입성적이 5점대 수준으로 부분적으로 회복된 것을 볼 수 있다. 따라서 이러한 현상은 갑의 판단인 ㉠이 옳을 때 예상되는 것이므로 ㉠을 강화할 수 있다.

19. 정답 ④

내용영역 사회　　　　　문항유형 논증 평가 및 문제 해결

갑 : 주권국가↑ → 근대화↑, 주권국가↓ → 근대화↓

을 : 경제적 원조↓→ 주권국가↑, 경제적 원조↓→ 근대화↑
　　경제적 원조↑→ 주권국가↓, 경제적 원조↑→ 근대화↓

병 : 을의 견해에 동의. 봉기와 내전↓→ 경제적 원조↓

정 : 근대화↑ → 주권국가↑, 근대화↓ → 주권국가↓

① 옳다. 갑과 정 모두 근대화에 대한 성취도와 주권국가 지위가 정비례의 상관관계가 있다고 보므로 '주권국가 지위↑& 근대화에 대한 성취도↓'는 갑과 정의 주장을 약화한다.

② 옳다. 을은 경제적 원조와 주권국가의 지위를 반비례의 상관관계가 있다고 보며, 병은 을의 견해에 동의한다. 따라서 '경제적 원조↓& 주권국가 지위↓'는 을과 병의 결론을 모두 약화한다.

③ 옳다. 갑과 정 모두 근대화에 대한 성취도와 주권국가 지위가 정비례의 상관관계가 있다고 보므로 '근대화에 대한 성취도↑& 주권국가 지위↓'는 갑과 정의 결론을 모두 약화한다.

④ 옳지 않다. 국민에 의한 봉기와 내전과 근대화에 대한 성취도에 대해 을은 언급하고 있지 않으므로 이 경우는 을의 결론에 영향을 미치지 않는다. 따라서 이 경우 을의 결론을 약화하지 않는다. 그리고 '봉기와 내전↑→ 경제적 원조↓, 경제적 원조↓→ 근대화↑'라고 주장하는 병의 결론을 강화한다.

⑤ 옳다. '경제적 원조↓& 주권국가 지위↑& 근대화에 대한 성취도↑'는 갑과 을의 결론을 모두 강화한다.

20. 정답 ①

내용영역 사회　　　　　문항유형 논증 평가 및 문제 해결

ㄱ. 옳다. 실험에서는 이미 A인종의 범죄율이 B인종의 범죄율보다 높다는 것을 전제하고 있다. 이런 통계에 근거해서 고용주들이 모든 A인종이 B인종에 비해 범죄를 저지를 가능성이 높다고 판단하는 오류를 지적하는 것이기 때문에, 실제로 A인종의 범죄율이 B인종에 비해 높다고 하더라도, ㉠이 약화되지는 않는다.

ㄴ. 옳지 않다. X정책이 도입되기 전에 A인종의 이름을 사용한 이력서와 B인종의 이름을 사용한 이력서에 다른 조건을 모두 동일하게 기입하여 제출한 경우, B인종 이름의 지원자가 서류를 통과할 가능성이 A인종 이름의 지원자보다 23%p 더 높았다. 그리고 다른 조건이 동일할 경우 범죄 이력이 없는 지원자가 서류를 통과할 가능성이 범죄 이력이 있는 지원자에 비해 62%p 더 높았다. 만약 연구자들이 B인종 이름의 지원자 이력서에만 모두 범죄 이력이 있다고 표시하였다면 다른 조건이 동일하고, 범죄 이력이 없다고 표시한 B인종 이름의 지원자보다 서류 통과 확률이 60%p 이상 낮을 수 있지만, A인종 이름의 지원자는 B인종 이름의 지원자와 인종이 다르므로, 범죄 이력 이외에 다른 조건이 동일한 경우에 해당하지 않는다. 따라서 이 경우 범죄이력이 있는 B인종 이름의 지원자가 범죄이력이 없는 A인종 이름의 지원자보다 서류 통과 확률이 60%p 이상 낮을 것이라고 볼 수 없다.

ㄷ. 옳지 않다. 범죄 이력의 여부가 서류 통과에 미치는 영향이 A인종 집단에서는 거의 없으나, B인종 집단에서는 매우 높은 경우를 가정해볼 수 있다. 즉, 고용주들이 A인종의 범죄 이력에 대해서는 민감하지 않지만 B인종의 범죄 이력에 대해서 굉장히 민감한 경우이다. 이 경우, 실험 결과는 고용주들이 모든 A인종 지원자가 범죄 이력이 있을 가능성이 크다고 가정해서 나온 차이가 아니라 모든 B인종 지원자가 범죄 이력이 없을 가능성이 크다고 가정해서 나온 결과이므로, ㉡은 약화된다.

V. 논증 평가 및 문제 해결

21. 정답 ③

내용영역 사회   문항유형 논증 평가 및 문제 해결

ㄱ. 옳다. 갑은 도박 게임실험에서 더 선호하는 게임을 선택하라는 것과 게임에 참가하기 위해 지불하고자 하는 참가비용을 책정하라는 것이 모두 참가자들이 어떤 게임을 더 선호하는지 묻는 것이라고 본다. 따라서 갑은 실험 참가자가 합리적일 경우 A와 B 중 더 선호하는 도박 게임의 참가비용을 더 높게 책정할 것이라고 보는 것이다.

ㄴ. 옳다. 갑의 실험에 참가한 사람들은 표현양식을 달리한 두 개의 질문에서 각각 다른 게임을 선택을 하였다. 그런데 실험에서 A는 90%의 확률로 10만 원을 받는 게임이고 B는 10%의 확률로 80만 원을 받는 게임이었다는 사실은 게임 상금의 기댓값이 A가 더 높다는 것을 의미한다. 이는 A의 기댓값이 더 높음에도, 참가자들이 표현양식에 따라 A와 B를 번갈아가며 선호하는 선호의 역전 현상이 발생한 것이므로, 갑의 주장을 강화할 것이다.

ㄷ. 옳지 않다. 갑은 표현양식에 따라서 사람들의 선호가 바뀌는 선호의 역전 현상을 주장한다. 그런데 대부분의 사람들이 손실회피적인 성향으로 인하여 게임에서 이길 확률이 더 높은 게임을 선택을 한다는 사실에 따르면, 사람들은 표현양식에 영향을 받지 않고, 이길 확률이 더 높은 게임을 선택한 것이다. 따라서 이 사실은 갑의 주장을 강화하지 않는다.

22. 정답 ②

내용영역 사회   문항유형 논증 평가 및 문제 해결

ㄱ. 옳지 않다. 갑의 가설은 경로 요인이 있는 경우에 이 요인이 사람들의 행동을 억제하거나 촉진한다고 보는 것이다. 즉, 갑의 가설은 경로 요인이 더해지는지에 따라 사람들의 행동에 차이가 난다고 본다. 그런데 두 집단의 학생들 모두가 보건소의 위치를 잘 알고 있었다는 사실은 두 집단의 공통점이므로, 이 사실은 갑의 가설을 약화하지 않는다.

ㄴ. 옳지 않다. 파상풍에 걸린 경험이 있는 학생들의 비율이 첫 번째 집단에 비해 두 번째 집단에서 더 높다는 사실을 통하여 두 번째 집단의 예방접종률이 높은 이유는 경로 요인 때문이 아니라 집단에 속한 학생들의 경험에 의한 차이 때문이라고 볼 수 있다. 따라서 파상풍에 걸린 경험이 있는 학생들의 비율이 첫 번째 집단에 비해 두 번째 집단에서 더 높다는 사실은 갑의 가설을 강화하지 않는다.

ㄷ. 옳다. 갑의 가설에 따르면, 두 집단에서 예방접종률이 유의미한 차이를 보이는 이유는 두 번째 집단의 학생들의 경우 지도를 보고 경로를 설정하는 행위를 했기 때문이다. 즉, 경로가 하나뿐이더라도 학생들은 보건소가 강조된 지도를 보고, 보건소에 가는 방법에 대해 생각을 하였을 것이므로, 학생들이 보건소까지 갈 수 있는 경로가 오직 하나뿐이라는 사실은 갑의 가설을 약화하지 않는다.

23. 정답 ①

내용영역 사회   문항유형 논증 평가 및 문제 해결

ㄱ. 옳다. 가설이 옳다면 불쾌감을 느끼면, 그 행위를 중단해야 할 것이다. 그런데 감정과 판단을 연결하는 전두 피질이 상실된 사람의 경우 불쾌감을 느끼더라도 감정이 판단에 개입할 수 없으므로 행위를 중단하지 못할 것이다. 〈실험 1〉과 〈실험 2〉 모두 참가자들이 불쾌감이나 두려움을 느꼈는데, 전두 피질이 손상된 참가자들은 게임을 중단하지 못하였다. 따라서 실험 모두 주장을 강화할 것이다.

ㄴ. 옳지 않다. 가설이 옳을 경우, 불쾌감을 느끼면 그 행위를 중단해야 할 것이다. C집단은 감정 관장 부분에 손상을 입은 참가자들이므로 돈을 잃게 되는 것에 대한 두려움을 느끼지 못했을 것이므로 행위를 중단하지 못할 것이다. 한편 이 게임은 50%의 확률로 -20달러이고, 50%의 확률로 +50달러이다. 따라서 이 게임을 지속할수록 수익을 얻을 확률이 높다. 따라서 게임을 지속한 A집단과 C집단의 수익이 B집단보다 유의미하게 클 것이다. 따라서 B집단과 C집단의 수익이 차이가 없다면 이는 ㉠을 강화하지 않을 것이다.

A집단	감정 ⇨ 판단×	중단 판단×	수익 큼
B집단	감정 ⇨ 판단	중단 판단	수익 적음
C집단	감정×	중단 판단×	수익 큼

ㄷ. 옳지 않다. 〈실험 1〉의 경우, 절반이 넘는 참가자들이 참여하였을 정도로 게임이 무르익었음에도 돈을 받는 사람이 없자 사람들은 이 게임이 불쾌하다고 느꼈고, 이러한 감정은 게임을 중단하게 하였다. 이 게임은 돈을 받을 확률이 5%에 불과하여 중단하는 것이 2,000달러에서 더 잃지 않아 이익이 되는 판단이다. 따라서 감정이 금전적으로 더 이익이 되는 판단을 하는 데 도움을 준다는 사실에 부합한다. 그러나 〈실험 2〉의 게임은 50%의 확률로 -20달러이고, 50%의 확률로 +50달러를 얻는 게임이므로, 게임을 계속하는 것이 금전적으로 더 이익이 되었을 수 있다. 따라서 〈실험 2〉는 감정이 금전적으로 더 이익이 되는 판단을 하는 데 도움을 준다는 사실에 부합하지 않는다.

24. 정답 ①

내용영역 과학기술   문항유형 논증 평가 및 문제 해결

ㄱ. 옳다. 가설 2가 참이라면 40대에서 50대로 넘어갈 때 남성 체내의 여성 호르몬 수치에 큰 변화가 없는 경우 40대와 50대의 남성에서 퇴행성관절염의 발병률에 차이가 없어야 한다. 그런데, 실제 연구 결과에서는 의미 있는 차이가 있다. 따라서 40대에서 50대로 넘어갈 때 남성 체내의 여성 호르몬 수치에 큰 변화가 없다는 연구결과는 가설 2를 약화한다.

ㄴ. 옳지 않다. 가설 1이 참이라면 남성이 여성에 비해 무릎 관절 사용 빈도가 더 낮은 경우 퇴행성관절염이 무릎에 발병하는 비율은 남성에게서 더 낮아야 한다. 이 경우 여성에게서 퇴행성관절염의 발병률이 남성보다 더 높다는 연구결과가 나왔으므로

가설 1이 참이라는 것이 긍정된다고 볼 수 있다. 따라서 퇴행성관절염이 무릎에 발병하는 비율은 남성에게서 더 높고, 남성이 여성에 비해 무릎 관절 사용 빈도가 더 낮다는 연구 결과는 가설 1을 강화한다.

ㄷ. 옳지 않다. 가설 1이 참이라면 50대에 접어들면서 과거에 비해 여성에게 부여되는 가사 노동의 관절 사용 빈도는 감소한 경우 퇴행성관절염의 발병률도 40대보다 작아져야 한다. 또한 가설 2가 참인경우 새롭게 노출되는 여성 호르몬의 양이 줄어든다면 30대에서 40대로 올라갈 때 발병률 증가 폭보다 40대에서 50대로 올라갈 때의 증가 폭이 낮아야 한다. 그런데 그래프는 이와 반대의 양상을 보이고 있다. 따라서 보기 ㄷ은 가설 1은 약화하는 반면, 가설 2는 강화한다.

---

25. 정답 ④

내용영역 인문   문항유형 논증 평가 및 문제 해결

갑 : 믿음, 욕구, 지각력, 기억력 & 행동 능력 → 삶의 주체(권리 인정) 삶의 주체는 공정하게 대우받을 권리가 있음(천부적 부여)

을 : ~도덕원리 고안 & ~준수할 능력 → ~권리 인정

ㄱ. 옳다. 갑은 믿음, 욕구, 지각력, 기억력이 있고 자신의 욕구와 목적을 추구하기 위해 행동하는 능력을 갖는다면 이 개체는 삶의 주체로서 공정하게 대우받을 천부적인 권리가 부여된다고 본다. 을은 자율적 판단 능력이 있어서 도덕원리를 고안해 낼 수 없고, 또 이를 준수할 능력이 없다면 권리를 인정할 수 없다고 본다. 따라서 갑과 을은 동물에 대하여 권리를 부여할 수 있는 요건을 서로 다르게 보고 있다.

ㄴ. 옳다. 을은 '자율적 판단 능력이 있어서 도덕원리를 고안해 내고 이를 준수할 수 있어야 권리를 인정'한다고 하여, 자율적 판단 능력이 없는 동물에게 권리를 인정할 수 없다고 주장한다. 그런데 자율적 판단 능력이 없는 인간에게 인간으로서의 권리를 인정하고 있다는 사실은 을의 입장을 지지하지 않는다.

ㄷ. 옳지 않다. 을은 인간을 제외한 동물에게는 인간의 권리와 동등한 권리를 인정할 수 없다고 주장한다. 그런데 '동물이 인간의 권리와 동등한 권리를 가질 수 있다'고 하여 이미 을이 반대하는 것을 전제하고 있다. 따라서 이는 을의 주장을 지지하지 않는다.

---

26. 정답 ③

내용영역 사회

ㄱ. 강화한다. 사람들은 설정된 초깃값을 대부분 받아들인다는 것이 제시된 주장이다. ㄱ의 한 집단에게는 장기를 기증하지 않는 것이 초깃값이어서 최종적으로 장기 기증에 동의한 사람은 22%에 불과하였다. 이는 초깃값을 대부분의 사람들이 받아들여 장기 기증에 동의하지 않았을 확률이 높기 때문이다. 그리고 장기 기증에 동의하는 것을 초깃값으로 한 집단에서는 90%가 장기 기증을 동의하였다. 역시 이는 초깃값을 대부분의 사람들이 받아

들여 장기 기증에 동의한 것이기 때문이다. 이는 제시된 주장을 강화하는 사례이다.

ㄴ. 강화한다. 초깃값에 따라 A시 사람들은 보험료가 싼 것을 B시의 사람들은 보험료가 비싼 것을 선택하여 의사 결정을 한 사례로, 제시된 주장을 강화한다.

ㄷ. 강화하지 않는다. 사람들은 설정된 초깃값을 대부분 받아들인다는 것이 제시된 주장이다. 그런데 초깃값을 설정하지 않았을 때에 사람들이 의사 결정을 하는 방식에 대해서는 제시된 주장만으로는 어떤 결과를 예측할 수가 없다. 따라서 초깃값을 설정했을 때와, 초깃값을 설정하지 않았을 때를 비교한 것으로는 제시된 주장을 강화 혹은 약화하기 어렵다.

---

27. 정답 ③

내용영역 사회   문항유형 논증 평가 및 문제 해결

〈갑의 이론〉은 일탈자라는 낙인이 일탈로 나아갈 가능성을 높여 지속적인 범죄행위를 야기하는 결과를 가져온다고 설명하고 있다. 이에 대해 을은 사법기관에 인지된 소년범죄의 비율은 증가함에도 불구하고 사법기관에 인지된 소년범의 재범률은 감소하는 양상을 보여주는 〈표〉를 근거로 〈갑의 이론〉에 대해 반론을 제기하고 있다.

ㄱ. 적절하다. 을은 사법기관에 인지된 소년범죄의 비율이 증가할수록 사법기관에 인지된 소년범의 재범률도 증가해야 일탈자라는 낙인이 지속적인 범죄행위를 야기한다고 보는 〈갑의 이론〉이 입증된다고 본다. 즉 을은 사법기관에 의해 범죄사실이 인지되었다는 것이 곧 일탈자로 낙인찍히는 것을 의미한다고 보는 것이다.

ㄴ. 적절하지 않다. 사법기관에 인지된 소년범들에 비해 인지되지 않은 소년범의 경우는 낙인 효과의 영향이 크지 않을 것이다. 따라서 매년 인지되지 않은 소년범의 재범률이 인지된 소년범의 재범률보다 20% 정도 높았다는 사실이 추가된다면 〈갑의 이론〉과는 더욱 배치되는 결과를 가져올 것이며, 이는 〈갑의 이론〉에 불리한 근거로 작용할 것이다.

ㄷ. 적절하다. 사법기관에 인지되더라도 범죄사실이 공공에 노출되지 않아 사회로부터 격리·소외되지 않는 소년범의 수가 많다면 〈표〉와 같이 재범률이 낮을 수 있을 것이다. 즉 보기 ㄷ의 사실이 추가된다면 〈표〉는 〈갑의 이론〉에 불리한 근거로 작용하지 않을 것이다.

---

28. 정답 ②

내용영역 사회   문항유형 논증 평가 및 문제 해결

ㄱ. 옳지 않다. 카페인에 민감하지 않은 사람에게서 부작용이 나타나지 않았다는 사실로부터 카페인을 복용하면 기억력 향상 효과가 나타나는지 아닌지를 확인할 수 없다. 따라서 카페인을 복용하면 기억력 향상 효과가 나타난다고 주장하는 A의 주장이 강화되거나 약화되지 않는다.

ㄴ. 옳지 않다. 다른 어떤 성분(테아닌)과 함께 카페인을 복용할 경우 기억력 향상 효과가 장기적으로 나타난다는 사실이 확인되었다면, 이는 B의 주장이 옳은데 테아닌이 카페인의 부작용을 완화시켜 카페인의 기억력 향상 효과를 장기화한 것일 수도 있다. 또한 A나 B의 주장과 무관하게 테아닌 자체가 기억력 향상 효과를 가지기 때문일 수도 있다. 어떤 작용에 의해 ㄴ과 같은 결과가 나타났는지 알 수 없다. 따라서 B의 주장은 강화되거나 약화되지 않는다.

ㄷ. 옳다. 매일 카페인을 복용한지 6개월이 지난 후에 비로소 기억력 향상 효과가 나타나기 시작했다는 사실이 밝혀졌다면, 매일 카페인을 복용하더라도 처음 6개월 동안은 대개 효과가 나타나지 않을 것이다. 따라서 카페인은 지속적인 기억력 향상 효과를 가진다고 주장하며 카페인 복용 하루만에도 기억력 향상 효과가 나타난다는 실험 결과를 제시한 A의 주장은 약화된다. 한편 카페인의 기억력 향상 효과는 단기적인 것일 뿐 장기적으로는 효과가 없다는 B의 주장에 따르면 매일 카페인을 복용하는 사람들 대부분은 6개월이 지난 뒤로는 중독에 의해 효과가 없어진다. 그런데 ㄷ에서 밝혀진 사실은 6개월 이후부터 효과가 나타난다는 것이므로 B의 주장은 약화된다. 따라서 A와 B의 주장은 모두 약화된다.

ㄱ. 적절하다. 주장은 '초보존 유전자가 유전자의 자체 증식이나 파괴를 직접 억제하지 못하더라도 전체 세포의 자살을 유도시켜 체내에 그러한 세포가 존재하는 것을 막아주는 역할을 하는 표지 역할을 하지만, 암세포는 그러한 기작을 회피하는 능력이 있다. 따라서 암세포에 초보존 유전자가 정상 개수와 다른 수로 존재하는 것은 그 때문이라고 정리할 수 있다. 그러나 이 주장은 인과 관계가 반대이거나 단순한 상관관계를 인과 관계로 착각했을 수도 있을 가능성을 배제하지 못하고 있다. 즉, ㄱ의 경우처럼 초보존 유전자의 정상 기작에 문제가 생겨서 암세포가 증식하는 것이 아니라 암세포가 증식한 다음 초보존 유전자의 증식이나 억제를 유도하여 그런 결과가 일어났다고 해석할 수도 있는 것이다.

ㄴ. 적절하지 않다. 초보존 유전자의 역할은 세포 분열 시 유전자가 정상적으로 한 쌍씩 존재하는지 확인할 수 있는 표지 역할을 하는 것이다. 따라서 암세포라는 문제가 생기더라도 생식세포에 문제가 없다면 생식세포의 초보존 유전자에 문제가 없고 따라서 자손에도 문제가 없을 수 있다.

ㄷ. 적절하지 않다. 초보존 유전자가 신진대사나 단백질 생산에 관여하여 생물체의 생존에 필수적인 기능을 한다는 것은, 초보존 유전자가 감시자의 역할을 하여 보존되어 왔다는 위 주장과 양립 가능하다. 따라서 ㄷ의 사실이 밝혀진다고 하여 주장이 약화되는 것은 아니다.

① 옳지 않다. 이들 암소에게서 휘튼 효과가 나타나지 않았다면, 이들 암소들이 C에게 반응한 것은 단순히 발정주기가 되었기 때문이다. 따라서 A와 B의 발정 현상의 지속 여부가 차이가 나는 것은 발정 주기의 차이 때문일 가능성이 있고 호르몬 이상에 대해서는 부르스 효과를 검증할 수 있는 암소들과 C와의 교미 여부에 대해서 언급이 없었기 때문에 알 수 없다. 따라서 가설 1을 강화한다는 진술은 잘못된 것이다.

② 옳다. 암소 A와 B가 모두 수소 C와 교미를 할 경우 정상적인 경우라면 발정 현상은 나타나지 않아야 하지만 암소 B는 발정이 계속 유지되고 있다. 이는 수소 D의 페로몬 작용 때문에 암소 B의 프로락틴 분비가 차단되고 발정이 계속된다는 가설 1에 의하면 설명이 잘 되므로 가설 1을 강화한다. 하지만 암소 A와 B의 발정주기 차이에 따른 발정의 지속여부를 판단하기에는 주어진 실험 정보로는 알 수가 없다. 따라서 가설 2를 강화 또는 약화하는 것은 아니다.

③ 옳지 않다. 암소 A와 B가 C와 교미를 하지 않았다면 이들에게서는 부르스 효과를 발견할 수 없다. 만일 가설 1이 옳기 위해서는 암소 B가 C와 교미를 했음에도 불구하고 발정이 지속되어 프로락틴의 이상이 있어야 한다. 하지만 여기서는 둘 다 교미를 하지 않았기 때문에 가설 1을 강화한다고 할 수 없다.

④ 옳지 않다. 수소 C가 암소 A와 교미를 하고 B와는 교미를 하지 않았다면 모두 정상적으로 호르몬이 분비되고 있음을 의미한다. 즉, 교미를 한 A는 정상적인 프로락틴의 분비로 인하여 발정이 중지되고 교미를 하지 않은 B는 호르몬 계통에 이상이 생겨서 발정주기가 계속되는 것은 아니다. 따라서 가설 1이 강화된다는 것은 잘못된 진술이다.

⑤ 옳지 않다. 암소 B는 C와 교미를 했지만 D가 있음에도 발정이 지속되었다면 이는 B에게서 프로락틴 호르몬 분비의 이상이 있음을 의심할 수 있으므로 가설 1을 강화하지만 보기에서는 약화한다고 하였으므로 잘못된 진술이다.

ㄱ. 옳다. (가)는 깃털의 역할을 통해서 깃털이 있는 동물은 항온동물이라는 사실을 명시하고 있다. 따라서 발견된 화석 중 다수가 깃털을 가진 공룡의 화석이었고 포유동물들과 동일한 수면 상태의 모습을 보여주고 있다는 점에서 공룡들이 현재 대다수의 파충류처럼 털이 없는 변온동물이 아니라 털이 있는 항온동물로도 진화했을 것이라는 가설을 가능하게 해준다.

ㄴ. 옳지 않다. (나)는 육식공룡들이 초식공룡을 직접 사냥하는 종류만 있지 않고, 사체만을 먹거나 혹은 다른 육식공룡이 사냥한 것을 먹는다는 사실을 말하고 있다. 따라서 깃털공룡의 배 속에서 작은 포유류의 뼈가 나왔다고 해서 깃털공룡이 직접 그 포유류를

사냥한 것이라고 단정할 수 없게 되는 셈이다. 그렇다면 깃털공룡이 작은 포유류만큼이나 민첩했는지 여부는 화석 증거만으로는 알 수 없게 되므로 깃털공룡이 민첩성을 확보하였을 것이라는 가설을 지지한다고 할 수 없다.

ㄷ. 옳다. (다)는 포유류보다 덩치가 큰 깃털공룡이 민첩성 면에서 작은 포유류보다 떨어질 것이라고 하고 있지만, 깃털공룡이 조류의 조상이라면 (라)에 의하여 깃털공룡이 육식동물이라고 하더라도 덩치 큰 독수리와 같이 포유류보다 몸집이 크지만 포유류만큼이나 민첩할 수 있다는 주장이 가능하다. 이는 깃털공룡이 항온성과 민첩성을 확보하였을 것이라는 가설을 지지하므로 ㄷ은 옳은 진술이다.

구분	운행	위험야기원	위험야기행위
제1견해	주행장치를 용법에 따라 조작해서 자동차를 이동시키는 것	자동차의 '주행장치'	주행장치의 '용법에 따른 조작'
제2견해	고유장치(주행장치 포함)를 용법에 따라 조작하는 것	자동차의 '고유장치'	고유장치의 '용법에 따른 조작'
제3견해	자동차의 '존재' 그 자체	'자동차 그 자체'	자동차의 '존재로 발생할 수 있는 모든 위험 행위'

ㄱ. 옳다. X국의 자배법 규정에서 운행이란, 사람 또는 물건의 운송 여부와 관계없이 '자동차를 그 용법에 따라 사용'하는 것을 말한다. 그리고 X국 대법원의 판시에 따르면, '자동차를 그 용법에 따라 사용'한다는 것은 '구조상 설비되어 있는 각종의 장치'를 장치목적에 따라 사용하는 것이다. 이때 '구조상 설비되어 있는 각종의 장치'는 분리하여야 장치목적에 따른 사용이 가능한 경우를 제외하고 원칙적으로는 자동차에 계속 고정되어 있어야 하는 것으로 보고 있다. 즉 X국 대법원은 자동차에 그 구조상 설비되어 있는 고유장치를 용법에 따라 조작하는 것을 자동차의 '운행'으로 보는 제2견해에 동의할 것이다.

ㄴ. 옳다. 위 표 참조

ㄷ. 옳다. 제1견해는 자동차의 주행장치를 용법에 따라 조작해서 자동차를 이동시키는 것을 자동차의 운행이라 보고 있다. 즉 제1견해에 따르면, 주행장치에 포함되지 않는 구급차의 들것의 오조작으로 인해 발생한 사고는 자동차의 운행으로 인하여 발생한 사고가 아니다. 반면, X국 대법원은 분리하여야 장치목적에 따른 사용이 가능한 경우 평상시 자동차에 고정되어 있기만 하면 구조상 설비되어 있는 각종의 장치도 용법에 따라 사용한 것으로 본다. 즉 X국 대법원은 ⓐ에서 발생한 사고를 자동차의 운행으로 인하여 발생한 사고로 볼 것이다. 따라서 제1견해는 ⓐ를 자동차의 운행으로 인하여 발생한 사고로 보지 않는 반면, X국 대법원은 ⓐ를 자동차의 운행으로 인하여 발생한 사고로 볼 것이다.

ㄱ. 옳다. 추가비용청구는 계약에 따른 의무이행이 완료되어 계약이 종료되기 전까지만 가능하다. A는 2017년 1년차 계약의 이행 과정에서 사업수행을 위한 비용이 예상을 넘어선 경우에도, 2021년에 계약을 이행 중인 시기에는 총괄계약에 따른 전체 사업이 완성되지 않았으므로 계약을 이행 중인 2021년에도 초과비용을 청구할 수 있다고 볼 것이다. 반면, B는 총괄계약은 별도로 계약을 구성하지 않고, 연차별계약에 따른 사업이 진행되어 해당 연차별계약에 따른 사업수행이 완료되었다면 그로써 연차별계약이 종료되고 별도의 계약이 아닌 총괄계약상의 사업이 완료되었는지는 고려하지 않으므로, 이미 1년차 계약이 끝나고 5년차 계약에 이른 상황에서는 추가비용청구를 할 수 없게 된다.

ㄴ. 옳다. 장기계속계약은 수년에 걸쳐서 이루어지는 사업을 수행할 때 국가의 예산이 1년 단위로 편성되어 국회의 의결을 받는 점을 고려하여 체결하는 계약이다. 이전 연도에 발생한 비용을 올해 청구하는 것은 국가의 예산이 1년 단위로 편성되는 점을 고려한 장기계속계약의 취지에 맞지 않는다는 주장에 따르면, 2017년에 계약의 이행 과정에서 그 해의 예산을 초과하여 지출한 비용을 2021년에 청구할 수 없다. 즉, 이 주장이 옳다면 총괄계약이 완성되지 않았더라도 그 해에 정해진 예산을 초과한 경우에는 연차별계약에 따른 그 해가 지나면 추가로 비용을 청구할 수 없다. 따라서 계약의 종료 시점을 총괄계약의 종료시점으로 보는 A는 약화되고, 계약의 종료 시점을 연차별계약 종료 시점으로 보는 B는 강화된다.

ㄷ. 옳다. B는 국가사업을 수행하는 사업자는 각 연차별계약이 완료되기 전까지 추가비용을 산정하여 이를 청구하여야 한다고 보므로, 이러한 요구가 사업자에게 과도한 요구이고 부당한 것이라면 B는 약화된다. 반면 A는 연차별계약이 완료된 이후에도 총괄계약이 완료되기 전까지는 사업자가 추가비용청구를 할 수 있다고 보므로, A는 강화될 것이다. 따라서 이러한 주장이 옳다면, A는 강화되고 B를 약화된다.

ㄱ. 옳지 않다. A조 제2항에 따르면 강간·준강간의 경우를 제외하면 임산부나 배우자가 심각한 장애나 질환이 있을 경우 낙태가 이루어질 수 있다. 이때, 임산부나 배우자에게 심각한 장애나 질환이 있다는 것은 태아의 신체적 문제를 야기할 가능성이 있다. 그러나 임산부의 심각한 장애나 질환이 태아의 신체적 문제와 관련 없이 임신으로 인한 임산부의 생명을 위협할 가능성 또한 있기 때문에 이 경우 태아의 신체적 문제가 전제된다고 단정할 수 없다.

ㄴ. 옳다. (가)는 A조 제1항이 12주 이내 태아에 대한 일반적인 낙태 행위를 범죄로 규정한다는 점을 비판한다. A조 제1항이 수정되

어 경미한 수준의 처벌이 이루어지더라도 12주 이내 태아에 대한 일반적인 낙태 행위는 여전히 범죄로 규정되고 있다. 따라서 A조 제1항이 수정되어 '1년 이하의 징역' 대신 경미한 수준의 처벌이 이루어지더라도 (가)를 고수할 수 있다.

ㄷ. 옳지 않다. (나)는 A조와 B조 모두 여성의 자기결정권을 침해한다고 주장한다. A조에 대해서는 일반적인 낙태 행위를 범죄로 규정해서는 안 된다고 지적하고 있으며, B조에 대해서는 배우자의 동의를 받지 않더라도 임산부가 낙태할 수 있도록 해야 한다고 지적하고 있다. (나)는 (가)와 같은 지적과 함께 추가로 B조의 수정을 요구한다. 따라서 B조에 대해 지적한 문제가 해소되더라도 이로 인해 A조의 문제가 해소된 것이 아니므로 여전히 문제는 남아 있다.

---

35. 정답 ④

내용영역 **법규범**　　문항 유형 **논증 평가 및 문제 해결**

① 옳다. 갑은 인공지능을 개발하여 도입한 이상 인공지능이 위법인 결정을 하지 않도록 감독하는 것도 사업자의 의무이기에 인공지능이 위법인 결정을 할 때 사업자를 제재할 수 있다고 주장한다. 만약 인공지능을 직접 개발하여 도입한 사업자가 의사결정 방식을 즉각적으로 개선하는 관리능력을 갖추고 있다면, 이는 사업자가 인공지능의 의사결정을 감독 중에 위법인 결정을 하려고 할 때 즉시 대응하여 위법인 결정을 하지 않게 수정할 수 있다는 것이다. 따라서 갑의 견해를 강화한다.

② 옳다. 갑은 인공지능이 위법인 결정을 한 것이 사업자가 감독 의무를 다하지 않은 것이라고 주장한다. 만약 인공지능이 위법인 결정을 내린 사례의 전부가 사업자들이 인공지능의 의사결정과정 감독을 충실히 하지 않은 경우였다면, 인공지능이 위법인 결정을 한 것은 사업자가 감독 의무를 다하지 않아 벌어진 것이므로 갑의 견해는 강화된다.

③ 옳다. 을에 따르면 사업자는 인공지능의 구체적인 작동 원리를 알아야 감독의 의무를 할 수 있기 때문에, 인공지능을 직접 개발하지 않아 인공지능의 작동 원리를 구체적으로 알지 못하는 사업자들에게 감독 의무를 부과하는 것은 부당하다. 만약 인공지능을 직접 개발하지 않은 사업자들이 인공지능의 의사결정과정을 감독하더라도 위법인 결정을 내리는 일이 줄지 않는다면 구체적인 작동 원리를 모르는 사업자들은 감독의 의무를 할 수 없다는 것이다. 따라서 사업자들에게 감독의 의무를 부과하는 것이 부당하다는 을의 견해는 강화된다.

④ 옳지 않다. 병은 사업자들을 제재하면 손해배상청구의 가능성으로 인해 개발자들이 위법인 결정을 하는 인공지능을 개발하지 않을 유인이 발생한다고 본다. 하지만 개발회사가 제공한 프로그램의 하자로 인해 손해배상청구를 당할 위험만을 고려하여 인공지능 서비스의 제공가격을 인상할 수 있다는 사실로는 병의 견해가 약화된다고 볼 수 없다. 만일 개발회사가 손해배상청구의 위험을 회피하고자 인공지능이 위법인 결정을 하지 않도록 질적인 향상에 집중하였고 그로 인해 인공지능 서비스 제공의 가격 상승이 일어났다면, 병의 주장을 강화하는 것이 가능하다.

⑤ 옳다. 병에 따르면 구매한 제품 때문에 손해를 입은 사업자들은 개발사에 배상을 청구한다. 그런데 사업자들이 구매한 상품의 하자로 인해 손해가 발생하여도 판매사에 손해배상청구를 하는 일이 많지 않다면 이는 병의 견해를 약화할 것이다.

---

36. 정답 ①

내용영역 **인문**　　문항 유형 **논증 평가 및 문제 해결**

ㄱ. 옳다. 사람들은 좋은 것을 원하며 좋지 않은 것을 원하지 않는다. 따라서 '원하는 것'과 '좋은 것'은 동치이며, ('좋은 것'이 곧 '좋다고 생각되는 것'이라면) '원하는 것'은 모두 '좋다고 생각되는 것'이다. 그러나 그 역은 성립하지 않는다. '두 번째 의미에서 좋은 행위(곧, 나쁜 행위 및 중간 행위)'는 오로지 목적을 이루는 데 도움이 되기 때문에 행해지며, '원해지는 것'에는 속하지 않기 때문이다.

ㄴ. 옳지 않다. '수단으로서 좋은 행위'에는 나쁜 행위 또는 중간 행위 중에서 목적을 이루는 데 도움이 되는 것이 포함된다. 따라서 '수단으로서 좋은 행위'에는 나쁜 행위도 포함된다. 반면 '중간 행위' 중 목적을 이루는 데 도움이 되지 않는 것은 '수단으로서 좋은 행위'에 포함되지 않는다.

ㄷ. 옳지 않다. 제시문에 따르면 행위는 좋은 행위, 나쁜 행위, 좋지도 나쁘지도 않은 중간 행위 세 개로 나뉜다. 이때 나쁜 행위와 중간 행위는 목적을 이루는 데 도움이 될 때 그 행위를 한다. 그러나 좋은 행위는 목적과 무관하게 그 자체로 좋은 행위이다. 따라서 목적과 무관한 좋은 행위가 있다는 것을 이미 전제하고 있기 때문에 그러한 행위가 있더라도 글의 논지가 약화되지 않는다.

---

37. 정답 ②

내용영역 **인문**　　문항 유형 **논증 평가 및 문제 해결**

ㄱ. 옳지 않다. ㉠ "관찰된 시점으로부터 이전까지 초록으로 관찰되었거나, 이후에 파랑으로 관찰될 대상"은 선언문(P ∨ Q)의 내용인 데 반해, ㉡ "관찰된 시점으로부터 이전까지 초록으로 관찰되었고 이후에는 파랑으로 관찰될 대상"은 연언문(P & Q)의 내용이다. 따라서 ㉠에 해당하는 것이 ㉡에 해당하는 것이 아니라, ㉡에 해당하는 것이 ㉠에도 해당한다고 보아야 한다.

ㄴ. 옳지 않다. 관찰된 시점에서 초랑으로 불린 에메랄드라면, A의 경우라면 이는 '이전에는 초록이거나, 이후에는 파랑'이면 된다. 따라서 이전에 초록이고 이후에 만약 '빨갛다'라는 성질을 갖더라도 A에 따르면 이전에 초록이었으므로 초랑이다. 따라서 A는 이 경우 에메랄드가 파랑다는 성질을 갖는다는 점에 동의하지 않을 것이다. 그리고 B는 이전에는 초록이고 앞으로는 파란색을 초랑이라고 하므로, 관찰된 시점에서 초랑으로 불린 에메랄드는 이후에는 파랑다는 성질을 갖는다는 데 동의할 것이다.

ㄷ. 옳다. 초록이라는 색깔이 어떤 시점에서 초랑으로 불리다가 이후에 파록으로 불릴 수 있는지를 살펴보면 다음과 같다.

(1) A의 정의에 따르면 초랑과 파록의 정의는 각각 다음과 같다.

　　ㅇ 초랑 : 관찰된 시점으로부터 이전까지 초록으로 관찰되었거나, 이후에 파랑으로 관찰될 대상

　　ㅇ 파록 : 관찰된 시점으로부터 이전까지 파랑으로 관찰되었거나, 이후에 초록으로 관찰될 대상

A에 따르면 초록이라는 색깔은 t1 이전에 초록이었으므로, t1에서 초랑으로 불릴 수 있다(초랑 정의의 전단). 그리고 t2 이후에 초록이므로 t2에서 파록으로 불릴 수 있다(파록 정의의 후단).

(2) B의 정의에 따르면 초랑과 파록의 정의는 각각 다음과 같다.

　　ㅇ 초랑 : 관찰된 시점으로부터 이전까지 초록으로 관찰되었고 이후에 파랑으로 관찰될 대상

　　ㅇ 파록 : 관찰된 시점으로부터 이전까지 파랑으로 관찰되었고 이후에 초록으로 관찰될 대상

B에 따르면, 초록이라는 색깔은 t1에서 초랑으로 불릴 수 없으며(초랑 정의의 후단), t2에서 파록으로도 불릴 수 없다(파록 정의의 전단).

---

38. 정답 ①

내용영역 인문　　　　　**문항 유형** 논증 평가 및 문제 해결

갑의 논증은 우선 '인간은 물리적 경험(A)으로부터 정신적 현상(B)이 수반되지만, 철학적 좀비는 A만 경험한다.'를 전제한 후, 'A와 B가 동일하다고 가정'하여 불합리한 결론이 귀결되는 것을 통해 'A와 B가 동일하지 않다'는 것을 간접적으로 증명하고 있다.

〈갑의 논증〉

전제1	어떤 것을 전제하였을 때 불합리한 결론으로 귀결된다면, 그 전제는 부정된다.
전제2	'A와 B가 동일하다'고 전제하였을 때 좀비와 인간이 동일하다는 불합리한 결론으로 귀결된다.
결론	따라서 'A와 B가 동일하다'는 부정된다.

〈전제2를 위한 갑의 논증〉

전제1	인간과 달리 A는 가지지만 B는 가지지 않는 철학적 좀비(X)를 가정해 보자.
전제2	A와 B가 동일하다고 가정하자.
전제3	A와 B가 동일하다면 좀비와 인간은 동일하다.
결론	따라서 좀비와 인간은 동일하다.

ㄱ. 옳지 않다. ⊙의 전제는 인간은 물리적 현상으로부터 정신적 현상이 수반되는 존재이지만, 철학적 좀비 X는 물리적 현상을 경험하지만 정신적 현상을 경험하지 않는 존재라는 것이다. 그리고 이러한 X를 상상하여 ⊙을 도출한다. 따라서 이미 인간만이 물리적 현상에서 정신적 현상을 수반한다는 것을 전제하였으므로, 이것이 일어난다고 해서 철학적 좀비의 상상 가능성이 부정되는 것은 아니다.

ㄴ. 옳다. 갑은 〈전제2를 위한 갑의 논증〉에서 상상 속의 좀비와 현실의 인간이 동일하다는 불합리한 결론으로 귀결됨을 보이고 있다. 그리고 이를 전제로 하여 A와 B가 동일하지 않음을 보인다. 그리고 〈전제2를 위한 갑의 논증〉에서 전제1과 전제2는 결합하여 결론을 도출하고 있다. 그런데 전제1, 즉 "A는 가지지만 B는 가지지 않는 철학적 좀비(X)를 가정하자."가 애초에 불가능하다면, 〈전제2를 위한 갑의 논증〉의 결론이 도출되지 않으므로 〈갑의 논증〉의 결론인 ⊙을 타당하게 입증하지 못한다.

ㄷ. 옳지 않다. 갑은 좀비와 인간이 다른 존재인데 같다는 불합리한 귀결을 통해 자신의 주장을 간접적으로 증명한다. 따라서 좀비와 인간이 다른 존재라는 제3의 증거가 존재한다면 이는 갑의 논증을 더 지지할 수는 있어도 결론인 ⊙이 따라 나오지 않는 것이 아니다.

---

39. 정답 ②

내용영역 인문　　　　　**문항 유형** 논증 평가 및 문제 해결

ㄱ. 옳지 않다. 〈비판〉에 따르면 자기지시적인 명제가 반드시 참인 동시에 거짓인 것은 아니다. 참인 동시에 거짓인 명제가 자기지시적인 성격을 가질 뿐이다. 따라서 〈비판〉에 따르면 자기지시적인 명제가 반드시 모순율을 따른다고 단정할 수 없다.

ㄴ. 옳다. 〈비판〉을 다음과 같은 논증으로 재구성해 볼 수 있다.

　1. (자기지시성이 참인 동시에 거짓인 원인이라면 자기지시적인 명제는 모두 참인 동시에 거짓이어야 한다.)

　2. 자기지시적인 명제가 반드시 참인 동시에 거짓은 아니다.

　3. 따라서 자기지시적인 명제가 참인 동시에 거짓인 원인이 아니다.

전제 1은, 원인은 결과의 충분조건이어야 한다는 것을 의미한다.

ㄷ. 옳지 않다. 〈비판〉은 A가 주장한 원인인 자기지시적 특성을 유지하면서, A가 주장한 참인 동시에 거짓인 결과가 나타나지 않는 사례를 들어 A를 반박하고 있다. 따라서 A에 대한 〈비판〉이 '원인을 제거하면 결과가 나타나지 않는다'는 원리에 의존하고 있다는 진술은 적절하지 않다.

V. 논증 평가 및 문제 해결

40. 정답 ②

[내용영역] 인문 [문항유형] 논증 평가 및 문제 해결

갑 : 학교장의 막강한 인사권 및 행정 결정권이 사학비리의 원인이다.

을 : 학교장의 막강한 인사권 및 행정 결정권과 더불어 독립적인 감사 기능 부재가 병행하여 사학비리의 원인이 된다.

	학교장의 막강한 인사권 및 행정 결정권(ㄱ)	독립적인 감사 기능 부재(ㄴ)	사학비리 발생 빈도
A시	○	○	ⓐ 평균의 4.5배
B시	○	×	ⓑ 평균
C시	×	○	ⓒ 평균

① 옳다. ⓐ, ⓒ는 ㄱ의 요인이 있을 때 사학비리 발생 빈도가 낮고 ㄱ의 요인이 없을 때 학교 비리 발생 빈도가 낮으므로 사학비리 원인에 대한 갑의 주장을 지지한다. 또한, ㄱ과 ㄴ이 병행할 때 그렇지 않은 경우에 비하여 학교 비리 발생 빈도가 높다는 점에서 을의 주장 역시 지지한다.

② 옳지 않다. 학교 비리의 원인에 대한 갑의 주장이 옳다면 ⓑ는 평균치보다 높은 발생 빈도를 보이고 ⓒ는 그렇지 않아야 한다. 하지만 둘은 비슷한 발생 빈도를 보이고 있다. 따라서 갑의 주장은 약화된다. 하지만 을의 경우 ㄱ과 ㄴ이 병행해야 한다는 입장이므로 ⓑ, ⓒ만으로는 을의 주장이 약화되지는 않는다.

③ 옳다. ㄴ일 때 사학비리 발생빈도가 높고 그렇지 않을 때 발생 빈도가 적으므로 ㄴ은 사학비리의 발생에 영향을 준다고 추론할 수 있다.

④ 옳다. 갑은 ㄱ만을 사학비리 발생의 원인으로 보고 있으므로 그에 따르면 ㄱ인 A, B시는 모두 평균보다 높은 발생 빈도를 보여야 한다.

⑤ 옳다. A, B시의 사학비리 발생 빈도의 차이가 ㄱ과 ㄴ이 병행되어서인지 아니면 ㄴ만으로 생긴 것인지를 확인하려면 C시의 자료가 필요하다.

41. 정답 ④

[내용영역] 사회 [문항유형] 논증 평가 및 문제 해결

ㄱ. 적절하지 않다. 범죄학자 A의 주장을 뒷받침하는 대답일 뿐, 현실을 동시에 설명할 수 없다. 강력 범죄의 경우 저장 동기가 떨어지면 강력 범죄에 대한 사건 기억이 낮다는 주장을 뒷받침한다. 하지만 이와 반대의 현실에 대해서는 설명할 수 없다.

ㄴ. 적절하다. 목격자의 기억이라는 것은 목격자가 범죄자에 대한 정보를 저장하고, 그것을 인출하는 것 모두를 뜻한다. 따라서 목격자가 범죄자의 정보를 잘 저장하지 못했지만, 오히려 그 때문에 심리적인 이유로 용의자가 범죄자라고 믿고 자신이 저장한 정보를 인출할 수 있다. 그렇다면 기소된 용의자가 실제 범죄자인지의 여부를 확인하는 과정에서, 절도 사건의 단순 목격자보다 총기 강도 사건의 피해자이자 목격자가 용의자가 범인이라고 지목한 비율이 더 높을 수 있다.

ㄷ. 적절하다. 범죄학자 A에 따르면 경미한 사건의 단순 목격자는 범인의 정보를 잘 저장하고 인출도 정확히 할 수 있다. 그런데 어떤 이유로 목격자가 의도적으로 기억한 대로 용의자를 지목하지 않는다면 A의 주장을 유지하면서, 해당 현상을 설명할 수 있다.

42. 정답 ②

[내용영역] 사회 [문항유형] 논증 평가 및 문제 해결

① 적절하다. 갑은 동물실험이 인류의 복지를 위해서는 필요한 것이라고 본다. 이에 대해 을은 동물실험이 반드시 인류의 건강과 안전에 기여한다고 볼 수 없다는 것을 실제 실행되는 실험의 사례를 통해 반론을 제기한다. 병은 동물실험이 불가피한 것이 아니라 다른 방법을 통해 대체할 수 있다고 보아 갑의 주장에 반론을 제기한다.

② 적절하지 않다. 인간과 동물이 공유하는 질병의 수가 아주 적고 인간과 동물 간에 약품에 대한 반응의 차가 크다는 사실은 동물실험이 실제 인간의 복지에 큰 도움이 되지 않을 수 있음을 시사하는 것이다. 즉 제시된 사실은 동물실험이 반드시 인류의 건강과 안전에 기여하는 것은 아니라고 보는 을의 주장에 유리한 것으로 작용할 것이다.

③ 적절하다. 병은 동물실험이 아니라도 약품의 효능이나 화학물질의 안전성을 검증할 수 있다고 주장하고 있다. 따라서 이미 집적된 연구 결과만으로도 약품의 효능이나 화학물질의 안전성을 검증할 수 있다면 병의 주장처럼 이에 대한 동물실험을 불필요한 것이 되며, 이는 병의 주장에 유리한 것으로 작용할 것이다.

④ 적절하다. 을이 제시한 사례가 동물실험 일반이 갖는 한계가 아님을 갑이 증명한다면 갑은 동물실험의 실행이 불가피하다는 자신의 주장을 견지하면서 을의 반박에 대처할 수 있을 것이다.

⑤ 적절하다. 동물실험의 대체수단인 조직배양을 통해 전 신체기관의 작용을 확인할 수 없다면 대체실험법만으로는 약품이나 화학물질의 효능 및 안전성을 검증하기에 부족하다는 것을 의미한다. 이는 동물실험이 불가피하다는 갑의 주장을 뒷받침하고 갑은 이로써 병의 반박에 대처할 수 있을 것이다.

43. 정답 ①

[내용영역] 사회 [문항유형] 논증 평가 및 문제 해결

〈가설〉

X국의 유전자와 음식문화 중, 음식문화가 위암 발병률을 높이는 주요 요인이다.

〈가설이 참일 경우〉

유전자가 같은지 다른지와는 상관없이 식문화가 X국과 같으면 위암 발생률이 높을 것이고 식문화가 X국과 다르다면 위암 발생률이 높지 않을 것이다.

<가설이 거짓일 경우>

X국의 음식문화를 가지더라도 위암 발병률이 높지 않고, X국의 음식문화를 가지지 않더라도 위암 발병률이 높을 것이다.

ㄱ. 옳다. 성인일 때 X국에서 Y국으로 이민을 간 이민 1세대 집단을 그룹1이라고 하고, Y국에서 태어난 X국 이민 2세대 집단을 그룹2라고 하자. 이들은 유전자는 적어도 50%를 공유하고 있으므로 이들의 위암 발생률을 비교할 경우 위암 발생의 요인이 유전자에서 기인한 것인지 판단할 수 없다.

	X국 유전자	X국 식문화
그룹1	○	
그룹2	○	

따라서 한 집단은 X국의 식문화를 유지하고 있고, 다른 집단은 X국의 식문화와 다른 문화를 가지고 있어야 ㉠의 타당성을 검증할 수 있다.

ㄴ. 옳지 않다. Y국에서 태어난 X국 이민 2세대 집단을 그룹1이라고 하고, Y국에서 태어나 살고 있는 Y국 국민 집단을 그룹2라고 하자. 이들은 유전자가 다르고, 식문화는 모두 X국 식문화가 아니다. 가설이 참이라면 아래와 같이 X국 식문화와 다른 집단의 위암 발병률은 낮을 것이다.

	X국 유전자	X국 식문화	위암 발병률
그룹1	○	×	낮음
그룹2	×	×	낮음

그런데 이 경우 두 집단의 위암 발생률이 유사하지만, 발생률이 높은 상태로 유사한지 혹은 낮은 상태로 유사한지 판단할 수 없다. 따라서 이 결과는 ㉠을 강화하지 않는다.

ㄷ. 옳지 않다. X국에서 태어나 X국과 다른 식문화를 가진 집단을 그룹1이라고 하고, Y국민이지만 X국 식문화를 가진 집단을 그룹2라고 하자.

가설이 참이라면 아래와 같이, 위암 발병률이 유사하지 않을 것이다.

	X국 유전자	X국 식문화	위암 발병률
그룹1	○	×	낮음
그룹2	×	○	높음

그리고 가설이 거짓이라면 아래와 같이 X국 식문화가 아닌데도 위암 발병률은 높고, X국 식문화를 가지면 위암 발병률이 낮아야 할 것이다.

	X국 유전자	X국 식문화	위암 발병률
그룹1	○	×	높음
그룹2	×	○	낮음

따라서 이 경우, 가설을 강화할 수도 있고 약화할 수도 있으므로 ㉠을 약화한다고 할 수 없다.

내용영역 과학기술　　　　**문항유형** 논증 평가 및 문제 해결

매더의 논증을 분석해보면 다음과 같다.

만약 빅뱅이론이 참이라면, 우주에는 절대 0도보다 약간 높은 정도의 폭발 후 잔존열이 균등하게 있을 것이다.

피닉스의 관측결과에 따르면 실제로 우주에는 절대 0도보다 약간 높은 정도의 폭발 후 잔존열이 균등하게 있다.

따라서 빅뱅이론은 참일 것이다.

이런 논증 방식은 자연과학에서 많이 사용되는 확증의 논리이다. 이와 유사한 논증 형식을 취하고 있는 것은 바로 ①이다.

내용영역 과학기술　　　　**문항유형** 논증 평가 및 문제 해결

ㄱ. 옳지 않다. 만약 제시된 특정 단계가 반응 속도 결정 단계였다면, 전체 반응 속도는 변해야 하는데 변하지 않았으므로 위 이론은 반박될 수 있다. 하지만 속도를 빠르게 해도 전체 반응 속도가 변하지 않았다는 것은 속도 결정과 무관한 단계의 반응이 존재한다는 뜻이고 이는 여러 단계의 반응 중 특정 단계만이 속도 결정에 관여함을 의미하므로 위 이론의 설득력을 더할 수 있다. 따라서 ㄱ이 <이론>을 반박한다고 단정할 수 없다.

ㄴ. 옳지 않다. 각 단계에 중, 반응 속도가 가장 느린 단계를 제외한 나머지 단계에만 정촉매를 투여했다면, <이론>에 따르면 반응 속도에는 변화가 없어야 한다. 따라서 <이론>으로 ㄴ을 설명할 수 없다.

ㄷ. 옳다. 2단계로 이루어진 반응 과정의 중간생성물이라면, 1단계에서 생성되어 2단계에서 소멸되는 화합물을 뜻한다. 그래서 중간생성물이 늘어나는 단계라면 1단계이다. 1단계에서 생성물이 늘어나는 생성 속도를 조절하였으나 전체 반응 속도가 변하지 않았다는 것은 1단계가 반응 속도 결정 단계가 아니라는 것을 뜻한다. 즉, 2단계가 반응 속도 결정 단계이다. 그리고 중간생성물이 소멸되는 2단계에서 반응 속도를 조절하였는데 전체 반응이 느려졌다면 2단계가 반응 속도 결정 단계라는 것을 더 확신하게 하는 실험 결과가 된다. 따라서 <이론>으로 ㄷ을 설명할 수 있다.

내용영역 과학기술　　　　**문항유형** 논증 평가 및 문제 해결

ㄱ. 적절하지 않다. 환경이 생물체 발달에 미치는 영향을 부정하는 것은 (개)를 부정하는 것이다. 이는 (개)의 이론에 따를 때 (내)에서 나타나는 역설을 해소한 것이라고 보기 어렵다.

ㄴ. 적절하지 않다. ㄴ의 사실은 갑이 이미 가정하고 있는 사실이다.

ㄷ. 적절하다. 현재 이웃의 수가 그 식물이 생산하는 종자가 발아할 때의 이웃의 수와는 무관하다면, 갑의 실험에서 이웃한 식물들의 수는 '미래를 예측하게 해주는 환경신호'가 아니다.

메가로스쿨 *n*

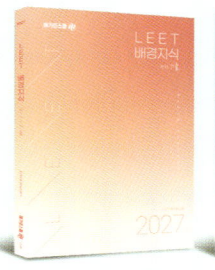
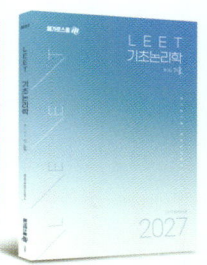

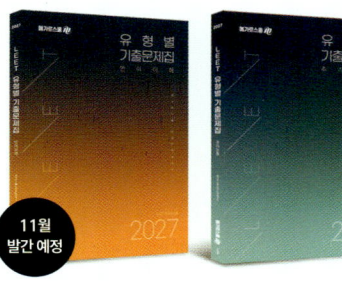

유형별
문제집

추리논증 │ 정답 및 해설

약점을 강점으로 바꾸는
메가로스쿨 유형별 문제집

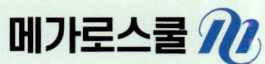 메가로스쿨

고객센터 **1661-8598**
www.megals.co.kr